ABHANDLUNGEN FÜR DIE KUNDE DES MORGENLANDES

Im Auftrag der Deutschen Morgenländischen Gesellschaft
herausgegeben von Florian C. Reiter

Band 102

2016
Harrassowitz Verlag · Wiesbaden

Ernst Boerschmann: Pagoden in China

Das unveröffentlichte Werk „Pagoden II"

Aus dem Nachlass herausgegeben,
mit historischen Fotos illustriert
und bearbeitet von Hartmut Walravens

2016

Harrassowitz Verlag · Wiesbaden

Bibliografische Information der Deutschen Nationalbibliothek
Die Deutsche Nationalbibliothek verzeichnet diese Publikation in der Deutschen
Nationalbibliografie; detaillierte bibliografische Daten sind im Internet
über http://dnb.dnb.de abrufbar.

Bibliographic information published by the Deutsche Nationalbibliothek
The Deutsche Nationalbibliothek lists this publication in the Deutsche
Nationalbibliografie; detailed bibliographic data are available on the internet
at http://dnb.dnb.de

Informationen zum Verlagsprogramm finden Sie unter
http://www.harrassowitz-verlag.de

Gedruckt auf alterungsbeständigem Papier.
Druck und Verarbeitung: Hubert & Co., Göttingen
Printed in Germany
ISSN 0567-4980
ISBN 978-3-447-10580-4

Inhalt

Einleitung

Die ernsthafte und systematische Erforschung der chinesischen Baukunst begann vor gut hundert Jahren, als der aus dem Memelland stammende Ernst Boerschmann [1] (1873–1949), der 1896–1901 als Regierungsbauführer im preußischen Staatsdienst tätig gewesen war, 1902 zur Ostasiatischen Besatzungsbrigade nach China versetzt wurde. Erst nachdem seine Zeit dort abgelaufen war, hatte er Gelegenheit, einige Wochen im Tempel Biyunsi 碧雲寺 bei Peking zu verbringen – diese Zeit nutzte er zu einer gründlichen Aufnahme der Tempelanlage, die nach seiner Rückkehr in einer Fachzeitschrift erschien. [2] Dabei wurden ihm Bedeutung und Wert der chinesischen Architektur klar, und er fand seine Lebensaufgabe. In einem programmatischen Artikel in der *Kölnischen Volkszeitung*, der vom *Ostasiatischen Lloyd* nachgedruckt wurde [3], legte er die Notwendigkeit der Erforschung der chinesischen Baudenkmäler dar, nachdem er zunächst darauf hingewiesen hatte, daß die Chinakenner entweder Sinologen oder Fachwissenschaftler seien und ohne enge Zusammenarbeit beider oft falsche Ergebnisse erzielt würden:

> Ein Gebiet aber gibt es, dessen Erforschung zwar auch seine Schwierigkeiten hat, indessen beinahe außerhalb jenes Gegensatzes zwischen Sprach- und Spezialforschung steht und bereits mit verhältnismäßig geringen Ergebnissen ein abgeschlossenes, einwandfreies Bild des erheblichsten Teiles der chinesischen Kultur ergeben kann. Es ist dieses das Studium der uralten chinesischen Bauten. Der Geist der Zeiten und des Volkes ist in den Bauten niedergelegt, und wenn er sich auch nicht dem, der nur oberflächlich betrachtet, gleich in vollem Umfange offenbart, so tut er das doch mehr und mehr dem, der mit besonderen Kenntnissen an das ernste Studium der Baudenkmäler herangeht.
>
> Wir sehen vorerst ab von den rein tektonischen und architekturhistorischen Geheimnissen, die aus der großen Zahl und der Mannig-

---

1   Fritz Jäger: Ernst Boerschmann (1873–1949). *ZDMG* 99.1945/49, 150–156, Porträt; *NDB* 2.1955, 407 (W. Franke).

2   Pi-yün-ssu bei Peking, ein buddhistischer Tempel. Von E. Boerschmann, Militärbauinspektor. *Wochenschrift des Architekten-Vereins zu Berlin* 1.1906, 47–52.

3   Über das Studium der chinesischen Baukunst. Von Militär-Bauinspektor Ernst Boerschmann. *Kölnische Volkszeitung* Nr. 124 v. 12.2.1905, S. 1–2; *Ostasiatischer Lloyd* 31. März 1905, 573–576. Die folgenden Zitate stammen aus diesem Artikel.

faltigkeit von hoch interessanten chinesischen Bauten noch ihrer
Erforschung harren. Es sei aber nur daran erinnert, wie klar es heute
empfunden wird und z. B. auch in Deutschland durch große Veröffentlichungen über das deutsche Bauernhaus, über die Gotteshäuser
und durch viele andere enzyklopädische Werke zum Ausdruck gebracht ist, daß das Verständnis für ein Volk und seine Ideen, nicht
zum wenigsten die religiösen, zu einem großen Teile durch die Kenntnis seines Lebens gewonnen wird, wie es sich im Wohnhause, in seinen Kirchen, Tempeln und den sonstigen seinen Bedürfnissen, Ge-
wohnheiten und Anschauungen angepaßten Bauanlagen widerspiegelt.
So kann man sagen, daß auch für fast jeden Kulturzweig in China, z.
B. für die Darstellung der gewaltigen Bewegung des Buddhismus,
eine einigermaßen erschöpfende Behandlung nur möglich sein wird
durch die Sichtung und Verwertung eines umfangreichen Materials,
das nicht nur aus rein historischen und philosophischen Schriftquellen
gewonnen werden muß, sondern auch aus dem in den Grundrissen und
dem Aufbau der Häuser und Tempel niedergelegten, man kann sagen,
kristallisierten Kern des Volksempfindens, besonders der Kultformen.

Dieses Material dürfte jedenfalls das einwandfreieste sein, das
aufzuweisen ist. Nur mühsam schält man aus der Masse der Bücher in
Literatur, Geschichte und jeder Wissenschaft, aus den widersprechenden Ansichten, aus den lokal und individuell gefärbten Schilderungen den eigentlichen Kern heraus. Schwer wird es auch sein, aus
den Baudenkmälern, selbst wenn sie in Zeichnungen, Bildern und
Beschreibungen übersichtlich geordnet vorliegen, ein treffendes Urteil
sich zu bilden. Indessen, wenn das vorerst auch noch nicht gelingen
sollte, die Dokumente bleiben, und fast unvergänglicher als die Gebäude selbst, werden sie auch veränderten und gebesserten späteren
Anschauungen immer eine sichere Grundlage bieten.

Dieses Ergebnis, das auch schon in vorläufiger Gestalt dem Kul-
turhistoriker und dem Volkswirtschaftler ein festes Fundament für
seine Forschungen bieten wird, wird aber nur ein beiläufiges sein. Die
Hauptförderung wird die Geschichte der Architektur, der Ornamentik
und der Kunst überhaupt erhalten sowie die Kenntnis der eigentüm-
lichen chinesischen Baukunst auch in konstruktiver Hinsicht.

Er gibt dann einen Überblick über die Vielfalt der chinesischen Baudenkmäler, weist auf den Mangel am Vorarbeiten hin und erwägt eine schrittweise
Bearbeitung des riesigen Materials:

Es ist ersichtlich, ein wie gewaltiges Feld allein in Peking und in der Umgegend für das Studium der Tempel vorhanden ist. Und auf dieses Gebiet könnte sich eine grundlegende Arbeit mit gutem Recht vorläufig beschränken. Indessen müßte das gewonnene Verständnis durch Hinzuziehung einiger hochberühmten mittel- und südchinesischen Tempel und Klöster naturgemäß wesentlich erweitert und vertieft werden, und das würde allein schon für unsere Kenntnis der Geschichte der Religionen einen ungeheueren Fortschritt bedeuten. Ähnliche Folgerungen kann man aus den anderen Gebieten, Wohnungsbau, Gebäude für Unterhaltung und Wissenschaft, Verwaltung usw. ziehen, überall ergeben sich neue und sichere Schlüsse über Leben und Denken der Bewohner. Alles in Allem, es ist ein Feld, fruchtbar und groß, das dem ernsten Forscher eine reiche Ausbeute geben kann, wenn es mit Liebe, Interesse und Geduld bestellt wird.

Boerschmann entwarf einen konkreten Arbeitsplan zur umfassenden Aufnahme und Erforschung der chinesischen Architekturdenkmäler – und erhielt eine Finanzierung für dreijährige Reisen durch China, eine Zeit, die er mit größtem Fleiß ausfüllte und deren Ergebnisse viele Notizbücher, Skizzen, Karten und Pläne und nicht zuletzt tausende von Photographien waren. Von nun an war es seine Lebensaufgabe, das riesige Material zu verarbeiten, was er mit bewundernswerter Genauigkeit und Zähigkeit in einer stattlichen Reihe von Monographien und vielen Aufsätzen unternahm – trotz der Ungunst der Zeiten.

Als Ernst Boerschmann von seinen dreijährigen Reisen durch 18 Provinzen des chinesischen Reiches zurückkehrte, mit einem reichen Schatz von Fotos und Zeichnungen (Grundrissen und Aufrissen) von traditionellen Bauwerken, erlaubten ihm Stipendien, einen Teil der Ergebnisse in Form von zwei stattlichen Bänden zu veröffentlichen. Er nutzte dabei die Hilfe von Mitarbeitern mit einem guten sinologischen Hintergrund wie Wang Yintai[4], der damals am Berliner Museum für Völkerkunde tätig war. Es war ihm indes klar, daß er in China seine Arbeiten viel schneller und effektiver durchführen konnte – viele Details waren nachzuprüfen oder erneut zu kontrollieren, epigraphisches Material war zu übersetzen, historische Dokumente zu ermitteln. All das wäre einfacher, wenn Deutschland ein Forschungsinstitut

---

4 Wang Yintai (Mengqun) 王隱泰孟群 1888–1961, lebte 1906–1913 in Berlin. Vgl. Howard L. Boorman: *Biographical dictionary of Republican China* 3.1970, 399–400.

in Peking einrichtete.[5] Boerschmann stand mit solchen Überlegungen nicht allein – Herbert Mueller[6], der eine Forschungs- und Sammelreise für das Berliner Völkerkundemuseum unternommen hatte, Ferdinand Solger[7], der als Geologe in Peking unterrichtete, und Richard Wilhelm[8], der bekannte Vermittler chinesischer Philosophie in Deutschland, teilten seine Ansichten, und so reichte Boerschmann mehrere Denkschriften bei der deutschen Regierung zu diesem Ziele ein, und seine erwähnten Kollegen folgten ihm.[9] Es ist wohl unnötig zu sagen, daß der Erste Weltkrieg und der darauf folgende Zusammenbruch Deutschlands all solche Visionen und Hoffnungen zerstörten.

In einer seiner frühen Denkschriften zur Errichtung eines deutschen Forschungsinstituts gab Boerschmann Information über sein eigenes Material: 2500 Seiten Notizen in Kladden und Notizbüchern, mit Skizzen; 100 Seiten kleine Artikel und Tagebücher; 8000 Fotos, davon 1000 Glasplatten. Er hatte sicherlich recht, wenn er dieses Material als die größte jemals angelegte Privatsammlung zur chinesischen Architektur betrachtete. Dazu kamen etwa 2000 Abklatsche, viele von Skulpturen und Schmuckdetails. Außerdem einige hundert chinesische Zeichnungen, Pläne, Karten und Bücher.

Das war aber nur der Anfang – im Laufe der folgenden Jahre arbeitete Boerschmann fleißig an der Erweiterung und Verbesserung des vorliegenden Materials. Seine Sorgfalt und seine Bemühungen werden augenfällig in seiner Korrespondenz mit dem Kunsthistoriker Gustav Ecke bezüglich der Stûpas von Amoy.[10]

---

5 Vgl. H. Walravens: Ein deutsches Forschungsinstitut in China. *NOAG* 171/172.2002, 109–223.

6 1885–1966. Vgl. H. Walravens: *Herbert Mueller (1885–1966), Sinologe, Kunsthändler, Jurist und Journalist. Eine biobibliographische Skizze.* Berlin: Bell 1992 [1993]. 206 S. 4° (Han-pao tung-Ya shu-chi mu-lu; 45)

7 1877–1965, seit 1921 als Extraordinarius an der Universität Berlin. Über ihn s. *OAR* 1.1920, 210–212.

8 Vgl. H. Walravens: *Richard Wilhelm (1873–1930).* Missionar in China und Vermittler chinesischen Geistesguts. Schriftenverzeichnis, Katalog seiner chinesischen Bibliothek und Briefe von Heinrich Hackmann und Ku Hung-ming. Mit einem Beitrag von Thomas Zimmer. Sankt Augustin: Institut Monumenta Serica 2008. 316 S. (Collectanea Serica)

9 *Denkschrift betreffend die Gründung eines Richthofen-Institutes für deutsche Chinaforschung in Peking, 20. März 1914.* Veröffentlicht in Berlin 1916.

10 Vgl. H. Walravens: *«Und der Sumeru meines Dankes würde wachsen» Beiträge zur ostasiatischen Kunstgeschichte in Deutschland (1896–1932).* Briefe des Ethnologen und Kunstwissenschaftlers Ernst Grosse an seinen Freund und Kollegen Otto Kümmel sowie Briefwechsel zwischen dem Kunsthistoriker Gustav Ecke und dem Architekten Ernst Boerschmann. Unter Mitarbeit von Setsuko Kuwabara. Wiesbaden: Harrassowitz 2010. 207 S. (Asien- und Afrika-Studien der Humboldt-Universität 35.)

Nach Boerschmanns Tod 1949 versuchte seine Familie zunächst, das Material zusammenzuhalten. Aber wirtschaftliche Notwendigkeiten und die Tatsache, daß die meisten sinologischen Zentren im Krieg zerstört waren, führten dazu, daß Bücher und ähnliche Materialien in den Besitz der Universitäten München und Köln übergingen. Das Bildarchiv blieb im Besitz der Familie und wurde großenteils erst kürzlich auf einer Auktion veräußert. Die Notizbücher waren anscheinend nicht Teil dieser Transaktion; sie befinden sich dem Vernehmen nach in privaten Händen. Ein kleiner Nachlaßteil wurde inzwischen von der Staatsbibliothek zu Berlin erworben, während ein anderer Splitter, ehemals im Besitz des Kunsthistorischen Instituts der Universität Köln, nun vom Kölner Universitätsarchiv betreut wird.

Biographische Notiz
Ernst Boerschmann wurde am 13. Febr. 1873 in Prökuls (Memel) geboren; er studierte Bauwesen an der Technischen Hochschule in Charlottenburg und trat in den Staatsdienst. 1902 zur Ostasiatischen Besatzungsbrigade nach China kommandiert, faszinierte ihn bald die chinesische Architektur, und es reifte in ihm der Plan, die Erforschung dieses bislang fast unbekannten Gebiets zu seiner Lebensaufgabe zu machen. Es gelang ihm, u.a. mit einem Stipendium des Reichstages, eine dreijährige Forschungsreise durch China zu unternehmen, bei der er fast das ganze Land bereiste, Baudenkmäler aufnahm und photographierte; anschließend veröffentlichte er in recht schneller Folge die ausgearbeiteten Ergebnisse seiner Forschungen[11], von denen hier nur *P'u T'o Schan* (1911), *Gedächtnistempel* (1914), *Baukunst und Landschaft in China* (1923), *Chinesische Architektur* (1925), *Chinesische Baukeramik* (1927) sowie *Pagoden I* (1931) genannt seien. Er wurde Honorarprofessor an der Berliner Technischen Hochschule und unternahm 1933/34 eine weitere China-Forschungsreise. Nach dem 2. Weltkrieg leitete er kommissarisch den Hamburger sinologischen Lehrstuhl. Er starb am 30. April 1949 in Bad Pyrmont.

Boerschmann war seinerzeit einer der ganz wenigen Forscher, die sich mit chinesischer Architekturgeschichte beschäftigten. Neben ihm sind vor allem Gustav Ecke (1896–1971), Osvald Sirén (1879–1966), Johannes Prip-Møller (1889–1943) und Georges Bouillard (1862–1930) zu nennen, in Japan

---

11 Vgl. das Schriftenverzeichnis in: H. Walravens: *«Und der Sumeru meines Dankes würde wachsen» Beiträge zur ostasiatischen Kunstgeschichte in Deutschland (1896–1932)*. 2010.

Itô Chûta (1867–1954) und Sekino Tadashi (1868–1935), wobei ihm in der Breite und Tiefe der Architekturstudien nur Sekino an die Seite zu stellen ist. Boerschmann war einer der Anreger für die 1930 gegründete Chinesische Gesellschaft für Architekturforschung (Zhongguo yingzao xueshe), deren Mitglied er wurde. Des weiteren setzte er sich eifrig für die Schaffung eines Deutschen Forschungsinstituts in China als Basis für interdisziplinäre Studien ein.[12]

Boerschmanns Stûpaforschungen

Es ist offensichtlich, daß Stûpas für einen Historiker der chinesischen Architektur ein wichtiges Thema sein müssen. Während seines ganzen Berufslebens spielten Stûpas, oder wie er sie lieber nannte, Pagoden, in der Tat eine wichtige Rolle in Boerschmanns Arbeiten.[13]

Ein Höhepunkt war zweifellos die Veröffentlichung von *Pagoden I* 1931; der Autor hatte sie bereits in den zwanziger Jahren erhofft, aber sowohl letzte Ergänzungen und Berichtigungen wie auch die desolate Wirtschafts- und Finanzlage machten es zweifelhaft, ob das Buch überhaupt erscheinen konnte. Es grenzt schon ans Wunderbare, daß es Boerschmann gelang, die nötige, offenbar nicht geringe, Druckbeihilfe während der Weltwirtschaftskrise zu beschaffen. Zu diesem Zeitpunkt war der zweite Band im Manuskript fast fertiggestellt. Eine Anzahl von Ergänzungen und Richtigstellungen verdankte Boerschmann seiner Chinareise 1934[14], und man gewinnt bei der Lektüre den Eindruck, daß das Manuskript weitgehend neu redigiert wurde: so dürfte der Band frühestens 1937 endgültig fertig gewesen sein. Wiederum war die Finanzierung das Hauptproblem; aber auch andere Faktoren machten die Veröffentlichung schwierig: Die Gesellschaft für Ostasiatische Kunst, ein Forum nicht nur der Gelehrten, sondern auch der Sammler und Liebhaber, oft mit beträchtlichem öffentlichem Einfluß, war durch erzwungene Emigration und Verhaftungen dezimiert worden. Das bedeutete, daß eine wesentliche Zahl von prospektiven Kunden des teuren Werkes ausfiel. Und auch die Lobby für die Beschaffung von Druckbeihilfen war zusammengeschmolzen.

---

12 Vgl. H. Walravens: Ein deutsches Forschungsinstitut in China. *NOAG* 171/172.2002, 109–223

13 Sie sind verzeichnet in H. Walravens: «*Und der Sumeru meines Dankes würde wachsen*», a.a.O. – Weiter unten werden lediglich die Publikationen verzeichnet, die sich explizit mit Stûpas beschäftigen.

14 Leider hat Boerschmann nur einen Teil seiner Reiseerfahrungen für eine Publikation bearbeitet: *Hongkong, Macau und Kanton. Eine Forschungsreise im Perlfluß-Delta 1933*. Berlin: W. de Gruyter 2015. Über die Pagodenforschungen hat er darin nicht berichtet.

Es kam hinzu, daß die deutsche Außenpolitik sich nun auf Japan, statt auf China konzentrierte.

Boerschmann selbst arbeitete unverdrossen an der Verbesserung und Ergänzung des Manuskriptes und zog sich schließlich aus dem immer stärker bombardierten Berlin, wo ein Teil seiner im Gebäude der Technischen Universität gelagerten Karten und Pläne der Vernichtung anheimfiel, in das ruhige Bad Pyrmont zurück, wo seine Frau Amelie eine Pension betrieb. Als politisch Unbelastetem wurde ihm nach Kriegsende die Verwaltung des Hamburger sinologischen Lehrstuhls übertragen, und zur Förderung der chinesischen Studien bereitete er eine deutsche Sinologentagung in Pyrmont vor, die allerdings erst nach seinem Tode stattfand. Er war optimistisch und hoffte, *Pagoden II* 1949 veröffentlichen zu können. Allerdings beliefen sich die Herstellungskosten auf über 100000 Mark, und nach Boerschmanns Hinscheiden 1949 fehlte dem Buch sein effizientester Advokat. Der Sohn Horst Boerschmann ließ es indes an Versuchen nicht fehlen; er wandte sich an den Bundespräsidenten Heuß und an den Vizekanzler. Zu diesem Zeitpunkt schien es geraten, daß ein Sinologe das Manuskript noch einmal durchsah. Wolfgang Seuberlich[15], der am Seminar für Orientalische Sprachen unterrichtet hatte, wurde gebeten, dies zu übernehmen; dieser war allerdings arbeitslos und hatte seine Mutter zu unterstützen – so sah er sich dazu außerstande. Danach hörte man nichts mehr von dem Manuskript, und auch im Besitz der Familie fand sich kein Exemplar. Viele Jahre später geschah ein kleines Wunder, indem ein Exemplar des Werkes (von vermutlich ursprünglich dreien) beim Hamburger Seminar für Sprache und Kultur Chinas auftauchte, als es in andere Räumlichkeiten umziehen sollte, und dem Referenten (früherem Lehrbeauftragten am Seminar) zur weiteren Veranlassung überstellt wurde.

Das Manuskript

Informationen über den Verbleib des Originalmanuskripts liegen nicht vor. Es war jedenfalls nicht Teil des verbliebenen Restes des «Forschungsinstituts China», das viele Jahre auf dem Dachboden des Oberbergamtes in Clausthal-Zellerfeld lagerte. Es mag im Zweiten Weltkrieg vernichtet worden sein, oder es mag noch unvermutet zum Vorschein kommen ...

Das vorliegende Exemplar besteht aus zwei Teilen:

---

15 H. Walravens, Martin Gimm: *Wei jiao zi ai* 為教自愛 *«Schone dich für die Wissenschaft»*. Leben und Werk des Kölner Sinologen Walter Fuchs (1902–1979) in Dokumenten und Briefen. Wiesbaden: Harrassowitz 2010. 220 S. (Sinologica Coloniensia 28.)

IV. Tienning Pagoden   196 S.
V. Lama Pagoden   163 S.

Ersterer stammt vom 2. Exemplar (Durchschlag) und enthält chinesische Zeichen, der zweite stammt vom 3. Exemplar (Durchschlag) und ist ohne Zeichen. Das illustrative Material zu Teil IV ist relativ geordnet, während das für
Teil V ungeordnet und offenbar unvollständig ist.

Der Text liegt in guter Maschinenschrift vor und scheint in sich vollständig zu sein. Bezüglich der Illustrationen kann dies nicht behauptet werden, da
weder eine Liste der Abbildungen noch Verweisungen im Text vorhanden
sind.

Mehrtürmige Pagoden

Im Vorwort zu Teil IV wird Teil VI über «Mehrtürmige Pagoden» erwähnt.
Davon findet sich im vorliegenden Satz allerdings keine Spur. Ob dieses Kapitel je fertiggestellt wurde, oder ob es verlorenging, ist wiederum nicht bekannt.[16]

Mit dem Schlußteil des Pagodenwerkes hätte sich in Boerschmanns Publikationen ein Kreis geschlossen: Auslöser für seine Entscheidung, die
Erforschung der historischen Baukunst Chinas zu seinem Lebenswerk zu
machen, war neben Anregungen durch die Arbeiten von Heinrich Hilde-
brandt[17], Fritz Jobst[18] und Franz Baltzer[19] sowie den Gesprächen mit P.
Joseph Dahlmann[20] vor allem Boerschmanns Aufenthalt im Kloster Biyun si,
dem Kloster der Smaragdgrünen Wolken, in den Westbergen bei Peking, zum
Abschluß seiner Dienstzeit in China. Die mit Einfühlung und Begeisterung
gegebene Beschreibung des Tempels leitet auch publizistisch Boerschmanns
Erforschung von *Baukunst und religiöser Kultur der Chinesen* ein (so der

---

16 In seinem Vortrag über Stûpas 1942 erwähnte Boerschmann sein Buch, nannte aber
nur die beiden hier vorhandenen Teile. Vielleicht waren Teil VI und der Schluß inzwischen als eigener Band geplant. Im Vorwort zu *Pagoden I* werden «Mehrtürmige
Pagoden und historischer Abschlußbericht» als Teil von Band II erwähnt, der 1932
erscheinen sollte.

17 *Der Tempel Ta-chüe-sy (Tempel des großen Erkennens) bei Peking.* Berlin: A. Asher
1897. 34 S., 12 Taf. – Vgl. K. Sch.: Heinrich Hildebrand. *Ostasiatische Rundschau*
1924, 179.

18 Fritz Jobst: *Geschichte des Tempels Tjä Tai Tze.* Tientsin: Verlag der Brigade-Zeitung
1905. 14 S., Kt.

19 Baltzer: *Die Architektur der Kultbauten Japans.* Berlin: W. Ernst 1907. IV, 354 S.

20 1861–1930; P. Dahlmann S.J. wurde besonders durch sein Buch *Indische Fahrten*
(Freiburg: Herder 1908. 2 Bde.) bekannt, das über seine Reisen in Indien und China
1902–1905 berichtet. Er gehörte zu den Mitbegründern der Jôchi Daigaku (Sophia
Universität) in Tôkyô. Vgl. Wilhelm Kratz: Dahlmann, Joseph. *Neue Deutsche Biographie* 3. 1957, S. 481.

Obertitel seiner Monographien). Dieser wichtige, aber kaum bekannte Artikel[21] wird statt des fehlenden Abschnitts im Neusatz abgedruckt. Dabei sind einige Abbildungen durch technisch bessere Reproduktionen derselben Fotos aus *Baukunst und Landschaft in China* ersetzt worden. Da keine Aufnahmen Boerschmanns von den von ihm besonders hervorgehobenen Flaschenpagoden greifbar waren, sind moderne Fotos (Aufn.: C. Bell 2015) ergänzt worden. Die fünftürmigen Pagoden des Zhengjue si (Wuta si in Peking) sowie des Biyun si sind von J. J. M. de Groot[22], sowie in einem gut illustrierten Artikel von Paula Swart und Barry Till behandelt.[23] Das Thema ist insgesamt dargestellt von Luo Zhewen.[24]

Zu den Abbildungen

Es ist ungewiß, was Boerschmanns eigene Auswahl war, da das originale Abbildungsverzeichnis bislang nicht bekannt geworden ist. Zum anderen hat der Autor wohl manches ebenfalls aus Platzgründen auslassen müssen. So hat sich im Nachlaßteil im Universitätsarchiv Köln eine Mappe mit der Aufschrift: Pagoden – Ausgeschiedenes erhalten; ob der heutige Inhalt freilich dem ursprünglichen entspricht, ist unklar. Eine Bildauswahl aus Boerschmanns umfangreichen Fotoarchiv zu treffen, ist heute nicht mehr möglich, da dieses vor einigen Jahren veräußert wurde. Und schließlich sind von einer Reihe offenbar zur Publikation vorgesehener Abbildungen nur flüchtige Skizzen – offenbar als Erinnerungsstützen – erhalten. Da es ursprünglich drei Exemplare des Typoskriptes des Werkes gab (das Original sowie zwei Durchschläge), wäre es ein erheblicher Aufwand gewesen, drei komplette Sätze des Abbildungsmaterials zu erstellen, dessen Inhalt über die Jahre wohl ständigen Änderungen unterworfen war. Das vermutlich vollständigste und aktuellste Illustrationskonvolut – zum Originaltyposkript – scheint nicht erhalten, zumindest ist sein Verbleib unbekannt.

Bei den Illustrationen handelt es sich fast durchweg um Aufnahmen aus den Jahren 1906 bis 1934, einige wenige stammen aus früherer Zeit. Da sich viele der dargestellten Bauwerke im Laufe der Zeit verändert haben – durch Zerstörung, Restaurierung oder gar völliges Verschwinden – handelt es sich

---

21 Ernst Boerschmann: Pi-yün-ssu bei Peking, ein buddhistischer Tempel. *Wochenschrift des Architekten-Vereins zu Berlin* 1.1906, 47–52. – Vgl. dazu E. Kögel: *The grand documentation*. Berlin: de Gruyter 2015, 52–65.

22 *Der Thupa*. Berlin 1910, 42–28.

23 The Diamond Seat Pagoda. An example of Indian architectural influences in China. *Orientations* 1985:Feb., 28–39.

24 *Chinas alte Pagoden*. Beijing: Verlag für Fremdsprachige Literatur 1994, 264–279.

um wichtige historische Dokumente, die der Forschung nicht vorenthalten werden sollen.

Bedeutung des vorliegenden Materials

– Es liegt auf der Hand, daß ein Werk, das vor etwa 80 Jahren abgeschlossen wurde, nun veraltet ist und nicht mit neuen Studien rivalisieren kann.

– Boerschmann hatte sein eigenes Forschungskonzept, und das hat er im Serientitel seiner Studien ausgedrückt: *Die Baukunst und religiöse Kultur der Chinesen*. Er interpretierte Architekturwerke nach seinen eigenen Aufnahmen auf seinen Reisen, und darin war er Pionier.[25]

– Das Material ist heute trotz des Zeitverzugs immer noch wertvoll: Der Band ergänzt Boerschmanns Standardwerk *Pagoden I* und rundet seine Darstellung des Themas ab.

– Während die Chinaforschung in anderen Bereichen große Fortschritte gemacht hat, ist die Zahl von Publikationen zum Thema Chinesische Pagoden übersichtlich geblieben; die Tradition der Gesellschaft für die Erforschung der Chinesischen Architektur ist nicht mit gleicher Verve fortgesetzt worden. Zwar gibt es beispielsweise einen gut illustrierten Überblick von Luo Zhewen zum Thema, doch detailreiche und im Einzelnen belegte Studien wie die Boerschmanns sind noch immer ein Desiderat.

– Während Ergebnisse modernerer Forschung natürlich fehlen, bietet es Einblick in Boerschmanns wissenschaftliche Arbeit, in die erste Phase westlicher Forschung über chinesische Architektur, *und* es handelt von den Denkmälern, wie Boerschmann sie vor hundert Jahren sah: Eine Anzahl von ihnen hat sich verändert auf Grund des Einflusses von Klima, Bürgerkrieg und Kulturrevolution, und manche mögen gar nicht mehr vorhanden sein.

Editorische Bemerkung

Boerschmanns Text ist ungekürzt nach dem Durchschlag wiedergegeben. Die an Otto Franke angelehnte Umschrift des Chinesischen ist beibehalten worden, um den Zusammenhang mit *Pagoden I* zu wahren. In den Fußnoten und editorischen Beigaben ist dagegen die heute übliche Pinyin-Umschrift verwendet. Von Eingriffen ist abgesehen worden, da dadurch Boerschmanns spezifische Darstellung und Interpretation gestört worden wäre; eine eingehende Neubearbeitung hätte aber den Rahmen dieser Edition gesprengt. Die Schreibung chinesischer Wörter variiert, z.B. Pa li tschuang und Palitschuang; auch ist verschiedentlich der Aspiratus ausgelassen. Zumal nicht

---

25 Eine vorzügliche Darstellung ist Eduard Kögel: *The grand documentation*. Berlin: W. de Gruyter 2015. 591 S.

für alle chinesischen Wörter die Originalschreibung vorliegt, ist in dieser Hinsicht Einheitlichkeit nicht angestrebt worden. *Tienningpagoden* ist als Begriff gewissermaßen eingedeutscht worden, daher ist auf den Aspiratus da bewußt verzichtet.

Das Abbildungsmaterial ist soweit wie möglich identifiziert worden und zum kleineren Teil in den Text eingefügt worden. Das verbliebene historische Bildmaterial wurde als Teil 3 angefügt.

Für die Einleitung ist ein früherer Symposiumsbeitrag genutzt und überarbeitet worden.[26] Bibliographie und Register wurden erstellt und womöglich chinesische Zeichen ergänzt.

Obwohl nun mehr als 65 Jahre seit dem Tode des Autors vergangen sind und sich seitdem vieles in China selbst verändert hat (Zerstörungen der Bürgerkriege und die Abrißbirne der Modernisierung haben dazu beigetragen), so haben sich auch die sinologische und architekturhistorische Forschung kräftig entwickelt. Doch erweisen sich Boerschmanns Beschreibungen und Interpretationen als genau und überzeugend, zumal sie durch Boerschmanns eigene Anschauung und historisches Bildmaterial weitgehend eine historische Wirklichkeit spiegeln, die heute nicht mehr vorhanden ist. Auch sprachlich erweist sich Boerschmanns Darstellung als ein Glücksfall: Sie beschreibt präzise und nuanciert, ist gegenstandsorientiert und hält sich von leeren Worthülsen wie auch ideologischen Abschweifungen fern.

Boerschmanns Veröffentlichungen über Stûpas

Pi-yün-ssu bei Peking, ein buddhistischer Tempel. Von E. Boerschmann, Militärbauinspektor.
  Wochenschrift des Architekten-Vereins zu Berlin 1.1906, 47–52
Die Baukunst und religiöse Kultur der Chinesen. Einzeldarstellungen auf Grund eigener Aufnahmen während dreijähriger Reisen in China, im Auftrage des Reiches herausgegeben von Ernst Boerschmann, Regierungsbaumeister. Band 1: 普陀山 *P'u T'o Shan. Die heilige Insel der* 觀音 *Kuan Yin, der Göttin der Barmherzigkeit.* Mit 208 Bildern und 33 Tafeln.
  Berlin: Druck und Verlag von Georg Reimer 1911. XVII, 203 S. 4°
Die Baukunst und religiöse Kultur der Chinesen. Einzeldarstellungen auf Grund eigener Aufnahmen während dreijähriger Reisen in China, im Auftrage des Reiches bearbeitet von Ernst Boerschmann, Baurat. Band

---

26 Ernst Boerschmann (1873–1949). Aus seinen Forschungen zur chinesischen Architektur. *NOAG* 189/190.2013/2014, 151–199.

2: *Gedächtnistempel* 祠堂 *Tzé Táng*. Mit 212 Bildern im Text und 36
Tafeln.
Berlin: Druck und Verlag von Georg Reimer 1914. XXI, 288 S. 4°
Ernst Boerschmann: *Baukunst und Landschaft in China. Eine Reise durch
zwölf Provinzen.*
Berlin: Ernst Wasmuth (1923). XXV S., 288 Abb. auf Taf. 4°
Baukunst und Landschaft in China. Von Regierungsbaurat Ernst Boersch-
mann in Berlin.
Zentralblatt der Bauverwaltung 44.1924, 1–4, 10–12
Eisen- und Bronzepagoden in China. Von Ernst Boerschmann (Mit 22 Abbil-
dungen im Text und auf den Tafeln 124–135).
Jahrbuch der asiatischen Kunst 1924, 223–235
Pagoden der Sui- und frühen T'ang-Zeit. Von Ernst Boerschmann. Mit 29
Abb. im Text und auf den Tafeln 13–22.
Ostasiatische Zeitschrift. NF 1.1924, 195–221
Chinesische Architektur. Von Ernst Boerschmann. 340 Tafeln in Lichtdruck:
270 Tafeln mit 591 Bildern nach photographischen Vorlagen und 70
Tafeln nach Zeichnungen. 6 Farbentafeln und 39 Abbildungen im Text.
Zwei Bände. Erster (Zweiter) Band.
Berlin: Ernst Wasmuth A-G (1925). 94 S., 170 Taf.; 68 S., Taf. 171–
340. gr. 4°
Chinesische Baukeramik. Von Ernst Boerschmann.
Berlin: Albert Lüdtke Verlag 1927. 110 S., 160 S. Abb. 4°
Die Baukunst und religiöse Kultur der Chinesen. Einzeldarstellungen auf
Grund eigener Aufnahmen während dreijähriger Reisen in China. Von
Ernst Boerschmann, Professor. Band III: *Pagoden* 寶塔 Pao Tá. Erster
Teil. 514 Bilder im Text und 10 Tafeln.
Berlin und Leipzig: Walter de Gruyter & Co. (1931). XV, 428 S. 4°
Inhalt
1. Die chinesische Pagode. Ihr Bild in der Landschaft und Kunst
2. Die Hauptformen der großen Pagoden
   Stufenpagoden – Quadratische Tienningpagoden – Ringpagoden
   Stockwerkpagoden – Galeriepagoden – Glasurpagoden
   Werksteinpagoden – Pagoden in Gruppen
3. Nebenformen der Pagoden
   Eisen- und Bronzepagoden – Grabpagoden
   Weihrauchpagoden – Innenpagoden
Die Pai t'a von Suiyüan, eine Nebenform der T'ienningpagoden. Von Ernst
Boerschmann. Mit 6 Tafeln und 10 Textabb.
Ostasiatische Zeitschrift. NF 14.1938, 185–208

Ernst Boerschmann: Pagoden in Nordchina zur Zeit der Liao und Chin (11.–
12. Jahrhundert).
Ostasiatische Zeitschrift. NF 15/16.1939/40, 113–117
Pagoden im nördlichen China unter fremden Dynastien. Von Ernst Boersch-
mann.
Der Orient in deutscher Forschung. Leipzig 1942, 182–204, Taf.
XXXIII–XL

Einige architektonische Termini

Abakus – In der Regel quadratische Deckplatte als Abschluß des Kapitells.
Akroterium – Figürliches oder ornamentales Gebilde aus Ton oder Marmor
auf der Giebelspitze und über den Giebelecken von antiken Tempeln und
Hallen
Echinus – insbesondere das wulstartige Element dorischer Kapitelle, zur
Unterstützung des Abakus
Eierstab – Zierleiste aus abwechselnd eiförmigen und pfeilspitzenartigen
Formen, unten immer und oft auch oben abgeschlossen von einer Perl-
schnur
Kämpfer – Die abschließende Platte einer Säule, eines Pfeilers oder eines
Dienstes: Auflager für Bogen oder Gewölbe
Kyma – Profilleiste aus stilisierten Blattornamenten zur Abgrenzung ein-
zelner Bauteile
Plinthe – Die Unterlagsplatte der Basis eines Stützgliedes (Pfeiler, Säule)
oder einer Wand
Risalit – Ein in der ganzen Höhe des Baues vor dessen Flucht tretender Bau-
teil – ein häufig benutztes Mittel zur Gliederung von Fassaden
Stromschicht – Horizontal liegende geneigte Steinschicht
Werkstein – Bearbeiteter Stein

Abkürzungen

AA	Artibus Asiae
JNCBRAS	Journal of the North China Branch of the Royal Asiatic Society
NOAG	Nachrichten der Gesellschaft für Natur- und Völkerkunde Ostasiens
OE	Oriens extremus
OZ	Ostasiatische Zeitschrift
ZDMG	Zeitschrift der Deutschen Morgenländischen Gesellschaft

Zeittafel[27]

Shang/Yin	ca. 1500–ca.1030
Zhou	ca. 1030–256
Westliche Zhou	ca. 1030–771
Östliche Zhou	770–256
Qin	221–207
Han	206 v.–220 n. Chr.
Westliche Han	206 v.–8 n. Chr.
Xin (Wang Mang)	9–23
Östliche Han	25–220
Drei Reiche	220–265
Jin	265–420
Westliche Jin	265–317
Östliche Jin	317–420
Südl. u. Nördl. Dynastien	420–581 (589)
Sui	581–618
Tang	618–907
Fünf Dynastien	907–960
Song	960–1279
Nördl. Song	960–1127
Südl. Song	1127–1279
Liao	907–1211
Jin	1115–1234
Yuan	1271–1368
Ming	1368–1644
Hongwu	1368–1398
Yongle	1403–1424
Jiajing	1522–1566
Wanli	1573–1620
Qing	1644–1911
Kangxi	1662–1722
Yongzheng	1723–1735
Qianlong	1736–1795
Jiaqing	1796–1820
Republik	1912–1949

---

27 Nach *China Handbuch*. Hrsg. v. W. Franke. Düsseldorf: Bertelsmann 1974, XXI–XXII.

Bibliographie

Arlington, Lewis Charles; William Lewisohn: *In search of old Peking*. Peking: Henri Vetch 1935. VI, 382 S.

Bao Ding 鮑鼎: Pagodas of the T'ang and Sung periods. *Zhongguo yingzao xueshe huikan* 中國營造學社彙刊 6.1937:4, S. 1–31 [nicht gesehen]

Barrett, T. H.: Stūpa, sūtra and śarīra in China, c.656–706 CE. *Buddhist origins and the early history of Buddhism in South and Southeast Asia*. Ed. by Paul Williams. London [u.a.], 2005, 12–55

Bauer, Wolfgang: Erich Haenisch (1880–1966). *ZDMG* 117.1967, 205–210, Porträt

Baumer, Christoph: *Wutai-shan; Mittelpunkt des chinesischen Buddhismus. Klöster und Pilger am heiligsten Berg Chinas*. Hamburg: Detjen 2009. 336 S.

Berger, Arthur: *Mit Sven Hedin durch Asiens Wüsten. Nach dem Tagebuch des Filmoperateurs der Expedition Paul Lieberenz*. Berlin: Wegweiser-Verlag 1932. 383 S.

Beye dailame wargi amargi babe necihiyeme toktobuha bodogon-i bithe. Hrsg. von Unda. 1709.

Boerschmann, Ernst: Pi-yün-ssu bei Peking, ein buddhistischer Tempel. *Wochenschrift des Architekten-Vereins zu Berlin* 1.1906, 47–52

Boerschmann, Ernst: *P'u T'o Schan. Die heilige Insel der Kuan Yin, der Göttin der Barmherzigkeit*. Berlin: G. Reimer 1911. XVII, 203 S.

Boerschmann, Ernst: Pagoden der Sui- und frühen T'ang-Zeit. *OZ* NF 1.1924, 195–221

Boerschmann, Ernst: *Chinesische Architektur*. Berlin: E. Wasmuth 1925. 2 Bde.

Boerschmann, Ernst: Der Quellhof in Pi Yün Sze. Ein Meisterwerk chinesischer Gartenkunst. *Gartenschönheit* 1929, 465–468

Boerschmann, Ernst: *Pagoden*. 1. Teil. Berlin & Leipzig: W. de Gruyter, 1931. XV, 428 S.

Boerschmann, Ernst: Die Pai t'a von Suiyüan, eine Nebenform der T'ien-ningpagoden. *OZ* NF 14.1938, 185–208.

Boerschmann, Ernst: *Lagepläne des Wutai shan und Verzeichnisse seiner Bauanlagen in der Provinz Shanxi*. Wiesbaden: Harrassowitz 2012. 118 S., 1 CD

Boerschmann, Ernst: *Hongkong, Macau und Kanton. Eine Forschungsreise im Perlfluß-Delta 1933*. Hrsg. v. E. Kögel. Berlin: W. de Gruyter 2015. X, 188 S.

Bouillard, Georges: *Tombeaux impériaux des dynasties Ming et Ts'ing*. Paris: Nachbaur 1931. 225 S.

Bredon, Juliet: *Peking. A historical and intimate description of its chief places of interest*. 2nd ed. rev. and enl. Shanghai: Kelly & Walsh 1922. X, 523 S.

Brooks, Timothy: *Geographical sources of Ming-Qing history*. Ann Arbor: Center for Chinese Studies, Univ. of Michigan (1988). XXII, 267 S.

Bushell, Stephen W.: *Chinese art*. Vol. 1. London: Stationery Office 1921, Taf. 39.

Carus, Paul: *Chinese thought. An exposition of the main characteristic features of the Chinese world conception*. Chicago: Open Court 1907. 195 S.

Chavannes, Edouard: *Mission archéologique dans la Chine septentrionale*. Planches 2. Paris: Leroux 1909.

Chayet, Anne: *Les temples de Jehol et leurs modèles tibétains*. Paris: Ed. recherches sur les civilisations 1985. 206 S.

Chochlov, A. N.: Dmitrij Dmitrievič Pokotilov. *Voprosy istorii* 2011:5, S. 36–54.

Collection of Chinese Pagodas achieved by the Siccawei Catholic Mission, Industrial School, near Shanghai, to the World's Panama Pacific Exposition 1915. O.O. [Shanghai?] 1915. 18 S. Text, Abb. – Text (Chinese pagodas) auch in *JNCBRAS* 46.1915, 45–57

Ding Wenjiang 丁文江: *Zhonghua minguo xin ditu* 中華民國新地圖. Shanghai: Shenbaoguan 1934. 53 kol. Karten

Ecke, Gustav; Paul Demiéville: *The twin pagodas of Zayton. A study of later Buddhist sculpture in China*. Cambridge, Mass.: Harvard Univ. Press 1935. VIII, 95 S.

Filchner, Wilhelm: *Das Kloster Kumbum in Tibet. Ein Beitrag zu seiner Geschichte*. Berlin: Mittler 1906. XIV, 164 S. (Wissenschaftliche Ergebnisse der Expedition Filchner nach China und Tibet 1903–1905. Bd. 1.)

Filchner, Wilhelm, [W. A. Unkrig]: *Kumbum Dschamba Ling. Das Kloster der hunderttausend Bilder Maitreyas. Ein Ausschnitt aus Leben und Lehre des heutigen Lamaismus*. Leipzig: Brockhaus in Komm. 1933. XVI, 555 S.

Finnane, Antonia: A place in the nation: Yangzhou and the ‹idle talk› controversy of 1934. *Journal of Asian Studies* 53.4 (Nov. 1994) 1150–74.

Fischer, Emil S.: *The sacred Wu Tai Shan. In connection with modern travel from Tai Yuan Fu via Mount Wu Tai to the Mongolian border*. Shanghai 1925. 37 S.

Fonssagrives, Eugène: *Si-Ling: étude sur les tombeaux de l'ouest de la dynastie des Ts'ing*. Paris: E. Leroux 1907. (Annales de Musée Guimet 31.)

Forêt, Philippe: *Mapping Chengde. The Qing landscape enterprise.* Honolulu: Univ. of Hawaii Press 2000. XVIII, 209 S.

Franke, Herbert: Consecration of the «White Stupa» in 1279. *Asia Major* 7.1994, 155–183

Franke, Otto: Eine Reise in den Jehol-Distrikt. *Das Ausland* 1891, 735–740, 753–758, 771–776

Franke, Otto: *Beschreibung des Jehol-Gebietes in der Provinz Chihli. Detail-Studien in chinesischer Landes- und Volkskunde.* Leipzig: Dieterich 1902. XV, 103 S.

Franke, Otto; Berthold Laufer: *Lamaistische Kloster-Inschriften aus Peking, Jehol und Si-ngan.* Berlin: Dietrich Reimer, Hamburg: Friedrichsen 1914. 2 Mappen mit 81 Taf. in Faks. 2° (Epigraphische Denkmäler aus China T. 1.)

Franke, Otto: *Geschichte des chinesischen Reiches; eine Darstellung seiner Entstehung, seines Wesens und seiner Entwicklung bis zur neuesten Zeit.* Berlin: W. de Gtuyter 1930–1952. 5 Bde.

Franke, Otto: *«Sagt an, ihr fremden Lande». Ostasienreisen: Tagebücher und Fotografien (1888–1901).* St. Augustin: Institut Monumenta Serica 2009. 527 S.

Franz, Heinrich Gerhard: *Pagode, Turmtempel, Stupa. Studien zum Kultbau des Buddhismus in Indien und Ostasien.* Graz: Akademische Druck- u. Verlagsanstalt 1978. 80 S., 28 Taf.

Franz, Rainer von: *Die unbearbeiteten Peking-Inschriften der Franke-Lauferschen Sammlung.* Wiesbaden: Harrassowitz 1984. VIII, 259 S., Taf. (Asiatische Forschungen 86.)

Fuhrmann, Ernst: *China. Erster Teil: Das Land der Mitte.* Hagen i. W.: Folkwang-Verlag 1921. 42, 147 S. (Geist, Kunst und Leben Asiens 4.)

Geil, William Edgar: *Eighteen capitals of China.* London: Constable 1911. XX, 429 S.

Gimm, Martin: Zum mongolischen Mahâkâla-Kult und zum Beginn der Qing-Dynastie – die Inschrift *Shisheng beiji* von 1638. *OE* 42. 2000/2001, 69–103

Glauche, Johannes W.: *Der Stupa. Kultbau des Buddhismus.* Köln: DuMont 1995. 142 S. 4°

Groot, Jan Jakob Maria de [1854–1921]: *Der Thūpa, das heiligste Heiligtum des Buddhismus in China.* Berlin: Verlag der Akademie der Wissenschaften, in Kommission bei der Vereinigung wissenschaftlicher Verleger Walter de Gruyter u. Co. 1919. 96 S.

Grünwedel, Albert: *Mythologie des Buddhismus in Tibet und der Mongolei.* Führer durch die lamaistische Sammlung des Fürsten E. Uchtomskij; mit einem einleitenden Vorwort des Fürsten E. Uchtomskij und 188 Abb. Leipzig: Brockhaus 1900. XXXV, 244 S.

Grünwedel, Albert: *Briefe und Dokumente*. Herausgegeben von H. Walravens. Wiesbaden: Harrassowitz 2001. XXXVI, 206 S. (Asien- und Afrika-Studien der Humboldt-Universität zu Berlin 9.)

Haenisch, Erich: Die viersprachige Gründungsinschrift des Klosters Pi-yün-sze bei Peking. *OZ* NF 1.1924, 1–16, 2 Taf., 144–166

Haenisch, Erich: Erich Hauer (1878-1936). *ZDMG* 107.1957, 1–6

Hedin, Sven: *Jehol. Die Kaiserstadt*. Leipzig: Brockhaus 1932. 211 S.

Hildebrand, Heinrich: *Der Tempel Ta-chüe-sy (Tempel des großen Erkennens) bei Peking*. Berlin: A. Asher 1897. 34 S., 12 Taf.

Hürlimann, Martin: Nachklänge einer Reise von Peking nach Jehol. *Atlantis* 3.1931, 92–95

Huldermann: Chinesisches. *Die Reise. Monatsschrift der Hamburg-Amerika Linie*. 7. Jahrgang, Heft 4, April 1939, S. 14–17

Kammann, Christian: *Liang Sicheng* (online)

Karlbeck, Orvar: Professor Walter Perceval Yetts C. B. E.† *AA* 20.1957, 184–185.

Kögel, Eduard: *The grand documentation*. Berlin, Boston: W. de Gruyter 2015. 591 S.

Kottkamp, Heino: *Der Stupa als Repräsentation des buddhistischen Heilsweges: Untersuchungen zur Entstehung und Entwicklung architektonischer Symbolik*. Wiesbaden: Harrassowitz 1992. XXVI, 701 S.

Lessing, Ferdinand: Sven Hedin läßt einen Tempel kopieren. *Umschau* 5.9.1931

Liang Sicheng 梁思成: *A pictorial history of Chinese architecture; a study of the development of its structural system and the evolution of its types*. Cambridge, Mass.: MIT Press 1984. XXIV, 200 S.

Limpricht, Wolfgang: *Botanische Reisen in den Hochgebirgen Chinas und Ost-Tibets*. Dahlem: Repertorium 1922. VIII, 515 S.

Lin Weiyin 林微因, Liang Sicheng 梁思成: You Tianning si tan dao jianzhu niandai zhi jian bie wenti 由天寧寺談到建築年代之鑑別問題. *Zhongguo yingzao xueshe huikan* 中國營造學社彙刊 5.1935, 137–152

Liu Tun-tseng [Liu Dunzhen] 劉敦楨: Hebeisheng xibu gu jianzhu diaocha jilue 河北省西部古建築調查紀略. *Zhongguo yingzao xueshe huikan* 中國營造學社彙刊 5.1935, 1–58

Liu Tong 劉侗, Yu Yizheng 于奕正: 帝京景物略 *Dijing jingwu lue*. Shanghai: Gudian wenxue chubanshe 1957. 141 S.

Luo Zhewen 羅哲文 [1924–2012]: *Chinas alte Pagoden* [Zhongguo gu ta 中國古塔]. Beijing: Verl. für Fremdsprachige Literatur, 1994. 331 S. 4°

Melchers, Bernd: *China. Der Tempelbau – Die Lochan von Ling-yän-si. Ein Hauptwerk buddhistischer Plastik*. Hagen: Folkwang Verlag 1922. 74, 45, 18 S. 4°

Montell, Gösta: *The Chinese Lama temple, Potala of Jehol*: exhibition of historical and ethnological collections, made by Dr. Gösta Montell, member of Dr. Sven Hedin's expeditions and donated by Vincent Bendix; a century of progress exposition (1932). Chicago: Donelly 1932. 64 S.

Münsterberg, Oskar: *Chinesische Kunstgeschichte*. Bd. 2. Eßlingen: Paul Neff 1912, S. 24–30: Pagoden

Nawrath, Alfred: *Indien und China. Meisterwerke der Baukunst und Plastik*. Mit 208 Abb. und 1 Karte. Wien: Anton Schroll (1938). 61 S., 207 S. Abb.

Nietupski, Paul Kocot: *Labrang. A Tibetan Buddhist community on the inner Asian borderlands, 1709–1958*. Lanham, Md.: Lexington [2011]. XXXI, 273 S.

Perckhammer, Heinz von: *Peking*. Berlin: Albertus Verlag 1928. XX, 200 S.

Pokotilov, Dmitrij Dmitrievič: *U-taj, ego prošloe i nastojaščee*. St. Petersburg 1893. (Zapiski Imp. Russkago Geografičeskago Obščestva, po obšč. geografii 22,2.)

Poppe, Nikolaus: Erich Haenisch. *CAJ* 12.1968/69, 71–78

Sekino Tadashi 關野貞, Takeshima Takuichi 竹島卓一: *Jehol: The most glorious & monumental relics in Manchoukuo*. Tôkyô: Zauho Pr., 1934. IX, 28, 254 S. (4 Tafelbde.)

Sekino Tadashi 關野貞, Takeshima Takuichi 竹島卓一: *Nekka. Jehol*. Tôkyô: Zauho Pr. 1937. [Textbd.]

Shanxi tongzhi 山西通志

Sheshan zhi 攝山志 Sche schan tschi

Sirén, Osvald: *La sculpture chinoise du Ve au XIVe siècle*. T. 4. Bruxelles: G. van Oest 1926.

Staunton, George Leonard: *An authentic account of an Embassy from the King of Great Britain to the Emperor of China; including cursory observations made, and information obtained, in traveling through that ancient empire, and a small part of Tartary*. In two volumes, with engravings; beside a folio volume of plates. London: Nicol 1797. 2 Bde, Bildmappe

Sun Chengze 孫承澤: *Chunming meng yulu* 春明夢餘錄. Peking: Beijing chubanshe 1992. 2 Bde.

Swart, Paula; Barry Till: The Diamond Seat Pagoda. An example of Indian architectural influences in China. *Orientations* 1985:Feb., 28–39

Tokiwa Daijô 常盤大定 [1870–1945], Sekino Tadashi 關野貞 [1867–1935]: *Buddhist monuments in China*. Tôkyô: Bukkyô-Shiseki Kenkyûkai, 1925–1928.

Unkrig, Wilhelm Alexander: Peking in einer mongolischen Biographie des lCaṅ-skya Chutuktu. *Sinica Sonderausgabe* 1934, 45–57

Unkrig, Wilhelm Alexander: Der Wu Tai Schan und seine Klöster. Eine historisch-geographische Skizze und Schilderung der örtlichen Verhältnisse im Jahr 1889. *Sinica Sonderausgabe* 1935, 38–89

Walravens, Hartmut: *W. A. Unkrig (1883–1956). Leben und Werk*. Mit einigen seiner mongolistischen Beiträge. Wiesbaden: Harrassowitz 2003. 230 S. (Asien- und Afrika-Studien der Humboldt-Universität zu Berlin 12.)

Walravens, Hartmut: *W. A.* Unkrig (1883–1956): *Korrespondenz mit Herbert Franke und Sven Hedin. Briefwechsel über Tibet, die Mongolei und China*. Wiesbaden: Harrassowitz 2003. 293 S. (Asien- und Afrika-Studien der Humboldt-Universität zu Berlin 15.)

Walravens, Hartmut: *W. A.* Unkrig (1883–1956): *Korrespondenz mit Hans Findeisen, der Britischen Bibelgesellschaft und anderen über Sibirien und den Lamaismus*. Wiesbaden: Harrassowitz 2004. 204 S. (Asien- und Afrika-Studien der Humboldt-Universität 17.)

Walravens, Hartmut: *Sinologie in Berlin, 1890–1945: Otto Franke, Alfred Forke, Erich Hauer und Erich Haenisch. Schriftenverzeichnisse*. Mit einem Beitrag von Martin Gimm über Walter Fuchs. Berlin: Staatsbibliothek 2010. 228 S. 4° (Neuerwerbungen der Ostasienabteilung. Sonderheft 23.)

Walravens, Hartmut: «*Und der Sumeru meines Dankes würde wachsen.*» Beiträge zur ostasiatischen Kunstgeschichte in Deutschland (1896–1932). Briefe des Ethnologen und Kunstwissenschaftlers Ernst Große an seinen Freund und Kollegen Otto Kümmel sowie Briefwechsel zwischen dem Kunsthistoriker Gustav Ecke und dem Architekten Ernst Boerschmann. Wiesbaden: Harrassowitz 2010. 207 S.

Willis, Bayley: *Research in Northern China*. Washington, D.C.: Carnegie Institution 1907. 3 Bde., Karten

Wong, W. S.: *Stupa, pagoda and chorten*. Athens Institute for Education and Research 2014. http://hdl.handle.net/10722/199345

Ye Gongchuo 葉恭綽: *Guiyou banyue ji*. Shanghai: Zhongguo lüxing she 1932. 82 S.

Yi Junzuo 易君左: *Xianhua Yangzhou* 閒話揚州. Shanghai: Zhonghua shuju 1934. 2, 114 S.

Zhang Yuhuan 张驭寰: *Chuanshi futu. Zhongguo gu ta jicui* 传世浮屠：中国古塔集萃. Tianjin: Tianjin daxue chubanshe 2010. 3 Bde.

Zhongguo yingzao xueshe huikan 中國營造學社彙刊. Nanxi, Sichuan: Zhongguo yingzao xueshe, 1.1930 – 5.1934/35; 6.1935/36; 7.1944/45.

Teil 1

Tienningpagoden

Abbildungsverzeichnis

Textillustrationen sind durch Sternchen* gekennzeichnet.

---

[1] Hinweis auf Boerschmanns Glasplatten (Verbleib nicht bekannt).

Kapitel 2

Kapitel 3

---

2   *Zhongguo yingzao xueshe huikan* 中國營造學社彙刊.

*tip82	Pagode südwestlich von Shanhaiguan, bei Changli 昌黎. Fuhrmann, Tafel 35.
tip83	Pagode bei Changli 昌黎
*tip84	Peking: Westberge, Badachu 八大處 Lingguang si 靈光寺 Blick nach NO. Unterbau einer alten, verschwundenen Pagode, jetzt bekrönt mit Pavillon. Vgl. Sk.B.[3] 34 III, p. 135b
*tip85	Pagoda at Ling Kuang Ssu, Western Hills. Bushell, Taf. 39
tip86	Peking, Westberge: Jietai si 戒臺寺
tip87	Peking, Westberge: Jietai si 戒臺寺
*tip88	Peking, Westberge: Jietai si 戒臺寺. 1440–50 erbaut für den Mönch Fajun 法君, †1074. Wolong songshu 臥龍松樹 – «Kiefernbaum des liegenden Drachen»
tip89	Peking, Westberge: Jietai si 戒臺寺. Photo: v. Westernhagen
*tip90	Peking, Westberge: Jietai si 戒臺寺. Pagode unweit Jietai si [wohl 極樂洞]. Die seitliche Spitze über dem runden Pagodenknopf gehört nicht zum Turm.
tip91	Peking, Westberge: Jietai si 戒臺寺. 2 Pagoden (12 m hoch) im Kloster Jietai si. Aufnahme: E. Herold
*tip92	Peking, Westberge: Jietai si 戒臺寺. Grabpagode für den Abt Dao Fu 道孚, erbaut 1475. Dazu: Probedruck.
tip93	Fangshan 房山 Yunjusi 雲居寺 (= Xiyu si 西域寺) B. Ch. A. VI/4, Taf. XI,4
tip94	Fangshan 房山, Yunjusi 雲居寺. *Buddhist monuments* III-108
tip95	Fangshan 房山, Yunjusi 雲居寺. Detailzeichnung zu *Buddh. Monuments* III-112 (2)
*tip96	Fangshan 房山, Yunju si 雲居寺 Nan ta (Südpagode) *Buddhist monuments* III-108
tip97	Fangshan 房山, Xiyu si 西域寺 Nan ta. 1931. Erhalten von General Spemann, 30. Dez. 1934

---

3   D.i. «Skizzen-Buch». Der Verbleib von Boerschmanns zahlreichen Skizzenbüchern ist nicht bekannt. Dem Vernehmen nach mögen sie teils im Besitz von Ulrich Hausmann sein.

tip98	Grundpläne von 4 Pagoden: Huata im Guanghui si; Muta im Tianning si; Qingta 青塔, im Linji si; Zhuanta im Kaiyuan si.
*tip99	Zhengding 正定, Linji si 臨濟寺, Qingta 青塔. *Buddhist Monuments* IV-131
tip100	Zhengding 正定, Linji si 臨濟寺, Qingta 青塔
tip101	Zhengding 正定, Linji si 臨濟寺, Qingta 青塔. Tresckow Nr. 42/Fingerhut 1904. *Buddhist Monuments* IV-131
tip102	Zhengding 正定, Linji si 臨濟寺, Qingta 青塔. Sockel, Hauptgeschoß, 2 Konsolringe
*tip103	Zhaozhou 趙州 oder Zhaoxian (Zhili): Bolin si 柏林寺. *Buddhist Monuments* IV-128
tip104	Zhaozhou (Zhili): Bolin si 柏林寺. *Buddhist Monuments* IV-129
tip105	Zhuoxian 涿縣, Pushou si 普壽寺. B. Ch. A. V,4 Taf. XVI,1
*tip106	Zhuoxian 涿縣, Pushou si 普壽寺. B. Ch. A. V,4 Taf. XVI,2
tip107	Zhuoxian 涿縣, Pushou si 普壽寺. Datum: 1931, durch G. Ecke
*tip108	Yixian 易縣, Jingjue si 淨覺寺. B. Ch. A. V,4 Taf. IX,1
tip109	Yixian 易縣, Jingjue si 淨覺寺. B. Ch. A. V,4 Taf. IX,4
tip110	Yixian 易縣, Taining shan, Shuangta an 雙塔庵, Dong ta 東塔. B. Ch. A. VI,4 Taf. X,5
*tip111	Yixian 易縣, Taining shan, Shuangta an 雙塔庵, Dongta 東塔 Sanktuarium. B. Ch. A. V,4 Taf. X,3
*tip112	Yixian 易縣, Jingke shan 荊軻山, Shengta yuan 聖塔院 B. Ch. A. V,4 Taf. XI,2
tip113	Yixian 易縣, Jingke shan 荊軻山, Shengta yuan 聖塔院 B. Ch. A.V,4 Taf. XI,3
*tip114	Laishui 淶水縣, Xigang ta 西岡塔. B. Ch. A. V,4 Taf. XV,1
tip115	Yuzhou 蔚州 oder Weixian (Chaha'er) Pagode beim Südtor. Aufnahme: W. Limpricht 1912–14

*tip147	Hebei: Jixian 薊縣: Baita im Guanyin si 觀音寺白塔 B. Ch. A. VI,4 Taf. XI,3
tip148	Heibei: Yixian 易縣, Taining, Shuangta an, Westpagode 雙塔庵西塔. B. Ch. A. VI,4 Taf. XII, 2
*tip149	Changxindian 長辛店, «Undated pagoda on hill about 4 miles of C.» Aufnahme: Montell 1930. Durch G. Ecke
tip150	Hebei: Zhengding, Huata 花塔 im Guanghui si 廣惠寺
*tip151	Hebei: Zhengding: Huata 花塔 im Guanghui si 廣惠寺 Aufnahme: 1903
*tip152	Fangshan 方山, Yunju si 雲居寺 Nordpagode 北塔 *Buddhist Monuments* III-110
*tip153	Fangshan 方山, Beita 北塔. Sirén. *Buddhist Monuments* III-111
tip154	Fangshan 方山, Beita 北塔. Sirén 534
tip155	Shandong: Zhifu 芝罘-Yantai 烟臺, Lao heita 老黑塔 Collection of pagodas Siccawei 8/61. Foto vom Field Museum of Natural History, Chicago
*tip156	Shandong: Zhifu 芝罘-Yantai 烟臺, Lao heita 老黑塔 (12 li von Zhifu). Von Generalkonsul Schirmer-Tsingtau, 19.9.-15.10.1929. Aufnahme: Hannig
tip157	Shandong: Zhifu 芝罘-Yantai 烟臺, Lao heita 老黑塔 im Longwang miao. Von Generalkonsul Schirmer-Tsingtau, 19.9.–15.10.1929. Photo: Hannig.
*tip158	Ninghai 甯海縣 bei Zhifu 芝罘 (Shandong). «Pagode vor dem Osttor von Mooping (Ninghai) 甯海縣, 20 engl. Meilen von Zhifu; etwa 27 m hoch. 1/4 Stunde entfernt von der sogen. Hundepagode.» Aufnahme: Ah Fong, Zhifu. Durch C. W. Schmidt, Zhifu 20.12.30
tip159	Dengzhou fu. Pagode östlich von Ninghai 甯海, genannt Hundepagode
tip160	Gansu: Fuqiang. «Cat. no. 130414. Pagoda of the Eastern Mountains. In Fu-Kiang 伏羌 District, Kungch'ang Prefecture, Kansu Province. Octagonal in form, with nine stories. Original 73 feet high with diameter at base of 21 feet, the walls being five feet five inches thick. built of bricks. At present in ruinous condition.» Field Museum of Natural History, Chicago
tip161	Shandong: Wenshang. «Cat. no.130395. Pagoda in the city of Wenshang hsien 汶上縣, the district of Yenchou,

Shan-tung Province. It consists of thirteen stories, narrowing towards the top and rises to a height of about 100 feet. Each story has four open windows. The pagoda was built in the later Tsin period 936–947. The first, second and uppermost stories are projected by a double roof.» Siccawei Model p. 6 Nr. 56 Pagoda of Wenshang; p. 4 Nr. 52 Ming lung t'a at Yenchoufu 兗州.

Kapitel 6

*tip162	Zhuoxian 涿州, Zhidu si 智度寺 Südpagode 南塔 B. Ch. A. V, 4 Taf. XVIII, 2
*tip163	Zhuoxian 涿州, Yunju si 雲居寺 Nordpagode 北塔, 6stufige Pagode. B. Ch. A. V, 4 Taf. XVII,1
tip164	Zhuoxian 涿縣, Zhidusi 智度寺 Teilansicht des Unterbaus. B. Ch. A. V, 4 Taf. XVIII,3
*tip165	Yixian 易縣白塔院 Qianfo ta. B. Ch. A. V,4 Taf. XII,1 unten: Teil des Sockels. Taf. XII,2
tip166	Zhuoxian 涿縣, Yunju si 雲居寺. Teil des Untergeschosses. B. Ch. A. V,4 Taf. XVII,2
tip167	Zhuoxian 涿縣, Yunju si 雲居寺. Pingzuoxia diaoke – Reliefs unterhalb der Terrasse. B. Ch. A. V,4 Taf. XVII,3
tip168	Liaoning, Baita si 遼寧白塔寺 [genauer Ort unbekannt] B. Ch. A. VI,4 Taf. XIII,2
*tip169	Pagode bei Changxindian 長辛店 (Hebei) 1931 Vgl. *Pagoden* I, Bild 97. Erhalten von General Spemann, Nanking 30. Dezember 1934
tip170	Pagode von Changxindian 長辛店 (Hebei). Aufnahme: 1934
tip171	Pagode von Changxindian 長辛店 (Hebei), nordöstlich von Liangxiang
tip172	Lageplan der Doppelstadt Guihua-Suiyuan mit Bahnlinie und der östlichen Baita. Maßstab 1 : 200.000
*tip173	Chinesische Texte zur Baita von Suiyuan 綏遠白塔 1. Text rechts: Auszug aus der handschriftlichen Chronik des Kreises Guihua, in der Provinz Suiyuan .... 2. Text links: Text über die Baita von Suiyuan aus dem chinesischen Reiseführer auf der Bahnstrecke von Peking nach Suiyuan aus dem Jahre 1926. ...

Kapitel 7

tip207	Nanjing, Qixia si 棲霞寺. Temple of the Three Sages, Sansheng dian 三聖殿
*tip208	Nanjing, Qixia si 棲霞寺. Pagode und Haupthalle von SW. Aufnahme: Tsung Pai-hua [Zong Baihua] 1926
tip209	Nanjing, Qixia si 棲霞寺. Tsien Fu Precipice 千佛岩 Buddhagrotten: 2 Reihen kleine, 2 große, 3 mittlere
tip210	Nanjing, Qixia si 棲霞寺. Pagode – Neue Terrasse
tip211	Nanjing, Qixia si 棲霞寺. Pagode vor Haupthalle von SSW
tip212	Nanjing, Qixia si 棲霞寺. Unbeschriftet; wohl Modell.
tip213	Nanjing, Qixia si 棲霞寺
tip214	Nanjing, Qixia si 棲霞寺. The images of the Three Sages 三聖殿大佛. Qianfo yan 千佛岩. Wuliang dian = Sansheng dian.
*tip215	Nanjing, Qixia si 棲霞寺. Sanktuarium der Pagode. Figur des Tianwang in Südwest.
tip216	Nanjing, Qiaxia si 棲霞寺. «First storey and base of the Sharira Pagoda». *Buddhist Monuments* IV-4
tip217	Nanjing, Qiaxia si 棲霞寺. Sirén 594 (Chinese sculpture)
tip218	Nanjing, Qixia si 棲霞寺 Pagode. Sirén 593
tip219	Nanjing, Qixia si 棲霞寺. *Buddhist Monuments* IV-6
tip220	Nanjing, Qixia si 棲霞寺. *Buddhist Monuments* IV-5
*tip221	Nanjing, Qixia si 棲霞寺. *Buddhist Monuments* IV-12(1)
*tip222	Nanjing, Qixia si 棲霞寺, Buddhas Geburt. *Buddhist Monuments* IV-7
*tip223	Nanjing, Qixia si 棲霞寺. Aufriß 1932; mit Beischrift von Ye Gongchuo
*tip224	Nanjing, Qixia si 棲霞寺. Inschrift von Ye Gongchuo: Chongxiu Sheshan Sui sheli shita ji, dat. 1931
tip225	Nanjing, Qixia si 棲霞寺. Chongxiu Qixia si shita ji 重修棲霞寺石塔記 [Überschrift]
tip226	Nanjing, Qixia si 棲霞寺. Entwurfszeichnung zu den Reliefs, vgl. tip225
*tip227	Yuquan shan 玉泉山 bei Peking. Foto: S. Yamamoto
tip228	Yuquan shan 玉泉山 bei Peking. «Marmorpagode über Teich, Hügel u. Pagode spiegelt im Wasser». Durch C. W. Schmidt-Zhifu 1931

tip229	Yuquan shan 玉泉山, Marmorpagode. Postkarte von A. v. Gabain, 30/12.31
*tip230	Yuquan shan 玉泉山, Marmorpagode. Reliefs N - NW - W
tip231	Yuquan shan 玉泉山. Marmorpagode, Reliefs
tip232	Yuquan shan 玉泉山, Marmorpagode. Reliefs W - SW - S - O. Fuhrmann, Taf. 33; auch (besser): Perckhammer 26. Am besten Nawrath: *Indien und China*, Taf. 33
tip233	Yuquan shan 玉泉山, Marmorpagode. Reliefs NO - O - SO. Nach einem Bild der Kunstbibliothek
tip234	Yuquan shan 玉泉山, Basaltbuddhas bei der Edelsteinpagode. Aufnahme: E. Herold
tip235	Yuquan shan 玉泉山, Basaltbuddhas bei der Edelsteinpagode. Aufnahme: E. Herold
tip236	Yuquan shan 玉泉山. Basaltbuddhas bei der Edelsteinpagode. Aufnahme: E. Herold
tip237	Yuquan shan 玉泉山, Qianfo dong 千佛洞 Buddhas Nirvana, Kalksteinreliefs in Höhle
*tip238	Xihu 西湖, Hangzhou. Huayan ta 華嚴塔
tip239	Xihu, Hangzhou. Huayan ta 華嚴塔 在西冷印社 Erhalten von Ede 8.2.30
tip240	Xihu, Hangzhou, Huayan ta 華嚴塔 在西冷印社 im Garten der Xilengyinshe auf der kaiserlichen Insel, links vor der oberen Brücke.
tip241	Sirén 520: Jiuta si, 55 km von Jinanfu, Shandong
tip242	Sirén 533: Fangshan xian, Beita
tip243	Sirén 534: Fangshan xian, Beita
tip244	Sirén 535: Fangshan xian, Beita, Seitenpagoden
tip245	Sirén 572: Zhengdingfu, Muta
tip246	Sirén 578: Fangshan, Nanta
tip247	Sirén 579: Fangshan, Nanta
tip248	Sirén 580: Fangshan, Nanta, kleine Gedenkpagoden
tip249	Sirén 593: Nanjing, Qixia si
tip250	Sirén 594: Nanjing, Qixia si
tip251	Sirén 595: Nanjing, Qixia si, 1. Relief: Buddhas Geburt.

Inhalt

Vorbemerkung

Sonderstellung der Tienningpagoden – Name – Eigenart der Form – Beschränkung auf den Norden – Geschichtliche Voraussetzungen.

Als Hauptformen der großen Pagoden wurden in Abschnitt II jene Gruppen zusammengefaßt, die sich im wesentlichen aus den reinen Stockwerksformen herleiten und über das ganze Reich mehr oder weniger gleichmäßig verteilt sind. Es wurde aber bereits darauf hingewiesen, daß selbst jene einzelnen Gruppen vielfach eine gewisse Ordnung erkennen lassen nach landschaftlichen und zeitlichen Räumen, an die sie gebunden erscheinen. Eine solche Sonderstellung, in geographischer wie in geschichtlicher Hinsicht, nehmen vorzugsweise drei wichtige Gruppen ein, die Achtseitigen Tienningpagoden, die Lamapagoden und die Mehrtürmigen Pagoden. Schon im Vorwort zum Ersten Teil dieses Pagodenwerkes war in Aussicht gestellt, daß die Behandlung jener drei Gruppen erst in diesem Zweiten Teil erfolgen sollte.

Das hat seine guten Gründe. Zwar gehören auch die Vertreter dieser drei Gruppen fast durchweg zu den Großen Pagoden, doch sind ihre Grundformen andere und ihr Vorkommen ist streng begrenzt auf bestimmte Gebiete und Zeiträume. Ihr formaler Ausgangspunkt liegt nicht im altchinesischen Stockwerkbau, sie finden sich durchaus nur im Norden Chinas in den Herrschaftsbereichen mongolischer und tartarischer Dynastien und sind entstanden vor allem unter deren Einfluß und während ihrer Regierungszeiten. Darum dürfen diese Gruppen nicht mit den übrigen zusammengelegt, sondern sie müssen selbständig behandelt werden. Die Lamapagoden und die Mehrtürmigen Pagoden stehen überdies in engster Beziehung zum Lamaismus und lenken die Blicke auf die alten Außengebiete, Mongolei, Turkestan, Tibet und bis nach Indien hinein. Wie diese Zusammenhänge gerade in der neueren chinesischen Geschichte ständig auch an politischer Bedeutung gewonnen, so spiegelt sich die religiöse Auswirkung auch in den Pagodenbauten wieder und zwar bis zu deren letzten Monumenten im 18. Jahrhundert unter K'ien-lung während der letzten Hochblüte des Chinesischen Reiches.

Der Name Tienningpagode wurde, wie bereits in der Vorbemerkung zu den Quadratischen Tienningpagoden im Abschnitt II Kapitel 1 erwähnt, gewählt nach dem hervorragendsten Beispiel dieser Gruppe, nämlich der grossen Pagode im T'ien-ning sze 天寧寺, dem Kloster des Himmlischen Friedens in Peking, die im folgenden Kapitel 2 dieses Abschnittes eine eingehende Behandlung erfährt. Dieser Name Tienningpagode ist inzwischen auch von den chinesischen Bauforschern für diese Gruppe anerkannt.

Die Form der Tienningpagode, mit der wir es in diesem Abschnitt zu tun haben, wurde in etlichen Beispielen bereits vorweg genommen und in ihrem Wesen gekennzeichnet, um die Gestaltung der anderen Gruppen, mit denen sie hier in mehreren Fällen bereits gemeinsam auftrat oder gar verwandt erscheint, genauer zu verstehen und zu bestimmen. So geschah es bei den Quadratischen Tienningpagoden, bei etlichen Beispielen aus Werkstein und Bronze, vor allem bei den Grabstupas und den Kapellenstupas, die bereits erste Hinweise auf Entstehung und Entwicklung des Tienningtyps ermöglichten. Die Tienningform zeichnet sich aus durch festen Rhythmus und gestattet eine höchst künstlerische, dabei mannigfache Ausbildung. Gerade die achtseitige Form, mit der wir es hier vor allem zu tun haben, stellt einen Höhepunkt in der Entwicklung chinesischer Pagoden dar, sie ist in der Architektonik von Gliederung und Aufbau sowohl den Stockwerkpagoden wie den ihr nahe verwandten Lamapagoden überlegen.

Die architektonische wie symbolische Erklärung im einzelnen, auch im Hinblick auf die organische Entwicklung, folgen an den betreffenden Hauptbeispielen, auf einiges wurde schon bei den früheren Beispielen hingewiesen. Hier werden die wesentlichsten Grundzüge kurz bezeichnet.

Auf hohem, reichgegliedertem Sockel sitzt ein einziges Hauptgeschoß als Sanktuarium, mit Turm und Fenstern, gewöhnlich in Relief, also blind, und mit einer inneren Kapelle ausgestattet, die aber meist unzugänglich bleibt. Darüber erhebt sich ein Turmstock mit einer Folge von 2 bis 12, in einzelnen Fällen noch mehr, doch stets nach geraden Zahlen angeordneten, ganz schmalen Ringgeschossen. Die Bekrönung erfolgt mit Vorliebe durch einen Knauf, häufig aber durch eine letzte, kurze Gipfelstange. Diese Pagoden sind durchweg fast ganz aus Ziegel und Terrakotta erbaut, nur für die Dachkränze ist gelegentlich Holz verwandt. Besondere Schmuckteile sind auch aus Werkstein hergestellt.

Es wurde bereits darauf hingewiesen, daß Tienningpagoden fast ausschließlich erbaut wurden in den nördlichen Gebieten Chinas, und zwar unter der Vorherrschaft tartarischer Dynastien. Ausnahmen bilden etwa die bereits behandelten Quadratischen Tienningpagoden, die auch in den Provinzen Schensi, Szetschuan und Yünnan vorkommen und auf T'ang und Ming zurückgehen, indessen noch in naher Verbindung stehen mit den nördlichen Ursprungsbereichen. Die geschichtlichen Voraussetzungen und inneren Zusammenhänge der nördlichen Hauptgruppen können an dieser Stelle nicht im ganzen Umfange erklärt werden. Es erscheint zweckmäßiger, diese geschichtlichen Beziehungen nach Bedarf mit der Beschreibung der einzelnen Beispiele und Untergruppen zu verbinden. Erst mit Hilfe der Untersuchung im einzelnen läßt sich später ein lebendiges Bild des großen geschichtlichen

Hintergrundes gewinnen. Nur einige wesentlichste Bemerkungen darüber mögen hier vorausgeschickt werden.

Die große Gruppe der Tienningpagoden, die in diesem Kapitel behandelt wird, gehört hauptsächlich in jene Zeit, als der Norden Chinas unter der Herrschaft von zwei tartarischen Volksstämmen stand, die einander folgten. Die Kitan 契丹 Tartaren, ein tungusischer Stamm aus den nördlichen Gebieten der heutigen Mandschurei und der inneren Mongolei, begründeten die Liao 遼 Dynastie und errichteten aus jenen nördlichen Teilen einschließlich des heutigen Peking ein mächtiges Reich, das von 936 bis 1125 bestand. Sie wurden gestürzt durch ihre benachbarten Stammesverwandten, die Nütschen 女真 Tartaren, die als Kin 金 Dynastie von 1125 bis 1234 herrschten und ihr neues Reich noch nach Süden und Westen erheblich erweiterten weit bis über den Huangho, zuweilen bis an den Yangtze heran. In jener Zeit, die etwa parallel geht mit der Dynastie der nördlichen Sung 960–1126 und der südlichen Sung 南宋 1127–1280, entstanden die Tienningpagoden und ihre Abarten, die darum von den japanischen Bauforschern auch gern als Liao und Kin Pagoden 遼金塔 bezeichnet werden. Diese Form hatte aber Vorläufer gehabt. In den Anfängen findet sie sich schon 500 Jahre früher, im 5. und 6. Jahrhundert, doch ebenfalls nur im nördlichen China, auch damals gebunden an einen verwandten Steppenstamm, die als die türkisch-tartarische Pei Wei 北魏 Dynastie 386–550 den gesamten Norden Chinas beherrschte. Andererseits hatte die eindrucksvolle Form natürlich auch vielfache Nachfahren, und zwar wurde sie wieder von den späteren, auch nach den letzten tartarischen Kaisern, denen das ganze chinesische Reich unterworfen war, mit Vorliebe wiederholt, wieder nur im Norden, und zwar von den Mongolen als Yüan 元 Dynastie (1234) 1280–1368 und von den Mandschu als Ts'ing 清 Dynastie 1644–1911. Wir beginnen mit dem frühesten Beispiel aus der Wei-Dynastie und zwei anderen, frühen Monumenten aus der gleichen Provinz Honan.

Kapitel 1 Tienningpagoden aus der Provinz Honan, Honan T'ien ning t'a 河南天寧塔

1. Die Pagode vom Sung yo sze – Bedeutung und Geschichte von Kloster und Pagode – Beschreibung der Pagode – Grundriß und Gliederung – Erdgeschoß – Hauptgeschoß – Turmstock – Bekrönung – Baulicher Zustand – Eindruck.
2. Pai ma ta bei Loyang – Standort und Geschichte – Beschreibung der Pagode: das Ausehen – das Innere – Unterbringung der Reliquien.
3. Tien ning sze ta in Anyang-Tschangte – Standort und Geschichte – Die Pagode – Losana-Terrasse – Sanktuarium – Freitreppe – Turmstock – Bildwerke am Sanktuarium.

Das früheste große Beispiel für die Form der Tienningpagode stammt aus der Wei-Dynastie und steht in der Provinz Honan. In der gleichen Provinz hatte nach der Überlieferung der Buddhismus zum ersten Male Fuß gefaßt in der Späteren Han-Dynastie unter Kaiser Ming Ti. Die buddhistischen Schriften, die damals im Jahre 67 aus Indien nach der Hauptstadt Loyang gebracht waren, wurden dort in einer ersten Pagode aufbewahrt. Auch der viel spätere Neubau dieser Pagode gehört in unsere Periode der Kin. Endlich stammt ein drittes großes Beispiel in Tschangte im Norden der gleichen Provinz, im Ursprung aus der Sui-Dynastie, die mit tartarischen Ursprüngen verknüpft ist.

1. Die Pagode vom Sung yo sze, dem Kloster des Opferberges Sung, Sung yo sze t'a 嵩嶽寺塔

An die Spitze der Betrachtung aller Tienningpagoden gehört die außerordentlich bedeutsame Pagode vom Sung yo sze. Es handelt sich um das buddhistische Hauptkloster in dem mittleren der 5 altchinesischen Heiligen Berge und in ihm um das älteste Pagodenmonument, zugleich das erste größere Ziegelbauwerk, das wir in China kennen. Es ist noch aus dem Beginne des 6. Jahrhunderts auf unsere Tage gekommen und läßt den Tienningtyp bereits mit großer Klarheit und in monumentaler Durchbildung erkennen. Die hier folgenden geschichtlichen Angaben und einige bauliche Hinweise stützen sich zu einem Teile auf eine erste Erwähnung und mehrere Abbildungen der

tip1 Songshan, Songyue si 嵩嶽寺: Pagode. Von unterer Terrasse im Westen

Pagode bei Sirén[1], ferner auf die Mitteilungen von Professor Sekino, der die Geschichte des Klosters und das wichtige Baudenkmal in den *Buddhist Monuments*[2] auf Grund der vorhandenen Chroniken zum ersten Male ausführlich gewürdigt hat, jedoch ohne auf dessen innere oder tektonische Bedeutung näher einzugehen.

Weitere recht genaue Untersuchungen verdanken wir dem chinesischen Architekten und Bauforscher Liu Tun-tseng [Liu Dunzhen, 1896–1968] 劉敦槙, der auf wiederholten Reisen durch die Provinz Honan, zuletzt 1936, die Pagode besuchte, nach einigen Maßen Grundrisse zeichnete und seine Ergebnisse veröffentlichten im *Bulletin of the Society for Research in Chinese Architecture*, Bd VI, 1937[3]. Die Ausführungen beider Forscher werden nach Übersetzung aus dem japanischen und dem chinesischen Original hier zum Teil wörtlich wiedergegeben und sind mit eigenen Feststellungen ineinander verflochten, um ein möglichst abgerundetes Bild zu geben. Ich selber konnte bei meinem Besuch im Juni 1934 nähere bauliche Untersuchungen vornehmen, auf denen Zeichnungen und Beschreibung der Pagode beruhen. Die genaue symbolische Deutung des Tienningtyps wird erst an der Pagode von Peking gegeben werden.

Die einzigartige Bedeutung der Pagode vom Sung yo sze und ihre Erbauung kurz vor dem Ende der tartarischen Dynastie der Nördlichen 北魏 oder Yüan Wei 元魏 aus dem Hause der T'o-pa 拓跋氏 386–533 rechtfertigen es, an dieser Stelle die genaueren Nachrichten über Kloster und Pagode übersichtlich zusammenzustellen. Denn für die Geschichte des Pagodenbaues in China bildet dieses Monument einen wichtigen Ausgangspunkt. Ist es ohnedies überraschend, aus jener Frühzeit einen derartig großen und fein durchgebildeten Ziegelbau kennen zu lernen und noch aufrecht vor uns zu sehen, so muß man weiterhin annehmen, daß diese Pagode eine lange, sogar stolze Reihe von Vorläufern hatte, die aber sämtlich verschwunden sind. Das Dunkel in jener ersten Entwicklung der Pagodenform mag sich einst aufhellen, wenn

---

1   Osvald Sirén, 1879–1966, schwedischer Kunsthistoriker, Professor an der Universität Stockholm, dann Kustos am Nationalmuseum in Stockholm. Vgl. *Bibliographia Osvaldi Sirén*. Osvaldo Sirén octogenario die sexto Aprilis A.D. MCMLIX. Stockholm: Natur och Kultur 1959. 45 S. (Nationalmusei skrifter 6.) Die neueste, und gut gelungene, Würdigung Siréns verdanken wir Minna Törmä: *Enchanted by Lohans; Osvald Sirén's journey into Chinese art*. Hong Kong: Chinese Univ. Press 2013. XVII, 224 S. – Der Hinweis hier bezieht sich auf *La sculpture chinoise du Ve au XIVe siècle*. T. 4. Bruxelles: G. van Oest 1926.

2   Sekino Tadashi verfaßte zusammen mit dem Buddhologen Tokiwa Daijô das grundlegende Werk *Buddhist monuments in China*. Tôkyô: Bukkyô-Shiseki Kenkyûkai, 1925–1928, das zuerst in japanischer Sprache erschien. Es wird ergänzt durch 5 großformatige Tafelbände.

3   *Zhongguo yingzao xueshe huikan* 中國營造學社彙刊 6.1937, Heft 4 (liegt nicht vor).

man später aus bekannten Formen und neuen literarischen Quellen Rück-
schlüsse ziehen kann auf die Pagodenbauten in den ersten Jahrhunderten des
chinesischen Buddhismus. Dabei wird die Pagode vom Sung yo sze stets eine
Schlüsselstellung einnehmen.

Geschichte von Kloster und Pagode

Die Pagode vom Sung yo sze 嵩嶽寺 wurde erbaut 522, gleichzeitig mit der
Ausgestaltung dieses großen Klosters, das heute im Volksmunde genannt
wird Ta t'a sze 大塔寺 Großes Pagoden-Kloster. Es liegt in den Bergen des
Sung schan tschung yo 嵩山中嶽 des mittleren der 5 altchinesischen Opfer-
berge, die man die 5 großen Heiligen Berge Chinas nennt. Auch dieser
Opferberg der Mitte war seit je dem altchinesischen Naturkult und Staatskult
geweiht. Es scheint aber, daß gerade auf ihm die frühe Durchsetzung mit dem
Buddhismus erfolgte, und zwar nach einer ersten buddhistischen Gründung
schon im 3. Jahrhundert unter der Dynastie Ts'ao Wei 曹魏, in verstärktem
Maße unter der Dynastie Yüan Wei. Noch andere bedeutende Klöster im
Sung schan gehen auf sie zurück, auch das berühmte Schao lin sze 少林寺, in
dem der Patriarch Bodhidharma Ta mo 達摩 gerade gegen Ende der Wei-Dynastie, also vor 533, viele Jahre wirkte. Heute ist der Sung schan bekannter
durch seine buddhistischen Heiligtümer, als durch seinen altchinesischen
Kult.

Nachdem die Nördlichen Wei 494 ihre Hauptstadt von Ta t'ung im Norden der Provinz Schansi nach dem südlichen Loyang 洛陽 der alten chinesischen Hauptstadt in der heutigen Provinz Honan, also auf die Südseite des
Gelben Flusses verlegt hatten, richteten sie sich auch dort fest ein und schufen alsbald um ihre neue Hauptstadt eine große Zahl bedeutender buddhistischer Monumente. Unter anderen befand sich darunter vielleicht schon um
500 eine Vorläuferin der heutigen Pai ma t'a 白馬塔 Pagode des Weißen
Pferdes, im gleichnamigen Kloster unmittelbar neben der alten Hauptstadt,
deren Reste noch heute sichtbar sind etwa 18 Kilometer östlich vom jetzigen
Loyang, dem bisherigen Honanfu 河南府. Diese Pagode ist behandelt im IV.
Abschnitt, 2. Kapitel dieses Werkes. Von weiteren buddhistischen Bauwerken aus jener letzten Zeit der Yüan Wei sind am berühmtesten geworden die
Felsgrotten von Lungmen 龍門, Drachentor, einige Stunden südlich vom
heutigen Loyang am Durchbruch des Iho 伊河 durch die dortige Bergkette, in
deren Felsen zwischen 500–523 die ersten drei großen Buddhagrotten entstanden. Kaiser Süan Wu Ti 宣武帝 500–515, der ihre Anlage begann,
erbaute gleichzeitig in den Bergen des Sung schan, zwei Tagereisen östlich
von Lungmen 龍門, eine Reihe großer buddhistischer Klöster. Der mächtige
Gebirgsstock des Sung schan besteht aus zwei parallel laufenden Bergzügen,

dem nordöstlichen T'ai schi schan 太室山 und dem südwestlichen Schao schi schan 少室山. Am westlichen Ende des T'ai schi schan, an seinem Südfluß Nan lu 南麓, wurde auf Befehl des Kaisers 509 ein Reisepalast oder Sommerpalast Li-kung 離宮 erbaut an einer verborgenen, ausgezeichneten Stelle.

Unter dem minderjährigen Nachfolger Hiao Ming Ti 516–528 stiftete 520 die Kaiserinmutter und Regentin Hu T'ai Hou 胡太后, ebenso fanatisch in Förderung des Buddhismus wie grausam in politischen Taten, neben zahlreichen anderen Neubauten auch jenen Sommerpalast als Kloster zum beschaulichen Aufenthalt Hien kü sze 閒居寺, ließ es ausbauen und in ihm zugleich die Ziegelpagode aufführen im Jahre 522. Die Kaiserin selber wurde dort Nonne 525. Damals waren dort vorhanden an Hallen und Wohnräumen t'ang yü 堂宇 über 1000 Abteilungen kien 間, an Mönchen über 700. Hiermit begann das starke Eindringen des Buddhismus in den Sung schan.

Es ist zu beachten, daß jene starke buddhistische Betätigung der Kaiserin erfolgt sein muß unter dem unmittelbaren Einfluß des Bodhidharma oder Ta mo 達摩, der 518 aus Indien in Canton gelandet war und dort gewirkt hatte (die Jahreszahlen werden sehr verschieden angegeben), danach über den Hof des Liang Wu ti 梁武帝 in Nanking, und nach Überquerung des Yangtze schon 519 auf dem Sungschan angekommen und dort das Kloster Schao lin sze 少林寺[4] gegründet haben soll, wo er nach 9 Jahren Meditation etwa 529 gestorben ist. danach müßte er dort persönlich teil gehabt haben auch an den übrigen Klosterbauten jener Jahre, und selbst an der Erbauung der Pagode im Sung yo sze. Ta mo gilt als 1. der 28. Patriarchen und als Begründer der Schule der Meditation Tsch'an Tsung 禪宗.

Während der großen Buddhistenverfolgung unter den Nördlichen Tschou 557–581 verödeten Kloster und Pagode und dienten nur zum Ansehen. Doch unter den buddhafreudigen Sui ließ Kaiser Wen Ti schon in seiner ersten Regierungszeit K'ai Huang 開皇 581–601 den alten Zustand wieder herstellen und verlieh in seiner zweiten Periode Jen Schou 601–605, und zwar 601, dem Kloster den Namen Yo lu sze 嶽麓寺 Kloster am Fuß des Opferberges. Dann blieb es für immer ein bedeutender buddhistischer Mittelpunkt und war Vorort der Nördlichen Schule der tsch'an Richtung Pei Tsung Tsch'an 北宗禪. Daß diese Nördliche Schule unmittelbar mit Bodhidharma oder Ta mo in Verbindung gebracht wird, bestätigt ein Inschriftstein im Sung yo sze, der die Nachfolger des Ta mo p'u sa 達摩菩薩 aufzählt bis zu dem Mönch Ta T'ung Schen Hiu 大通神秀, der im Jahre 684 zum Abt des Klosters berufen wurde, und bis zu dessen Nachfolger Ta Tschao P'u Ki

---

4 *Buddhist Monuments* 2.1930, 111 ff.

大照普寂[5], der die Tafel selbst verfaßt hat und hervorhebt, daß er nunmehr die Lehre des Ta mo und der nördlichen Schule der Meditation genau überliefert habe. – In unserer Gegenwart leben auf dem Sung schan nur noch die Schulen Lin tsi 臨濟 und Tung men 洞門 (nach *Buddhist Monuments*).

Unter den berühmten Besuchern und Insassen wird genannt vor allen die T'ang Kaiserin Wu Hou 武后 684–705, eine noch ausgeprägtere Natur wie ihre einstige Vorgängerin Hu, die Begründerin des Klosters.

Zur Zeit der Kaiserin Wu Hou gab es östlich der Ziegelpagode eine Ts'i fo tien 七佛殿, Sieben Buddha Halle, die aber schon unter den Pei Wei 北魏 bestanden und damals geheißen hatte Feng yang tien 鳳陽殿, Halle des männlichen Phönix. Nördlich vom Kloster stand damals der Siao yao lou 逍遙樓, Turm zur Erholung, ebenfalls in der Konstruktion noch aus Pei Wei überkommen. Westlich der Pagode gab es eine Ting kuang fo t'ang 定光佛堂, Halle des festen Buddhaglanzes, und nördlich davon die Wu liang schou tien 無量壽殿, Halle des unvergänglichen Lebens, gebaut von der Kaiserin Wu Hou, damit in ihr fest stände zur Sicherung des Reiches Tschen kuo 鎮國 das Bildnis aus Goldbronze Kin t'ung siang 金銅像. Es wird eine jener bedeutenden Bronzefiguren gewesen sein, die aus verschiedenen Zeiten mehrfach erwähnt und beschrieben werden.

Zur Zeit des Kaisers Tschung tsung 中宗, dessen Regierung 684 nur wenige Monate dauerte bis zur Übernahme der Regierung durch seine Mutter Wu Hou, baute man im Kloster auf dem alten Bauplatz, wo zur Wei Zeit die Pa ki tien 八極殿 Halle der 8 Diagramme gestanden hatte, einen neuen Si fang tsch'an yüan 西方禪院, Meditationshof des Westens. Die erwähnte einstige Halle der 8 Diagramme findet ihr Gegenstück im Kloster T'ien ning sze 天寧寺 in Tschangte Anyang 彰德安陽 im nördlichen Honan, auf dessen altem Plan ebenfalls ein Turm mit 8 Diagrammen eingezeichnet ist. Auch befindet sich dort in Gesellschaft einer Tienningpagode, deren Ursprung auf die Sui-Dynastie 601 zurückgeht, auch ihr glatter und hoher Unterbau klingt an den Unterbau der Pagode von Sung yo sze an.

Weiterhin baute man, sicher schon unter dem Einfluß der Wu Hou, südlich vom Kloster auf dem benachbarten Berge Fu schan 輔山 die Geisterterrasse Ling t'ai 靈臺 und auf der Bergspitze dort einen Stupa in 13 Gliederungen, sicher auch in Tienningform, für den Meister der Meditation Ta T'ung 大通禪士. Auf dem Doppelhügel des Westlichen Bergrückens baute man die Phönixterrasse Feng t'ai 鳳臺 und die Schminkterrasse Tschuang t'ai 粧臺. Alle erhielten ihren Ruhm durch die Kaiserin Wu Hou.

---

5   Dazhao war der posthume Name des Puji.

tip3 Songshan, Songyue si 嵩嶽寺 – Detail

tip7 Songshan, Songyue si 嵩嶽寺

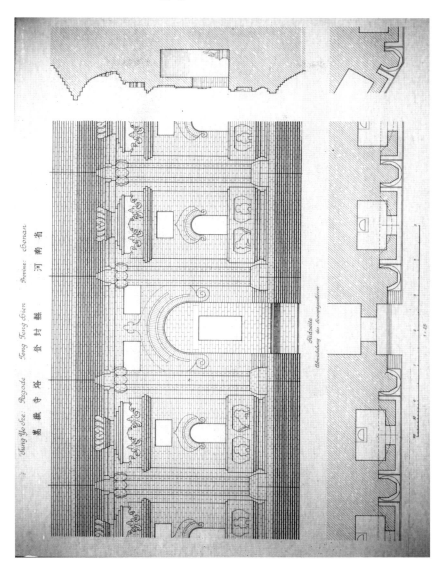

tip8 Songshan, Songyue si 嵩嶽寺
Südseite, Abwickelung des Hauptgeschosses

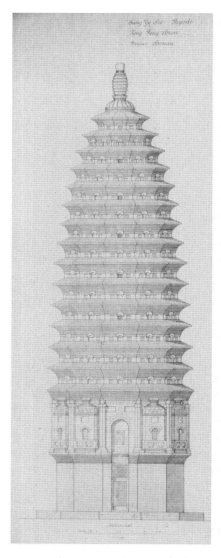

tip 9 Songshan, Songyue si 嵩嶽寺
Aufriß

Heute stehen im Kloster, das sehr klein geworden ist, an verschiedenen Stellen noch alte Inschrifttafeln. Diese lassen erkennen, daß es von hoher Bedeutung gewesen und seit der T'angzeit von gewaltsamen Zerstörungen verschont geblieben ist. Viele Baulichkeiten verschwanden, doch eines ist gewiß: Die Pagode ist allem Verfall entgangen, sie steht, wenn auch zuweilen instand gesetzt, noch in der alten Form von 522 vor uns. Darum soll diese wichtigste und früheste Quelle für große Ziegelpagoden in ihrem heutigen Zustand genau beschrieben und dadurch der Forschung erhalten bleiben. Auch hierbei werden die eigenen Feststellungen laufend ergänzt durch die Berichte von Sekino und Liu Tun-tseng. Leider bringt keiner von beiden, außer den Grundrissen, weitere Maße der Pagode.

Beschreibung der Pagode
Der Grundriß der Pagode hat die ganz ungewöhnliche Gestalt eines Zwölfeck. «Ob die Sockelterrasse, die vor den eigentlichen Turm vorspringt, ursprünglich und alt ist, kann man sehr schwer entscheiden. Da aber die gebrauchten Siegel ein Kreuzeichen tragen, so können sie nicht später sein als T'ang.» (Liu) Der hohe Unterbau der Pagode, der Hauptkörper, gliedert sich in zwei Teile, nämlich in das untere Erdgeschoß und das obere Hauptgeschoß, das eigentliche Sanktuarium. Auf die ungewöhnliche Form des hohen schmucklosen Erdgeschosses und auf seine Ähnlichkeit mit der Pagode in Tschangte wurde bereits hingewiesen. Vielleicht gehörte ein solcher glatter Schaft zu den frühesten Tienningpagoden aus dem Bestreben, das Sanktuarium hoch über die umgebenden Gebäude zu erheben und weithin sichtbar zu machen.
Das Erdgeschoß. Das glatte Erdgeschoß, das unmittelbar auf die Sockelterrasse aufsetzt, ist 4,12 m hoch, das Hauptgeschoß ist 4,52 m hoch, beide sind von einander getrennt durch ein starkes und kräftig geschwungenes Kraggesims von 12 Schichten, wodurch das Hauptgeschoß um etwa 0,50 m überkragt über das Erdgeschoß. Der Seitenlänge des unteren Schaftes von 2,85 m entsprechen ein Gesamtumfang von 12 x 2,85 = 34,20 m, und die beiden Durchmesser des Zwölfeck, ein kleinerer von 10,60 m zwischen den Seiten und ein größerer von 11,00 m zwischen den Ecken. Hiermit stimmen überein die Ziegel von 14 x 28 x 5,4 cm. Bei einer mittleren Fugenstärke von 6 mm ergibt sich eine Schichthöhe von 6 cm, es kommen also fast 17 Schichten auf 1,00 m. Aus diesen Maßen und aus den Photoaufnahmen sind die Abmessungen der oberen Teile der Pagode errechnet, und es ergab sich eine Gesamthöhe des Turmes von 39,60 bis zur höchsten Spitze.
Die Hauptachse des Turmes ist, wie das Kloster selber, in dessen kleinem Haupthof er steht, genau gegen Süden orientiert. Die völlig ebenen Wandflächen des Erdgeschosses sind in den Hauptrichtungen durchbrochen durch 4 Türöffnungen, von denen aber nur die südliche heute mit einer reicher ausge-

bildeten Türe ausgestattet ist. Die anderen sind vermauert, die westliche und
nördliche an den Außenseiten, die östliche an der Innenseite, sie ist von
außen zugänglich und bildet eine Kapelle mit einer Kultfigur auf Sockel. Es
ist anzunehmen, daß einst alle 4 Türöffnungen gleichmäßig ausgebildet waren und in das Innere führten. Hier muß eine Treppe den Aufstieg bis zur
Höhe ermöglicht haben. Heute ist jene Treppe mitsamt allen Geschoßböden
verschwunden. Eine Photoaufnahme von Liu Tun-tseng zeigt den Aufblick
von unten nach oben ungehindert bis zum Zenith. Sie läßt erkennen, daß über
dem Erdgeschoß, dessen großer Innenraum 12seitig ist wie das Äußere, vom
Hauptgeschoß ab durch vorgekragte Gesimse eine Anzahl von inneren Zwischengeschossen im 8seitigen Grundriß hergestellt waren. Diese entsprechen
jedoch nicht den äußeren 14 Ringen, sind vielmehr höher und dementsprechend geringer an Zahl, Liu zählte im ganzen 10 Geschosse. Die Beleuchtung
erfolgte durch einzelne durchbrochene Fensteröffnungen. Zur Besteigung
dienten wohl Leitern oder Holztreppen von Boden zu Boden. Doch alle Holz-
konstruktionen, auch der oberste Mittelstil, sind verschwunden. Die Vorkragungen im Inneren waren auch nötig, weil die inneren Wandflächen der oberen Geschoßmauern allmählich nach innen vorgesetzt wurden. Der Raum im
Erdgeschoß ist als Kapelle mit 3 Buddhafiguren eingerichtet.

Das Hauptgeschoß nimmt eine Sonderstellung ein durch seine lebhafte
Gliederung und reiche architektonische Gestaltung. Es hebt sich heraus als
ein rechtes Sanktuarium, dessen frühes Auftreten in so vollkommener Form
sehr bemerkenswert ist. Dadurch wird diese Pagode in der Tat die Mutter
aller späteren Tienningpagoden. Es ist klar, daß ein solches bedeutendes Geschoß nicht in einem Atem genannt werden kann mit den niedrigen Geschoßringen, die im Turmaufbau ganz anders gestaltet sind. Die chinesischen
und japanischen Forscher haben die seltsame Übung, in Anlehnung an die
Beschreibungen in den Chroniken, die Geschosse einfach durchzuzählen,
ohne Rücksicht auf ihre verschiedenen Formen. Wir werden hier stets das
Sanktuarium als Hauptgeschoß besonders nennen und die oberen Turm-
geschosse für sich zählen, in diesem Falle also sprechen wir von einem
Hauptgeschoß und 14 Ringgeschossen im oberen Aufbau.

Die Ecken des Hauptgeschosses sind kräftig betont durch gerade Eckpfeiler oder Dienste, die sich im Grundriß mit 5 Seiten aus dem Achteck entwickeln in 3/4 Relief von 45 cm Tiefe. Auf der Simsplatte sitzen sie mit richtigen Sockeln aus Plinthe und Wulstglied, das chinesisch gerne als umgestülpte Schale bezeichnet wird. Eine Art von Kapitell ist gebildet durch einen
Ring aus großen Perlen, der Pfeiler schießt durch und schneidet in das obere
Gesims ein. Diese wenig tektonische Konstruktion deutet auf einen unvoll-
kommenen Kompromiß aus indischen Vorbildern mit chinesischer Ziegeltechnik.

Die 12 Seitenflächen zwischen den Eckpfeilern zeigen zwei große Motive. Nach den 4 Hauptrichtungen ist je eine große Rundbogenöffnung, in den übrigen 2 x 4 = 8 diagonalen Seitenflächen sind Kapellenbauten angeordnet. Die 4 Rundbogenöffnungen durchbrechen mit ihren Gewänden das untere Hauptgesims und reichen bis auf den Fußboden des Erdgeschosses. Die Öffnung im Erdgeschoß auf der Südseite ist durch die Eingangstür mit Oberlicht offenbar erst später geschlossen worden, auch die obere Abschlußwand mit dem rechteckigen Fenster kennzeichnet sich durch das größere Ziegelformat als späterer Einbau. Auf den übrigen Seiten sind die gesamten Öffnungen mit solchen Ziegelmauern zugesetzt. Wie ihre ursprüngliche Ausgestaltung gewesen ist, bleibt unsicher. Vielleicht führten einst äußere Treppen unmittelbar nach oben, wie sie an späteren Beispielen, etwa in Tschangte-Anyang, noch erhalten sind. Jedenfalls deutet die Durchbrechung der großen Gesimse darauf hin, daß die gesamte Nische einst einheitlich ausgestaltet gewesen ist.

Der obere Rundbogen ist geschlossen als Halbkreis durch 2 doppelte Ringe aus je einer Rollschicht und Flachschicht, eine altchinesische Konstruktion, die auch heute noch durchweg angewandt wird. Die Stirnfläche des Bogens steht etwas vor dem aufgehenden Mauerwerk, sie verbreitert sich oben bis zu den geschweiften Bogenlinien, die an der Spitze in eine wahre gotische Kreuzblume aus Lotosblütenblättern auslaufen, an den Seiten in die Pfeiler einschneiden, unten an den Kämpfern aber sich zu großen Voluten rollen. Das sind indische Motive, doch ist alles in bester Ziegeltechnik ausgeführt. Für diese indische Form, die in der Hauptsache unserem Kielbogen entspricht, braucht der Chinese die schöne und treffende Bezeichnung Lien hua kung 蓮花拱 Bogen der Lotosblume. Es ist die Linie der geschlossenen Lotosblüte, die in sich das Heiligste birgt, in diesem Falle also, von 4 Seiten her, auf das Buddhabild hindeutet, das einst im Inneren des Sanktuariums gesessen haben mag. Das Zeichen *kung* 拱 bedeutet aber zugleich das ähnliche Bild von 2 Händen, die beim Gebet zur spitzen Bogenform zusammengelegt werden. Diese Art von Bögen entspricht durchaus dem Stil der bisher bekannten Denkmäler aus der Zeit der Nördlichen Wei, sie findet sich häufig in den Felsgrotten von Yün kang 雲岡 bei Ta'ung im nördlichen Schansi und vom schon erwähnten Lung men 龍門 bei Loyang. Ihre Verwendung bei dieser Pagode sichert also auch diese für die Zeit Ende der Wei. Später tritt die Form nur noch äußerst selten auf. Die Kreuzblume wird eingerahmt von 2 rechteckigen Blendnischen mit weißem Verputz aus Kalk. Dieser Verputz ist sparsam gebraucht an mehreren äußeren Architekturflächen des Sanktuarium, heute auch an den schmalen Ringgeschossen des Turmaufbaues. Ich möchte aber, entgegen Liu und Sekino, nicht annehmen, daß einst die ganze Pagode

weiß verputzt gewesen ist. Das verbot die glatte Behandlung der Ziegelflächen, und es würde auch nicht dem nördlichen Baustil entsprechen.

Die 8 Kapellen auf den Flächen der Zwischenrichtungen sind kenntlich an
ihren Fassaden, die als starke Reliefs etwa 45 cm vor den Mauerflächen stehen und diese zwischen den Eckpfeilern fast ganz ausfüllen. Über dem gegliederten Sockel erscheint im eigentlichen Kapellenkörper als Hauptmotiv
eine kleinere Rundbogenöffnung, deren einfacher Stirnbogen aus einer Rollschicht und einer Flachschicht ebenfalls umrahmt wird von einer klar gezeichneten Lotosknospe mit Voluten am Kämpfer und mit oberer Spitze.
Darüber sitzt eine Blendnische. Das zarte Gurtgesimse aus Kragschichten
wird bekrönt von 2 Eckzinnen und 1 breiten Mittelblume in bewegten Volu-
tenumrissen. Zwischen ihnen sitzen 2 kleine Kreuzblumen, die genau die
Form französischer Lilien haben. Hinter diesem Linienspiel, alles aus Ziegelschichten geschnitten, ragt ein kurzer Cylinder über leichtgebogenem
Grundriß empor und deutet eine Kuppel an. Über einigen abgetreppten
Schichten folgt eine flächige Krone aus 6 Blättern, die in das große Hauptgesims einschneiden. Das Ganze bedeutet einen Kapellenstupa. Die Bekrönung der Stupafläche mit Eckakroterien, Kuppellinie und Krone erinnert
durchaus an die fast gleichzeitige Sze men t'a bei Schen t'ung sze aus 544, an
ihr dortiges Abbild in Felsrelief aus 663, insbesondere aber an das Felsengrab
des Ling Yü aus 632, das bei Ling ts'üen sze sich befindet im Norden der
Provinz Honan, nicht allzuweit vom Sung schan. Diese Kapellenstupa wurden im Ersten Teil der Pagoden behandelt.

Im Gegensatz zu jenen freistehenden Grabkapellen, die oft als Kapellen
der allgemeinen Brüderschaft P'u t'ung t'a 普同塔 dienen, sind an unserer
Pagode diese mehr ideellen und von außen gar nicht zugänglichen Stupafron-
ten in ihren flächigen Sockeln mit Löwenreliefs geschmückt. In 2 abgeteilten
Feldern jedes Sockels hockt je 1 Löwe, ebenfalls aus den Ziegelschichten geschnitten und tritt stark aus der Grundfläche hervor. Diese beiden Bildnisse
sind aber nicht gleich, wenn auch einheitlich geordnet. In den beiden Kapellen unmittelbar neben einer Hauptrichtung, Süd, West, Nord oder Ost,
hockt der innere Löwe im Seitenprofil und blickt nach der Achse der Hauptrichtung, der äußere Löwe aber hockt frontal und blickt aus der Fläche heraus
nach vorne. Dadurch sind immer 2 Begleitkapellen mit der zugehörigen Mitte
zu einer Gruppe von Dreien verbunden, und die merkwürdige Zwölfzahl der
Seiten im Grundriß fände ihre Erklärung. Die Beziehung zum chinesischen
Zwölfer-Zyklus der 12 Erdstämme Schi örl ti tschi 十二地支 wird offenbar,
ebenso aber die buddhistische Ordnung der 4 Weltrichtungen mit ihren
Vertretern. Man könnte dabei denken an die 4 Buddhas unseres Zeitalters und
an 8 begleitende Bodhisattvas, oder an die 4 großen Bodhisattvas in den Mitten, wie es später die Pagode von Tienningsze bei Peking zeigt, und wieder-

tip6 Songshan, Songyue si 嵩嶽寺. Turmstock

um an 8 begleitende Gestalten in den Kapellen. In der Tat hat Liu Tun-tseng festgestellt, und auch ich hatte es bemerkt, daß die kleineren Rundbogen-öffnungen an den Kapellenfronten nicht etwa Fenster zum Inneren der Pagode sind, wie Sekino irrtümlich angenommen hat, sondern daß sie zu kleinen rechteckigen Kapellenräumen führen, in denen einst je eine buddhistische Kultfigur auf Sockel gestanden haben mag. Ihr gilt der eine Frontallöwe, die beiden anderen deuten auf ein Übergeordnetes in der zugehörigen Hauptachse, wo sich eine vornehmste Darstellung etwa auf Tafeln, die später herausgebrochen wurden, befunden haben mag. Vielleicht darf man annehmen, daß die gesamten Öffnungen der Hauptfronten bis zum Erdboden herunter ein einheitliches Motiv zeigten. Diese Frage, wie auch die etwaiger Freitreppen, bleibt offen.

Der Turmstock. Über dem Hauptgeschoß, dem Sanktuarium, bildet ein mächtiges, in kräftiger Hohlkehle weit ausladendes Ziegelsims von 13 vorgekragten Schichten den Abschluß und zugleich den Anfang für den Turmstock, der mit 14 schmalen Ringgeschossen in flüssiger Bogenlinie zur Spitze leitet. Die Geschosse sind durch mächtige Gesimse von einander getrennt. Kühnheit und technische Sicherheit dieser Kraggesimse sind ebenso groß wie das feine künstlerische Empfinden für ihre Ausgestaltung und Wirkung. Um den vollendeten Umriß zu erzielen, war es nötig, Ausladung und Höhe der einzelnen Gesimse, die aus einfachen, überkragten Schichten bestehen, auf das genaueste der allgemeinen Einschränkung des Turmdurchmessers bis auf 5.00 m und der Ringgeschoßhöhen von 40 bis auf 52 cm anzupassen. Die sorgfältige Rekonstruktion aus den Photoaufnahmen dürfte in den Zeichnungen die Verhältnisse richtig wiedergeben.

Das Hauptgesims über dem Sanktuarium ladet mit 40 cm und 14 Kragschichten, einschließlich der Deckplatte aus 2 Schichten, am wenigsten aus, um den Ansatz der großen Kurve sicher zu stellen. Der starke Rücksprung des 1. Ringes wird, wie auch an allen anderen Ringen, vermittelt durch Abdeckung des Gesimses mit abgetreppten Ziegelschichten. Das folgende Gesims ladet mit 13 Kragschichten 90 cm weit aus, dieses Verhältnis bleibt bis zum 5. Ring, danach vermindern sich die Kragschichten bis auf 8, die Ausladungen bis auf 60 cm über dem letzten, dem 14. Ring. Die Schwingungen der Gesimse in sich werden erzielt durch stetige, stärkere Vorkragung der einzelnen Schichten. Die reinen Ringhöhen sind entsprechend vom 1.–7. Ring je 40 cm, sie vermindern sich dann bis zum 14. Ring auf 32 cm. Man muß diese feinsten Überlegungen bei der stetigen Veränderung aller Einzelheiten auf dem Reißbrett nachkonstruieren, um den wundervollen Fluß der Linienführung und den Wohlklang aller Teile, die zu atmen scheinen, voll zu würdigen. Dabei ist durchweg nur der reine Ziegel verwendet, bei einem Minimum von Schmuck allein im Hauptgeschoß. Der erzielte, höchst gelungene

Umriß ist am ähnlichsten einer Parabel. Es ist bezeichnend, daß dieser konkave Umriß verglichen wird von den Japanern mit einem Kanonengeschoß, von den Chinesen selber mit einem Weberschiffchen.

Dieser konkave Umriß findet sich, unter anderen ähnlichen Beispielen, fast in gleicher Auffassung bei der quadratischen Tienningpagode von Pai ma sze bei Loyang, also in größter Nähe. Man wäre versucht, jene Pagode nicht nur als Nachahmung der Pagode vom Sung yo Kloster, sondern wenigstens im ersten Entwurf, als gleichzeitig mit dieser anzusehen, wenn jene nicht durch die Inschrift ausdrücklich in das Jahr 1175 gesetzt würde. Es besteht natürlich auch die Möglichkeit, daß der Aufbau des Turmstockes vom Sung yo Kloster später etwa gleichzeitig mit Pai ma sze erfolgte. Doch gibt es hierfür keine Belege oder auch nur eine Andeutung. Beide Türme stimmen überein, auch in den geschwungenen massiven Gesimsen, die man bei Pai ma sze nicht ohne weiteres erst für die Sungzeit in Anspruch nehmen kann, wenn man sie bei Sung yo sze widerspruchslos der Dynastie der Nördlichen Wei zuweist. Zum mindesten müßte man dann auch bei dieser ihre spätere Erneuerung in der Sungzeit für möglich halten. Erst weitere vergleichende Forschungen über die prächtigen Gruppen der großen alten Ziegelpagoden in den Provinzen Honan und Schensi könnten hierüber Aufklärung bringen.

Zum Vergleich werden hier, in unmittelbarem Anschluß an die Pagode vom Sung yo sze, noch Zeichnungen und einige Bilder von der Pagode des Weißen Pferdes Pai ma ta 白馬塔 angefügt, die bereits im Ersten Teil der Pagoden ausführlich behandelt wurde.[6] Damals lagen aber noch keine maßstäblichen Aufnahmen vor, sie erfolgten erst auf der jüngsten Reise 1934. Der Vergleich dieser beiden grundlegenden Pagoden läßt gerade den Aufbau des Turmstocks besser erkennen und mit den folgenden Beispielen in Verbindung bringen. Inzwischen setzen wir die Beschreibung von Sung yo sze fort.

Der Aufbau des Turmstocks zeigt die schon erwähnten 14 Ringgeschosse mit winzigen Türen und Fenstern. Diese haben noch einen Rest selbständiger Bedeutung behalten und sind als verkleinerte Nachahmung höherer Geschosse gleicher Formgebung etwa nach dem Muster früherer Bauwerke anzusehen, die damals diesem Bau schon lange vorangegangen sein müssen. Man könnte etwa an jene zum Teil gewaltigen Vorbilder in Holz denken, von denen zuweilen in der alten Literatur die Rede ist. Die gefundene Tienningform, massive Ausführung und indische Vorbilder ließen die Motive von Fenstern und Türen bei dem Turmstock zu reinem Schmuck verkümmern, bis sie in den schmalen Ringen späterer Tienningpagoden schließlich ganz verschwanden. Auf jeder der 12 Seitenflächen und in jedem Geschoß kehrt die gleiche Anordnung wieder, nämlich eine rechteckige Blendtür, umrahmt vom breiten

---

6 S. 92–95.

Lotosbogen, der in das obere Gesims einschneidet. Die winzigen Türen sind mit Tafeln fest verschlossen, eine Anzahl zeigt 2 angedeutete Türflügel, von denen der eine halb geöffnet erscheint. Das ganze Motiv ist flächig modelliert. Indessen sind, nach Feststellung durch Liu Tun-tseng, eine Reihe der Türen echte Öffnungen, und zwar die folgenden, durch die das Innere der Pagode Licht erhält wie durch Fenster: auf der Ostseite im 15. Geschoßring, der überhaupt nur Stabfenster aufweist, auf der Südseite im 4., 6., 8., 10. und 12. Geschoßring. Da im obersten, dem 14. Ring auf jeder der 12 Seiten nur je ein Stabfenster vorhanden ist, ergeben sich an Blenden und Öffnungen insgesamt 12 x 13 = 156 Türen und 2 x 156 + 12 = 324 Fenster. Eine wichtigste Steinschrift auf einem gerundeten Schriftstein von Li Yung 李邕, die aus der Tangdynastie stammt und noch im Hofe steht, spricht also mit Recht von einigen Hundert Türen und Fenstern.

Die Bekrönung über dem obersten Zeltdach wird als Ganzes bezeichnet mit *tsch'a* 刹. Dieser Ausdruck bedeutet insbesondere Schirm oder Stange, spira, als letzte Spitze einer Pagode oder eines Reliquienschreines, im weiteren Sinne die gesamte Bekrönung und steht schließlich für die Pagode selber oder gar für das ganze Kloster und den heiligen Bezirk. Diese tsch'a ist also der sichtbare Inbegriff des religiösen Gehaltes von Turm oder Bauanlage und ihr Wahrzeichen. Dementsprechend erfolgt die Ausbildung dieser Bekrönung stets mit besonderer Hingebung und Sorgfalt. Bei unserer Pagode besteht sie aus 3 Hauptgliedern: Sockel, Stange und Knauf. Der Sockel ist ein vereinfachter Lotosthron Lien hua tso 蓮花座 oder Berg Sumeru Thron Hü mi tso 須彌座. Auf einem kurzen Tambur mit Ring sitzt eine, wegen der perspektivischen Wirkung etwas überhöhte, umgestülpte Lotosblüte fu lien 覆蓮, zur Erde gewendet. Es folgen die Einschnürung schu yao 束腰 und darüber die zum Himmel empor blickende Lotosblüte yang lien 仰蓮. Aus diesem Sockel erhebt sich die Spira, genannt Siang lun 相輪, verbundene Ringscheiben, hier 6 solche Ringe mit einem Kern in gebauchtem Umriß. Die Ringscheiben der Stange Siang lun, an anderen Monumenten in verschiedener Anzahl, wiederholen die Folge niedriger Ringe im Turmstock und deuten wie jene, den Aufstieg zur Läuterung und Heiligung an, nunmehr kurz vor der Erlösung. Dann die Feuerperle Huo tschu 火朱, die über einem neuen, kleineren Lotosthron den allerletzten Abschluß bildet, stellt die Erlösung selber dar und leitet in den göttlichen Äther.

Der bauliche Zustand der Pagode scheint im allgemeinen noch gut zu sein, doch sind die obersten Geschoßringe und Teile am Hauptgeschoß erheblich verwittert. Wiederholte Instandsetzungen haben den Turm offenbar rechtzeitig gerettet. Insbesondere die unteren Geschoßringe lassen auf der Fernaufnahme eine jüngste Ausbesserung erkennen. Auch im heutigen Hohlraum des Inneren sind die Vorkragungen nicht ernstlich beschädigt. Die auffällig gute Erhaltung der Ziegel nach mehr als 1400 Jahren hat ihre vielfachen, nahen Parallelen in den zahlreichen Kapellenstupas im Kloster Schao lin sze, das einige Stunden von Sung yo sze entfernt, im westlichen Sung schan liegt und in der quadratischen Tienningpagode vom eng benachbarten Kloster Fa wang sze 法王寺[7]. Alle diese Monumente stammen aus der Zeit 600 bis 800 und sind in ihrem hauptsächlichsten Bestande auch alt. Daß die Ziegel in den nördlichen Provinzen oft so widerstandsfähig geblieben sind trotz der strengen Winter und trotz des immerhin schwachen Brandes, hat seinen Grund vor allem darin, daß gerade in der Frostzeit die Niederschläge eng sind, also ein Ausfrieren der Steine kaum stattfindet. So konnte dieses älteste große Ziegelbauwerk in China in seiner wesentlichen Form auch für uns erhalten bleiben als sichtbarer Urahn aller folgenden Tienningpagoden.

Eindruck der Pagode

Die Gestaltung des Aufbaues ist in allen Teilen großartig und kräftig, zugleich aber anmutig durch die feinste Ausbildung und den Wohlklang aller Verhältnisse und Einzelheiten. Das läßt schließen auf eine große Blüte in der Baukunst unter den Nördlichen Wei. Der Turm bildet ein Schmuckstück in der chinesischen Kunstgeschichte.

Dazu kommt noch die eigenartige Stellung in der Landschaft. Vor dem dunklen Hintergrund des gewaltigen Walles der nördlichen kahlen und zerklüfteten Gebirgswand, auf den südlichen Vorbergen genügend weit von jener entfernt, selber aber wieder emporgehoben über die nächste Umgebung, steht der Turm mit seinen 12 Seiten wie ein Rund nach allen Richtungen und behauptet sich in der großen Natur durch Maße und Umriß. Er bildet ein stolzes Wahrzeichen des Buddhismus neben den anderen buddhistischen Monumenten jener Frühzeit im Gebiet des alten Loyang.

2. Pai ma sze t'a 白馬寺塔

Pagode des Klosters vom Weißen Pferde, bei Loyang 洛陽, Prov. Honan.

Diese quadratische Tienningpagode ist im Ursprung sicher die älteste Pagode von China, im Aufbau, wohl aus 1175[8], eine der schönsten Tienningpagoden. Sie wurde bereits im Abschnitt II Kapitel 2 ausführlich behandelt, auch in ihrer Beziehung zu der Pagode vom Sung yo sze, dem ältesten überkommenen großen Baudenkmal in China.[9] Damals konnte nur ein Bild[10] von der

---

7 *Buddhist Monuments* 2.1930, 134.
8 Nach einer Stele vor der Pagode: Dading 15. Jahr (nach *Buddhist Monuments* 1.1926, 3).
9 Pagoden I, 92–94.
10 Abb. 105.

Pagode des Weißen Pferdes gebracht werden. Inzwischen gelang es mir, auf der jüngsten Reise 1934 Untersuchungen an Ort und Stelle vorzunehmen und mir neue Unterlagen zu verschaffen, maßstäbliche Aufnahmen, Bilder und Texte über die Pagode wie über das nahe Kloster. Daraus entstanden die Zeichnungen und weiteren Ergebnisse, die ich hier vorzulegen vermag, und es wird ein besserer Ausgangspunkt gewonnen für das Verständnis auch aller anderen Tienningpagoden. Die örtliche Beziehung von Kloster und Pagode zum alten Loyang blieb bisher unklar, auch in der Darstellung im Abschnitt über die Quadratische Tienningpagode. Neuere Untersuchungen bringen weitere, wenn auch noch keine volle Klärung. Es ergibt sich aber, daß die chinesischen Texte, wie gewöhnlich, recht zuverlässig sind.

tip11 Luoyang, Baima ta, von Nordwest (aus Baima si 白馬寺)

Die Pagode Pai ma t'a steht östlich vom heutigen Loyang, etwa 18,5 km von dessen Ostmauer entfernt. Vor der Nordmauer der Stadt läuft heute die Lung hai Bahn, die nächste Haltestelle nach Osten ist Pai ma tschan 白馬站, von hier bis zur Pagode sind es 1,2 km in nordöstlicher Richtung. Weitere 3 li = 1,7 km östlich der Pagode sind noch heute Torreste und Linienführung der Westmauer der alten Stadt Tsch'eng-tschou 成周 zu erkennen, die Bahnlinie durchschneidet dieses Gelände. Tsch'eng-tschou war eine der beiden östlichen Hauptstädte, die im Beginne der Tschou 周 Dynastie 1108 v. Chr. nahe bei einander in der heutigen Provinz Honan gegründet wurden. Die eigentliche Östliche Hauptstadt Tung tu 東都 lag aber 24 km westlich, etwa im Gebiet des heutigen Loyang und westlich davon. Es war Wang tsch'eng 王城, die Königstadt, sie hieß später auch Honan 河南 und Loyang 洛陽. Das östlich gelegene Tsch'eng-tschou, auch Hia tu 下都, Untere Hauptstadt genannt, war von 509–314 v. Chr. wirkliche Residenz, scheint danach aber verfallen zu sein. Die Spätere, Östliche Han-Dynastie, Hou Han oder Tung Han 東漢 25–220 n. Chr. gründete hier ihre neue Residenz und nannte sie Loyang 洛陽. Sie lag nur 1 li = 600 m westlich von Tsch'eng-tschou, wohl 15 km vom heutigen Loyang entfernt, erlebte etliche Katastrophen, und wurde i. J. 533 n. Chr. endgültig zerstört und nie wieder aufgebaut.

Dieses östliche Loyang, nicht das heutige westliche, ist die Stadt der Östlichen Han, die mit dem ersten Auftreten des Buddhismus in Zentral-China unter Kaiser Ming Ti verbunden ist, und auf die jene älteren Berichte aus den Chroniken auch über Kloster und Pagode des Weißen Pferdes sich beziehen. Allerdings sind ihre Umrisse und die Lage der Tore kaum noch zu ermitteln, mithin die Angaben über die verschiedenen Stellen, an denen die ersten Sutras zuerst im Fremdenamt, dann im Kloster und Pagode aufbewahrt wurden, nicht mehr nachzuprüfen. Es ist auch nicht einmal sicher, ob das jetzige große Kloster Pai ma sze 白馬寺, dessen Ursprung ohne Zweifel auf jene früheste Zeit zurückgeht, vielleicht sogar mit dem alten Fremdenamt identisch war, und ob die nahe Pagode innerhalb oder außerhalb der vergangenen Stadt Loyang sich befanden, allerdings bestimmt auf ihrer Südseite. Das Kloster Pai ma sze war noch ziemlich gut erhalten, als ich es i. J. 1934 besuchte und maßstäblich aufnahm. In seinem ersten Hof befinden sich die zwei Grabhügel für die beiden indischen Apostel Kashyapa Matanga 迦葉摩騰 und Tschu Falan 竺法蘭 [笠 im Text für tschu!], die mit der Gesandtschaft des Kaisers Ming Ti nach China gekommen sein sollen. Gleichwohl hatte man Pläne entworfen für eine umfassende Wiederherstellung und eine Sammlung von Geldmitteln eingeleitet. Als Liu Tun-tseng die Stellen 1936 besuchte, fand er das Kloster neu instandgesetzt und hat einen eingehenden Bericht auch über die Pagode gegeben, der im wesentlichen die bisher bekannten Angaben bestätigt. Etwa 500 m südöstlich von jenem alten Kloster steht die Pagode.

Nach der örtlichen Überlieferung soll es noch die Stelle sein, an der bereits Kaiser Ming Ti eine ursprüngliche Pagode errichtete. Ihr religiöser Name: Buddhas Reliquienpagode Schi kia sche li t'a 釋迦舍利塔 deutet vielleicht auf den Bericht, daß hier anfangs eine der Asoka-Pagoden, die angeblich von jenen beiden Aposteln mitgebracht waren, aufbewahrt worden sei. Ihr genauer Name ist heute Ts'i yün t'a 齊雲塔 Pagode der versammelten Wolken. So hieß auch das Kloster Ts'i yün sze 齊雲寺, das nach den Wu Tai 五代 erbaut wurde, unter der Regierung des ersten Sung Kaisers T'ai tsu. Damals, wohl um 976, stiftete ein hoher kantonesischer Offizier, ein Fürst Li 李王, mit seinem ganzen Vermögen den Grund und Boden für das Kloster und ließ auch die Pagode Ts'i yün t'a erbauen aus Holz mit 7 Geschossen. Sie stammte also nicht schon aus der Späteren T'ang-Dynastie. Der Kaiser, voll Freude über solches Verdienst um Loyang, schenkte für die Pagode ihre Gipfelstange Siang lun 相輪. Über die unmittelbaren Vorgänger der Pagode erfahren wir nichts. Die Höhe des neuen Turms wird angegeben mit 500 Fuß, was unmöglich erscheint. Da aber an der gleichen Stelle auf einer Inschrifttafel an der S.O.-Ecke der Pagode für die spätere, die heutige Ziegelpagode, die 30 m hoch ist, eine Höhe von 160 Fuß genannt ist, so errechnet sich das damals gebrauchte Fußmaß auf der Grundlage von 1 m = 5' 4". Legt man dieses Maß zugrunde, so ergibt sich für den alten Holzturm eine Höhe von nur 04 m[11], zwar noch gewaltig, doch immerhin möglich.

Jenes Kloster Ts'i yün sze, das vom Sohn des Fürsten Li reich ausgebaut wurde, aber lange verschwunden ist, und die zugehörige Pagode wurden seit Beginn der Nördlichen Sung, also seit Erbauung, auch genannt Tung Pai ma sze 東白馬寺 und Pai ma t'a Östliches Kloster und Pagode des Weißen Pferdes, in Anlehnung an den Namen des nahen Hauptklosters. Die weiteren Daten sind bekannt. Nach 150 Jahren in den Kämpfen zu Ende der Nördlichen Sung, im Jahre 1126, brannte alles ab, auch wohl das Kloster, nach abermals 50 Jahren i. J. 1175, in der Hochblüte der Kin-Dynastie, unter der Regierung Ta Ting im 15. Jahre des Kaisers Schi Tsung, baute ein Mönch Yen[12] die Pagode wieder auf aus Ziegeln. Es ist die heutige Pagode.

Vom heutigen Loyang aus besuchte ich am 3. Juni 1934 das Kloster Pai ma sze mit seiner Pagode für einen ganzen Arbeitstag. Außer meinem ständigen Assistenten Dr. Hsia Tschang-sie 夏昌世 begleitete und unterstützte mich der Geograph Professor Dr. Albert Tafel[13], mit dem ich im Mai und Juni die Provinzen Honan und Schensi bereiste. Es sollte seine letzte Reise sein, bevor er im folgenden Jahre für immer von uns schied. Bei den Messungen am Turm war es insbesondere Dr. Tafel, der die Einsteigeöffnung auf der Südseite erklomm und im engen Schacht von 50 cm Breite fast bis zum 3.

---

11 Wohl Schreibfehler für: 94 m.
12 彥公.
13 Albert Tafel, Stuttgart 6. Nov. 1876–19. Apr. 1935 Heidelberg, Arzt und Forschungsreisender, besonders bekannt durch sein Werk *Meine Tibetreise. Eine Studienfahrt durch das nordwestliche China und durch die innere Mongolei in das östliche Tibet.* Stuttgart: Union 1914. XI, 352; 346 S.

tip14 Luoyang, Baima ta 白馬塔, von Südwesten

Geschoßboden sich emporarbeitete unter Aufwendung aller Geschicklichkeit und Kraft. Fortlaufend rief er die genaue Beschreibung des Befundes uns zu und berichtigte später meine Skizze. Auf diese Weise wurde die innere Anlage des Turmes bis zur Spitze klar, sie konnte auf dem Reißbrett mit einem hinreichenden Grade von Richtigkeit dargestellt werden. es scheint, daß ein ähnlicher Versuch zur Feststellung des inneren Ausbaues der Pai ma t'a bisher nicht unternommen wurde. Nach den neuen Unterlagen folgt hier eine Ergänzung zu der Beschreibung der Pagode in Band I.

Beschreibung der Pagode

Das Äußere. Nach Liu Tuntseng gibt es um die Quadratische Ziegelpagode eine achteckige Plattform, die ich nicht gesehen habe, weil sie wohl verborgen war in dem aufgeschütteten Hügel unter der Pagode, und erst später bei der Wiederherstellung des Klosters freigelegt wurde. Auf jener Plattform steht der Unterbau, etwa 7,00 m hoch, mit einfach profiliertem Sockel, der ihm den Charakter einer Art von Sumeruthron Hü mi tso 須彌座 verleiht. Das Ziegelmaß des Unterbaues ist sehr groß, 10 Schichten auf 1, 32 m, es stammt wohl von einer späteren Ausbesserung aus 1798. Auf diesem Unterbau steht das Hauptgeschoß, das Sanktuarium, mit einer Türöffnung im Süden. Auch hier ist durch einfachste Gliederung, auch Einfügung einer Stromschicht, ein Sumeruberg-Sockel angedeutet. Den Abschluß dieses Hauptgeschosses bilden einfache Ziegelkonsolen in Relief auf den 4 Ecken und je 2 auf den 4 Seitenflächen. Darüber beginnt der Aufbau des Turmstocks, der in der Linienführung an die 12seitige Tienningpagode vom Sung yo sze sich anlehnt und eine lange Reihe von Parallelen schon aus der T'angzeit hat, gerade in den Provinzen Honan und Schensi. Der Gesamtumriß wird auch hier verglichen von den Chinesen mit einem Weberschiffchen So tze 梭子, von den Japanern mit einem Kanonengeschoß. Die Komposition braucht auch hier einfache, unprofilierte Ziegel mit einem Grundmaß von 6,8 cm Höhe, eine Fugenstärke von 6 mm, also einer Schichtenhöhe von 7,4 cm. Daraus ergibt sich ein ähnlicher Rhythmus wie bei der Sung yo Pagode. Allerdings sind die Zwischengeschosse 1–11 hier sämtlich gleich hoch mit je 45 cm, nur das 12. Geschoß ist 30 cm hoch. Alle sind von einander getrennt durch mächtige Gurtgesimse, die durch überlegte Änderung der Höhen und Ausladungen die gleiche lebendige Kraft offenbaren wie der Sung yo t'a.

Jedes Gesims setzt über einem Gurtband von 2 Schichten an und führt in steiler Schwingung mit überkragten Schichten empor, bis zu einer mittleren Gurtplatte aus 2 Schichten, um dann in einer Abdeckung aus abgetreppten Schichten den Kern des nächsten Ringgeschosses wieder zu erreichen. In dem Ansatz jedes Gesimses ist eine doppelte Stromschicht eingelegt. Die Anzahl der Kragschichten vermindert sich von 13 im untersten, von 12 in den 3 folgenden Gesimsen stetig bis auf 5 über dem 11. Ring und auf 3 über dem 12. Ring, die Ausladungen vermindern sich entsprechend von 1,40 m bis 0,75 m, die Breiten der Geschoßkörper von 5, 13 bis 1,70 m. Die Bekrönung bildet, über der obersten kleinen Pyramide, ein kurzer Stumpf aus Ton mit 3 Ringen, nur noch eine Andeutung der Gipfelstange, die einst noch erheblich höher aus diesem Tonzylinder herausgeragt haben mag.

Das Innere

Der Zugang zu der Tür im Sanktuarium kann nur über Leitern erfolgen, wie bei den meisten Tienningpagoden seit Beginn der Kin-Dynastie. Die Türöffnung wird nicht durch eine massive Tür verschlossen gewesen sein, etwa in der Art, wie sie in der Zeichnung dargestellt ist. Zu dem äußerst selten Besteigen des Turmes, etwa zu Ausbesserungen mußte die massive Türplatte fortgenommen und danach wieder erneuert werden. Das deutet darauf hin, daß wirklich ein geweihter Gegenstand, etwa eine Reliquie wie die erwähnte alte Asoka-Pagode, im Innern aufgestellt gewesen sein muß. Seit die Pagode uns bekannt ist, zeigt sie ein gewaltsam und unregelmäßig ausgebrochenes Loch an der Stelle der Tür. Räuberhände müssen da tätig gewesen sein und aus dem Innern die etwa aufgestellten kostbaren Gegenstände entwendet haben. Auch auf der Nordseite befindet sich eine erbrochene, allerdings im Halbkreis, ohne Wölbung sorgfältig umrandete Öffnung, die von innen zugemauert ist.

Die Rekonstruktion des Inneren ergibt die merkwürdige Anlage eines Kreuzes aus 4 ganz kleinen Kapellen von 50 x 70 cm, durch schmale Gurtbogen verbunden mit einem Zentralteil von 60 x 60 cm. Von Süden her ist hinter der Tür ein Zwischenraum eingeschaltet mit Nischen in den Seitenwänden. Die gleiche Anordnung scheint sich bis oben hin zu wiederholen, durch alle Geschosse, die hier in Übereinstimmung mit den Geschoßringen angenommen sind, denn die versetzten Lichtöffnungen in den einzelnen Geschoßringen bestätigen diese Annahme. Die Art der Besteigung ist sehr merkwürdig und läßt darauf schließen, daß nur in seltenen Fällen der Zugang in die oberen Geschosse erfolgte. Es sind nämlich in den beiden Seitenwänden einer kleinen Endkapelle in jedem Geschoß kleine Einschnitte als Trittlöcher angebracht, in denen Dr. Tafel, mühsam mit gespreizten Beinen, allmählich aufsteigen konnte bis zum nächsten Geschoß. Die für jene Trittlöcher benutzten Kapellen wechseln in der Folge der Geschosse im Sinne einer Rechtsspirale. Einst wird es üblich gewesen sein, den Turm etwa mit 2 Leitern zu ersteigen, die man in die Trittlöcher setzte und abwechselnd nach sich in die Höhe zog. Offenbar beziehen sich die alten Berichte über das Ersteigen der Türme mittels Leitern, auch auf diese Art, im Inneren hochzusteigen, in den Fällen, wenn innen der Raum für die Anlage massiver Treppen fehlte. Die Pai ma t'a bietet das einzige bekannte Beispiel für eine solche Ausgestaltung des Inneren.

Die einzelnen Geschoßböden mögen aus Holzbelag bestanden haben. Die Beleuchtung erfolgte durch horizontale Lichtschächte, in der Folge der Geschoßringe abwechselnd in Süd, Ost und West. Die Tiefe der inneren Kapellen dürfte in den oberen Geschossen allmählich verringert sein, so daß an ihren Enden die Innenwände der aufsteigenden Schächte stetig etwas über

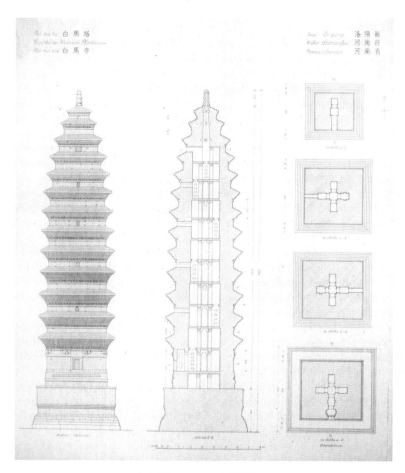

tip16 Baima ta 白馬塔
Aufriß, Schnitt, Grundriß

setzen. Mit dem 10. Geschoßring müssen die 4 Kapellen aufhören, man darf dort nur eine bescheidene Türkammer annehmen in der letzten größeren Lichtöffnung im Süden. Im Zenith ermöglicht ein enger Schacht die Befestigung der hölzernen Gipfelstange, die jetzt durch den erwähnten Tonzylinder nur umschlossen ist, einst aber noch höher emporgeragt haben mag. Diese neueren Feststellungen über den inneren Ausbau der Pagode bestätigen zum Teil meine früheren Vermutungen, sie sind nur in einigen Punkten zu berichtigen. So gibt es keine höchste Turmkapelle mit 4 Öffnungen, es handelt sich in Wirklichkeit nur um Blendnischen im obersten Geschoßring.

Unterbringung der Reliquien

Wir dürfen annehmen, daß die erste Pagode von Kaiser Ming Ti für Aufnahme der mitgebrachten Reliquien oder der kostbaren Gegenstände erbaut wurde und daß auch dieser spätere Neubau dem gleichen Zwecke diente. Bei den geringen Abmessungen der Innenkapellen fällt es schwer, ihre Unterbringung dort sich vorzustellen. Allenfalls könnten in den kleinen Kapellen, die nicht gerade für die Besteigung gebraucht wurden kleine Tische oder Reliquiengehäuse gestanden haben. Nun ergab die Untersuchung des Inneren, daß in der Mitte des Fußbodens, der mit der Schwelle der Türöffnung gleiche Höhe hat, ein kleines Tonnengewölbe durchbrochen war, das einen unteren sehr niedrigen Raum überdeckte. Offenbar hatten hier Schatzgräber gearbeitet. Dieser Raum dürfte kreuzförmig sein, wie die Innenräume in den oberen Geschossen, und wäre geeignet gewesen zur Aufbewahrung besonders kostbarer Stücke, die dann allerdings den Blicken im allgemeinen völlig entzogen waren. Jedenfalls ist die Anlage von derartigen verborgenen Kammern innerhalb des Sockels ein Beweis dafür, daß, wie zuweilen berichtet, Reliquien in ihm beigesetzt wurden. Kaum darf man daran denken, daß die Heiligen Schriften selbst hier unter völligem Verschluß gehalten wurden. Da aber Urnen mit Asche und Knochenresten verbrannter Mönche unter Grabpagoden, im Sockel oder gar im Erdboden, noch heute häufig beigesetzt werden, so kann das Gleiche schon damals mit ähnlichen, angeblichen Reliquien des Buddha geschehen sein. Somit darf die Pai ma t'a auch als eine Art Grabpagode gelten.

tip18 Luoyang, Baima ta 白馬塔, Südseite
Einstiegsöffnung

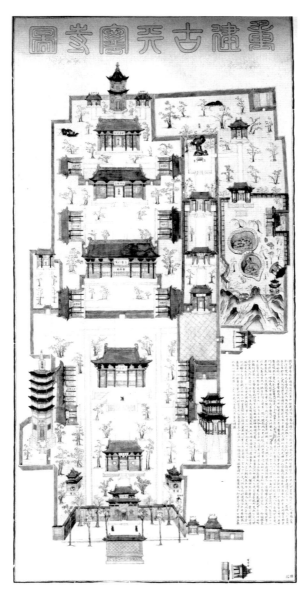

tip20 Anyang 安陽 – Zhangde 漳德 (Henan): Tianning si 天寧寺
Chinesischer Bildplan der Anlage

3. Die Pagode vom Kloster des Himmlischen Friedens, Tien ning sze t'a 天寧寺塔 in Anyang-Tschangte 安陽彰德, Provinz Honan

Nördlich vom Gelben Fluß, im Nordzipfel der Provinz Honan, die sich hier weit vorschiebt zwischen die Provinzen Hopei oder Tschili im Osten und Schansi im Westen, liegt die Stadt Tschangte an der Bahnlinie von Peking nach Hankou. Kaum mehr als eine kleinere Landstadt, fällt sie jedoch auf durch schöne, schmucke Bauart der Gebäude und Tempel. Die Stadt nimmt nur eine geringe Fläche ein als breites, genau orientiertes Rechteck von 5 km Umfang mit Stadtmauer und 4 Toren. Die Hauptachse ist betont durch den Paukenturm in der Mitte und den Glockenturm im Norden. Im Nordwest-Abschnitt liegt das Kloster T'ien ning sze, auch genannt Großes Kloster Ta sze 大寺, mit seiner Pagode. Zwischen Kloster und Westtor umschließt eine besondere Mauer den Konfuziustempel, der zugleich Schule ist. Die Mauer trägt auf ihrer Südost-Ecke einen kleinen Turmbau für den K'ueising 魁星, den Gott der Literatur, als wirksames literarisches Gegengewicht gegen die benachbarte buddhistische Pagode.

Tschangte, ursprünglich Siang 相 genannt, spielte schon zur Zeit der Tschou 周 im Staate Tsin 晉, danach im Bereich der alten Staaten Wei 魏 und der Landschaft Ye 鄴 seit je eine bedeutende Rolle. In der Zeit der Drei Reiche war sie eine der 5 Hauptstädte des Reiches Wei 魏, dessen Begründer Ts'ao Ts'ao 曹操 dort seinen Ahnentempel und einen Palast errichten ließ. Unter den Ts'ao Wei 曹魏 220–265 sollen bereits die ersten buddhistischen Klöster in den Bergen des Sung schan 嵩山 entstanden sein, unweit Loyang, der vornehmsten Hauptstadt der Wei. Vielleicht hat der Buddhismus auch in Tschangte, das damals Ye tu 鄴都, Hauptstadt der Landschaft Ye hieß, schon früh seinen Einzug gehalten, bis er dort, nach mehr als 300 Jahren, unter den Sui 隋 durch die Gründung von Kloster und Pagode eine feste Stätte erhielt. Inzwischen war die Stadt unter den Pei Wei 北魏 zur Präfekturstadt ausgestaltet worden und zwar im 1. Jahre Tien Hing 天興 = 390, später wurde sie erweitert unter der Sung-Dynastie im 3. Jahre King Te 景德 = 1006, und weiter ausgebaut unter Ming Hung Wu 1368–1399.

An literarischen Quellen über Kloster und Pagoden stehen zur Verfügung die Chroniken der Provinz Honan und des Bezirkes Tschangte, ferner die ausführlichen Darlegungen in den *Buddhist Monuments*[1] und ein großer Holzdruck, der aus der Zeit Kien Lung 1774 stammen mag und Lageplan des Klosters nebst ausführlichem Text bringt. Alle diese Texte beruhen in der Hauptsache auf der kaiserlichen Steininschrift über eine Erneuerung aus

---

1 3.1931, 89–91.

Ming Kia Tsing 1558 und auf dem weiteren ausführlichen Steinbericht über die letzte Erneuerung unter Kien Lung aus dem Jahre 1772. Alle diese Nachrichten, die sich vielfach wiederholen, sind mit den Beobachtungen von Sekino und von mir selber hier zusammenhängend bearbeitet.

tip23 Anyang 安陽 – Zhangde 漳德 (Henan): Tianning si 天寧寺
Pagoda at Dasi 大寺

Es war wohl jene Stadt aus der Wei-Dynastie 398, in der Sui Wen Ti 隋 文帝 im 1. Jahre der Periode Jen Schou 仁壽, also 601, das Kloster erbauen ließ (etwas mehr als 1 li nördlich von Tschi ming 治明 <Stadtteil?>). Damals wird auch eine Pagode errichtet worden sein. Zwar wird als Baujahr der heutigen Pagode ausdrücklich genannt erst das 2. Jahr der Periode Kuang Schun 廣順 unter den Späteren Tschou 後周 = 952. Indessen ist jene Periode Sui Jen Schou und gerade ihr 1. und 2. Jahr, also 601 und 602, in der Geschichte der Pagodenbaukunst in China sehr berühmt geworden, weil damals der Kaiser Kao Tsu Wen Ti gleichzeitig nach 31 oder 51 oder gar 83 ausgezeichneten Orten des Reiches echte Reliquien des Buddha, Sarira, Sche li 舍利 verteilen und für diese ebenso viele Pagoden dort errichten ließ. Näheres wird bei der Pagode von T'ien ning sze in Peking mitgeteilt werden. Bei der auch politisch bevorzugten Stellung der Stadt Tschangte darf man es für wahrscheinlich halten, daß auch die Begründung des dortigen Klosters in jenen entscheidenden Jahren in Zusammenhang stand mit dem Neubau einer jener Sarira-Pagoden.

Damit stimmt überein die spätere prächtige Ausgestaltung des Sanktuarium, die nur dadurch zu erklären ist, daß eine äußerst heilige Reliquie schon im Inneren einer früheren Pagode aufbewahrt wurde und wohl auch in den späteren Bau übernommen wurde. Ferner erklärten Abt und Mönche des Klosters trotz wiederholter Vorstellungen auf das bestimmteste, daß Pagode und alle Reliefs noch aus der ersten Anlage in der Sui-Dynastie stammten, daß nichts an ihnen geändert sei. Wenn dieses nun auch nicht auf die heutigen Reliefs und Bauteile zutreffen kann, so ist die mündliche Überlieferung in diesem Falle nicht zu vernachlässigen, da sie mit den anderen Überlegungen in Einklang steht. Wir nehmen darum einen ersten, in seiner Gestalt unbekannten Bau im Jahre 601 oder 602 an.

Nach 350 Jahren, aus denen über Kloster und Pagode nichts Näheres bekannt geworden ist, erstand, wie schon erwähnt. unter den Späteren Tschou im Jahre 952 die Pagode, die wir heute vor uns sehen. Damals erhielt die Stadt auch den Namen Tschangte. Trotz aller späteren Umbauten, die auch wohl die Pagode betrafen, dürfen wir an dem heutigen Turm die ursprüngliche Grundform erkennen. Es ist die allgemeine Tienningform, wie sie in den bisher behandelten Pagoden der Provinz Honan, von den Klöstern Sung yo sze, Pai ma sze und deren Parallelen festgestellt wurden. Doch ist hier die Gestaltung ins Achteck übertragen, das Sanktuarium ist monumental und mit Reliefschmuck ausgebildet, der Turmstock herausgehoben und der entscheidende Ansatz gemacht zu einer Lotosterrasse, einem Losanathron als Plattform über einem Wulst aus Lotosblättern. Die weitere Ausgestaltung eines reichen Unterbaues in Form eines gegliederten Sockels sollte erst 100 Jahre später bei dem edelsten Beispiel vom T'ien ning sze in Peking erfolgen. Der Unterbau in Tschangte ist noch glatt und schlicht, er entspricht dem Vorbild im Sung yo sze, zeigt aber einen offenen Aufgang zum Sanktuarium. So kennzeichnet das Baujahr 952 den Übergang aus den ersten Vorgängern in Honan zu der fertigen Form in Peking.

Dennoch hat die Pagode von Tschangte, eng verbunden mit den wechselnden Schicksalen des Klosters manchen Verfall und Umbau und viele Erneuerungen gesehen, deren volle Auswirkung kaum noch zu bestimmen ist, da die Berichte über Einzelheiten schweigen. Ein Urteil darüber ist nur möglich aus dem Gefühl für Stil und Technik und in ihrer Wandlung durch die verschiedenen Zeiten.

Ausbesserungen großen Stils, sicher auch an der Pagode, erfolgten unter den Sung 1007, offenbar gleichzeitig mit Erneuerung der Stadt, unter den Yüan 1316, besonders aber unter den Ming seit 1368. Es heißt davon: «In jenen Dynastien erschien wiederholt ein glückverheißender Geisterglanz Schen kuang 神光, und zwar an den Grenzen der Bezirksschule. Der Platz war also richtig gewählt. Der Glanz enthielt den Einfluß der Literatur Wen feng 文風 auf den Bezirk Tschangte.» Diese Wirkung ist so berühmt geworden, daß wohl seit Kien Lung die Pagode selber auf der Zeichnung den literarischen Namen trägt Wen feng tʻa 文風塔 und zwar sowohl über der südlichen Haupttür wie auf der lamaistischen Pagode als Spitze. So wurde die Pagode vom Konfuzianismus als östliche Fengschui-Pagode für die nahe Bezirksschule und den Konfuziustempel selber in Anspruch genommen, überdies vom alten Kloster räumlich abgetrennt durch eine kleine Scheidungsmauer, sie behielt aber im übrigen ihre buddhistische Formgebung bei.

Schon unter dem ersten Kaiser der Ming, Hung Wu, gehörte das Kloster zu den ersten und größten Klöstern des Tschan 禪 Buddhismus nördlich des Huangho. Unter ihm wurden viele Einrichtungen und Bauten geschaffen, so daß sie sich im einzelnen nicht aufzählen lassen. «Ein besonderer Beamter für Mönchsangelegenheiten Seng kang sze 僧綱司 entwarf die Grundlinien des neuen Klosters im Nordzipfel der Provinz Honan nördlich des Flusses (Huangho). Die Laute der buddhistischen Gebete waren zu hören ohne Ende. Unter allen Klöstern in Nord und Süd war dieses das größte.» In der großen Halle thronte eine Dreiheit von Buddha, die große Trias, deren Kopfbedeckungen: Pao kuan hing 寶冠形 Form Mützen der Kostbarkeit damals in lamaistische Formen umgeändert wurden. Es erhielten Schi kia 釋迦 (Schakyamuni) die Farbe Zitronengelb, der Yao schi 藥師 das Weiß, der Mi To 彌陀 (Omitofo) das Grün. Im Inneren der Halle, rechts und links und vorne, auf drei Seiten umgaben 36 große Statuen von Patriarchen der Tschan-Schule 禪宗 die Trias. Über diese Patriarchen teilen die *Buddhist Monuments* Einzelheiten mit.

tip 25 Anyang 安陽 – Zhangde 漳德 (Henan): Tianning si 天寧寺
Ostseite

Weitere Erneuerungen des Klosters unter den Ming erfolgten durch Hien Tsung 1480 und vor allem durch Kia Tsing 1558. Aus dieser Zeit stammt die erwähnte Inschrifttafel.

Die letzte große Erneuerung fand statt unter Kien Lung vom Winter 1770 bis zum Herbst 1772 durch den Präfekten Huang Pangning 黃邦寧, der auch den Text der Inschrifttafel verfaßte und eine frühere Erneuerung durch Tschao Kang wang 趙康王 erwähnt. «Von den alten Baulichkeiten waren damals nur noch 1/10 erhalten, jetzt wurden die übrigen 9/10 wieder neu errichtet, Buddhahallen und Wohnungen auch mehrstöckiger Gebäude und Gastwohnungen. Die Gesamtlänge der verschiedenen Mauerwerke betrug 276 dschang = 830 m. Ziegelwerk und Holzbauten waren vortrefflich ausgeführt, ebenso Bemalung und Verputz. Das erneuerte Kloster stand dem alten kaum nach. Die Pagode war vor der Erneuerung mehr als zur Hälfte verfallen, so daß die Drachenfiguren leise weinten, die Gläubigen wehklagten, und es gefährlich war, an ihr vorüberzugehen.» Es ist bezeichnend, daß es gerade Literaten waren, die sich damals zusammen taten und Geld zusammenbrachten für den Wiederaufbau von Kloster und Pagode. Bald gab es Geldgeber in Hülle und Fülle, der Text sagt: «wie Wolken». Es werden zahlreiche Personen, die sich um die Geldbeschaffung und um den Wiederaufbau verdient gemacht hatten, mit Namen genannt. Im Frühjahr 1771 begann man mit den Arbeiten, im 8. Monat 1772 war alles fertig. Bis ins Einzelne werden alle Hallen mit ihren Göttern und Einrichtungen im Text beschrieben, so weit sie auf das Kloster Bezug haben. Der Grundriß aus jener Zeit, nur als unvollkommener Holzdruck überkommen, wurde umgezeichnet, mit Farben angelegt, in der Beschriftung durchgearbeitet und wird hier als Bild gebracht, jedoch nur in den Hauptteilen mit Namen bezeichnet. Es würde zu weit führen, an dieser Stelle den Grundriß und die Plananlage des Klosters genau zu erläutern. Das muß einer anderen Gelegenheit vorbehalten bleiben.

Als besonderes Kennzeichen des Grundrisses in seinem hauptsächlichen Teile erscheint die Anordnung der flankierenden Türme, die nach den Himmelsrichtungen den Grundplan rhythmisch einfassen. Am Südeingang sind es zu beiden Seiten der Glockenturm und Paukenturm, am Endpunkt der Hauptachse im Norden ist es der Pa kua lou 八卦樓, Turm mit den 8 Diagrammen, also ein rein taoistischer Bau. Am Südende des mittleren Teiles stehen die beiden Haupttürme, in einer Ausklinkung im Osten der Wen Tschang lou 文昌樓 Turm des Gottes der Literatur auf hohem Terrassenunterbau, und gegenüber im Westen, ebenfalls in einer Ausklinkung der Mauer, unsere Tienningpagode, die aber als Wen feng t'a ebenfalls taoistisch oder konfuzianistisch gefärbt erscheint. So ist die ganze Tempelanlage buddhistisch und taoistisch durchsetzt.

Bei meinem Besuch 1907 war die ausgedehnte bauliche Anlage wieder in schlechtem Zustande, doch gut besetzt mit 18 Mönchen. Diese waren nicht nach strenger Vorschrift gekleidet und schienen recht irdisch gesinnt zu sein, auch der elegante und liebenswürdige Abt erwies sich als ein Mann von Welt trotz seiner 71 Jahre.

tip26 Anyang 安陽 – Zhangde 漳德 (Henan): Tianning si 天寧寺
Südost

Die Pagode

Die Pagode ist achtseitig, besteht aus einem Unterbau, einem Hauptgeschoß und einem Turmstock von 4 niedrigen Ringgeschossen. Oben ist eine Plattform mit Brüstung, in deren Mitte eine Urnenpagode, auch Lama-Pagode genannt, die oberste Spitze bildet.

Nach den Maßen von Sekino, die im wesentlichen mit meinen eigenen Maßen übereinstimmen, und nach den Photoaufnahmen ist die Zeichnung der Pagode gefertigt. Es ergeben sich folgende Einzelmaße. Der Unterbau, durch einen kleinen Absatz in zwei Teile geteilt, ist insgesamt 4,10 m hoch, bei etwa 3,50 m. Seitenlänge des Achtecks. Die 2 Stufen des glatten Schaftes sind 2,85 m hoch, ihre Außenflächen bestehen aus Ziegelmauerwerk von 6 cm Schichthöhe und ähneln durchaus dem Unterbau der alten Pagode vom Sung yo sze. Erfolgte indessen dort der Abschluß des Schaftes durch ein vorgekragtes Gesims, so bildet hier in Tschangte den oberen Abschluß ein 40 cm breiter Fries aus Rankenwerk in Terrakotta und darüber ein 85 cm hoher Wulst aus 7 Reihen von Lotosblättern in glatter Terrakotta, insgesamt wohl 1600 Stück. Die Losana-Terrasse, die durch diesen Rand dargestellt ist, dient als Thron für die zentrale Reliquie, die man sich im Inneren des Turmes etwa eingemauert zu denken hat. Das Sanktuarium oder das Hauptgeschoß ist 5,66 + 0,24 = 5,90 m hoch, der Turmstock 11,60 m hoch, die Brüstung auf der Plattform 0,75 m, die bekrönende Lamapagode 7,15 m, so daß sich eine Gesamthöhe ergibt vom Erdboden bis zur Spitze von 29,50 m.

Das Sanktuarium ist, ähnlich wie später in Peking, ausgezeichnet durch reiche Architektur und Reliefs aus Terrakotta. Auf den 4 Hauptseiten gibt es je 1 Rundbogenöffnung als angedeuteter Eingang. Diese Eingänge sind in Ost, West und Nord zugesetzt durch zweiflügelige Blendtüren aus Terrakotta. Nur die tiefe Nische auf der Südseite scheint keine solche Blendtür gehabt zu haben, dort bestand vielleicht einst ein wirklicher Zugang ins Innere, der heute glatt vermauert ist. Die Lünetten über den anderen 3 Türen waren einst wohl mit Reliefs geschmückt, auch sie sind bei einer Erneuerung glatt vermauert mit Ziegeln größeren Formates.

Ein wichtiges Bauglied ist die Freitreppe, die auf der Südseite emporführt zu der Türöffnung im Süden. Die Treppe durchbricht den großen Wulst der Losana-Terrasse, sie setzt sich mit Stufen noch fort in die tiefe Türnische bis zu der vermauerten Fläche. Aus dieser Anordnung, die hier gut erhalten ist, darf man schließen auf ähnliche Anlagen von Freitreppen bei den älteren Pagoden, etwa im Sung yo sze, und darf vermuten, daß dieses Motiv, etwa nach dem Muster alter chinesischer Türme, häufig gebraucht wurde. Erst als die Losana-Terrasse oder der Hü mi tso 須彌座 Sumeruberg-Thron, nach dem späteren Vorbild von Peking eine selbständige und glänzende Ausbildung erfahren hatte, fiel diese Freitreppe fort, das Sanktuarium wurde ganz für sich

herausgehoben, und danach richtete sich auch der figürliche Schmuck auf seinen Flächen. Vielleicht traten dann erst zu den Seiten der Türen und Fenster
die Reliefs der Welthüter und Bodhisatva auf nach den Vorbildern der alten
buddhistischen Höhlengrotten. Hier in Tschangte sind nur erst erzählende Reliefs angebracht.

tip 29 Anyang 安陽 – Zhangde 漳德 (Henan): Tianning si 天寧寺
Südwest

Auf den diagonalen Flächen gibt es rechteckige Stabfenster, nach den alt-
chinesischen Holzmustern aus enggestellten, senkrechten Stäben und einer
Querverbindung. Hier bei der Pagode bestehen sie aus Terrakotta. Dieses
Motiv wird fortan bevorzugt bei allen Pagoden der reinen oder der gewandelten Tienningform. Die Fenster sind umrandet von feinen Bordüren mit
Blattwerk in frühgotischer Gesinnung. Wie der ähnliche Fries unter dem
Losana-Thron stammen die Bordüren wohl erst aus Ming 1558, ebenso
vielleicht auch die lebhaften und schattenhaften Füllungen der Türflächen
und der Stirnbögen, deren scharfe Tonplastik von Drachen, Wolken und
Gehängen fast wie feinste Bronzearbeit wirkt.
    Der Turmstock zeigt in den niedrigen Flächen der einzelnen Ringgeschos-
se wechselständig angeordnete kleine Rundbogenfenster. Das deutet auf Anlage einer Wendeltreppe, oder sogar von 2 Wendeltreppe, wie wir es aus

einem späteren Beispiel der Pai t'a in Suiyüan kennenlernen werden. Da der Turm heute im Inneren unzugänglich ist, kennt man nicht die innere Konstruktion. Doch wenn es heißt, daß eine große Anzahl von Besuchern, bis zu 200, auf der oberen Plattform sich aufhalten konnten, so muß der Aufstieg und Abstieg verhältnismäßig bequem gewesen sein. Der Aufbau der Lama-Pagode deutet aber auf einen mittleren Pfeiler, um den die Treppen herumgeführt sein müssen.

Einzigartig ist die verhältnismäßig starke Überkragung der Ringgeschosse, deren oberstes etwa 80 cm breiter ist als das Hauptgeschoß, das, ebenso wie das 1. Ringgeschoß, nur 8,25 m Durchmesser hat, während der Durchmesser des 4. Ringgeschosses auf 9,05 m errechnet ist. Diese umgestülpte Form, eine Umkehrung der Stabilität eines Turmes, hat ihren Grund vielleicht in Vorbildern großer hölzerner Gebetsmühlen oder Drehbibliotheken, von denen ein bedeutendstes Beispiel aus den Klöstern des Wu tai schan bekannt ist. Damit rückt diese merkwürdige Form aber schon in eine lamaistische Zeit, die wohl seit dem 10. Jahrhundert wirksam wurde und unter der Yüan-Dynastie voll blühte. Damals kann auch die bekrönende Lama-Pagode hergestellt sein. Doch ob es je Lama-Mönche im Kloster in Tschangte gegeben hat, bleibt unsicher.

Über dem Hauptgeschoß und über jedem der 4 Ringgeschosse tragen schön und klar durchgearbeitete Konsolengesimse die Traufen der umlaufenden Ringdächer. Das Konsolengesims über dem Sanktuarium besteht aus dreifachen Konsolenreihen, die sich an den Ecken zu ganz besonders lebhaften Gebilden formen, in den Mitten auch diagonal gerichtete Motive zeigen. Die oberen Konsolenreihen bestehen nur aus 2 Schichten, doch sind sie in jedem Gesims anders ausgebildet. Diese Verschiedenartigkeit in der Durchbildung der Konsolengesimse verleiht dem Turm einen sehr bewegten Ausdruck. Diese Architektonik des Aufbaus wird getragen von den 3/4-Säulen auf den Ecken des Hauptgeschosses. Diese Anordnung gibt auf das beste den ursprünglichen Charakter des Holzbaus aus Rundstämmen auf den Ecken wieder. Hier sind die Ziegelsäulen geschmückt mit feinem Drachenrelief, das etwa vom Kämpfer der Rundbögen bis unter das Kapitell reicht, in seiner Feinheit jedoch den Stil von Kien Lung zu verraten scheint, also aus 1772 stammen dürfte. Die Ecken des Zwischengeschosses sind scharf geblieben, sie zeigen keine Eckgliederung.

Die Traufen der Dachringe sind doppelt, also aus einer doppelten Reihe von Dachsparren und Aufschieblingen konstruiert, mit blau-grün glasierten Ziegeln gedeckt in der üblichen chinesischen Art. Die Trauflinien zeigen durchweg eine leichte Schwingung, so daß die Folge der 5 Ringdächer wie ein graziöser Behang um den Turmkörper erscheint.

Die Bildwerke am Sanktuarium. Der bildnerische Hauptschmuck des
Sanktuarium besteht aus den figürlichen Reliefs, die sich unterhalb des
Kranzbalkens und über den Türen und Fenstern als breite Friese um die
Flächen ziehen, Diese Reliefs scheinen durchweg aus je 7 x 3 = 21 einzelnen
Tafeln zusammengesetzt zu sein. Bei den öfteren Instandsetzungen wurden
sie offenbar mehrmals auseinander genommen, teilweise ergänzt, sicher auch
noch in der Ming-Zeit, dann wieder sorgfältig zusammengesetzt, mit Eisen-
klammern verbunden oder, wie auf der Südwestseite ersichtlich, nur zu einem
Teile wieder verwendet, während die Flächen mit Ziegeln zugedeckt wurden.
Die ungewöhnliche sorgfältige Behandlung dieser alten Reliefplatten deutet
auf den Wert hin, den die Chinesen ihnen beilegten. Nach Kunst und Technik
darf man für den größten Teil die frühe Sung vermuten, also wohl noch aus
dem Neubau von 952 unter den Späteren Tschou. Doch viele Teile deuten
auch auf Ming. In den zeitlichen Bestimmungen sind Überraschungen nicht
ausgeschlossen. Sirén nimmt schon für die Sui eine hervorragende Bildner-
schule um Tschangte an. Vielleicht sind noch Teile der Reliefs oder wenigstens einzelne Motive dem ersten Sui-Bau zuzuschreiben. Man mag sich
später an die erste Komposition angelehnt haben. Die kleinen Aufnahmen
genügen kaum zur endgültigen Beurteilung, nur ganz genaue Studien an Ort
und Stelle vermögen Klärung zu bringen. Hier soll im Anschluß an die Skizze nur auf die allgemeine Anordnung und die Motive kurz eingegangen
werden. Die letzte Zusammenfügung der Tafeln geschah wohl bei der letzten
großen Instandsetzung unter Kien Lung 1771–1772, für die wir auch die
großen Drachenreliefs um die Rundsäulen bereits annahmen.

Jedes des 8 Felder, 1,9 x 1,4 m groß, sitzt vertieft und ist eingefaßt von
einfachem Profil. Das Hauptstück sitzt auf der Südseite: eine Trias von thronenden Buddha auf Konsolen vor Aureolen zwischen Wolkenstrichen. In
Südwest auf der unvollständig erneuerten Fläche in der Ziegelnische, thront
ein Buddha auf Lotossitz zwischen Ananda und Kasyapa und 2 weiteren, am
unteren Rande stehenden Wächterfiguren. In einer Nische oben links ist noch
ein kleiner Buddha eingemauert als Rest des einstigen, in den übrigen Teilen
offenbar zerstörten Reliefbildes. Auf den Flächen in Südost und Nordost gibt
es je eine ähnliche Gruppe, einen Buddha mit Begleitern, in Nordwest einen
Buddha zwischen knienden Affen und springendem Reh.

Das schöne große und vorzüglich erhaltene Gegenstück zur Trias im Süden ist nur auf der Nordfläche eine große Gruppe mit der Göttin der Barmherzigkeit. Eine Kuanyin mit Krone vor Aureole, die Hände verschränkt
unter dem fließenden Gewand, thront auf einem Felsen, der aus Bogen aufragt. Figur und Aureole werden umspielt von kräftigen Voluten, neben denen
auf kleinen Konsolen eine Taube und eine Vase mit Weidenzweig angebracht
sind. Es ist das Fläschchen mit dem süßen Tau des Buddhagesetzes. Zu

Seiten der Göttin, etwas unterhalb, stehen 2 kleine Figuren vor Aureolen und auf schwimmenden Blättern. Offenbar sind es der Knabe Schan ts'ai 善才 und ein Stifter im Mönchsgewand. Weiter seitlich, schon an dem unteren Rande und auf den nächsten Tafeln stehen 2 größere Figuren, je auf einer schwimmenden Schildkröte. Rechts ist es ein Krieger mit wallendem Gewand, links ein Dämon mit Schlagkeule und flammenden Haaren. Anordnung und Form der Figuren sind vollendet. Vorzüglich ist auch die Verteilung der Massen in den drei breiten Streifen von Wasserwogen, Felsen und Wolken, auch die Kunst in der klassischen Behandlung des Tones ist sehr bemerkenswert. Die Wasserwogen sind in der linken Ecke zu einer Volute zusammengerollt, am oberen Rande durch ein flottes Rankenwerk abgeschlossen. Ein Teil der Felsen in der nächsten Zone scheint verloren zu sein, nur die Verbindungslöcher deuten auf alte Hochreliefs. Die Wolkenstriche mit den Blumen in der Mitte tragen alten Charakter. Manches aber deutet auf Ming.

tip30 Anyang 安陽 – Zhangde 漳德 (Henan): Tianning si 天寧寺
Pagode: Nordseite – Guanyin

Auf den Hauptflächen im Osten und im Westen sind zwei erzählende Reliefs angeordnet in verwandter Auffassung. In jedem Relief ist als Mittelstück ein Pavillon aus Dach und feinen Säulen verwendet. Auf der Westseite empfängt eine Frau mit zwei Dienerinnen eine Besucherin, auf der Ostseite geht Buddha ins Nirwana ein. Es liegt im Mantel auf dem Lager, aus der Kapuze quillt die Fontanelle aus dem Pavillon hinaus und über ihn hinweg, verbreitet sich als breite Volute und offenbart in dieser ein kleines Buddhabild, das Zeichen der Vollendung des Vollendeten. 10 Jünger stehen am Lager, 5 eng gedrängt im Hause, die anderen 2 und 3 außerhalb, unter denen man neben den Säulen vielleicht Kasyapa und Ânanda zu deuten vermag. Unter dem Lager kauern ein Wächter und ein heulender Hund, rechts oben steht ein Dämon neben einer Glocke, etliches Baumwerk und Gewölke belebt den flächigen Grund. Die gedrängte Anordnung und eigenartige Darstellung der Figuren in Antlitz und Gewändern, die alte Zehnzahl der Jünger des Buddha verweisen die Komposition in eine frühe Zeit, doch bleibt die wirkliche Ausführungszeit unentschieden.

Auf Grund der Untersuchungen wird folgende Baugeschichte vermutet:

601 Erbauung einer ersten Reliquienpagode durch Sui Wen Ti. Gestalt unsicher, doch in den Grundzügen, Losana-Terrasse und Sanktuarium der heutigen Pagode ähnlich, vielleicht auch schon mit Reliefs.

952 Neubau der Pagode. Das Sanktuarium erhielt damals die heutige Form, auch schon mit den Relieftafeln. Art des Turmaufbaues unsicher. Doch muß eine Treppe bereits hin aufgeführt haben im Inneren zur oberen Plattform.

1368–1558 In der Ming-Zeit entstand die heutige Gestalt mit umgestülptem Turmstock und bekrönender Lama-Pagode, beide im Anklang an den Lamaismus. Teilweise Erneuerung der Reliefplatten.

1770–1772 unter Kien Lung umfangreiche Instandsetzung auch der Bauteile, die wir heute vor uns sehen. Die alte Gestalt wurde beibehalten.

Diese Pagode vom T'ien ning sze in Tschangte dürfte das unmittelbare Zwischenglied bilden zu der nächsten und vollendeten Stufe der ausgebildeten Tienningpagode, wie wir sie nun in dem Beispiel von T'ien ning sze in Peking kennenlernen werden.

Kapitel 2. Pagode vom T'ien ning sze 天寧寺塔 Kloster des Himmlischen Friedens in Peking

1. Bestimmung und Geschichte. – 2. Beschreibung der Pagode. Aufbau und Einzelheiten: Unterbau; Höhe der Pagode – Sockel – Löwenfries, Lohanfries – Konsolen – Brüstung – Losanaterrasse – Sanktuarium – Die 4 Hauptflä-

chen; Türen – Lünetten, Triumphbalken – Welthüter – Die Diagonalflächen; Fenster – Bodhisatva – Genien – Turmstock – Bekrönung – Glöckchen, Lampen. – 3. Symbolik der Pagode. – 4. Baugeschichtliche Würdigung. – 5. Aufsatz, Inschriften, Gedichte.

1. Bestimmung und Geschichte

Vor der Westmauer von Peking erheben sich 2 große massive, baugeschichtlich überaus bedeutsame Pagoden, die dem Bilde der Landschaft und der ummauerten Stadt eine besondere Note verleihen. Beide haben die Tienningform, sind in Abmessungen und Gliederung weitgehend einander gleich, doch stilistisch recht unterschieden, denn sie stammen aus ganz verschiede-

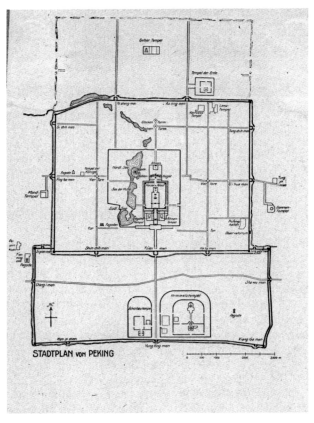

tip32 Stadtplan von Peking – Lage des Tianning si 天寧寺

tip33 Peking: Tianning si 天寧寺

nen Zeiten. Die Pagode des Klosters T'ien ning sze stammt im ersten Entwurf aus dem Anfang des 7. Jahrhunderts, in ihrer heutigen Form aus 1048,
die Pagode von Palitschuang aus dem Ende des 16. Jahrhunderts. Mithin wird
sich an diesen beiden datierten Pagoden der Wandel baulicher Formen gerade
in Einzelheiten besonders klar nachweisen lassen. Gemäß der Bedeutung der
Pagode von T'ien ning sze muß ihrer Schilderung ein breiterer Raum gewährt
werden.

　　Das Kloster mit seiner großen Pagode liegt vor der Westmauer der südlichen, der «Äußeren Stadt» sogenannten Chinesenstadt von Peking in größter Nähe des Tschang i men 彰儀門 Tor der vorbildlichen Rechtlichkeit. Die
Anlage baut sich in mehreren Terrassen über einem bescheidenen Hügel auf,
der sich unvermittelt aus der Ebene erhebt. Sie hat heute nur noch geringen
Umfang, sieht aber auf eine bedeutende Geschichte zurück. Bemerkenswert
ist die schöne Aussicht, die man auf die Ebene und auf Peking von der
obersten Plattform aus genießt. Die Südseite der eigentlichen Klosteranlage
mündet in die ebene Fläche mit einem parkartigen Garten, der früher mit Gebäuden bestellt gewesen sein mag. In der Mitte des Gartens erhebt sich die
große Pagode in einem besonderen, durch zwei Mauern abgetrennten Teile,
genau südlich der kleinen Hügelkuppe. Unweit nördlich vom T'ien ning sze

tip36 Peking: Tianning si 天寧寺
Mit Zugangstor und Zwischenhalle.

liegt Po yün kuan[1] 白雲觀, das berühmte Kloster der Weißen Wolken, in dem der Taoist K'iu Tsch'ang-tsch'un[2] 邱長春 lebte und begraben liegt.

Das T'ien ning Kloster wurde gegründet unter der Nördlichen Wei, Pei Wei 北魏, Dynastie, unter Hiao Wen Ti 孝文帝 471–500. In der Sui Dynastie 589–618 wurde die Pagode zuerst erbaut und zwar alsbald nach 602. Das Kloster lag damals an der Westseite innerhalb der alten, erst kleinen Stadt, die nur einen bescheidenen Teil des heutigen Peking ausmachte und bis in die T'ang Dynastie 618–907 hinein die alten Namen führte Yotschou 幽州 und Fan Yang 范陽. Nachdem die Liao 遼 jene alte Stadt bei der Eroberung 986 zerstört und eine neue größere angelegt hatten, wobei aber jene frühere Anlage benutzt wurde, lag Kloster mit Pagode unmittelbar südlich der Nordmauer von Yen king 燕京 oder Yen schan 燕山, wie die neue Stadt nach dem uralten Namen der Landschaft alsbald hieß. Jene Nordmauer war die westliche Verlängerung der heutigen Trennungsmauer zwischen der inneren Tartarenstadt und der äußeren Chinesenstadt. Als unter den Liao, nicht lange nach Besitzergreifung der Stadt, 1048 der völlige Neubau der Pagode erfolgte, stand diese, am Fuße des Hügels, ungefähr am nördlichen Endpunkt der Achse des Kaiserpalastes der Liao. Jene Stadtmauer bestand ganz in der Nähe des Klosters auch noch unter der folgenden Kin 金 Dynastie 1125–1234, unter der die Stadt abermals nach Osten erweitert wurde und den Namen Tschung tu 中都 erhielt. Seit der Eroberung von Peking durch die Mongolen im 13. Jahrhundert und dem Neubau der Hauptstadt 1268–1272 steht die Pagode in dem Kloster außerhalb der Umgrenzung von Peking im Südwesten, sah jedoch in nächster Nachbarschaft noch mannigfache bauliche Veränderungen an Stadtmauer und Stadt. Die Klostergebäude erstanden immer wieder neu, die Pagode aber hat alle weiteren Stürme der Geschichte und den Wechsel vieler Dynastien während mehr als 9 Jahrhunderten ohne gewaltsame Beschädigungen überstanden, ist zwar wiederholt instand gesetzt worden, zeigt jedoch heute im wesentlichen die frühe Gestalt.

Die Stellung der Pagode in ihrer Beziehung zur Stadt wurde hier ausführlicher behandelt, weil bei einem derartig bedeutenden Bauwerk die Vermutung naheliegt, daß es neben seiner religiösen Bestimmung auch den chinesischen Forderungen nach einem günstigen Fengschui 風水, also den geomantischen Anschauungen entsprechen muß. Das läßt sich bei unserer Pago-

---

1 Das Kloster geht in seinen Ursprüngen bis auf die Tangzeit zurück; es war ein wichtiges Ordinationszentrum während der Mandschuzeit. In der Kulturrevolution wurde es nicht zerstört. Vgl. Goossaert, Vincent: Baiyun Guan. In Fabrizio Pregadio, ed.: *The Encyclopedia of Taoism*. London: Routledge, 2008, 207–210.

2 Vgl. Giles BD Nr. 406: 1148–1227; seine Reise zum mongolischen Großchan ist beschrieben in *Xiyouji* 西游記.

de ohne nähere Unterlagen kaum nachweisen, wenn auch manche Einzelheiten dafür sprechen. Im Südosten, der Himmelsrichtung, die in erster Linie für die Anlage von Fengschui-Pagoden wenigstens späterhin in Betracht kam und dafür fast kanonisch geworden ist, hat sie nie gestanden, vielmehr stand sie bei der ersten Stadtanlage im Westen. So dürfen wir hier wohl nur mit buddhistischen Gedanken rechnen und vermuten, daß schon die Westlage des alten Klosters an dem auffallenden Hügel in der früheren Stadt die Ursache dafür gewesen sein mag, hier die erste Pagode zu errichten als Hinweis auf die westliche Lehre. Noch ungeklärt bleibt es aber, aus welchem Grunde damals in der Sui-Dynastie, deren Hauptstadt Tschʻangan-Sianfu in der Provinz Schensi war, gerade im hohen nördlichen Yotschou-Peking eine bedeutende Pagode errichtet werden konnte. Dazu gehörten immerhin auch Voraussetzungen allgemeiner und politischer Art, über die aus dem damaligen Bezirk Yen noch nicht allzu viel bekannt zu sein scheint. Ein möglicher Zusammenhang mit großen geschichtlichen Ereignissen wird hier an anderer Stelle noch erörtert werden.

Über Geschichte von Kloster und Pagode finden sich in den verschiedenen Quellen zahlreiche Bemerkungen, die aus älteren Werken und aus Inschriften übernommen und fast stets ohne Kritik nebeneinander gestellt sind, oft in wörtlicher Wiederholung, doch auch in willkürlicher Veränderung. Diese zerstreuten, zuweilen sich widersprechenden Angaben werden nach Möglichkeit gesichtet und folgen hier als erste geschichtliche Übersicht.

Nördliche Wei 386–535

472–500   unter Hiao Wen Ti, der 494 seine Hauptstadt von Tatʻungfu Prov. Schansi nach Loyang-Honanfu Prov. Honan verlegt hatte, erfolgte in Yotschou-Peking an der jetzigen Stelle die erste Anlage eines Klosters. Der erst Name lautete Kuang lin sze 光林寺 Kloster des Leuchtenden Haines.

Sui 581/589–618

589–600   Periode Kʻai Huang unter Kao Tsu Wen Ti 581–605 wurde der Name geändert in Hung ye sze 宏業寺, auch 弘 geschrieben, Umfassende Betätigung. Aus dieser Zeit stammte eine schon früh verschwundene Steintafel mit sehr schön geschriebener Inschrift.

602   Im 2. Jahre der Periode Jen Schou 仁壽 601–605 werden Sarira – Reliquien des Buddha von Tschʻangan aus auf 31 (oder 51 oder gar 83) Bezirke verteilt. Peking erhielt einen Behälter mit Sarira. Errichtung einer Pagode. Beisetzung der Sarira. Im 3. Monat am 26. Tage.

615   Vermutetes Jahr der Fertigstellung der ersten Großen Pagode
           unter der Regierung Yang Ti 605–617.

T'ang 618–906
713-742   Periode K'ai Yüan unter Kaiser Hüan Tsung 713–756 wird der
           Name des Klosters geändert in T'ien wang sze 天王寺 Kloster
           des Himmelskönigs. Auch aus dieser Zeit wird eine schon lan-
           ge verschwundene Steintafel mit Inschrift erwähnt.
Liao 907–1125 Herrscher des Nordens, während der Regierung der Sung-
           Dynastie in Kaifengfu 966–1126
1048   im 17. Jahr der Periode Tsch'ung Hi 1032–1055 unter Kaiser
           Hing Tsung 1031–1055 wurde nach dem Werk Leng jan tschi
           冷然志 ein Sutrapfeiler schi tschuang 石幢 errichtet, auf dem
           jene Jahreszahl eingegraben war. Dieses Jahr nimmt Sekino in
           den *Buddhist Monuments*[3] als Zeitpunkt an für eine Neu-
           errichtung der jetzigen Pagode, indessen mehr aus stilistischen
           Gründen. Der Sutrapfeiler stand hinter, also nördlich der
           Steintafel des Mingkaisers Süan tsung – vgl. Jahr 1435, mithin
           unmittelbar zu Füßen der Pagode, ging aber später verloren,
           wie die Tafel selber.

Kin 1125–1234 Herrscher des Nordens während der Südlichen Sung-
Dynastie 1127–1278
1181   Im 21. Jahre des Kaisers Schi Tsung Periode Ta Ting 1161–
           1190 erhielt das Kloster den neuen Namen Ta wan an tsch'an
           sze 大萬安禪寺 Großes Tsch'an Kloster des zehntausendfa-
           chen Friedens.

Yüan   1280–1368 Zerstörung des Klosters durch die Kriegsfurie.
           1330–1333 ließ Kaiser Wen Ti es wieder herstellen. Es werden
           wieder einige, inzwischen lange verschwundene runde In-
           schriftensteine aus den Zeiten der Kin und Yüan erwähnt.

Ming 1368–1644
1403–1425 unter Kaiser Tsch'eng Tsu, Periode Yung Lo, der an die Für-
           sten Lehen verteilte, wurde die Anlage vergrößert. Der Mini-
           ster und Buddhist Yao Kuang hiao 姚廣孝 1335–1418 (Giles
           BD 2436) wohnte lange in diesem Kloster.

---

3   Vgl. *Shina Bukkyô shiseki hyôkai* 5.(Shôwa 3), 226 ff. Die engl. Ausg. dieses Bandes
    ist z. Zt. nicht zugänglich.

1435	Im 10. Jahr der Regierung Süan Tsung Periode Süan te 宣德 wurde das Kloster erneuert und erhielt den heutigen Namen T'ien ning sze 天寧寺 Himmlischer Friede. Darüber berichtete eine jetzt verschwundene Steintafel zu den Füßen der Pagode, vgl. Jahr 1048. Auf der Rückseite dieser Steintafel
1436–1450	meldete der folgende Kaiser Ying Tsung, Periode Tscheng T'ung, daß auch er eine Instandsetzung des Klosters vorgenommen und dessen Name geändert habe in Wan schou Kie t'an 萬壽戒壇 Terrasse der Gelübde für ewige Zeit. Bald danach kam man aber wieder auf den Namen T'ien ning sze zurück.
1524	erneute Ausbesserung unter Kaiser Schi Tsung 1522–1567.
1542	3tägige große Weihrauchopfer.
1577	wird unter Kaiser Schen Tsung Periode Wan Li 1573–1620 gleichzeitig mit dem damaligen Neubau der nahen Schwesterpagode von Palitschuang sicherlich auch eine größere Instandsetzung der Pagode von T'ien ning sze erfolgt sein.
1599	wurde zum Gedächtnis von Yao Kuang hiao vgl. 1403–1425 ein Nebenkloster erbaut.
	Noch in der Periode Wan Li wurden 8 eiserne Dreifüße als Weihrauchbecken um die Pagode aufgestellt, sie waren bis 1774 wieder verschwunden.

Ts'ing 1644–1912

1672	ließ Kaiser K'ang Hi 1662–1723 im 11. Jahre seiner Regierung eine Steintafel südöstlich von der Pagode aufstellen. Der Text wurde verfaßt von einem gelehrten Minister, die Inschrift wurde geschrieben im Stile des berühmten Kalligraphen Tung K'i Tsch'ang 董其昌 1555–1636 (Giles BD 2089). Auch diese Inschrift führt den Bau der Pagode zurück auf Sui Wen Ti.
1756	Im 21. Jahre des Kaisers K'ien Lung 1736–1796 erfolgte eine Erneuerung der gesamten Baulichkeiten, also wohl auch der Pagode. Vor der Haupthalle wurde eine Tafel mit einem vom Kaiser selbst verfaßten Bericht ehrerbietig errichtet. Der Text wird am Schluß dieses Kapitels mitgeteilt.
1774	vermerkt indessen das Ji hia k'ao[4], daß die Feuerperle abermals verschwunden war. Da sie heute vorhanden ist, muß mindestens noch eine neue Wiederherstellung der Pagode im Laufe des 19. Jahrhunderts erfolgt sein.

---

4   d.i. *Rixia jiuwen kao* 日下舊聞考 des Yu Minzhong, von 1774.

tip38 Peking: Tianning si 天寧寺 – Nordseite

Ein Urteil über Entstehung und Baugeschichte der Pagode wird am Schluß der baulichen Untersuchungen gegeben werden.

Die Bedeutung von Kloster und Pagode war offenbar zu allen Zeiten groß, das geht aus den zahlreichen Berichten hervor. Einige von diesen beschäftigen sich eingehend mit Ankunft und Unterbringung der Sarira, denen die Erbauung der Pagode zu danken ist. Über jene unmittelbaren Vorgänge erfahren wir folgendes. Längere wörtlich Übersetzungen und Entlehnungen sind kenntlich gemacht.

«Im zweiten Jahre der Periode Jen Schou 仁壽 602 fand eine Verteilung von Sarira statt. Man errichtete dafür beseelte Stupa in 51 Bezirken. Am 26. des 3. Monats setzte man die Sarira im Hung ye Kloster bei, dem späteren Kloster T'ien wang sze.» Zuerst wird ein Wunder erwähnt, das der Verteilung der Sarira vorausging. «Der Himmel ließ im 1. Jahre Jen schou (601) 33 Rasiermesser herabfallen, die sich im Gebrauch als sehr scharf erwiesen und deren Form sehr eigenartig war. Sie werden jetzt von den Sramana immer zum Rasieren gebraucht.» Das ist eine Anspielung auf die 33 buddhistischen Himmel und auf das Gebot zur Entfernung des Haupthaares der Priester durch Rasur.

Die entscheidenden Berichte über die Sarira lauten: «Von den Sariraperlen Sche li tschu 舍利朱 des Schakyamuni, zusammen 8 Scheffel (800 oder 400 Liter) Überreste, befindet sich ein Drittel in der Menschenwelt. König Asoka ließ 84000 Stupas fertigen. Davon gibt es in Tung Tschen tan 東震旦 (altbuddhistischer Name für China) 19 Stupa. Die Zahl der Sarirakörner li 粒 war unzählbar. Der Sramana Hui 會 aus K'ang 康 (Sogdiana) flehte zu Buddha 7 Tage und erhielt 7 Sariraperlen.» Das ist eine Anspielung auf das Auftreten des Hui i. J. 247 bei Sun K'üen in Nanking. «Kaiser Kao Tsu Wen Ti der Sui-Dynastie hatte eine Begegnung mit einem Lohan 阿羅漢, der ihm einen Sack voll Sarira übergab. Der Gesetzeslehrer Yün Ts'ien 雲遷 zählte den Sack durch, doch gelang es nicht, die Anzahl der Sarira festzustellen. Darauf sandte man diese in Urnen der 7 Kostbarkeiten Ts'i pao han 七寶函 nach 31 Bezirken tschou, in denen je eine Pagode errichtet wurde. Die Pagode im T'ien ning sze ist eine von ihnen. An anderer Stelle wird aber wieder von 51 Bezirken gesprochen. «Ein Buddhist Pao Yan 寶巖 aus Yotschou-Peking wohnte im Jen küe 仁覺 Kloster bei der Hauptstadt (Sianfu oder Peking) und übte sich im Tao, Schou tao 守道.» Offenbar auf seine Anregung gab der Kaiser die Anweisung, Sarira auch nach Peking in das Hung ye Kloster zu schaffen. «Als die Steinurne *schi han* 石函 hergestellt war, leuchtete sie hell wie ein Wasserspiegel. Sie hatte ein Geäder wie der Edelstein *Ma nao* 瑪瑙 Achat und einen Glanz wie Glasur, war durchsichtig und ließ ein violett flammendes Leuchten aufsteigen. Auf der Außenseite trat ein Muster hervor, es glich Figuren der Bodhisatva, Scharen von Genien, Getier, Löwen und Baumwuchs. Es waren die verschiedensten Bilder. – Im 3. Monat 602 erfolgte die Beisetzung der Sarira im Kloster, im 4. Monat wurden Opfer dargebracht und Weihrauch verbrannt. Das Licht der Lampen bestrahlte die Menge, die in der Halle versammelt war. Um Mitternacht zeigte sich ein reiner und weißer, großer Glanz, der Himmel und Erde mit Licht übergoß und sich langsam über die Gemeinde um das Heiligtum Fo yü 佛輿 verbreitete.»

tip39 Peking: Tianning si 天寧 – Aufriß

Kloster und Hügel, hoch und offen gelegen, werden umschlossen von einem Gebirgsbach wie von einem Gürtel. In der letzten Zeit der Periode K'ai Huang, also kurz vor dem Jahre 600, ehe noch die Sarira anlangten, gab es oft Einstürze und Erschütterungen des Berges, sie wollten gar kein Ende nehmen. Als aber das Gebiet der Pagode *t'a king* 塔境 beruhigt war, hörte die Bewegung des Berges von selbst auf. Erdbeben bei Peking werden in früheren Zeiten wiederholt erwähnt, selbst noch bis in die letzten Jahrhunderte. Gerade 600, an dem Tage, an dem der Kaiser Kao tsu den Kronprinzen, seinen ältesten Sohn, seiner Würde entsetzte und den zweiten Sohn zum Thronfolger bestimmte, ereignete sich ein Erdbeben. Bemerkenswert ist es, daß die Überlieferung gerade den isolierten Hügel von T'ien ning sze in Verbindung mit solchen Erschütterungen bringt und der Pagode die Kraft zur Beruhigung beilegt. Diese Anschauung geht sicher noch auf die Sui-Dynastie zurück und beweist die Verknüpfung mit geomantischen Gedanken. De Groot[5] weist noch besonders darauf hin, daß diese Pagode, und die später erbaute von Palitschuang jede an einem Gebirgsbach liegt, der von den Westbergen her durch die Ebene nach Peking fließt und die geomantische Wirkung der Pagoden für die Stadt steigert. Die chinesischen Texte bringen allerdings keine besonderen Hinweise darauf.

Zur Zeit der größten Blüte soll das Kloster 500 Räume als Wohnungen für Mönche und 70 Brunnen besessen haben. Es wurde durch das Volk stark besucht, und war ein Mittelpunkt für Feste ähnlich wie heute das benachbarte Kloster der Weißen Wolken Po yün kuan. Eine Eingabe an den Kaiser berichtet über das Umhertreiben von allerlei Gelichter und über unhaltbare Zustände bei dem Kloster und bittet um Abstellung des Übels.

Wiederholt werden alte Erinnerungen und Reste erwähnt, die allerdings alle wieder verschwunden sind. «Im T'ien ning Kloster befindet sich eine Musikplatte aus Stein *king* 磬, die nach der Überlieferung aus der Zeit des Kaisers Ming Ti 58–76 n. Chr. der Han-Dynastie stammt. Stets, wenn man die Sutra spricht und ihren geschriebenen Text auf die Platte klebt, beginnt diese zu singen und hört erst damit auf, wenn der Sutratext zu Ende ist. Die Musikplatte ist jetzt 1774 nicht mehr vorhanden. Es gibt aber in der Halle des Kie yin fo 接引佛殿 noch eine Musikplatte aus Bronze aus der Ming-Dynastie Periode Kia Tsing 1522–1567 und eine zweite aus Eisen an der südöstlichen Ecke der Pagode.» *Buddhist Monuments*[6] bringt eine große schöne Bronzeglocke nebst langer Inschrift aus 1525. «Ferner standen am Fuße der Pagode auf der Sockelplatte *t'an* 壇 8 gegossene eiserne Dreifüße, einer an jeder der 8 Seitenflächen der Pagode. Jeder Dreifuß war über 1

---

5 J. J. M. de Groot: *Der Thupa*. [?]
6 5.1928, 229 (jap. Ausg.).

tschang 丈 3,3 m hoch und trug auf seinem Bauch nach den 8 Himmelsgegenden gerichtet die 8 Diagramme Pa kua 八卦. Die Dreifüße stammten aus der Zeit Wan Li 1573–1620.» Es wurde schon bemerkt, daß sie bis 1774 wieder verschwunden waren. Die Querschrift der zweiten Halle hinter der Pagode lautet Ta Küe 大覺, Großes Erwachen. Weiterhin erhebt sich die Kuang schan Kie t'an 廣善戒壇 Terrasse der Gelübde für umfassende Vortrefflichkeit.»

In der Kie yin fo tien hängt auf der Rückseite der Schirmmauer ping 屏, offenbar unmittelbar hinter der Fronttür, ein Bild der kostbaren Pagode Pao t'a in Höhe von 1 tschang 5 Fuß 5 Zoll, etwa gleich 5,00 m, bestehend aus 600043 Schriftzeichen. Diese Pagode heißt Hua yen king t'a 華嚴經塔 Pagode des Hua yen Sutra. Bei der Größe des Bildes und der ungeheuren Menge der Zeichen scheint es sich um ein Bild der Pagode zu handeln, bei denen die Linien und wohl auch die Flächen völlig aus Schriftzeichen bestanden haben. Ähnliche Darstellungen sind in China verbreitet. Hier sollte der Text des Sutra im Bilde der Pagode sichtbar werden, und man verband auf diese Weise Schrift und Pagode zu einem Ganzen. – Im Kloster wurden am 8. jeden Monats Feiern veranstaltet, dann brannten 160 oder 360 Lampen zu Ehren des Buddha.

Das kleine Nebenkloster Hia yüan 下院 oder Pie yüan 別院 für den Yao Kuang hiao – vgl. Jahre 1403–1425, trug die Aufschrift Tsung schi fu sze 宗師府寺 Klostersitz für den Ahnen und Meister. Der Hauptsitz der Yao bei Peking befand sich in den Westbergen in dem noch heute angesehenen und reichen Kloster T'an tschou sze 檀州寺, wo es angeblich Statuen und Bilder von ihm gibt, der unter die Heiligen aufgenommen wurde.

2. Beschreibung der Pagode

Aufbau und Einzelheiten

Unterbau. Die Pagode erhebt sich im Klostergarten in einem Teil, der durch Mauern abgetrennt ist und selber bereits 1,3 m über dem anderen Gartengelände liegt. Er ist 43 m breit und trägt eine quadratische Terrasse, 1 m hoch, 36 m Seitenlänge, von niedriger Mauer umschlossen, zugänglich durch 4 Öffnungen, Hauptrichtung gegen Süden. Auf der Terrasse ruht eine 8seitige Plattform von 2 gemauerten Stufen, zusammen 1,72 m hoch, die untere Stufe mit 11,6 m Seitenlänge, 28 m inneren Durchmesser. In der chinesischen Beschreibung wird diese Doppelstufe ausdrücklich bezeichnet als *t'an* 壇 Altarplatte und verglichen mit der Form eines Gelben *Ts'ung* 黃琮 (Rangabzeichen aus Nephrit, vgl. de Groot: *Universismus*, S. 195). Das verdoppelte Achtseit, sonst Rund, des Ts'ung über dem Quadrat mit 4 Toren bedeutet

Himmel über Erde, also Einheit der Natur in dualistischer Grundform. Über diesem Inbegriff der äußeren Welt, der natürlichen Ordnung der Dinge, erhebt sich die 8seitige Pagode als Hinweis auf Buddha, der zugleich Licht und Inhalt der Welt bedeutet. Sie besteht aus 3 Hauptteilen, Sockel, Hauptgeschoß und Turmstock, und endet in einer gewaltigen Spitze, dem höchsten Wahrzeichen der Erlösung, Gegenbild der untersten Altarplatte. Diese 2 Teile, am Erdboden und in der Höhe, und die 3 Teile der Pagode selber ergeben zusammen 5 Hauptteile des ganzen Aufbaues.

Höhe der Pagode. Die Höhen betragen: Sockel 6,4, Hauptgeschoß 7,8, Turmstock 32,4, Spitze 7,2, das ergibt als Gesamthöhe des Pagodenturmes 53,8 m. Unter Hinzurechnung der Altarplatte von 1,7 m ist die gesamte Höhe 55,5 m über der Terrasse. Werden noch die Anschüttungen der Terrasse von 1,3 m und 1,0 m eingerechnet, so ergibt sich für die Turmanlage eine äußerste Höhe von 57,8 m über dem Gartengelände. Danach sind die früheren Angaben aus chinesischen Quellen, denen auch de Groot und die Sammlung Siccawei folgen, zu berichtigen. Jene Angaben schwanken an mehreren Stellen zwischen 27 dschang 35 tsun = 92 m, 15 hü = 104' = 32 m Ji hia kao S. 5, und 85 m in Collection of pagodas Siccawei.

Der Sockel als Hü mi tso 須彌座 *Sumeruberg-Thron oder Lu sche na tso* 盧 舍那座 *Losana-Thron*

Der reich gegliederte Sockel ist ein besonderes Kennzeichen der Tienningpagoden. Deren Form entwickelte sich schon früh, mindestens seit Sung yo sze, zu der vollkommenen Gestaltung, in der wir sie bei Peking vor uns sehen. Der Gedanke, das Sanktuarium als religiöses Kraftzentrum herauszuheben, und der weitere Gedanke, den Turmstock als Sinnbild der Stufenfolge religiöser Beteiligung weit sichtbar zu machen, bedurften einer Ergänzung, und zwar durch die Gemeinschaft, auf deren Grund solches religiöses Geschehen sich überhaupt erst entfalten und wirken konnte.

Architektonisch bedeutete das die Anlage eines mächtigen Unterbaues, nämlich des reich gegliederten Sockels, der in dieser Form bei allen anderen Pagoden fehlte. Nun erst entspricht das Bauwerk dem geschlossenen Weltbild des Buddhismus und gibt im dreigestellten Rhythmus von Sockel, Sanktuarium und Turmstock die drei Grundgedanken der Lehre klar und vollkommen wieder. Die einzelnen Gliederungen aber lassen weiten Spielraum für reichste und freudige Ausbildung von vielgestaltigen Sinnbildern.

Dieser Sockel stellt also das Universum dar, das die wahre religiöse Welt in sich birgt oder, architektonisch gesehen, auf sich trägt. Drum wird diese Form von den chinesischen Bauforschern auch genannt: Sumeruberg als Sockel oder Thron, Hü mi tso 須彌座. Weiter aber ergibt es sich aus den folgenden Betrachtungen, daß als Sinnbild heiligsten Geschehens im Inneren

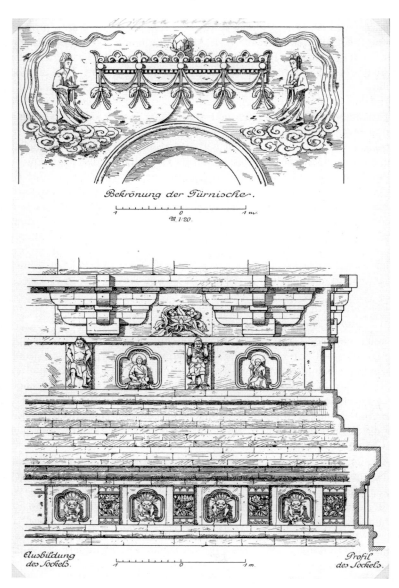

Bekrönung der Türnische.

M. 1:20.

Ausbildung
des Sockels.

Profil
des Sockels.

tip40

des Sanktuariums gerne der Losana-Buddha gedacht oder dargestellt ist, thronend auf einer besonderen Plattform von Lotosblättern. Danach wird auch der ganze Sockel genannt: Losana-Thron, Lu sche na tso 盧舍那座. Dieser Sokkel hat stets eine ausgezeichnete Ausbildung erfahren, der Sockel der T'ienningpagode bei Peking dürfte das früheste, sehr reiche und schon ganz fertige Beispiel sein für die lange Reihe von Tienningpagoden, die im Laufe der späteren Jahrhunderte im nördlichen China entstanden.

Der große Sockel unserer Pagode hat im untersten Fußglied bei 8 m Seitenlänge 19,4 m inneren Durchmesser und ist bei einer Höhe von 6,4 m in 3 Hauptteile gegliedert, Löwenfries, Lohanfries, Konsolgesims mit Brüstung, alles aus Ziegeln und Terrakotta in bester Technik. Vom Fußglied aus treppen die Ziegelschichten zurück bis zum Löwenfries, über diesem, von dessen Abakus aus, in gleicher Weise zum Lohanfries, belebt und verbunden durch Profile aus Wulsten und Rundstäben. Der untere Löwenfries ist auf jeder Seite durch 7 Pilaster mit stark geschnittenem naturalistischem Lotosornament geteilt in 6 Felder mit Dreipaßnischen, deren Umrahmung, ein sägeartiges Profil gotischer Gesinnung, am Fuß in feiner Blattendigung aufgefangen wird. In den 8 x 6 = 48 Nischen hockt je ein Löwe aus Terrakotta. Es sind die 48 Wächter des Buddhathrones. Aus der Nische tritt der Löwe mit dem vorderen Körper heraus, Kopf, Schulter, Vorderbeine, frei modelliert mit den Pranken ein Felsstück als Sockel umklammernd. Auf dem Grunde der Nische spreizt sich in Relief die Mähne wie ein lodernder Flammenkranz, ein entschiedener Ausdruck für Schutz und Abwehr. Das Motiv wird unterstützt durch muskulöse Atlanten auf den Ecken.

Auch im Lohanfries tragen solche Atlanten, etwa 80 m [sic! d.i. wohl 80 cm] hoch, auf den Ecken und je 4 auf den Seiten das Gesimsband und die Konsolen. Meist in kriegerischer Rüstung mit grimmiger Miene, den Nacken gebeugt, die Arme in die Seiten gestemmt oder emporgestreckt zur Unterstützung des Tragens, stehen sie auf Konsolen aus Lotosblättern. Die Eckträger, unter den großen Eckkonsolen, stehen zwischen 2 Vadschra (Donnerkeilen), deren Spitzen in quellenden Lotosblüten enden wie zu milder Verheißung. Der obere Sockelfries wird durch die Atlanten auf jeder Seite nur in 5 Felder, anstatt wie unten in 6 geteilt und ist mit gleichen Dreipaßnischen versehen wie der untere Fries. In den Nischen thronen vor Heiligenscheinen 5 x 8 = 40 Lohan. Sie scheinen zu schweben auf den Lotosblüten, die vom unteren Rande aus sich über stilisierten Stempelbündeln erheben, oder sie sitzen in natürlicher Haltung, die Füße auf dem Boden. Die Figuren im Dreiviertelrelief zeigen mannigfaltige Gewandung und Gebärden. Predigend oder meditierend, verbreiten sie die Lehre des Buddha, umgeben den Thron wie ein heiliger Kranz und entsprechend dem Sinne nach den

Bodhisatva im oberen Sanktuarium, etwa wie die Löwen des unteren Frieses den Welthütern im Hauptgeschoß.
Der Kranzteil des Sockels bildet die 3. Zone und besteht aus Konsolgesims mit Brüstung. Die 3armigen Konsolen, 3 auf jeder Seitenfläche, sind folgerichtig im Ziegelverband gegliedert, bestehen aus Fußstück und 2 Auslegerarmen, die in die Mauerfläche und senkrecht aus ihr vorkragen und mit den Kopfstücken die 30 cm weit vorspringende Platte aus 2 Ziegelschichten tragen helfen. Doch nur an diesen wenigen Punkten. Im wesentlichen trägt die doppelte Ziegelschicht ganz allein das Gewicht der Brüstung, die sich bündig mit der Vorderkante der Hängeplatte aufbaut. Nur die sehr reich und kräftig gegliederten Eckkonsolen bieten einen wirklich festen Halt für die Ecken der Brüstung und geben mit den Eckatlanten und den beiden Donnerkeilen auch eine künstlerisch sichere und durchaus schöne Lösung für das schwere Motiv. Die 5 Felder zwischen den Konsolen sind mit je einer Komposition aus Blüten und Blättern geschmückt, die in scharfem und schattenreichem Relief, doch nur schwach erhöht aus der eingesetzten Tonplatte gestochen sind. Es wechseln zwei Motive, die zuweilen auch als Spiegelbilder vorkommen und beide mit ungewöhnlichem Naturalismus durchgeführt sind. Einmal sind es spitz gezackte schlanke Blätter, die in freiester Überschneidung und Verschlingung eine Päonienblüte so umschließen, daß der Umriß von breiter Grundlinie zur Spitze aufsteigt. Das andere Motiv sind Blütenblätter des Lotos, gerollt in Voluten und Spitzen, umgeben von Blattwerken und Ranken. Die Brüstung besteht auf jeder Seite aus 6 Feldern und entspricht in der Achsenteilung dem unteren Löwenfries, nicht aber dem Konsolgesims oder dem Lohanfries, die überdies noch unabhängig von einander sind. So blieb ein Ungelöstes im architektonischen Aufbau. Die Brüstung besteht aus einem Doppelfries von 6 x 8 = 48 breiten Fülltafeln und schmalen Rosettenplatten, getrennt durch ein feines Band zwischen reliefierten flachen Zwischenpfosten und kantigen Eckpfeilern mit freien Knäufen. Ein Wulstprofil bildet die obere abschließende Linie. Der schmale Rosettenfries zeigt in jeder Platte 3 Blüten als Rosetten, die durch freies Rankenwerk verbunden und umschlungen sind. Ringsum sind es insgesamt 144 Rosetten. Sie wiederholen sich in strenger Stilisierung auf den Vorderflächen der Teilungspfosten in flachem Relief und zwar durchweg unter Hinzufügung eines schrägen Kreuzes, das ganz sichtbar oder nur angedeutet ist. Zwischen je 5 dieser naturalistischen Rosetten spannen sich in wirksamem Gegensatz die breiten Fülltafeln mit 8 Arten geometrischer Netzmuster, die in die vollen Tontafeln einige mm tief eingeschnitten sind. Die Strichmuster sind gebildet aus L-Winkel, T-Form, 卍 Svastika und ihren Kombinationen, Treppenlinien, X Andreaskreuz, auch Dreipaß und Vierpaß, dagegen ohne Mäander. Die teppichartigen Füllungen schließen den lebhaft gegliederten Sockel mit ruhiger

breiter Flächenwirkung ab, dem großen Motiv chinesischer Hausfronten. Der ganze Sockel erhält durch sie eine einzigartige Wirkung, innig und religiös gebunden, liebenswürdig und feierlich.

tip43 Peking: Tianning si 天寧寺 Löwenfries

Die 48 Tafeln der Brüstung können ein ausdrücklicher Bezug sein auf die 48 großen Gebote des Fan wang king 梵網經 Sutra vom Netze des Brahma, des heiligsten Sutra des Mahayana Buddhismus, dessen Gebote von Buddha Losana selber stammen und zur Heiligung zahlloser Welten führen, von denen die des Buddha Schakyamuni nur eine ist. Der unmittelbare Bezug ist um so wahrscheinlicher, als auch die ausgesprochenen Netzmuster Wang lo schi 網絡式 der Tafeln sich in der Bezeichnung wang und in der formalen Durchbildung eng an den Gedanken des Sutra anlehnen. Hiermit hängt wohl auch eine Merkwürdigkeit zusammen, die dieser Pagode eigentümlich ist. Auf jeder Seite der Brüstung ist eine der 8 großen Fülltafeln schief eingesetzt, so daß die Muster schräg laufen und anschneiden. Der Grund ist nicht ohne weiteres ersichtlich, zumal das gleiche Muster auch winkelrecht eingesetzt wurde. Man könnte an die Gewohnheit denken, die aus China wie aus Japan bekannt ist, an hervorragenden Kunstwerken zuweilen absichtlich einen Fehler zu belassen, um nicht durch restlose Vollendung die Gottheit herauszufordern. Wahrscheinlich handelt es sich aber hier um die wiederkehrende Andeutung eines feindlichen Elementes, etwa der 8 Lebensängste.

Die Brüstung, die nur Blende ist, hat nur symbolische Bedeutung und steht für den Gedanken des Umganges für das rituelle Rechtsherumwandeln yo jao 右繞 um das zentrale Heiligtum. Die Brüstung findet sich als festes Motiv fast an allen ausgebildeten T'ienningpagoden und dürfte bei unserem Bau zurückgehen auf die Zeit seiner Begründung.

tip44 Peking: Tianning si 天寧寺

Losanaterrasse. Unmittelbar über und hinter der Brüstung bildet ein dreifacher Kranz von Lotosblättern die Begrenzung einer Plattform, auf der das große Hauptgeschoß sich aufbaut, indem es etwa 1 m vom Rande zurücktritt. Diese Plattform ist die Losanaterrasse, genannt nach dem Buddha Losana Lu sche na 盧舍那, dem unendlichen Urbuddha, einer Verkörperung des alles beherrschenden Weltgesetzes, aus ihm entstehen mit dem Gesetze selber das Heil und alle Buddhas. Er thront auf einer Terrasse von 1000 Lotosblättern, jedes eine Welt für sich mit einem Buddha als Erlöser, der, jeder für sich, wiederum Hunderte von Millionen von Welten verkörpert. Die Reliquie im Sanktuarium wiederholt diesen Gedanken, vertritt die Stelle des umfassenden

Weltgesetzes, des unendlichen Heilslichtes, und thront im Innern des Sanktuariums als jener Losana selber auf der Terrasse. Die gewaltigen Blätter, hier genau 336 Stück, sind aus vollen Ziegelschichten geschnitten, mit zweigeteilten, scharf umgebogenen und schattenreichen Rändern, in den einzelnen Reihen gegeneinander versetzt. Die Vorderflächen der Blätter, sonst häufig mit kleinen Buddha in Relief geschmückt als Hinweis auf die Myriaden der Buddhawelten, zeigen hier nur glatt Ziegelflächen, sind aber von großer Wirkung.

Hauptgeschoß oder Sanktuarium. Der Hauptteil der Pagode, ihr eigentliches Wesen und die Kraft, von der die Wirkung des Buddha ausstrahlt, liegt in der Mitte, in deren Innerem die Reliquien beigesetzt sein müssen. Für die Gestaltung des Inneren gibt es keine Anhaltspunkte. Doch sicher ist es, daß hier, im wahren Sanktuarium, die Gottheit des Buddha unmittelbar gegenwärtig gedacht ist. Es ist nicht richtig, diesen Teil, wie es Chinesen und Japaner gewöhnlich tun, in eine Reihe zu zählen mit den schmalen Ringen am Turmstock der Tienningpagoden. Er ist vielmehr, wie schon erwähnt, stets gesondert zu nennen. Am Sanktuarium offenbarte man durch symbolische Bauformen geistige und religiöse Begriffe bis in ihre Einzelheiten. Hier ist die Aufgabe gelöst, die wir an ein vollkommenes Bauwerk stellen, der innere Zweck ist restlos im Äußeren erkennbar, es decken sich Inhalt und Form.

Aufteilung des Sanktuarium. Das 8seitige Hauptgeschoß, Sitz der Reliquie, offenbart deren Gegenwart, Schutz und Wirkung durch reiche Sinnbilder. Am Auffallendsten erscheint hier die Anordnung eines zweifachen Motivs, einmal als 4 große Rundbogen-Blindtüren in Relief mit je 2 Welthütern auf den 4 Flächen in den Hauptrichtungen, und ferner als 4 breite, rechteckige Stabgitter-Blindfenster in Relief mit je 2 Bodhisatvas auf den 4 Diagonalflächen. Die Türen schützen den Zugang in das Allerheiligste, die Fenster entsenden das Licht der Erlösung in die Welt. Die Kanten der Geschoßflächen sind eingefaßt durch Dreiviertelsäulen, um die, abwechselnd, aufsteigende und absteigende Drachen sich ringeln als Hinweis auf Himmel und Erde, die Einheit der Schöpfung. Den Fuß des Geschosses begrenzt die Losanaterrasse, das Haupt ein Kranz von Balken, die an den Ecken überschießen und, zusammen mit den Ecksäulen, leise anklingen an den ursprünglichen Holzbau. Über ihnen bildet das erste große Konsolengesims mit Pultdach den Abschluß und zugleich den Anfang des Turmstockes. Die Architekturteile bestehen ausnahmslos aus Ziegel und Terrakotta, die figürlichen Reliefs fast durchweg aus Stuck, der mit dem Ziegelwerk durch Eisendrähte verbunden wurde, indessen so sehr gelitten hat, daß viele Figuren kaum mehr zu erkennen sind.

Die 4 Hauptflächen in den 4 Hauptrichtungen zeigen je eine Tür zwischen 2 Welthütern, bekrönt durch einen Triumphbalken zwischen Genien auf Wolken. Gleichwohl sind Einzelheiten verschieden ausgestaltet. Jede Tür aus 2 Flügeln zwischen breiten einfach profilierten Blendrahmen sitzt in einer tiefen, mit Halbkreisbogen geschlossenen Nische. In der Lünette thront ein Bodhisatva zwischen 2 stehenden Begleitern. Die Türflügel in Süd, Ost und West bestehen im oberen Teil aus dem üblichen, teppichartigen Gittermuster von Holztüren, diagonal und senkrecht gekreuzte Stäbe mit ausgeschnitzten Kreisen, Sternen und Blumen, alles geformt aus großen Tonplatten in vertieftem Relief. Die unteren Teile sind nur in Ost und West gleich, mit breiten glatten Füllungen, in Süd dagegen versehen mit einem Stabwerk aus senkrechten Stäben, nach Art der Fenster auf den Diagonalen. Vor der Südtür stand auf einem Sockel einst eine Inschrifttafel, von der nur der Rest des Rückenschirmes übrig blieb. Auf dieser Hauptseite im Süden treffen sich die heiligen Wirkungen des Buddha im Innern und der Sonne im Zenith. Im Gegensatz dazu ist die Türöffnung auf der Nordseite massiv vermauert zum Schutz gegen die dunklen Mächte, die dort angreifen. Eine Tür ist nur angedeutet durch Querreihen von Buckelnägeln und durch 2 Löwenköpfe mit Ziehringen, alles in Ziegelrelief. Das Motiv erinnert an die Verschlußtore im Tumulus der Kaisergräber. Der feste Verschluß im Norden der Pagode hat bevorzugte symbolische Bedeutung. Es wird noch aus der T'angzeit berichtet, daß bei außergewöhnlichen Anlässen Reliquien aus Pagoden herausgenommen, dem Volke gezeigt, feierlich umhergeführt und im Freien verehrt wurden, um dann wieder beigesetzt zu werden. Diese Entnahme, die in Wahrheit vielleicht nur bei den alten Holzpagoden stattfand, mußte auf der Südseite erfolgen, die Nordseite bedurfte um so mehr eines sicheren religiösen Schutzes durch festen Verschluß. Wenn auch der Brauch der Herausnahme der Reliquie bei dieser massiven Pagode wohl nicht ausgeübt wurde, so gibt die leichtere Form der Südtür wenigstens einen Hinweis auf ihn. Sie kennzeichnet überdies, im Verein mit der abgestuften Ausbildung der übrigen Türflügel, die verschiedene religiöse Auffassung von den einzelnen Richtungen Süd, Ost und West, Nord.

Über den Türstürzen mit je 2 Schließblöcken sind auch die Gruppen in den Lünetten verschieden ausgebildet. In den Mitten thront auf einem Lotossitz je ein Bodhisatva mit Krone, jedoch in verschiedenen Handhaltungen (mudra). Es sind wohl im Süden die Kuanyin, die Hände betend vor der Brust, im Osten der Puhien, die Hände auf den Knien, im Westen der Wenschu, die Hände geöffnet im Schoß, im Norden wieder die Kuanyin oder der Titsang in der Erscheinung als 18armige Tara mit Stirnauge. Die stehenden schlanken Begleitfiguren tragen ebenfalls Kronen und halten meist die Hände betend vor der Brust.

Auf den Stirnflächen der Halbkreisbögen haschen zwischen Wolken je 2 schlanke, eidechsenartige dreiklauige Drachen nach dem zugespitzten Per-

lensymbol mit Blattwerk und Flammenkranz in der Achse der Tür. Die be-
grenzende Archivolte rollte sich am Kämpfer zur Volute, zeichnet über dem
Scheitel des Bogens auf der Mauerfläche einen feinen zugespitzten Lotosbogen und erinnert deutlich an dieses frühe Motiv, das in der Wei- und frühen T'angzeit wiederholt auftritt, zuerst an der Pagode von Sung yo sze.

tip52 Peking: Tianning si 天寧寺 Westseite

Die Spitze des Lotosbogens geht unmittelbar über in die mittelste von 5 Schleifen, die mit Girlanden am Triumphbalken hängen, dem Sinnbild von Baldachin oder Krone über der Türnische. Der Balken, mit Zahnschnitten und Dreipaßblumen geschmückt, trägt in der Mitte den kostbaren geschlossenen Lotos und wird eingerahmt von 2 anmutigen Genien. Diese schweben auf einer Wolkenballung wie auf Blumen, aus denen heraus ein Flammenband züngelt über sie selber und über den Triumphbalken. Sie tragen vor sich oder über sich Almosenschalen oder andere Gegenstände, entweder in ruhiger Haltung, dann deuten nur die fliegenden Gewänder eine Bewegung an, oder sie erscheinen in lebhaften Stellungen, fast tanzend. Die Triumphbalken über den großen Bodhisatvas und den Zugängen zum Allerheiligsten verkörpern den Gedanken des gekrönten und sieghaften Buddha.

Die gewaltigen, muskulösen Gestalten der Welthüter treten hier in Achtzahl auf und bewachen paarweise die Türen. Sie sind als Himmelskönige gekennzeichnet durch reiche, dreigezackte Kronen, scheinen indessen ohne ihre großen Attribute zu sein. Haltung und Gebärden indessen sind verschieden in rhythmischer Folge. Die Figur auf der ideellen Ostseite jeder Tür – im chinesischen Sinne links, wenn man von Innen nach Außen blickt – zeigt entschlossene, doch abwartende Haltung und hat den Mund fest geschlossen. Die westliche Figur hat furchterregende Züge, den Mund im Schreien weit geöffnet, geballte, angriffsbereite Fäuste und befindet sich im Zustand erregten Kampfes. Vielleicht wiederholten die Drachen, die sich um die Ecksäulen ringelten, heute aber nur in Bruchstücken erkennbar sind, das gleiche Motiv. Wenigstens wendet der einzig erhaltene Drache an der Ecke Südost-Ost seinen geöffneten Rachen in das Feld der Welthüter, gleich gerichtet mit dem westlichen Torwächter. Bei der üblichen paarweisen Darstellung von Drachen, Löwen und anderen Tieren zu Seiten einer Hauptachse pflegt sonst die östliche, als die männliche Figur in bewegter Kampfstellung mit geöffnetem Rachen zu sein, dagegen die westliche weibliche in Ruhe mit geschlossenem Rachen.

Die 4 Diagonalflächen. Hier ist die milde Lehre des Buddha und ihre Verkündigung angedeutet. Stabfenster mit senkrechten, über Eck gestellten Stäben ein altchinesisches Motiv für Abschlußgitter und für Fenster lassen das Licht des Buddha in die Menschenwelt hinaus. Unterhalb der breiten Fensterumrahmung war am Fuß einer Lisene auf einem Lotossockel ein breites Ornamentschild aus Lotos und Ranken angebracht, aus dem wie aus einer lebendigen Blüte, das Fenster des Heiles herauswuchs. Jedes Fenster ist umrahmt von 2 großen, stehenden lieblichen Bodhisatvas im schönen Sungstil, die Hände betend vor der Brust mit hoher Kopfbekrönung, weichem Antlitz und Stirnauge, edlem und flüssigem, antikischem Faltenwurf der Gewänder, die sich am Fuß zur sicheren Standfläche verbreitern.

Die Stuckreliefs über den Fenstern sind auf den 4 Flächen durchweg verschieden. Auf den beiden südlichen Schrägseiten thronen vor Dreipaß-Aureolen je ein großer Bodhisatva auf dem Lotossitz über seinem geheiligten Tier, im Südosten der P'uhien auf dem Elefanten, im Südwesten der Wenschu auf dem Löwen. Die Tiere, reich gezäumt, lebhaft asschreitend, die Füße auf Lotosblüten, streben beide zur Hauptseite nach Süden hin, der Elefant nach links, der Löwe nach rechts, also zur Hauptachse, wo die Wirkung des Buddha im Süden sich am stärksten offenbart. Vor jedem von ihnen schreitet weit ein Knabe, die Hände betend vor der Brust, an den Füßen Lotossandalen. Hinter ihm steht je eine männliche Gestalt in merkwürdiger Tracht mit langen Hosen, Joppe und Gürtel mit einer Art phrygischer Mütze, und stemmt sich in gebogener Stellung mit äußerem Standbein und ausgestreckten Armen gegen das Fortschreiten des Tieres, als wolle er es am Gehen hindern. Der Knabe ist wohl der Ts'ing kü t'ien 淨居天 «der behütende Engel, der gemäß einer Tradition durch ein Wunder den Greis, den Kranken, den Toten, den Mönch vor Gautama erscheinen ließ, um die religiöse Berufung des Bodhisatva zu erzielen.» Der Deva gehört zu den Gottheiten der reinen Behausung, er läßt den Gautama die Unreinheit des Irdischen erkennen und vor ihm ein Bild göttlicher Freuden erstehen. Der Mann ist offenbar der Lenker des Reittieres. Die Beschränkung auf P'uhien und Wenschu, die von den 4 großen Bodhisatva hier nur allein auftreten, findet sich häufig. So zeigt das Titelbild zu einer Ausgabe des Hien yü king, Sûtra von Weisen und Toren, einen thronenden Buddha in der Mitte und seitlich, zu seinen Füßen Wenschu auf dem Löwen zu seiner Linken, P'uhien auf dem Elefanten zu seiner Rechten, also in ähnlicher, wenn auch umgekehrter Anordnung wie hier an der Pagode.

Auf den beiden nördlichen Schrägseiten zieht über den Fenstern je eine Gruppe von 5 Genien, die Hände betend vor der Brust in fließenden Gewändern, in feierlicher Prozession auf Wolken, von Norden her um die Pagode herum zur Hauptachse im Süden, zur Hauptlinie des Lichtes. Jedesmal sind es 3 größere Figuren, darunter im Südosten eine überragende mit großen Haarkronen, und 2 kleinere Figuren mit kleinen Kronen. Alle Köpfe stehen vor Heiligenscheinen. Vielleicht sind es die glorifizierten ersten 10 großen Schüler, die späteren Lohan. Die Wolken sind äußerst lebhaft und schattenreich in mehreren Schichten übereinander modelliert wie quellendes Laub, Wolkenfetzen schweben vor und hinter den Gruppen.

Turmstock und Bekrönung. Die 12 schmalen Ringgeschosse des Turmstockes bedeuten die 12 Stufenhimmel der buddhistischen Welt, kennzeichnen also den Inhalt der Lehre, Aufstieg zur Heiligung und, durch die starke Höhenentwicklung, Verbreitung der heiligen Wirkung weit über das Land.

tip54 Peking: Tianning si 天寧寺 – Südosten, mit Puxian

Die 13 Konsolenreihen unter den Dachlinien sind bei weitem reicher als
das Konsolgesims am Sockel, doch in gleicher Weise aus strengen Ziegelschichten gebildet. Die unterste Reihe ist anders und am prächtigsten gegliedert. Sie krönt das Sanktuarium, hat also überragende Bedeutung und dementsprechend ein stilistisch feines Motiv. Zwischen den Eckkonsolen betont
eine große Mittelkonsole die freie Hauptachse und gibt ihr einen wuchtigen
Abschluß. Darüber öffnen die 13 oberen Konsolgesimse wieder die Mittelachse jeder Seite, indem je 2 Zwischenkonsolen 3 Zwischenräume schaffen. Diese oberen Konsolen ähneln in der Gliederung, auch auf den Ecken,
ungefähr den Sockelkonsolen, laden aber weiter aus, die Arme sind freier
geordnet. Dagegen sind die Konsolen am Hauptgesims, zumal auf den Ecken,
äußerst reich gestaltet durch Häufung von Diagonalen, Rundung der Arme,
Vermehrung der Schichten auf 5 und der Tragköpfe auf 7 oder 9, durch Einführung schräg gestellter Figürchen als Atlanten unter den Graten. Das Auge
verliert bereits den Halt und empfindet das Ganze als völlige Auflösung in
Einzelglieder. Vielleicht haben wir hier eine Erneuerung vor uns aus der Zeit
der Erbauung der Schwesterpagode von Palitschuang um 1577. Die Ringdächer ruhen auf einer Doppellage hölzerner Sparren, die im Mauerkörper

stecken. Die Dachziegel sind grün glasiert. Der Umriß des Dachstocks verjüngt sich deutlich in schöner Schwellung voll innerer Spannkraft.

Die Bekrönung der Pagode beginnt über dem 8eckigen Mauerstück, gegen das die 8 Grate des obersten Zeltdaches sich totlaufen, und besteht aus 2 Teilen, Tauschüssel lu p'an 露盤 und Feuerperle ho tschu 火朱. In den Beschreibungen wird wiederholt noch genannt die Siang lun Ringfolge als Stange mit Ringscheiben, die in früherer Zeit dort oben einmal wirklich vorhanden gewesen ist. Man hat wohl dafür den wuchtigen Knopf unmittelbar auf die Tauschüssel gesetzt. Diese öffnet sich weit als achtseitiger Kelch mit gelapptem Rand. Aus ihrem Innern schwingt ein zweiter Kelcheinsatz als Unterbau für den hohen Sockel mit Treppenprofilen und Halsglied. Der gewaltige, urnenförmige und zugespitzte Knopf, die Feuerperle, erreicht allein eine Höhe von 2,6 m. Diese runde Lichtperle ist das höchste, reinste Licht des Buddha, sie wird zuerst und noch zuletzt vom Strahl der Sonne getroffen, sie entsendet still und unaufhörlich ihr Leuchten in den Äther und über die Welt. Auf ihr schlägt sich der Tau nieder, der Süße Tau des Gesetzes, wenn Tag und Nacht hell und dunkel sich einen, und er sammelt sich in der Tauschüssel.

Glöckchen und Lampen. Verkündung der Lehre, Wechselwirkung mit dem gotterfüllten Äther werden gefördert durch tönende Glöckchen, die das heilige Klingen der Natur selbst hörbar machen. Einst hingen an jedem der Tausende von Sparrenköpfen ein kleines, an jedem der 104 Ecksparren ein größeres Glöckchen. Die Gesamtzahl wird annähernd richtig auf 3400 angegeben, heute sind nur noch wenige vorhanden. Durch einen leichten Flügelklöppel im Innern erklungen sie im leisesten Winde, ja selbst bei Windstille, da durch Wärmeunterschiede am hohen und gegliederten, massiven Turm fast stets ein Luftug entsteht. Nur höchst selten setzt die Musik aus, das kündet dann eine ungewöhnliche Änderung in der Atmosphäre an. So fühlt man dauernd Stimmung und religiöse Beziehung, wenn «die Glöckchen gleichzeitig melodisch klingen wie die zum Orchester vereinten Glocken und Musiksteine», deren Musik nach altchinesischem Ritus noch bis in die jüngste Zeit hinein feierliche Kulthandlungen begleitete. Besonders im Abendfrieden des Klosters empfindet man noch heute immer aufs Neue das leise und geheimnisvolle Klangspiel des Glöckchens als den göttlichen Ton der Natur selbst, die eindringlich und melodisch ihr ewiges Lied andächtiger Arbeit in tausend heiligen Stimmen singt.

Über die Wirkung der Glöckchen und über ein Leuchten der Pagodenspitze sagt eine Stelle folgendes: «Die Pagode ist ringsum besetzt mit Zehntausenden von Glöckchen, deren Klang, gleichviel ob der Wind geht oder nicht, keine Unterbrechung erleidet. Die Sramana des Klosters sagen, daß, wenn der Klang aussetze, der Glanz sich zeige.» Diese Behauptung wird

durch eine besondere Erzählung erläutert, die zurückgeht auf die Zeit der
Ausbesserung des Klosters unter Kaiser Schi Tsung 1522–1567 der Ming-
Dynastie. «Im Jahre 1550 im 3. Monat am 28. Tage übernachtete der Justiz-
minister Wang Schitschen (Giles BD 2220) im T'ienning Kloster. Ein feiner
Regen rieselte eintönig hernieder, als plötzlich die Glöckchen der Pagode
aufhörten zu klingen und von unten ein anderes Geräusch aufkam, das zirpte,
wie wenn eine Grille mit den Flügeln rassele. Man bemerkte außerhalb der
Scheiben, siang lun, ein grünweißes Licht, das glänzte wie Bergkristall. Es
war größer als ein Krug von 5 *tou* 50 Liter und flammte bald unten, bald
oben auf. In dem Licht sah man einen Bogenschützen, dessen Gewand ebenfalls kristallfarben war. In kurzer Zeit war die Erscheinung vorüber, die
Glöckchen tönten wieder und das andere, zirpende Geräusch hörte auf.» Es
handelte sich offenbar um ein Elmsfeuer, das mit dem Glanz Buddhas gleichgesetzt wird, doch wohl unbedingt auf eine frühere Spitze aus Metall deutet.

De Groot übersetzt aus der «Geschichte von Peking», daß ein oberer Teil,
wohl am Sockel, aus Traggattern bestanden hätte, und daß in den Unterlagen,
auf denen diese Gatter ringsum ruhten, auf 3 Gliederungen im Ganzen 360
eiserne Lampen sich befunden hätten. Die Stelle ist sehr unklar. Nach dem
Urtext kann man auch annehmen, daß ein dreistöckiges Gerüst rundherum ein
Stützgeländer umgab und jene Lampen trug. Jedenfalls findet sich am Bauwerk selbst kein Hinweis auf jene Konstruktion, die wohl nur vorübergehen-
de Bedeutung hatte. In den baulichen Gliederungen lassen sich auch keine
Stellen entdecken, die für Anordnung einer so großen Anzahl von Lampen
gedient haben könnten. Die Frage bleibt ungeklärt. Daß große Beleuchtungen
stattfanden ist zweifellos und entspricht der chinesischen Übung wie der buddhistischen Lehre, die den Glanz Buddhas im Leuchten der Lampen sinnfällig darstellt.

3. Symbolik der Pagode

Bei der Beschreibung der Pagode wurde ständig Bezug genommen auf die
Symbolik, die sich in den einzelnen Formen klar und künstlerisch offenbart.
An der Hand von zwei Skizzen mag das Ergebnis kurz zusammengefaßt wer-
den.

Eine große Dreiheit zeigt den Aufstieg der Welt zur Erlösung: Der Physische Kosmos, die Spirituelle Welt mit ihrem religiösen Unterbau, Inhalt und
Heilsweg, und schließlich die Erlösung selber durch Gnade.

Der Physische Kosmos ist angedeutet durch den altchinesischen Dualismus, nämlich unten durch die quadratische Terrasse als Sinnbild der Erde mit
Umfassungsmauer und in dieser mit 4 Türen nach den 4 Hauptrichtungen,
und über dieser quadratischen Terrasse durch die verdoppelte 8seitige Altar-

platte als Sinnbild des Himmels, also durch Vereinigung der Grundkräfte Yin und Yang.

Auf dem Grunde dieser äußeren Welt erhebt sich die Spirituelle Welt des Buddha, der Religiöse Kosmos, dargestellt durch eine neue innere Dreiheit, die sich im Aufbau des Turmes als Hauptstück darbietet: Der Sockel ist die Gemeinde des Buddha, Unterbau und Vorbedingung religiösen Lebens, das Hauptgeschoß – Sanktuarium – verkörpert den Buddha, sein Wesen und seine Wirkung, der Dachstock führt mit 12 Stufenhimmeln den Heilsweg in die Höhe zur Vollendung.

Die Bekrönung verheißt durch eine neue Zweiheit, Tauschüssel und Feuerperle, Vereinigung mit dem Göttlichen und ewige Erlösung durch das Wunder der Gnade.

Der achtseitige Sockel als Hinweis auf die Gemeinde des Buddha ist in sich wieder 3fach gegliedert. Der Löwenfries deutet auf den Schutz gegen feindliche Mächte, der Lohanfries auf die Verkünder der Lehre, auf ihr Predigen in der Menschenwelt, die vorgekragte Brüstung auf die Betätigung der Gläubigen, Befolgung der 48 Gesetze, Überwindung der 8 Widerstände, Rechtsherumwandeln um das Heiligtum. Auf diesem Untergrunde für die Menschheit wird der Thron für Buddha bereitet.

Das 8seitige Sanktuarium birgt im Innern die Reliquie, die für Buddha selbst steht. Dieser bildet den Mittelpunkt im großen System der aufsteigenden Senkrechten, nämlich der 5 Teile zwischen Terrasse bis Spitze, zwischen physischem Kosmos bis zur Erlösung, und der 3 Teile des eigentlichen Turmes, der eigenen Welt des Buddha, zugleich bildet dieser aber auch den Mittelpunkt im System der Horizontalen, denn auf den 8 Seitenflächen der Weltrichtungen offenbaren sich seine einzelnen Erscheinungen und Kräfte. Er ist also Mittelpunkt und Hauptkraft der Welt. Als allumfassender Losana-Buddha thront er auf der Losana-Terrasse aus 3 Reihen von Lotosblättern, die über der Brüstung hervorquellen, jedes Blatt eine Myriade von Buddhawelten. Auf den Hauptseiten führen 4 Welttore in das Innere, doch sind sie fest verschlossen, das nördliche fest vermauert, jedes bewacht von 2 Himmelswächtern. Das Allerheiligste ist wohlbehütet. In den Lünetten der Tore treten die 4 Hauptformen des Buddha in die Erscheinung als die großen, thronenden Bodhisattva gemäß den 4 Hauptrichtungen auch der spirituellen Welt, jede Darstellung umschlossen durch den Stirnbogen mit dem chinesischen Symbol der Weltordnung: 2 Drachen mit Perle, das Ganze bekrönt durch Siegespanier zwischen Genien auf Wolken. Auf den Schrägseiten dringt aus dem Inneren die heilige Kraft durch 4 Fenster, zwischen je 2 hohen, lieblichen Gestalten verheißender und verkündender Bodhisattvas hinaus in die 4 Quadranten der Welt. Auf den beiden südlichen Schrägseiten, über den Fenstern führen die 2 Großen Bodhisattvas P'uhien und Wenschu auf ihren Tieren den Zug von je

5 lichten Gestalten an, die von den nördlichen Schrägseiten her auf Wolken den Weg zur Buddhaschaft ziehen zur Mitte gegen Süden, um dem Erleuchteten zu huldigen. 8 drachenumwehrte Ecksäulen scheiden die 8 Teile klar voneinander und binden sie zugleich zur Einheit.

Der 8seitige Turmstock mit 12 Stufenhimmeln, aufgelöst in zahllose Konsolen, Dachteile und Glöckchen, bezeichnet Emporstreben und stufenweises Erreichen der Heiligkeit durch den Gläubigen nach dem Vorbild des Buddha, zugleich Wirkung des Turmes in die Ferne über die Menschheit. So steht der hohe Aufbau als Sinnbild für Lehre und Heilsweg des Buddha wie jedes Einzelnen.

Die Bekrönung faßt im 8seitigen Kelch der Tauschüssel die äußerste Verklärung göttlicher Kraft im Gedanken der Tauperle zusammen und klingt aus in der runden Feuerperle, in deren stillem, doch glühendem Leuchten Göttliches und Menschliches in steter Wechselwirkung sich berühren. In immer neuer Erlösung erscheinen sie zusammmen als wahrhafte Vollendung.

Im Aufbau der Pagode von T'ien ning sze ist die buddhistische Heilslehre auf das klarste versinnbildlicht, es besteht volle Kongruenz von Inhalt und Form. Als Symbol wie als architektonisches Monument ist der Turm vollendet bis in seine letzten Einzelheiten. Und doch wird diese vollkommene Lösung nicht schon in der Frühzeit wie aus einem Guß erfolgt sein, sondern muß erst bei den späteren Neubauten und Umbauten sich allmählich entwickelt haben.

4. Baugeschichtliche Würdigung

Trotz der zahlreichen Berichte über Neubauten und häufige Erneuerungen bleibt die genaue Erbauungszeit der Pagode ungewiß. Sorgfältige Überlegung muß zu dem Schluß führen, daß genaue Zeitpunkte für die einzelnen Bauteile nicht gegeben werden können, daß erst nach vielen Umbauten das geworden ist, was wir heute vor uns sehen. Bei dem Versuch, die einzelnen Bauteile den verschiedenen Bauabschnitten zuzuteilen, sind mehrere Gesichtspunkte gleichmäßig zu beachten, Technik, Kunstform, Geschichte und symbolischer Ausdruck.

Gemäß den übereinstimmenden Überlieferungen nach alten Steininschriften und nach Angaben der Mönche im Kloster kann kein Zweifel darüber herrschen, daß i. J. 602 für die überwiesenen Reliquien eine Pagode errichtet wurde. Ob sie in jenem Jahre bereits fertig dastand oder erst in den nächsten Jahren vollendet wurde, ist unerheblich. Da sie aber mit den anderen 83 Pagoden, die Sui Wen Ti damals in den verschiedensten Teilen des Reiches bauen ließ, zugleich Ausdruck politischer Macht sein sollte, hatte sie sicherlich bereits erhebliche Abmessungen. Wie sie aussah, ob sie etwa aus Holz bestand, wird kaum noch festzustellen sein. Ihre Form muß aber der heutigen ungefähr ähnlich gewesen sein und erhielt sich trotz späterer Weiterbildungen bei Umbauten. Die Annahme, daß jene erste Pagode in Grundform und Größe der heutigen etwa entsprach und ebenfalls schon eine Tienningpagode war, wird einigermaßen unterstützt durch den Vergleich mit der machtvollen, massiven Pagode von Sung yo sze, die schon 522 fast als reine Tienning-pagode errichtet worden war. Der geschlossene Entwurf von Sockel und Hauptgeschoß nach Verlauf von 80 Jahren erscheint durchaus möglich. Und die Pagode vom Tsi hia sze bei Nanking, die am Schluß dieses Abschnitts gewürdigt wird und zum mindesten dem Motiv nach ebenfalls der Sui-Zeit zuzusprechen ist, gibt bereits den gleichen Rhythmus von Sockel und Sanktuarium, wie Peking, nur im anderen Ausdruck entsprechend den kleineren Abmessungen und der Werksteintechnik. Ja es finden sich dort sogar schon die richtigen Dachkränze, die man für den ersten Bau von Peking noch gar nicht einmal in Anspruch zu nehmen braucht.

tip60 Peking: Tianning si 天寧寺
Rekonstruktion der Reliefs

Es ist schwierig, die Ausführungszeit des heutigen Sockels aus der Beschaffenheit des grauen Tonmaterials, Ziegel oder Terrakotta, zu bestimmen. Beide sind ausgezeichnet in Masse, Brand und Erhaltung. Die chinesische Quelle sagt mit Recht: «Das Töpferzeug – Terrakotta – erscheint aus einiger Entfernung wie der Marmor, der in den Bergen der Provinz Tschili gebrochen wird.» Berücksichtigt man aber die wechselnden Einflüsse von großer Hitze, strengem Frost und Regenzeiten in Nordchina und die zermahlende Gewalt der heftigen Staubstürme von Peking, so darf man die Dauer auch eines guten Ziegelmaterials, noch weniger der Stuckreliefs, an

diesem offenen Bau nicht zu sehr überschätzen, zumal der Ziegel hier bei
weitem nicht die Härte unseres Klinkers erreicht und unglasiert ist. Allerdings braucht das sehr große Format des Ziegels 42–45 cm lang, 22 cm breit,
9–10 cm hoch, dem die kräftige Wirkung der Architektur mit zu danken ist,
an und für sich nicht auf eine frühe Zeit zu deuten. Zu allen Zeiten scheinen
die verschiedensten Ziegelformate nebeneinander verwendet zu sein, sehr
kleine und sehr große. So haben die genauen Untersuchungen von Sirén an
den Stadtmauern von Peking die unerwartete Tatsache festgestellt, daß jene
seit ihrer Erbauung zu Beginn des 15. Jahrhunderts fast beständig erneuert
wurden, und daß die größten Ziegelformate erst aus K'ien Lung, Mitte des 18.
Jahrhunderts stammen. So mag man für eine weitgehende Erneuerung des
Sockels der Pagode unter Umständen erst die Mingzeit, oder gar K'ien Lung
1756 annehmen, wenigstens für die Ziegelverkleidung. Ähnlich liegt es bei
den Terrakottastücken, Platten mit Figuren oder Ornamenten, die in das
Mauerwerk eingebaut oder an ihm mit Dübeln befestigt wurden. Sie weisen
im allgemeinen weit größere Festigkeit auf und müssen in einzelnen Teilen,
darunter die genannten Brüstungstafeln je 50 x 112 cm, sogar noch in die Zeit
der ersten Erbauung 1048 unter den Liao und Song gesetzt werden. Die
Terrakottateile des Hauptgeschosses, Tafeln und Gewände der Türen, Stäbe
der Fenster, Bogen und Lünetten mit ihren Reliefs haben sich ausgezeichnet
erhalten, müssen aber trotzdem noch Liao sein. Die zeitliche Zugehörigkeit
der einzelnen Stücke bleibt demnach sehr unsicher, zumal Verputz oder
Stuck die Untersuchung erschweren.

Zu besserem Ergebnis könnten stilistische Überlegungen führen, zumal
Vergleiche mit anderen Tienningpagoden. Doch auch hier bleibt der Boden
unsicher, denn im Einzelnen wird sich immer schwer feststellen lassen, ob
man nicht Ausbesserungen vor sich hat. Die gute architektonische Durchbildung der Pagode von Peking in Aufbau und Einzelgliedern setzt allerdings
Vorläufer voraus, kann aber auch ein späterer Höhepunkt sein, der dann für
die folgenden Pagoden der Tienninggruppe als das frühe Vorbild gelten darf.
Am gewaltigen Sockel zeigt die reine Ziegeltechnik noch keine Anklänge an
antikische Motive, die doch sonst schon mit den frühen T'ang in China
auftreten. Die Teilung in Friese mit Nischen zwischen Reliefpilastern, dem
Massivbau eigen, und die flachen Konsolen mit der eigenartigen Brüstung
deuten auf die Frühzeit. Der Gedanke der Brüstung selbst und der Losana-
terrasse war bereits im 5. und 6. Jahrhundert in den Sutras genau festgelegt,
sicherlich schon in Anlehnung an vorhandene Bauwerke, und konnte unter
den Sui eine erhabene Verwirklichung finden. Dagegen darf man die Ornamente der Pilaster und Füllungen, auch die Netz- und Flechtmuster, die Dreipaßnischen und Konsolgestaltung nicht vor, die kleinen Atlanten, Lohan und
Löwen frühestens in die Sungzeit setzen, wenn auch die Motive selbst älter

sind. Spätere Erneuerungen sind auch hier wahrscheinlich. Unzweifelhaft Sung, also hier Liao, ist die Anlage des Hauptgeschosses mit seiner bewegten Aufteilung der Flächen und der Reliefs, Figuren und Beiwerk aus Stuck, von denen die Himmelskönige sogar schon an eine spätere Zeit anklingen, jedoch in den Wächtern aus Werkstein bei der Pagode Pai t'a von Kueihua in Suiyüan Parallelen aus 1120 haben. Die altchinesischen Motive von Pfostenfenstern in Relief und von Rundbögen sind in der Frühzeit denkbar, werden indessen später immer wiederholt und rechtfertigen darum allein nicht die Zuteilung in die Sui, doch kann ihr symbolischer Wille schon für die Frühzeit in Anspruch genommen werden. Dagegen ist die Verbindung von Rundbogen und Lünette mit Ecksäulen und Architraven in Relief nach dem Vorbilde des Holzbaus erst später möglich und gerade aus den Sung durch eine Fülle guter Beispiele an Pagoden belegt. Darum ist das Hauptgeschoß der beste Beweis dafür, daß wir hier ein rechtes Sungwerk vor uns haben. Das Gleiche gilt für die reichen Konsolgesimse des Turmstockes und schließlich auch für die Dachkränze selbst, deren verdoppelte Dachtraufen, Holzsparren und grünglasierte Dachziegel wohl öfter erneuert sein mögen, indessen schon in der Sungzeit gestanden haben können. Allerdings wird man auch hier, wenn wir einen alten Suibau ähnlicher Gestalt voraussetzen, als erste Form zwar die gleiche Teilung in 12 schmale Ringe annehmen müssen, indessen mit massiven vorgekragten Ziegelgesimsen nach dem Vorbild von Sung yo sze. Nach deren Verwitterung mögen jene durch Dachkränze ersetzt worden sein, jedenfalls ein ungewöhnliches Zugeständnis an den reichen Baustil der Sung, denn der Norden wird massive Gesimse lange Zeit vorgezogen haben für Bauteile, die der Verwitterung besonders ausgesetzt und schwer zugänglich waren. Die Konsolgesimse, in ausgezeichnetem hartgebranntem Material hergestellt und sehr gut erhalten, gleichen hierin wie in ihrer Durchbildung so genau den Konsolgesimsen der Pagode von Palitschuang, daß man versucht sein muß, die letzte große Erneuerung des Turmstockes gleichzeitig mit dem Neubau jener späten Schwesterpagode für das Jahr 1577 anzusetzen.

Ergebnis. Aus allen diesen Überlegungen ergibt sich Folgendes: Im Jahre 602 wurde eine erste Pagode errichtet, die in der Hauptanlage als die Vorläuferin der heutigen anzusehen ist. Unter den Liao erhielt sie die heutige Gestaltung in den äußeren Formen unter Benutzung des alten massiven Mauerstumpfes, aber auch der alten Reliquienkammer. Auch die Gliederung des Sockels, Brüstung und Losanaterrasse waren schon vorhanden, die Flächen des Hauptgeschosses schon versehen mit den heutigen Stabfenstern und vielleicht rechteckigen Türen, doch wohl nicht mit Reliefs. Der Turmstock, schon mit den heutigen 12 schmalen Geschoßringen, hatte massive Ziegelgesimse, die Art der Bekrönung ist ganz ungewiß. Unter den Liao erfolgte der große Umbau im neuen Stil in Anlehnung an die alte Aufteilung. Damals entstanden Dachringe, Konsolgesimse und der wundervoll geschwungene Umriß des Dachstocks. Der künstlerische Schmuck, die Architektur des Turmes im Einzelnen stammt also aus der Liao-Dynastie, wir nehmen dafür mit Sekino das Jahr 1048 an, wenn es auch nicht ganz bestimmt belegt ist. Viele Teile aus jenem Bau, darunter auch große Stuckreliefs, vor allem die Brüstungstafeln aus Terrakotta, sind noch auf uns gekommen, wenn auch vorsichtig ausgebessert, insbesondere gut erhalten auf den wettergeschützten Seiten in Ost, Südost, Süd und Südwest. Wiederholt fanden Erneuerungen statt. Eine ganz große Instandsetzung, zumal des gesamten Dachstockes, erfolgte im Zusammenhang mit dem Neubau der Pagode von Palitschuang 1577, eine weitere Instandsetzung, besonders des Sockels, doch unter enger Anlehnung der Formen, unter K'ien Lung 1756. Dachkränze und Bekrönung müssen im 19. Jahrhundert noch einmal instand gesetzt worden sein.

Die Pagode von T'ien ning sze bei Peking ist also in der großen Gliederung ein Werk der Sui, etwa aus 602–615, in Aufbau und Formensprache von Architektur und Reliefs ein Werk der Liao aus 1048.

5. Aufsatz, Inschriften und Gedichte

Inschrifttafel des Kaisers K'ien Lung über das Kloster T'ien ning sze bei Peking

K'ien Lung ließ 1756 das Kloster wieder völlig instand setzen, einen Bericht darüber verfassen und die Steintafel mit dem eingemeißelten Bericht im Kloster aufstellen. Er spricht davon, daß außerhalb des Kuang ning men 廣寧門 Tor des Weiten Friedens, offenbar ein anderer Name für das nahe Stadttor Tschang i men, ein heiliges Gebiet Tschao t'i 招提 sich befände, das T'ian ning Kloster hieße. Nach kurzen geschichtlichen Bemerkungen, die bereits in unserer Darstellung verwertet wurden, spricht er über die Ausbesserungen unter der Ming-Dynastie im Jahre 1577, ihre Leitung hätte in den Händen der Palasteunuchen gelegen.

«Das ist nun wieder fast 200 Jahre her. Was alt und fest war, hatte Risse bekommen, und selbst die Teile aus neuerer Zeit befanden sich in elendem Zustande, so daß ohne Ausbesserung der Einsturz drohte. Darum wurde der Befehl erteilt zu einer gründlichen Wiederherstellung. Alle Torgebäude, Gebetshallen, Speisesaal und Bibliothek, die Wohnung für den Abt, alles wurde völlig erneuert und erhielt öfter meinen Besuch.

Als das Werk vollendet war, bat ein Beamter in einer schriftlichen Eingabe um meine kaiserliche Anordnung, schöne Wohngebäude und Klosteranlagen in größerer Zahl zu errichten und zwar an stark besuchten Plätzen, an denen der Buddhismus Eingang gefunden und sich ausgebreitet hatte. Sie sollten Sehenswürdigkeiten sein für Fern und Nah. Zur Zeit herrscht ja Friede, eine kraftvolle Zeit, in der man den Überfluß gern nutzbringend anlegt, um den Segen der Felder noch zu steigern. Denn ein heiliger Ort bleibt von Unheil verschont. Ein solcher Zustand, Blühen der Klöster und der Religion, war es, woran das Kia lan ki 伽藍記[7] Gedeih und Verfall einer Zeit beurteilte. Längst vergangene Ereignisse können in ihren Spuren erhalten bleiben, so daß nichts untergeht. Das ist auch durchaus nötig im Hinblick auf die Verknüpfung von Ursache und Wirkung im Weltgeschehen.

Nun besteht dieses Kloster von der Sui-Dynastie bis jetzt. In diesem Zeitraum von über 1000 Jahren ist es wiederholt vom Kriegsbrand zerstört worden, und man vermag nicht zu sagen, wie oft seine berühmten Höfe und einzigartigen Gebäude mit ihren hohen Hallen stürzten und ihre gewundenen Teiche geebnet wurden. Einzig die alte Pagode blieb hochragend dem Kloster erhalten bis jetzt, eine Lampe, die weithin leuchtet, und das Rad des Gesetzes litt keinen Schaden. Genau so sagt der buddhistische Kanon: Das Gebiet der 4fachen Versenkung wird von den 3 Katastrophen nicht ereilt. Wenn Kraft und Größe des Buddha nicht still sich sammelten im Ton von Glocken, Holzfisch und Sutra, wenn es nicht am Firmament glückbringende Wolken gäbe mit ihrem Schutz, wie hätte dann gelöscht werden können das Feuer des Feuergeistes, zurückgeleitet das Wasser des Wassergeistes, abgewendet der Wind des Windgeistes. Der Staub der Kalpas vermochte nicht die Pagode zu zerstören. Deren Verdienst und Güte sind nicht zu erfassen in Gedanken und Worten. Welch eine Wirkung!

Berühmte und sehenswerte Dinge bewegen, je älter sie sind, den Menschen desto mehr. Er kann sich nicht losreißen, das Herz wird ergriffen und voll Bewunderung. Die Ling kuang tien 靈光殿, die vom alten Staate Lu allein erhalten blieb, wurde von Liebhabern des Altertums sogar in Versen gepriesen. Um wieviel mehr muß es niedergeschrieben werden, wenn jüngst in der Hauptstadt wieder der Grund zum Guten gelegt, und ein reines Werk vollbracht wurde.

Die Erneuerungen in früheren Dynastien, auch in der Zeit Tscheng T'ung 1436–1450, erfolgten zum großen Teil durch Eunuchen, die mit dem Überschuß des Geldes, das sie von ihren Heimatstädten erpreßt hatten, Majestätisches schufen. Sie rafften alles Gut zusammen, um dann von ihm zu spenden. Das war eine Blüte nur dem Namen nach. In Wirklichkeit war das Elend niemals größer als in dieser Zeit.

Jetzt wurde aber, um jene Spuren zu tilgen, das Faule ausgewechselt, das Morsche gestürzt und ein erhabener und großer Anblick neu geschaffen. So entsprangen die Weihrauchterrassen und der Bereich der Kostbarkeit sämtlich einer guten Tat. Es blieb nicht nur ein sehenswertes Denkmal für alle

---

7   Wohl das *Luoyang qielanji* 洛陽伽藍記 von Yang Xuanzhi 楊衒之.

Ewigkeit erhalten, sondern man darf auch sagen, daß diesem Kloster seit
seinem Bestehen während so vieler Jahrhunderte jetzt ein besonders freund-
liches Geschick beschieden war.»

Inschriften und Gedichte
Weg zum Erwachen, Quelle der Gnade.

Verbreite mit Eifer die Lehre,
Dann dreht in der Welt sich das Goldene Rad.
Entfalte Freude im Herzen,
Dann führt Vernunft sich zum Köstlichen Floß.

                    .....

Im goldenen Bereich Erhabene Würde.
Der Glöckchen Klingen, der Glocke Ton
Erfüllen die reine Halle.

Die Lotosterrasse in Duft und Gewoge,
Die Weihrauchwolken, das köstliche Bild
Offenbaren das Wesen der Gnade.

                    .....

Vorstadt im Herbst. Die Berge stehen
auf hundert Meilen klar.
Die Sonne neigt sich im tiefen Hofe,
des Abends Kühle steigt.

Die dreizehnstufige Pagode
beschattet die halbe Tür.
Nicht ein einziger Vogel kommt,
die Glöckchen tönen im Wind.

                    ....

Das alte Kloster liegt fern und still
im Abendsonnenglanz.
Zerfallene Mauern, duftende Gräser
verdecken fast den Weg.
Vögel singen in leeren Höfen,
wo seid Ihr Mönche jetzt?

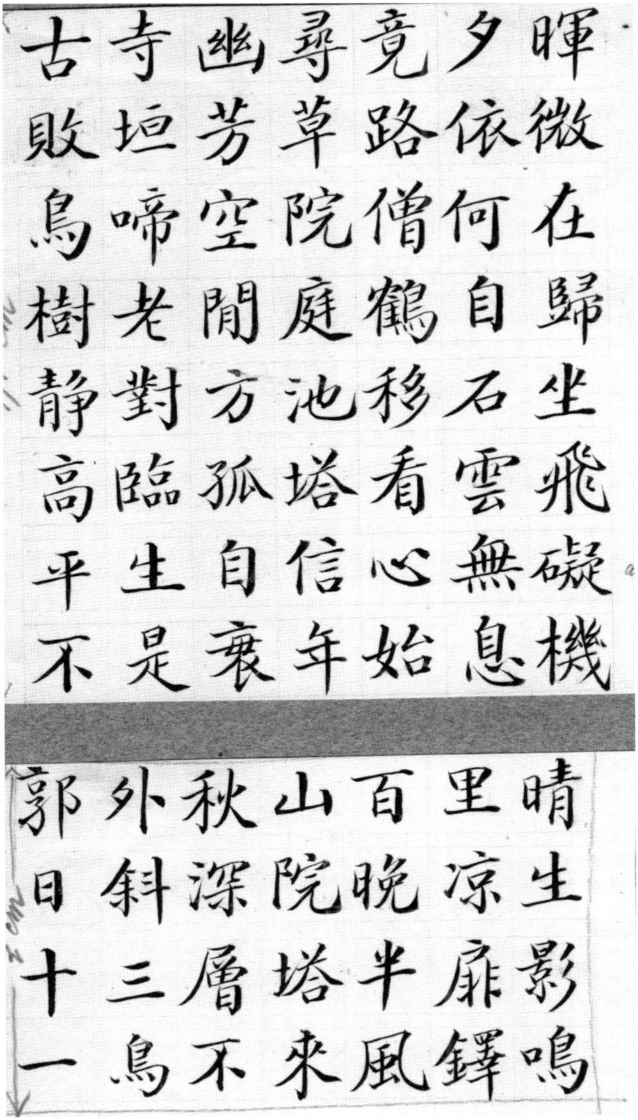

古寺幽尋竟夕暉
敗垣芳草路依微
鳥啼空院僧何在
樹老閒庭鶴自歸
静對方池移石坐
高臨孤塔看雲飛
平生自信心無礙
不是衰年始息機

郭外秋山百里晴
日斜深院晚凉生
十三層塔半扉影
一鳥不來風鐸鳴

tip56 Peking: Tianning si 天寧寺
Zwei Gedichte

Bäume altern in einsamen Hallen.
Ein Kranich, kam ich zurück.

Friedvoll am rechteckigen Teich
sitz ich auf einfachem Stein.
An der Pagode einsamer Höhe
sah ich der Wolken Flug.
Als Jüngling fühlte ich bereits
von Fesseln frei mein Herz.
Nicht erst Alters Schwäche
hat Ruhe mir gebracht.

Kapitel 3. Pagode von Palitschuang bei Peking im Kloster Tze schou sze 八里莊慈壽寺塔

Geschichte und Bestimmung. – Aufbau der Pagode. – Material, Technik, baulicher Zustand. – Gedichte über die Pagode von Pa li tschuang.

1. Geschichte und Bestimmung

Die große Pagode von Palitschuang, eine Schwesterpagode von T'ien ning sze, steht im Dorfe Palitschuang an der Straße, die vom P'ing tse men 平則門 dem nördlichen Tor in der Westmauer der Inneren Stadt, sogenannten Tartarenstadt, nach den westlichen Bergen führt. Das Tor heißt auch Fu tsch'eng men 阜成門, und die schmale Torstraße außerhalb der Stadt wird als Paß Fu tsch'eng kuan 關 bezeichnet. Die Pagode steht etwa 4,5 km = 8 li vom Tor entfernt. Das kleine Dorf weist heute nur einige unbedeutende Tempel auf. Es bestand wohl schon lange, scheint aber seine Bedeutung erst erhalten zu haben durch ein kleines buddhistisches Kloster Mo ho an 摩訶菴, das seit seiner Begründung 1647 noch heute in Blüte ist und zur Zeit meines Besuches mit 7 buddhistischen Mönchen besetzt war.

In der späten Ming Dynastie, Regierungszeit Wan Li im 4. Jahr, also 1576, begründete die Kaiserin-Mutter Scheng Mu Huang T'ai hou Tz'e Scheng 聖母皇太后慈聖 im Dorfe das Kloster Tz'e schou sze 慈壽寺, dessen Name «Wesensliebe» in Anlehnung an den Namen der Kaiserin-Mutter gewählt wurde. Diese Frau, die für den jungen Kaiser in den ersten Jahren die Regierung geleitet hatte, führte auch die Namen Hüan Wen 宣文, und Hiao Ting 孝定, die in den Berichten über die Gründung des Klosters wiederholt genannt werden.

«Der Kiu lien p'u sa 九蓮菩薩 Bodhisatva der 9 Lotosblumen erschien der Kaiserin-Mutter wiederholt im Traume und übergab ihr ein Sutra. Als sie erwachte, hatte sie nicht eine einzige Zeile verloren. Der Bericht darüber wurde aufgezeichnet und kam in die Bücherei. Als man später das Kloster Tz'e schou sze erbaute, errichtete man ein Kiu lien ko 九蓮閣 Gebäude der 9 Lotosblumen und formte aus Ton eine Figur des Bodhisatva, der 9 Köpfe hat und auf einem männlichen Phönix reitet, und stellte sie in der Halle auf.» An einer anderen Stelle wird von einer Figur aus Metall berichtet. Favier: *Peking*, spricht von einer Kuanyin der 9 Lotosblüten, deren 1 Fuß hohe Statue aus massivem Golfe im Kloster der Pagode verehrt wurde.

tip62 Balizhuang 八里莊: Tianning si 天寧寺
Religiöses Fest 1930 (Aufn.: H. v. Tscharner)

«Unter den Mönchen des Klosters geht die Überlieferung, daß dieser Bodhisatva eine frühere Lebensform der Kaiserin Hiao Ting gewesen sei.» Über die Wahl des Platzes für das zu erbauende Kloster erfahren wir Folgendes. «Im Jahre 1576 brachte die Kaiserin-Mutter Tz'e Scheng für diejenigen Ahnen, deren Tafeln auf der rechten Seite im Ahnentempel aufgestellt waren, für ihr Heil in der Unterwelt ein Opfer dar, bei dem Vieh ausgeschlossen war. Auch der Kaiser Schen Tsung selber opferte. Das Orakel bestimmte als Ort des neuen Klosters die Stelle 8 li westlich vom Fou tsch'eng men. Dort wurde es auch errichtet und zwar auf dem alten Grundstück eines hohen Beamten Ku Te-yung, der in die Yüan-Dynastie unter Kaiser Wu Tsung gesetzt wird. «Die Kaiserin Hüan Wen stiftete persönlich das Geld zu dem Bau und beauftragte Yang Hui 楊輝 mit der Leitung der Arbeiten. Noch im gleichen Frühjahre, im 2. Monat 1576 wurde mit dem Bau begonnen, er war bereits beendet 1578 am 16. des 8. Monats. Sobald man das Schan men 山門 Haupttor durchschreitet, stößt man auf eine Pagode Su tu po 窣堵波, die bis in die Wolken ragt und den Namen führt Yung an t'a 永安塔 Pagode des Ewigen Friedens. Daß sie so schnell fertiggestellt werden konnte, lag an den reichlichen Spenden der Kaiserin Tz'e Scheng und an den Beihilfen hoher Beamter.» Wir ersehen daraus, daß der Bau der Pagode gleichfalls innerhalb von 2 Jahren, also 1578, beendet wurde. Das ist eine starke Leistung angesichts der zahlreichen und sorgfältig durchgebildeten Einzelheiten. Der Baubetrieb an Kloster und Pagode muß ganz ungeheuer gewesen sein und läßt auf große Erfahrung und Übung im Errichten derartiger Monumente schließen. «Als das Kloster fertig war, erhielt es den Namen Tz'e schou, der gewählt wurde als Segenswunsch, tschu 祝 für die Kaiserin-Mutter.» Der Staatsmann und Gelehrte Tschang Kütscheng 張居正, der im Verein mit der Kaiserin-Mutter für den unmündigen Kaiser die Regierungsgeschäfte führte, verfaßte eine Inschrift für eine Steintafel, die jedoch 1774 bereits verschwunden war. Der Text ist abgedruckt im Kiu wen[1]: «Da gerade glückverheißender Lotos im Tz'e ning sin kung 慈寧新宮 Neuer Palast der Wesensliebe und des Friedens wuchs, wurde einem anderen hohen Beamten befohlen, eine Ode darauf zu dichten, die gleichfalls auf einer Steintafel links vom Kloster eingegraben wurde.» Über die Gebäude des Klosters erfahren wir noch Folgendes. Es waren vorhanden: Halle der Himmelskönige, Glocken- und Paukenturm, Halle der Lebensverlängerung, Turmhalle der friedlichen Ruhe, ferner Wohnhallen für Mönche Kia lan 伽藍, Hallen für die Tsu schi 祖師, Ahnen der Priester, für die Ta schi 大士 großen Lehrer und für Ti ts'ang wang 地藏王 Bodhisatva der Unterwelt, 3 Hallen der Versenkung Tsch'an t'ang 禪堂, eine Halle für den Abt, Fang tschang 方丈. Es gab einen Garten und Felder in Größe von 3000 Morgen zum unterhalt der Klosterinsassen. Die einzelnen Ämter waren alle unter die Mönche verteilt. Eine Anzahl von Inschriften und Namen der Gebäude waren von der Kaiserin-Mutter eigenhändig geschrieben worden.

«Zum Kloster gehört die Pagode Yung an schou t'a 永安壽塔 mit 13 Gliederungen. Sie steht innerhalb des Haupttores hinter der Halle der Himmelskönige, ragt hoch und schroff empor in die Wolken bis zur Milchstraße.

---

1 ?*Rixia jiuwen kao*, s.o.

Auf 4 Frontflächen sind Figuren von Welthütern Kin kang siang 金剛像, die
aussehen, als ob sie lebten. Sie recken die Arme, krümmen ihr Rückgrat,
blicken starr und treten fest auf den Boden, als seien sie in Wut. Man hört
förmlich das Donnerrollen ihres Zornes. Die Pagode ist erbaut nach dem
Modell der Sui t'a 隨塔 Pagode von T'ien ning sze aus der Sui Dynastie.»

tip66 Balizhuang 八里莊: Tianning si 天寧寺

Im 22. Jahr von K'ien lung 1736–96, also 1757, erfolgte eine Instand-setzung von T'ien ning sze. Damals wurden unmittelbar bei der Pagode 2 Pavillons für Inschrifttafeln errichtet. Die linke Steintafel zeigt auf der Vorderseite das eingemeißelte Bild der Kuanyin des violetten Bambus, tze tschu Kuan yin 紫竹觀音 zugleich mit einer Lobpreisung aus 1587, Wan Li, auf der Rückseite eine eingegrabene Inschrift. Auf der Vorderseite der rechten Tafel ist ein Bild der Kuanyin mit dem Fischkorb Yü lan Kuan yin 魚籃觀音 eingemeißelt nebst einer der anderen gleichlautenden Lobpreisung. Die Rückseite trägt ein Bild des Kuan Ti oder Kuan Scheng 關聖 nebst einer Lobpreisung. Zur Zeit auch meines letzten Besuches 1934 war die Tafel noch vorhanden, es war leider nicht möglich, Abreibungen zu nehmen. Noch unter Wan Li 1601 wurde eine Klosterhalle errichtet, in der man ehrerbietig aufhängte eine vom Kaiser geschriebene Querschrift Tschan t'an pao ti 栴檀寶地 Kostbare Stätte des Sandelholzes. Einige andere Inschriften werden in den Texten noch genannt. Die Gebäude des Klosters sind heute alle ver-schwunden, nur noch einige verwitterte Terrassen um den Fuß der Pagode sind erkennbar.

Die Pagode steht im Westen von Peking, mitten in der Ebene auf halbem Wege zu den Westbergen mit seinen zahlreichen Klöstern. Der hohe Turm bereinigt die religiösen Einflüsse jener Klöster in ihrer Wirkung auf die Stadt, ist also ein ausgezeichneter Punkt für deren Fengschui. Erst später, in der Ts'ing-Dynastie, wurden die Berge des Wan schou schan, des Neuen Som-merpalastes, und des Yü ts'üen schan, des Berges der Nephritquelle, archi-tektonisch und religiös ebenfalls durch Pagoden betont. Zur Mingzeit aber war die Pagode von Palitschuang der einzige religiöse Richtepunkt in der Ebene, denn ihre Schwesterpagode stand unmittelbar bei der Stadt. Beide waren ein gleichwertiges Paar.

Daß die Form dieser großen T'ienningpagoden hier paarweise auftritt, mag noch eine besondere, rein buddhistische Ursache haben. De Groot bringt in seinem *Thupa* Seite 51 einen längeren Abschnitt aus dem «Sutra der Lotosblume des allerschönsten Weltgesetzes» Als Höhepunkt der ganzen durchgeistigten Handlung wird berichtet, wie in der Pagode der 7 Kost-barkeiten der Tathagata To Pao 多寶, das ist der Losana auf der Lotosterrasse oder die Verkörperung des Weltgesetzes selbst, auf einem Löwensitz thront, und wie die Pagode auf Verlangen der zahllos um sie versammelten Buddha, durch den Buddha Sâkyamuni mit einem Finger der rechten Hand geöffnet wird. To pao das Weltgesetz, wird sichtbar, teilt seinen Thron und läßt Buddha, den Menschen, der das Geheimnis des Heils erkannte und erschloß, auf der anderen Hälfte des Thrones als Gleichberechtigten neben sich Platz nehmen. So erfolgt das Eingehen des menschlichen Buddha mitsamt allen

seinen Erscheinungen und Formen der anderen Buddhas, in den Urgrund der
Welt selbst. Diese Zweiteilung und Wiedervereinigung von Gesetz und
Buddha, Weltordnung und Welt, der Erscheinungen ist seit Wei und T'ang in
vielen Bildwerken dargestellt, auf denen das Buddhapaar nebeneinander sitzt.
Die gleiche Zweiheit ist auch in den Zwillingspagoden symbolisiert. Auch
durch sie ist jene philosophische Dichtung verdeutlicht, in der Gesetz und
Buddha jeder seinen besonderen Thron einnehmen, doch eine spirituelle
Einheit bilden. Wird diese Auffassung auf unsere beiden Pagoden übertragen,
so wäre T'ien ning sze mit seinen unzweifelhaften Reliquien zu deuten als
der Thron des Buddha unseres Zeitalters, Palitschuang, das keine Reliquien
enthält, als rein ideelle Manifestierung des Weltgesetzes. Es ist ein erhabener
Gedanke, daß durch diese beiden Türme von hoher künstlerischer und symbolischer Vollendung Peking und damit das ganze Reich in den Schutz des
buddhistischen Heils gestellt wurde. Rein formal gab Tien ning sze das Vorbild ab, Palitschuang wandelte nach mehr als 500 Jahren Einzelheiten des
Vorbildes im Stil der neueren Zeit.

tip70 Balizhuang 八里莊: Tianning si 天寧寺
von Südwesten.

2. Aufbau der Pagode

Die Pagode besteht aus 3 Hauptteilen: Unterbau, Hauptgeschoß und Dachstock. Sie steht auf einer noch in den Trümmern erkennbaren 8seitigen Altarplatte von 2 Stufen über einer quadratischen Terrasse und endet in einer Bekrönung, die in Form eines Flaschenkürbis wieder die Lichtperle darstellt und auf Sockel und Tauschüssel ruht. Daraus folgt die gleiche symbolische Deutung wie sie für T'ien ning sze gegeben wurde. Auch die Hauptabmessungen beider Türme sind fast genau gleich, nur Einzelteile sind verschieden und bedingen den Unterschied in der Wirkung. Die Pagode von Palitschuang hat im untersten Gliede des Unterbaus 8,15 m Seitenlänge gegen 8 m im T'ien ning sze. Die Höhen wurden ermittelt mit Unterbau 8,6 m, Spitze 4,0, Turmstock 33,6, Hauptgeschoß 7,3, das ergibt eine Gesamthöhe der Pagode von 53,5 m gegen 53,8 im T'ien ning sze.

tip72 Balizhuang 八里莊: Tianning si 天寧寺 – Südosten

Der Unterbau gliedert sich wieder in 3 ungleiche Teile: Sockel, Mittelteil und Lotosterrasse. Der Sockel zeigt zwischen Fußglied und Deckplatte wieder den Löwenfries. Der Mittelteil besteht aus Fußglied, das wegen seiner reichen Gestaltung hier selbständige Bedeutung beansprucht, Figurenfries mit

Bildrelief und Atlanten, Konsolgesims und Brüstungsfries. Die Losanaterrasse wird umrandet von 3 Reihen Blättern der Lotosblüte. Im Hauptgeschoß
sind hier angeordnet auf den 4 Hauptseiten 4 Tore mit je 2 Welthütern, auf
den 4 Diagonalseiten 4 Fenster mit je 2 Bodhisatvas, als oberer Abschluß ein
Doppelfries aus einer Reihe von Buddhas und aus Drachen. Die 8 Ecken sind
eingefaßt mit Dreiviertelsäulen, um die sich Drachen ringeln. Der Dachstock
baut sich auf mit 13 Dachkränzen und 12 Ringgeschossen. An den Traufen
der Dachkränze sind hier außer den größeren Glöckchen an den Ecken noch
fast alle kleine Glöckchen an den Dachsparren erhalten, und zwar je eine an
jedem 2. Sparrenkopf.

tip 76 Balizhuang 八里莊: Tianning si 天寧寺
Südost. Sockel

Der religiöse Hauptgedanke auf dieser Pagode ist aus der Skizze für die
symbolische Deutung von T'ien ning sze zu erkennen. In den architektonischen Einzelheiten trat eine Wandlung ein. Gegenüber den lebendigen, überaus klaren und sparsamen Formen der alten Zeit, wie sie im T'ien ning sze
auftreten, gibt es hier auf der einen Seite Überschwang von Motiven, Reichtum von ornamentalem Beiwerk, auf der anderen Seite, zumal auf den Flächen des Hauptgeschosses, Darstellungen von starkem Schematismus. Dadurch sind die symbolischen Gedanken im Einzelnen oft verwässert oder erkältet und ohne rechtes Leben. So wechseln in den Reliefs der kleinen Pila-

ster im Löwenfries Figuren mit Ornament, der Buddhafries ist ganz malerisch
gestaltet, indem an die Stelle der monumental und ruhig wirkenden kleinen
Buddhas erzählende Darstellungen aus dem Leben des Buddha in lebhaftester
Umrahmung getreten sind. Nicht nur sind Brüstung und Friese mit krausem
Ornament und zahllosen buddhistischen Symbolen erfüllt, sondern es finden
sich diese Symbole selbst auf den einzelnen Gesimsgliedern, die im übrigen
gerade an den bedeutsamsten Stellen in Lotosblätter und Ranken aufgelöst
sind. Unter der Fülle der Formen, die dem Architekten jetzt bereits zur Verfügung standen und mit denen er sich auf dem Bauwerk als auf einem reinen
Objekt künstlerisch auslebte, litt der klare Gedanke des Bauwerkes selbst, das
als ein Sinnbild immer nur gerade so viel Schmuck verträgt, als es dessen zu
seiner eigenen Erläuterung bedarf. Im Hauptgeschoß ist das Motiv von Tür
und Fenster mit je 2 Begleitern ohne Abwechslung im einzelnen schematisch
durchgeführt, nur die Hauptseiten erhalten in den Inschrifttafeln, die Nebenseiten in den kleinen Buddhas oberhalb und unterhalb der Fenster besondere,
aber auch unter sich gleichlautende Motive. Hier im Hauptgeschoß ist die
Anordnung bei T'ien ning sze reicher und mannigfacher. Das ist selbst bei
den Türen der Fall, die dort verschieden ausgebildet sind, weil sie verschiedene Bedeutung haben. Dort fühlen wir überall die fromme Hingabe des
Architekten und Formers, fühlen den ursprünglichen religiösen Gedanken,
den ersten künstlerischen Entwurf. Der Architekt von Palitschuang, als ein
Kopist der älteren Anlage, vermochte nicht die gleiche seelische Stimmung
aufzubringen, er konnte eigen schaffen nur noch im Reichtum der Einzelformen, und mit der ungleichmäßigen Durchführung des Grundgedankens,
mit der Überladung des Unterbaus durch Motive schmälerte er auch die
architektonische Wirkung des Bauwerkes selbst.

De Groot gibt die Inschriften der Quertäfelchen an, die im Hauptgeschoß
über den Toren von feinen Ornamentstreifen eingerahmt sind. Der Voll-
ständigkeit halber mögen sie, zum Teil ergänzt, hier wiederholt werden.

Nord

惠縛洪範

Hui fu hung fan

Seine Güte durchwirkt die große Bedeutung

West	Ost
輝滕日月	鎮靜皇圖
Hui teng ji yüe	Tschen tsing huang tu
Sein Glanz verbindet Sonne	Sein Schutz umfriedet den
und Mond	kaiserlichen Bereich

Süd

永安萬壽塔

Yuan an wan schou tʻa

Pagode für ewige Ruhe und endlose Zeit

3. Material, Technik, baulicher Zustand

Das Material der Pagode ist das gleiche wie bei Tʻien ning sze, grauer gebrannter Ziegel und Terrakotta, zum Teil in recht großen und massiven Formstücken, Stuck und Putz für die Figurenreliefs im Hauptgeschoß, Kalkstein für eine Anzahl von Profilen und Einfassungen am Sockel des Unterbaus. Von Werkstein ist stärkerer Gebrauch gemacht, insbesondere findet sich als unterstes Sockelglied ein aufgelöstes Kymaprofil aus Kalkstein. Die Ziegel stehen an Festigkeit dem alten Material aus dem 11. Jahrhundert etwas nach. Die größeren Tonplatten mit Figuren, auch die Konsolen aus Terrakotta zeigen fast durchweg gelbliche Tönung. Diese wiederholt sich auch an den großen Stuckreliefs des Hauptgeschosses, die indessen mitsamt dem Flächenputz weißer und leuchtender gehalten sind und damit dieses Geschoß ähnlich herausheben wie bei Tʻien ning sze. Nur wiederholen sich diese leuchtenden Flächen nicht am Unterbau. Sämtliche Konsolen des Turmstocks bestehen ebenfalls aus gebranntem Ton, scheinbar auch die Spitze, von der nach den Ecken des obersten Zeltdaches 8 eiserne Ketten herabschwingen. Die Dachziegel und Dachaufsätze, Grate und Dachreiter sind grün glasiert, nicht gelb wie de Groot angibt.

Die Dachtraufen der 12 Ringdächer und des obersten Zeltdaches sind an den Ecken etwas stärker aufgebogen als bei Tʻien ning sze und, gemäß dem späteren Stil an den Köpfen der Ecksparren noch mit besonderen Tierköpfen aus glasiertem Ton versehen, die mit den Sparren durch Verklinkung verbunden sind. Die Anfallinien der Ringdächer an den Mauerkörper sind, ebenfalls im späteren Stil durch hohe profilierte Leisten aus Terrakotta gebildet und auch [an?] den Ecken durch reiches plastisches Ornament betont, gegen das die kurzen Grate anlaufen. Die Konsolen am Turmstock entsprechen genau denen von Tʻien ning sze, das gilt sogar für das unterste Konsolengesims mit seiner diagonalen und höchst wechselvollen Durchbildung. Vielleicht deutet das doch darauf hin, daß die Konsolgesimse der älteren Pagode gelegentlich des Neubaues der jüngeren in gleichen Formen erneuert wurden. Nur die Konsolgesimse der Unterbauten zeigen den ganzen Unterschied der Zeiten und ihrer Technik. Während die Konsolen unter der Brüstung von Tʻien ning sze als Muster werkgerechter Konstruktion hingestellt werden konnten, sind die entsprechenden Konsolen von Palitschuang zwar entwickelter in den Formen, zeigen auch in Bögen und Köpfen mehr Leben,

Licht und Schatten, doch kam die Konstruktion dabei zu kurz, alles ist aus kleinen Stücken fast unorganisch gefügt. Der vorspringende, profilierte und ornamentierte Kopf unter der Deckplatte läßt den seitlichen Konsolarmen kein Auflager, die gebogenen Reliefarme vor den Wandflächen sind in diese eingebunden und konstruktiv nicht nötig, die Hängeplatte vollends besteht nur aus einzelnen Binderziegeln. Dagegen gibt T'ien ning sze die gute alte Form.

Die Lotosblätter der Losanaterrasse sind auch aus Ziegelschichten geschnitten, in den unteren Teilen aus großen Terrakottastücken geformt, in der untersten Reihe rechteckig und steif stilisiert.

Der bauliche Zustand der Pagode ist im allgemeinen sehr gut, insbesondere in Reliefs, Konsolen, Ornamenten und Profilen. Dagegen haben die großen Stuckreliefs zum Teil stark gelitten und lassen vielfach ihr inneres Holzgerippe zutage treten. Die Umrahmungen der Fenster und Türen sind vorzüglich erhalten, auch die Reliefs des Unterbaus, von denen allerdings einzelne mutwillig zerstört sind. Im Löwenfries sind sämtliche Löwen herausgebrochen bis auf geringe Reste, fast alle Ränder der schön geschwungenen Nischen beschädigt.

Auf eine genaue Beschreibung der Pagode wird hier verzichtet. Die erwähnten Unterschiede in Komposition, ornamentaler und figürlicher Plastik lassen die Wandlung zum Reichen und Barocken klar erkennen. Bei der Überfülle der Einzelheiten würde es sich lohnen auf Grund umfassender Einzelaufnahmen und Untersuchungen den stilistischen Vergleich mit der Pagode von T'ien ning sze durchzuführen. Doch muß das einer anderen Gelegenheit vorbehalten werden.

4. Gedichte über die Pagode von Pa li tschuang

Der Lotosthron in Yen
von Kung Tze

Im Vorland der Stadt ragt die Pagode in den erhabenen Raum,
Dem Fürsten der Leere hebt sich das Kloster nah am Kaiserpalast.
Der Lotosthron ist Gegenbild der dunkelblauen Berge,
Die heiligen Verse blieben erhalten durch ein Weisses Pferd.

Im Lande Yen, voll Sturm und Staub, kommen dem Fremdling die Tränen,
Doch alte, große Gräber mahnen an kaiserliche Pracht.
Ans Heimatland kommt mir ein Traum, zerschneidet fast mein Innres.
Nach Osten spähe ich. Wer bringt von dort mir eine Kunde?

Abendfrieden.
Von Huang Fenghiang
auf der Rast im Kloster Mo ho an, wo man, von Spott gekränkt, ihn leise streichelt.

Wirbelnder Wind kräuselt das Abendrot,
Müde Vögel rasten im alten Hain.
Einsam sitze ich mitten im Heiligtum,
Weit, ganz weit, und friedvoll ist mein Herz.

Ich zögre zu scheiden, kann nicht von hier zurück.
Ich bereite mein Lager, beuge mich tief und dichte.
Das kleine Fenster läßt die Blüten des Mondes ein,
Am weiten Gitter hängt tief der Wolkendunst.
Inmitten des Hofes steht die einsame Fichte,
In dunkle Nacht steigen Gebete zu Buddha.

Die Welt der Menschen ändert sich tagtäglich,
Mein innres Wesen kennt kein Einst und Jetzt.
Die bunte Menge jagt nach irdischer Lust,
Verstrickt, gefesselt, sinkt sie in das Nichts.
Mein Diener, morgen früh, da wecke mich nicht,
Ich will in Ruhe hier bequem noch bleiben.

Kapitel 4. Gruppen von Tienningpagoden aus Hopei und anderen nördlichen Provinzen 河北北省天寧類塔

1. Pagode von T'ungtschou. – 2. Tsch'angli. – 3. 6 Tienningpagoden in den Bergen westlich von Peking. – Ling kuang sze. Die 4 Pagoden vom Kie t'ai sze. Nördliche und südliche Pagode. Große Pagode. Ki lo tung. Nan t'a vom Fang schan. Tsang king t'a. – 4. 2 Tienningpagoden aus Tschenting und Tschaohien im südlichen Hopei. Ts'ing t'a in Tschengting. Pai t'a von Tschaohien. – 5. 4 reine Tienningpagoden von Tschohien und Ihien. Pu schou sze bei Tschohien. Tsing küe sze vom T'ai ning schan. Ostpagode vom Schuang t'a an. Heilige Pagode vom Schang t'a yüan. – 6. 3 Tienningpagoden mit unregelmäßigem Turmstock. Si kang t'a bei Laischui. Pagode von Yühien. Yüan küe sze in Hunyüan. – 7. 10 Tienningpagoden aus Jehol und der Mandschurei. Provinz Jehol. Fanghuang schan bei Tschaoyang. Große Pagode von Ta ming tsch'eng. Kleine Pagode. Provinz Liaoning: Kintschou. Peitschen, Ostpagode. Westpagode. Pai t'a von Liaoyang. Schen-

yang, Lung schou schan bei Tieling, Südpagode von Liao Schang king 36. – 8. Kleine Tienningpagoden. Bei Ackerbautempel in Peking, bei T'ien ning sze, in Pekinger Ebene, bei Ta küe sze, auf Berghang, in den Peiling. Grabpagode.

Die Tienningform, die an der großen Pagode vom Sung yo sze mit Sicherheit schon in der Wei-Dynastie um 530 auftritt, erhielt mindestens seit dem 11. Jahrhundert unter den Liao und Kin ihre glänzende Ausbildung mit Sockel, Sanktuarium, Konsolgesimsen und umlaufenden Dachkränzen und fand ihre frühe und größte Erfüllung im Kloster von T'ien ning sze in Peking, wo 1048 die alte Suipagode einen Neubau erfuhr. Es konnte nicht ausbleiben, daß jenes prächtige und überaus schöne Vorbild an vielen Orten nachgeahmt wurde, in mancherlei Wandlungen und Größen. Daß es sich bei den verwandten Pagoden wirklich um unmittelbare Anlehnung an Peking handelt, darauf muß man aus der geographischen Verbreitung jener Gruppen schließen. Ihre Vertreter kommen fast nur im Norden vor, in der Provinz Hopei und in größter Zahl in der Umgebung von Peking. In einigen bedeutenden Beispielen strahlt die Form noch in die Mandschurei und sogar nach Korea aus. Das mittlere China, im allgemeinen südlich und westlich des Gelben Flusses, das südliche und westliche China, sind vom achtseitigen Tienningmotiv fast frei. Wir werden also die Parallelreihe zu Peking, in ausgewählten großen und darnach auch in kleineren Beispielen, mit geringen Ausnahmen in Hopei und um Peking antreffen, sowie in den Nordprovinzen der Mandschurei, der inneren Mongolei und von Jehol. Auch unter ihnen geben mehrere noch wichtige Hinweise auf Frühzeit, Entwicklung und Baugesinnung, die zeitliche Eingliederung der einzelnen Bauteile bleibt allerdings meist schwierig wegen der häufigen Erneuerungen. Um aber möglichst feste Unterlagen zu gewinnen, werden die erreichbaren Nachrichten über die einzelnen Pagoden und ihre zugehörigen Klöster, soweit sie für unsere Zwecke wichtig erscheinen, hier zusammengestellt. Der Umfang dieser Nachrichten der hier verwertet werden konnte, ist bei den einzelnen Türmen naturgemäß sehr verschieden.

1. Pagode von T'ungtschou 通州

T'ungtschou, 32 Kilometer östlich von Peking, am kanalisierten Peiho, war seit altersher Hafen und wirtschaftlicher Vorort der Hauptstadt und wurde mit dieser auch in geomantischer Hinsicht als Einheit empfunden. Eine große Pagode dort konnte bei guter Sicht von Peking aus mit bloßem Auge wahrgenommen werden und bedeutete eine Stärkung des spirituellen Einflusses für die ganze Ebene. Das gleiche galt für die einstige Tienningpagode vom

Kloster Ling Kuang sze in den Westbergen, die mit der Suipagode von Peking, mit T'ungtschou und, wie wir weiterhin sehen werden, mit Fangschan weiter im Südwesten und sogar mit Tsch'anglihien 昌黎縣 unweit Schanhaikuan 山海關 im fernen Osten der Provinz ein großes magnetisches Feld bildeten mit der Hauptstadt als Mittelpunkt. Diese Vorstellungen müssen schon früh bestanden haben, denn alle jene Pagoden reichen in ihrer ersten Begründung zurück in die Zeiten der Sui und T'ang. Daraus erhellt aber auch die allgemeine Bedeutung, die Peking, dem alten Yotschou zukam, schon lange bevor die Liao und Yüan es zur Hauptstadt ihrer Reiche machten.

tip79 Pagode von Tongzhou 通州

Die Pagode von T'ungtschou steht in der Nordwestecke der Stadt nahe von Stadtmauer und Fluß. Das zugehörige Kloster ist zum Teil gewandelt in eine Schule, im übrigen fast verschwunden. Die Pagode soll ursprünglich erbaut sein zur Aufbewahrung einer apokryphen Reliquie des mythischen Alten Jan Teng Ku Fo 燃燈古佛 Dipamkara-Buddha, des 25. Vorgängers und Verkündigers des Sakyamuni, und heißt deshalb Reliquienpagode des Jan teng ku fo 燃燈古佛舍利塔. Auf eine Reliquie deutet auch der einmal gebrauchte Ausdruck Lien hua t'ai tso – Thron der Lotosterrasse, auf der sich das Sanktuarium aufbaut.

Vor die Beschreibung der Pagode, die weitgehend der Tienningpagode von Peking entspricht, wird die sehr lehrreiche Baugeschichte gesetzt. Sie weist die erste Anlage in eine Zeit, die der Suipagode von Peking noch vorausgeht. Die Quellen beschäftigen sich hier ausnahmsweise und sehr ausführlich gerade mit der Pagode selbst und zeichnen sich schon dadurch als alt, ehrwürdig und bedeutend aus.

357–581 erster Bau unter den nördlichen Tschou. Hier steht die Bezeichnung: Pei tschao Hou Tschou 北朝後周 Nördliche Dynastien, Spätere Tschou. Ihre Kaiser entstammten der Familie Yü-wen 宇文, die türkischer Abstammung war und nach dem Sturze der Wei sich mit den Nördlichen Ts'i in den Norden des Reiches teilten. Gestalt der Pagode ist unbekannt.

633, Periode Tschen kuang 627–650 im 7. Jahre unter Kaiser T'ai Tsung, Umbau durch den berühmten Parteigänger der ersten T'ang Kaiser, den nachmaligen Herzog Wei-tsch'i Kung[1] 尉遲恭, 585–658. Von ihm heißt es, daß er in sich Anmut des Drachen und Schönheit des Phönix vereinigte. Er wurde später zum Patron der Grobschmiede erklärt, überdies noch bis in die neueste Zeit zusammen mit seinem Waffengefährten Ts'in K'iung[2] 秦瓊 oft abgebildet auf den Torflügeln von Regierungsgebäuden als ein Paar von Torgeistern, der eine mit schwarzem, der andere mit weißem Antlitz. Im nördlichen China war der Brauch weniger bekannt. Vielleicht vergrößerte Weitsch'i Kung die Pagode oder gestaltete sie neu nach dem Vorbilde der Suipagode von Peking, die damals schon die Grundzüge der Tienningform gehabt haben mag. Der Wettbewerb mit jenem Machtsymbol der Sui in der Hauptstadt kann wohl bestimmend gewesen sein für die T'ang, in dessen Nähe ein ähnliches religiöses Wahrzeichen ihrer neuen Dynastie auch für den Norden des Reiches zu errichten. Allerdings ist die heutige Pagode nicht mehr die alte, doch in der Grundgestalt ihr wohl ähnlich.

1297 Yüan Dynastie, also kurz nach der Neuanlage des heutigen Peking 1268–1272 durch Kublai Khan, zweite Erneuerung der Pagode durch Tu li tu

---

1   Giles BD 2267.
2   Giles BD 388.

örl su 都哩都爾蘇 in ungenauerer Umschreibung Tu lie t'u schu 篤烈圖述.
Es war die Periode Ta Te 大德 1297–1308. Eine irrtümliche Bezeichnung
dieser Periode weist ein späterer gelehrter Kritiker nachdrücklich zurück.
1635 sagt das *Ti king lüe*, dem die bestimmtesten Daten zu verdanken sind:
«Die Pagode hat eine oben gerundete Steintafel Kie 碣 mit Vollschrift Kai
schu 楷書. In den noch zu erkennenden Zeichen liest man die Dynastie
Tschou 周, eine gewisse Periode, ein gewisses Jahr. Leute, die sich auf ihre
Geschichtskenntnisse etwas einbilden, machten viel Wesens davon und
sagten, es wäre gemeint die alte Tsch'eng Tschou 成周, die erste Dynastie
vor Han, und das Gesetz des Buddha sei wohl 3–400 Jahre vor Han Ming Ti
nach China gekommen. Sie wußten nicht, daß es sich um die spätere
Dynastie Pei Tsch'ao Hou Tschou der Familie Yü-wen 北朝後周宇文氏
handelte. Die Alte Tschou besaß noch keine Periodenbezeichnung, auch keine Vollschrift.» Es wird ferner erwähnt, daß damals die Inschriftensteine über
die Erneuerungen in den Jahren 635 und 1297 noch vorhanden waren.

1476 Ming Dynastie, Periode Tsch'eng Hua 1465–1488 im 12. Jahre
dritte Ausbesserung durch Wen tschen Li Scheng 文珍李昇, also fast gleichzeitig mit der Erbauung der 5-türmigen Pagode vom Wu t'a sze bei Peking.

1644–1662 Ts'ing Dynastie unter Schun Tschi war die Pagode wieder
stark zerfallen, niemand war imstande, sie in Ordnung zu bringen. Es verging
eine lange Zeit.

1670, unter K'ang Hi erschien ein alter Sramana, der sagte: «Ich habe
mich verspätet, in der Ming Zeit hatte man mich darum ersucht, nun bin ich
angelangt.» – «Es wurden Geldmittel aufgebracht, man begann die 4. Ausbesserung im 1. Monat und beendete das Werk im 10. Monat desselben Jahres. Die Kosten betrugen etwa 2000 *Kin* 金. Damals legte man die erste
Schule an und befestigte Bronzeglöckchen an der Pagode ringsherum, von
oben bis unten. Sie gaben feinen Wohlklang. Wenn aber starker Wind aufkam, Donner krachte, heftiger Regen fiel, und es schrecklich blitzte, dann
wurde der Klang der Glöckchen immer gewaltiger. Alle, die es hörten, waren
im Herzen bewegt und zitterten vor Furcht». Über diesen Neubau berichtete
Tschu Jung in seinem Spezialwerk. Das Bauwerk stand aber nur noch wenige
Jahre.

1679 im 18. Jahre K'ang Hi wurde die Pagode durch Erdbeben zerstört,
scheinbar völlig. Eine Reihe von Jahren muß sie als Trümmerhaufen liegen
geblieben sein. Wiederum brachte man Geld auf durch Sammlungen und
Stiftungen.

1691–1696 erfolgte der Wiederaufbau, der nach der Länge der Bauzeit zu
urteilen, sicherlich einen völligen Neubau bedeutete. Demnach stammt die
heutige Pagode aus jener Zeit, bewahrt aber vermutlich die alten Formen.

1774 wird erwähnt, daß eine alte Inschrifttafel zerbrochen und ihr Text nicht mehr nachzuprüfen war. Allmählich geriet das Bauwerk wieder in Verfall. Metallteile und grünglasierte Ziegel waren nur noch im Westen vorhanden.

1868, im 6. Jahre T'ung Tschi 1862–1875, erfolgte eine erneuerte Ausbesserung durch Bürger der Stadt, Wang Künjui 王均瑞 und andere, man baute einen Palast der violetten Wolken Tze yün kung.

Die Form der achtseitigen Pagode entspricht sehr genau der Pagode von Peking. Als gleich seien hervorgehoben: Quadratische Umwehrung, Material aus Ziegel, Terrakotta, Putz der Flächen, mehrfach gegliederter Sockel mit Nischen, Reliefs, Konsolgesims, Brüstung, Losanaterrasse. Am Sanktuarium runde Ecklisenen und Architravfries, Wechsel von 4 Rundbogentüren mit zugespitztem Lotosbogen und von 4 Stabfenstern, Turmstock mit 12 Ringgeschossen, Tauschüssel aus doppeltem Kelch. Als Unterschiede fallen auf: Geringerer Durchmesser, Höhe wohl nur 45 m gegen 54 m in Peking, die chinesischen Texte geben viel zu hohe Zahlen an und gelten günstigenfalls vielleicht für die früheren Ausführungen, steilerer Dachstock, geringere Schwellung, starrer als in Peking. Am Sanktuarium kein Reliefschmuck, weder Ornamente noch Figuren; oberste Bekrönung keine massive Feuerperle, sondern freies Flechtwerk als offener Korb aus Eisen.

Im *Ti king lüe*[3] aus dem Jahre 1635 findet sich folgende lehrreiche Beschreibung. «Die Pagode ist 13gliedrig und stolz, außen glatt, innen verziert, in der Mitte hohl, unten massiv. Man opfert in ihr dem Jan teng ku fo, Alten Buddha Dipamkara. Es gibt dort einen steinernen Buddha, seine Flächen sind von der Zeit völlig abgeschliffen. Das Ziegelwerk ist wieder geworden, was es war, ehe es gepreßt wurde. Man sagt jetzt immer, der ji wen 日文 heutige Stil sei sehr künstlerisch k'iao 巧. Und doch sind bei dieser alten Pagode die Ornamente hua wen 花紋 von größtem Geschick, Farbe und Glanz wunderfein, von späterer Zeit wirklich unerreicht. ... Bei klarem Wetter nach Regen fliegt der Schatten der Pagode über 5 li hinaus, erscheint auf dem Wasserspiegel des Pai ho 白河 und zittert dort hin und her. Trotzdem wird er in der nächsten Umgebung des Flusses nicht sichtbar.» Der Hinweis auf den Innenraum der Pagode ist wichtig. Da der Dachstock auch im alten Bau von 1635 sicher unzugänglich war, höchstens in der Mitte durchbrochen zur Ersparung von Mauerwerk, so konnte es sich nur um eine Kapelle im Sanktuarium handeln, die man etwa mit Hilfe einer Leiter durch eine Türöffnung zu erreichen vermochte. Das Steinbild des Buddha und vielleicht der innere Wandschmuck aus Terrakottareliefs hatten durch die Witterung arg gelitten.

---

3 Wohl das *Dijing jingwu lue* 帝京景物略 des Yu Yizheng 于奕正, fl. 1615–1635.

Die offene Kapelle wird nach dem Vorbild von Peking bei dem späteren Neubau ganz geschlossen worden sein.

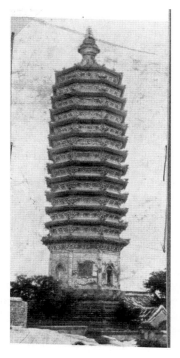

tip80 Pagode von Tongzhou 通州

Eine wertvolle Bemerkung in der Chronik von Peking beleuchtet die Gewohnheit des Volkes, über auffallende Erscheinungen an Pagoden zu spintisieren, läßt aber auch das Bestreben praktischer Männer erkennen, müßige Legendenbildungen zu zerstören. Es handelt sich um eine Feststellung des Tschu Jung 朱溶 aus Hua Ting 華亭, ihr Zeitgenosse, der bei der Ausbesserung i. J. 1670 auf dem Baugerüst den Turm von außen erstiegen und genau untersucht haben muß. Er sagt in seinem Spezialwerk: «Man behauptete, auf der Spitze der Pagode seien eiserne Pfeile, und nahm seit Alters her an, daß sie von einem General der Kin-Dynastie abgeschossen seien. Darauf bestieg Herr Tschu Jung aus Hua Ting, Ihr Zeitgenosse, die Pagode bis zum höchsten Punkt, prüfte die Spuren, und kam zur folgenden Erklärung: Die Pagode ist vom First bis unten 8seitig. Auf den Gratenden sind eingebaut glasierte

vasenförmige Dachziegel, wie Eulenschnäbel. Weil sie dort oben in gefähr-
licher Lage sich befinden und leicht herabfallen könnten, so brachte man in
ihnen versteckt eiserne Streben als Anker an. Im Laufe der Zeit zerfielen die
Ziegel durch Verwitterung, die eisernen Stangen kamen zum Vorschein.
Daher verglich man das mit Pfeilen.» Die Geschichte mit den Pfeilen findet
sich bereits im *Ti king lüe* aus 1635, sie deutet vielleicht darauf hin, daß die
alte Konstruktion, geschweifte Grate und Ziegeldeckung mit Eiseneinlage,
damals bereits längst bestanden hatte, vielleicht sogar bei dem ersten Bau.

2. Tschanglihien 昌黎縣

Die Pagode von Tsch'angli steht genau östlich von Peking, schon an der Kü-
ste etwa 65 km südwestlich von Schanhaikuan 山海關, wo am Grenzpaß zur
Mandschurei die große Mauer auf den Golf von Tschili trifft, heute Golf von
Liao tung 遼東灣. Man muß in der Pagode den Endpunkt einer großen geistigen Linie erblicken, die vom Fangschan im Südwesten über Peking und
T'ungtschou zur Grenze der Provinz bis zum Meere reicht und durch eine
bedeutende Reihe Tienningpagoden betont ist. In Aufbau und ungefährer
Höhe von 40 m mit 13 Geschoßringen im Turmstock entspricht die Pagode,
die an Sockel und Spitze stark beschädigt ist, fast genau der Pagode von
T'ungtschou. Zeitangaben stehen nicht zur Verfügung, doch deutet die Ausbildung des Sanktuarium auf ein hohes Alter. Vor die Seitenflächen treten,
wie bei dem frühesten Beispiel im Sung yo sze, Blendflächen hervor in einer
merkwürdigen Reliefarchitektur aus Kapellen indischen Stiles: rechteckige
Nische zwischen Pylonen, Obergeschoß mit Brüstung, Türflügeln und Dach.
Ähnliche, aber schlankere Gebilde verstärken als Strebepfeiler die gebro-
chenen Kanten. Andeutungen von Fenstern scheinen zu fehlen. Dieser reiche
Reliefschmuck in Architektur ist ein besonderes Kennzeichen der alten Pagoden in Jehol und der Mandschurei, denen Tch'angli eng benachbart ist, und
mit denen wir uns noch beschäftigen werden.

tip82 Pagode südwestlich von Shanhaiguan – Changli 昌黎

3. Sechs Tienningpagoden in den Bergen westlich von Peking

Die bekannten Tienningpagoden sind zum großen Teil versammelt im Gebiet südwestlich von Peking. Einige wenige gibt es weiter westlich schon im angrenzenden Schansi, andere weiter südlich in der Provinz an der Bahnlinie, die der uralten Straße nach Honan und Hankou folgt. Wir betrachten verschiedene Gruppen, die räumlich oder in ihrer Durchbildung zusammengehören.

Entlang der Westgrenze der Provinz Hopei läuft in ganzer Ausdehnung die mächtige Bergkette des T'aihang schan 太行山. In ihrem nördlichen Teile ist sie nordöstlich gerichtet und endet vor der Gebirgsbucht von Peking in den Westbergen, Si schan 西山, deren kultische Bedeutung schon wiederholt betont wurde. Hier gibt es eine Unmenge größter bis kleinster Heiligtümer, auch eine Unzahl Pagoden, unter denen 3 größere Tienningpagoden sich durch Lage wie Gestaltung auszeichnen und zum spirituellen Feld im Westen von Peking gehören. Es sind die Pagoden der Klöster Ling kuang sze, Kie t'ai sze und Si yü sze. Wohl die älteste dieser Pagoden stand im Kloster Ling kuang sze 靈光寺, am Abfall der Westberge, genau in der Verlängerung der Nordmauer von Peking, in 18 km Entfernung. Sie wurde wahrscheinlich in der Tangzeit zum 1. Male erbaut, 1900 im Boxerkrieg zerstört. Etwa 13 km südwestlich von ihr, getrennt durch den südöstlich fließenden Hunho, steht die größere Pagode des bedeutenden Klosters Kie t'ai sze 戒臺寺 gleichfalls auf einem Randberg, etwas südlich von der nach Westen verlängerten Südmauer der Chinesenstadt von Peking, in 23 km Entfernung. Sie ist als Grabpagode eines Abtes unter den Ming um 1475 erbaut und wird ergänzt durch weitere 3 kleinere Tienningpagoden, die zum gleichen Kloster gehören. Diese Gruppe bildete mit der Pagode vom T'ien ning sze, die unter der Liao 1048 als Nachfolgerin der alten Suipagode unmittelbar vor der Westmauer von Peking neuerstanden war, ein Kräftedreieck, das nach weiteren 100 Jahren 1578 durch den Neubau der Pagode von Palitschuang zu einem harmonischen Viereck im Westen von der Hauptstadt ausgestaltet wurde. Dieses Viereck stand in Verbindung nach Osten, über Peking selbst hinweg, mit der Pagode von T'ungtschou, 22 km genau östlich von Peking, dagegen nach Südwesten mit dem 50 km von Peking entfernten geheiligten Bergbezirk des Fang schan 方山. Dort stehen im Kloster Si yü yün kü sze 西域雲居寺 ein Paar Pagoden, die Südpagode aus 1117 in reiner Tienningform, die Nordpagode aus noch früherer Zeit in gewandelter Tienningform. So ist Peking mit Ebene und Westbergen durch die 7 Tienningpagoden spirituell auf das beste geschützt und in seiner religiösen Lage harmonisch verklärt.

Die Pagode von Ling kuang sze

tip84 Peking: Westberge, Badachu 八大處
Lingguang si 靈光寺 – Blick nach NO. Unterbau einer alten,
verschwundenen Pagode, jetzt bekrönt mit Pavillon.

Ling kuang sze 靈光寺 Kloster des heilwirkenden Glanzes, ist eines von 8 Klöstern, die sich am südöstlichen Rande der Westberge, etwa 18 km westlich von Peking, in einer Gebirgsbucht an den steilen Hängen eines Tales zwischen zwei Bergen malerisch übereinander aufbauen und bekannt sind unter den Namen Pa ta tsch'u 八大處 die 8 großen Klosterstätten. Schon zur Sui-Dynastie gründete gegen Ende des 6. Jahrhunderts ein Mönch Lu 盧 am Anhang des Berges, der nach ihm Felsenberg des Lu, Lu schi schan 盧石山 benannt wurde, ein Kloster, das unter den T'ang und Kin Berühmtheit erlangte. Vielleicht erfolgte auch die erste Erbauung einer Pagode in jenem Tale schon unter den Sui, spätestens aber unter den frühen T'ang. Bushell[4] setzte die Pagode vom Ling kuang sze in das Ende des 7. Jahrhunderts. Jedenfalls blickt dieses Kloster auf ein hohes Alter zurück. 1774 waren noch 3 Steintafeln aus der Ming-Dynastie vorhanden, eine vom Kaiser Hien Tsung 憲宗 aus 1479, zwei von Schi Tsung 世宗 aus 1531. Nach diesen Texten hieß das Kloster ursprünglich Lung tsüan sze 龍泉寺 Drachenquell. Unter dem Kin-Kaiser Schi Tsung wurde 1162 auf den Resten der alten Anlage ein neues Kloster erbaut, Periode Ta Ting 大定 1161–1190, das mit dem Berge dahinter den neuen Namen Küe schan 覺山 Bodhi-Berg erhielt. Aus jener Zeit muß die Pagode stammen, die bis 1900 stand. Der alte Name blieb auch bestehen nach einer Instandsetzung unter dem Ming-Kaiser Süan te 1429. Hien Tsung rühmt 1479, daß er in den 16 Jahren seiner Regierung alles eifrig gepflegt hätte, was die Vorgänger geschaffen, und daß von den zahlreichen Klöstern und Tempeln, auch für taoistische Geister und Konfuzius, es keinen gäbe, der von ihm nicht erneuert worden sei. «Doch das Buddhakloster auf dem Küe schan, so wahrhaft von meinem kaiserlichen Ahnherrn gepflegt, war im Laufe der Jahre von der Zeit angenagt, verfallen und in Unordnung. Das macht das Herz unruhig. Deshalb befahl ich im 9. Monat des 14. Jahres der Periode Tsch'eng Hua (1479) den Beamten, die Anlage zu vergrößern und zu erweitern und das Material zu veranschlagen. Alle Ausgaben für Steine und Holz wurden aus amtlichen Mitteln bestritten, das Volk wurde nicht damit belästigt. Nachdem das Werk nunmehr vollendet ist und einen stolzen Anblick gewährt, änderte ich ausdrücklich die Querschrift des Klosters in Ling kuang, Heilwirkender Glanz.» Eine weitere Instandsetzung erfolgte durch Schi tsung 1531. Wohl in jener Zeit erhielt der Berg die Bezeichnung Kleiner Eisvogel Ts'ui wei schan 翠微山, nach dem Namen einer Mingprinzessin Ts'ui Wei, die in Ling kuang sze begraben wurde. Das Grab war 1818 noch vorhanden, Lin K'ing machte damals ein Gedicht darüber. 1844 heißt es bei ihm: «Ich suchte das Grab der Prinzessin und konnte es

---

4   S. W. Bushell: *Chinese art*. Vol. 1. London: Stationery Office 1921, Taf. 39.

nicht finden, es war bereits eingeebnet durch den Neubau der Halle der Kuanyin. Obwohl das Kloster dadurch vervollständigt und erneuert wurde, sind doch alte Spuren untergegangen, und der Berg hat den Namen seiner Herrin verloren. So wird das wehmütige Gefühl, daß alles Irdische vergänglich ist, gar sehr vermehrt.» Das Kloster mitsamt seiner Pagode wurde 1900 durch europäische Truppen zerstört, weil man dort angeblich das Hauptquartier der Boxer geduldet habe. Ein wahrhafter Verlust, denn die Pagode war ohne Zweifel ein hochbedeutsames Baudenkmal gewesen.

tip85 Pagoda at Ling Kuang Ssu, Western Hills. Bushell, Taf. 39

Nach den chinesischen Berichten «ragte die Pagode hoch in den Himmel hinein», sie muß ein weithin sichtbares Wahrzeichen gebildet haben, das über die Ebene hinweg bei klarem Wetter sogar von Peking aus zu erkennen war. Nach dem einzig erreichbaren Bild aus Bushell war sie offenbar eine Tienningpagode, deren Dachstock mit 12 Ringen und 13 Gesimsen aus überkragenden Ziegelschichten ohne Konsolen fast in gerader Linie stark pyramidal anstieg und in doppeltem Kelch mit kleiner Perle endigte. Als Unterteile hat man sich Sanktuarium und Sockel zu denken. Es heißt in der Chronik: «Der Turm hat 10 (muß aber heißen 12 oder 13) Gliederungen, ist achtseitig und wird vom Volk genannt Pagode mit den gemalten Abbildern der 1000 Buddha, Hua siang ts'ien fo t'a 畫像千佛塔. Rings um den Unterbau gibt es 16 Stück Nischen für eiserne Lampen. Wie jene Abbilder ausgesehen haben und wo sie angebracht waren, bleibt unbekannt, man kann sie sich denken am Sockel oder zwischen den Dachkreuzen des Turmstockes. Bei meinem Besuch des Ortes im Herbst 1934 war ein Teil des Unterbaues in Höhe von 6,50 m noch ungefähr erhalten und trug einen 8seitigen, offenen Pavillon als Bekrönung. Das Sockelglied hat eine Seitenlänge von 6,00 m und ist 1,35 m hoch, das nächste Sockelglied springt 0,83 m zurück und hat eine Seitenlänge etwa von 5,00 m, darüber sind die bekannten Gliederungen des T'ienning-Unterbaus mit Friesen und Konsolgesimsen erkennbar. Da die entsprechenden Maße der Sockelseiten an den beiden Tienningpagoden von der Westmauer von Peking 8,00 m und 8,15 m betragen, so muß die Höhe der einstigen Pagode von Ling kuang sze bedeutend geringer gewesen sein als bei jenen, sie mag etwa 40,00 m betragen haben. Weitere Merkmale für Gestalt und Durchbildung des verschwundenen Turmes ließen sich nicht feststellen. Das heutige Kloster weist nur noch wenige Hallen und Mönche auf. Quellbach und Teich erinnern an den richtigen Drachenquell, doch ist dieser Name erhalten geblieben in der nahen Klause des Drachenquells – Lung ts'üan an 龍泉菴. Beide Klöster, wie die meisten im Gebiet des Pa ta tsch'u, haben sich vorzugsweise eingerichtet auf Besucher und Dauergäste, die in dieser gesegneten Gegend die Zeit ihrer Erholung verbringen.

Gedicht des Wang Yün 王惲 über den Küe schan 覺山
Kloster und Pagode von Ling kuang sze

Der Berg ist durch das Kloster berühmt, das Kloster durch den Berg.
Die Wolken sind ganz willenlos, die Landschaft ist ganz still.

Gemächlich stieg ich auf zur Höh', ohn Ende schweift der Blick,
Im gelben Staub, tief unter mir, liegt fern die Menschenwelt.

Die 4 Pagoden vom Kie t'ai sze

Zum Kie t'ai sze 戒臺寺 Kloster der Ordinationsterrasse, gehören 4 Pagoden vom Tienningtyp, 2 kleine im Kloster selbst, eine große im nahen Gräberhain, eine Steinpagode in einiger Entfernung. In ihrer Gesamtheit bilden sie einen wichtigen Punkt im polaren System der Tienningpagoden um Peking. Zwar handelt es sich nur um Grabpagoden, doch sind sie ausgezeichnet durch ihre Stellung in der Landschaft wie durch die religiöse Bedeutung für das engere Kloster. Darum beeinflussen sie, trotzdem sie im großen Bilde kaum auffallen, dennoch nachdrücklich das Fengschui der Gegend. Einige Bemerkungen auch über die Geschichte des Klosters sind wesentlich für das Verständnis der Pagoden.

Dieser Teil der westlichen Bergketten vor Peking und seiner Gebirgsbucht heißt Ma an schan 馬鞍山 Pferdesattel Gebirge. Östlich von diesem fließt der Hun ho 渾河, mit anderem Namen Yung ting ho 永定河 aus dem Bergland nach Südosten in die Ebene. Auf den Vorbergen, etwa 11 km entfernt von der berühmten Brücke Lu kou k'iao 盧溝橋, der sogenannten Marco Polo Brücke, baut sich das geräumige Kloster in vielen wohlangelegten Terrassen am Hange auf, ist malerisch in Bäumen verborgen, doch die Hauptgebäude sind weithin erkennbar. Das Kloster besteht aus mehreren gesonderten Teilen und war bis heute neben dem nahen T'an tsche sze 潭柘寺, das in seinen verschiedenen Blütezeiten bedeutendste Kloster in den Westbergen. Hier empfingen die Novizen seit altersher ihre Weihen und zogen als ordinierte Mönche hinaus in die anderen Klöster. Diese Übung geht auf sehr frühe Zeit zurück.

Nach der örtlichen Überlieferung soll schon unter Ts'in Schi Huang Ti im 3. Jahrhundert v. Chr., hier ein Heiligtum gestanden haben. Das erste buddhistische Kloster wurde erbaut unter dem ersten T'ang-Kaiser Kao tsu, Periode Wu Te 武德 618–627, es erhielt damals den Namen Hui kü sze 慧聚寺 Kloster, wo die Weisheit sich sammelt. Unter den Liao 遼 Kaiser Tao Tsung 道宗 1055–1100 erfolgte die entscheidende Ausgestaltung. 1061 siedelte der weit und breit gefeierte Abt Fa kün 法君 aus Peking nach dem Kloster im Ma an schan über, und baute es aus. Er errichtete 1070 dort eine Ordinationsterrasse. Fa kün starb 1074. Seine Überreste nach der Verbrennung mögen schon früh in einem Grabstupa beigesetzt gewesen sein, erst viel später unter den Ming wurde im Pagodengarten Ta yüan 塔院 die große Grabpagode erbaut, mit der wir es hier zu tun haben.

In den Jahrhunderten nach Fa kün, unter den Dynastien der Kin und der Mongolen, verfiel das Kloster fast völlig. Doch unter den Ming erlebte es seit 1434 seine Auferstehung und wurde unter der ersten Regierung des Kaisers Ying Tschung 1436–1450 im Jahre 1440 glänzend vollendet. Das Kloster erhielt den Namen Wan schou sze 萬壽寺 Kloster zum 10000fachen Langen Leben, in dem man für das lange Leben des Kaisers betet. Seit der Zeit kam der volle Name in Gebrauch: Wan schou kie t'ai tsch'an sze 萬壽戒臺禪寺. Dieser Name ist auf dem P'ailou am nördlichen Eingang verzeichnet. Damals entstand auch die neue, ungewöhnlich reich durchgebildete massive Ordinationsterrasse in der quadratischen Zentralhalle. Diese Halle steht im nord-westlichen Teile des Klosters, das nach Osten anstatt nach Süden orientiert ist, und bildet den Mittelpunkt einer selbständigen Anlage, des sogenannten Nordpalastes, Pei kung 北宮. Der abgesonderte Hof mit der Halle wird um-geben von einem wahren Pantheon des Buddhismus, darunter auch von den 500 Lohan, für die aber erst unter Kaiser K'ien Lung die beiden parallelen Seitenhallen errichtet wurden. Diese 500 Schüler des Buddha werden ver-knüpft mit einer sehr merkwürdigen Geschichte von 500 Mönchen, die hier im Kloster lebten, auf Befehl der Kaiserin Mutter 500 junge Mädchen zuer-teilt hielten und mit diesen, wegen ihrer Unheiligkeit auf gemeinsamen Scheiterhaufen verbrannt, schließlich als geläuterte Genien paarweise in den Himmel entschwebten.

Es war der hochverdiente Abt, der Tsch'an Lehrer Tao fou 道孚禪師, der auf Anregung und mit Hilfe von Eunuchen jenen Neubau des Klosters von 1434–1440 zustande gebracht hatte. Er war Lehrer und Vertrauter der Kai-serin und nachmaligen Kaiserinmutter Li, die selber sehr viel für das Kloster tat und auf der oberen Terrasse den Südpalast und den Pei kung, Nordpalast, mit der Ordinationsterrasse erbauen ließ. Von Tao Fou stammen auch die beiden Tienningpagoden vor dem Fuß der Terrasse des Pei kung, und einige Jahre nach seinem Tode, der 1470 erfolgte, mag die große Grabpagode für ihn im Gräberhain erbaut sein, um das Jahr 1475.

Dann erfolgt wieder langer Verfall des Klosters, nur unterbrochen durch eine große Erneuerung, die unter Kaiser Schi Tsung 1522–1566 stattfand und 7 Jahre dauerte, von 1550–1556. Erst unter K'ien Lung begann 1760 eine neue große Instandsetzung auf Betreiben von zwei berühmten Mönchen. Der Kaiser besuchte 1773 die fertigen Anlagen, von denen er die Ordinationster-rasse, die jetzt zum dritten Male entstanden war, und die Halle für die 500 Lohan selber gestiftet hatte. Seitdem schien das Kloster sich einer dauernden Blüte erfreut zu haben. Von 1888 an übernahm ein Mandschuprinz die beson-dere Fürsorge, er wohnte selber längere Zeit dort und richtete einige Teile als Erholungsstätte ein für die damaligen Soldaten der Deutschen Gesandtschaft.

Die zwei Tienningpagoden im Inneren des Klosters sind Reliquienpa-goden für den Abt Fa kün 法君 der unter den Liao von 1061 bis zu seinem Tode 1070 die erste Ordinationsterrasse eingerichtet hatte. Diese befand sich wohl an gleicher Stelle, an der sich die jetzige prächtige Anlage mit der zentralen Halle im Nordwesten des Klosters erhebt. Fa kün mag damals einen ersten Grabstupa auch bereits an der Stelle der heutigen beiden Pagoden er-halten haben, also seitlich der verlängerten Achse jener Ordinationsanlage. Es war darum nur eine Bekräftigung jener religiösen Zusammengehörigkeit, wenn später der Abt Tao Fou um 1440 die beiden Reliquienpagoden für Fa kün eben dort unmittelbar vor der Futtermauer der äußeren Terrasse neu erbaute, und zwar in Tienningform.

tip88 Peking, Westberge: Jietai si 戒臺寺 Pagode 1440–50 erbaut für Mönch Fajun 法君, †1074, sowie Wolong songshu 臥龍松樹 – Kiefernbaum des liegenden Drachen

Die nördliche Pagode zur Rechten der Hauptachse heißt P'u hien t'a 普賢塔 Pagode des Bodhisatva P'uhien, als dessen Wiedergeburt Fa kün offenbar galt, seine Asche ist dort beigesetzt. Die Pagode ist etwa 12 m hoch, hat 6 Geschoßringe im Turmstock, einen Doppelkelch als Tauschüssel und eine Abschlußperle. Die südliche Pagode, zur Linken der Hauptachse heißt I po t'a 衣鉢塔 Pagode des Gewandes und des Speiseopfers, die als Hauptbesitz auch des vornehmen Mönches nach mönchischer Sitte dort beigesetzt sein dürften, ein Symbol für die Überlieferung tschuan 傳 der Lehre, also für die

Nachfolger des religiösen Ahnen. Diese Pagode ist etwa 9 m hoch, hat 4 Geschoßringe, im Sanktuarium Rundbogenblenden und Eckpilaster in Form von gegliederten Sutrapfeilern, ein Motiv, das auch bei einer Reihe größerer Pagoden schon früher verwendet wurde. beide Pagoden sind mitsamt ihren einst höheren Sockeln bereits zu erheblichen Teilen im aufgeschütteten Erdreich versunken. Im Westen, hinter den Pagoden, läuft die Brüstung der oberen Achse. Hier stehen alte Inschriftensteine, Weihrauchgefäße und hohe alte Bäume. Unter diesen ist hoch berühmt der Wo lung sung schu 臥龍松樹 Kiefernbaum der Schlafenden Drachen, der Stamm läuft schräg, stützt sich auf die Brüstung und sendet das dichte Gezweig weit vor.

tip92 Peking, Westberge: Jietai si 戒臺寺 – Grabpagode für den Abt Dao Fu 道孚, erbaut 1475

tip90 Peking, Westberge: Jietai si 戒臺寺 Pagode unweit Jietai si [? 極樂洞]

Die große Tienningpagode vom Kie tʻai sze steht etwa 150 m südöstlich vom engeren Kloster in einem Gräberhain, der sich am Hange hinaufzieht und inmitten von alten Bäumen eine größere Anzahl von Grabpagoden birgt, meist in lamaistischem Stil. Sie ist als bedeutende und vornehme Grabpagode für den Abt Tao Fou 道孚 erbaut um 1475, etwa 5 Jahre nach dessen Tode.

Der 8seitige Ziegelbau, wohl 20 m hoch, zeigt reine Tienningform nach dem Muster von T'ien ning sze. Ein schlanker, reich gegliederter und anmutig mit Reliefs geschmückter Sockel trägt über der Brüstung die Lotosterrasse, auf der das Sanktuarium mit seinen edel geschnittenen Blendtüren und Blendfenstern die Asche oder die Reliquie des Schutzpatrons in seinem Inneren bergen mag. Um den oberen Rand läuft ein Fries von Volutenschmuck mit gelappten Palmetten. Dieses buddhistische Motiv wird Hüen yü 懸魚 Hängender Fisch genannt. Der Umriß dieser Palmetten ist dem bekannten buddhistischen Bronzegong entnommen, die Voluten sollen die rollenden Töne beim Schlagen andeuten. Die runden Eckdienste des Sanktuariums tragen gebündelte Eckkonsolen aus 2 Lagen von Konsolarmen, zwischen denen jede Achteckseite noch eine Mittelkonsole aufweist. Der klare, genau senkrechte Turmstock, ohne Verjüngung und ohne Schwellung, zeigt in allen 8 Ringen die gleiche Ordnung von Konsolen, getrennt durch völlig gerade Simsringe aus überkragten Ziegelschichten. Die Bekrönung bildet ein gewaltiger, weit ausladender gelappter Kelch als Tauschüssel, wohl mit einer Feuerperle als letzten Abschluß. Es herrscht die reine, ruhige Eleganz des monumentalen Mingstils, auch in der ornamentalen Durchbildung der Blenden im Sanktuarium, ohne barocken Einschlag. Gute Erhaltung und edle Verhältnisse, bei denen das niedrige, weiß getünchte Sanktuarium sich auf das angenehmste behauptet zwischen dem hohen Sockel und dem schlanken Turmstock, verleihen dem Turm eine in sich geschlossene feste und hohe Schönheit.

Zum Bereich des Klosters gehört noch eine 4. Pagode in Tienningform, die Werksteinpagode bei Ki lo tung 極樂洞 der Höhle der Höchsten Freude. Wegen des örtlichen Zusammenhanges mit den anderen 5 Tienningpagoden des Klosters wird sie bereits hier betrachtet anstatt erst im Kapitel Werksteinpagoden. Die Höhle befindet sich etwa 3 km westlich vom Kloster, unterhalb des Ling kiu feng 靈鷲峯 Gipfel des heilwirkenden Geier. Sie wird vom Volke auch in Verbindung gebracht mit P'ang küan 龐涓 einem General aus den Tsch'an Kuo den Kämpfenden Reichen nach der Zeit des Konfuzius, und weiter mit Lü Tungpin 呂洞賓 der in der T'ang-Dynastie gegen 800 wirkte und später unter die bekannten taoistischen 8 Genien eingereiht wurde. In jener Höhle hausten seit langem Einsiedler. Nach 1870 lebte dort ein Asket, der sich mit Feuer kasteite. Unmittelbar neben der Höhle steht die Werksteinpagode Schi t'a 石塔 malerisch auf einem Felsen und betont das enge Tal. Auf einem geböschten Unterbau sitzt eine Galerie, darüber das schlanke Sanktuarium mit Ecksäulen und gemeißelten Buddhabildnissen. Der schlanke Turmschaft teilt mit 10 Ringen senkrecht die Höhe und endet in breiter Feuerperle. Der Bau mag 8 m hoch sein und aus der Zeit von K'ien Lung um 1773 stammen. Die schlanke Form hat, wie sich ergeben wird, noch Parallelen an anderen Orten, sowohl in Werkstein, wie in Eisen und Bronze.

1 km östlich dieser Höhle, in der Richtung zum Kloster, gibt es eine andere große Höhle für die Kuanyin und die 18 Lohan, in einer Klause daneben hauste noch in unseren Tagen ein anderer Eremit, ein Schüler jenes Einsiedlers. Er züchtete Bienen und war deshalb bekannt als Bienenkönig.

Die Südpagode – Nan t'a 南塔 *vom Si yü sze* 西域寺 *auf dem Fang schan* 方 山

Etwa 30 km südwestlich vom Kie T'ai sze und 50 km von Peking entfernt, jenseits des Flusses Liu li ho 琉璃河, läuft der Bergzug des Fang schan, altgeheiligt durch Höhle und Tempel. 20 km östlich von ihm liegt die gleichbenannte Kreisstadt Fang schan hien. Das große, eng angelegte Kloster zu Füßen des Fang schan heißt mit vollem Namen Si yü yün kü tsch'an sze 西域 雲居禪寺 Meditationskloster zum Wolkensitz in den westlichen Bereichen, abwechselnd genannt nur Si yü sze oder Yün kü sze. Es ist gegen Osten gerichtet und wird in Süd und Nord flankiert durch 2 Pagoden. Die Südpagode Nan t'a mit 10 Geschoßringen zeigt die reine Tienningform, sie gehört in diese Reihe. Die Nordpagode in gewandelter Tienningform wird wegen ihrer abweichenden Gestalt im Kapitel 5 beschrieben. Als Erbauungszeit der Südpagode wird die Zeit der Liao angegeben und zwar auf das eindeutigste das Jahr 1117, also etwa 70 Jahre nach dem angenommenen Neubau der alten Suipagode von Peking. Da sie dieser in den wesentlichsten Zügen, trotz ihrer weit kleineren Abmessungen, entspricht, und da von späteren größeren Umbauten nichts berichtet wird, so darf man einen derartigen Aufbau als Stil der Liao und Kin mit Sicherheit feststellen. Mit Peking stimmt sogar der Grundplan genau überein, ein quadratischer Hof mit Plattform von 17 m Seitenlänge innerhalb einer niedrigen Mauer, die nach dem Bilde in *Buddh. Monum.*, auf den Außenflächen mit einer Reihe aus Hunderten eng gestellter kleiner Reliefstupa geschmückt ist. Dieses gleiche Motiv findet sich schon am Sockel der viel älteren Pei t'a. Ferner findet sich auch hier die 8seitige verbreiterte Grundplatte unter dem eigentlichen Sockel. Auch in zahlreichen Einzelheiten des Sockels von 4 m Seitenlänge erkennt man die unmittelbare Entlehnung, gelappte Umrandungen der Nischen, 3 und 2 auf jeder Seite, Pilaster, Blumenmuster, Atlanten, Form der Konsolgesimse und Brüstung. Im Sanktuarium von 3,36 m Seitenlänge im Grundriß ist die Haupttüre offen und führt in eine Kapelle, die nur mit einer Leiter über Sockel und Losanaterrasse hinweg zu ersteigen ist. Die Spitze ist zerstört. Die Höhe berechnet sich auf etwa 30 m.

III—109

房山 雲居寺
南 塔 (壓經 塔)
京兆 房山縣

South Pagoda (Ya-ching P'o), at Yün-chü Süi,
Fang-shan Hsien, Ching-chao.

tip96 Fangshan 房山, Yunju si 雲居寺 Südpagode

    Zu den Füßen der Nan t'a, innerhalb der quadratischen Mauer um den Hof, stehen 3 kleine Sutrapfeiler aus Werkstein, zum Teil ebenfalls mit Buddha-Reliefs geschmückt. Sie sind auf dem großen Bilde in den *Buddh.*

Monum. auf der Plattform um die Pagode sichtbar und werden von Sekino in Tang und Liao gesetzt. Einer der Pfeiler datiert aus 1118, also 1 Jahr nach der Fertigstellung der großen Pagode, bei der er steht. Er zeigt genaue Tienningform mit 8seitigem Schaft, in dessen Flächen die Schrift eingegraben ist. Der kleine Turmstock besteht aus 6 Ringteilen und darüber aus 3 weiteren kleineren Ringen, wiederholt also die Gestalt der großen Pagode, mit der zusammen er entstand als zeitlich gesichertes und wertvolles Beispiel aus der Liao-Zeit. Nach der Chronik von Fang schan heißt dieser Pfeiler Tsang king t'a 藏經塔 Pagode zur Aufbewahrung der Sutra. Sekino bringt zwei genaue Bilder in großem Maßstab, klare, etwas herbe Reliefs und Figuren und Ornamente füllen die Flächen des reich gegliederten Sockels, der Kranzwulst aus Lotosblättern zeigt die frühe Form des chinesischen Eierstabes.

4. Zwei Tienningpagoden aus Tschengting und Tschaohien im südlichen Hopei

Aus dem Süden der Provinz Hopei sind bis jetzt erst 2 Beispiele von größeren Tienningpagoden in reiner Form bekannt geworden. Sie stehen im Zuge der alten Reichsstraße, etwa entlang der heutigen Bahnlinie nach Honan und Hopei, und kennzeichnen sich als Ausstrahlungen der Gruppe im Norden, von denen eine größere Gruppe um das Gebiet von Ihien hier unmittelbar anschließend noch behandelt wird.

Die Ts'ing t'a 清塔 *Reine Pagode in Tschengtinghien* 正定縣
Tschengting, eine ausgedehnte quadratische Stadt mit 5 Toren, früher sehr bedeutend, heute ganz dünn bebaut, liegt nur eine halbe Stunde Bahnfahrt südlich von Schi kia tschuang 石家莊 heute Schi men 石門 genannt, dem Abzweig der Schansi-Bahn nach T'aiyüan oder Küyang, der Hauptstadt der Provinz Schansi. Sie hieß unter den Han Tschenting 真定, ein Name, der für den Verwaltungsbezirk noch unter den Ming Geltung hatte. Bis zur Revolution war sie ein Regierungsbezirk fu 府, in neuerer Zeit wurde sie ein Kreis *hien* 縣. Die Tienningpagode Ts'ing t'a steht im Südteil der Stadt, etwa in deren Hauptachse, und gehört zu den 4 Pagoden der Stadt, von denen die Mu t'a, die sogenannte Holzpagode, bereits in Abschnitt II Kap. 3, die Tschuan t'a, Ziegelpagode, in Abschnitt II, Kap. 2 beschrieben wurden. Inzwischen habe ich im November 1934 die Stadt selber besuchen können.

IV-131

臨濟寺清塔 (八角九層)
直隸 正定府

Ching T'a (Nine-storied octagonal Pagoda) at Lin-chi Ssŭ,
Chêng-ting Fu, Chih-li.

tip99 Zhengding 正定, Linji si 臨濟寺, Qingta 青塔

Das Kloster Lin tsi sze 臨濟寺, zu dem die Ts'ing t'a gehört, heute fast ganz verschwunden, soll zuerst unter den Östlichen Wei gegründet sein, Hing Ho 2. Jahr, also 540, darnach unter den T'ang neu erbaut. Es erhielt seinen Namen nach dem Tsch'an-Meister Lin Tsi 臨濟禪士 aus der T'ang-Dynastie. Nach dessen Tode errichteten seine Schüler die Pagode zur Aufbewahrung von Gewand und Eßnapf des Heiligen. Kaiser I tsung 860–874 verlieh diesem den posthumen Namen Hui Tschao 慧照 und nannte die Pagode Tsch'eng oder Teng ling 澄靈 Klare Seelenkraft. Später erhielt sie den heutigen Namen Ts'ing t'a 清塔 Reine Pagode. Sie erfuhr Erneuerungen unter Kin Ta Ting 25. Jahr = 1185, unter den Yüan 1343, den Ming 1505. Eine Tafel aus 1521 gibt genauen Bericht. Sekino nimmt wohl mit Recht das Jahr 1185 als eigentliches Jahr für den heutigen Bau an. Der hochelegante schlanke Turm steht auf einer verbreiterten, 8seitigen Plattform aus Werkstein von 5,46 m Seitenlänge, hat am eigenen Sockel ein Unterglied aus Werkstein 2,65 m Seitenlänge und erreicht im Aufbau ganz aus Ziegeln mit 8 Geschoßringen und hoher Spitze eine Gesamthöhe von etwa 35 m. Mit der Südpagode vom Si yü sze auf dem Fang schan hat er gemeinsam den Wechsel von Rundbogentüren und rechteckigen Fenstern im Sanktuarium, dessen oberen Saum eine Reihe halbkreisförmiger und gelappter hängender Ornamente bilden, genannt Hängende Fische hüan yü 懸魚 so heißen noch heute auch die, in der Form ganz ähnlichen eisernen oder bronzenen Klangplatten als Gong in buddhistischen Klöstern. Auch die runden Ecksäulen sind allen diesen Beispielen gemeinsam. Bewegte, eng gestellte Konsolen, nur über dem Sanktuarium in 2 Schichten, in den übrigen Ringen mit je 1 Schicht, leicht geschwungene Traufen, lebendig betonte Ecken mit Windglöckchen und feine Schwellung bei knapper Verjüngung verleihen dem Turm starke innere Spannung und eine Beseelung, die in der reichen Mingspitze hingebend in den Äther ausklingt. Auf Tauschüssel und Lotoskelch, beide in Blütenblätter völlig aufgelöst, ruht die große Perle, türmt ein Kegel mit der Ringfolge siang lun 相輪 und endet über 2 weiteren zarten Kelchen im 3fachen Juwel. Treffend nennt Sekino dieses Bauwerk von nur bescheidenen Abmessungen in seinen Verhältnissen edel und hochelegant.

Die Pai t'a von Tschaohien 趙縣 *im Kloster Po lin sze* 柏林寺 *Kloster des Zedernhains*

50 km südöstlich von Tschengting, 33 nordöstlich vom Bahnhof Kao i 高邑 an der Peking-Hankou-Bahn liegt die Stadt Tschaohien, früher Tschaotschou 趙州. Die Pagode steht innerhalb der Stadt im Kloster Po lin sze 柏林寺, das auch bezeichnet wird mit dem viel gebrauchten Namen Pai t'a sze 白塔寺 Kloster der Weißen Pagode.

tip103 Zhaozhou 趙州 oder Zhaoxian (Zhili): Bolin si 柏林寺

Zwei Steintafeln aus Ming, die eine von 1539 vor der Pagode, die andere von 1480 vor der Haupthalle, berichten nach Sekino, daß die Pagode in der Kin-Dynastie 金代 wieder aufgebaut sei siu kien 修建, es muß also vorher schon

eine Pagode vorhanden gewesen sein, später wäre sie wiederholt instand
gesetzt. Diese Angaben entsprechen der Baugeschichte der soeben behandelten Ts'ing t'a in Tschengting, mit der die Pagode von Tschaohien auch im
Aufbau weitgehend übereinstimmt, so daß man auch sie ebenfalls als ein
gleichzeitiges Werk der Kin ansehen könnte. Jedoch ist auf der Vorderseite
eine Inschrift eingemeißelt: Pagode des Reichslehrers und Ahnen Tschen Tsi
Kuang 真際光, der in der Yüan-Dynastie lebte. Darnach setzt Sekino einen
Neubau der Pagode in die Yüan 1280 bis 1368, ohne jedoch auf die etwa veränderten Einzelheiten der Bauteile einzugehen, die vielleicht sogar in eine
spätere Zeit weisen könnten.

Der Unterbau der Pagode besteht aus einer doppelten quadratischen Terrasse mit Werksteinverkleidung, zusammen wohl 4,0 m hoch, auf ihr sitzt der
8seitige Ziegelbau in einer gesamten Höhe etwa von 35 m. Der hohe schlanke
Sockel ist reich gegliedert, in zwei Halbgliedern mit Nischen und in diesen
mit Reliefs versehen, über doppeltem Konsolgesims sitzt eine hohe Brüstung
mit zwei Friesen aus Maßwerk und Ranken im Relief, darüber ein hoher
Losanathron, dann folgen die 3 Reihen Lotosblätter, im Umriß des Turmes
nicht wie sonst kräftig ausladend, vielmehr gegen den Körper des Sanktuariums knapp anfallend und das Aufwärtsstreben mit machend. Die Blenden
der Türen und Fenster sind streng rechteckig, die 6 Ringgeschosse des Turmstockes sind stark erhöht, so daß ein unterster Ring sogar eine Nische mit
Bronzefigur aufnehmen kann. Die Bekrönung bildet eine Perle in Gestalt
eines Siang lun 相輪 Ringfolge oder Abzeichenstange in eiförmigem Umriß
mittelchinesischer Art, darüber eine feine Spitze. Nach diesen Abweichungen
könnte man an eine spätere Ausführung in der Yüanzeit denken, doch erst ein
genauer Vergleich mit Tschengting ergäbe volle Klärung darüber, ob der Bau
nicht doch noch in die Kinzeit recht und erst später für den Meister Tschen
als Erinnerungspagode geweiht wurde.

5. Vier reine Tienningpagoden von Tschohien und Ihien

Kehren wir aus dem Süden der Provinz Hopei weder zurück zur Landschaft
südwestlich von Peking, so erscheint etwa 50–60 km südlich und südwestlich
vom Fang schan, im Gebiet der Städte Tschohien, Laischui und Ihien, eine
größere, fast geschlossene Gruppe von Tienningpagoden in reiner oder etwas
veränderter Form. Eine solche Zusammenballung des gleichen Motivs ist
sehr merkwürdig und es wäre von Bedeutung, der Ursache dieser Erscheinung nachzugehen im Hinblick auf örtliche, geschichtliche und religiöse Zusammenhänge.

Wir verdanken dem Bauforscher Liu Tun-tseng eingehendere Untersuchungen über die Baudenkmäler in diesem Gebiet. Im *Bulletin of the
Society for Research in Chinese Architecture*, Band V Heft 4 vom Juni 1935

legt er die vorläufigen Ergebnisse über seine Studien im westlichen Teil der Provinz Hopei vor, insbesondere auch über die Pagoden, die aus der Liaozeit stammen und uns hier angehen.[5] Da er aber auch Klöster, Grabmäler und Sutrasäulen behandelt und zum Teil datieren kann, vermag man aus den Einzelheiten sich bereits ein Bild zu machen von dem starken religiösen Leben, das damals in jenem Gebiet herrschte zur Zeit der mächtigen Liao. Die politische Grenzlinie ihres Reiches lief nur wenig südlich von Peking in Richtung von Ost nach West, indessen der Einfluß der Liao-Kaiser reichte weit nach Süden bis zum Huangho, ja sie diktierten oft den Sung-Kaisern in Kaifeng ihre Bedingungen. Auch die Gruppen der Pagoden im Gebiet von Ihien müssen unter ihrem Einfluß entstanden sein, denn sie sind fast sämtlich in das 11. Jahrhundert zu setzen, in die Zeit der Hochblüte der Liao, in die auch andere bekannte Heiligtümer und Skulpturen im Kreise Ihien hinein-reichen. Genauere Daten für die einzelnen Pagoden sind selten bekannt, ich habe die Bauwerke nicht besucht und vermag nur aus den Arbeiten und Bildern von Liu Tun-tseng und Pao Ting[6] das wiederzugeben, was für die Einordnung der Monumente bedeutungsvoll erscheint und zu weiteren For-schungen anregen könnte.

tip106 Zhuoxian 涿縣, Pushou si 普壽寺

---

5 Liu Dunzhen 劉敦楨: Hebeisheng xibu gu jianzhu diaocha jilue 河北省西部古建築調查紀略. *Zhongguo yingzao xuese huikan* 中國營造學社彙刊 5.1935, 1–58.
6 Bao Ding 鮑鼎: Pagodas of the T'ang and Sung periods. *Zhongguo yingzao xueshe huikan* 中國營造學社彙刊 6.1937:4, S. 1–31.

Wir beginnen mit der offenbar kleineren Pagode von P'u schou sze 普壽
寺 bei Tschohien 涿縣, die wir mit zu dieser Gruppe rechnen, weil der Kreis
Tschohien und dessen Kreisstadt an der Hankoubahn im Nordosten an unser
engeres Gebiet grenzen. In Tschohien stehen noch zwei weitere mächtige
Tienningpagoden, doch in reiner Stockwerkform, die wir im Kapitel 6 betrachten werden. Die sehr elegante Pagode von P'u schou sze steht etwa 600
m vor dem Osttor der Stadt im ersten, weiträumigen Hofe eines ummauerten
Klosters, dessen Haupthalle auf hoher Terrasse die Anlage abzuschließen
scheint. Die Pagode ist datiert aus 1079. Sie muß in Aufbau und Durchbildung weitgehend in Zusammenhang werden mit der 40 Jahre früheren Nan
t'a vom Fang schan aus 1117 und mit der etwa 100 Jahre jüngeren Lin tsi sze
t'a von Tschengting aus 1185, ist aber gedrungener als diese und weist nur 6
Geschoßringe auf. Auch Sockel und Spitze sind einander sehr ähnlich. Doch
die Ziegelarchitektur des Sanktuariums trägt weit älteren, ernsteren Charakter
in Riegelwerk der Wände, in den Bogen mit Ornamentfries, im Maßwerk der
Fensterflächen, im Konsolgesims und den Eckpfeilern aus dem Achtseit, und
endlich den hängenden Fischen.

Die Hauptstücke dieser Gruppe finden sich in der Ansammlung von Tien-
ningpagoden im Kreis Ihien 易縣. Von der Peking-Hankou-Bahn zweigt bei
Kao pei tien 高碑店, 25 km südlich von Tschohien 涿縣, eine Bahnlinie nach
Westen ab. Sie führt in einer Gesamtlänge von 42 km über Laischuihien und
Ihien bis zum Endpunkt Liang ko tschuang 梁各莊 unmittelbar östlich der
Umfassungsmauer um die Si ling 西陵, die westlichen Kaisergräber der
Mandschu-Dynastie. Unter den 5 Pagoden, die zu Stadt und Kreis von Ihien
gehören, zeigen 3 die reine Tienningform, die anderen 2 gewandelte Form.

Die eleganteste und wohl schönste der drei reinen Tienningpagoden im
Kreise Ihien ist die 8seitige Reliquienpagode Sche li t'a 舍利塔 im Tsing küe
sze 淨覺寺 Kloster des Reinen Erwachens. Dieses liegt hart am Westrande
und außerhalb des weiträumigen Gräberbezirkes der Si ling 西陵, in einem
kleinen Tale am Fuß des Berges T'ai ning schan 太寧山, darum wird es auch
genannt Kloster zum Erhabenen Frieden T'ai ning sze 太寧寺. Fossagrives[7]
[!] besuchte den Ort 1901 und brachte in einem Buche über die Si ling ein
erstes Bild. Bouillard[8] in seinem Werk *Tombeaux Impériaux* aus 1931 zeigt
auf einer Karte der Si ling das Kloster an der richtigen Stelle. Als Kaiser
Yung tscheng 1729 diese Gegend für seine Grabanlage bestimmte, störte ihn

7   Eugène Fonssagrives: *Si-Ling: étude sur les tombeaux de l'ouest de la dynastie des
    Ts'ing*. Paris: E. Leroux 1907. 180 S. (Annales de Musée Guimet 31.)
8   Georges Bouillard: *Les tombeaux impériaux des dynasties Ming et Ts'ing*. Pékin: A.
    Nachbaur 1922. 225 S. (Pékin et ses environs. 3. série.)

offenbar die Nähe der alten Pagode keineswegs. In ähnlicher Weise findet sich auch bei den Tung ling, den Östlichen Kaisergräbern unmittelbar südlich der Großen Mauer, ganz nahe vor der Umgrenzung eine alte, allerdings nur kleinere Pagode. Bei den Si ling zieht die Große Mauer im Westen in einer Entfernung von 30 km über die Berge. Das Herrscherhaus der Mandschu begünstigte den Buddhismus, wenn es im Gräberkult auch vor allem den altchinesischen Ritus streng befolgte. Vielleicht deckte sich gar das günstige Fengschui, das schon lange vorher durch Einrichtung buddhistischer Heiligtümer und durch Erbauen von Pagoden im Kreise Ihien verbessert worden war, mit den Anforderungen, die von den Geomanten und vor allem von den buddhageneigten Kaisern an die Landschaft für eine kaiserliche Grabstätte gestellt wurden. Dieser Umstand mochte sogar bestimmend gewesen sein für Auswahl des Platzes.

tip108 Yixian 易縣, Jingjue si 淨覺寺

Die Pagode vom T'ai ning sze zeigt mächtige Abmessungen, pyramidalen Aufbau der 12 Geschoßringe und fast völlig geraden, nur ganz leise geschwellten Umriß im Turmstock. Das reiche Hauptgesims kragt weit vor und leitet die Umrißlinien des Turmstockes weit vor die Flächen des Sanktuariums. Der Sockel wird abgeschlossen durch einen Konsolfries mit 3 Brüstungsfeldern auf jeder Achteckseite, im Sanktuarium wechselnd Blenden aus Rundbogentüren und rechteckigen Stabfenstern, jedoch gibt es keine Reliefs.

Liu Tun-tseng hat diese Pagode sehr genau untersucht und beschrieben und kommt zu dem Schluß, daß sie etwa um 1050 erbaut wurde, also gleichzeitig wäre mit der Sui/Liao Pagode von T'ien ning sze in Peking. Er hält den Entwurf, die handwerkliche Kunst und die edlen, ganz ungewöhnlich schönen Verhältnisse des Turmes sogar für überlegen der Pagode von Peking. Er gibt aber noch Einzelheiten, die Gestaltung und Sinn der Tienningpagoden noch näher klären und die Deutung aus Peking vervollständigen. Einige davon mögen hier erwähnt werden.

Der Turm ist genau ausgerichtet nach dem Kompaß. Im Halsglied des Sockels, unter dem reichen Konsolgesims finden sich Reste von indisch geformten Dreipaßnischen, in denen aber nicht, wie in Peking, Löwenköpfe sich befunden haben, die sonst von den Liao viel gebraucht sind. Zwischen den Pilastern der Brüstung gibt es je 3 Felder mit Stabmaßwerk und darüber ebenfalls je 3 Felder mit Ornamenttafeln hua pan 花板, oben schmal, unten breit. Die prachtvoll erhaltenen 4 Reihen von Lotosblättern des Losanathrones aus Ziegeln bringen das Herauswachsen des Sanktuariums trefflich zum Ausdruck, die Fruchtfäden zwischen den Blättern der obersten Reihe sind gut erhalten.

Das Sanktuarium ist genau dem Motiv der Holzpagode nachgebildet, mit runden Ecksäulen an den Kanten und durchschießenden Kranzbalken, darüber ein breites Konsolgesims aus 5 Schichten. Es zeigt echten Liao-Stil und wird sehr genau in allen Teilen beschrieben. Diese Art von Pagoden hat im Sanktuarium eine kleine Innenkapelle mit einer Buddhastatue. In einem Buche «Wiederherstellung des Pai t'a yüan 白塔院», unmittelbar neben der Stadt Ihien, die zugehörige Pagode wird im folgenden Kapitel 6 behandelt, ist vermerkt, daß unsere Pagode vom T'ai ning sze instandgesetzt wurde unter Ming Wan Li 2. Jahr 1574. Damals befand sich in der Innenkapelle eine Buddhastatue, die aber 1908 bei einem Einbruch in die Pagode gestohlen wurde. Das Einbruchsloch auf der Südseite ist noch erkennbar. Liu geht genauer ein auf die Konstruktionen der doppelten Dachtraufen der Geschoßringe und auf die elegant gebogene Linie des Turmstockes. In jedem Ringe sind auf jeder Achteckseite 3 Bronzespiegel angebracht, die nach dem erwähnten Buche gelegentlich der Instandsetzung unter Wan Li gestiftet wurden. Die Dachkränze kragen nicht über Konsolgesimsen hervor, sondern über ausgekragten Ziegelschichten, nach Art der Pagoden von Pei Wei 北魏, besonders der Pagode von Sung yo sze in Honan. Die bekrönende Gipfelstange Siang lun wird sorgfältig beschrieben in ihren einzelnen Teilen, die genau der Holzpagode von Yinghien aus 1056, einem reinen Liao-Bau, entsprechen, somit ist auch die Spitzenstange von der T'ai ning Pagode ein echtes Beispiel der Liaozeit.

Unterbau und alle Dachziegel zeigen sämtlich die echte, graue Naturfarbe. Hauptgeschoß und Sanktuarium sind weiß getüncht, die 12 Ringgeschosse gelblich lebhaft getönt. Das gewährt einen gefälligen Anblick im klaren Umriß des Turmes vor dem Hintergrund des T'ai ning schan. Es ist eine sehr schöne Pagode, wiederholt Liu nachdrücklich.

tip112 Yixian 易縣, Jingke shan 荊軻山, Shengta yuan 聖塔院

Die beiden anderen echten Tienningpagoden im Kreise Ihien, jede 8seitig, mit 12 Geschoßringen und dem bekannten reichen Unterbau, stimmen miteinander weitgehend überein, sind aber durch besondere Merkmale unterschieden gegen den üblichen Tienningtyp. Westlich des Kaiserlichen Grabbezirks der Si ling, auf dem gleichen Berg T'ai ning schan 太寧山, zu dessen Füßen die soeben besprochene Pagode vom Tsing küe sze steht, gibt es etwa 2 li nördlich davon auf dem Abhang in halber Höhe die Reste eines alten Klosters der beiden Pagoden Schuang t'a an 雙塔庵. Kleine, beschwerliche Wege führen dorthin an einer steilen, gefährlichen Felsenwand vorbei. Westlich vom Kloster steht die größere Ostpagode, südwestlich von dieser die kleinere Westpagode, die zu den gewandelten Tienningformen gehört.

Die Ostpagode Tung t'a 東塔 zeigt im Sanktuarium auf den Ecken an Stelle der sonst üblichen Säulen oder Pfeiler besondere Eckpilaster in Form von Sutrasäulen der Liaozeit, die selber wieder kleinere Pagoden darstellen

mit einem Schaft für Inschriften zwischen Lotossockel und Bekrönung aus
Dachringen. In den 4 Rundbogennischen sitzen rechteckige Blindtüren, deren
blinde Fensterflächen, ebenso wie die Blindflächen der diagonal angeordneten Fenster, statt des sonstigen üblichen Stabwerkes in ein schönes Teppichmuster aufgelöst sind. Die Kreuzbalken sind dekorativ ersetzt durch eine verzierte Leiste und durch Hängende Fische je einen in der Mitte und auf den
Ecken. Ebenso dekorativ ist das mächtige Konsolgesims, das aus Ziegelschichten reich gefügt ist, indessen unkonstruktiv bis weit unter die Dachsparren vorspringt und wie Liu sagt, seinen Sinn verloren hat. Liu nimmt
1050 für den Bau der Pagode an, die danach gleichzeitig wäre mit Tsing küe
sze und mit Peking. Das Eigenartigste ist der streng geradlinige, pyramidale
Aufbau des Turmstockes.

tip111 Yixian 易縣, Taining shan, Shuangta an 雙塔庵, Dongta 東塔

Die gleichen Abweichungen, besonders die strenge gerade Linie, in die
der Umriß des Turmstockes auch hier weit vor die Fläche des Sanktuariums
leitet, was in Hopei nur an der Heiligen Pagode vom Scheng t'a yüan 聖塔院
ganz nahe bei der Stadt Ihien selbst, 5 li oder 3 km außerhalb des Westlichen
Paßtores. Dort gibt es den Berg der Hemmungen King k'o schan 荊軻山 oder
auch genannt Blutberg Hüe schan. Auch über diesem Hauptgeschoß ist das
Konsolgesims sehr wuchtig und dekorativ gestaltet, doch ebenfalls ohne kon-

struktive Folgerichtigkeit. Indessen haben die Blindfenster hier Stabver-
gitterung und die Blindtüren Nagelreihen. Im Sockel gibt es 53 Reliefplatten
wohl aus Wan Li 6. Jahr = 1578, aus einer späteren Erneuerung. Nach einer
eingehenden Untersuchung kommt Liu zu dem Schluß, daß diese Pagode
vom Scheng t'a yüan aus dem Jahre 1103 stammen muß.

tip114 Laishui 淶水縣, Xigang ta 西岡塔

6. Drei Tienningpagoden mit unregelmäßigem Turmstock.

Zu der Gruppe reiner Tienningpagoden um Ihien gehört noch die Si kang t'a
西岡塔 Pagode des Westhügels im Kreise Laischuihien 淶水縣, der östlich
vom Kreise Ihien liegt, und dessen Stadt 20 km östlich der Stadt Ihien
ebenfalls an der Abzweigbahn nach den Si ling gelegen ist. Dieser große Bau
der Pagode entspricht weitgehend den edlen Beispielen von Ihien, hat auch
eine kräftige Losanaterrasse, und Gesimse aus vorgekragten Ziegelschichten
doch ohne Dachringe, weist aber eine starke Unregelmäßigkeit auf. Im Turmstock ist das 12., also das oberste Ringgeschoß, stark erhöht, auf den 4
Hauptseiten des Achtecks, entsprechend der Anordnung im unteren Sanktuarium, mit Rundbogenöffnungen versehen, und offenbar als Kapelle ausgebildet. Der Turm ist sicher besteigbar, darauf weisen auch kleine Fenster-

durchbrechungen hin, die in einzelnen unteren Geschoßringen verteilt sind. Über das oberste Zeltdach ragt ein zentraler, starker Ziegelstumpf empor und trägt die Tauschüssel. Diese Endigung deutet auf einen zentralen Mittelpfeiler, der durch die ganze Pagode geht und um den wohl die Treppe hinaufführt. Die Kanten im Sanktuarium sind durch kleine Ecklisenen in Form von Sutrapfeilern betont.

Die Anordnung der erwähnten obersten Kapelle bei der Pagode von Laischui ist gelegentlich auch bei anderen Pagoden bezeugt und geht offenbar auf eine alte Übung zurück. Dennoch wäre sie auch in diesem Falle eine zufällige Ausnahme, wenn sie nicht Parallelen hätte bei 2 weiteren Tienningpagoden, die zu dem gleichen Raumgebiet gehören. Sie stehen weiter im Nordwesten, also im wahren Bereich alten tatarischen Einflusses gerade unter den Liao und Kin. Die Stadt Yü oder Weihien 蔚縣, unter den Ts'ing ein *tschou* 州 und zu der Provinz Tschili Hopei gehörig, liegt heute im äußersten Südzipfel der Provinz Tschahaörl 察哈爾 etwa 100 km nordwestlich von Ihien, 115 km ostsüdöstlich von Tatung, der alten Metropole der Nördlichen Wei-Dynastie 北魏. In jener Stadt von typisch nordwestlicher Bauweise, entdeckte Limpricht[9] die Pagode von Yühien in echter Tienningform, im Turmstock mit einem Umriß, der fast gerade in die Höhe geht und erst ganz oben etwas einschwingt. Sonst gleicht sie weitgehend den beschriebenen Pagoden besonders um Ihien, auch in den Eckpilastern an den Kanten des Sanktuarium. Doch auch hier wird als Unregelmäßigkeit das Motiv von Laischui merkbar, nämlich am Turmstock eine, wenn auch nur leise Erhöhung des obersten der 12 Ringe gegenüber den unteren. Der unvermittelt starke Stutzen über dem Zeltdach, die ausladende Tauschüssel und die aufgesetzte Stange bringen geradezu eine mongolische Note.

Noch auffälliger wird diese Unregelmäßigkeit bei der 8seitigen Ziegelpagode vom Yüan küe sze 圓覺寺 Kloster zum Vollkommenen Erwachen in Hunyüanhien 渾源縣 im nördlichen Schansi, etwa 60 km südöstlich von Tatung. Die Stadt ist berühmt durch ihren 8seitigen Grundplan, entsprechend der 8seitigen Anordnung der Pa kua 八卦, 8 Diagramme in der Zeichnung des T'ai ki t'u 太極圖, dem Sinnbild des höchsten Prinzips von Einheit, Dualismus und Orientierung nach 8 Seiten. Diese Form erhielt die Kreisstadt in Hinblick auf den unmittelbar benachbarten Heng schan Pei yo 恒山北嶽, den Großen Heiligen Opferberg des Nordens. Die Pagode steht im Nordteil der Stadt, in der Hauptachse, die auf der Nordmauer betont ist durch einen

---

9   Wolfgang Limpricht: *Botanische Reisen in den Hochgebirgen Chinas und Ost-Tibets.* Dahlem: Repertorium 1922. Der Autor erwähnt dort, S. 268, daß u.a. eine «mehrstöckige Pagode in der Nähe des Südtores von weitem zu erkennen ist.»

großen Tempel für den Schutzpatron Tschen Wu 鎮武. Bei meinem Besuch
Anfang November 1934 war das zugehörige alte Kloster als Kaserne eingerichtet, die Pagode aber auf das beste neu instandgesetzt. Sie soll nach
Angabe des Kreisbeamten erst aus K'ang Hi 1662–1723 stammen, doch mag
damals auch nur die Erneuerung einer älteren Pagode erfolgt sein. Die Frage
nach der Zeit von Entwurf und erstem Bau in der heutigen Gestalt bleibt noch
ungeklärt. Jedenfalls gehört die Pagode zum klaren Tienningtyp, es fehlt aber
neben anderem der Lotossockel zum Losanaturm, der bei der Erneuerung
vielleicht in Fortfall gekommen sein kann.

tip116 Hunyuan 渾源 (Shanxi) Pagode im Kloster Yuanjue si 圓覺寺

Auf einer quadratischen, 67 cm starken Grundplatte, die auf den Haupt-seiten der Pagode 2 m vorspringt, setzt der Unterbau auf mit einer glatten Plinthe, 1,33 m hoch und 3,62 m lang auf jeder Seite des Achtecks. Das Fuß-glied des eigentlichen Sockels ist 60 cm hinter die Plinthe zurückgesetzt und wird belebt durch Nischen mit Blumenwerk und durch ganz flache Konsol-motive. Das folgende Halsglied zeigt figürlichen Schmuck in Nischen und winzige Atlanten an den Ecken. Über starken Konsolgesimsen in 2 Krag-schichten folgt das Sanktuarium. Seine glatten Flächen sind eingefaßt und aufgeteilt durch flache Pilaster, Kranzbalken und Riegelwerk aus Ziegel, eine klare Nachbildung alten Holzwerks. Über den 4 Rundbogenöffnungen auf den Hauptseiten ist je ein kleines Tabernakel mit Buddha angebracht, auf den Diagonalseiten sitzt zwischen dem Riegelwerk je 1 breites Stabfenster.

Den höchst wirksamen Abschluß des Sanktuariums bildet ein schatten-reiches Konsolgesims von 3 Kragschichten. Der stark pyramidale Turmstock aus 3 Geschoßringen verläuft im Umriß völlig geradlinig, die Gesimse der Abdeckungen aus überkragten Ziegelschichten tragen die geradlinigen Trau-fen der Kranzdächer. Als auffallende Unregelmäßigkeit sind die 1. unterste Ring und der 8. oberste Ring gegen die anderen Ringe erhöht, dadurch kommt eine Spannung in den sonstigen regelmäßigen Bau des Turmstocks. Der oberste Ring ist mit kleinen Kapellen in Relief geschmückt, das letzte Kranzgesims wirkt als selbständige Krone und trägt die Ringfolge Siang lun 相輪 als leichtgebauchten Ziegelstumpf und darüber die abschließende Stan-ge, an der noch die beiden untersten feindurchbrochenen Schirmringe aus Eisen oder Bronze erhalten, die anderen oberen Ringe aber verschwunden sind. Nur die Perle und eine letzte feine Spitze sind noch vorhanden. Auch hier wirkt das fremdartige Motiv stark lamaistisch.

Die Höhe des eigentlichen Pagodenbaus einschließlich der Sockelplatte beträgt etwa 25 m, einschließlich der 5 m hohen Bekrönung mit Spitze insge-samt 30 m. Die Pagode ist ein wirksames Wahrzeichen der inneren Stadt und behauptet sich als natürlicher Mittelpunkt inmitten der auffallenden Auf-bauten auf der Stadtmauer, nämlich der 4 Türme in O, S., W und N und der 8 Pavillons auf den 8 Ecken des Achtseits, er behauptet sich auch neben dem nahen Paukenturm und dem Glockenturm im Zuge der Achsenstraße O-W der merkwürdigen Stadt, deren Bild noch durch kein einziges neuzeitliches Gebäude gestört war.

7. Zehn Tienningpagoden aus Jehol und der Mandschurei

Im Gebiet von Jehol und der Mandschurei, den Stammsitzen der Dynastien Liao und Kin, stehen noch zahlreiche alte Pagoden aus jener Zeit, meist in Tienningformen. Sie sind ausgezeichnet durch reiche architektonische Glie-derungen und durch reichen figürlichen Schmuck an Sockel und Sanktuarium, durch kräftige Ausbildung des Turmstockes, der gewöhnlich 12 Ringe zeigt, und sie erreichen fast durchweg beträchtliche Höhen, die in einzelnen Fällen 50 m erheblich überschreiten dürften. Sie bilden also wertvolle Ergänzungen, vielleicht sogar den Schlüssel zur vollen Erkenntnis dieser monumentalen und schönen Pagodenform. Leider aber sind eingehende Untersuchungen noch nicht bekannt geworden. Ich selber habe diese Denkmäler nicht besucht und muß mich auch hier damit begnügen, aus den Veröffentlichungen von Pao Ting 鮑鼎 in der Zeitschrift der Gesellschaft zur Erforschung der chinesischen Architektur Bd. VI und zwar aus dem bisher letzten Heft von Juni 1937 [10] die dort gebrachten Beispiele zusammenzustellen. Zwar läßt die Wiedergabe nach den Autotypien in kleinem Maßstab die Gestaltung der Einzelheiten nur gerade ahnen, dennoch vermag man ihre grundsätzliche Anordnung ebenso deutlich zu erkennen, wie den starken Eindruck des mächtigen Aufbaues.

Auch über die Zeiten der Entstehung dieser Türme ist bisher wohl noch nichts Näheres bekannt geworden. Nur soviel scheint sicher, daß sie zum Teil in die frühe Liaozeit reichen, wenn auch mehrfache Ausbesserungen erfolgt sind. Die einzigen Originalbilder, die mir zur Verfügung gestellt wurden, und von der großen Pagode in Ta ming tscheng 大名城 stammen, zeigen gerade eine solche Ausbesserung aus 1916. So können wir auf diese stolze und wichtige Reihe an dieser Stelle nur eben hinweisen und mit einigen Bemerkungen ihre Einordnung in die anderen Reihen verwandter Pagoden aus der Provinz Hopei kennzeichnen.

Provinz Jehol 熱河

Aus der Provinz Jehol sind 3 große Tienningpagoden bekannt, eine 4. in gewandelter Tienningform wird im folgenden Kapitel behandelt werden. Von jenen 3 großen Pagoden steht die Große Pagode von Tschao yang 朝陽鳳凰 山大塔, am südlichen Lauf der Ostgrenze der Provinz Jehol in der Nähe der Stadt auf dem Phönixberg Feng huang schan. Sie nimmt eine Sonderstellung ein durch ihren quadratischen Grundriß und durch den reichen Reliefschmuck auf den vier Flächen des Sanktuariums. Auf der sichtbaren Seite im Bilde erscheint ein mächtiger thronender Buddha zwischen 2 stehenden Bodhisatva, die wiederum flankiert werden durch 2 kleine Tienningpagoden in Relief. Über der gesamten Gruppe scheinen 1 Triumphbalken und 2 Genien zu schweben. Der Umriß des Turmstockes ist streng pyramidal mit völlig geraden Seitenlinien, auch die horizontalen Gesimse aus einfach überkragten Schichten sind ganz geradlinig. Das alles entspricht der quadratischen Tienningpagode bei Pai ma t'a von Loyang 洛陽白馬塔, deren Neubau 1175 in

---

10 Liegt nicht vor.

der Hochblüte der Kin-Dynastie entstand, indessen keinen geradlinigen, sondern einen stark geschwungenen eleganten Umriß zeigt und keine Relieffiguren am Sanktuarium aufweist. Es liegt nahe, enge Beziehungen, auch
zeitliche Nähe dieser beiden Türme zu vermuten.

tip119 Jehol: Chaoyang 朝陽 Fenghuang shan data.

Westlich von Tschaoyang, etwa in der Mitte zwischen Tsch'engte 承德,
der Hauptstadt von Jehol und dem zentral gelegenen Tsch'ifeng 赤峰, gibt es
2 Pagoden von Ta ming tsch'eng 大名城 oder Ning tsch'eng 寧城 etwa die
alte Hauptstadt der Liao. Die Gestaltung der Großen Pagode Ta t'a 大塔
wohl 60 m hoch, ist gut erkennbar aus den Bildern von Weigold[11], Expedition
Stötzner, sowie aus dem Modellbild der Sammlung Siccawei, wo die Pagode
jedoch fälschlich in den Süden der Provinz Hopei Tschili gesetzt wird. Sie
besteht aus Ziegel und Stuck und soll über den mächtigen Unterbau eine
Gesamthöhe von 76 m erreichen, mag aber in Wahrheit etwas niedriger sein.
Das Modell scheint indessen auf genaueren Maßaufnahmen zu beruhen,
wenn auch einige Einzelheiten ungenau gebracht sind.

---

11 Hugo Weigold, 1886–1973, Zoologe, insbesondere Ornithologe; er nahm an der Tibet-
    Expedition von Walther Stötzner teil.

tip120 Jehol, Damingcheng 大名城, Aufn. H. Weigold

Der Sockel zeigt als Hauptschmuck einen umlaufenden Fries aus Svastika 卍 *wan tze* 萬字 , 3 auf jede Achteckseite zwischen breiten Pilastern. Eine Brüstung fehlt. Ein verschwundenes Konsolgesims mag die Hängeplatte allein unmittelbar getragen haben. Die folgenden 2 Horizontalglieder unter dem Mauerkörper mögen einst in Lotosblumen aufgelöst gewesen sein, heute deuten nur die glatten Streifen den Lotosthron an. Das Sanktuarium ist auf allen Seiten gleichmäßig geschmückt durch flasche Rundbogennischen, in denen abwechselnd Buddha und Bodhisatva auf reichen Lotossockeln thronen, eingerahmt wieder durch wechselnde Paare von stehenden Welthütern und Bodhisatva. Darüber geben die Triumphbalken und schwebenden Genien eine festliche Note. Der Turmstock ist wieder stark pyramidal, geradlinig im Umriß wie in den Gesimsen, die aus überkragten Ziegelschichten bestehen und durch feine Holzdächer abgedeckt sind. Die Ecken werden eingefaßt durch gegliederte Pilaster, auf denen Namen von Buddha und Bodhisatva stehen, lesbar sind Kuanyin 觀音 und Tits'ang 地藏. Den Abschluß bildet eine wuchtige, abgetreppte Bekrönung mit feiner Lamapagode als letzter Spitze. Der fast fröhliche Reichtum im Reliefschmuck bildet einen bedeutenden Gegensatz zu dem großen einfachen Aufbau und offenbart eine hochgemute Gesinnung jenes tartarischen Herrschergeschlechtes, der Liao oder der Kin. Nach den Bildern war die Wiederherstellung im J. 1916 fast abgeschlossen, etliche Vereinfachungen, wie die jetzigen glatten Flächen der 3 Reihen des Losanathrones, die ehemals wohl aus Lotosblättern bestanden, mögen auf die neueren Arbeiten zurückzuführen sein.

tip124 Jehol: Damingcheng 大名城 xiaota 小塔

Die Kleine Pagode Siao t'a 小塔 von Ta ming tsch'eng 大名城 ist offenbar bedeutend kleiner, als jene Ta t'a, schätzungsweise nur 30 m hoch, mit steilem, fast senkrechtem und leise geschwelltem Turmstock und einer feinen Lamapagode als Bekrönung. In sorgfältig aufgebautem Sockel gibt es Friese mit Atlanten, im schlanken Sanktuarium wechseln Rundbogenöffnungen auf den Hauptseiten und Paare von Figuren auf den Zwischenrichtungen des Achtecks. Der Wille zu reichem Relief wird überall deutlich.

Provinz Liaoning 遼寧

Aus dieser südlichsten und am meisten vorgeschrittenen unter den drei Provinzen der Mandschurei mit der alten Hauptstadt Mukden, die früher Feng t'ien 奉天, heute Schen yang 瀋陽 heißt, bringt Pao Ting 5 prächtige Tienningpagoden. Im Südwestzipfel der Provinz, also am nächsten der schon behandelten merkwürdigen Pagode von Tsch'anglihien bei Shanhaikuan sind es vier große Beispiele, die sämtlich gleiche Ausbildung zeigen, hervorragend schöne Unterbauten, allseitige Buddhanischen im Sanktuarium, Losanathron und an den 12 Ringen reiche Gesimse. Die Ziegelpagode von Kintschou 錦州 磚塔 auf dem Pagodenberg, stark verwittert, jedoch in den Einzelheiten nicht gut erkennbar, dürfte 50 m hoch sein, hat einen leicht geschwungenen Turmstock, die Spitze fehlt. Vielleicht ist dieser Turm eine der beiden Zwillingspagoden, die unter den Stockwerkspagoden bereits erwähnt wurden, aber nicht gleiche Form zeigen. Etwa 75 km nordwestlich von Kintschou zeigen ebenfalls eine Doppelanordnung die zwei Pagoden von Peitschen im Kloster Tschung hing sze 北鎮崇興寺雙塔, und zwar ist die Ostpagode Tung t'a 東塔 scheinbar völlig gleich der Westpagode Si t'a 西塔. Die Tauschüssel ist offenbar aufgelöst in eine geöffnete Blüte mit vielen Blättern, aus denen eine vasenförmige Tauperle herauswächst und in feiner Stange mit dem 5fachen Juwel endigt. Etwa 100 km ostsüdöstlich von Pei tschen steht die Weiße Pagode Pai t'a von Liaoyang 遼陽白塔, die zu den mächtigsten Pagoden des Nordens gehören dürfte. Im Gegensatz zu den beiden Pagoden von Peitschen mit gänzlich geradem Umriß des Turmstockes ist der Umriß des Pai t'a leicht gebaucht, doch die Bekrönung ist wieder völlig die gleiche.

Im genauen Mittelpunkt der Provinz ist innerhalb der Hauptstadt Mukden oder Schenyang noch leidlich erhalten die Weiße Tienningpagode Pai t'a 白塔 vom Kloster Tschung schou sze 崇壽寺 Kloster des Allerlängsten Lebens. Kloster und Pagode stehen unmittelbar nördlich der Nordmauer der quadratischen ältesten Stadt, die heute von der späteren runden Stadt umschlossen wird. Nach Mitteilung von Dr. Walter Fuchs[12], der die Provinzchronik *Scheng king tong tschi* 盛京通志 Ausgabe 1736 Kap. 26 Blatt 3a und die Kreischronik *Schen yang hien tschi* 瀋陽縣志 Ausgabe 1917 Kap. 10 Blatt 15b benutzte, wurde die Pagode bereits zur Tangzeit erbaut, und zwar wird sie zurückgeführt auf Weitschi Kung 尉遲恭, der ein treuer und erfolgreicher Paladin des zweiten Tangkaisers war und im Jahre 658 starb. Bereits bei der Pagode von Tungtschou wurde er erwähnt. Ihm würden, wie die Provinzchronik bemerkt, noch viele andere Pagoden auch in der Mandschurei zuge-

---

12 Walter Fuchs, 1902–1979, Sinologe, war 1925–1938 am Igaku shoin in Mukden als Lektor tätig.

schrieben, doch sei das wahrscheinlich nur den Auskünften der betreffenden Dorfbewohner nachgeredet. Immerhin wird die Herkunft aus Tang nicht bestritten, es muß also damals schon eine frühe Stadtanlage vorhanden gewesen sein. Heute bildet sie einen ungefähren Mittelpunkt der 4 Lamapagoden um Mukden, die wir im Abschnitt V näher behandeln. Die Pai t'a soll unter Ming Schen Tsung Wan Li 1573–1620 erneuert worden sein, und ein nächstes Mal unter Kang hi im Jahre 1664 durch den Obermönch Ting Tsuhui 丁祖慧. Auch hier bleibt es, wie bei der Pagode von Tungtschou, unsicher, wie die früheste Form der Pagode gewesen sein mag, und zu welchem Zeitpunkt die Tienningform erschien, die hier indessen wahrhaft früh anmutet.

tip128 Shenyang 瀋陽 (Mukden) – «Pagode außerhalb der alten Stadtmauer im Kloster Tschung schou sze 崇壽寺»

Die Höhe der Pagode mag etwa 25,0 m betragen, das Sanktuarium zeigt eine stark vereinfachte Ausführung mit allseitigen kleinen Buddhanischen, die im Halbrund geschlossen sind und je eine Buddhafigur beherbergen, seitlich jeder Nische stehen 2 kleine Begleiter. In den oberen Mauerflächen scheinen leichte Reliefornamente zu sitzen. Es gibt nur 10 Geschoßringe am geradlinigen, abgeschrägten Turmstock und eine knappe Bekrönung. Etwa 65 km nordöstlich von Mukden, an der Hauptbahn nach Sinking, früher Tschangtschun 新京長春, der heutigen Hauptstadt der Mandschurei, steht eine ebenfalls kleinere, in der Ausbildung etwas abweichende Ziegelpagode auf dem Drachenhauptberg Lung schou schan bei Tie Ling 鐵領龍首山磚塔. Statt des üblichen gegliederten Sockels bildet den Unterbau ein massiver, 8-seitiger Klotz, der nur unten eine Einschnürung zeigt, unterhalb des Abschlußgesimses.

tip132 Jehol, Liaoshang jingcheng zhi 遼上京城址南塔 [Linhuang 臨潢] – Südpagode

Unvermittelt sitzt auf ihm das Sanktuarium, in dessen schmalen Seitenflächen gerade eine Buddhanische Platz findet. Über den 8 Ringgeschossen mit weit ausladenden Kranzgesimsen erhebt sich die feine Spitze. Diese beiden letzten Pagoden von Schenyang und von Tie Ling tragen späte Merkmale, man dürfte sie in die Mingzeit setzen.

Sicherlich eine sehr frühe und kaum veränderte Pagode haben wir noch
vor uns in den Resten der 8-seitigen Südpagode von der Stelle der oberen
Hauptstadt der Liao Liao schang king tscheng tschi Nan t'a 遼上京城址南
塔. Es ist die alte, Oberste Residenz der Liao, die Lin huang 臨潢 hieß, im
äußersten Norden der heutigen Provinz Jehol. Pao Ting hat stattdessen hier
Liao ning angegeben. Der mäßig hohe Unterbau der Pagode besteht aus
mehrfachen Gliederungen, die jedoch nicht der ausgebildeten Tienningform
zu entsprechen scheinen, auch keine Lotosreihen für den Losanathron auf-
weisen. Darüber sitzt das schlanke Sanktuarium, dessen sehr schmale und
hohe Seitenflächen auf den Hauptseiten Rundbogennischen in kleinem Maßstabe, auf den Diagonalseiten winzige Stabfenster in Relief zeigen. Die übrigen Seitenflächen scheinen überdeckt mit einer Unzahl von Beiwerk in Relief,
gegliederten Pfeilerpagoden und Nischen, offenbar vorwiegend Architekturteile, ganz dünne Runddienste betonen die Kanten. Am nächsten kommt
diese Art von Reliefschmuck der Pagode von Tsch'angli. Die folgenden,
erhaltenen 5 Geschoßringe im Turmstock zeigen lebhaft und klar gegliederte
Konsolgesimse, lassen aber erkennen, daß kaum über 6 Geschoßringe vorhanden gewesen sind. Dieses Monument weist in sehr frühe Zeit, eingehende
Untersuchungen wären erwünscht, zumal im Zusammenhange mit den
anderen Überresten jener alten Hauptstadt der Liao. Gerade die geschichtlichen Hintergründe während der Entstehung und Herrschaft der Dynastien
Liao und Kin müssen bedeutungsvoll sein für das Verständnis der Ausbildung der Tienningpagoden, die durchaus zu jener Zeitepoche gehören.

8. Kleine Tienningpagoden

Die eindrucksvolle Tienningform wurde nicht nur als selbständige große Pagode über quadratischem oder polygonalem Grundriß verwendet, sondern in
mancherlei Umbildungen und wechselnden Maßen auch zu anderen Zwecken.
Unter Pagoden und Stupa, die sich der Tienningform bedienen, wurden hier
bereits behandelt kleinere Nebenpagoden, die als Begleiter großer Türme
auftreten und als Kapellenstupa oder Sutrapfeiler anzusprechen sind, ferner
Grabstupa oder größere Grabpagoden, und endlich selbständige Bauten, die
auf der Grenze zwischen großen und kleinen Pagoden stehen. Auch in oder
bei Klöstern finden sich derartige Gebilde als kleinere Türme in Holz, Stein
oder Bronze, im Inneren von Hallen, in Höfen oder der näheren Umgebung,
auch in Reihen oder Gruppen. Hierbei wird es offenbar, wie nahe sich die
Formen von Tienningpagode und Lamastupa stehen, die beide einen Hauptkörper als Reliquiarium betonen und wegen dieses gemeinsamen Grundgedankens, trotz verschiedenster architektonischer Gestaltung, gerne nebeneinander aufgestellt werden, immer mit bester einheitlicher Wirkung. Be-

weise dafür brachten einige Gräberhaine und werden noch weiter bringen die fünftürmigen Pagoden.

Es war natürlich. daß die erhabenen Vertreter der Tienningform gerade im Gebiet von Peking und dem nördlichen Tschili Anregung gaben zu Wiederholungen auch in kleinerem Maßstabe, meist als Grab- oder Gedächtnispagoden, zuweilen aber auch als ansehnliche und selbständige Weih-, Fengschui- oder Reliquienpagoden in der Landschaft. Weit über die Pekinger Ebene und in den umschließenden Bergen sind derartige kleinere Bauwerke verstreut, sie verleihen der Landschaft, zusammen mit vielfältigen anderen religiösen Monumenten, ein unbeschreiblich inniges und künstlerisches Gepräge. Als gegliederte Türme haben sie sich meist heraus vor den zahlreichen Wiederholungen anderer Typen und bilden Brennpunkte und Dominanten religiöser Stimmung. Nur eine kleine Auswahl aus jenem unermeßlichen Reichtum kann hier gegeben werden. Die Reisewerke und vor allem die neueren chinesischen Bilderbücher über die Sehenswürdigkeiten des Landes sind voll von ihnen.

tip136 6seitige Tienning-Pagode, Nähe Himmelstempel, Peking.

Die kleinen Tienningpagoden zeigen meist mit großer Klarheit die bekannten Hauptbestandteile der Grundform. Eine kleine Pagode bei dem Ackerbautempel in Peking-Chinesenstadt, 6seitig, etwa 10 m hoch aus Ziegel und Terrakotta, wohl frühe Ming – Annahme 1450, ist in lebhafter und reicher Ornamentik einheitlich durchgebildet mit einer Fülle von Blumen- und Rankenmotiven in Sockel und selbst den 2 Dachringen. Die hängenden Fische *hien yü* im Kranzfries sind in zierliche Linienformen umgebildet, die Losanablätter in großen Tonstücken prächtig und schattenreich modelliert, die geschwungene Haube massiv in Ziegelabtreppung. Die runden Ecksäulen und der Fries aus hängenden Fischen am Sanktuarium mit kleinen Rechteckfenstern wiederholen sich bei der schlanken und wohl etwas höheren Pagode bei T'ien ning sze, im Sockel bereits stark verwittert, mit 6 Geschoßringen, Ziegeldächern und doppelt gelapptem Kelch als Tauschüssel. Sie bildet schon ein gewisses landschaftliches Gegenstück zu der nahen, gewaltigen Sui Liao-Pagode.

Ebenfalls 6 Geschosse als Aufbau hat die noch schlankere Pagode in der Pekinger Ebene, auf dem Wege zu den Westbergen, wohl gegen 15 m hoch, mit hoher Losanaterrasse, Wechsel von Rundbogen und Rechteckfenstern, und klaren Konsolgesimsen. Schon in den Westbergen selbst stehen nahe dem bekannten Kloster Ta küe sze 大覺寺 nordwestlich von Peking die beiden Tienningpagoden Ta kung 大工 und Siao kung 小工, auf deren Wiedergabe hier verzichtet ist, und westlich von Peking eine ganz gerade ansteigende Pagode auf Berghang, heute schon mitten im Steingeröll, dem wohl andere Bauten, die einst hier standen, zum Opfer gefallen sind.

Die Zweckbestimmung dieser Bauwerke bleibt meist unsicher. Einen bestimmten Hinweis haben wir bei der Pagode des Staatsmannes in den Peiling 北嶺 einer Bergkette in den Bergen südwestlich von Peking, etwa 30 km westlich von Tsch'ang sin tien 長辛店 einem Dorfe nördlich von Lienhiang an der Peking-Nankou-Bahn. Die Stelle befindet sich unweit nördlich des Bergmassivs am Ta Fang schan 大方山. Montell, von dem die Aufnahme stammt, gibt an, daß die Pagode auf dem Begräbnisplatz eines berühmten Mönches und Staatsmannes, zugleich Freundes des Hung Wu, ersten Kaisers der Ming-Dynastie, stände. Man darf also etwa 1400 für ihre Erbauung annehmen. Der Turm mit 8 Stockringen und fein entwickelter Spitze, die auf winkligem Zeltdach aufsitzt, steht höchst eindrucksvoll und lebendig gegen den Himmel. Der malerische Blick durch den Steinpailou auf die Pagode erweckt die religiöse Stimmung, die insbesondere dem Gebiet um Peking eigen ist.

tip135 «Pagoda on burial plan of famous priest-statesman and friend of Ming Hung-wu. About 20 miles W of Chang hsin tien 長辛店.»

Eine andere Grabpagode in Tienningform bildet einen weithin sichtbaren Richtpunkt in der Ebene nahe bei Peking. Der Hauptturm steht über breiter Plattform auf einfachem, niedrigem Sockel ohne besondere Gliederung, das Sanktuarium mit Kapelle ist stark gedrückt, die oberen 6 Geschoßringe sind aber weit höher als üblich, so daß der ganze Aufbau bereits an Ringpagoden anklingt. Auch über sie ist nichts Näheres bekannt. Doch in ähnlicher Anordnung wie im Gräberhain bei Kie t'ai sze ist auch diese Grabpagode Höhepunkt in einer Gruppe von Grabhügeln und zugehörigen kleinen Lamapagoden. Alle diese sind streng regelmäßig angelegt, durch eine rechteckige Mauer in einem Hain zur Einheit zusammengefaßt. Solche Bilder gibt es häufig um Peking und im nördlichen Hopei. In diesem Bereiche, etwa auch den Gräberhainen bei Tungtschou, erkennt man, daß die Tienningpagode in das Landschaftsbild eingegangen ist und zu ihm gehört.

tip141 Grabpagode bei Peking. Aufn.: E. Herold.

Kapitel 5. Gewandelte Tienningformen

1. 4 unregelmäßige Pagoden. Schui kuang t'a von Suhien, Pagode von Tiento. Pagode von Malanyü bei den Tungling, Ling kung t'a auf dem Wu t'ai schan. – 2. 3 Pagoden mit Kuppe und Spira. Si t'a sze in Schunte. Si ta in Ihien. Pai ta in Kihien. – 3. 3 Pagoden mit spitzem Turmhelm. Tsch'ang sin tien bei Peking. Hua t'a in Tschengting. Pei t'a vom Fang schan. – 4. 6 Pagoden in Schantung und Kansu. Lao hei ta bei Tschifu. Pai t'a von Tschifu, Ziegelpagode und Tienningpagode von Ninghai. Yentschou und Fukiang.

Fast alle Beispiele von Tienningpagoden, die wir bisher betrachteten, zeigten als gemeinsames Hauptmerkmal die ungefähr reine Tienningform, wie sie an dem edelsten Beispiel von T'ien ning sze in Peking ausgebildet worden war. Dennoch ergaben sich im einzelnen erhebliche Unterschiede in Aufbau und Durchbildung, ja es traten sogar besondere Gruppen hervor, die an landschaftliche Bezirke gebunden schienen. Die künstlerische Freiheit, mit der man die grundlegenden Elemente der Tienningform verwendete, führte dann aber zu Abweichungen, die Umriß und Gliederung des Turmes häufig nachdrücklich veränderten. Oft bleibt nur noch der Grundgedanke lebendig. Schließlich mündete die gleitende Formgebung sogar in Ringpagoden und reine Stockwerkpagoden, die jedoch in solchen Fällen durch wichtige Einzelheiten den Ursprung aus den Tienningpagoden oder gar nur die Verwandtschaft mit diesen nicht verleugnen konnten. Wesentlich bleibt der Gedanke des Sanktuariums, das aber in doppelter Anordnung oder gar in vermehrter Häufung erscheinen kann, wodurch sich eben die Stockwerkform ergibt. Ferner behalten ihre Rolle der Losanasockel, die Stabfenster und der gegliederte Turmstock mit Bekrönung, wobei jedoch alle diese Merkmale bis zur Andeutung vereinfacht werden können oder zum Teil ganz verschwinden. Gerade im Spiel dieser Wandlungen werden die entscheidenden Grundelemente deutlich, und wir erhalten einen starken Eindruck von der künstlerischen Beweglichkeit der Architekten, die mit ihren Auftraggebern diese mannigfaltigen Turmgebilde schufen. Darum ist es notwendig, die Reihen klassischer Tienningpagoden durch ihre Abarten zu ergänzen, zumal sich gerade daraus eine lebendige Verbindung mit dem Pagodenbau des übrigen China ergibt. Auch die Abarten der Tienningpagoden beschränken sich durchaus auf den Norden.

1. Vier unregelmäßige Pagoden

Die Schui kuang t'a 水光塔 Leuchtende Wasser Pagode von Suhien 宿縣, früher Sutschou 宿州 im Norden der Provinz Anhui an der Tientsin-Pukou Bahn, scheint das bisher einzige bedeutende Beispiel für Tienningpagoden in den mittleren Provinzen zu sein. Sie ist nur aus dem Modell von Siccawei bekannt, nach den Angaben 8seitig, 31 m hoch und zeigt einen außergewöhnlich hohen schmucklosen Unterbau, der im Modell allerdings einen früheren, inzwischen vielleicht zerstörten gegliederten Sockel ersetzt haben, doch in der Höhe wohl zutreffen dürfte und dem Bau ein ganz ungewöhnlich schlankes Verhältnis verleiht. Das unvermittelt aufsitzende, ebenfalls sehr schlanke Sanktuarium ist auf den 8 hohen Seitenflächen mit Reliefs geschmückt, scheinbar taoistischen Figuren, die vielleicht auf eine Fengschui Bestimmung des Turmes deuten. Die 6 Geschoßringe haben übliche Formen, ebenso die

Spitze aus doppeltem Kelch als Tauschüssel und der bekrönende Flaschen-kürbis.

tip142 Anhui: Suzhou = Suxian 宿縣, Pagode Shuiguang ta 水光塔
Collection of pagodas Siccawei S. 10, Nr. 28

Die Pagode von Tiento, einem Dorf westlich der Kreisstadt Wangtuhien 望都縣 an der Bahn sw. von Paotingfu, in der heutigen Provinz Hopei Tschili, ist im Oberteil eine richtige Tienningpagode mit reich gegliedertem Sockel, mit Brüstung, Lotosterrasse, dem üblichen Sanktuarium und Reliefs von Sutrapfeilern auf den Kanten, darüber im Turmstock mit 4 Ringen, Doppel-kelch und Spitze. Dieses geschlossene Gebilde ist merkwürdigerweise auf eine hohe 8seitige Kapelle gestellt, die den Fuß umgibt und mit umlaufendem Pultdach an den Sockel der eigentlichen Pagode anfällt. Eine Rundbogenöffnung über dem hohen Sockel bildet eine Nische oder etwa einen alten Zugang über dem hohen Sockel. Solche Anordnung ist ganz einzigartig und ergibt einen ungewöhnlichen Eindruck. Man darf den Bau wohl als Grabkapelle deuten, die nach dem bestimmten Willen des Bestatteten eine Bekrönung durch die selbständige Pagode erhielt. Maße sind unbekannt. Das Bild stammt aus einer Sammlung des Kronprinzen Rupprecht von Bayern.[1]

tip143 Hebei: Pagode von Malanyu 馬蘭峪, Aufn. H. Weigold 1924?

---

1 Rupprecht von Bayern, 1869–1955, bayerischer Kronprinz, veröffentlichte ein Buch über seine Ostasienreise. Vgl. *Reise-Erinnerungen aus Ost-Asien*. München: Beck 1906. XII, 441 S.

Ebenfalls einen unregelmäßigen Sockel zeigt die Pagode von Malanyü 馬
蘭峪, dem Dorf unmittelbar bei den östlichen Kaisergräbern Tung-ling 東陵
im Osten der Provinz Hopei-Tschili, an der großen Mauer. Die Pagode steht
unmittelbar südwestlich neben dem Tempel des Medizinfürsten Yao wang
miao 藥王廟, der, buddhistischer Bauart und Bestimmung, dennoch stark
taoistisch gewandelt wurde. Von der Höhe des Klosters blickt auch die Pagode auf den weiten Bezirk der Kaisergräber der Ts'ing-Dynastie, sie nimmt
hier eine ähnliche Stellung ein wie die Große Tienningpagode von Ts'i ning
sze neben den Si ling, beide gleichermaßen geduldet von den Buddhageneigten Mandschu-Kaisern. Der Sockel der 8seitigen Ziegelpagode, die etwa
25 m hoch sein dürfte, besteht im unteren Teile aus abgesetzten, glatten
Werksteinschichten, nur im oberen Teile aus den bekannten Gliederungen
mit Fries, Konsolgesims und Brüstung, darüber einer angedeuteten Losana-
terrasse ohne Lotosblätter. Das Hauptkennzeichen der Pagode ist ihre
Schlankheit. Das ungewöhnlich hohe Sanktuarium ist fast glatt und nur im
unteren Teile mit rechteckigen Öffnungen und Blenden sowie mit feinen
Eckpilastern versehen. Auffallend ist die Form des Turmstockes, eine un-
scharf zugespitzte Pyramide mit 6 Ringen und einem kräftigen Knauf, der
zugleich die Spitze der Pyramide bildet. Ein sehr gelungenes Werk, das
anmutig, dabei eindringlich die Landschaft betont, jedoch ohne sie zu beherrschen. Als Vergleich zu dem schönen Bilde der Expedition Stötzner etwa
aus 1924 geben ich mein Bild vom April 1907. Die veränderte Wirkung im
Wechsel des Baumschlags wird offenbar. Über den Zeitpunkt der Erbauung
läßt sich schwer etwas aussagen, doch selbst diese gewandelte Form entspricht der Liaozeit.

Eine ungewöhnliche Form hat auch die offenbar kleine, 6seitige Ziegelpagode Ling kung t'a vom Ming yüe tsch'i 明月池令公塔 Teich des Leuchtenden Mondes auf dem Wu t'ai schan 五臺山 in der Provinz Schansi. Sie
steht am Südfuß der Ostgruppe Tung tai 東臺 im Kuan hai sze 觀海寺 Kloster, wo man das Meer sieht. Der zugespitzte, etwas gebauchte Turmstock
mit 10 Ringen sitzt über einem Doppelgesims aus Konsole und geschwungenen Dachtraufen und über einem Hauptteil, der das Sanktuarium darstellt,
aber auf dem Bilde im Gras versunken ist. Die Gliederungen sind durchweg
aus Ziegelgesimsen in glatten Profilen hergestellt. Den Abschluß bildet eine
reiche Haube mit Dachtraufen und Knopf. Der Gesamteindruck ist stark
lamaistisch und ähnelt, zumal in der Haube, in mehrfacher Hinsicht der
Pagode von Hunyüan, die in dieser Stadt neben dem Großen Heiligen Opferberg des Nordens Pei yo 北嶽 nur 65 km nördlich von den Klöstern des Wu
tai schan steht. Wieder wird man gewahr, daß auch in diesem entlegenen

Bereich Neigungen zu bestimmten Bauformen an die engere Landschaft gebunden bleiben.

tip145 Shanxi: Wutai shan 五臺山, 明月池令公塔 Linggong ta

2. Drei Pagoden mit Kuppe und Spira

Eine kleine Gruppe von 8seitigen Ziegelpagoden zeigt in den unteren teilen
übereinstimmende Gestaltung aus reinen Tienningformen, Sockel, Sanktuarium mit reliefierten Sutrapfeilern an den Kanten und darüber einen Turmstock. Dieser ist aber verkümmert und besteht nur aus 2 Geschoßringen zwischen 3 glatt profilierten Gesimsen an Stelle von Dachkränzen. Die Bekrönung erfolgte durch ein eigenartiges Gebilde. Eine Art Halbkuppel sitzt unvermittelt auf dem oberen Gesims, wird jedoch oben abgeschnitten durch ein
neues 8seitiges Gesims als Unterlage für eine gemauerte, stark gebauchte
Spira, die eine letzte gegliederte Spitze aus Metall trägt. Die Halbkuppel wird
Chinesen wie Japanern auch in den schriftlichen Quellen sehr häufig gedeutet

und bezeichnet als umgestülpte Speiseschale, den buddhistischen Almosennapf *fu po* 覆鉢, etwa auch als Glocke aufgefaßt. Sicherlich hat diese Vorstellung bei der Ausführung häufig mitgewirkt, dennoch dürfte dieser Vergleich nur die äußerliche Form treffen und keinen Inhalt haben. Dem Ursprung nach kann diese Kuppenform nur einem Grabhügel entnommen sein, der in der indischen Ausbildung mit einer quadratischen oder 8seitigen Plattform abgedeckt ist und bekrönt wurde durch die Grabstange, eben die Spira, die hier in doppelter Weise auftritt, als gemauerter massiver Teil und als Metallspitze.

Am deutlichsten ist diese Anordnung zu erkennen in Schuntehien 順德縣 im südlichen Hopei-Tschili an der Pagode von Si t'a sze 西塔寺 oder, mit dem richtigen Namen, Kloster zum Himmlischen Frieden T'ien ning sze 天寧寺. Nach Sekino stammt die Pagode, gemäß einer Inschrifttafel, aus der Yüan-Dynastie. Yen Yo 6. Jahr, also aus 1319, und sie soll in der Bauart etwa entsprechen der Ta scheng t'a 大聖塔 Großen Heiligen Pagode im Östlichen Großen Kloster Tung ta sze 東大寺 in der gleichen Stadt Schunte, die also 2 gleiche Pagoden besitzt. Im zerstörten Sockel wird ein unterer Fries mit Nischen erkennbar, der weitgehend der Pagode Ts'ing t'a vom Lin tsi sze in Tschengting gleicht, der obere Fries ist ganz erhalten. Über der Brüstung bilden 3 Reihen riesiger, entfalteter Lotosblätter den Losanathron, aus dem das Sanktuarium herauswächst. Dessen oberen Saum schmückt ein Kranzfries aus *hüan yü* 懸魚 hängenden Fischen, die sich in den beiden Geschoßringen noch wiederholen. Auch der Fuß der oberen Puppe wächst aus 3 Reihen eng anschließenden Lotosblättern heraus. Über dem Deckgesims, an dessen Ecken Glöckchen hängen, ragen empor der massiv gemauerte, gebauchte Schaft aus 12 Ringen, darüber folgt eine große Perle und eine neue Ringstange siang lun 相輪, deren 5 freien Ringe von Sekino als Wasserdunst schui yen 水煙 gedeutet werden, und endlich eine letzte Stange, die wie ein Blitzableiter als feine Spitze in die Luft sticht. Sie diente einst für die offenbar verschwundenen Perlen der 3 Kostbarkeiten. Die Gesamthöhe der Pagode mag etwa 15 m betragen.

Eine fast genaue Wiederholung dieses Baues ist die Westpagode Si t'a vom Kloster der Zwillingspagoden Schuang t'a an in Ihien 易縣雙塔庵西塔. Vom gleichen Kloster kennen wir bereits die Ostpagode Tung ta als reine Tienningform. Bei der Si t'a ist aber nach dem Bilde bei Pao Ting hier nicht wiedergegeben die massive Bekrönung mit der Ringfolge fast kegelförmig, die Eisenspitze ging verloren. Liu Tun-tseng vermutet bei der Besprechung der Si t'a von Ihien, daß sie gleichzeitig sein könnte mit einem Sutrapfeiler in Laischui datiert in Liao 1012–1030, der ähnliche Form aufweist. Dennoch wird die Einordnung in Yüan offen gelassen. Ein drittes, in Einzelheiten abweichendes Beispielen für diese Form bietet ganz im Norden der Provinz etwa 90 km östlich von Peking an der Straße zu den Östlichen Kaisergräbern Tung ling die Weiße Pagode Pai t'a vom Kloster der Kuanyin in Kihien 薊縣 觀音寺白塔. Dieser Turm ist gedrungener, auch wohl höher als die anderen beiden, und zeigt, wie übrigens auch die Si t'a von Ihien, nur einen Fries im breitgelagerten Sockel, am Sanktuarium statt der Lotosblätter nur ein Fußgesims. Der obere der beiden Geschoßringe ist als ein höherer Sockel ausgebildet, über dem die Kuppe glockenförmig ausschwingt und eine richtige, indisch geformte, spitze Haube mit den Abzeichen der Ringfolge trägt.

tip147 Jixian 薊縣 (Hebei) Baita im Guanyin si 薊縣觀音寺白塔

Diese merkwürdige Form von Bekrönung erinnert an das 3. Beispiel aus der Provinz Honan, womit wir die Betrachtung der Tienningpagoden eröffneten, nämlich an die Pagode vom T'ien ning sze in Anyang Tschangte, die mit ihren 4 Ringgeschossen der umgestülpten Turmform und mit der bekrönenden Lamapagode zwar dem Ursprung nach aus Sui stammt, jedoch in der gegenwärtigen Gestalt einem späteren Umbau zuzuschreiben ist. Für einen dieser Umbauten wird die Jahreszahl 1316 angegeben, also fast genau gleichzeitig dem Entstehungsjahr 1319 der Pagode in der Stadt Schunte, die nur 110 km nördlich von Anyang liegt. Es mag immerhin möglich sein, daß schon damals unter den Yüan bei einzelnen Pagoden die Anzahl der Ringgeschosse auf 2 oder 4 vermindert wurde. Als Abschluß wählte man dann die lamaistische Form von Kuppe oder Glocke und verdoppelter Spira oder gar, wie in Anyang, schon die Lamapagode selber. Auch die anderen beiden Pagoden von Ihien und Kihien, für die das Erbauungsjahr nicht bekannt ist, mögen in die Nähe der Yüanzeit rücken. Dem Sinn des Lamaismus entsprechen das Übereinander gebauchter und gerundeter Umrisse in der Bekrönung, ferner die Häufung und mehrfache Wiederholung der Motive in den krönenden Teilen, endlich die plötzliche Durchschneidung des Bildes durch breite

Gesimse. Die auffällige Gestaltung der massiven Bekrönung siang lun, in gebauchter oder kegelartiger Form, hat jedoch offenbar frühere Ursprünge, denen wir hier an Beispielen einer weiteren Untergruppe nachzugehen versuchen.

3. Drei Pagoden mit spitzem Turmhelm

Die Ringfolge in Form einer zugespitzten Haube als Teil der Bekrönung wird an einzelnen Pagoden zum selbständigen Baukörper und tritt ganz und gar an Stelle des sonst üblichen Turmstockes. Durch Überhöhung der Form entsteht ein schlanker Helm, der gebaucht sein kann, wie jene kleinen Hauben, oder in gerader Linie verläuft, dabei aber stets noch den Charakter der Geschoßringe oder der Ringfolge behält, wie er dem Turmstock der echten Tienningpagode oder deren Bekrönung eigen ist. Es sind nur 3 Beispiele für eine solche Ausbildung bekannt, doch sie lassen erkennen, daß es südostasiatische Vorbilder waren, denen sie ihre Eigenart verdanken. Im besonderen gilt das auch für den reichgruppierten Unterbau der Pagode in Tschengting.

Die einfachste Form dieser Gruppe ist die Pagode von Tschang sin tien 長辛店, einer der nächsten Haltestellen der Hankou-Bahn südöstlich von Peking. Die Pagode steht etwa 6,5 km westlich des Dorfes auf einem Hügel, das zugehörige Kloster ist offenbar bis auf geringe Reste verschwunden. Ich verdanke das Bild, das von Montell[2] aus der Expedition Sven Hedin stammt, etwa aus 1920, der Vermittlung von Dr. Ecke in Peking. Die Pagode stellt das Bindeglied dar zwischen der reinen Tienningpagode und der indischen Form der Bekrönung, ist darauf äußerst wichtig für die Erklärung besonders der merkwürdigen Pagode von Tschengting.

Unterbau und Sanktuarium zeigen als Hauptmerkmale der einen Tienningform Friese, Konsolgesims, Rundtüren, Stabfenster, reiches Hauptgesims mit Konsolen, doch andere wichtige Merkmale fehlen wieder, wie Brüstung und Lotosthron. Dennoch ist der Eindruck als Tienningtyp klar. Über dem 8seitigen Pultdach erhebt sich auf einem Sockelglied der Spitzhelm, steil gerundet wie ein Weberschiffchen oder wie ein Kanonengeschoß, um an diese chinesisch-japanischen Bezeichnungen zu erinnern. 8 deutliche Ringe sind gebildet aus eng gestellten kleinen Reliefkapellen mit Buddhanischen. Der oberste Ring ist bereits aufgelöst in wenige, weitergestellte Kapellen. Über dem schlank geschwungenen Halsglied krönt den Bau ein Gesims mit aufgesetzter flacher Kuppel, die einst in Tauschüssel und Spitze ausgeklungen ha-

---

2 Gösta Montell, 1899–1975, Ethnologe, Mitarbeiter Sven Hedins, Leiter des Ethnographischen Museums in Stockholm. *Svenskt biografiskt lexikon* 25.1975/86, 686–689 (Bo Sommarström).

ben mag. Der Turm dürfte 30 m hoch sein. Der Gesamtumriß ist flüssig und monumental, da die gerundete Helmlinie die abgesetzten Senkrechten von Sockel und Sanktuarium harmonisch weiter führt und in der obersten knappen Haupte [?] einen wohltuenden Abschluß findet.

tip149 Changxindian 長辛店, Undatierte Pagode, Aufn.: Montell 1930

Der durchaus indische Charakter der Kapellenkränze um den Kern des Turmhelmes deutet offenbar auf fremde Vorlagen aus Indien und Burma. Diesem Zusammenhang müßte man noch besonders nachgehen, ebenso wie der Erbauungszeit der Pagode. Von größtem Interesse ist die Anordnung der kleinen Kapellen am Turmhelm, 16 in jedem Ring in verschiedener Stellung und Größe. Parallelen sind nur erst bekannt aus der 12seitigen Pagode vom Sung yo sze in Honan und aus der Pagode von Tsch'anglihien an der See im Osten von Hopei-Tschili, bei denen man unter Umständen ebenfalls eine unmittelbare Übertragung indischer Vorlagen annehmen kann.

tip151 Zhengding (Zhili): Huata 花塔 im Guanghui si 廣惠寺, Aufn. 1903

Eine weitere Parallele zu diesem Motiv bietet die schon erwähnte, merkwürdige und in vieler Beziehung einzigartige Verzierte oder Prächtige Pagode Hua t'a von Tschengting 正定花塔 im mittleren Hopei-Tschili an der Hankou-Bahn. Über sie sind wir aus den *Buddh. Monum.* einigermaßen unterrichtet. Unsere Kenntnis nach dem dortigen prächtigen Bilde, das wir auch dieser Beschreibung in erster Linie zugrunde legen, wurde ergänzt durch persönliche Untersuchungen an Ort und Stelle 1934 und durch die hier wiedergegebenen Bilder.

Die Pagode ist eine der 4 Pagoden, durch die jene Stadt sich noch heute auszeichnet. Die anderen 3 Türme wurden in diesem Werk bereits an verschiedenen Stellen behandelt, jede unter einer anderen Gruppe. Die Hua t'a gehörte zu dem heute zerstörten Kloster der Umfassende Güte Kuang hui sze 廣惠寺. Einige Inschrifttafeln und die Chronik geben Daten über Erbauung und Erneuerungen, lassen uns dennoch über den genauen Zeitpunkt der ersten Errichtung im Ungewissen. Nach verschiedenen Tafeln aus Ming 1447, 1552 und 1583 soll die Pagode erbaut sein bereits unter Wei oder Sui oder unter T'ang Kao Tsu 618–627. Auf die T'angzeit deuten einige Buddha aus weißem Marmor. Einer von diesen, dessen Kopf fehlt, sitzt im Innenraum des Hauptgeschosses, gegen Süden gerichtet und zeigt vollkommenen T'ang-Stil, zwei andere gab es im 3. Geschoß noch bis in die neueste Zeit, einen von ihnen mit der Inschrift K'ai Yüan 15. Jahr, 723. Es müssen noch 2 derartige Buddha, im ganzen also 5 vorhanden gewesen sein, denn in den Pagodenmodellen Siccawei findet sich die Bezeichnung Wu fo t'a 五佛塔 Pagode der 5 Buddha. Aus der Periode K'ai Yüan 713–742 wird eine Erneuerung der Pagode erwähnt, diese muß also schon lange bestanden haben, mindestens seit Beginn der T'ang, wie Sekino annimmt. Nach einer starken Beschädigung unter Kin Huang T'ung 1141–1149 erfolgte eine Erneuerung unter Kin Ta Ting 1161–1190 und, nach allmählichem Verfall, eine große Wiederherstellung unter Ming Tscheng T'ung in den Jahren 1447/48. Indessen dürfte auch damals an der alten Gestalt nicht allzu viel geändert sein. Der heutige Bau muß im wesentlichen aus jener Zeit stammen, wenn auch noch wiederholte Instandsetzungen stattfanden.

Der Hauptkörper der Pagode besteht aus einem zweigeschossigen Achtseit von 11,7 m Durchmesser im Erdgeschoß. Die beiden Hauptgeschosse zeigen mit einem inneren Umgang und einem Kern, über dem ein drittes Geschoß herausragt und in einem seltsamen Schaft mit Spitze endet in einer errechneten Höhe von etwa 30 m. Das Erdgeschoß erhebt sich auf hohem Sockel, heute stark verwittert und öffnet sich nach den vier Hauptrichtungen mit 4 Rundbogentüren auf Plattformen, zu deren südlicher und nördlicher je eine hohe Treppe führte. Die Diagonalseiten sind 6seitige breite Kapellen vorgelagert und mit dem Bau organisch verbunden, sie begrenzen seitlich jene Plattformen vor den Eingangsöffnungen. Ihre vieleckigen Innenräume öffnen sich nach außen mit Rundbogenfenstern, die wohl einst mit einem Muster zugesetzt waren, und stehen mit dem inneren Umgang in Verbindung. Das untere Hauptgesims aus reich gegliederten Konsolen in 3 Schichten führt rings auch um die Kapellen herum, doch entwickeln sich diese über den

Pultdächern und deren doppelten Traufen selbständig und enden in 4 kleinen, freien Stupa aus Ziegeln mit Resten alten weißem Verputzes, die mit dem mittleren hohen Turm eine auffallende Gruppe von 5 ergeben. So gehört der Bau auch als frühestes Beispiel in die Reihe der seltenen 3türmigen Pagoden in China. Das nur wenig zurückgesetzte obere, freie Hauptgeschoß ruht auf einem zweiten, einfacheren Konsolgesims und schmalerem Pultdach mit einfacher Traufe, öffnet sich mit 4 Rechtecktüren und wird abgeschlossen durch ein klares Konsolgesims von 2 Gliedern und durch ein Pultdach mit doppelter Traufe. Hier beginnt der starke Rücksprung zum 3. Geschoß. Ein mächtiges Zwischenglied stellt die Losanaterrasse dar, ist mit Reihen von Lotosblättern besetzt, trug einst eine heute verschwundene hohe Brüstung und einen wirklichen Umgang wie bei einer Tienningpagode und kennzeichnet das oberste Geschoß, das nur eine rechteckige Öffnung und wohl 3 Blenden auf den übrigen Hauptseiten aufweist, als das eigentliche Sanktuarium mit der inneren Kapelle, die von dem weiteren Aufbau unmittelbar bekrönt wird. Das Erdgeschoß mit den Kapellen und das 2. Geschoß erscheinen nur wie eine Vorbereitung auf dieses höchste Heiligtum, architektonisch wie symbolisch ist die Steigerung überaus klar. Über dem Kranzgesims aus doppelten Konsolen und Dachtraufen erhebt sich der gebauchte schlanke Schaft, der in Wahrheit die Stelle der Ringfolge siang lun vertritt, und dessen 8seitiger Grundriß durch eine Fülle von Reliefarchitektur fast in ein wirkliches Rund übergeht. Die Motive, in die hier die Ringe aufgelöst erscheinen, sind nach Inhalt und Stil völlig indisch. Sie stammen höchstwahrscheinlich aus dem Umbau 1447, dürften aber im Motiv auf die älteren Bauten zurückgehen. Über kauernden Atlanten auf den Ecken und zwischen ihnen sind übereinander aufgebaut ungemein zahlreiche Postamente, Stupa und Baldachine, Löwen, Elefanten und Wassertiere, Buddha und Himmelsblumen aller Art, in ihrem verwirrenden Wechsel von Formen und Farben, Schatten und Lichtern äußerst fremd im Bereich der reinen chinesischen Baukunst. Über dem höchsten Kranzgesims aus Konsolen trug nach dem älteren Bilde von v. Tresckow[3], eine in spitzer Kegelform geschweifte Dachhaube noch bis zum Jahre 1901 zwei freie Eisenringe siang lun und eine letzte Folge von 3 Knäufen Perlen der 3 Kostbarkeiten, die auf dem Bilde in den *Buddhist Monuments* schon verschwunden sind. Die bauliche Erhaltung war auch bei meinem Besuche 1934 schlecht, indessen wesentlich verändert gegenüber den alten Bildern.

Der Bau scheint nach mehrfachen Berichten und nach erhaltenen Resten der Bemalung sehr farbig gewesen zu sein. Die Seitenflächen waren in den 5 Farben verziert, mit 8 Pusa Bodhisatva aus Goldplättchen, die Schmuckteile,

---

3   H. von Tresckow, um 1904; sonst nicht ermittelt.

Säulen und Konsolen waren meist rot, die Wandflächen weiß. Die Durchbildung der Bauformen in den Geschossen zeigt unmittelbar Anklänge an den chinesischen Turmpavillon und könnte schon deshalb in eine recht frühe Zeit weisen, in der die tektonische Umsetzung in Stein und Ziegel sich erst vorbereitete. Das gilt insbesondere für die großen Stabfenster in Relief im Erdgeschoß, für die ganz chinesischen Tür- und Fensterblenden in den oberen Geschossen, und durchweg für das Riegelwerk, das getreu in den alten Verhältnissen wiederholt wurde und im Erdgeschoß sogar durch die Rundbogenöffnungen neuen Stiles schroff durchbrochen wird. In Grundriß, Aufbau und Einzelheiten stellt der Bau eine einzig dastehende Vermischung altchinesischer Turmbauten mit den neuen indischen, wahrscheinlich indochinesischen Stil dar, er blieb indessen in dieser Formgebung ohne Nachfolge. Immerhin weisen die vorgenannten Pagoden im Schmuck des Sanktuariums ähnlich indische Motive auf. Daraus könnte man auf weitere derartige Beispiele schließen, die sich aber auf die nördlichen Gebiete beschränken müssen.

III—110

居山 雲居寺
北 塔 (紅塔)
京兆 房山縣

North Pagoda (Hung Ta), at Yün-chü Ssu,
Fang-shan Hsien, Ching-chao.

tip152 Fangshan 方山, Yunju si 雲居寺 Nordpagode

Die 8seitige Nordpagode Pei t'a vom Fangschan 方山 südwestlich von Peking, aus dem Kloster Yün kü sze 雲居寺 auch genannt Si yü sze 西域寺 北塔, wurde bereits erwähnt bei der Beschreibung der Südpagode Nan t'a 南 塔 des gleichen Klosters, die in die Reihe der echten Tienningpagoden gehört. Auch die Nordpagode ist zuerst durch Sirén[4] bekannt geworden, dann in den *Buddh. Monuments* eingehend behandelt. Sie ist im Aufbau unregelmäßig, in der Bekrönung durch einen spitzen Turmhelm ebenso ungewöhnlich wie die anderen 2 Pagoden dieser seltenen Gruppen. Das Sanktuarium ist verdoppelt mit je 4 Rundbogenöffnungen auf den Hauptseiten, je 4 rechteckigen Stabfenstern auf den Diagonalseiten. Jedes Hauptgeschoß ruht auf einem Konsolgesims mit Plattengang ohne Brüstung und wird abgeschlossen durch ein reicheres Konsolgesims mit Pultdach und Ziegeldeckung. Der reich gegliederte Sockel ist, nach den trefflichen Bildern von Sirén, zweiteilig, er besteht aus einer Plinthe und einem Halsglied. Die Plinthe ist wieder in 2 Teile geteilt, Sockelfuß und Fries. Im Sockelfuß aus Ziegelmauerwerk mit Läuferschichten ist oben ein glatter Fries aus Tonplatten eingelegt, die, einander völlig gleich, eng aneinander gestellt sind und in fein erhabenem Relief kleine Stupas zeigen. Diese Stupas entwickeln sich aus Lotoskonsolen und enden in Lotos und Juwel. Ihre glatten Flächen sind überzogen mit Inschriften in erhabenen Zeichen, nach Sirén mit den Namen der Stifter für diese Pagode. So hat das Gedächtnis jener Stifter am Fuß dieses Baues einen würdigen und monumentalen Platz gefunden.

Über diesem Plattenfries folgt, eingeschlossen durch zwei Wulste aus Lotosblättern der Konsolfries, dessen Ausbildung sehr früh und ursprünglich anmutet. Über Fülltafeln, 3 Schichten hoch, mit merkwürdig stilisierten Reliefs aus Rankenblättern, sind ganz flache Konsolen eigentlich nur angedeutet, ohne konstruktiv etwas zu bedeuten. Dazwischen sitzen auf jeder Achteckseite 3 Nischen mit indisch gelapptem Sturz, innen hockt je ein frontaler Löwe, dessen freier Kopf sich auf dem Relief entwickelt. Dieses Motiv könnte ein Vorläufer sein für die Pagode von T'ien ning sze in Peking. Über starkem Gurtband und Sockelglied folgt der Hals des großen Sockels mit dem Halsfries, wieder mit je 3 Nischen in gelapptem Umriß, geteilt durch Pilaster aus buddhistischen Emblemen, auf allen Flächen überreich geschmückt mit figürlichen Reliefs, fast durchweg in lebhaftester Bewegung, Buddha, Gottheiten, Jäger, Kämpfer, auf den Ecken tragen einfache Atlanten die überschießenden Simsbänder, wieder wie in Peking. In den Lünetten zwischen den Konsolen des folgenden Gesimses sind ebenfalls lebhaft gestaltete Reliefs angebracht, man unterscheidet einen Reiter auf Renntier oder Hirsch in

---

4   Sirén, Osvald: *La sculpture chinoise du Ve au XIVe siècle*. T. 4. Bruxelles: G. van Oest 1926.

gestrecktem Galopp. Gerade diese seltenen Darstellungen, die entweder noch vom ersten Bau stammen oder nachälteren Motiven neu geformt wurden, lassen die Zeitbestimmung von Sirén für den Bau der ersten Pagode, nämlich Kaiser Jui Tsung 710–712, als gesichert erscheinen, denn die 4 kleinen Stupas auf der Terrasse um die Pagode sind sämtlich datiert zwischen 711 und 727. Sekino nimmt für den Bau offenbar spätere Wiederherstellungen an und hält es für möglich, daß die heutige Form aus der Liaozeit stammt. Das könnte sich aber nur auf die Instandsetzung und etwaige Veränderung der einzelnen Bauteile im Äußeren beziehen. Aufbau und große Formen müßte man mit Sirén in die frühe T'ang setzen.

tip153 Fangshan 方山, Beita

Dafür spricht auch die Ausbildung der Flächen in den beiden Sanktuarien.
Ein so frühes und primitives Riegelwerk, wie es hier nach dem alten Holzwerk wiederholt wurde und das Stabfenster umschließt, findet sich kaum an
einem anderen Beispiel. Bei der Pagode in Peking mag der ornamentierte
Stab unter den Fenstern der letzte Rest einer Erinnerung an den ersten Suibau
darstellen und parallel gehen mit diesen Formen der Pei t'a aus 710. Diese
Pagode zeigt in der Aufteilung der Seitenflächen der Geschosse die deutliche
Anlehnung an das Vorbild der alten Holztürme, denen auch die Stabfenster
selbst entsprechen. Unter den Tienningpagoden ist dieser Turm das beste,
bisher bekannte Beispiel, aus dem man den unmittelbaren Ursprung des Motivs aus den früheren Holztürmen ablesen kann. Desto unvermittelter sitzen
die Rundbogentüren unorganisch in den Flächen und beweisen ihre fremde
Herkunft aus dem Massivbau. So gut Sockel und die beiden Hauptgeschosse
zusammenklingen, so fremdartig ist der obere Aufbau. Er fügt sich zwar
flüssig in den unteren Umriß ein, ist aber ganz unchinesisch und hat kaum
Nachahmung gefunden. Er widerspricht der reinen Architektonik der großen
Pagoden und muß, wenn nicht auf spätere lamaistische, dann auf frühe
indische Vorbilder zurückgeführt werden. Sicherlich ähnelt der obere Aufsatz
dem indischen Stupa, wie er schon früh in Indien bestand. Er beginnt mit
einem schmal gegliederten Sockel, auf jeder Seite 2 Buddhanischen, auf den
Ecken mit kleinen Vasenpilastern als Stützen. Es folgen 3 achteckige Ringe,
die man als 3fache Lotosblätterkränze deuten kann, darüber ein flacher, durch
eine Grenzlinie in 2 klare Teile geteilter abgeplatteter Kugelkörper, der in
diesem Falle ganz deutlich ein Allerheiligstes darstellen muß, etwa Grabhügel oder Wasserblase. Darum ruht er auch auf dem angedeuteten Lotosthron. Auf dieser Kugelform ruht wieder ein 8seitiger Sockel als Thron tso 座,
darüber als Hauptmotiv ein Kegel aus 8 Ringen mit einem Abschluß wie
einer Glocke to 鐸. Die letzte Endigung bildet, wieder über 8seitigem Halsglied als Tauschüssel, ein geschweifter Rundkörper wie an einer Lamapagode,
und endlich die Spitze, ein reicher Lotosthron aus 3 Reihen Lotosblättern und
die Perle der Kostbarkeit oder die Feuerperle. Die Häufung der Hauptmotive,
Sockel und Sanktuarium, ist hier deutlich, da sowohl die 2 Hauptgeschosse
das Allerheiligste darstellen, wie ebenso die Kugelkörper als Wasserblase
und die oberste Lamapagode und Perle. Gerade diese Häufung, bei der eines
immer wieder und in neuer Gestaltung durch das andere erklärt werden soll,
tritt vor allem bei der gemischten Form auf, sie entspricht der Grundan-
schauung des späten Lamaismus, ihre frühes Auftreten verrät ein latentes
Wirken solcher Gedankengänge schon seit früher Zeit. Das Monument steht
architektonisch ganz isoliert und hat, offenbar wegen seiner zusammen-
gesetzten und ausgesprochen fremden Bauart, die Chinesen von Nachahmung
abgehalten. Das beweist deutlich die Schwierigkeit, die Entstehung der Bau-

formen und die Errichtung des Turmes selbst zeitlich festzulegen. Man muß
aber zu dem Schluß kommen, daß die Einzelformen der Tienningpagode, wie
sie uns an dem erhabensten Bau von Peking entgegentreten, im wesentlichen
schon in der Sui- und frühen T'angzeit gefunden und später immer wieder
getreu, wenn auch bereichert wiederholt wurden.

tip156 Zhifu-Yantai (Shandong): Lao heita 老黑塔

4. Sechs Pagoden in Schantung und Kansu

Wir beschließen die Reihe der abweichenden Tienningformen durch einige
Ausläufer, die man wegen gewisser Einzelheiten mit gutem Willen noch
hierzu rechnen kann, da sie sich jeder anderen Einordnung entziehen. Sie
stehen sämtlich in der Nähe von Tschifu an der Nordküste der Provinz

Schantung, ich verdanke Bilder und nähere Hinweise Herrn C. W. Schmidt, der dort lange Zeit tätig war.

Die Alte Schwarze Pagode Lao hei t'a 老黑塔 bei Tschifu 芝罘, eigentlich Yen t'ai 烟臺 im Kreise Fuschan 福山, einst zum Bezirk Teng tschou 登州 gehörig, steht etwa 12 li oder 7 km von jenem Hafenort entfernt neben einem Tempel in gefälliger Berglandschaft Lung wang miao. Sie ist nur etwa 8 m hoch, dennoch höchst bemerkenswert durch die eigenartige Ausbildung in Ziegel. Die große Gliederung läßt sich besser erkennen aus dem Modell von Siccawei, als aus der Photoaufnahme, wenn im Modell auch Einzelheiten unrichtig wiedergegeben sind. Der Bau besteht aus 4 klaren Teilen, die jeder für sich durch je einen Dachkranz abgedeckt sind. Als durchgehendes Hauptmotiv beleben Feldereinheiten verschiedener Maßstäbe die Achteckseiten. Der Sockel besteht aus 3 derartigen Felderzonen, 2 schmalen und 1 breiten; das 1. Hauptgeschoß zeigt noch besondere Mittelnischen mit spitzgekuppelten Rundbögen und darüber 2, eigentlich 3 Zonen kleiner Felder, das 2. Hauptgeschoß weist ebenfalls eine Hauptzone auf und darüber 2 weitere schmalere. Über dem obersten, ganz niedrigen Teil sitzt auf dem abschließenden Pultdach, das wie eine Krone gestaltet ist, eine Halbkugel mit Juwel als letzter Spitze. Die 2 Hauptgeschosse sind zwar jedes unterbrochen durch den vorspringenden Gurt mit kleinen Feldern, dennoch klar betont und entsprechen in der Zweiteilung etwa der Pei t'a vom Fangschan Si yü sze. Auch die Felder als Blenden, die hier völlig richtig in Backsteintechnik dargestellt sind, bilden ein frühes Motiv, das wir aus der ersten Tienningpagode von Hopei Tschili kennen, das aber noch ein besonderes Merkmal der Provinz Schantung zu sein scheint, denn bei der Werksteinpagode vom Schen t'ung sze erscheinen solche Blendnischen im Unterbau. Über das Alter der Lao hei t'a von Tschifu läßt sich schwer etwas aussagen, doch deuten sowohl der Namen «alt» wie die einfachen und doch mit Hingebung komponierten Bauformen in Backstein wohl auf eine frühere Zeit noch vor der Yüan-Dynastie.

Eine Weiße Pagode Pai t'a 白塔 von Tschifu steht etwa 8 km südlich vom Ort, ihr Stufenbau stellt ebenfalls einen Ausläufer der Tienningform dar, sie wird hier ohne Bild nur erwähnt. Doch die Ziegelpagode von Ning hai hien 甯海縣, südöstlich von Tschifu, ist ein vereinfachtes Nachbild nach der Hei t'a, auch wohl nur 5 m hoch. Wieder sind die Hauptgeschosse dieses Mal 3, mit ihren rechteckigen Blendnischen deutlich zu erkennen zwischen den Dachgesimsen, eine besondere Bekrönung, Stumpf mit Krone und Doppeljuwel, schließt den Bau gut ab.

tip158 Ninghai 甯海縣 bei Zhifu (Shandong), Pagode vor dem Osttor

Eine andere Pagode am gleichen Ort führt aber die Tienningform schon in die Stockwerkpagode über. Die achtseitige Tienningpagode vor dem Osttor von Ninghai ist bei einer Höhe von 30 m in Ziegel und Terrakotta vorzüglich durchgebildet und zeigt über Sockel und einem leidlich hohen, schmucklosen Hauptgeschoß, das als Sanktuarium anzusehen ist, eine schlanke Folge von 12 Geschossen, die an Stockwerkhöhe aber stetig abnehmen und in einer mächtigen und schlanken Spitze mit Juwel enden. Sie ähnelt weitgehend der T'ie t'a von K'aifeng, die unter den Glasurpagoden behandelt wurde, wird aber durch das hohe Sanktuarium formal in die Gruppe der Tienningpagoden gewiesen. Denn ihre 12 Ringgeschosse entsprechen durchaus dem bekannten Turmstock dieser Gruppe. Da aber die unteren 7 Geschoßringe mit Rundbogennischen für Götterfiguren und mit 2flügligen Relieftüren ausgestattet sind, die in den Achteckseiten wie in den Geschossen abwechseln, so wird auch hierdurch der Tienningtyp betont.

Dieser Bau reicht vielleicht, wie K'aifeng, bis in den Anfang der Sung hinein, seine offenbar ausgezeichnete Konstruktion würde eine genauere Untersuchung rechtfertigen. Seine Gestalt leitet den Gedanken der Tienningform auf das Deutlichste in die Stockwerkpagode über. Ähnlich ist es mit gewissen Vertretern der Stufenpagode. Solche Beispiele müssen wir als Ausläufer der Tienningpagoden ansehen, je nachdem einzelne Grundzüge in Aufbau wie in Durchbildung das zulassen. In bestimmten Fällen haben wir bereits auf solche gleitenden Zusammenhänge hingewiesen. Es seien an dieser Stelle nur noch zwei weitere 8seitige Beispiele genannt, ohne die Bilder beizubringen, die sich in der Sammlung Siccawei befinden. Die Pagode von Yentschou 兗 州 in der Provinz Schantung, mit 13 Geschossen angeblich über 50 m hoch, zeigt ein hohes und ein niedriges Hauptgeschoß und darüber 12 enge Geschoßringe des Turmes. Die Pagode von den Ostbergen Tung schan t'a 東山 塔 bei Fukiang 伏羌 in der Provinz Kansu besteht aus glattem, hohem Schaft ohne Sockel als Erdgeschoß, der hier als Sanktuarium zu betrachten ist, auch tatsächlich eine Kapelle bergen muß, und aus 8 Geschoßringen, die den Turmstock bilden, zuerst durch doppelte, dann durch einfache Gesimse von einander getrennt sind und nach oben stetig an Höhe abnehmen bis zur äußersten Schmalheit.

Kapitel 6: Stockwerktürme als Nebenform der Tienningpagoden

1. Allgemeine Kennzeichen. – 2. 3 Pagoden von Ihien und Tschotschou. Pagode der 1000 Buddhas. Südpagode. Nordpagode. – 3. 3 Pagoden in Liaoning, der Mongolei und bei Peking. Pai t'a vom Pai t'a sze in Liaoning. Pai t'a am Tsagan muren in der nördlichen Mongolei. Stockwerkturm von Tschang sin tien. – 4. Die Pai t'a von Suiyüan. Geschichtliche Stellung. Die Pagode. Texte. Beschreibung der Pagode. Unterbau. Innerer Aufbau der Pagode. Zugang zum 1. Hauptgeschoß. Innerer Aufbau der Geschosse. Doppeltreppe. Kapelle. Der äußere Aufbau. Die Skulpturen. Einordnung der Pagode.

1. Allgemeine Kennzeichen

Unter den behandelten Tienningpagoden ließen etliche, besonders aus der Gruppe gewandelter Tienningformen in Kapitel 5, das Bestreben erkennen, das Hauptgeschoß, das als Sanktuarium ja eine unangefochtene Sonderbedeutung haben sollte, noch besonders zu betonen. So wurde es in Tiento auf einen selbständigen, hohen Unterbau gestellt, bei der Pei t'a vom Fang schan doppelt, bei der Hei t'a mehrfach wiederholt, wenn auch in unbeholfener Form und gar bei der schlanken Pagode von Ninghai wie in den Beispielen aus Kansu übertrug man den Begriff eines Geschosses sogar in den Turmstock, ließ dessen schmale Geschoßringe durch verschiedene Höhen beweglich werden und kam damit ganz nahe einer Ringpagode oder gar einer Stockwerkpagode. Solche Übergänge entsprangen dem Gefühl für die Stockwerkpagode, die ja als Turmbau das ursprüngliche Motiv war, überdies aus den alten, vielgeschossigen chinesischen Holztürmen jedem vertraut sein mußte. Man strebte aber neben der formalen Absicht, auch noch aus kultischem Bedürfnis zu einer Vermischung der beiden, an sich streng geschiedenen Hauptformen von Tienningpagode und Stockwerkpagode. Die Stockwerktürme hatten vielfach, wohl meistens, in sämtlichen Geschossen, Altäre, Bildnisse und Heiligtümer, an denen die aufsteigenden Gläubigen von Stufe zu Stufe ihre Ehrfurcht bezeigten und opferten, bis sie endlich die höchste Kapelle erreichten. Zahlreiche Berichte aus früherer Zeit stellen das fest, und bei dem neu wiederhergestellten und völlig ausgebauten Turm des Kin schan bei Tschenkiang 鎮江金山 konnte ich noch bei meinem Besuch 1934 diese Anordnung in lebendigem Kult wahrnehmen. Die eindrucksvolle Form der Tienningpagode, in Hunderten von Beispielen im Norden erstanden, war jedoch in weitem Maße nur symbolisch, der Turm selbst blieb meist unzugänglich und kam dem praktischen Kultbedürfnis der Mönche wie der Bevölkerung nicht genügend entgegen. Da konnte es nicht ausbleiben, daß man eine Vereinigung beider Ziele anstrebte, indem man die Verehrung, die bisher in einem einzigen Hauptgeschoß isoliert und nur symbolisch gewesen war, nunmehr auch auf mehrere, zugängliche Geschosse übertragen wollte. Dabei verwendete man aber die sinnfälligsten Teile der schönen Tienningpagode auch für den Stockwerkbau. Der Turmstock mit der Vielzahl schmaler Geschoßringe wurde notwendigerweise geopfert, und man erkennt die Fortbildung, oder vielmehr die Rückbildung des Tienningmotivs zu dem nunmehrigen Stockwerkturm vornehmlich an dem reichen Sockel mit Brüstung und Losanathron, am Wechsel der Rundbogenöffnungen und Stabfenster auf den Hauptseiten und den Nebenseiten des Achtecks, sowie an der wuchtigen, massiv gemauerten Bekrönung aus Kuppe, Tauschüssel oder Krone mit einer Feuerperle als Abschluß, vielleicht auch mit einer letzten bescheidenen Stange. Dabei können die einzelnen Motive, besonders am

Sockel, rein und reich auftreten oder bis zur Verkümmerung nur angedeutet sein, auch die Frage des Zuganges ist verschieden gelöst. Bei allem handelt es sich aber nicht etwa um eine zeitlich allmähliche Entwicklung, sondern es finden sich derartige Stockwerktürme, die aus der Tienningform hervorgehen, oder sonst irgendwie mit ihr zusammenhängen, schon früh und scheinen gleichzeitig mit den reinen Tienningformen aufzutreten. Die bekannten Beispiele auch dieser Stockwerktürme reichen wohl sämtlich in die Zeit der Liao und Kin, sie beschränken sich ebenfalls auf den Norden des Reiches.

Bei aller Schönheit und Folgerichtigkeit des Aufbaues des Geschosses und der Durchbildung im einzelnen bleibt aber diesen Türmen ein gewisser Zwiespalt im künstlerischen Eindruck haften. Sie wirken auf den ersten Blick als reine Stockwerkpagoden, zeigen aber manche inneren Widersprüche. Der Sockel mit Losanathron ist als Kelch zu schwach, um den Riesenbau zu tragen, eine Zugangstreppe im Äußeren durchschneidet den Sockel unorganisch, fehlt sie, so gelingt der beabsichtigte Zugang nur über Leitern, der Sockel wird beschädigt, der Zweck der Kulthandlung im Turm nur wenigen ermöglicht. Die Blindfenster auf den Diagonalseiten sind dem Gedanken des verschlossenen Sanktuariums der reinen, nur symbolischen Tienningpagode entnommen und am mächtigen Turmbau eigentlich nicht am Platze, sie erschweren die Lichtzufuhr in das Innere. Die oben umlaufenden Kränze der Doppelgesimse, die dort gerade noch einen wirklichen wenn auch nur knappen Umgang um die einzelnen Pagodengeschosse ermöglichen, sind hier an den Blindfenstern ohne Sinn. Ein Vergleich mit der reinen Tienningpagode zeigt, daß alle diese Einzelheiten, besonders am ausgebildeten Sockel, dort ihren vollen symbolischen und architektonischen Sinn besäßen und oft zu den allerfeinsten und edelsten Verhältnissen führten, daß die rhythmische Anordnung aller bedeutenden Baustufen des Turmes einen wahrhaften Gleichklang aller Glieder ergaben, ein Ergebnis, das aus der Wahl nur eines großen Hauptmotivs, eben des Sanktuariums, mit Notwendigkeit folgte. Bei den Stockwerktürmen dieser Gruppe minderte die gleichmachende Wiederholung des Sanktuariums dessen Bedeutung, dennoch wurde der klare Eindruck einer vollkommenen Stockwerkpagode nicht erreicht. Trotzdem besitzen diese breiten Stufentürme, die sich an das Tienningmotiv anlehnen, ihre eigenen Reize und stehen immer gewaltig und höchst eindrucksvoll in Stadt oder Landschaft.

Von diesem Typus, Stockwerktürme als Ausläufer des Tienninggedankens, sind bisher nur wenige Beispiele bekannt geworden. Schon im Abschnitt II wurden am Ende von Kapitel 1 einige dieser Türme als breite Stufentürme behandelt, da sie auch aus der Gestalt der Stufenpagode abgeleitet werden können. Nach den jüngsten Untersuchungen aber müssen zum mindesten die beiden Pagoden von Tschotschou, die dort errichtet waren,

auch in unsere neue Gruppe übernommen und sollen hier näher behandelt
werden auf Grund der Feststellungen von Liu Tun-tseng in Bull. Chin. Arch.
Vol. V Heft 4 vom Juni 1935.[1] Ferner ist ein sehr bemerkenswerter Vorläufer
dieser Gruppe vorhanden im nahen Ihien und ein offenbar späterer Ausläufer
der Form in der Mandschurei, Provinz Liaoning, deren Bilder dem Aufsatz
von Pao Ting entnommen ist in der gleichen chinesischen Zeitschrift. Ein
weiteres Beispiel steht südwestlich nahe bei Peking, und wir schließen mit
dem einzigartigen Turm aus der Provinz Suiyüan, der den Zusammenhang
wohl am klarsten erkennen läßt.

2. Drei Pagoden von Ihien und Tschotschou

Die Pagode der 1000 Buddhas Ts'ien fo t'a 千佛塔 ist fast der letzte Überrest
des verschwundenen Klosters Pai t'a yüan bei Ihien 易縣白塔院, etwa 1/2 li
oder 300 m außerhalb des Westtores, nördlich der Straße. Der Turm hat 3
Geschosse, alles ist weiß getüncht, darum heißt sie auch Pai t'a 白塔 Weiße
Pagode. Die 3 Geschosse sind in Höhe ebenso wie in ihren Dachkränzen sehr
ähnlich den Holztürmen, auch in der Nachahmung des Riegelwerkes um die
blinden Stabfenster auf den Diagonalseiten. Auf den 4 Hauptseiten sitzen
Rundbogenöffnungen unorganisch zwischen den verlorenen kurzen Riegeln.
Die Auskragung der reichen Ziegelkonsolen unter den ziegelgedeckten Ring-
dächern ist nur schwach, auch der schmale Umlauf unter den oberen Türen ist
recht knapp vorgekragt. Die Konsolgruppen in den Achsen über dem ersten
und dem zweiten Geschoß sind diagonal an geordnet, über dem dritten sind
sie gerade, die Eckkonsolen entwickeln sich über den Ecksäulen und den
durchschießenden Kranzbalken.
   Das Eigenartigste ist der Sockel in reiner Tienningform mit Konsolen,
Brüstung und Friesen aus Stabwerk und Reliefs, ein Losanathron ist angedeutet, mag aber bei einer späteren Ausbesserung in die heute flache Mau-
erung verändert worden sein. Die Freitreppe im Süden durchbricht den
Sockel und führt ins Innere, wo ein Zentralpfeiler angeordnet ist. Er trägt die
wuchtige massive Bekrönung aus Lotosblattkrone, Kuppe und kurzer Stange.
Im Inneren des Zentralpfeilers führt eine Treppe zum zweiten Geschoß, der
Eingang ist im NO, der Lauf scheint gerade hoch zu gehen bis zu einem
kleinen Fenster im SW, von da führt ein zweiter Lauf bis zum Austritt in N.
Ebenso ist es im nächsten Geschoß. Das Innere war früher geschmückt mit
306 Steinbildern, an den Wänden befanden sich 360 weitere Bildnisse wohl
in Relief. Alles ist gestohlen bis auf einen Bronzebuddha aus Ming Kia Tsing
1537. Die Höhe der Pagode wird vermutet auf 110 Fuß = etwa 33 m. Als

---

1   Liu Dunzhen, a.a.O.

Erbauungszeit nimmt Liu Tun tseng aus literarischen Angaben etwa Nördliche Sung und Liao an, also 1000–1100.

tip165 Yixian 易縣白塔院 Qianfo ta; unten: Sockel

Im unweit entfernten Tschotschou 涿州, aus dem wir bereits die reine
Tienningpagode von Pʻu schou sze kennen, stehen die beiden mächtigen breiten Stufentürme, die wir im Abschnitt II Kapitel 1 unter die Stufenpagoden
eingeordnet hatten. Nunmehr, auf Grund neuen Bildmaterials und der Untersuchungen von Liu Tun-tseng, können wir sie hier einreihen und einige
nähere Angaben machen.

tip162 Zhuoxian 涿州, Zhidu si 智度寺 Südpagode 南塔

  Die beiden Pagoden stehen sich innerhalb der Nordostecke der Stadt als
gewaltige Monumente gegenüber, die eine mit 6 Geschossen im Norden, die
andere mit 5 Geschossen im Süden. Im übrigen sind sie weitgehend einander
gleich, sie gehörten jede zu einem besonderen Kloster, dessen sonstige Baulichkeiten aber völlig verschwunden sind. Die Südpagode Nan tʻa 南塔 gehörte zum Kloster Tschi tu sze 智度寺 und stammt etwa aus der gleichen
Zeit, wie die Nordpagode, deren Entstehung aus dem Jahre 1090 feststeht.
Der Turm von Tschi tu sze zeigt in der Flächenteilung den bekannten Wechsel von freien Rundbogenöffnungen, die nur im Erdgeschoß vermauert sind,

und von blinden Stabfenstern. Das sonstige Riegelwerk ist hier zu rechteckigen Blendfeldern, Blenden, zwischen flachen Reliefpilastern geworden,
nur unter den Fenstern verblieb ein kurzer Riegelstumpf in Relief, der ähnlich
wie in Peking mit Ornament geschmückt gewesen sein mag. Die Abstufung
der 5 Geschosse ist kräftig und gerade, ohne Schwellung des Umrisses, die
trennenden doppelten Konsolgesimse mit den mittleren ziegelgedeckten
Kranzdächern, die nur an den Ecken knapp aufgebogen sind, laden nur wenig
aus. Dadurch erhält der Turm eine Gedrungenheit, die durch den massigen
Endknopf noch gesammelter erscheint. Der Vorbau im Süden dürfte einen
früheren Aufgang andeuten. Der hohe Ziegelsockel ist merkwürdig glatt und
unentwickelt, übrigens sehr verdächtig mit senkrecht durchgehenden Fugen
in einzelnen Teilen lose aufgemauert, in diese Flächen sind hochgestellte und
sehr schmale Relieftafeln mit offenbar sehr schönen Buddhas bündig eingelassen, offenbar nachträglich und ohne rechten Zusammenhang mit dem
Mauerwerk der Flächen. Das läßt die Vermutung aufkommen, daß hier einst
wohl ein anderer, richtiger Tienningsockel vorhanden gewesen sein mag, der
später wegen Baufälligkeit ganz abgeschlagen und durch den glatten Unterbau mit einfachster Dachabdeckung ersetzt wurde. Hier setzte man wohl alte
Relieftafeln ein, die auch von einer anderen Stelle stammen können.

Diese Vermutung über den einst vorhanden gewesen Sockel wird ver-
stärkt durch die Ausbildung des Sockels der Schwesterpagode. Diese gegen-
überstehende Nordpagode Pei t'a 北塔 vom Yün kü sze 雲居寺 Kloster der
Wolkenbehausung ist mit 6 Geschossen um vieles mächtiger als die Pagode
vom Tschi tu sze, überdies im Hauptumriß geschwellt und wirkt sehr
lebendig. Liu bezeichnet die Südpagode vom Tschi tu sze wegen ihrer Gerad-
linigkeit ausdrücklich als unschön, worüber man aber verschiedener Ansicht
sein kann. Vor der Südseite der Nordpagode steht ein gleicher Vorbau wie
bei der anderen Pagode, auch dieser bildete einst wohl der Zugang, denn
über dem Sockel der Pagode, an der untersten Rundbogenöffnung in der
Hauptachse, scheint der Rest einer Aufgangstreppe sichtbar zu sein. Hier aber
ist der Sockel offenbar zum großen Teil erhalten mit den alten Motiven der
klein en Rundpilaster im unteren Fries, des knappen Konsolgesimses darüber
und der feinen Brüstung mit reliefierten Friesen in den Feldern. Selbst die
Losanaterrasse ist durch ein großes, jetzt glattes Kyma bezeichnet, einst
mögen auch hier Lotosblattreihen vorhanden oder gedacht gewesen zu sein.
Am unteren Teil des Sockels sind die Ausbesserungen mit glattem
Mauerwerk erkennbar. So wird es klar, daß dieser Turm einige Hauptmerk-
male der Tienningpagoden aufweist. Unmittelbare Nachrichten über die
Erbauungszeit fehlen. Liu setzt aber nach den Stilformen große Teile der
Pagode in die Liaozeit. Dann aber fand Liu in einem Spezialbuch über dieses
Kloster in Tschohien aus der Liaozeit folgende Bemerkung: Repariert nach

einer Tafel aus Kin Tscheng Lung 5. Jahr = 1160, Pagode aus Liao Tao
Tsung Ta An 8. Jahr = 1090. Diesen Zeitpunkt nimmt er als sicher an für die
Erbauung.

tip163 Zhuoxian 涿州, Yunju si 雲居寺 Nordpagode 北塔

3. Drei Pagoden in Liaoning, der Mongolei und bei Peking.

Eine weitere Steigerung innerhalb dieser engeren Gruppe bietet die Pai t'a
vom Pai t'a sze in Liaoning 遼寧白塔寺, näherer Ort unbekannt. Pao Ting
bringt ihr Bild mit kurzen konstruktiven Bemerkungen. Dieser mächtige
Turm hat 7 Geschosse in starker Abstufung mit der bekannten Gliederung
durch Gesimse und mit Anordnung von Rundbogenöffnungen auf den 4
Hauptseiten. Doch sind schon diese Flächen auch durch Lisenen aufgeteilt,
etwa in der Art der Ta yen t'a bei Sian, zwischen die sich die Türen organisch
einfügen. Auch die Diagonalflächen scheinen diese Blendarchitektur mit
Lisenen durchzuführen, doch zwischen ihnen befinden sich noch besondere,
schlanke und ganz schmale, halbkreisgerundete Blendnischen, die dem ganzen Turm eine sehr starke Flächenwirkung verleihen. Stabfenster sind hier
nicht einmal angedeutet. Der Turm sitzt auf 2 gewaltigen, stark abgetreppten
Sockelstufen, die ihre völlig glatten Ziegelflächen offenbar einer neuen
Wiederherstellung verdanken, wie überhaupt der gesamte Turm in jüngster
Zeit stark überholt zu sein scheint. Auch hier befindet sich, sicherlich auf der

Südseite, in einiger Entfernung vor dem Sockel ein rundbogiges Eingangstor für einen ummauerten Vorhof. Am Ende dieses Vorhofes führt eine doppelarmige Treppe hinauf in die Achse und in die südliche Rundbogenöffnung, den Eingang.

Eine sehr ähnliche Parallele zu dieser Pagode aus der Mandschurei bildet die Pai t'a am Tsagan muren in der nördlichen Mongolei, die wir ebenfalls bereits im Abschnitt II Kapitel 1 unter den breiten Stufentürmen erwähnt und abgebildet haben. Sie ist gedrungen und wirkt mächtiger, scheint aber weitgehend der Pagode von Liaoning zu gleichen, auch in der Form der Bekrönung, die vielleicht auch hier aus Metall ist. Vor allem aber ist auch für eine Zugangstreppe zum Erdgeschoß auf dem Bilde noch einigermaßen zu erkennen.

Damit ist diese Gruppe vorläufig geschlossen. Es bliebe noch, als Übergang zu unserem letzten und bedeutendsten Beispiel in der Provinz Suiyüan, zu erwähnen der Stockwerkturm von Tsch'ang sin tien 長辛店 südwestlich von Peking, nordöstlich von Lianghianghien. Auch dieser Turm war bereits erwähnt und abgebildet unter den Breiten Stufentürmen nach einem Bilde von Fonssagrives. Jedoch ergibt sich auf Grund unserer bisherigen Untersuchungen nunmehr mit Notwendigkeit die Einreihung in unserer neue Gruppe der Abarten vom Tienningtyp.

Auf den Bildern der Pagode sind sichtbar nur die 5 oberen Geschosse, deren Ausgestaltung den beiden Pagoden von Tschohien weitgehend entspricht. Doch sind die Maße offenbar geringer, und demgemäß ist die ganze Durchbildung vereinfacht. Zwischen den Eckkonsolen der doppelten Gesimse gibt es auf jeder Achteckseite nur 2 Konsolen, die in ihrer Gliederung sämtlich gerade, also senkrecht und parallle zu den Grundflächen entwickelt sind. Die Achtseitflächen haben keine Zwischenpilaster, die einfachen Rundbögen sitzen unmittelbar zwischen den abgefasten Eckpilastern und den flachen Kreuzbalken in Relief. In dem inneren zentralen Mauerkern sind Buddhafiguren in Nischen sichtbar. Sicherlich führt auch in diesem Kern eine Treppe empor. Die Aufmauerung der Bekrönung 4 wird hier deutlich, das Mauerwerk über dem obersten Gesims fällt wie ein Zeltdach gegen den herausragenden Stumpf, aus ihm wächst eine richtige Krone aus 8 riesigen Blättern auf den Ecken, darüber ein Gesims aus Ringen und die Feuerperle. Da die früheren Dachkränze aus Holz- und Ziegeldecken zwischen den massiven Gesimsen völlig verschwunden sind, so ist die Kernkonstruktion gut zu erkennen. Die Aufmauerung über den Hauptgesimsen ist schräg und glatt hochgeführt, sie diente als Unterlage für die Ringdächer, deren Sparren in ausgesparten Löchern des Mauerwerks eingelassen waren, die Löcher hat man später offenbar zugesetzt, die Ringdächer nicht mehr erneuert. Der Sockel, der unterhalb der ersten sichtbaren Geschosses folgen muß, ist nicht erkennbar, darum läßt sich über dessen Ausbildung nichts aussagen. Der gewaltige Eisenbuddha in einiger Entfernung vor der Pagode ist wohl der letzte Rest einer umfangreichen Klosteranlage. Der Turm, den man hier nach seiner Grundform ohne den Zusatz der Dachringe beurteilen kann, setzt in den Geschossen nur wenig ab, verjüngt sich darum nur mässig, wirkt aber durch seine Schlankheit und durch die sehr guten Verhältnisse äußerst elegant. Er reiht sich würdig in diese besondere Gruppe der Stockwerk-pagoden, die aus dem Tienninggedanken sich entwickeln.

tip169 Pagode bei Changxindian 長辛店 (Hebei) 1931

4. Die Pai t'a von Suiyüan 綏遠白塔

Die Pagode Pai t'a in der heutigen Provinz Suiyüan wurde erbaut am Beginne der tartarischen Dynastie Kin 金 noch unter dem eigentlichen Begründer dieser neuen Dynastie, Kaiser T'ai Tsu 太祖, 1115–1125, während seiner Regierungsperiode T'ien Fu 天輔, 1118–1123. Das Baudenkmal ist im wesentlichen noch in der ersten Gestalt erhalten und darum von außerordentlicher Bedeutung für unsere Kenntnis der Tienningpagoden unter den Liao und Kin, insbesondere für die Weiterleitung des Baustils in die Form der Stockwerkpagode. Auf meiner jüngsten Reise durch China hatte ich Gelegenheit, im Oktober 1934 diese Pagode aufzufinden und genauer aufnehmen zu können. Eine eingehende Behandlung auch an dieser Stelle ist darum gerechtfertigt, nachdem ich bereits in der *Ostasiatischen Zeitschrift* Jahrgang 24 Heft 6 von 1938 einen ausführlichen Aufsatz über die Pagode veröffentlichte, in der auch einige Reiseeindrücke wiedergegeben wurden. Hier mag die etwa gleiche Darstellung noch ergänzt werden durch eine weitere Folge von Bildern, doch auch durch die aufschlußreichen geschichtlichen Zusammenhänge, deren Würdigung gerade bei dieser Pagode besonders am Platze ist.

Geschichtliche Stellung

Die Erbauung der Pai t'a fällt in die entscheidende Zeit der Beherrschung des nördlichen China durch die tartarischen Dynastien, insbesondere aber in die Zeit der Machtübernahme durch den jung aufstrebenden Stamm der Nütschen 女真 Tartaren. Diesem Stamm sollte es beschieden sein, von 1125–1234, also länger als 100 Jahre, alles Land nördlich des Huangho und große Teile südlich davon, oft bis an den Jangtse heran, zu beherrschen. Die vorausgegangene Liao 遼 Dynastie aus dem Stamme der K'itan 契丹 Tartaren hatte über 200 Jahre von 936–1125 ihr nördliches Reich in der Mandschurei und nördlichen Mongolei bis südlich einschließlich Peking aufgerichtet. Mit ihrem letzten Kaiser T'ien Tscha 天祚 erreichte sie 1125 ihr Ende, sie unterlag dem Ansturm ihrer Stammesnachbarn, eben der Nütschen-Tartaren. Deren Führer Akuta, schon seit 1100 durch seinen Vater auf den Abfall vorbereitet, sagte sich 1114 von der Führung durch die Liao völlig los, schuf ein eigenes Reich Kin 金 und legte sich 1115 den Namen Kaiser T'ai tsu 太祖 zu. In den folgenden Jahren eroberte er alle 5 Hauptstädte der Liao, noch in seinem letzten Regierungsjahre 1122 auch die Südliche Hauptstadt der Liao, als die neben dem heutigen Peking auch das östlich gelegene Yungp'ing 永平 oder Lulung 盧龍 angegeben wird sowie die Westliche Hauptstadt Tat'ung 大同. Alles das geschah in seiner 2. Regierungsperiode T'ien Fu 天輔 1118–1122. Sein Nachfolger T'ai Tsung 1123–1134 zwang 1125 die Liao zur Abwanderung nach dem Fernen Westen und gründete im

gleichen Jahre die neue Dynastie Kin 金, die ebenso wie die vorausge-
gangene Dynastie der Liao, in der chinesischen Geschichtsschreibung für das
nördliche China offiziell anerkannt ist. Gleichzeitig breitete T'ai Tsung seine
Macht nach Süden aus, zertrümmerte die Sung, die noch in K'aifeng saßen.
Doch schon 1127 verlegten diese ihren Regierungssitz von dort zuerst nach
Yangtschou, gerade noch nördlich des Jangtse, danach aber weiter südlich
jenseits über den Jangtse nach Hangtschou. Damit beginnt, noch im gleichen
Jahre 1127, die Regierung der Südlichen Sung. K'aifeng wurde alsbald die
Südliche Hauptstadt der Kin, unter dem Namen Pien king 汴京.

Doch noch bevor die Liao endgültig überwunden waren, hatte der erste
Kaiser T'ai Tsu seine Macht bereits bis zum Nordknie des Huangho vorgetra-
gen in das Gebiet von Suiyüan, wie auch die heutige neue Provinz in der
Mongolei heißt. Dabei bediente er sich der Mitwirkung der tangutischen Si
Hia 西夏, die innerhalb des Nordknies des Huangho und westlich davon, im
Gebiet der heutigen Ordos-Mongolen, einen kraftvollen Staat gegründet
hatten. Nun wurden sie Vasallen der Kin, erlagen 100 Jahre später dem An-
griff von Dschingis Khan und wurden noch später unter Kublai Khan in das
Chinesische Reich voll eingegliedert. In der Zeit, mit der wir es hier zu tun
haben, müssen die Kin bei ihrem Vorrücken damals die nordwestlichen
Gebiete, jenseits der Äußeren Großen Mauer, wo heute die mongolische
Bahn läuft, sich fest unterworfen haben. Die entscheidende Steininschrift zu
unserer Pagode Pai t'a und die Chronik beziehen, wie wir erkennen werden,
jene Teile in den Herrschaftsbereich der Kin unter der Periode T'ien Fu
1118–1123, ein. Sie waren immer   mongolische Außengebiete gewesen,
wurden aber in den späteren Zeiten mehr und mehr eingegliedert und gehörten gegen Ende der Ts'ing Dynastie sogar völlig zur Provinz Schansi. Erst
mit der Neueinteilung des modernen China wurde dieser Teil zu der neuen
Provinz Suiyüan 綏遠 geschlagen.

Die Pai t'a 白塔 Weiße Pagode steht in der weiten mongolischen Steppe
etwa 40 li oder 22 Kilometer östlich der heutigen Provinzhauptstadt, die nach
der Provinz heute selber Suiyüan heißt. Diese Stadt wurde indessen erst unter
dem früheren Mandschukaiser T'ai Tsung 太宗 im 6. Jahre der Periode T'ien
Ts'ung 1632 gegründet, also noch vor Beginn der Mandschuherrschaft in
China 1644. Nach dem Vorbild von Peking wurde sie mit Mauern und
Türmen als Verwaltungssitz ausgebaut und wird darum heute auch gerne als
Klein-Peking bezeichnet. Die eigentliche alte Handelsstadt blieb Kueihua 歸
化, das nur etwa 2 km südwestlich von Suiyüan liegt und durch eine Reihe
berühmter Lamaklöster sowie durch eine fünftürmige Pagode ausgezeichnet
ist. Beide Städte bilden also eine Doppelstadt und werden zusammen bezeichnet als Kueisui 歸綏.

tip174 Suiyuan, Baita 綏遠白塔 Ansicht der Pagode mit Umfassungsmauer
von SSW.

Diese Gegend gehörte einst zur Präfektur Shopingfu 朔平府, heute Yo yü
右玉, in dessen Chronik auch die Pagode erwähnt sein soll. Leider war diese
Chronik mir bisher nicht zugänglich.

tip175 Suiyuan, Baita 綏遠白塔 Wanderung über die Steppe zur Pagode

Die Pagode

Seit Ende 1921 verbindet die mongolische Bahn Peking über Kalgan und Tat'ung 大同 mit Suiyüan, in einer Gesamtlänge von 652 km. Sie wurde später noch verlängert bis Patou, unmittelbar am Nordknie des Gelben Flusses Huangho. Von hier aus erreichte ich, begleitet von meinem Assistenten Dr. Hsia Tschang-sie 夏昌世, mit der Bahn auf der Rückreise über Saratsi am Abend des 23. Oktober zur pünktlichen Minute Kueisui. Die Haltestelle heißt Suiyüan, man wohnt aber in einem recht neuzeitlichen chinesischen Hotel in Kueihua. Es waren die bitterkalten Tage des frühen mongolischen Winters.

Mit einigen Hinweisen, die wir am nächsten Tage vom Kreisbeamten aus seiner neubearbeiteten, nur erst handschriftlich vorhandenen Chronik erhielten, brachen wir am frühen Morgen des 25. Oktober zur Aufnahme der Pai t'a auf. In halbstündiger Fahrt auf der Eisenbahn erreichten wir die Haltestelle zur Weißen Pagode, dann ging der Marsch eine Stunde lang nach Südosten über die unabsehbare Steppe, selber schon ein Hochplateau etwa von 1000 m Höhe. Im Norden begleitete uns die ferne Wand der Yin schan 陰山, Nordberge, dahinter erhebt sich ein neues Plateau etwa von 1500 m Höhe. Dort ziehen heute noch mongolische Stämme unstet umher und haben als feste Punkte nur etliche große ausgebaute Klosterstätten, unter denen Pei le miao 貝勒廟, auch Pai ling miao 白靈廟 geschrieben, zu den bekanntesten gehört.

Auch die Pagode vor der wir nun standen, muß zu einem ähnlichen ausgedehnten Klosterbezirk gehört haben, denn darauf deutet ein gewaltiges Rechteck, das südlich der Pagode in den Umrissen gerade noch zu erkennen ist.

Etwa eineinhalb Kilometer weiter im Osten wurden die einfachen Gebäude des Dorfes Pai t'a ts'un 白塔村 sichtbar. Dort hielten wir später Mittagsrast, inmitten von Bauern, echten Chinesen, jedoch mit nördlichem, ja mongolischem Einschlag. Das Dorf bildet den Überrest der damaligen Kreisstadt Fuminhsien 富民縣, die unter der Dynastie Liao 遼 schon vor 1120 erbaut war, mit einem Umfange von 5 li oder 3 km. Sie gehörte damals zum Bezirk Feng 豐, ist jedoch als Stadt längst aufgegeben. Als Überreste der alten Stadt steht dort, nach dem chinesischen Reiseführer, ein Schriftstein vom früheren Kloster Ta ming sze 大明寺 aus der Periode Kin T'ien Fu 金天輔 1118–1123. Der Stein stammt von Tschang Kien-tschung 張建中 aus Yüntschung 雲中, einer alten Bezeichnung für Tat'ung 大同 oder Westliche Hauptstadt der Kin 西京. Zu ihrem Bereich gehörte auch der Bezirk Feng jenseits der Großen Mauer. Die Inschrift ist fast verwittert. Aus dieser Zeit stammt, wie wir sehen werden, auch die Pagode selbst.

tip176 Suiyuan, Baita 綏遠白塔 Ansicht der Pagode von SO. Lotossockel, 1. und 2. Hauptgeschoß mit Figuren, 5 obere Geschosse. Heutige Höhe 46,0 m, einstige Gesamthöhe vermutlich etwa 56,60 m.

Groß war meine Spannung gewesen auf die architektonische Durchbildung der Pagode und auf ihre nächste Umgebung. Schon aus weiter Ferne war deutlich zu erkennen, daß die Geschosse nur ganz wenig abtreppen, und daß der Umriß nur geringe Verjüngung zeigt. Der massige Eindruck wird noch unmittelbarer in der Nähe, weil hier keine Baulichkeiten mehr vorhanden sind und heute jeder Maßstab fehlt. Doch einst hatte die Pagode offenbar den nördlichen Endpunkt einer ausgedehnten Klosteranlage gebildet, die sich südlich anschloß. Deutlich erkennt man hier im Süden eine ganz niedrige Umwallung, als Rechteck etwa von hundert Metern Breite und einigen hundert Metern Länge, wohl die letzten Reste der ehemaligen Umfassungsmauer. Doch die früheren Baulichkeiten sind völlig verschwunden, alles Land innerhalb und außerhalb der Umwallung ist eingeebnet und bestellter Acker. Dagegen ist noch erhalten die unmittelbare Einfriedigung der Pagode, eine 2 m hohe Umfassungsmauer aus Ziegeln und Lehm mit einer Seitenlänge von 56 m im Quadrat und mit einer Türöffnung im Süden schließt den abgesonderten Bezirk ab, in deren Mittelpunkt die Pagode steht. Diese Anordnung erinnerte mich sofort an den gleichen Plan der großen Tienningpagode im einstigen Kloster T'ien ning sze 天寧寺 vor der Südwestecke von Peking, und bald zeigten sich in der Architektur des Turmes jene bestimmten Merkmale, die auf die Pagode von Peking, nach der ich die Gruppe der Tienningpagoden benannt habe, als das unmittelbare Vorbild hinwiesen.

Und zwar ist es die gewandelte Gestalt der Stockwerktürme, die uns hier als Nebenform der Tienningpagoden in klarer Weise entgegentritt und mit den anderen Beispielen dieser Gruppe völlig gleich läuft, trotz etlicher Unterschiede. Einige wesentlichste Merkmale finden sich auch hier, nämlich der Sockel als Losanathron, sowie die hervorragende Ausbildung der beiden untersten Geschosse, ihr Schmuck mit Bodhisattvas und Wachtgottheiten zwischen Ecksäulen mit Drachen.

Texte

An chinesischen Texten zur Pagode kenne ich nur die beiden, die eingangs genannt wurden. Ihr Inhalt ist zudem spärlich, bringt aber die entscheidende Jahreszahl. Die große Beschreibung der Provinz Schansi, *Schansi t'ung tschi* 山西通志[2], erwähnt die Pagode scheinbar überhaupt nicht. Eine andere, kleinere Geschichte, die sich *Schan si tschi ki yao* 山西志輯要[3] nennt, bringt nur kurze Angaben und nichts Neues gegenüber den Texten, die hier in Übersetzung folgen. Nr. 1 ist der Text zur Rechten, Nr. 2 der Text zur Linken.

---

2   *Shanxi tongzhi*, zahlreiche Ausgaben und Nachdrucke.
3   *Shanxi zhi jiyao*. 10+1 juan. 1780. Verf.: Yade, Wang Benzhi 雅德, 汪本直.

1. Textauszug aus der handschriftlichen Chronik des Kreises Kueihua.

Unterhalb der berühmten Pai t'a steht im «Steinernen, wohlduftenden Pavillon» auf eine Säule eingegraben die Inschrift: Kin-Dynastie Periode T'ien Fu (1118–1123). Im Osten des Ting (Bezirk) gibt es die alte Stadt Feng tschou, dazu gehört das Dorf Pai t'a ts'un. Nach der Chronik von Shop'ingfu bezieht sich die Inschrift T'ien Fu in einer Steinsäule des Klosters zur Weißen Pagode auf die Hua yen king t'a (Pagode des Hua yen Sutra).

錄歸化縣志

名白塔下有石香亭柱刻金天

輔年號在廳東故豐州城即白

塔村朔平府志華嚴經塔亦白

寺石柱題字天輔中立

塔東南七里塔周三十六步

在站北日記云十七日行四十

高七層遠望如匹練垂空不見

巚際登臨眺望目窮千里張鵬

翩漠然內藏篆書華嚴經萬卷

里有廢土城周圍天寅寺為台有

浮屠七級高二十丈蓮花寺台

砌人物斗栱嵌金世宗

更人物仍返原處麾土寸云

抬級而上可以登頂嵌金

時閱經人姓名漢字蒙古登

二層取有喇嘛經二葉橫書蒙古

字無有識者仍返原處麾

許者數枚剝之或麥古

是念佛所供入塔內者行數

步有念佛所供

均頹敗井甘列今塔巚存四壁

存在云不可登惟聞華嚴經尚

tip173 Chinesische Texte zur Baita von Suiyuan 綏遠白塔

2. Text über die Pai t'a im Reiseführer der Peking-Suiyüan Bahn.

Die Pagode steht 7 li östlich vom Bahnhof, sie hat 36 pu Umfang (1 pu = 1 Doppelschritt = 1,50 m, also insgesamt 54 m Umfang, was ungefähr zutrifft auf den Umfang, in Höhe der Brüstung gemessen) und 7 Geschosse. Aus der Ferne erscheint sie wie ein entrollter Tuchballen, der in der Luft hängt. Eine Spitze ist nicht erkennbar. Hält man von oben Ausschau, so blickt das Auge ohne Ende über 1000 li. Tschang P'engko[4] schreibt in seinem Tagebuch aus der nördlichen Mongolei: Am 17. Tage reisten wir 40 li und fanden einen verfallenen Erdwall im Umkreis von 5 *li*, daneben eine Pagode von 7 Geschossen, 20 *tschang* hoch (= 60 m, ist zu hoch gerechnet) mit einer Lotosterrasse. Angebracht sind Menschenfiguren und Konsolgesimse. Im Vergleich mit den anderen chinesischen Pagoden von Tienning-Klöstern ist sie

---

4 Üblichere Lesung: Zhang Penghe 張鵬翮, 1649–1725, hier ist wohl *Fengshi Eluosi ...* (enthalten im Baibu congshu) gemeint.

noch prächtiger. Im Inneren ist aufbewahrt das Hua yen Sutra in Siegelschrift.
10.000 Bände. Man kann hinaufsteigen bis zur Spitze. Auf Tafeln, die in die
Wände eingelassen sind, stehen die Namen der Leute, die unter Kin Schi-
Tsung (1161–1190) diese Sutren studiert haben, alles in Han-Schrift im Stil
Ping tschang. Ich stieg hinauf zum 2. Geschoß und ergriff 2 Blatt querbe-
schriebene Blätter in mongolischer Schrift. Niemand konnte das verstehen,
ich legte sie wieder zurück auf ihre Plätze. Es gab da auch eine ganze Anzahl
von Tonpagoden, nur wenig über 1 Zoll groß. Beim Durchschneiden erschienen Körner aus Weizen und Reise. Man sagt, sie wären als Weihgaben
für Gebete zu Buddha hier im Inneren der Pagode dargebracht. Etliche Doppelschritt (neben der Pagode?) gibt es einen Brunnen mit süßem kaltem
Wasser. Jetzt steht die Pagode noch prächtig da. Die 4 Wände aber sind stark
beschädigt, man kann nicht hinaufsteigen (?vielleicht meint er die unteren
Wände des Sockels. Der Sinn ist unklar, da er doch im Inneren die Pagode
für besteigbar erklärt.) Das Hua yan Sutra soll dort noch vorhanden sein.

Leider bleibt unbekannt, wann der Reisende die Pagode besuchte, auf
welche Zeit also seine Beobachtungen des damaligen Zustandes sich beziehen. Wie jene große Ausgabe des berühmten Sutra Hua yan king, die er nicht
gesehen hat, damals in der Pagode selber untergebracht gewesen ist, kann
man sich schwer vorstellen. Dafür war kaum genug Raum vorhanden, und
eingemauert nach Art von Reliquien, etwa im Unterbau, können sie auch
nicht gewesen sein, weil das allem Brauch widersprochen, auch ihre Benutzung unmöglich gemacht hätte. Sicher aber war das berühmte Exemplar
einst die Veranlassung für die Erbauung der Pagode gewesen und vorher
vielleicht in einem unmittelbar benachbarten Bibliotheksturm des jetzt verschwundenen Klosters untergebracht, die Pagode hat danach den Namen
erhalten, der auf ihrer Südseite in einer Tafel verzeichnet ist.

Eine gewisse Möglichkeit für die Unterbringung bestand darin, daß die
Bände in den inneren, heute leeren Nischen der Umgänge in den einzelnen
Geschossen aufgestapelt waren, vor allem aber in der auffälligen obersten
Kapelle. Es wird gelegentlich berichtet, daß Heilige Schriften in derartigen
höchst gelegenen Kapellen von Pagoden aufbewahrt waren. Ein berühmtes
Beispiel ist die Große Wildgans-Pagode Ta yen t'a 大雁塔 bei Tsch'angan-
Loyang. Dort legte Hüan Tsang in den ersten Bau der Pagode, der aus dem
Jahre 654 stammte, in den einzelnen Geschossen und in einer höchsten
Kapelle, die mit einer Kuppel aus Stein versehen war, Reliquien und Schriften nieder, und in jener Kapelle wurden auch kaiserliche Schrifttafeln aufgestellt. Das wäre eine gewisse Parallele zu unserer Pai t'a. Sollten die Bände
hier wirklich in den Nischen der einzelnen Geschosse verteilt gewesen sein,
so wäre das eine innere Begründung für Anlage der merkwürdigen Doppeltreppe, die hier noch näher beschrieben wird, und für die eingemauerten

Steine mit den Namen der Besucher und Leser des Sutra etwa sechzig Jahre nach Erbauung der Pagode.

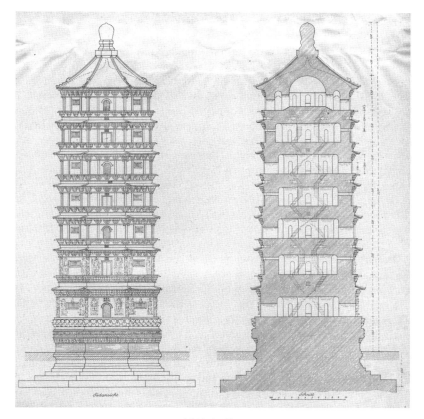

tip180 Suiyuan, Baita 綏遠白塔 Aufriß und Querschnitt

Unmittelbar südlich der Pagode steht eine Steintafel mit abgeschrägten oberen Seitenkanten und mit einer längeren, stark verwitterten Inschrift, die nicht zu verwerten war. Dieser Stein kann kaum identisch sein mit der Säule, deren Inschrift in der vorläufigen Chronik von Kueihua erwähnt ist, denn diese sollte in einem Pavillon angebracht gewesen sein.

Eher könnte der Schriftstein identisch sein mit dem erwähnten aus dem Kloster Ta ming sze. Denn dieses Kloster soll zwar in der erwähnten Stadt Pu min hien, dem heutigen Dorf Pai t'a ts'un gelegen haben, doch bei der geringen Entfernung zwischen Dorf und unserer Pagode mit ihrem zugehörigen, heute verschwundenen Kloster könnte die Angabe auch auf diese zutreffen, und wir hätten also hier das Kloster Ta ming sze zu suchen.

Beschreibung der Pagode

Unterbau. – Inmitten der quadratischen Einfriedigung schießt die achtseitige Pagode heute unmittelbar aus dem Erdboden mit einem kurzen, glatten Rumpf von 6,30 m Seitenlänge und 1,40 m Höhe. Dieser Stumpf schließt ab mit einem reich ausgebildeten Kranz kräftiger Gliederungen, durchweg in Ziegel und Terrakotta. Man unterscheidet 2 Hauptteile, einen unteren aus Konsolgesims und Brüstung mit doppeltem Fries, einen oberen aus 3 Reihen Blättern der Lotosblüte, auf deren Plattform das 1. Hauptgeschoß aufsetzt. Das Konsolgesims, in der vollen frühchinesischen Form der Sungzeit, zeigt zwischen den vielfältig und diagonal überschnittenen Eckkonsolen auf jeder Achteckseite 3 klare Konsolgruppen in 2 Lagen. Die unteren seitlichen Arme laden einfach aus, die anderen doppelt, sie sind als knappes Relief vor die Fläche gesetzt. Die Stirnkonsolarme ragen nur wenig vor die Fronten, ihre Ausladung wird vergrößert durch obere kleine Holzsparren, zwischen denen ein durchlaufender Abakus aus Ziegel zugleich das Fußglied der Brüstung bildet.

Diese ringsumlaufende Brüstung besteht aus 2 horizontalen Friesen, deren jeder auf jeder Achteckseite in 4 Felder geteilt ist, im unteren Fries durch glatte, im oberen Fries durch gegliederte und profilierte kleine Pilaster. Die Teilung ergibt in jedem Fries ringsum 32, zusammen also 64 Felder. Die Felder des unteren Frieses sind ausgefüllt durch ein Gitterwerk oder Maßwerk in Relief: horizontal fortlaufende, unten und oben ausgeklinkte Bänder und senkrechte, gewinkelte sind so gekreuzt und ineinander verschlungen, daß als Hauptmuster das Svastika entsteht, und zwar entweder in gleicher Drehung, oder in symmetrischem Wechsel von linker und rechter Drehung. Dabei tritt auch das einfache Kreuz vielfach auf. – In die Felder des oberen Frieses sind mittlere Reliefplatten in Ton eingefügt, hervorragend schöne und lebendige Darstellungen, Früchte oder Blüten, unter denen sich die prächtige Päonie oft wiederholt, ferner Tiere, Drachen und verschiedene Symbole. Die Wirkung dieser Reliefs wird ergänzt durch andere kleine Reliefplatten zwischen den unteren Konsolen, ebenfalls mit lebhaftestem, fast naturalistischem Rankenwerk, dennoch geschlossen und gebändigt durch die benachbarte strenge Architektur.

Diese Meisterwerke einer frühen chinesischen Ornamentik fordern heraus zu ihrer baldigen, gründlichen Aufnahme und Veröffentlichung. Das gilt in noch höherem Maße für die figürlichen Reliefs in den beiden Hauptgeschossen, die im folgenden noch näher betrachtet werden. Ich war durchaus nicht darauf vorbereitet, an der Pai t'a derartige hochkünstlerische Skulpturen zu finden, und bedaure es heute lebhaft, daß ich mich weder mit der Zeit noch durch Mitnahme meines Plattenapparates hatte einrichten können, hier die erforderlichen umfassenden Aufnahmen zu machen.

tip182 Suiyuan, Baita 綏遠白塔 Ostseite

Über der formfreudigen Brüstung folgt, nur durch eine glatte Stufe getrennt, die dreifache Reihe der gewaltigen Lotosblätter, aus Formsteinen in
Ziegelschichten gemauert, die einzelnen Blätter schachbrettartig versetzt und
deutlich von einander getrennt. Die Blätter der drei Reihen nehmen von unten
nach oben an Mächtigkeit zu. Die kleineren Blumenblätter der untersten Lage
ruhen auf schmalen Kelchblättern. Über den mittelgroßen Blättern der Zwi-
schenreihe folgen in der obersten Reihe die riesengroßen Blätter, zwischen
denen die Fäden und Knötchen der Fruchtblätter sichtbar werden. Die Zahl
der Blumenblätter beträgt auf jeder Achteckseite 5 – 6 – 5 = 16, auf allen
Seiten also zusammen 8 x 16 = 128. Dazu kommen auf den 8 Ecken je 2 = 16
Blätter, insgesamt also 16 x 9 = 144 Blätter. Die Zahlen, die hier wie an
anderen Stellen dieses Berichtes in Ziffern gegeben sind, entsprechen sämtlich wichtigen Kategorien der buddhistischen Lehre, die unter anderen auch
im Sutra Hua yen king niedergelegt sind.

tip184 Suiyuan, Baita 綏遠白塔 Süd und Südost

Diese gewaltige Lotosblüte ist die spirituelle Welt, aus welcher der Buddha und sein Sinnbild, die Pagode, über der obersten Blattreihe erwachsen,
um der Menschenwelt das Heil zu bringen. Es ist der Lotosthron, Lien hua
tso 蓮花座, oder direkt genannt der Hü mi tso 須彌座 der buddhistische
Weltenberg Sumeru als Thron des Buddha und seiner besonderen Erschei-

nungsform des Losana Buddha, Lu sche na 盧舍那, der die Offenbarung verkörpert für die Gemeinde der Mönche und schließlich auch der Menschen. Über diesem Sinnbild des Berges Sumeru, als einer der zahllosen buddhistischen Welten, ragt als Sinnbild der Weltachse die Pagode empor, in unserem Falle mit 7 Geschossen, jedes Geschoß abgedeckt durch ein Konsolgesims mit Bedachung. Diese 7 achtseitigen Dächer können in Beziehung gesetzt werden zu den 7 konzentrischen Kreisen aus Bergen, den Kin ts'i schan 金七山, die in jedem buddhistischen Universum die Mitte umgeben, doch bei der Pagode natürlich nach der Höhe angeordnet sind. Die beiden untersten Geschosse wurden, wie schon vermerkt, als Sanktuarium kenntlich gemacht durch paarweise Anordnung von Wachtgottheiten und Bodhisattvas an den Türen und Fenstern.

Sofort erkannte ich die weitgehende Übereinstimmung mit der Pagode von T'ien ning sze 天寧寺, dem Kloster des Himmlischen Friedens bei Peking. Dabei störten mich nicht die Verdoppelung des Sanktuariums oder der fremdartige Oberbau des Turmes in reinen Stockwerken. Es war ersichtlich, daß diese Pai t'a, die zwischen 1118 und 1123 etwa 70 Jahre nach dem Neubau der alten Sui-Pagode bei Peking im Jahre 1048, errichtet worden war, ihr Vorbild weitgehend wiederholt und die Besonderheiten des Tienningtyps noch deutlicher erklären hilft.

Die Zusammenhänge liegen noch tiefer. Offenbar sollte die Pai t'a für das heutige Kueihua, das unter den Kin zum Gau der Westlichen Hauptstadt Ta t'ung gehörte, ein ähnliches machtvolles Symbol darstellen, wie es die alte Tienningpagode bei Peking war, die unter der vorhergegangenen Dynastie der Liao 遼 neu erstanden war in neu erfundener, zugleich vollkommener Form und in prächtigster Gestaltung, überdies für das religiöse Fengschui der Hauptstadt von Bedeutung war. Mit dieser Absicht stimmt überein, daß die Stadt Kueihua zu der 22 km östlich von ihr stehenden Pai t'a als Gegenstück eine andere Pagode im Westen aufweist, die geomantisch beide in Beziehung zu setzen sind. Der schon erwähnte Auszug der Geschichte von Schansi nennt an erster Stelle eine Pai t'a 白塔 ebenfalls 40 li oder 22 km von der Stadt entfernt, aber auf der Westseite, erbaut unter Schun tschi 9. Jahr, also 1652. Auffällig ist es, daß der Bau dieser westlichen Pagode in eine Zeit fällt, in der zu Beginn der neuen Mandschuherrschaft die Macht Chinas bald wieder mit erhöhtem Nachdruck nach Westen in die Mongolei vorgetragen wurde. Schon der folgende Kaiser, in seiner Regierung Kang Hi, führte in den Kämpfen mit dem Dsungarenfürsten Galdan oder Ko örl tan 噶爾丹 in den Jahren 1680–1695 wiederholt persönlich seine Truppen ins Feld und besetzte gerade dieses Gebiet durch Militärlager. Weitere Angaben über jene Pagode fehlen, auch erfuhr ich damals in Kueihua nichts von ihr. Sie muß aber schon früher erbaut worden sein, um die religiöse Bewahrung der Stadt und vor allem der 1632 gegründeten Doppelstadt Kueihua-Suiyüan zu ergänzen. In ähnlicher Weise waren das alte Peking, auch das alte Mukden, sogar durch 4 Pagoden nach den 4 Himmelsrichtungen religiös geschützt. Ich vermute aber, daß selbst diese westliche Pai t'a vor Kueihua schon eine Vorgängerin gehabt haben muß, die aus der Zeit der Kin stammte und schon damals das geomantische Gleichgewicht mit der östlichen bildete. Wegen ihrer Abgelegenheit sind beide Pagoden bisher kaum bekannt geworden.

tip187 Suiyuan, Baita 綏遠白塔 SW

Was nun wieder den Sockel anlangt, der die unmittelbare Gedankenverbindung mit der Tienningpagode in Peking und mit ihrer Bedeutung herstellte, so war es nun nicht mehr schwer, den auffällig kurzen und glatten Schaft zu deuten, mit dem die Pai t'a stumpf aus dem Erdboden sich erhebt. Offenbar waren seine Flächen nur behelfsmäßig, wohl bei einer letzten Instandsetzung, mit Bruchstein, scharfen Mörtelfugen und Kalkputz verkleidet worden, auf die wahre frühere Gestalt wiesen unter dem Konsolgesims Reste von Architekturteilen hin. Die anderen waren beseitigt worden, ähnlich wie Teile der verschwundenen Brüstung durch glatte Ziegelflächen und Putz ersetzt worden waren. Also mußten wichtige Bestandteile des Sockels weiter nach unten einst vorhanden gewesen sein.

Erst viel später, bei dem Vergleich der ausgeführten Zeichnungen in meiner Werkstatt, ergab es sich, daß die beiden Pagoden von Kueihua und Peking gerade in ihren Sockeln weitgehend übereinstimmten. Selbst die Maße sind nicht sehr verschieden. Der Durchmesser in Brüstungshöhe beträgt 16 m in Kueihua, gegen 17,40 m in Peking. Es war kein Zweifel, daß man den gesamten, in Kueihua schon verschwundenen Unterbau im Sinne von Peking ergänzen mußte. Diese Ergänzung ist in Ansicht und Schnitt angedeutet und ergibt eine ähnliche Gliederung in Friese und Profile wie in Peking. Auch die untersten Stufenplatten, ein altes chinesisches Motiv mit der Bezeichnung Han schi kie ki 漢式階基 Stufensockel aus der Han-Dynastie, dürfen nicht fehlen mit Rücksicht auf Standsicherheit und baukünstlerische Wirkung des Turmes. Durch einen solchen Unterbau, dessen Durchbildung im einzelnen offen bleibt, der aber mit der Höhe von 5,40 m über dem jetzigen Gelände früher eine Gesamthöhe von 10,75 m besessen haben muß, erhält der Turm erst seinen wahren Gleichklang. Der unsichtbare Teil steckt in einer Tiefe wohl bis zu 5,35 noch in der Erde, und man mag ausrechnen, daß seit 1120 das Gelände um ebensoviel aufgehöht wurde. Diese Tatsache dürfte für die geologische Geschichte jenes Gebietes der Mongolei nicht unwichtig sein. Genaueres müßte durch Grabung festgestellt werden, das Ergebnis wäre lohnend.

Innerer Aufbau der Pagode. – Die Treppen im Inneren erlaubten eine Besteigung und Vermessung des Turmes durch alle 6 Geschosse bis zum Kapellenraum im 7. Geschoß. So sind die Hauptmaße gesichert, die Konstruktion wird ganz deutlich. Am auffälligsten ist es, daß ein rechter Zugang zum 1. Hauptgeschoß überhaupt fehlt, man ist gezwungen, eine Leiter zu benutzen, die wir aus dem nahen Dorf herbeischaffen ließen. Auf dieser Leiter, dann über die Lotosblätter selbst stiegen wir hinauf zur Türöffnung im Süden. Niemals hat es ein anderes Mittel gegeben. Alte Berichte betonen ausdrücklich, daß gewisse Pagoden nur mit Leitern zu ersteigen waren. Seit Anbeginn mögen viele Tausende von Besuchern auf diese Weise zu unserer Pai t'a hinaufgegangen sein, davon zeugen in der Frontachse die beschädigten Lotosblätter, in die richtige Stufen hineingetreten sind.

Diese ideelle Unnahbarkeit des Lotosthrones für Menschen findet sich gerade bei den Hauptbeispielen des Tienningtyps. Indessen sind uns bereits etliche Fälle bekannt, in denen massive Treppen von außen hinaufführen und Brüstung wie Lotoskranz durchbrechen. Bei der Ts'ien fo t'a 千佛塔 1000 Buddha Pagode, bei der Geschoßpagode im Pai t'a yüan 白塔院 bei Ihien 易縣 und bei der Pagode vom T'ien ning sze 天寧寺 bei Tschangte-Anyang 彰德安陽 im nördlichen Honan führen noch heute solche steinerne Treppen steil empor, auch bei der Pagode in Tschohien 涿縣, ebenfalls einem Stockwerkturm mit Tienningsockel, scheint es der Fall zu sein. Im allgemeinen aber bedürfte es der Leitern, wie bei unserer Pai t'a. Und doch befindet sich hier im Inneren eine massive Doppeltreppe.

tip185 Suiyuan, Baita 綏遠白塔 NO

Der innere Aufbau der Geschosse ist klar und in bester Technik, dabei äußerst standsicher durchgeführt. Jedes Geschoß besitzt einen inneren, tonnengewölbten oder mit Kragdecke überdeckten Umgang, der dem achtseitigen Umriß der Pagode folgt und dessen Breite in den verschiedenen Geschossen schwankt zwischen 0,75 und 1,02 m. Der Querschnitt durch die Pagode folgt diesem Umgang und zeigt in dem mittleren leeren Raum nicht etwa Kapellen an. Dieser Umgang teilt in den Geschossen das äußere Mauerwerk, eine Art von Mantel, dessen Dicke von 2,50 m im 1. Geschoß bis zu 1,40 m im 7. Geschoß allmählich abnimmt, von dem inneren Kern, dessen Durchmesser in den oberen Geschossen ein wenig größer wird.

In diesem Kern führt eine merkwürdige, etwa 80 cm breite Doppeltreppe empor von Umgang zu Umgang. An den gegenüberliegenden Diagonalseiten in SO und NW setzen jedes Mal die einzelnen Treppenläufe mit ihren Auftritten an und führen, zweimal gebrochen, immer abwechselnd, von SO einmal nach NO, das nächste Mal nach SW. Dagegen führen die Läufe von NW einmal nach SW, das nächste Mal nach NO. So liegen auch die Austritte immer einander gegenüber in NO und SW, doch die Treppen kommen jedes Mal von einem anderen Ausgangspunkt. In solchen ständigen Wechsel scheinen die Treppenläufe einen graziösen Tanz auszuführen, als ob sie mit einander spielten. Die Chinesen nennen diese Art von Treppen darum auch Schuang lung t'i 雙龍梯 Treppen des Drachenpaares, nach dem Bilde des bekannten Symbols, in dem zwei Drachen, der männliche und der weibliche, mit der Perle der Vollkommenheit spielen: Schuang lung hi tschu 雙龍戲珠. In der Tat können 2 Personen auf diesen Treppen getrennt aufsteigen. Wenn jeder von ihnen auf dem nächsten Umgang, entsprechend dem buddhistisch vorgeschriebenen Rechtsumwandeln des Pagodenkernes oder der Heiligtümer, eine Rechtsdrehung vornimmt bis zum nächsten Antritt, so treffen sie sich erst ganz oben wieder, ohne sich vorher gesehen zu haben. Sie haben also eine Art von rhythmischem Tanz vollführt. Ähnlich ist es beim Abstieg, die zwei Personen begegnen sich nicht, doch ihre Wege überschneiden sich vielfach. Sie umwandelten einst zugleich die Sutras, die etwa in den Geschossen gelagert werden.

Vom letzten Umgang im 7. Geschoß gelangt man über einige Stufen in den Öffnungen empor zum Fußboden der 8seitigen Kapelle, die mit einer Kuppe [?] überdeckt ist. Die Kapelle, sowie die Umgänge in sämtlichen Geschossen waren leer, die Wandflächen aus Putz oder rohem Ziegel vielfach beschädigt. Nur im 1. Geschoß waren die Steintafeln, über die der chinesische Reisende berichtet, in die Wände oder in ganz flache Nischen eingelassen, eine war ausgebrochen und entfernt. An den Stellen, wo im 1. Geschoß die westliche Treppe im NW anfangen und im 2. Geschoß in SW enden sollte, befanden sich ebenfalls Tafeln und Mauerwerk. Es bleibt unsicher, ob dort die Treppe, die im Grundriß angedeutet ist, überhaupt vorhanden war, oder ob etwa die Zugänge erst später geschlossen wurden. Außerdem gibt es in den Geschossen die Nischen in den Wänden, im Erdgeschoß eine größere, in denen einst buddhistische Gegenstände, oder gar Teile des Sutra aufbewahrt gewesen sein können. Doch gegen diese Möglichkeit spricht wieder die Enge des Ganges.

Allseitig führen Öffnungen von den Umgängen nach außen, je 4 Türen in den Hauptrichtungen, je 4 Fenster in den Zwischenrichtungen. Von Türen gibt es zwei Arten. Die 14 echten, unverschlossenen Türöffnungen mit Rundbogen sind angeordnet abwechselnd in den Richtungen nach Süd und Nord,

oder nach Ost und West, die 14 Blindtüren in den gleichen Geschossen als
Ergänzung in Ost und West, oder in Nord und Süd. Die Rundbögen zeigen in
ihren Stirnbogenflächen 2 Drachen und Perle in Terrakotta, begrenzt durch
ein Bogenprofil mit Kämpfervoluten. Vielleicht waren die Öffnungen einst
mit Brüstungen aus Holzgittern versehen.

tip188 Suiyuan, Baita 綏遠白塔 Ostseite, 2. Geschoß

Über dem Scheitel des Türbogens im Süden ist eine Tafel eingelassen mit 6
Zeichen in Siegelschrift:

| 經華萬 | king hua wan | Sutra Hua Zehntausend |
| 塔嚴部 | tʻa yen pu | Pagode yen Bände [zu lesen: Wan pu Hua-yen-king tʻa] |

Die Blindtüren sind rechteckig und liegen vertieft in reich profilierter Umrahmung, sie sind konstruiert nach Art von Holztüren mit Füllungen und oberer Vergitterung, doch alles in fester Terrakotta. Die ähnliche Form der Türen,
auch in Stein, findet sich schon früher an Grabmonumenten und Pagoden der
Tʻang und Sung, und später an Kultbauten noch bis zum Ende der Mandschu.
Die Stücke an der Pai tʻa scheinen von erlesenem Geschmack zu sein. Über
den Blindtüren lassen kleine rechteckige Öffnungen zwischen hochkant
gestellten Tonplatten das Licht durch horizontale Lichtschächte bis in die
inneren Umgänge.

tip189 Suiyuan, Baita 綏遠白塔 Nordostseite, 2. Geschoß.

Die breiten Blindfenster sind vergittert durch 11 oder 9 oder 7 senkrechte Reliefstäbe nach altchinesischer Form. Zwischen den mittleren Stäben oben mündet je ein Lichtschacht zum inneren Umgang und zur Beleuchtung der gegenüberliegenden Treppenöffnung. Die Fußböden der einzelnen Geschosse führen ins Freie und laufen dort als schmale Plattformen über den oberen Konsolgesimsen rings um den Turm. So ist der innere Aufbau organisch verbunden mit der äußeren Architektur, und aus dieser Folgerichtigkeit ist auch der hohe, rein architektonische Wert des Baudenkmals abzuleiten.

Der äußere Aufbau. Die 7 Geschosse sind von einander geteilt durch 6 doppelte Gesimse, die dem Turm eine besonders reiche Wirkung verleihen. Die Höhen der Geschosse rechnen von Fußboden bis Fußboden, jedes Doppelgesims gehört zum unteren Geschoß. Daraus ergeben sich 3 Gruppen. Die beiden untersten Geschosse sind herausgehoben durch größere Höhen, das 1. mit 6,50 m, das 2. mit 5,60 m. Es folgen die 4 Geschosse 3 bis 6 mit gleichen Höhen von je 5,00 m. Das 7. Geschoß mit der Kuppel erhielt eine besondere Ausbildung durch ein einziges Abschlußgesims, über dem sich unmittelbar das Zeltdach erhob. Dieses, ursprünglich sicher mit innerer Holzkonstruktion, ist seit langem zusammengefallen und stellt heute nur noch einen Trümmerhaufen dar, eine runde Kuppe, aus der einige letzte Spitzen herausragen. Nach dem Vorbild von Peking ist dieses Zeltdach auf der Zeichnung wiederhergestellt mit 8 Graten und einer Feuerperle, Huo tschu 火珠, als letztem

Abschluß. Bis zu dieser Spitze errechnet sich die Höhe des Turmes über dem heutigen Gelände auf 51,20 m, durch Hinzurechnen des verschütteten Unterbaues auf eine ursprüngliche Gesamthöhe von 56,55 m. Danach wäre dieser Turm sogar noch höher gewesen als sein Vorbild in Peking, denn für die Pagode des Tien ning sze dort beträgt das gleiche Maß nur etwa 55, 60 m.

tip191 Suiyuan, Baita 綏遠白塔

1. Ecke WSW, Unterbau mit Mauerstumpf aus Erdboden, Konsolgesims und Brüstung, darüber Lotosblüte. 1. Hauptgeschoß mit Ecksäule, Bodhisatva und Buddha, oberes Konsolgesims.
2. 1. und 2. Hauptgeschoß mit Figuren. Aufstieg zur Haupttür im Süden über Leiter und abgetretene Lotosblätter. Das Maßband vom 3. Geschoß im Westwind ausgebogen nach Osten. Vor der Leiter Steintafel mit Inschrift.

Die Abtreppung der Geschosse ist sehr gering. Der Unterschied der Durchmesser im obersten Geschoß mit 12,50 m und im 1. Hauptgeschoß mit 14,20 m beträgt 1,70 m, mithin die wahre Abtreppung einer Seite die Hälfte davon, also nur 0,85 m. Dieser kleine Unterschied wurde aber sehr fein ausgenutzt. In überlegtem Rhythmus wechseln die einzelnen Absätze: 30 cm über dem 1. Geschoß, je 10 cm über den Geschossen 2 bis 5, und 15 cm über dem 6. Geschoß. Dieser Kunstgriff ließ das untere Hauptgeschoß als bedeutend hervortreten und brachte im 7. Geschoß die leise Vorbereitung auf den Abschluß.

Das strenge und gleichmäßige Motiv der Türen und Fenster, die gleichwohl in sich wechselnde Formen zeigen, bestimmt die Architektur der Flächen. Als Gegengewicht gegen die starken Horizontalen der Gesimse bringen feine Lisenen an den Ecken und neben den Öffnungen die vertikale Note in das Bild. In den beiden Hauptgeschossen 1 und 2 werden die Lisenen ersetzt durch figürlichen Schmuck.

tip192 Suiyuan, Baita 綏遠白塔 Vom Unterbau: Konsolgesims und Brüstung mit reichem Rankenwerk, alles in Terrakotta.

Die Doppelgesimse bestehen jedes aus einem kräftigen, in sich wieder verdoppelten unteren Simskranz mit reichem Konsolgesims und Ringdach und aus einem oberen, vereinfachten Konsolgesims mit der erwähnten Abdeckplatte. Den unteren Hauptteil des Simskranzes bildet ein machtvolles Konsolgesims in 3 Lagen von Kragarmen, die genau wie am Sockel aus den Ziegelschickten herauskonstruiert sind. Sie eigen durchweg die gleiche Einteilung in 3, hier sehr eng gestellte Einzelkonsolen zwischen reich überschnittenen Eckkonsolen, die sich entwickeln über den skulptierten Ecksäulen. Diese Gesimse dürften noch den alten Zustand zeigen, wären also ein glänzendes Beispiel solcher Ziegelkonsolen in edlem Sungstil. Wir haben diese Gesimse genau bis in die letzten Einzelheiten durchgezeichnet.

Auf der Grundlage von 9 cm Schichthöhe, entsprechend Ziegelabmessungen von 8,2 x 15 x 31 bis 37 cm – die Längen der Ziegel wechseln – sind die reichen Konsolen in 3 Lagen über einem schmalen Band in 10 Schichten komponiert; davon entfallen 1 Schicht auf das Sockelstück, das jeder großen

Konsolgruppe gemeinsam ist, und 3 Schichten auf jede Lage, nämlich 2 Schichten für die Konsolarme und die 3. Schicht für die Kapitalstücke, die die oberen Konsolarme oder die Abakus tragen. In die zuerst vertieften, dann in 3 starken Absätzen vorspringenden Mauerflächen kragen auch die flächigen Konsolarme in Relief über einander vor, werden aber in den 2 oberen Lagen durch kürzere freie Arme verdoppelt. Senkrecht vor die Fläche springen die 2 Lagen der Steinkonsolen weit vor, werden aber in der 3. Lage durch ein aufgesetztes Schrägstück abgeschlossen. Die flächigen Konsolarme der 2. Lage nähern sich einander oder verschmelzen sogar. Auf den Ecken entwickelt sich ein phantasievoller Körper aus zahllosen Durchdringungen und Überschneidungen, deren Vermittelung den schwierigsten Schöpfungen der Gotik nicht nachsteht, aber den Konsolgedanken in allen Teilen folgerichtig durchführt. Eine genaue Beschreibung dieser Kunstwerke würde hier zu weit führen. Gerade an diesen Eckkonsolen ist an Formstücken, ohne die es natürlich auch bei den frontalen Konsolgruppen nicht abgeht, reichster Gebrauch gemacht. Bei aller scheinbaren Verwirrung sind Ziegelcharakter und Folgerichtigkeit in der Konstruktion völlig gewahrt und man mag beinahe die Vorstellung gewinnen, daß derartige Konsolen unmittelbar in Ziegel entworfen wurden, wie es schon bei den Konsolen am Sockel der Tienningpagode in Peking bemerkt wurde. Dennoch kann die vielgestaltige Form dieser chinesischen Konsolen eigentlich nur in Holz erfunden worden sein, es müssen nur alte Übungen, Verkragungen und Ziegelbau anzunehmen, ohne Zweifel mitgewirkt habe. An diesem Bau der Pai t'a ist jedenfalls ein originelles Beispiel der Frühzeit erhalten, es wird wesentlich dazu beitragen, volle Klarheit zu gewinnen über die bedeutungsvolle Entwicklung chinesischer Konsolformen in der Baukunst.

Der Abakus dieses Gesimses trägt den oberen, umlaufenden Dachkranz, der einst mit Ziegeln und Platten abgedeckt war, heute zum größten Teil zerstört, in seiner Konstruktion aber noch gut zu erkennen ist. Zwei Lagen Holzsparren sind tief in das Mauerwerk gesteckt und tragen die Abdeckziegel. Die Traufen sind gegen die Ecken leicht angehoben und bilden einen graziösen Behang um den Turm. Die anfallenden Ringdächer werden am Mauerkörper beschützt durch das obere Konsolgesims, das nur aus 2 Lagen Konsolarmen besteht, doch wieder mit 3 Einheiten, die an der ganzen Pagode durchgeführt sind. Die Konsolgesimse über den oberen Geschossen sind gleichermaßen gebildet, mit gelegentlichen Abweichungen. So findet sich über dem 2. und 4. Geschoß ein diagonales Mittelmotiv, und das Gesims über dem 6. Geschoß besteht nur aus 2 Lagen Konsolarmen. Auch die oberen Konsolgesimse werden in den höheren Stockwerken vereinfacht. Das letzte Hauptgesims über dem 7. Stockwerk ist völlig zerstört, es mag aus 2 Schichten bestanden haben. In der Zeichnung konnten die feinen Unterschiede kaum angedeutet werden, da keine genauen Maße erreichbar waren.

tip197 Suiyuan, Baita 綏遠白塔
Reliefs der Ostseite: 1. und 2. Geschoß.

Gerade die Konsolgesimse müssen sich in Abmessungen und Zwischenräumen den verschiedenen Größen der Geschosse anschmiegen, wie es auch alle anderen Architekturteile tun. Dieser ständige Wechsel, den das Auge er-

lebt beim Wandern von Höhe zu Höhe, verleiht dem Turm, gerade weil die
Größenänderungen immer nur ganz gering sind, ein lebendiges Atmen durch
die Unzahl von Einzelheiten. Das erweckt in uns eine tiefe, beseelende Wirkung.

Die Skulpturen
Ein seltener, bei chinesischen Pagoden in dieser Art überhaupt noch nicht bekannter Schmuck sind die hervorragenden Steinreliefs in den beiden Hauptgeschossen. Auch ihre Verwendung geht auf die alten Vorbilder an buddhistischen Grabkapellen, insonderheit aber auf das Vorbild Peking zurück, wo
ähnliche Figuren und Ornamente schon 1045 angebracht waren, jedoch nur
an dem einzigen Geschoß, das dort vorhanden ist, und zwar aus Stuck, so
wenigstens sind die Figuren uns überkommen. Nach 75 Jahren fand das Motiv hier an der Pai t'a seine Steigerung und nach mancher Richtung hin seine
Vollendung.

tip199 Suiyuan, Baita 綏遠白塔 Südostseite 1. Geschoß.

    Die Relieffiguren aus Kalkstein sind aus einem Stück gearbeitet mit den
verbliebenen Rückenplatten, die bündig in die Mauerflächen eingelassen
wurden. Diese Platten sind etwa 2,50 und 2,70 m hoch, 1,20 und 1,40 m breit,

die Figuren mit ihrem Beiwerk füllen meist die ganzen Umrisse aus und sind in starkem Hochrelief, teilweise bis zur vollen Rundung herausgearbeitet, so daß einzelne Teile, wie Köpfe, Beine, Arme fast frei vor die Flächen ragen. Die Füße stehen auf Fußplatten oder Lotossockeln, die ebenfalls aus den Tafeln herausgearbeitet sind.

Im Einklang mit den Figuren ist auch deren nähere Umgebung durch ornamentales und figürliches Beiwerk festlich gesteigert. Als Werkstoff dient hier vornehmlich Terrakotta. Um die runden Ecksäulen ringeln sich Drachen in geschlossenem Hochrelief. Nach dem Muster der gut erhaltenen Ecksäulen im 2. Geschoß wurden auch die Darstellungen im 1. Geschoß, wo nur noch Reste sichtbar sind, in der Zeichnung ergänzt. Zwei Drachen stehen übereinander, der obere auf den Schultern des unteren, in den Windungen fest aneinander gepreßt und doch in lebendigster Bewegung. Beide Köpfe sind nach oben gerichtet, während in Peking ein unterer Erddrache zur Erde strebt, ein oberer Himmelsdrache zum Himmel. Die Drachen mit der Perle in den Stirnbögen der Rundtüren wurden schon erwähnt, sie sind gut erhalten, nur an der südlichen Haupttür verschwunden. Über den Fenstern des 1. Geschosses thront eine kleine Buddhafigur aus Kalkstein auf einem Lotossockel. Die Zwickel der oberen Konsolen zeigen Blumenwerk nach Art des Sockels. Unter jenen Blumenreliefs deuten 4 kleine Kreise auf einstige Rosetten oder Spiegel etwa aus Metall oder Terrakotta, die dieses später lamaistische Motiv vielleicht schon in jener frühen Zeit darstellten. Diese Marken sind auch in den oberen Geschossen erkennbar, die Rosetten oder Metallspiegel aber sämtlich verschwunden.

Bei weitem den Vorrang haben die großen Relieffiguren auf den Frontflächen. Sie sind gleichmäßig verteilt. Neben den 8 Türen in den 4 Hauptrichtungen stehen je 2, also im ganzen 16 Wachtgottheiten, neben den Fenstern in den 4 Zwischenrichtungen je 2, also ebenfalls im ganzen 16 Bodhisattvas. Leider sind im Erdgeschoß Räuberhände tätig gewesen und haben fast alle Köpfe, selbst einige ganze Figuren losgemeißelt. Die Verwüstung ist um so sinnloser, weil die Räuber zwar den Schatz der Pagode zerstörten, selber aber nur wertlose Stücke fortschleppten. Eine genaue Deutung aller Figuren ist dadurch unmöglich geworden, hoffentlich gelingt sie einer genauen Untersuchung in nächster Zeit wenigstens für den Rest. Im oberen Geschoß sind die schwer zugänglichen Figuren fast unbeschädigt. Da ich keine Großaufnahmen machen, auch keine eingehenden Untersuchungen anstellen konnte, so vermag ich auf Grund der Vergrößerungen, von denen hier eine kleine Auslese abgebildet ist, nur einige gegenständliche und künstlerische Richtlinien zu geben für die Wertung der Figuren. Selbst eine genaue Beschreibung der einzelnen Gestalten erübrigt sich hier, sie hätte nur Sinn an der Hand einer groß angelegten Veröffentlichung des gesamten Materials, die in diesem Rahmen nicht möglich ist.

Als Wachtgottheiten oder Welthüter, Lokapala, treten hier eine ganze Anzahl der bekannten und verwandten Arten auf. Sie erscheinen in verschiedenen Formen als bärtige oder himmlische Krieger, mit voller oder teilweiser Panzerung nebst Helm und Beinschienen aus Leder, Ketten oder Platten, mit Löwenköpfen oder ohne solche Köpfe vor dem Leib. Einige andere sind nur mit Gewändern und Gürtel bekleidet, an den anderen Stellen des Körpers, wie Brust und Beinen, nackt. Als Attribute tragen sie Lanze oder Schwert, Dreizack, Hellebarde, Vadjra-Zepter, Diamantkeule, Donnerkeil. Eine bestimmte Deutung der Figuren im einzelnen wäre zu gewagt, doch darf man einige Vermutungen aussprechen. An der Südfront im unteren Geschoß scheinen zwei Diamantkönige, Kin Kang 金剛, untergebracht zu sein, der östliche mit erhobener, der westliche mit gesenkter Schlagkeule, hier hätten sie die Bestimmung als Torhüter. Darüber, im 2. Geschoß, stände wohl der einzige der 4 Himmelskönige, sze ta tien wang 四大天王, den man mit einiger Sicherheit erkennen darf, nämlich der Himmelskönig des Nordens, To wen tien wang 多聞天王, Sanskrit: Vaisravana. Er trägt in der linken Hand sein Kennzeichen, die Pagode, in der einst heilige Schriften verborgen waren. In der rechten müßte er sein anderes Kennzeichen, den zugeklappten Schirm tragen, doch gerade dieser Teil ist abgespalten. In welcher Weise die anderen Himmelskönige sich verteilen, ist nicht zu erkennen, auffällig ist die Anordnung des nördlichen Himmelskönigs auf der Südseite. Auf der Ostseite im Obergeschoß mögen die beiden Feldherren Heng und Ha stehen, Heng ha örl kiang 哼哈二將, äußerst schöne, voll gepanzerte Gestalten. Der General Weito 韋陀 ist nicht zu ermitteln. Das Obergeschoß scheint den Hütern in voller Rüstung vorbehalten zu sein. Alle diese Schutzgottheiten stehen als stolze Krieger in sicherer Haltung, höchst lebensvoll und mächtig da, jedoch durchweg ohne jede aufgeregte Wildheit, die man sonst etwas in den Tempelhallen, an den Freifiguren dieser Gruppen gewöhnt ist. An der Pagode wahren sie die überlegene und feste Ruhe des Monumentalen im Einklang mit der zwar reichen, doch geschlossenen Architektur.

Die Bodhisattvas neben den Fenstern sind kenntlich an ihren Kronen mit Diadem und am reichen Schmuck an Körper und Gewandung. Offenbar ist der weibliche Typus bevorzugt. Ein stark europäisch-antiker Stil, barock aufgefaßt, tritt deutlich hervor. Ober- und Untergewand, Überwurf mit Spange, sind in reichen Faltenwurf aufgelöst, durch Gürtel und Bänder noch lebhafter gestaltet, dennoch bleibt volle Klarheit in Anordnung der Gewandung und in Haltung der Figur. Die Handhaltungen sind recht verschieden, zuweilen sehr naturalistisch, ohne die Mudra kanonisch zu betonen. Das Wesen dieser Bodhisattvas sind Anmut und Milde, deuten sie doch auf das unaufhörliche

und beglückende Strömen des Heiligen aus dem Inneren der Pagode durch
die Fenster zwischen den Stäben hinaus in die Menschenwelt, sie stehen
somit für Glaube und Verheißung.

tip200 Suiyuan, Baita 綏遠白塔 Ostseite, 1. Geschoß – Südseite, 1. Geschoß

Das Kraftvolle der Krieger und das Milde der Bodhisattvas werden in
ihrer Wirkung in einander gebunden durch die flatternden Bänder, die bei
beiden Gruppen die Umrisse der Figuren seitwärts auf dem Grunde der Mut-
tersteinplatten umspielen. Auch hier sind feine Unterschiede gemacht, doch
ist die Einheit so gut gelungen, daß der Gesamtentwurf wie aus einem Gusse
erscheint. Ein jeder, Bildhauer wie Kunstfachmann, muß die Schwierigkeit
würdigen, zwei so grundverschiedene Arten von Gestaltungen nebeneinander
zu schaffen, jede einzelne selbständig zu behandeln, dennoch alle zu gemeinsamer Wirkung zu vereinigen und sich selbst behaupten zu lassen in einer auf
das höchste gesteigerten Welt architektonischer Formen.

Den Kunstmaler H. Lewerenz, dem die treffliche zeichnerische Durchbildung von Figuren und Ornamente in den Zeichnungen zu diesem Turme
zu danken ist, hat diese Arbeit zu folgenden Gedanken angeregt, die es wert
sind, als Urteil eines bildenden Künstlers über chinesische Bildnerei hier zu
stehen. Nach meinen ersten Versuchen in einem anderen Maßstabe ist mir an

dieser endgültigen Arbeit der große Wert der Proportionen klar geworden, denn durch den breiteren Gebälkkranz und den stärkeren Sockel der Lotosblumen erscheinen die Figuren zierlicher. Dadurch konnte ich die Figuren selbst kräftiger formen. Die Gefahr, kleinlich zu werden, ist so vermieden. Auf diese Weise löste sich für mich zu einem Teile das Rätsel der chinesischen Kunst, in der sich männliche Kraft und weibliche Grazie zu einer so glücklichen Ehe verbinden. Das ist das Spiel der Drachen um die Perle der Vollkommenheit. Die Perle selbst aber gibt es gar nicht, sie besteht nicht an sich. Sie entsteht nur gewissermaßen als ein Verhältniswert zweier Energien und sie vergeht mit diesen. Darum deutet diese Irinität auch auf einen religiösen Inhalt.

Der gleiche Gedanke zeigt auch die Verankerung der Kunst mit der gesamten Natur. Denn ein Berg ist klein gegenüber dem riesigen Himmel, der ihn überspannt. Aber er ist groß gegenüber einem Turm. Und die Figuren sind zierlich gegen die gewaltigen Maße des Turms, aber das kleinste Ornament wirkt kräftig den Blumen gegenüber, die an den Fundamenten dieses Turmes wachsen. Hier zeigt sich der Mensch nicht als ein Rebell, der mit Himmel und Erde hadert und im unmäßigen Trotz an der kümmerlichen Ruine eines Babylonischen Turms baut, sondern maßvoll und weise schaltet er sich glücklich mit seinem Werk in die Abmessungen und Grenzen ein, die Himmel und Erde ihm gesetzt haben. Im Bewußtsein seines Wertes und seiner Nichtigkeit erträgt er alles mit Bescheidenheit und Würde, weder ein Sklave noch ein Tyrann. Und das ist die Perle der Vollkommenheit.

Einordnung der Pagode

Ein solches Meisterwerk, das wir in der Pai t'a noch vor uns sehen in Durchbildung der einzelnen Figuren wie der gesamten Komposition aus Architektur und Bildnerei, müssen wir betrachten im großen Rahmen der nördlichen Kunst unter den Liao und Kin. So mangelhaft unsere Kenntnis jener bewegten Zeit auch noch ist, zumal in ihren kulturellen Antrieben und in ihren Auswirkungen auf die allgemeine chinesische Geisteshaltung, so lassen die bisher bekannt gewordenen Denkmäler in Baukunst und Skulptur doch bereits den Schluß zu, daß wir es hier mit einer selbständigen Kunstübung von großer Tragweite zu tun haben. Es werden kaum die siegreichen Tartaren selber gewesen sein, die jene Kunstwerke entwickelten und ausführten, wohl aber waren es die neuen lebendigen Kräfte, die im Gefolge der staatlichen Umgruppierungen im Norden wirksam wurden und die den chinesischen Künstlern und Handwerkern frische Anregungen und erhöhten Eifer gaben. Die weitesten Möglichkeiten dazu boten wieder, wie schon öfter in der chinesischen Geschichte, der Buddhismus mit seinen Kultstätten und Bauten, die gerade durch die tatarischen Herrscher immer größte Förderung erfuhren und ständig bereichert wurden durch frische westliche Einflüsse.

In einer trefflichen Studie hat Osvald Sirén eine führende chinesische Bildhauerschule behandelt, die schon vor der Sui-Dynastie im Südwesten von Peking um Tingtschou und Tschengting blühte. Ihre Eigenart blieb erhalten bis zu den Kin. Doch glaubt Sirén, aus den Bildwerken dieser Zeit einen gewissen Schematismus und eine mechanische Imitation herauslesen zu müssen, wenn er auch andererseits wieder von einem Aufblühen der chinesischen Plastik unter den Kin spricht. Jenes mag zutreffen auf den besonderen Kreis der Skulpturen, mit denen er sich beschäftigt hat. Doch die baulichen Denkmäler aus jener Zeit, vor allem die lange Reihe der Pagoden, sprechen eine andere Sprache, sie verraten auch in ihrem bildnerischen Beiwerk große schöpferische Kraft und einen bestimmten Stilwillen.

Der künstlerische Genius des Nordchinesen auf dem Gebiete der Baukunst, auch in ihrer Verbindung mit Skulpturen, tritt noch stärker hervor, wenn man die Pai t'a mit anderen, nahe verwandten Schöpfungen vergleicht. Allerdings sind von solchen erst noch wenige bekannt geworden. Da aber Höchstleistungen immer nur aus vielen Vorläufern entstehen, so wird man annehmen müssen, daß auch die Pai t'a solche Vorgänger gehabt hat. Die nächste Parallele ist das Hauptgeschoß der schon wiederholt genannten Tienningpagode aus der Liaozeit bei Peking, das Vorbild der Pai t'a. In Peking ist die Grundstimmung die gleiche, doch die Welthüter sind schreckenerregend gestaltet, die Bodhisattvas ganz lieblich im glatten, milden Sungstil. Der Gegensatz ist stark und groß, gibt aber keine Versöhnung. Ein anderes Beispiel, das wir nach meinen vorläufigen Ausführungen im Ersten Teil der Pagoden aus einer glänzenden Veröffentlichung[5] sehr genau kennen gelernt haben, sind die beiden Granitpagoden von Tsüentschou aus den Jahren 1228–1250, also etwa 100 Jahre jünger als die Pai t'a, und zudem aus dem Süden Chinas, aus der Provinz Fukien. Dort sind die 5 Geschosse jeder Pagode auf allen Seiten mit Relieffiguren versehen, die bereits eine fast vollständige Deutung erfahren haben. Man muß zugeben, daß die Stilformen der Pagoden und ihrer Bildwerke auch dort genau übereinstimmen, daß also die künstlerische Lösung im ganzen voll befriedigt. Und doch ist die Gesinnung jener beiden Pagoden und der unserer Pai t'a grundverschieden, der Abstand ist sehr groß. Einer architektonischen Komposition und baulichen Konstruktion, denen schon wegen des spröden Materials, Granit, die nötige Beweglichkeit fehlte und die sich auch nicht um edle Verhältnisse bemühten, entsprechen die Figuren. Diese sind auf ihrer Ebene zwar auch künstlerisch durchgebildet, sie atmen aber nicht jene Atmosphäre, in der Architekt und Bildner sich inein-

---

5 Ecke und Demiéville: *The Twin Pagodas of Zayton.* Harvard University Press 1935.

ander einfühlen und gegenseitig steigern, gemeinsam eine Bestleistung voll-
bringen. Das aber ist bei der Pai tʻa in Suiyüan in vollem Maße geschehen,
und darum gehört sie zu den großen Architekturwerken der Sungzeit, die vor
allem in den Ausstrahlungen des Nordens, unter der Herrschaft der jungen
tartarischen Völker, eine lange Reihe von Meisterwerken hervorgebracht hat.
    Diese kraftvolle Seite chinesischen Künstlertums muß man würdigen. Sie
offenbarte sich unter dem Einfluß nördlicher Gesinnung und hat auch das
übrige China auf das stärkste beeinflußt, hat diesem einen Teil seiner unbe-
stechlichen Haltung und Unwiderstehlichkeit gegeben. Darüber hinaus aber
ist gerade die Pai tʻa ein wichtiges Glied in der Geschichte der Pagodenbaukunst, zumal in der Gruppe der Tienningpagoden.

Kapitel 7. Tienningpagoden aus Marmor. Tʻien ning schi tʻa 天 寧石塔

1. Sche li schi tʻa Marmor-Reliquienpagode im Tsi hia sze bei Nanking. Kultstätte und Kloster. Die Pagode und ihre Geschichte. Der heutige Bau. Der
Sockel. Das Sanktuarium. Die Reliefs vom Sockel. Die jüngste Wiederherstellung. Einordnung der Pagode. – 2. Die Marmorpagode auf dem Yü
tsüan schan, dem Berg der Edelsteinquelle bei Peking. – 3. Die Sutrapagode
Hua yen king tʻa bei Hangtschou in der Provinz Tschekiang.

Wir beschließen die Darstellung der Tienninggruppe mit zwei Werkstein-
monumenten, die formal eng zusammengehören, aber zeitlich getrennt sind
durch die ganze Entwicklung der Pagodenbauten fast von deren Beginn bis
zu deren Ende. Die Pagode vom Tsʻi hia sze bei Nanking stammt in ihrem
ersten Bau aus der Sui-Dynastie 589–618, in der heutigen Form aus Nan
Tʻang 937–975. Sie gehört im Ursprung zu den frühesten, die ihr nachgebil-
dete Marmorpagode vom Yü tsʻüan schan bei Peking aus der Zeit Kʻien Lung
zu den spätesten Vertretern der Tienningform. Sie werden hier unmittelbar
einander gegenüber gestellt als äußerst lehrreiche Beispiele dafür, daß eine
reich entwickelte Form, die bereits ganz früh gefunden war, 1150 Jahre später
wiederholt werden konnte, natürlich mit entsprechenden architektonischen
Abweichungen. Vor allem kennzeichnet der Unterschied im plastischen Stil
der figürlichen und ornamentalen Reliefs den Verlauf einer langen Zeit.

1. Sche li schi tʻa 舍利石塔 **Marmor-Reliquienpagode im Tsʻi hia sze** 棲
霞寺 **bei Nanking**
Bei diesem Beispiel vom Tsʻi hia sze sind wir gut unterrichtet über die reli-
gionsgeschichtlichen Hintergründe, aus denen heraus gerade hier eine sehr

frühe und bedeutungsvolle Tienningpagode entstand. Da überdies die geschichtlichen und stilistischen Zusammenhänge ebenfalls deutlich in den
tartarisch beeinflußten Norden Chinas weisen, so ist es überaus lehrreich, die
gesamten Voraussetzungen, die zur Errichtung der Pagode an dieser ausgezeichneten Kultstätte führten, näher zu erörtern und die entsprechenden
Schlüsse zu ziehen.

tip201 Qixia si 棲霞寺, Sheshan 攝山, bei Nanjing.
Bildkarte aus Sheshan zhi 攝山志, j.1.

Die folgende Darstellung beruht im wesentlichen auf zwei ausführlichen
Veröffentlichungen. Als erster hat an Hand von 7 Bildtafeln Sirén die Pagode
eingehend beschrieben in seiner *Chinese Sculpture* 1925[1], noch ohne literarische Belege bestimmte er, allein auf stilistischer Grundlage, die Entstehungszeit bereits sehr genau. Tokiwa und Sekino haben die ganze Frage, insbesondere die Geschichte des zugehörigen Klosters, sehr ausführlich behandelt in den *Buddhist Monuments* Band IV 1929 mit 10 Bildtafeln auf 29 Seiten im japanischen Texte, dem 1937 der englische Auszug folgte. Ihre Unter-

---

1   Sirén, Osvald: *La sculpture chinoise du Ve au XIVe siècle*. T. 4.

suchungen fußen dabei hauptsächlich auf einer Geschichte des zugehörigen Berges Sche schan 攝山 aus K'ang Hi 32. Jahr = 1693 und auf den alten Berichten aus der Sui-Dynastie über Verteilung der Sarira unter Sui Wen Ti. Einen längeren Originaltext aus einer Chronik von Nanking nebst einigen Bildern verdanke ich meinem Freunde Professor Chung Paihua[2] in Nanking. Endlich gab mir ein eigener, wenn auch nur flüchtiger Besuch von Kloster und Monument im Januar 1934 wertvolle Aufschlüsse über eine jüngst erfolgte Wiederherstellung des Denkmals. Dabei konnte ich ein Exemplar des Werkes Sche schan tschi 攝山志 in 8 Heften als Ausgabe K'ien Lung 1790[3] erwerben, in dessen 4. Kapitel auch die Geschichte der Pagode kurz behandelt ist. Alle Quellen sind hier zu einer zusammenhängenden Darstellung bearbeitet.

tip203 Qixia si 棲霞寺 Frontansicht des Klosters von Westen. Rechts die Steinpagode neben der Haupthalle.

Kultstätte und Kloster

Etwa 20 km nordöstlich vom Berge Tschung schan 鐘山, dem alten Wahrzeichen der Hauptstadt Nanking unmittelbar nördlich des Osttores T'ai ping men, heute Tschung nan men, erhebt sich unweit des Südufers des Jangtze,

---

2   Der Philosoph und Literaturwissenschaftler Zong Baihua 宗白華, der 1920–1925 in Deutschland studiert hatte und den Boerschmann wohl aus Berlin kannte.
3   Verfasser: Chen Yi 陳毅.Vgl. Brooks B 10.

etwa 2 li = 1,2 km südlich der Bahnstation Ts'i hia sze 棲霞寺, der Sche schan 攝山 Berg der Gesundheitspflege oder des geordneten Lebens, so genannt von einem alten Taoisten nach den zahlreichen Heilkräutern, die auf ihm noch heute wachsen. Ursprünglich hieß er nach seiner äußeren Form San schan Schirmberg. In der Geschichte des Buddhismus wurde er bedeutsam als der Ort, an dem die Neue Schule der 3 Doktrinen Sin San lun tsung gegründet wurde und blühte. Hiermit steht auch die Errichtung der Pagode in Verbindung.

tip205 Qixia si 棲霞寺, nordöstlich von Nanjing.
Seitenansicht von Süden mit Pagode Sheli ta nach dem Ausbau.

Die Erinnerungen dieses Platzes scheinen bis in die Tage des Großen Kaisers Yü zurückzureichen, wenigstens errichtete man in der Ming-Dynastie dort auf halber Höhe 6 Steintafeln mit der Nachbildung der uralten, viel bewunderten Yü-Inschrift. Seine erste buddhistische Heiligung erfolgte durch Ming Seng-schao 明僧紹 einen Literaten und eifrigen Buddhisten der Südlichen Ts'i-Dynastie 479–501. Er «öffnete den Berg» im 7. Jahre Yung Ming 永明 = 489, baute eine Klause und rief seinen berühmten Freund und Lehrer Fa Tu 法度 zu sich, der aus der Schule Reines Land Tsing tu tsung stammte, aber auch als Tsch'an-Meister bezeichnet wird. Beide verrichteten gemeinsam fromme Werke, vertrieben die wilden Tiere und legten, gemäß Visionen des Ming von heiligen Türmen, ein Kloster an, das alsbald den Namen erhielt

Ts'i hia sze Kloster, das umschwebt wird von den rotglühenden Wolken des Morgens und des Abends. Dieser Name blieb, trotz gelegentlicher Wandlungen, durch alle wechselvollen Ereignisse bis heute erhalten und wurde auch auf den Berg übertragen, der oft bezeichnet wird als Ts'i hia schan. Das Kloster war berufen, vom Ende der Liu tsch'ao 6 Dynastien ab, die in der Zeit zwischen 220 und 587 vorzugsweise in Nanking, dem damaligen Bezirk Kiang tschou residierten, der Vorort des Buddhismus am mittleren Jangtze zu werden.

Die weitere Vision des Eremiten Ming Seng-schao von einem Buddha mit Nimbus auf einem Felsen konnte er nicht mehr selber verwirklichen. Er starb vorher. Indessen sein 2. Sohn oder besser Schüler, Tschung tschang 仲璋, meißelte aus dem benachbarten Sandsteinfelsen, Front nach Süden, eine große Grotte mit einem gewaltigen 9 m oder gar 12 m hohen Thronenden Buddha Amitabha und 2 stehenden Begleitern. Prinzessinnen und hohe Beamte des Hofes von Tsi förderten das Werk, ebenso 501 der Fürst Liang wang, der als Kaiser Wu Ti der folgenden Liang-Dynastie weiteren Kunstschmuck hinzufügte im Jahre 511. Auch in der Folgezeit und unter der späteren Dynastie Tsch'en wurden noch zahlreiche weitere Buddhafiguren in Kapellen aus dem Felsen gehauen, so entstand der berühmte 1000 Buddha-Felsen Ts'ien fo yen, in reicher Vergoldung eine wunderbare Pracht.

Der fromme Tschung Tschang hatte die Stirn seiner Kolossal-Figur mit einer glänzenden Perle geschmückt, es war eine Wunderperle. Sie fiel später ab, wurde in einem Turmbau ko 閣 verborgen gehalten, doch in der Sung-Dynastie durch einen Machthaber geraubt. Dieser träumte eines Nachts, daß jemand die Perle zurückverlangte, und seitdem blieb sie spurlos verschwunden. Der Literat und Maler Mi Fei[4] 1051–1107 hat dieses Wunder in einem Gedicht behandelt. Tschung Tschang hatte aber aus Dankbarkeit für jenes Perlenwunder an der Stirn des Großen Buddha noch eine weitere Figur des Unendlichen Buddha Wu liang schou fo aus der Stirnwand oberhalb des Klosters gehauen. Jene seine erste große Trinität wurde später in der Ming-Dynastie unter Wan Li 1573–1619 durch eine hohe, nach Süden offene Steinkapelle umbaut und blieb dort bis heute Mittelpunkt des Kultes.

Tokiwa und Sekino weisen darauf hin, daß es in Südchina überhaupt nur wenige buddhistische Fels-Skulpturen gibt, daß aber dieses erste Beispiel vom Ts'i hia schan unzweifelhaft auf das Vorbild der Nord-Wei-Dynastie zurückgeht, deren Kaiser Wen Tsch'eng und Hien Wen kurz vorher, zwischen 452 und 470, die 6 gewaltigen Felsgrotten von Yün kang hatten meißeln lassen. Mit jener Annahme einer solchen Beeinflussung stimmt überein der Stil der Ausführung der Skulpturen vom Ts'i hia schan. Die origina-

---

4   米芾.

len alten Gewandfalten, die bei dem großen Thronenden Buddha unter den späteren, häßlichen Lehmausbesserungen der verwitterten Teile noch sichtbar sind, entsprechen durchaus der Kunst der Wei. Also hatten der erste Mönch Ming Seng-schao und dessen Schüler Tschung Tschang sowohl Gedanken wie Vorbilder für ihre Felsenbuddhas aus dem tartarischen Norden bezogen.

Im Beginne der buddhafreudigen Liang-Dynastie 502–557 kam der Mönch Seng Lang 僧朗 aus Liao Tung 遼東, der heutigen Mandschurei, also aus dem Gebiet der alten K'itan Tartaren, nach dem Ts'i hia schan. Er wurde der eigentliche Begründer der schon erwähnten Neuen Schule der 3 Doktrinen Sin San lun tsung 新三論宗 und hatte eine Reihe von Schülern. Kaiser Liang Wu Ti 502–549 ehrte ihn hoch und sandte ihm 10 Mönche zur Belehrung. Diese ältesten Angaben über das Kloster erfahren wir hauptsächlich aus einem langen Steinbericht des Dichters Kiang Tsung-tschi aus der Tsch'en-Dynastie 557–588. Dieser Kiang legte als ganz junger Buddhist bereits das Bodhisattva-Gelübde auf dem Tschung schan bei Nanking ab, gehörte danach zu dem ausgezeichneten Kreis der buddhistischen Lehrer auf dem Ts'i hia schan und wirkte am Hofe der Tsch'en in Nanking selbst für das fernere Gedeihen von Werk und Lehre. Die Steintafel mit der sehr wichtigen Inschrift vom Kloster wurde während der Buddhistenverfolgung unter T'ang Hui Tsch'ang 841–846 zerstört, doch blieb der Text in den Chroniken bis heute genau erhalten.

Unmittelbar nach den Tsch'en war der erste Kaiser der Sui-Dynastie, Kao Tsu Wen Ti, der wie auch sein Vater in den Diensten der tartarischen Wei und nördlichen Tschou gestanden hatte, ein eifriger Förderer des Buddhismus. Wir kennen die bedeutende Begebenheit aus dem Jahre 601, als er den Befehl gab, in allen Hauptbezirken des Landes Pagoden zu errichten für besonders geheiligte Reliquien. Eine von jenen Pagoden war unsere Reliquienpagode vom Ts'i hia schan in ihrer frühen Gestalt, sie muß durch die ganze Tangzeit dort vorhanden gewesen sein. Unter dem buddhageneigten Tang-Kaiser Kao Tsung 650–684 blühte das Kloster, es besaß 40 Einzelbauten und gehörte mit den Klöstern Ling yen 靈巖 in Schantung, Yü ts'üan 玉泉 in Hupei, Kuo ts'ing 國清 in Tschekiang zu den «Vier Unübertrefflichen» Sze küe 四絕 des Reiches. Kaiser Kao Tsung ließ im 3. Jahr Schang Yüan = 676 eine 4 m hohe, 1,25 m breite und sehr kunstvoll ausgestattete Steintafel errichten zum Ruhm des Begründers des Berges, Ming Seng schao unter der Bezeichnung der vorbildliche Herr Ming, mit einer neuen, ausführlichen Inschrift deren Inhalt den älteren Bericht des Kiang Tsung-tsch'i wiederholt und ergänzt. Beide Tafeln müssen die nächsten 170 Jahre neben einander gestanden haben, bis zu der erwähnten Zerstörung des alten Steines bei der Verfolgung um 847. Seitdem der Buddhismus unter Kaiser Süan Tsung 851 wieder zugelassen wurde, errichtete man neue Klöster und erneuerte auch Ts'i hia sze. Der Inschrift-

stein aus 676 steht noch bis heute. Das Kloster blieb stets berühmt durch
seine buddhistischen Erinnerungen und Merkwürdigkeiten, die Felsen der
1000 Buddhas, die Höhlen und Nebenklöster, und es erhielt noch 1785 einen
denkwürdigen Besuch durch Kaiser K'ien Lung auf seiner letzten Reise in
den Süden. Eine Frucht dieser Reise mag das erwähnte glänzende Werk über
den Sche schan aus 1790 bilden, eine Neuauflage der ersten Chronik aus
1693. Hinfort gehörte das Kloster zu den berühmtesten des mittleren Jangtze
und ist dort noch heute ein Mittelpunkt der Ordination.

tip 206 Qixia si 棲霞寺

Die Pagode und ihre Geschichte

Die Reliquienpagode aus Marmor Sche li schi t'a entstand im Jahre 601, 112 Jahre nach der ersten Heiligung des Berges, die durch den Eremiten Ming 489 erfolgt war. Ihr erster Bau, ebenfalls schon aus Werkstein, vielleicht auch aus Marmor, gehörte zu den schon oft erwähnten Reliquienpagoden, die Kaiser Wen Ti der Sui-Dynastie (581) 589–604 in der Periode Jen Schou 601–604 im 1. Jahr, also 601, in 30 Bezirken des geeinten Reiches zu errichten befahl. Im 2. Jahr der Periode, also 602, fügte er dazu noch 53 weitere Bezirke, so daß im ganzen nicht weniger als 83 Reliquienpagoden fast gleichzeitig entstanden zur Aufbewahrung einiger Hundert «Wunderperlen». Diese Reliquien, nämlich die bekannten Sche li tschu Reliquienperlen, Überreste aus der Asche von Heiligen, auch genannt Sarira-Körner li, hatte der Kaiser erhalten von einer Nonne. Im parallelen Bericht über die Pagode von T'ien ning sze bei Peking wird ein Lohan als Überbringer der Reliquien genannt. Die Bemerkung im japanischen Reiseführer *Guide to China*, nach der in der Pagode die Asche des Kaisers Sui Wen Ti beigesetzt wäre, trifft also nicht zu. Unter jenen 83 Pagoden waren, wie es heißt, mehrere aus Werkstein schi, als eine dieser Werksteinpagoden wird ausdrücklich die erste Pagode aus 601 in unserem Ts'i hia sze bezeichnet.

Jene Sui-Pagode stand weit über 300 Jahre bis lange nach Ende der T'ang-Dynastie. Dann erfolgte der Neubau unter den Südlichen T'ang Nan T'ang 937–975 einer jener 12 südlichen Dynastien, die ein eigenes, sogar machtvolles Leben führten. Die Chronik berichtet über den Neubau: «Unter den Nan T'ang ließen zwei hohe Beamte die mit Namen genannt werden, aus Kiangnan, hochangesehene und eifrige Buddhisten, die Reliquienpagode, die seit langem verfallen, auch in den Wandflächen zerstört war, erneuern, auch genau im alten Schmuck. Das ist die Pagode, die wir heute noch vor uns sehen. Bestimmte Anhaltspunkte für eine engere Zeitbestimmung des Neubaues scheinen zu fehlen, auch die *Buddh. Monum.* schweigen darüber. Eine Mutmaßung sei jedoch gestattet. Die 3 Herrscher der Dynastie Nan-T'ang residierten sämtlich in Nanking. Man könnte daran denken, daß der gebildete kraftvolle Begründer der Südlichen T'ang, Li Pien, der sich Kaiser Li Tsu nannte und 937–943 regierte, ein Nachkomme der Großen T'ang, die Pagode als Wahrzeichen seiner jungen Herrschaft wieder neu errichten ließ. In jener Zeit ließ auch der Fürst Ts'ien Liu des benachbarten Königreiches Wu Yüe neben anderen großen Bauten höchstwahrscheinlich auch die zwei Werksteinpagoden im Ling yen sze bei Hangtschou aufführen, die wir um 930 ansetzten. Der Sohn und Nachfolger von Li Tsu in Nanking war vorwiegend mit Kriegführen beschäftigt. Doch der Enkel und letzte Kaiser der Nan-T'ang, Yü, der seit 964 regierte, und 975 sein Reich den Sung übereignete, ist bekannt durch seine hervorragende literarische Bildung und als eifriger Buddhist. Diese Zeit, in der unter den jungen Sung eine allgemeine Bautätigkeit und buddhistische Förderung einsetzte, also um 960–975, mag man am ehesten für den Neubau der Pagode von Ts'i hia sze in Anspruch nehmen. Damit stimmt auch überein, daß die Chronik jene 2 eifrigen Buddhisten und den Namen Kiang nan nennt, denn Kaiser Yü änderte den Names seines Staates Nan T'ang im Jahre 971 in Kiang nan. Wir mögen also einstweilen etwa das Jahr 970 als Baujahr der Pagode vermuten. Sie hat in unseren Tagen in den Jahren 1932 und 1933 eine letzte Instandsetzung erfahren, ist aber in ihrem Hauptkörper unberührt geblieben.

tip208 Qixia si 棲霞寺 Pagode und Haupthalle von SW

Der heutige Bau

Die heutige Pagode besteht aus dunkelgrauem feinkörnigem Marmor und war vor der jüngsten Instandsetzung, nach Angabe von Sekino[5], 15,15 m hoch, einschließlich der untersten Fußplatte. Bei 8seitigem Grundriß zeigt sie einen reich gegliederten Sockel mit Reliefs, darüber einen Wulst als Losanathron und ein schlankes Sanktuarium. Auf diesem baut sich der Turmstock auf mit 5 weit vorspringenden Dachkränzen und 4 schmalen Zwischengeschossen. Die Bekrönung erfolgte durch einige Wulstringe.

---

5   *Buddhist Monuments* 4.1937, 8.

Der Sockel.

Auf den Fußplatten, Plinthe und Wulst, sitzt zwischen 2 Rundprofilen der Halsfries aus 8 stark vertieften Nischen, in deren Grund je eine Relieftafel eines der 8 Hauptereignisse im Leben des Buddha zur Darstellung bringt. Die gedrungenen Eckpfeiler sind geschmückt mit Reliefs, 4 Atlanten in Süd und Nord, 4 Drachen in Ost und West, eine Abdeckplatte schließt oben den Sockel ab. Fast sämtliche Flächen sind überzogen mit feinen Reliefs aus Ranken, Blumen, Tiersymbolen und umgestülpten Kelchblättern auf dem Fußwulst.

tip215 Qixia si 棲霞寺 Sanktuarium der Pagode.
Figur des Tianwang in Südwest.

Das Sanktuarium

Das Rund des Losanathrones ist in der steilen Fläche des halben Wulstes aufgelöst in 2 Reihen von Blättern in feinem Relief und nach oben gerichtet, es ist die Lotosblüte. Die glatten Flächen der Blätter sind überzogen mit eingeritzten Ornamenten aus Buddhas und Rankenwerk. Auf der oberen Plattform des Thrones ruht das Gehäuse des schlanken, etwa 2,80 m hohen Sanktuariums. Die Relieftafeln zwischen den Eckpilastern zeigen verschiedenartige Darstellungen. Die Pagode steht außerhalb der engeren Klosteranlage vor dessen Südseite und ist nicht, wie die Klosterachse, gegen Westen, sondern gegen Süden gerichtet, übereinstimmend mit der benachbarten Felsenwand der 1000 Buddhas. Darum sind auch die 2 Flächen des Sanktuariums in Süd und Nord mit dem Hauptmotiv versehen, nämlich mit je 1 Tür zum Allerheiligsten im Innern. Die Blendtür im Relief zeigt 2 feste Flügel, jeder Flügel mit 7 Reihen zu je 3 Nagelköpfen und 1 Türring im Löwenmaul nach Bronzevorbildern. Auf den Diagonalflächen neben den Türen stehen 4 Wachtfiguren, in SO und SW neben der Südtür je 1 Welthüter T'ien wang in voller Rüstung, Helm und Waffe und in ruhiger Haltung, in NO und NW neben der Nordtür wohl je 1 Diamantkönig Kin kang in lebhaftester Bewegung mit Waffe, teilweise entblößtem Leib, umwallt von Gewand und fliegenden Bändern. In der Westfläche reitet unter einem Baldachin über reichen Wolkenballen der thronende Bodhisattva Pu hien, Samantabhadra, auf seinem Elefanten, den ein Diener führt, in der zerstörten Ostfläche haben wir uns den entsprechenden Bodhisattva Wen schu, Manjusrî, zu denken.

Der Turmstock

Die 5 Dachringe des Turmstocks mit leicht geschwungenen Traufen laden sehr weit aus und ruhen jeder auf einem starken Echinus im Viertelkreis, der unterste dieser Wulste ist geschmückt mit reichen Reliefs. Die Zwischengeschosse, die ebenso wie die Ringdächer nach oben stark zurücksetzen und niedriger werden, zeigen auf jeder Achteckseite 2 Kreisnischen mit je 1 kleinen thronenden Buddha, insgesamt also 4 x 16 = 64 Buddhas. Von der Bekrönung waren nur einige unterste Glieder übrig geblieben.

Die Reliefs vom Sockel

Die ausgezeichneten Reliefs der 4 Wachtgottheiten vom Sanktuarium sind ohne Zweifel bei dem Neubau der Pagode um 970 entstanden. Indessen mit den 8 Reliefplatten am Sockel, die von Sirén und Sekino[6] an Hand der Abbildungen eingehend beschrieben sind, scheint es nicht ganz so einfach zu liegen, sie verdienen noch eine nähere Betrachtung. Folgende Ereignisse aus

---

6   *Buddhist Monuments* 4.1937, 9 ff.

dem Leben des Buddha sind auf den 8 Tafeln etwa in 0,90 x 0,60 m Größe dargestellt, der Reihe nach von NW über N bis zu W:

1. Empfängnis der Königin Maya im Bilde des Elefanten.
2. Geburt und Buddha als neugeborenes Kind.
3. Die 4 Ausfahrten aus den 4 Stadttoren.
4. Flucht und Beginn der religiösen Laufbahn.
5. Erleuchtung und erste Helfer.
6. Predigt unter Bodhibaum und Huldigung der 4 Himmelskönige.
7. Versuchung durch Dämonen.
8. Eingehen in Nirwana und Bestattung.

tip221 Relief nach *Buddhist Monuments* IV-12(1)

Die Begebnisse, auf deren Schilderung im Einzelnen hier verzichtet wird, sind höchst konzentriert gestaltet und als Symbole wirkungsvoll dargestellt. Nach der Überlieferung wurden sie schon bei dem ersten Bau gemeißelt nach Bildvorlagen des berühmtesten Malers Ku K'aitschi[7], der im 4. und 5. Jahrhundert wirkte. In der Komposition verraten sie den früheren Entwurf, auch in der Ausführung gehen sie an vielen Stellen auf den Stil der Wei zurück. Man könnte wenigstens bei einzelnen Tafeln auf Sui schließen um 600, bei den meisten der Darstellungen spätere Wiederholungen annehmen, aber unter starker Anlehnung an die ursprünglichen Werke. Auffällig ist es, daß die Reihenfolge nicht ganz stimmt, denn die Versuchung durch Dämonen, im jetzigen Bau Nr 7, müßte folgerichtig nach Nr 4 Flucht oder allenfalls Nr 5

---

7   Gu Kaizhi 顧愷之, 344–405, bedeutender chinesischer Maler.

Erleuchtung kommen. Daß die Reihenfolge hier gestört ist, deutet darauf hin, daß die alten Tafeln aus 601 oder ihre Wiederholungen bei dem späteren Neubau um 970 in die sonst gleichgestalteten vertieften Nischen ungenau wieder eingefügt wurden. Wenn auch die Durchbildung der Architektur der jetzigen Pagode von Sekino wie von Sirén mit Recht in die Nan T'ang gesetzt wird, so muß man für den ganzen Entwurf und für die Reliefs eine weitgehende Wiederholung der ersten Bauform annehmen.

tip222 Relief nach *Buddhist Monuments* IV-7

Die jüngste Wiederherstellung

Im Aufbruch des neuen China in unseren Tagen führte die Wiederbelebung des Buddhismus unter der Leitung des Abtes T'aihsü, der auch dem Kloster Ts'i hia sze besonders nahe stand, zur umfangreichen Instandsetzung der Klostergebäude wie auch der Pagode. Mit reichlichen Geldmitteln, die von chinesischen einflußreichen Anhängern des Buddhismus aus amtlichen Kreisen von Nanking und aus Hongkong gestiftet waren, konnte der Architekt

Lou [Lu?] Schusen[8] in 2 Jahren 1932/1933 die Arbeiten an Kloster und Pagode durchführen, allein für die Pagode standen durch Sir Robert Ho Tung[9] aus Hongkong 10000 Chin. Dollar zur Verfügung. Diese Instandsetzung der Pagode erfolgte in ausgezeichneter Weise. Offenbar verschwundene Teile wurden verständnisvoll ersetzt, das Baudenkmal selbst in seinem Zustand völlig erhalten, mit allen Beschädigungen, die es an Dächern und Reliefs im Laufe der Zeit erlitten hatte. Beim Freilegen der unteren Terrassse fanden sich Baureste, nach denen eindeutig der Sockel ergänzt und die alte Plattform mit Brüstung und Zugangstreppe im Süden hergestellt werden konnten. Dazu benutzt man einen Kalkstein aus den Bergen im Nordosten von Nanking. Ein unterstes Glied als Plinthe über dem Sockel wurde hinzugefügt, das alte Motiv der Brüstung verwandt, sogar die feinen runden Holme als oberste Linie zwischen den Pfosten. Allerdings vermochte man diese nicht nach den vorgefundenen Mustern aus Stein auszuführen, sondern mußte sich mit einem Ersatz aus Eisenrohr begnügen. Die Ausbildung der Bekrönung als Schichtung mehrfacher Wulste erfolgte nach Vorbildern aus Honan und Schansi und scheint geglückt zu sein.

Bis zur jüngsten Wiederherstellung der Pagode standen vor ihr, jedoch auf der Westseite, 2 Figuren aus Marmor, je 3 m hoch. Schon in den Chroniken werden sie erwähnt, müssen also schon lange dort vorhanden gewesen sein, ohne daß aber Näheres über sie bekannt war. Sie wurden bezeichnet als Tao yin fo, Weggeleitende Buddhas, man hatte Glasgehäuse zum Schutz um sie gebaut. Diese Figuren, die offenbar niemals für die Pagode bestimmt gewesen waren und nur aus einer unbekannten Veranlassung dort ihre Aufstellung gefunden hatten, versetzte der Architekt nunmehr in den Eingang zur Kapelle des Großen Buddha, wenn auch diese Lösung nicht für die Dauer befriedigen kann.

Nach Vollendung der neuen Arbeiten wurde unmittelbar nordöstlich der Pagode nach alter Überlieferung eine neue Steintafel aufgestellt, in deren Vorderseite der Bericht über diese jüngste Instandsetzung eingegraben ist. Die Rückseite des Steines zeigt eine elegante Steinzeichnung der Pagode, eingemeißelt durch einen Künstler aus Sutschou nach einer Zeichnung des Architeken Lou.

---

8 Lou Shusen, Architekt, bisher nicht ermittelt.
9 Robert Hotung 何東, 1862–1956, Geschäftsmann und Philanthrop in Hongkong.

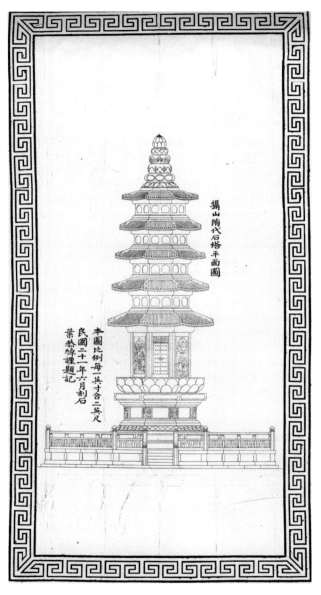

攝山隋代石塔平面圖

本圖比例每一英寸合二英尺
民國二十一年六月刻石
葉恭綽謹題記

tip223 Qixia si 棲霞寺
Aufriß 1932 mit Beischrift von Ye Gongchuo 葉恭綽

Einordnung der Pagode

Die Tienningform tritt mit der einzigartigen Pagode vom Ts'i hia sze offenbar zum ersten Male am Jangtse und im südlichen China auf, und zwar schon bei der ersten Gestaltung der Pagode, für deren Neubau wir die Jahre unmittelbar nach 601 annehmen müssen. Dieses Beispiel einer Tienningpagode blieb in jenen Bereichen für immer das einzigste, auch nach dem wiederholten Neubau der Pagode um 970. Da wir nach den bisherigen Untersuchungen in diesem Falle einen Einfluß aus dem nördlichen und zwar tartarischen China vermuten müssen, so mögen die Umstände, die dafür zu sprechen scheinen, hier im Zusammenhange betrachtet werden. Zum Teil wurden sie schon berührt.

tip224 *Chongxiu Sheshan Sui sheli shita ji*, dat. 1931

Die Herstellung der Felsenbuddhas auf dem Sche schan seit etwa 500, 11 Jahre nach der ersten buddhistischen Heiligung des Berges, scheint, wie schon erwähnt, das erste Vorkommen dieser Art südlich des Jangtse zu sein und erfolgte sicherlich nach den älteren Vorbildern der Buddhagrotten von Yün kang 雲岡 bei Tatung, der damaligen Hauptstadt der nördlichen Wei, Pei Wei. Eine solche Entlehnung gründete sich aber nicht etwa auf politisches Einvernehmen, denn die tartarischen Wei befanden sich bei ihrem Vordringen gegen den Jangtse schon seit 417 fast in ständigen, erbitterten Kämpfen gegen die rein chinesischen Dynastien der Südlichen Sung und Ts'i, denen sie allerdings meist unterlagen. So werden es Beziehungen buddhistischer Schulen gewesen sein, die zu jenen Felsskulpturen vom Ts'i hia schan führten. Auffällig aber ist es, daß schon im ersten Stadium der Ausführung, also 501, als vornehmer Förderer des Werkes von Fürst Liang wang genannt wird, der als Kaiser Wu Ti 502-549 vor allem berühmt geworden ist als eifrigster Freund des Buddhismus. Ihm soll sogar der Erschließer des Berges Ts'i hia schan, der Eremit Ming Seng Schao, persönlich nahegestanden haben, allerdings ist diese Beziehung nach O. Franke in seiner *Geschichte des Chinesischen Reiches* zweifelhaft.

Nach Seng Schao kam, sicherlich auf Veranlassung des Kaisers Wu Ti, der schon erwähnte Mönch Seng Lang wohl schon um 510 aus dem nördlichen, tartarischen Liaotung, also aus dem Bereich der späteren K'itan, nach dem Ts'i hia schan und sogar an den Hof in Nanking. Jener Seng Lang wurde der geistige Begründer der Neuen Schule der 3 Doktrinen. Diese Schule war aber nur der Ausläufer der älteren Schule der 3 Doktrinen San lun tsung, die der indische Mönche und Übersetzer Kumarajiva, der 383 von Turkestan nach dem westlichen China gekommen war, etwa seit 385 in der dortigen Hauptstadt Tsch'ang an unter dem vollen Einfluß tartarischer Herrschaft ausgebildet hatte. Und Hui Pu 慧布, ein Enkelschüler des Seng Lang, ging wohl um die Mitte des 6. Jahrhunderts, von Nanking nach der Hauptstadt des alten Ye, des heutigen Tschangte-Anyang im Norden der Provinz Honan, und wirkte in jener Stadt, die schon seit dem frühesten Buddhismus unter Tsao Wei im 3. Jahrhundert ein Mittelpunkt des nördlichen Buddhismus gewesen war. In Tschangte erstand später, gleichzeitig mit Ts'i hia sze, und ebenfalls auf Geheiß des Kaisers Sui Wen Ti, auch eine jener ersten 30 Reliquienpagoden, wir kennen ihre heutige, doch wohl ebenfalls ursprüngliche Tienningform. Sie wurde behandelt in Kapitel 1 Nr 3 und zeigt im Hauptgeschoß in Verbindung mit Türen und Fenstern ähnliche erzählende Reliefs wie die Pagode in Ts'i hia sze.

Es ist von Bedeutung, diese religiösen Zusammenhänge, die über alle politischen Trennungen hinweg zwischen den einzelnen Reichen immer fest bestanden haben, zu beachten, denn nur so vermag man das Auftreten der Tienningform bei Nanking zu erklären. Als Kaiser Sui Wen Ti, der eigentliche und erste Einiger des neuen Chinesischen Reiches, 601 das Errichten einer der 30 Sarirapagoden auf dem Ts'i hia sze befahl, tat er es natürlich vor allem im Hinblick darauf, ein religiöses Wahrzeichen seiner jungen, jetzt universalen Macht zu errichten auch im Bezirk Kiangnan bei der alten Hauptstadt Kin ling, er traf aber die Wahl des engeren Platzes naturgemäß auf Vorschlag der örtlichen Buddhisten. Diese aber waren, nach allen Vorgängen seit 489, insbesondere durch die Felsskulpturen und durch die Neue Schule vom Ts'i hia schan ständig mit den westlichen Ursprüngen verbunden geblieben, sie wünschten nunmehr diesen Berg weiter zu heiligen, nachdem aus den Tagen des Kaisers Sun K'üan 229–258 unmittelbar bei Nanking selbst, vor dem Südtor der Stadt, bereits jene Pagode stand, die mit dem Ursprung des Buddhismus am Jangtse verknüpft war und die Vorläuferin der später berühmten Porzellanpagode werden sollte.

Es fällt nicht schwer, sich vorzustellen, daß im Ts'i hia sze bei Planung der befohlenen Pagode um 600 noch eine lebendige Überlieferung an die Mönche und Werkleute bestand, die etwa 100 Jahre vorher unter Liang Wu Ti an den Felsenskulpturen und am Aufbau der Neuen Lehrschule mitgewirkt hatten, damals aber aus dem nördlichen Wei-Staate gekommen waren. Und es scheint natürlich, daß man auch jetzt bei der Wahl eines Modelles für den geplanten Bau neue Anregungen aus dem Westen beziehen wollte. So mag das Tienningmotiv, das unter den Wei an dem bedeutsamen Beispiel der großen Pagode von Sung yo sze im Sung schan durchgebildet war, jedoch sicherlich viele andere, auch kleinere Vorläufer und Nachfolger im westlichen und nördlichen China hatte, von dort nach Nanking gekommen sein. Und Kaiser Wen Ti, der ebenso wie seine Väter mit dem Nordwesten unter den tartarischen Herrschern der Wei und Nördlichen Tschou immer auf das engste verbunden gewesen war und unter dem wachsenden Einfluß des Buddhismus stand, wird, soweit er sich um die Gestaltung der Pagode bei Nanking persönlich kümmern konnte, sogar eine praktische Mithilfe aus dem Westen begünstigt haben, etwa durch Entsendung von Möncharchitekten und Werkleuten. Denn die Steinmetzen waren inzwischen gerade im Norden und Nordwesten, in Schansi, Schensi, Kansu und in Tschili-Hopei wie in Schantung, bereits an großen buddhistischen Werken geschult, es waren, auch wieder nur im Norden, besondere Bildhauerschulen entstanden, die ihre Künstler an den Süden abgeben konnten, wie es ja schon geschehen war bei den ersten Felsenbuddhas auf dem Ts'i hia schan um 500.

Auf diese Weise erklärt sich auch der Stil der figürlichen Reliefs, die im Original oder in der Nachbildung von 970 noch auf die Zeit des ersten Baues von 601 zurückgehen. Eine solche Freiheit, Kraft und zugleich Geschlossenheit ist bei den Steinarbeiten des Südens immer unbekannt gewesen, die Skulpturkunst ging dort eigene Wege und pflegte aber ein anmutiges und phantasiereiches Detail. Darum muß man auch aus der künstlerischen Gestaltung der Figuren an der Pagode auf unmittelbare Anregungen aus dem Nordwesten schließen, schon bei dem ersten Bau.

Noch die gleichen Gründe werden während und gegen Ende der Königreiche von Nan T'ang und Wu-Yüe, also von 907 bis 978, am unteren Jangtze und in seinem Delta, dazu geführt haben, daß auch bei dem zweiten Bau der Pagode um 970 für die buddhistischen Bildwerke Vorlagen und Werkleute aus dem Norden bezogen wurden, wo die buddhistische Werksteinkunst durch die Zeiten der Großen Tang und der 5 Nördlichen Dynastien geblüht und ständig dem Süden abgegeben hatte. Mit dem Aufkommen der Sung verstärkten sich diese Umstände, und es begann ein lebhafterer, kultureller und künstlerischer Austausch durch das ganze Reich hindurch. Doch Einflüsse aus den nördlichen Herrschaftsbereichen der Liao und später der Kin brachten auch in den Süden stets eine selbständige und kräftigere Note.

Derartige unmittelbare Beziehungen zwischen Bauten und Kunstwerken verschiedener Landschaftsbereiche, Staaten und anderer Provinzen, scheinen in den amtlichen Annalen wie in der buddhistischen Literatur sehr selten verzeichnet zu sein, man bleibt zu ihrer Aufdeckung nur auf gelegentliche Schlüsse angewiesen. Im Falle unserer Sui-Pagode vom Ts'i hia sze dürfte der Zusammenhang mit dem Norden klar erwiesen sein, denn nur von dort können Plan und Gestaltung als Tienningpagode, auch Technik und Stil der Reliefs nach jener bevorzugten und dabei einzigen Stelle am Jangtze gekommen sein.

2. Die Marmorpagode auf dem Yü ts'üan schan, dem Berg der Edelsteinquelle bei Peking

Die Bedeutung, die man dem Monument vom Ts'i hia sze wegen seines Ursprungs, Alters und seiner Formen beilegte, erhellt auch aus der Wiederholung, die es während der größten Macht der Mandschu-Kaiser erhalten hat und zwar bei Peking auf dem Yü tsüan schan 玉泉山, der den Hauptteil bildet im Tsing ming yüan Park des Stillen Glanzes. Dieser Park, von einer langen Mauer umschlossen und der älteste kaiserliche Sommersitz bei Peking, beitet sich aus unmittelbar westlich neben dem Kaiserlichen Hauptpark und Sommerpalast des Wan schou schan. Der Tsing ming yüan wurde angelegt in der Kin Dynastie unter Kaiser Tschang Tsung 1190–1208, von den späteren Yüan und Ming gepflegt und besonders von den Mandschu-Kaisern K'ang hi und K'ien Lung reich geschmückt und ausgebaut. Das genaue Jahr der Erbauung der Marmorpagode scheint noch nicht bekannt zu sein. Ich möchte einstweilen die letzten Jahre K'ien Lung annehmen, alsbald nach der Rück-

kehr des Kaisers von seinem Besuch des Tsʻi hia schan 1785. Schon wiederholt hatte er Nachbildungen von Bauten aus dem mittleren und südlichen
Reich bei Peking und in Jehol herstellen lassen, so mag auch dieser Bau als
Wiederholung der Sui-Pagode bei Nanking um 1890 [wohl 1790!] anzusetzen sein. Nur wenig früher, 1781/82, entstand die rein lamaistische Marmorpagode im Si huang sze 西黃寺, deren Reliefmotive am Sockel ebenfalls
bereits an die Vorbilder vom Tsʻi hia sze angelehnt sind, sie wird am Schluß
des Abschnitts VI behandelt. Unsere Marmorpagode im Park Tsing ming
yüan muß danach die letzte der 4 Pagoden gewesen sein, die auf dem Yü
Tsʻüan schan erbaut wurden, da wir für die benachbarte Glasurpagode etwa
1750 und für die Yü feng tʻa und die lamaistische Pagode auf den Gipfeln des
Berges den Beginn des 18. Jahrhunderts als Bauzeiten annehmen. Die Erklärung des Namens Yü tsʻüan Edelsteinquelle nach dem Klang von Jade-
steinen wurde gegeben bei Beschreibung der Yü feng tʻa.

tip227 Yuquan shan 玉泉山, Marmorpagode

Die Marmorpagode ist 8seitig, etwa 20 m hoch und entspricht in der großen Gliederung weitgehend ihrem Vorbild vom Ts'i hia sze. Auf reichem Sockel ruht der Losanathron, auf diesem das Sanktuarium, und darüber strebt der Turmstock empor mit 6 Ringgeschossen und einer schlanken Lamapagode als Knauf. Die stilistischen Unterschiede in der Durchbildung von Architekturteilen mit Figuren und Ornament sind erheblich.

tip230 Yuquan shan 玉泉山, Marmorpagode – Reliefs NW

Der Sockel, auf dem abfallenden Hang hoch unterbaut, zeigt den neuen, glatten K'ien Lung Stil, alle Glieder, auch die Eierstäbe der Fußwulste, sind überzogen mit Ornament aus Ranken und Lotos, dazwischen springenden Löwen. Das niedrige Halsglied trägt auf jeder Achteckseite ähnliche Reliefs aus dem Leben des Buddha wie im Ts'i hia sze, nur kommen die gleichen Erzählungen wegen der Schmalheit der Bildfläche als Komposition nicht stark genug heraus, und sie wirken nüchterner. Die Ecksteine liegen bündig mit den Flächen, doch sind die Atlanten in starkem Relief den Vorbildern dann auch nur unbeholfen nachgebildet. Die Blätter des Losanathrones sind mit starkem Schwung einzeln herausgearbeitet, ihr dichter Reliefschmuck zeigt auf jedem Blatte in der unteren Reihe die geöffnete Lotosblüte, in der oberen Reihe auf gelockertem Lotosthron eine Figur in Bewegung oder gar im Tanz.

Im Sanktuarium sind die Türen fortgelassen und auf den 8 Tafeln zwischen den glatten Pfeilern nur Figuren untergebracht. Es finden sich symmetrisch wieder im O. der Wenschu auf Tiger, im W der Puhien auf Elefant, beide ziehen gen Süden, dagegen im N. eine Kuanyin als Tara auf Felsenthron, im S. wohl ein Buddha oder eine andere Tara. Die 4 Kin kang als Welthüter, im gleichen Stil, doch in wechselnder Haltung, sind den Figuren in S. und N. zugeordnet. In den Reliefs herrscht der elegante, doch verhaltene und ornamentale Stil der späteren K'ien Lung Zeit, auch in den begleitenden Wolken und, über dem Sanktuarium, selbst noch in den lebhaften und freien Reliefs des großen Wulstes, auf dessen Flächen kleine tanzende und schwebende Devas abwechseln. Dieser Wulst, als Träger des abdeckenden Ringdaches, wiederholt sich in immer kleinerem Maßstab unter jedem der folgenden, weit vorspringenden Dachkränze, die in gerader Pyramide abtreppen und die niedrigen Geschosse abschließen. Diese oberen Wulste sind mit Wellenlinien in parallelen Senkrechten gleichmäßig geschmückt. In den 8 Flächen jedes Geschoßringes thront ein kleiner Buddha, insgesamt sind es also 6 x 8 = 48.

Der Bau, in seiner architektonischen Gestaltung einfach und klar, atmet in der Durchbildung des Schmuckes, zumal der Figuren, vielfach lamaistischen Geist und läßt gerade in den parallelen Figuren des Sanktuariums den Unterschied der Frühzeit der Sui und Nan T'ang gegen den Ausklang der Mandschu deutlich werden. Dennoch blieb die formale Grundlage die gleiche. Aber bei diesem späten Monument deutet nichts auf eine Reliquie, die etwa im Sanktuarium verborgen sein könnte, man hat den Eindruck eines zwar religiösen, doch rein architektonischen Denkmals, wie es ähnlich mit gleicher Bestimmung durch Kaiser K'ien Lung etwa in der benachbarten Pagode von Pi yün sze, die wir im letzten Abschnitt behandeln, geschaffen wurde. Der Kaiser bezeugt dort selber und ausdrücklich, daß in jener Pagode keine Reliquie aufbewahrt wäre, sondern daß es sich nur handelte um ein Denkmal als Erinnerung an das Auftreten Buddhas. Der Kunstwert der Relieffiguren an der Marmorpagode entspricht etwa dem üblichen Stil von K'ien Lung, wie wir ihn aus anderen Marmorwerken um Peking kennen. Rein architektonisch aber ist die Pagode ein erlesenes Schmuckstück und besteht voll, wenn auch ganz anders geartet, neben den anderen 3 Pagoden des Yü ts'üan schan. Ihr unmittelbarer Zusammenhang mit der Sui-Pagode vom Ts'i hia sze verleiht ihr eine besondere geschichtliche Bedeutung.

Es fehlt an dieser Stelle auch nicht der gleiche Zusammenhang mit Felsenbuddhas wie auf dem Ts'i hia schan. Bekannt, doch wohl noch nicht näher untersucht, sind die eng benachbarten kleinen Grotten, die am Fuße des Berges Yü ts'üan schan aus dem Basalt herausgemeißelt sind. Sie zeigen eine lange Reihe von buddhistischen Darstellungen, sämtlich in bescheidener Größe. Neben einer Triratna unter vorspringenden Baldachinen finden sich

ein Milofo, viele Einzelbuddhas in Nischen, die 4 Himmelskönige und in
einer größeren Höhle ganze Wandflächen aufgelöst in Figuren und Beiwerk,
vielfach lamaistischen Charakters. Besonders reizvoll ist behandelt, wie der
ruhende Buddha, umgeben von einer Schar kleiner betender, seliger Buddhas,
alle in Wolken, emporschwebend in den buddhistischen Himmel, in das
Nirwana. Vielleicht führen diese Skulpturen im Ursprung zurück noch auf
die Kin-Kaiser selbst, die auch in Peking, ihrer südlichen, danach als der
mittleren Hauptstadt residierten. Doch in der Hauptsache mögen sie stammen
aus den Zeiten von K'ang Hi und K'ien Lung und einige noch gleichzeitig
sein mit der Marmorpagode.

3. Die Sutrapagode Hua yen king t'a bei Hangtschou in der Provinz Tschekiang

Eine letzte Weiterbildung der alten Form, noch über die Marmorpagode von
Yü ts'üan schan hinaus, ist die offenbar neuere Sutrapagode Hua yen king t'a
華嚴經塔 auf der kaiserlichen Insel oder dem Ta Ku schan, Große Insel der
Einsamkeit, vor dem Nordufer des Si hu 西湖, Westsee bei Hangtschou. Die
Pagode steht auf dem langgestreckten Bergrücken, der die kleine Insel
durchzieht und heute zu einem öffentlichen Park Kung yüan 公園 umge-
wandelt ist, hier befinden sich auch noch zahlreiche Überreste aus der
glanzvollen Vergangenheit der Dynastien Südliche Sung und der Mandschu.
Die Pagode gehört in den Garten der «Siegel-Gesellschaft von der
Westlichen Stille» Si leng yin sche 西冷印社 und verdankt ihre Entstehung
vielleicht dieser Gesellschaft, die sich für ihre Zwecke diesen vornehmsten
Platz gesichert hat.

Das Motiv der alten Ts'i hia-Pagode ist hier mit 10 Geschoßringen im
Turmstock und mit ganz knappen Gesimsen zu äußerster Schlankheit entwickelt, die noch gesteigert wird durch den krönenden zarten Lamastupa und
die überschlanke, selbständige Siang lun-Stange mit Spitze. In die neueste
Zeit weisen die abstrakten Gliederungen von Sockel, Dachgesimsen und
Spitze und der flächige Skulpturenschmuck aus 8 x 8 = 64 Figurenreliefs in
den oberen 8 schmalen Ringgeschossen. Diese, bei gleichen Höhen, erscheinen nach oben hin immer schlanker infolge der abnehmenden Durchmesser.
Der Aufbau enspricht stilistisch genau dem Hauptmotiv, nämlich dem
Hauptgeschoß, das auch hier die klare Stellung als Sanktuarium hat. Dieses
besteht wahrscheinlich aus schwarzem Marmor, wie auch die folgenden 2
Geschoßringe, und ist völlig geradlinig gehalten auch auf den Ecken. Die
glatten Flächen tragen wohl buddhistische Inschriften, darum muß man den
insgesamt etwa 13 m hohen Bau als Sutrapagode bezeichnen. In die geglätte-
ten Felsflächen vor dem Hauptgang sind ebenfalls Inschriften eingegraben,

daneben steht die Steinfigur eines Mönches, in der Hand den breitrandigen runden Strohhut.

tip238 Xihu, Hangzhou, Huayan ta 華嚴塔

Teil 2

Lamapagoden

Abbildungsverzeichnis

* Abbildung im Text

*lap155	Drei Fotos: Jehol: Puning si 普寧寺 = Dafo si 大佛寺
*lap156	Grundriß der Großen Halle – Jehol: Puning si 普寧寺 = Ta fo sze 大佛寺. Vgl. *Chin. Architektur* Bd. I, S. 56, Abb. 18
*lap157	Querschnitt der Großen Halle – Jehol: Puning si 普寧寺 = Dafo si 大佛寺. Vgl. *Chin. Architektur* Bd. I, S. 57, Abb. 19
lap158	Foto: Jehol: Puning si 普寧寺 = Dafo si 大佛寺 Turmhalle und 2 Stûpas. Nach Sekino: *Jehol*. Bd. II, Taf. 1
lap159	Foto: Jehol: Puning si 普寧寺 = Dafo si 大佛寺 Südwest Stûpa Nr. 2. Nach Sekino: *Jehol*. Bd. II, Taf. 71
lap160	Foto: Jehol: Puning si 普寧寺 = Dafo si 大佛寺 Nordost Stûpa Nr. 4. Nach Sekino: *Jehol*. Bd. II, Taf. 73 (1)
lap161	Foto: Jehol: Puning si 普寧寺 = Dafo si 大佛寺 Nordwest Stûpa Nr. 3. Nach Sekino: *Jehol* Bd. II, Taf. 72 (1)
lap162	Foto: Jehol: Puning si 普寧寺 = Dafo si 大佛寺 Lamastûpa Nr. 1
*lap163	Foto: Jehol: Puning si 普寧寺 = Dafo si 大佛寺
lap164	Foto: Jehol: Puning si 普寧寺 = Dafo si 大佛寺 Südöstl. Stûpa Nr. 1 von SSW. Nach Sekino: *Jehol*, Bd. II, Taf. 70
lap165	Foto: Jehol: Dafo si 大佛寺, NW Stûpa von Südwest. Nach Sekino: *Jehol*, Taf. 72 (2)
lap166	Foto: Jehol: Dafo si 大佛寺, NO Stûpa von Südost. Nach Sekino: *Jehol*, Taf. 73
lap167	Foto: Jehol, Pule si 普樂寺, Blick von Westen auf Tal, Pule si und Knüppelfelsen nebst Frosch. Nach Sekino: *Jehol*. Bd. III, Taf. 11
lap168	Foto: Jehol, Pule si 普樂寺, Seitenansicht von Süden. Nach Sekino: *Jehol* Bd. III, Taf. 12
*lap169	Pläne: Jehol, Pule si 普樂寺
*lap170	Zeichnung: Jehol, Pule si 普樂寺, Yuantingzi 圓亭子, Hauptaltar. Nach *Chines. Architektur* Taf. 71–72.
*lap171	Foto: Jehol, Pule si 普樂寺 – von Berg im Südosten
lap172	Foto: Jehol, Pule si 普樂寺

Inhalt [des Originals]

Pagode, Ordnungen von 5 Pagoden, die Pagode unter den Ming und Tsing, Beschreibung, Unterbau und Sockel, Rundkörper, Spira und Bekrönung.
2. Der Stupa vom Pai t'a an. Erbauungszeit, Beschreibung.
3. Die Siao pai t'a auf der Insel K'iung hua tao im Kaiserpalast, der nördliche Teich und der Berg Ken yo in Kaifeng und Peking, unter den Sung und Kin, unter den Yüan, unter den Ming und Mandschu, Erbauung der Lamapagode und ihre Stellung auf der Insel, Beschreibung der Pagode. Unterbau, Kapelle Schan yin tien, Aufbau der Pagode, Sockel, Hauptkörper und Fuß, Nische, Bekrönung.
4. Die Hei t'a, Schwarze Pagode. Lage, Maße, Unterbau, Rundkörper, Spira, Bekrönung.
5. Die 4 Lamapagoden von Mukden, erbaut unter Schun Tschi. Anordnung im Grundplan von Mukden, die Klöster der 4 Pagoden, Beschreibung der 4 Pagoden, Westpagode, Sockel, Löwenreliefs, Nische im Rundkörper.

Kapitel 3. Lamapagoden des Wu t'ai-schan
1. Bedeutung des Wutaischan und seiner Lamapagoden. – Lage und Klöster. Brennpunkt des Lamaismus, Pagoden und Lamapagoden. Literatur, mein Besuch, Heiligtum des Mandschusri, Frühestes Auftreten des Kultes der 5 Gipfel. Klöster mit Pagoden hier im Vordergrund.
2. Die 3 Pagoden im T'a yüan sze. – a. Die Große Reliquienpagode. Kloster Ta yüan sze, Lage und Einteilung, Geschichtliches, der alte Asokastupa. Aufbau der Pagode, Einzelheiten, Zubehör und Kult, Gebetsmühlen, Fußspuren. – b. Die große Gebetsmühle, Halle, Bestimmung der Drehpagode und ihre Konstruktion, Sinn der Drehpagode, Gottheiten in der Halle, Parallele mit Pagode von An-yang. – c. Pagode des Haupthaares von Wenschu.
3. Die Kleineren Lamapagoden des Wu t'ai. Vorkommen und Bestimmung. – a. Lamapagoden aus verschiedenen Klöstern Pusa ting mit 2 Stupas, 3 Lamastupas im Ta-le. Tschu-lin sze mit Kugelstupa, Bericht über die Stufenpagode, Pi-schan sze mit 2 Pagoden, Po jo sze. – b. Lamapagoden auf den 5 Bergkuppen. Tung t'ai, mit Kapellenstupa, Kü-schi t'a und Li-tze t'a, Tschung t'ai mit Werksteinpagode und weiteren 6 Pagoden. – c. Drei auserlesene Beispiele, Ki lo sze und die Pagode des Tschung Hua, Tschen hai sze mit der Lamapagode des Lalitavadschra und 2 weiteren Stupas, Pagode des P'u Tsi.
4. Die Lamapagoden von Taitschou und Taiyüan. Taitschou, Pagode vom Tsing-ming sze in Taiyüan, im alten Bezirk Ping-tschou, mit Reliquienstupa des Asoka, erste der 81 Pagoden des Kaisers Sui Wen Ti, Geschichtliches und Beschreibung.

Kapitel 4. Lamastupas von Jehol.
    1. Bedeutung und Anordnung der Tempel. – Sonderstellung der glasierten Lamastupas in Jehol, Literarische Quellen über Jehol, Zustand der Monumente, Plananlage von Residenz und Tempeln, Übersichten über die Tempelreihen.
    2. Ta fo sze. – Anordnung des Klosters, Veranlassung zur Erbauung, Übersichtsplan, Hauptteil mit Ta scheng ko und dem großen Buddha, die 4 Turmbauten, Die 4 Lamastupas, ihre Formgebung, die einzelnen Stupas.
    3. P'u-lo sze. – Zeit und Zweck der Erbauung, Stellung im Gesamtplan, Hauptmerkmale, Geschichtliches, bauliche Anlage, Symbolik, Rundhalle und Altar, Hochaltar, der Bodhisattva Mandschusri, Rundbau als Pagode, die 8 Glasurstupas und ihre Farben, Formgebung der Stupas.
    4. Potala. – Zeit der Erbauung und das Vorbild von P'u-t'o, Zweck und Anlaß zur Erbauung, Rückkehr der Torguten, Lage und allgemeiner Grundplan des Tempels, die Kubusbauten der Pai-t'ai und ihre Anordnung, Pavillone und Lamastupas, der Hauptbau der Ta-hung t'ai, harmonische Lage der Pai-t'ai und der Lamastupas, die 6 Gruppen der Lamastupas, Einzelformen der Stupas. – Bedeutung der Lamastupas in Jehol.

Lamapagoden – Lama ta 喇嘛塔
Ursprung und Bedeutung

Grundform und Benennung – Ausgangspunkt und Urform – der Grabgedanke – Symbolik – Parallele mit Tienningpagode – Beschränkung in der Deutung und auf das Gebiet des engeren China.

Die Lamapagode, eine tibetische Form von höchster Eigenart, ist dem Lamaismus eigentümlich und darum, wie diese tibetische Form des Buddhismus, im wesentlichen auf das nördliche China beschränkt. Ihr auffallendes Kennzeichen ist die Verbindung eines Rundkörpers mit einer Stange. Im Bereich tibetischer Kultur pflegt man diese Art von Pagode oder Stupa als «Tschorten» zu bezeichnen. Der Rundkörper hat nur selten die reine Kugelgestalt, kommt vielmehr in verschiedenen, auch länglichen und überhöhten Gebilden vor, gleicht aber in den weitaus meisten Fällen einer Urne, die vom Fuß an sich verbreitert und oben wieder knapp nach innen umbiegt. Die Stange bildet mit dem Körper im Umriß meist einen scharfen Winkel, ist gleichfalls rund, unten breit und nach oben gewöhnlich stark zugespitzt. Besondere chinesische Namen, neben dem Ausdruck Lama ta 喇嘛塔 sind weder für das Ganze, noch für die einzelnen Teile bekannt. Wegen der auffallenden Ähnlichkeit mit gewissen Flaschen wurde diese Form nach dem zuerst aufgekommenen englischen Ausdruck *bottle shaped*, auch von anderen europäischen Reisenden gewöhnlich als Flaschenpagode bezeichnet, müßte aber besser mit dem Namen Urnenpagode oder Vasenstupa umschrieben werden.

Lamapagoden von geringen Abmessungen sind in diesem Bande[1] bereits wiederholt erwähnt. Beispiele boten etwa die Gruppen von Tien tung sze bei Ningpo, die Bronzepagoden vom Omi schan 峨嵋山 und Wutai schan, die drei kleinen Lichtpagoden im Sihu 西湖 bei Hangtschoufu und, schon in zahlreichen Abarten, die Gräberpagoden. Hier handelt es sich darum gemeinsame Merkmale und Bedeutung dieser merkwürdigen Bauten nachzuweisen und mit Beispielen zu belegen.

Lamapagoden haben als Ausgangspunkte dem Gedanken nach den Grabhügel, der Form nach die Urne. Der Hauptkörper wird in eine regelmäßige architektonische Form gebracht, als Zylinder oder Halbkugel in Mauerwerk massiv ausgeführt, auf einen gegliederten, rechteckigen Sockel gestellt, und

---

1   Vgl. Boerschmann: *Pagoden* I. 1932 (Abschnitte I–III) bzw. Boerschmann: *Tienning-pagoden*. 2016 (Abschnitt IV).

die Urform der Lamapagode war gefunden. Die hohe Grabstange, die auf den Hügel gepflanzt wird, ist im eigentlichen China kaum üblich, nur in einigen Gegenden der Provinz Schansi und vermutlich auch im nördlichen Schensi und in Kansu, tritt dieser Brauch gelegentlich auf. Indessen in Tibet sind hohe Gebetsfahnen und Grabstangen weit verbreitet, dort entwickelte sich die Gestalt der Urnenpagode mit Hilfe architektonischer Elemente, die zugleich von China und von Indien her einwanderten. Denn die Form geht auch zurück auf indische Gräber, unter denen das älteste von Sanchi[2] [Sāñcī] zugleich das bekannteste ist und schon wichtige Merkmale des Lamastupa zeigt. Es fehlten aber dort offenbar noch die Stange und der überhöhte Rundkörper. Hinzukommen müßte noch die Form der Urne oder Vase, deren Umfang oben größer ist als unten, und die zugleich nach dem Westen und nach China weist.

Über derartige Bestattungsurnen wurde bereits im ersten Teile dieses Werkes unter Abschnitt III Näheres mitgeteilt, insbesondere als Vorläufer einer Art von Grabpagoden. Die Sitte der Beisetzung von Überresten Verstorbener, etwa auch nur der Gebeine bei Umbettungen aus alten, aufgegebenen Gräbern, ist im ganzen südlichen China üblich, in besonderem Maße in der Provinz Kanton. Dort sieht man solche Urnen dicht nebeneinander und in vielen Reihen auf freien Feldern, auch in Höhlungen, an Erdwänden oder Felsgestein offen aufgestellt. Dennoch kommt gerade dort die Entwickelung zur Lamapagode kaum vor. Ich kenne am und südlich des Yangtze nur 3 Beispiele von Lamapagoden, eines in Kueilin, Prov. Kuangsi, das zweite in Yangtschou, Prov. Kiangsu und das dritte in Wutschang, Prov. Hupei. In jeder dieser 3 Pagoden sind Reliquien oder Körperüberreste beigesetzt.

Aus dieser ursprünglichen Bestimmung, als Behälter der Überreste oder Reliquien zu dienen, ergibt sich die Bedeutung des gebauchten Hauptkörpers bei einem Urnenstupa. Darum wird dieser Hauptkörper stets auf einen Unterbau gestellt und dadurch besonders herausgehoben. An seiner Heiligkeit ändert es nichts, wenn die genaue Stelle der Beisetzung sich gelegentlich unterhalb des Stupa oder der Pagode befindet, und wenn diese selber schließlich nur zu ideellen Denkmälern wurden. Denn auch in solchen Fällen bildet die große Rundform das symbolische Hauptmerkmal.

Eine klare Symbolik auch der übrigen Bestandteile läßt sich gerade an den Lamapagoden nachweisen.

Ein bekanntes Diagramm stellt die 4 oder 5 chinesischen und zugleich buddhistischen Grundelemente «Erde – Wasser – Feuer – Luft – Äther» durch eine senkrechte Folge geometrischer oder räumlicher Figuren dar, die den Gliedern des Urnenstupa genau entsprechen. Über der viereckigen Erde

---

2   Im Bundesstaat Madhya Pradesh.

befindet sich das Rund des Wassers, die Wasserblase, darüber als Dreieck dargestellt das Feuer und als Bekrönung die Luft, die zugleich als Wind und Äther aufgefaßt und durch die Formen des Neumondes und einer Scheibe versinnbildlicht wird. Ein Diagramm gibt die Erde als hohen Pfeiler wieder, über den die anderen Elemente sich aufbauen. In der Tat liegt zahllosen Gräberbauten und religiösen Denkmalen der Gedanke der vier Elemente zu Grunde. Bei der Lamapagode sind es Plattform und Unterbau als Erde, Rundkörper oder Wasserblase als Wasser, Stange oder Spira als Feuer und Bekrönung oder Spitze als Luft. Die Plattform besteht aus einem flachen oder auch höheren quadratischen Mauerkörper, zuweilen von 2 Stufen, darüber folgt der Unterbau, meist als ausgebildeter Sockel und mit einigen Stufen, für den Hauptteil. Der runde Hauptkörper erhält noch einen besonderen Sockel mit einigen Profilen als Andeutung des Lotusthrones. Die Spira ruht gleichfalls auf einem Sockel, der sich zwischen sie und die Wasserblase schiebt. Die Spitze entwickelt sich über dem runden Knauf oder über einem breiten Tellerschirm der Spira in mehreren Teilen. Das Diagramm zeigt als bekannteste Verbindung, die sehr häufig an den Monumenten vorkommt, den schon erwähnten zunehmenden Mond und die runde Form des «Leeren». Wenn der Mond für sich auch als Wind gedeutet wird und das oberste Rund als der Äther, gemäß einigen buddhistischen Schulen das 5. Element, so zeigt sich hierin ein Gleiten der Vorstellungen. Man kam auch auf die unmittelbare Auffassung von Mond und Sonne, die aber mit den Elementen nur ganz entfernte Beziehungen haben. Auf diese Ableitungen und Verbindungen kann hier nicht näher eingegangen werden. Die bildliche Offenbarung des alldurchdringenden Äthers geschieht auch durch eine letzte Kugel oder Perle noch über der runden Luftscheibe, zuweilen über dem steigenden Mond. Oft ist die Perle als dreifaches Juwel oder Flaschenkürbis, zuweilen mit lamaistischem Flammenkranz dargestellt. Der Gedanke des Emporsteigens vom Erdboden bis zur Auflösung in den Äther durch die Feuerperle läuft parallel dem Sinn der großen Tieningpagoden, von denen die Symbolik bei der Sui-Periode in Peking bereits genau erläutert wurde.

Die Urnenpagoden zeigen die symbolische Absicht besonders deutlich, weil die Spira als unmittelbares Bild der Flamme aufgefaßt wird und als lebendiger Vorgang der Läuterung emporsteigt zur völligen Verklärung. Der Gedanke stufenweiser Vervollkommnung von unten nach oben wird überdies ausgedrückt in den Ringen und Zonen, die den Kern der Spira umgeben und niemals fehlen. Damit kommt aber diese Darstellung der Tieningpagode ganz nahe, so unterschiedlich auch die Formen beider Pagoden auf den ersten Blick erscheinen. Denn der Aufbau der Dachkränze bei der Tieningpagode bedeutet auch nichts anderes als den allmählichen Aufstieg zur Heiligung. Die Parallele zwischen beiden Formen wird sehr stark, wenn man die beiden

Hauptkörper vergleicht. Der gerade Hauptkörper der Tienningpagode, das Sanktuarium, entspricht dem Sinne nach völlig dem runden der Lamapagode. In beiden ist der Sitz des Heiligsten durch die selbständige und auffallende Gestaltung gekennzeichnet.

Die symbolischen Gedanken der Lamapagode wurden hier in einigen wesentlichen Zügen angedeutet, unter Vergleich mit den symbolischen Grundlagen der Tienningpagode. In den folgenden Einzeldarstellungen der Lamapagoden, auch der mehrtürmigen in Abschnitt VI[3], wird weiter laufend Bezug genommen auf symbolische Deutung. Nur ist eben das Gebiet der Lamapagoden, ebenso wie das des gesamten Lamaismus, gerade im Hinblick auf ihre Symbolik ganz besonders schwierig zu bearbeiten. Denn in weit höherem Grade als bei den anderen chinesischen Pagodenformen wirken hier die vielgestaltigen und oft bis zur Verwirrung verschlungenen Vorstellungen mit, die der Buddhismus in seiner Umwandlung zum chinesischen Mahayana gerade im Bereich von Tibet und der Mongolei erfahren hat. Hinreichende Klärung und vor allem genaue Darstellung dieser religiösen Grundlagen und Entwicklungen sind nur möglich auf dem Boden eingehender Kenntnisse der Lehren des Buddhismus und seiner verschiedenen Formen in Indien und China, in Tibet und Mongolei, endlich selbst in Japan. Dazu käme die Kenntnis aller einschlägigen Sprachen, einschließlich des Sanskrit. Das bedeutete aber in erster Linie eine Arbeit für Forscher in Religion und Sprache. Darum muß hier, wo es sich um den rein chinesischen Anteil handelt, noch dazu in erster Linie nur um Feststellung und Vergleich der formalen Ausbildung von Lamapagoden, auf jene Darstellung der geistigen Grundlage verzichtet werden. Nur notgedrungen und zögernd werden von uns die allgemeinen Zusammenhänge angedeutet, die volle Ausschöpfung der hier vorgelegten Formen nach der gedanklichen und symbolischen Seite muß späterer philologischer Forschung überlassen werden.

So wurde auch das reiche Material, das über diese Gebiete an eigentlich religiösem Gehalt in der europäischen Wissenschaft bereits vorliegt, nur ganz gelegentlich benutzt, schon um von der geschlossenen Darstellung nicht zu weit abzuweichen. Diese beschränkt sich, mit wenigen Ausblicken in die Außenländer, gerade für die Lamapagoden fast völlig auf den alten Bereich der alten 18 chinesischen Provinzen, von denen aber, wie schon festgestellt, nur die nördlichen in Frage kommen, eigentlich nur Hopei, Tschili und Schansi, Schensi und Kansu. Und auch hier sind neben einer Auswahl etlicher kleiner Beispiele nur die großen und bekannten Baudenkmäler unserer Gruppe eingehend behandelt. Zusammenfassend darf festgestellt werden, daß gerade dieser Abschnitt über Lamapagoden, deren eigentliches Gebiet die

---

3   Der Verbleib des Typoskriptes von Abschnitt 6 ist unbekannt.

mongolischen und tibetischen Länder bilden, nur eine erste Übersicht zu geben vermag und zu weiteren Forschungen anregen soll.

Eine Bemerkung über die unterschiedlichen Benennungen von Lamapagoden sei hier vorausgeschickt. Die allgemeine Bezeichnung Lamapagode wird als übergeordnet gelegentlich für alle Ausführungen gebraucht, jedoch werden die kleineren Gebilde, wie es bereits früher bei den Tienningpagoden geschah, bevorzugt als Stupa bezeichnet, so daß also dann vom Lamastupa und von Lamastupas gesprochen wird. In den tibetischen Berichten gilt für die Lamapagode der tibetische Ausdruck Tschorten, dieser Name findet sich meist auch in der europäischen Literatur über tibetisch-mongolische Gebiete, und zwar für derartige Bauwerke aller Größen. Wir brauchen diesen Ausdruck nach der Prägung von Wilhelm Filchner, aber nicht als sächlich, sondern als männlich der Tschorten. Die mongolische Bezeichnung ist Suburgan [*suburɣan*]. Wir benutzen diese verschiedenen Namen von Fall zu Fall, zuweilen sogar wechselnd für den gleichen Bau, denn nicht immer läßt sich eine scharfe Trennung durchführen, bei der Vermischung der Formen und der religiösen wie völkischen und örtlichen Bedingungen bleibt vielmehr ein gewisser Spielraum in Verwendung der Namen erwünscht.

Kapitel 1 Kleinere Lamapagoden

1. Tibetisch-mongolische Grenzgebiete. – Tibetischer Tschorten. Großer Tschorten im San te miao. Die Tschorten im Kloster Kumbum, Werke von Filchner, der Doppelstupa, Klostertor mit Stupa, Große Tschorten, Beschreibung, das Symbol Namtschuwangdan, die 8 Tschorten.

2. Kleine Lamapagoden um Peking, Torbau bei Liu li kü, Torbau bei Pi yün sze, Torbau im Nankou-Paß, Stupas von Pai t'a an, Tsch'ao yang yan, Ta küe sze. Burmanische Pagode des Yü ts'üan schan.

3. Lamapagoden in Kueihua, Unterlagen, Die Stadt Kueihua, Neue und alte Stadt. Kueihua und seine Lamaklöster, Die 4 großen Lamaklöster, Klöster Ta tschao, Siao tschao. – Die Reliquienpagode vom Kloster des Siretu Huktuktu, Si la t'u tschao, die Reliquienpagode, Beschreibung, Sockel, Rundkörper, Spira, Bekrönung. – Zwei Lamapagoden im Wu t'a tschao, Beschreibung. – Vom Besuch des Kaisers Kang Hi in Kueihua.

4. Kleinere Lamapagoden aus südlichen Provinzen. – Vorkommen in verschiedenen Gebieten. Zwei Lamapagoden in Lantschou. – Lamapagode aus Werkstein in Wutschang, Turm des Gelben Kranich, Schlangenberg, Schildkrötenberg, Fengschui der Stadt, Grabpagode des Kronprinzen, der Sockel und seine geometrische Ausmittelung, Beschreibung: Sockel, Rund-

körper, Spira, Bekrönung. – Lamapagode von Yangtschou. Kloster Fa hai sze
und der Magere Westsee, die Brücke der 5 Pavillone, Bestimmung und Name
der Pagode, ihr baulicher Zustand, Beschreibung. – Lamapagode von Kueilin.
Einzigartig im Süden. Die südöstliche Vorstadt. Geschichte des Tempels
Wan schou sze. Kultstätten und geschichtliche Erinnerungen, Stupa des
Elefantenfelsen, Die Reliquienpagode, Inschriften, Beschreibung. – Würdigung der 3 südlichen Denkmäler.

1. Tschorten von San te miao und Kumbum

Zum ersten Verständnis der Formen der Lamapagoden gehen wir auch hier
über das engere chinesische Gebiet der alten 18 Provinzen hinaus und behandeln vorweg drei Beispiele aus den mongolisch-tibetischen Grenzgebieten,
in denen die merkwürdige neue Gestaltung sich vermutlich entwickelte und
bis heute ihre größte Verbreitung und eigentliche Heimat gefunden hat. Um
so besser werden dann die Monumente im altchinesischen Norden gewürdigt
werden können in ihrer gesteigerten und ausgeglichenen Architektonik.

a. Ein sehr lehrreiches Monument befindet sich in [Name fehlt]

Das Bild erschien zuerst in den Zeitschrift *East of Asia*, Juni 1905 und wurde
wiederholt in Carus, *Chinese Thought*[1] p. 43. Die herbe Linienführung und
das klare Übereinander fast schmuckloser Massen und Flächen läßt diesen
Tschorten aus Ziegelmauerwerk in rechtem Einklang stehen mit der großen
Natur kahler, tibetischer Gebirge. Ein kubischer Unterbau trägt über einfach
geteilten Simsgliedern 4 Stufen und darüber den Rundkörper, gleich einer
urtümlich gebauchten Topfurne mit 2 Linien um den breitesten Schulterteil
und einer heiligen Nische in der Achse. Unvermittelt setzt die spitze Spira
auf und endet in Knauf, Mond und Juwel. Die Tür im Erdgeschoß, die Fenster in den Stufen lassen Innenräume vermuten, etwa als Kapelle oder gar als
Wohnung. Alles verrät ursprünglichste Formung. Als einziger Schmuck ruht
über dem Trapez der Tür ein mittleres Symbol zwischen einem Paar rückwärts blickender Löwen, nach altem Motiv aus Zentralasien und Indien.

b. Der Große Tschorten in San te miao

San te miao [三德廟?] liegt im äußersten Westen der neuen Provinz Suiyüan
綏遠 etwa auf 41°15' nördl. Breite und 106°15' östl. Länge, nahe der Provinz
Ninghia 寧夏 , an der großen Karawanenstraße, die von Kueihua 歸化 über

---

1 *An exposition of the main characteristic features of the Chinese world conception.*
Chicago: Open Court 1907. – Die Tafel gibt keine Ortsangabe, sondern sagt nur:
Tibetan Stupa.

Pelimiao (Pai ling miao 百靈廟) nach Hami und Urumtschi in Chinesisch-Turkistan oder Sinkiang führt. Der Ort gehört zu den seltenen größeren Siedelungen, die auf jenen mongolischen Reisewegen sich erhalten haben und fast durchweg zugleich Mittelpunkte lamaistischen Kultes bilden. Er ist neuerdings wieder bekannt geworden durch die große Expedition von Sven Hedin[2], die ihn im Sommer 1927 berührte und auch Bilder vom ausgedehnten Lamatempel und seinem Tschorten mitbrachte. Das Bild der hier wiedergegebenen Tschorten ist aufgenommen von dem Photographen der Expedition Paul Lieberenz und veröffentlicht im Buch von Arthur Berger: *Mit Sven Hedin durch Asiens Wüsten.*[3]

lap1 Tibetischer Stupa (nach Carus)

---

2 *The Sino-Swedish Expedition*, eine Expedition in die nordwestlichen Provinzen Chinas, umfaßte die Jahre 1927–1935.

3 Arthur Berger: *Mit Sven Hedin durch Asiens Wüsten. Nach dem Tagebuch des Filmoperateurs der Expedition Paul Lieberenz.* Berlin: Wegweiser Verlag 1932. 383 S.

Iap2 Großer Stupa von Sande miao (Aufnahme: Lieberenz)

Unter den anderen zeigt besonders der Große Tschorten schon eine sehr entwickelte Architektur in nordchinesischen Formen, sie wahrt aber in den eigenwilligen, überraschenden Umrissen vom Rundkörper, stark ausge-schwungener Spira und des vielgestaltigen, schweren Kopfes die Sonder-stellung, die diesen Schöpfungen zentralasiatischer Gesinnung zukommt. Der

Tschorten besteht im wesentlichen aus Ziegelmauerwerk und ist insgesamt wohl 12 m hoch. Über niedriger Grundplattform bilden 3 kräftige Stufen den Sockel, die Seitenflächen der untersten beiden Stufen sind senkrecht, die der obersten umgestülpt geböscht und mit großen Lotosblättern in feinem Relief versehen. Über dem Abakus tragen umgestülpte Freisäulen mit Würfelkapitälen im indischen Stil ein Pultdach über dem so entstandenen, doch wohl nur angedeuteten Umgang. Der hohe Fußfries des Rundkörpers ist gleichfalls mit großen Lotosblättern in sehr feinem Relief verziert. Vom achtseitigen Halsglied schwingt die Ringfolge der Spira großartig hinauf zur Bekrönung. Im Unterbau sind auf jeder der 4 Seitenmitten übereinander 2 Nischen eingebaut, deren indisch gelappter Umriß das tibetische Symbol des Namtschu wangdan [rNam-bcu dbaṅ-ldan] einschließt. Wir erläutern dieses Symbol bei der Besprechung der Tschorten von Kumbum. Die kleinen Tschorten, von denen zwei seitlich sichtbar sind, geben Maßstab und Ergänzung zu dem Großen Tschorten.

c. Die Tschorten im Kloster Kumbum

Eindrucksvolle Tschorten stehen im Kloster Kumbum, dem berühmten lamaistischen Heiligtum im Nordwesten von China, südwestlich der Kreisstadt Sining 西寧, die früher zur Provinz Kansu gehörte, seit der Neuordnung in China zur neugebildeten Provinz Tsinghai 青海 oder Kukunor 庫庫諾爾 nach dem bekannten See. Das Kloster ist von europäischen Forschern wiederholt besucht und beschrieben, am eingehendsten von Wilhelm Filchner in seinen beiden Werken *Kumbum* 1906[4] und in seinem zweiten ausführlichen und auch mit Hilfe von W. A. Unkrig[5] wissenschaftlich durchgearbeiteten *Kumbum Dschamba Ling* von 1933[6].

---

4   Wilhelm Filchner: *Das Kloster Kumbum in Tibet. Ein Beitrag zu seiner Geschichte.* Berlin: Mittler 1906. XIV, 164 S. (Wissenschaftliche Ergebnisse der Expedition Filchner nach China und Tibet 1903–1905. Bd. 1.)

5   Wilhelm Alexander Unkrig, orthodoxer Theologe, beabsichtigte ursprünglich, Mongolenmissionar zu werden, doch durch die Russische Revolution wurden seine Pläne zunichte. Er fand schließlich eine Stellung am China-Institut in Frankfurt. Vgl. H. Walravens: *W. A. Unkrig (1883–1956). Leben und Werk.* Mit einigen seiner mongolistischen Beiträge. Wiesbaden: Harrassowitz 2003. 230 S. (Asien- und Afrika-Studien der Humboldt-Universität zu Berlin 12.) – W. A. Unkrig (1883–1956): *Korrespondenz mit Herbert Franke und Sven Hedin. Briefwechsel über Tibet, die Mongolei und China.* Wiesbaden: Harrassowitz 2003. 293 S. (Asien- und Afrika-Studien der Humboldt-Universität zu Berlin 15.) – W. A. Unkrig (1883–1956): *Korrespondenz mit Hans Findeisen, der Britischen Bibelgesellschaft und anderen über Sibirien und den Lamaismus.* Wiesbaden: Harrassowitz 2004. 204 S. (Asien- und Afrika-Studien der Humboldt-Universität 17.)

6   Wilhelm Filchner: *Kumbum Dschamba Ling. Das Kloster der hunderttausend Bilder Maitreyas. Ein Ausschnitt aus Leben und Lehre des heutigen Lamaismus.* Leipzig:

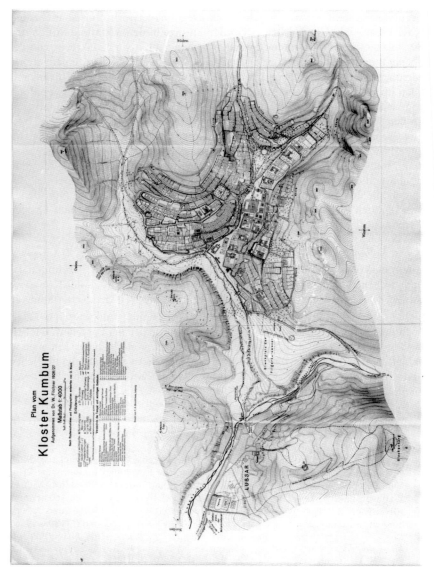

lap3 Plan vom Kloster Kumbum 1926/27 (Filchner: *Kumbum Dschamba Ling*)

Brockhaus in Komm. 1933. XVI, 555 S. – Ein großer Teil des Werkes stammt von Unkrig, der als bezahlter Zuarbeiter indes nur kurz im Vorwort genannt wird.

Hier bringt er auch einen ausgezeichneten Lageplan und genauere Deutungen der Pagodenteile nach ihrem symbolischen Inhalt. Doch auch hier erfahren wir noch nicht die unmittelbare Bestimmung und die ursprüngliche Erbauungszeit der 4 kleinen Lamapagoden oder Gruppen von ihnen, denen das Kloster einen Teil seines Ruhmes verdankt, übrigens auch seinen populären Namen T'a örl sze 塔兒寺 Kloster der Pagödchen, mit dem es auch in die chinesische Kartographie eingegangen ist.

lap4a Doppelstupa (Filchner: *Kumbum Dschamba Ling*, Bild 78)

Die 4 Tschortenheiligtümer des Klosters folgen einander am nordwestlichen Hauptzugangsweg fast in einer Reihe: der Doppel-Stupa, nämlich ein Pagodenpaar außerhalb des Pilgerweges, der um die gesamte Anlage führt, an zweiter Stelle das Klostertor mit bekrönendem Stupa, eine kurze Strecke dahinter der Große Tschorten und nur wenig entfernt von dieser 8 kleine Tschorten auf gemeinsamem Postament. Filchner wird im folgenden zum Teil wörtlich zitiert.

Der Doppel-Stupa aus 2 gleichen Pagoden ist aus Backsteinen erbaut. Jeder ist ungefähr 4,7 m hoch, der quadratische Unterbau hat 3 m Seitenlänge. Jeder Rundkörper besitzt eine Nische, die klosterwärts zeigt. Die Nischen-

öffnung des östlichen Stupa ist geschmückt mit dem symbolischen Monogramm Namtschuwangdan, dessen Form, Farbe und Sinn von Filchner an
dem Großen Tschorten im einzelnen erläutert werden. Bei dem westlichen
Tschorten fehlt es, dafür ist an ihm unterhalb am Sockel eine Inschriftentafel
in schräger Lage angebracht. Der Rundkörper ruht auf einem quadratischen
Fuß aus 4 Stufen, dieser auf einem Sockel mit glattem Hals, von dem 3 flache
Stufen überführen zum Unterbau. Die beiden Unterbauten stehen dicht nebeneinander, jede Spira läuft in vielen Ringen spitz aus in Knauf und letzter
Spitze. – Im Lageplan von Kumbum vermerkt Filchner noch einen zweiten
Doppel-Stupa nur wenig westlich von dem vorher beschriebenen, und zwar
an dem Wege, der nach Nordwesten führt, ein Stück nördlich von dem
großen Umwandlungsweg und den Lamawohnungen. Doch scheint diese
Gruppe nicht beschrieben zu sein.

lap5 Klostertor, Blick nach NW. Skizze nach Potanin (Filchner: *Kumbum*, Bild 21)

Das Klostertor mit aufgesetztem Stupa hat im Unterbau 9 x 8,3 Grundriß und 4,5 m Höhe. Der Torbogen ist knapp 3 m weit und auf der Innenseite wie auf der Außenseite des Tores eingefaßt durch ein Paar von rechteckigen Feldern, die beim ersten Besuch von Filchner Juni 1904 noch mit Reliefs, darunter Menschen unter einem Baum und Schriftzeichen geschmückt, beim zweiten Besuch Winter 1926/27 doch ganz glatt waren, wie das neuere Bild zeigt. In der Zwischenzeit scheint eine Erneuerung des Unterbaues stattgefunden zu haben, dabei wurde auch die Anzahl der Konsolen unter der Dachabdeckung zwischen den Eckkonsolen gegen die ehemaligen 6 nebst einer Schrifttafel vermindert auf 4, die Schrifttafel fiel fort. Der quadratische Sockel des 4,5 m hohen Stupa setzt mit 3 breiten Stufen auf dem Dache des Unterbaus auf, darüber folgte einest der Fuß des Rundkörpers mit 5 Stufen, die aber bei der Erneuerung verschwunden und durch einen Kegelstumpf ersetzt worden sind. Es wurde also alles vereinfacht. Der Rundkörper zeigt auf der Innenseite des Klosters, also diesem selbst und den folgenden Pagoden zugewandt, die Nische, die durch ein Drahtgitter verschlossen ist, und hat als Abdeckung einen tellerartigen Dachkranz, über dem die schlanke Spira aufragt. In der Decke des Durchganges ist das starke Balkenwerk sichtbar, das den Stupa trägt. Auf den 4 Dachecken des Unterbaues hockt, diagonal gegen die 4 Quadranten gerichtet, je 1 Löwe als Schutztier von Stupa mit Torbau, deren Gesamthöhe 9 m beträgt.

lap7a Großer Stupa (Filchner: *Kumbum Dschamba Ling*, Bild 74)

Nur eine Minute südöstlich vom Klostertor steht der Große Tschorten rechts am Zugangswege, zugleich als Endpunkt der langen Reihe von großen

Haupttempeln, die von hier nach Südwesten dicht aufeinander folgen entlang dem Westufer des Kumbum-Baches. Der ganze Bau ist insgesamt etwa 14 m hoch. Aus einem Erdhügel wächst der quadratische Unterbau, Seitenlänge 8,3 m, mit kräftigem Abschluß durch eine vorspringende Granitplatte. Von ihr führen 4 flache Stufen zum weiß getünchten Hals des Sockels, der durch 2 überkragte Glieder und eine starke Deckplatte abgeschlossen wird. Es gibt nirgends weiche Profile, nur rechteckige Glieder.

lap7b Acht Tschorten (Filchner: *Kumbum Dschamba Ling*, Bild 76)

Auf der Sockelplatte erhebt sich der Fuß des Tschorten, auf einem schmalen Fußglied 4 steile Stufen, über denen auf einer letzten feinen Platte der Rundkörper ruht. Die Stirnflächen der 4 Stufen sind blau bemalt und mit goldener Lantsa-Schrift versehen, die recht verwittert ist. Längs der inneren Stufenränder verlaufen schmale rote Bänder. Der massige Rundkörper, die «Wasserblase» ist weiß getüncht und divergiert nach oben in gerader Kegellinie, biegt dann knapp zum halbrunden Umriß um und zu einem schmalen Hals, über dem eine tellerartige Rundplatte, am Rand mit dem Motiv der chinesischen Dachtraufe aus Ziegeln, den Abschluß bildet. Aus dieser Platte wächst über rundem Sockelstück die zugespitzte Spira mit einer Folge von 13 Ringen in Rotbraun. Das Fußstück der Spira soll nach Beobachtung Filchner im Grunde mit einer feinen Spitze auf dem kleinen Sockelstück und mit den Rändern auf dessen winziger Brüstung ruhen und dadurch, mehr bildhaft vorgestellt als technisch möglich, das Schweben der Spira als des Sinnbildes der Entkörperung andeuten. Die Spira endet in einer Metallscheibe, die mit wirklichem Tuch drapiert oder mit einem entsprechend in Bronze oder Kupfer umgeformten Schirm als Gehänge versehen ist. Die letzte Spitze bildete wohl, wie meist, die bekannte Folge von liegender Mondsichel, Sonnenscheibe und züngelnder Flamme der Weisheit und damit Auflösung in den Äther. Diese Embleme, oft in Kupfer getrieben, sollen bei den verschiedenen festlichen Gelegenheiten auch gegen andere ausgewechselt werden.

lap9a Einer der 4 Löwen (Skizze nach Filchner: *Kumbum Dschamba Ling*, Bild 75)

Vor den Ecken des Unterbaues hocken auf 2,60 m hohen gegliederten Sockeln, diagonal angeordnet wie auf dem Klostertor, Löwen in Gestalt von weiß getünchten Steinfiguren und halten Wacht.

Im Rundkörper, auf dessen Süd-Süd-Westseite, mit der Front zu der erwähnten Reihe der Haupttempel von Kumbum, ist statt der sonst üblichen Nische «ein meterhohes, hufeisenförmiges Medaillon angebracht, dessen Kernstück das vielfarbige, auf grünen Lotosblumen sitzende Namtschuwangdan» auf blauem Hintergrund bildet. Das Kernstück wird von einem Fries in Form eines Hufeisens eingefaßt, der blau und grau bemalt und mit goldenen Spiralen geschmückt ist.» Dieses, im gesamten lamaistischen Kult vielgebrauchte Symbol stellt die Parallele von Makrokosmos und Mikrokosmos dar und benutzt dazu 7 bestimmte Silben der Lantsa-Schrift und die rituellen Farben. Es ist ein besonderes Verdienst von Filchner und Unkrig, daß dieses Symbol an Hand einer farbigen Tafel, die hier verkleinert wiedergegeben wird, und unter Bezug auf die älteren Forscher, besonders Albert Grünwedel[7] und R. F. G. Müller[8], ausführlich und genau erklärt wird. Wir bringen hier nur das Hauptergebnis nach Filchner.

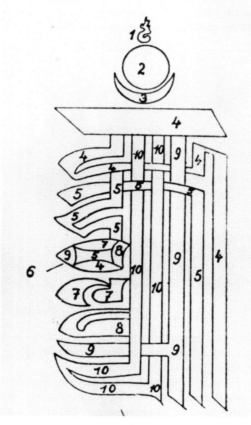

lap10 Namtschuwangdan, Diagramm. Aus Filchner: *Kumbum Dschamba Ling*, S. 161

---

7   Albert Grünwedel, 1856–1935, Indologe und Tibetologe, Direktor am Berliner Museum für Völkerkunde. Vgl. Albert Grünwedel: *Briefe und Dokumente*. Herausgegeben von H. Walravens. Wiesbaden: Harrassowitz 2001. XXXVI, 206 S. (Asien- und Afrika-Studien der Humboldt-Universität zu Berlin 9.)

8   Reinhold F. G. Müller, 1882–1968, Arzt und Medizinhistoriker, der sich speziell mit der Geschichte der indischen Medizin befaßte. Vgl. *Kürschners Gelehrtenkalender* 1966, 1677.

Ziffer	Farbe	Sinnbild	Makrokosmos	Mensch
1	grün	züngelnde Flamme	Indische Rahu Gottheit regiert Sonne und Mond	Zentralader des Körpers
2	weiß, silbern	Sonne	Sonne	Arterie Lala
3	rot	Mondsichel	Mond	Arterie Rasa
4	blau	Silbe Ha	formlose Welt	Scheitel
5	grün	Silbe Ksa	Sinnenwelt	Stirn und Nacken
6	5 Farben zusammen 5, 7, 8, 9, 4	Silbe Ma	Zentralberg Meru und 4 Länder der buddhistischen Kosmologie	Rückgrat
7	gelb, gold	Silbe La	Erde	Hüfte
8	weiß, silbern	Silbe Va	Wasser	Schenkel
9	rot	Silbe Ra	Feuer	Schienbein
10	schwarz	Silbe Ya	Wind	Fußsohle

Dieses Symbol als Ganzes und in seinen Teilen ist für die eingeweihten Lama Gegenstand ernsten Studiums, wird aber auch im täglichen Leben dauernd gebraucht als Talisman und zum Horoskop. Es unterliegt gewissen Veränderungen, die aber unwesentlich zu sein scheinen. Jehol wird ein besonders gutes Beispiel liefern.

Diese Große Pagode von Kumbum dient auch zur Darbringung von Opfergaben. Pilger und Mönche legen an ihrem Fuße ihre Weihgaben nieder, werfen sich auf den Erdboden und verrichten Gebete.

Die eigenartigste Gruppe in Kumbum sind am Marktplatz die 8 Tschorten auf gemeinsamem Unterbau. Der Ausdruck Geschegtscham-Tschorten, der für sie im Kloster selber allgemein gebraucht wird, bedeutet: «Die Stupa der Ruhe derer, die in Tugend dahinwandelten», nämlich wenn sie dahingegangen sind. Den Anlaß zu ihrer Erbauung bildete die Ermordung von 8 Lamen durch einen gewalttätigen chinesischen Prinzen. Doch dürften nach Filchner-Unkrig ihre Überreste kaum in diesen Tschorten beigesetzt sein. Denn Stupas für die aus Gold und Silber geschmiedeten Behälter mit Überresten Verstorbener wären niemals unter freiem Himmel, sondern stets in Tempelhallen aufgestellt worden. In freistehenden Stupas sollen gewöhnlich nur kleine Buddha- und Heiligenfiguren in Nischen eingemauert worden sein. Dennoch müssen, wie wiederholt festgestellt, auch die Lamastupas selber in vielen Fällen zur Bestattung verwendet worden sein. Die Frage ist, wenigstens für die anderen buddhistischen Schulen, noch genau zu lösen.

Namtschuwangdan
Das mystische Monogramm

lap11 Namtschuwangdan. Aus Filchner: *Kumbum Dschamba Ling*, Farbtaf. zu S. 161

Jeder der 8 Tschorten ist 5 m hoch, der eigentliche Pagodenkörper ruht auf hohem Sockel von 3 m Seitenlänge und endet in Halbmond, Sonne und Flamme. Die Ausbildung der einzelnen Tschorten ist unter einander in Einzelheiten meist verschieden. Filchner erläutert das unter genauer Beschreibung der betreffenden Teile. Form der Stufen, Farben, Ornament, und stellt eine besondere Untersuchung darüber in Aussicht. Gemeinsam ist allen Rundkörpern die Darstellung des Symbols Namtschuwangdan, dessen Schriftzüge hier aber allenthalben in hellem Rotbraun gehalten sind. Alle Symbole sind nach Südwesten auf die große Gruppe der Haupttempel gerichtet, diese sind somit an sämtlichen 4 Stellen, an denen die Tschorten sich befinden, gesichert durch jene heiligen Sinnbilder wie durch religiöse Spiegel.

c. Labrang und Lantschou

Neben Kumbum ist Labrang[9] das zweite hochberühmte Kloster in jenen Grenzgebieten gegen Tibet. Man darf annehmen, daß auch dort Gebrauch von Tschorten in ähnlicher Weise gemacht ist wie in Kumbum, doch gibt es keine hinreichenden Unterlagen. Ebenso dürften in dem weit nach Westen sich erstreckenden Zipfel der benachbarten, schon stark chinesischen Provinz Kansu bis zur letzten größeren Stadt Sutschou 肅州, heute wieder bezeichnet mit dem alten Namen Kiu k'üan 酒泉, zahlreiche Lamapagoden streng lamaistischen Stiles vorhanden sein. Andererseits gibt es in dieser Provinz natürlich auch bereits chinesische entwickelte Lamapagoden, von denen zur Vervollständigung unserer Reihe als Anklang an die rein chinesische Stilgebung zwei Beispiele hier kurz erwähnt werden mögen.

In der Sammlung der Pagodenmodelle aus Siccawei 徐家匯, die jetzt sämtlich im Field Museum in Chicago stehen[10], befinden sich die Modelle von 2 Lamapagoden aus Lantschou 蘭州 in der Provinz Kansu. Mit Höhen von 23 m und 24 m münden sie bereits in die großen Pagoden ein. Die Pagode vom Tze en sze 慈恩寺 Kloster der Wesensliebe und der Gnade aus 1592 mit einer Spira von 8 Geschoßringen, und die Pagode vom Pai i sze 白衣寺 Kloster der Weißgekleideten Kuanyin aus 1631 mit einer Spira von 12

9 Vgl. Paul Kocot Nietupski: *Labrang. A Tibetan Buddhist community on the inner Asian borderlands, 1709–1958*. Lanham, Md.: Lexington [2011]. XXXI, 273 S.

10 Es handelt sich um 84 holzgeschnitzte Modelle, die in der Berufsschule der Jesuiten in Siccawei unter Leitung von Bruder Aloysius Beck S.J. (1854–1931) von jungen Männern hergestellt und 1915 auf der Panama-Pacific International Exhibition 1915 gezeigt wurden. Sie sind in einer aus diesem Anlaß veröffentlichten Broschüre beschrieben: *Collection of Chinese Pagodas* achieved by the Siccawei Catholic Mission, Industrial School, near Shanghai, to the World's Panama Pacific Exposition 1915. O.O. [Shanghai?] 1915. 18 S. Text, Abb. Die Sammlung gelangte dann ins Field Museum of Natural History, wurde aber 2007 verkauft und 2015 von der Familie Jeffries im San Francisco Museum ausgestellt. Vgl. *The Tushanwan* [土山灣] *Pagodas* – http://www.flysfo.com/museum/exhibitions/tushanwan-pagodas-models-1915-panama-pacific-international-exposition

Geschoßringen, ähneln, nach der feinen Durchbildung im Modell, den Bronzepagoden vom Gipfel des Omischan[11], sollen aber aus Ziegel und Stuck bestehen. Die Verwandtschaft dieser Pagoden mit dem Tienningtyp wird
besonders deutlich. Näheres über sie ist nicht bekannt. Lantschou ist die alte,
in neuester Zeit auch den Europäern gut bekannt gewordene Hauptstadt der
Provinz Kansu, sie trägt heute die amtliche Bezeichnung Kao lan 皋蘭.

lap13 Torpagode bei Liuliju 琉璃局 in den Westbergen

2. Kleine Lamapagoden um Peking

Lamastupas als Bekrönung von Toren findet man um Peking nicht selten. Der
Torbau mit Stupa bei Liu li kü 琉璃局, der ehemals kaiserlichen Fabrik für

---

11 Die traditionelle Schreibweise ist Omei, die Pinyin-Transliteration: Emei 峨嵋山.

glasierte Tonwaren, ähnelt stark dem Klostertor von Kumbum, zeigt aber den ausgebildeten nordchinesischen Stil, der die Massen besser abwägt. Der Unterbau des Stupa ist mit Werkstein verkleidet und enthält einen weiten Torbogen aus glatten Quadern. Der Stupa selber besteht in wesentlichen Teilen der Nischen aus glasierter Terrakotta, im übrigen aus Werkstein und Ziegel, wie in Fußprofilen und Hals des Sockels, auch in Rundkörper und Spira. Sockel und Fuß des Stupa sind im Grundriß durch je 1 Risalit auf jeder Seite bereichert, dadurch überführt das Zwölfeck zwanglos ins Rund. Die Fußprofile des Sockels sind sehr elegant profiliert, die 4 Stufen des Fußes unter dem Rundkörper mit kleinen Buddhanischen versehen, auf jeder Haupt-seite 4 x 3 = 12, also 4 x 12 = 48 Nischen. Im Rundkörper selbst gibt es 4 größere Buddhanischen, die Spira endet in knappem Schirm und in den Sym-bolen. Der ganze Bau dürfte 17 m hoch sein und aus der Mandschuzeit stammen.

lap12 Paßtor bei Biyun si 碧雲寺 (mit Pagode über Tor)

Wie die chinesischen Berichte eine solche Urnenform auffassen, geht aus einer Notiz im *Ji hia kiu wen k'ao* 日下舊聞考, einer Chronik von Peking, hervor, die Torbau und Lamastupa bei Pi yün sze 碧雲寺, dem berühmten

Kloster in den Westbergen bei Peking betrifft, auf der Paßstrasse des T'ien pao schan 天寶山, nördlich vom Jagdpark Tsing i yüan 靜宜園. «Die Weg-pagode Kuo kie t'a 過街塔 liegt rechts vom Tempel der 7 Heiligen Ts'i scheng miao 七聖廟 auf der Paßhöhe. Unter ihr führt der Reiseverkehr durch den Mauerpaß *tsch'eng kuan* 城關. Auf dem Paßtor ist eine ebene Plattform geschaffen, in deren Mitte sich die Pagode erhebt. Ihr quadratischer Fuß ist etwa 1 m hoch. Die mittlere Gliederung ist oben gerundet, nach unten zugespitzt, auf jeder der 4 Seiten ist ein Buddhabild *fo siang* 佛像 angebracht. Die obere Gliederung ist unten gerundet und nach oben zugespitzt. Die Spitze besteht aus weißem Marmor pai yü schi 白玉石. Links von der Pagode ist eine Tempelhalle für den Gott der Tüchtigkeit Kuan Ti tz'e 關帝祠, rechts eine Tempelhalle für den König der Heilkunst Yao wang tz'e 藥王祠.»

Ein bekanntes Paßtor ist der Torbau im Nankou-Paß Kü yung kuan 居庸關 nördlich von Peking. Dieser Bau ist berühmt durch seine Steinreliefs der 4 Himmelskönige und seine Steininschriften in 6 Sprachen. Ich erinnere mich eines alten Bildes, das dieses Tor, das heute nur mit einer ebenen Plattform abgeglichen ist, im Schmucke einer bekrönenden Flaschenpagode zeigt. Das Tor wurde erbaut 1345 durch den letzten Mongolenkaiser Schun Ti 1333-1368 und erfuhr eine Erneuerung 1445.

Vermutlich stammt eine große Zahl der Lamastupas um Peking aus den Dynastien der Yüan und der frühen Ming, etwa auch der größere Stupa vom Pai ta an westlich von Peking. Bei diesem Stupa, der unter den großen Pago-den von Peking in Kapitel 2 näher behandelt wird, ist die doppelte Ver-kröpfung des Unterbaues völlig durchgeführt, die Plattform über den Stufen nimmt das Rund des Hauptkörpers ohne weiteres organisch auf. In den West-bergen gibt es einen ganz ähnlichen Stupa im Kloster Tschao yang yüan 朝洋院 Hof der Morgensonne, er stammt aus Ta Ming Wan Li 1573–1620. Ein schöner Lamastupa im Ta küe si 大覺寺 Kloster des Großen Erwachens nordwestlich von Peking steht am Ende der Hauptachse des Klosters, auf der Bergterrasse vor der Quelle, von der das Kloster seinen einstigen Ursprung und Namen herleitete, nämlich Tsing schui yüan 清水院, Hof des reinen Wassers seit 1069 zur Zeit der Liao 937–1125, und Ling küen sze 靈泉寺 Tempel der Heiligen Quelle seit 1191. Der heutige Name Ta küe sze stammt aus 1428. Die Bauten gehen wohl sämtlich noch zurück auf 1478, als der große Neubau erfolgte, jedoch sollen Ausbesserungen erfolgt sein unter Kang Hi und Kien Lung. Die Pagode dicht unterhalb der Quelle bezeichnet den vornehmsten Punkt der Anlage. Sie ist sehr elegant, auch im achteckigen Unterbau, in Rundkörper und Spira, und dürfte im wesentlichen ebenfalls auf 1478 zu datieren sein.

lap15 Stupa im Dajue si 大覺寺. Hildebrand Taf. XII

Mönchgräber mit Lamastupas finden sich auch um Peking häufig, bei Kie tai sze 戒台寺, in Pi yün sze und an zahlreichen anderen Begräbnisstätten. Die elegantesten und feinsten Ausläufer des späteren Stiles sind die beiden

Lamastupas auf der obersten Terrasse der Marmorpagode von Pi yün sze aus dem Jahre 1748.

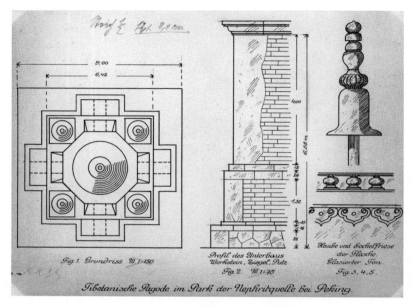

lap17 Zeichnung: Tibetanische Pagode im Park der Nephritquelle bei Peking

Die Birmanische Pagode des Yü tsüen schan 玉泉山 des Berges der Edelsteinquelle steht in dem von uns schon wiederholt behandelten Park Tsing ming yüan 靜明園 in der Nähe des kaiserlichen Sommerpalastes von Wan schou schan und der Westberge, auf der dritten Kuppe des langge-streckten Bergrückens, dessen beide andere Gipfel durch die Yü feng ta 玉峰塔 und durch die Marmorpagode bekrönt werden. Leider sind die Quellen über diesen merkwürdigen Bau noch kaum erschlossen, auch die Erbauungs-zeit konnte nicht ermittelt werden. Nach den Einzelheiten und den Glasuren zu urteilen, dürfte die Pagode indessen gleichzeitig mit der Yü feng ta in die Zeit Kang Hi 1662–1723 zu setzen sein. Dieses Monument trägt durchaus architektonischen Charakter, wenn auch Rundkörper und Spira schon fast zur Einheit verschmolzen sind. Auffallend ist die gruppierte Gestaltung. Über dem Quadrat des Unterbaues mit Nischenvorbauten sitzt als erhöhter Tambur ein Achteck, die freien Ecken sind mit kleinen runden und zugespitzten Türmchen besetzt und leiten konstruktiv und ästhetisch über zu dem oberen Rand, das sich aus dem Achtecke entwickelt. Die Seitenlänge des Unterbaues

beträgt 6,42 m, seine Höhe einschließlich Sockel 6, 58 m, die Gesamthöhe
der Pagode etwa 15 m. Die Kanten des Sockels und ein Teil der Gesimse
besteht aus Werkstein, die übrigen Flächen sind alle verputzt. In den
gebauchten Körper sind Streifen von gelbglasierten Ziegeln eingelegt, bündig
mit dem Putz, die oberen Friese des Tambur, Knäufe und Volutenblätter, sind
zum Teil grün glasiert. Die Haube der jetzt bloßgelegten hölzernen Seelen-
stange besteht aus Bronze. Die ungewöhnliche Form der Pagode läßt darauf
schließen, daß sie nach einem südostasiatischen Vorbilde gebaut wurde.
Schon v. Richthofen vergleicht sie mit einer «singhalesischen Pagode in dem
reinen Stil, wie man sie so schön bei Molmein in Birma sieht.» Die gruppierte Gestaltung, Türmchen im Viereck um den mittleren Turmbau, leitet
über zu den gruppierten Pagoden mit mehreren Türmen im Abschnitt VI
unseres Pagodenwerkes.

3. Lamapagoden in Kueihua[12], Provinz Suiyüan 綏遠歸化

Bei den Ausführungen über die Pai ta von Suiyüan wurde bereits vermerkt,
daß die alte Stadt Kueihua an der mongolischen Bahn in Peking nach Pa tou
sich ausgezeichnet durch eine Reihe berühmter Lamaklöster. in diesen befinden sich auch einige Lamapagoden, die von mittlerer Größe sind, jedoch eine
besondere Erwähnung verdienen, denn sie stehen an hervorragenden Stellen,
sind typisch und außerordentlich schön im Aufbau, überdies mit längeren
Texten in Lantsa-Schrift geschmückt. Sie sind auch geschichtlich und religi-
onsgeschichtlich bedeutsam, denn die Ausbreitung chinesischer Macht wie
des Lamaismus in jenem Bereich der Inneren Mongolei ist mit den Klöstern
von Kueihua eng verbunden.

   An Unterlagen und Quellen für die folgende Darstellung sind benutzt vor
allem eigene Aufnahmen und Feststellungen gelegentlich meines Besuches in
Kueihua und Suiyüan vom 23.–26. Oktober 1934, auf den bereits in der Beschreibung der Pai ta von Suiyüan im Abschnitt IV Kapitel 6 kurz Bezug genommen wurde. Die handschriftliche Chronik nebst den Mitteilungen des
Kreisbeamten, ein trefflicher Plan der Doppelstadt, den ich glücklicherweise
erwerben konnte und nach dem der neue Plan gezeichnet wurde, ferner die
zuverlässigen Bemerkungen in dem benutzten chinesischen Reiseführer
bieten die Möglichkeit, an dieser Stelle auch die allgemeine Bedeutung der
Lamaklöster von Kueihua zu berücksichtigen, schon im Hinblick auf die
Darstellung der Fünfturmpagode, die erst im Abschnitt VI erfolgt. Die genauere Würdigung dieses wichtigen Mittelpunktes des Lamaismus in der
Mongolei muß einer anderen Gelegenheit vorbehalten bleiben, bei der dann
auch ergiebigere literarische Quellen zu erschließen wären. Doch schon hier

---

12 Heute: Huhhot bzw. Köke Qota.

muß ich Professor Dr. Erich Haenisch[13] den Dank dahin aussprechen, daß er mich bei Auswertung der vorliegenden, auch schwierigeren Texte voll unterstützt hat durch seine Übersetzungen und durch weitere Untersuchungen, die hier im Zusammenhange verarbeitet wurden. Auch der Text im großen chinesischen Prachtwerk *Tschung hua king siang* 中華景象[14] Ansichtsbilder aus China gab etliche nützliche Hinweise.

Südlich der Bahnlinie, die von Peking über Tat'ung 大同 im nördlichen Schansi nach Pat'ou 八頭 am Nordknie des Huangho führt, liegt die Doppelstadt Kueisui 歸綏, die Hauptstadt der Provinz Suiyüan. Südlich von ihr fließt in südwestlicher Richtung der Hei schui ho 黑水河 und mündet in das Nordknie des Huangho. Nach der Provinzialhauptstadt heißt auch der Bahnhof Suiyüan tsch'eng 綏遠城. Es handelt sich um 2 gesonderte Städte, die etwa 2,5 km von einander entfernt liegen. Der Sitz der Provinzialregierung mit den Hauptämtern befindet sich heute in der nordöstlichen Neuen Stadt Sin tsch'eng 新城, die selber Kueisui heißt, wie das gemeinsame Städtepaar. Sie liegt ganz nahe östlich vom Bahnhof, die Bahnlinie läuft unmittelbar vor der nördlichen Stadtmauer entlang. Diese Stadt, ein ungefähres Quadrat mit Seitenlängen etwa von 1600 m, weiträumig, doch wenig ausgenutzt, auch ohne Vorstadtbebauung, soll, wie schon erwähnt, gegründet sein im Jahre 1632 schon durch den ersten Mandschuherrscher, der sich Kaiser Tai Tsu nannte, noch bevor die Machtergreifung über ganz China durch ihn im Jahre 1644 erfolgt war. Mit Mauern scheint sie erst im 1. Jahre Kien Lung 1736 versehen worden zu sein, wurde dann auch Sitz eines Armeeführers Kiang Kün 將軍 und danach des Militärgouverneurs Tu tung 都統.

Weit interessanter als jene, für den Handel fast tote Regierungsstadt ist der andere Teil im Südwesten, die Alte Stadt Kiu tsch'eng 舊城 mit dem Namen Kueihua 歸化. Diese Stadt liegt südwestlich von der Hauptstadt Kueisui wie auch vom Bahnhof, je etwa 2,5 km entfernt. Sie ist, bei nur 300 m Seitenlänge, dicht besiedelt und stark im Handel, besonders an der Hauptstraße von Süd nach Nord, doch ist nur das Nordtor erhalten, die übrigen 3 Tore nebst der Stadtmauer sind gefallen. Die Stadt hat sich nach allen Seiten erweitert, und die ausgedehnte, ebenfalls dicht besiedelte südliche Vorstadt

---

13　Erich Haenisch, 1880–1966, damals Professor für Sinologie in Berlin. Vgl. Nicholas Poppe: Erich Haenisch. *CAJ* 12.1968/69, 71–78; Wolfgang Bauer: Erich Haenisch (1880–1966). *ZDMG* 117.1967, 205–210, Porträt; H. Walravens: *Sinologie in Berlin, 1890–1945: Otto Franke, Alfred Forke, Erich Hauer und Erich Haenisch. Schriftenverzeichnisse.* Mit einem Beitrag von Martin Gimm über Walter Fuchs. Berlin: Staatsbibliothek 2010. 228 S. 4° (Neuerwerbungen der Ostasienabteilung. Sonderheft 23.)

14　中華景象 *China as she is.* Shanghai: Liangyou tushu yinshua 1934. 474 S.

zeigt lebhaftesten Verkehr, zumal an ihrer Hauptstraße, die eine Verlängerung der Stadtachse bildet. Die Bevölkerung der Doppelstadt wird geschätzt
auf insgesamt 200000 Einwohner.

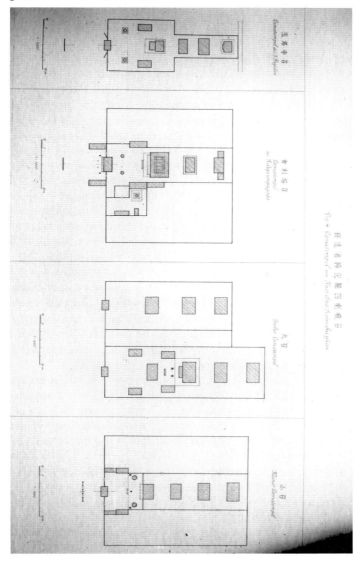

lap20 Guihua: Grundpläne für die 4 Lamatempel

Kueihua ist als Handelsplatz sicherlich sehr alt, es wird schon in der Han-
Dynastie als Ort genannt und trug in den folgenden Dynastien die Be-
zeichnung Hauptstadt *tu* 都 unter verschiedenen Namen. In der jüngsten
Form mit Mauern und Toren soll es erbaut worden sein unter Ming Wan Li
1573–1620, angeblich für die 3 Töchter einer (kaiserlichen?) Nebenfrau
Tschung Schun fu jen 忠順夫人三娘子, daher heißt es im Volksmund auch:
Stadt der 3 Töchter. Die Erbauung mag schon im Beginn der Regierung Wan
Li erfolgt sein, etwa gleichzeitig mit der Einrichtung des lamaistischen Patriarchates der Hutuktu 呼圖克圖 bei den Tümet in Ku ku ho to [Köke Qota]
庫庫和托, wie der Bezirk Kueihua bei den Mongolen heißt. Diese Einrichtung erfolgte bereits 1578, also im 6. Jahre Wan Li, übrigens lange vor
der Einrichtung des Patriarchates in Urga, dem späteren Hauptsitz des mongolischen Lamaismus. Haenisch. Wir dürfen annehmen, daß auch die großen
Lamaklöster in Kueihua im wesentlichen schon in jener Zeit angelegt und in
der Folge zeigt ausgestaltet wurden. Die Chinesen nennen solche Klöster
zuweilen La ma sze 喇嘛寺, auch wohl einfach miao 廟, wie etwa in dem
großen chinesischen Geschichtswerk, das über die Kriegszüge des Kaisers
Kang Hi in der nördlichen Gobi zu Ende des 17. Jahrhunderts handelt und
über die Klöster von Kueihua manche Aufschlüsse gibt. Doch die übliche
Bezeichnung der Lamaistischen Klöster im mongolisch-tibetischen Gebiet
lautet in chinesischer Umschrift *tschao* 召, meist 招 mongolisch *ju*, wörtlich:
sichtbar, offenbar machen, bekennen. Der Begriff wird genauer erklärt durch
tsung lin 叢林 dichter Hain, wohl im Hinblick auf die Scharen der Lamas, die
zusammen hausen, so deckt auch *tschao* sich völlig mit dem Begriff Klöster.
Nach Haenisch ist 招 *tschao* der Name für das große Buddhabild im Tempel
von Labrang in Lhasa, steht auch für den dortigen Tempel selbst und dann für
einen berühmten Tempel überhaupt.

Die 4 großen Lamaklöster von Kueihua liegen sämtlich in der südlichen
Vorstadt, 3 von ihnen ganz nahe nebeneinander, das 4. ein wenig abseits im
Südosten. Die Namen der verschiedenen Tempel und ihrer Äbte in Chinesisch und Mongolisch in der besonderen Übersicht unter Nr 1–4 nach dem
Plan der Doppelstadt verzeichnet und zwar mongolisch in chinesischer Umschrift. Die genannten Hutuktu 呼圖克圖, die zugleich ihren Klöstern vor-
stehen, bilden in der lamaistischen Hierarchie eine ausgezeichnete in sich
wieder abgestufte Rangklasse, zu der sogar der Dalai Lama und der Pantschen Lama selber gehören. Im Übrigen sind sie in einer Anzahl etwa von
160 über Tibet und die Mongolei verteilt, noch bis in unsere Tage. Zwei von
ihnen residierten in Kueihua. Hier mag ihre Zuteilung zu den betreffenden
Tempeln schon aus der Zeit der Begründung des Patriarchates stammen, also
aus Wan Li, Jahr 1578, diese Anordnung hat sich seitdem offenbar fast un-

verändert erhalten. Wenigstens erfahren wir das für das Jahr 1696 aus dem bereits erwähnten Werke über den Kriegszug, den Kaiser Kang Hi damals persönlich nach Kueihua führte gegen den Dsungarenfürsten Galdan.[15]

Dieser wurde völlig geschlagen und starb im gleichen Jahre. Das Werk erwähnt die beiden Hutuktu und einen Großlama, der Kaiser wohnte einige Tage in dem Haupttempel, hatte jedoch seine Feldlager bezogen bei der Stadt und weiter im Osten bei der Pagode Pai t'a.

Übersicht
Die vier großen Lamatempel Sze Ta La ma sze (miao)
in Kueihua, Provinz Suiyüan 綏遠歸化四大喇嘛寺（廟）
Die Tempel werden auch genannt *tschao* 招 = mongolisch *ju*. Hierzu der Plan der Doppelstadt Kueisui, Bild. Tempel 1–4 in der südlichen Vorstadt.

1. Ta tschao Großer Tempel 大招
mongolisch: I ko tschao 依克招
Hauptsitz des vgl. Nr 3.
Toin Hutuktu 托音呼圖克圖
Chinesischer Name:
Wu liang sze 無量寺
Kloster der Unermeßlichkeit

2. Si la t'u tschao 錫拉圖招
auch: Si le [=re] tu tschao 錫呼圖招
Sitz und Kloster des Siretu Hutuktu 錫呼圖呼圖克圖
auch: 西勒圖庫圖克圖
Kloster wird auch genannt:
Sche li ta tschao 舍利塔招
Kloster der Reliquienpagode
Chinesischer Name: Yen scho sze 延壽寺
Kloster der Lebensverlängerung

3. Siao tschao 小招 Kleiner Tempel
mongolisch: Pa kia tschao 把甲招

---

15 *Beye dailame wargi amargi babe necihiyeme toktobuha bodogon-i bithe*. Hrsg. von Unda. 1709. Chinesische Fassung: *Qinzheng pingding shuomo fanglue* 欽征平定朔漠 方略. Sammlung von amtlichem Quellenmaterial zur Geschichte der Feldzüge des Kangxi-Kaisers gegen den Führer der westmongolischen Dsungaren, Galdan, 1696– 1697, sowie die Vorgeschichte dieses Krieges seit 1677.

Sitz des vgl. Nr 1.
Toin Huktuktu 托音呼圖克圖
Chinesischer Name: Tschung fu sze 崇福寺
Kloster des Erhabenen Glücks

4. Wu ta tschao 五塔招 Tempel der 5 Pagoden
mongolisch: Ta pu Sze pu örl han tschao 塔布斯普爾罕招
Tabun suburɣan tschao 5 Pagoden Tempel
So genannt nach dem nördlichen Teil mit der später errichteten Pagode.
Chinesischer Name: Tze teng sze 慈燈寺
Kloster der gnadenreichen Lampe
Der südliche Tempel heißt: Tscho örl tsi tschao 卓爾齊招
Tempel des Corji
Sitz des Mergen Corji Lama
達爾班 Ta örl pan, wahrscheinlich Mo örl ken Tscho örl tsi La ma 墨爾根卓爾齊喇嘛

Von den 4 Haupttempeln beginnt die geschlossene Gruppe der 3 westlichen mit dem größten Nr 1, im Volksmund genannt Ta tschao 大招 Großer Tempel, mit chinesischem Namen Wu liang sze 無量寺 Kloster der Unermeßlichkeit. Er liegt an der Ta tschao Straße, sein Umfang wird mit etwas über 4 li wohl zu groß angegeben. Vielleicht ist dieser Tempel der älteste und war der Hauptsitz des Toin Hutuktu, bei dem der Kaiser Kang Hi auf seinem Besuch von Kueihua 1696 abstieg. Darauf deutet wohl auch die Ausstattung der Haupthalle mit gelben Dachziegeln und rotem Sparrenwerk, ganz wie bei kaiserlichen Wohnungen. In der Mitte befindet sich die große Haupthalle Ta hiung pao tien 大雄寶殿, rings um diese wohnen überall die Lamas, zu ganz blühenden Zeiten mehrere Tausend, zu gewöhnlichen über hundert. Die leeren Gebetshäuser werden jetzt durchweg vermietet an die ansässigen Kaufleute, die in den dicht nebeneinander abgeteilten öffentlichen Ständen Kleinhandel betreiben mit Blumen und Räucherwerk. Auf dem Haupttor gibt es eine auf die 9 bezügliche Querinschrift: *ti i tsüan* 第一泉 – Die erste Quelle. Diese Quelle befindet sich etwa 100 Schritt vor dem Tempel. Als Kaiser Kang Hi hierher geritten kam, scharrte sein durstiges Pferd den Boden und plötzlich sprang die Quelle hervor. Diese wurde nun als kaiserliche Gabe 錫 *si* angesehen und in Beziehung gebracht zu den bekannten 九錫 *kiu si* – 9 kaiserlichen Gaben. Unmittelbar westlich an den Haupttempel, nur durch einen schmaleren Zwischengang getrennt, schließt sich eine weitere Folge von Gebetshallen in einem Nebentempel an.

Auf der Ostseite der Gruppe liegt Nr 3, im Volksmund genannt 小招 Siao tschao Kleiner Tempel, mit chinesischem Namen Tschung fu sze 崇福寺 Kloster des Erhabenen Glücks. Es wurde zur Zeit Kang Hi erbaut, wohl im Anschluß an den Besuch des Kaisers und galt stets als zusammengehörig mit dem Ta Tschao, als dessen Ableger. Der mittlere Hauptteil ist vergrößert durch 2 seitliche Nebentempel. Die Haupthalle zeigt reiche Schnitzereien, Fliegende Balken, geschnitzte Dachsparren, groß und glänzend, ohne Gleichnis. Jetzt ist im Tempel vieles stark verfallen, auch die Buddhafiguren in den Seitengängen sind eingestürzt. Doch die Haupthalle ist in gutem Zustand; sie birgt reiche Sammlungen, hier finden noch Gebetsübungen statt, und die breite Vorterrasse trägt auf den vorderen Ecken je einen offenen Pavillon, daneben hockt auf Postament je ein glasierter Löwe in Ton. In jedem Pavillon steht eine große Inschrifttafel, die 4 Flächen der 2 Tafeln geben einen Bericht über die Verdienste der Regierung Kang Hi, und zwar in 4 Sprachen, Chinesisch, Mandschurisch, Mongolisch und Fan, was in diesem Falle vielleicht Lantsa-Schrift bedeutet. Die Inhalte der 4 Inschriften sind untereinander gleich.

Zwischen Nr 1 und Nr 2 liegt der prächtigste aller 4 Tempel, der Si la t'u tschao chinesisch genannte Yen schou sze Kloster der Lebensverlängerung. Es ist der Sitz des (Silatu =) Siretu Hutuktu, das bedeutet: Hutuktu «mit dem Katheder», also Professor. Nach ihm trägt das Kloster den Namen. Das Erbauungsjahr ist noch nicht bekannt, doch wird berichtet, daß das Kloster nach dem Besuche des Kaisers Kang Hi 1696 auf Antrag des damaligen Siretu Hutuktu ausgebessert wurde. Es muß also damals schon lange bestanden haben, ist im Ursprung vielleicht gleichzeitig mit dem Ta tschao und reichte dann, als das gleichälteste, ebenfalls noch in die Zeit der Begründung des Patriarchates unter Wan Li 1578.

Die Anlage ist sehr großzügig und besteht aus 3 parallelen Teilen. Den weiten Vorplatz eröffnet ein breiter, dreiteiliger Holzpailou im Pekingstil, Flaggenmasten und Löwen stehen vor dem 5räumigen Haupttorgebäude mit dem 4 Himmelskönigen, 2 kleine Seitentore diesen als gewöhnliche Zugänge. Der Haupthof mit 2 Pavillons gibt den Blick frei auf die mächtige 1. Haupthalle in tibetisch-mongolisch-chinesischem Mischstil. Ein massiver frischgedeckter, quadratischer Umbau mit 7 Bronzeaufsätzen und einer Vorhalle mit Säulen und reichsten Konsolen umschließt knapp die zentrale Halle, alle inneren Säulen sind eng gestellt und bilden einen richtigen Pfeilerwald nach indisch-tibetischem Vorbild. Hinter der 2. Haupthalle schließt eine Halle für die Bibliothek den Mitteltrakt ab. Die seitlichen Teile weisen ebenfalls große Hallen auf.

lap29 Sheli ta zhao, Guihua

In einem kleinen östlichen Nebenhof durch einen Vorhof und mehrere gefällige, kleine Tore zugänglich, befindet sich die Sche li ta 舍利塔 Reliquienpagode, mit der wir uns hier zu beschäftigen haben und nach der auch das Kloster zuweilen Sche li tʻa tschao genannt wird. Es muß festgehalten werden, daß Sche li tʻa und Si la tʻu nur äußerlich im Laut ähnlich sind, in Wirklichkeit jedoch verschiedene Bedeutung haben. Diese Reliquienpagode muß auf das engste verknüpft sein mit der Stellung des hier residierenden Siratu-Hutuktu, unter dem der Si la tʻu tschao das Haupt unter allen Klöstern in Kueihua wurde. Der Hutuktu scheint eine besonders hohe Stellung eingenommen zu haben, man darf vermuten, daß unter ihm auch das nahe Fünfturmkloster Wu tʻa tschao 五塔招 stand, das nur 1 li südöstlich vom Si la tʻu tschao entfernt ist, unsere Nr 4. Es zeichnet sich aus durch 2 Lamapagoden und durch die fünftürmige Pagode, die in Abschnitt VI behandelt wird. Wenn es aber heißt, daß der Hutuktu vom Wu t'a tschao eine Verkörperung des Bodhisatva Mandschusri = Wen schu pu sa 文殊菩薩, des Heiligen vom Wu t'ai schan, war, so darf man das nur auf jenen Hutuktu vom Si la t'u schao beziehen, denn in Wu t'a tschao residierte als Abt nur ein Oberlama von etwas niederem Range. Durch diese Verkörperung des Mandschusri steht der Lamakult von Kueihua in naher Beziehung zu dem vornehmsten Mittelpunkt lamaistischen Kultes und eigentlichen Sitz jenes Bodhisatva, dem heiligen buddhistischen Berge Wu t'ai schan in der Provinz Schansi. Es ist bemerkenswert, daß auf dem Wu t'ai schan im großen Pagodenkloster T'a yüan sze eine kleine Reliquienpagode für das Heer des Bodhisatva Mandschusri ebenfalls in einem kleinen Nebenhof angeordnet ist. Genau so wie die Sche li t'a in unserem Si la t'u tschao. Übrigens galten auch die Mandschukaiser von China als Verkörperungen des gleichen Mandschusri.

Die Sche li t'a 舍利塔 Reliquienpagode im Si la t'u tschao geht ohne Zweifel auf einen der Siretu Hutuktu zurück, wir nehmen an, auf jenen zur Zeit des Besuches von Kaiser Kang Hi, also das Jahr 1696. Ob aber in dem Stupa wirklich Überreste des Geheiligten vorhanden sind, was ja in einer freien Lamapagode immer ungewiß ist, oder ob nur andere Reliquien, deren Behälter der Hutuktu erbauen ließ, dort beigesetzt wurden, ist vorläufig unbekannt. Rein baulich bietet der Stupa hervorragendes Beispiel für Lamapagoden, ist überdies in allerbestem Zustande. Das mag darauf zurückzuführen sein, daß nach einer Feuersbrunst unter Kuang Sü 13. Jahr = 1887 das beschädigte Kloster und wohl gleichzeitig auch der Lamastupa ausgebessert wurde. Bei meinem Besuche im Oktober 1934 war das Monument in so glänzender Verfassung, auch in Flächen und Farben, daß man eher noch mit einer ganz kürzlichen Wiederherstellung rechnen konnte. Das Bauwerk ist so hervorragend durchgebildet und von so großer architektonischer Schönheit, daß es, als Typus der Lamapagoden, eine genauere Betrachtung erfordert.

Der Stupa steht auf glattem, quadratischem Unterbau von 10,75 m Seitenlänge und 1,58 m. Höhe, eine Doppeltreppe führt zur Plattform, deren 1,18 m breiter Umgang umschlossen wird von kunstvollem Steingeländer aus den bekannten Pfosten und Balustertafeln. Auf der Plattform ruht der mächtige Sockel aus Werkstein mit 4 Stufen, nämlich einer höheren Plinthe von 7,56 m Seitenlänge und 3 flachen Platten, deren mittlere im Wulst als chinesischer Einstab aus Lotosblättern ausgebildet ist. Auf ihr stehen an den 4 Ecken je ein runder, skulptierter Säulenstumpf von 1,07 m Höhe mit kleinem Sockel und einer Art von Kapitäl. Diese 4 Kapitäle schneiden in das weit auslandende Gesimsglied, den Lotoswulst ein und tragen, mit diesem vereint, den weit vorspringenden Abakus, dessen 44 cm hohe Steinfläche mit reichen

Reliefs aus Buddhas, Ranken und Symbolen überzogen ist. Die gesamte Höhe des gegliederten Sockels beträgt 2,82 m. Das Halsglied des Sockels liegt stark vertieft, entspricht an Höhe genau den Säulchen und ist auf jeder, 4,70 m langen Seite mit den gleichen, doch durch drastische Farben stark auffallenden Darstellungen in einem nur flachen Relief versehen: auf den Ecken Rankenwerk, in der Mitte der dreifache Edelstein, Cintamani in Flammen, bewacht von 2 merkwürdigen und einfältig gestalteten löwenähnlichen Tierfiguren oder Dämonen, die mit Schweif versehen sind, indessen auf den Hinterbeinen stehen und mit den hoch erhobenen Vorderpranken das obere Gesimsglied tragen nach Art von Atlanten. Der ganze, reich gegliederte Sockel wirkt durch die Säulen wie eine Art Baldachin, über den aber nun erst der eigentliche Stupa sich erhebt.

lap28 Sheli ta zhao, Guihua, Sockel

Der eigentliche Stupa ist von Fußplatte bis zur Spitze etwa 6,60 m hoch, die Gesamthöhe einschließlich Unterbau beträgt 11,00 m. Der Stupa besteht aus Fuß, Rundkörper und Spira mit Bekrönung. Der quadratische Fuß auf einer flacheren, mit Einstabornament geschmückten Platte, baut sich auf in 4 kräftigen, gleich hohen und gut abgesetzten Stufen, die das große Motiv des

flach ornamentierten Abakus vom Sockel auflösen und fortsetzen, zu einer
wahren Plattform, auf der das Hauptstück, der Rundkörper thront. Die hohe
Bestimmung der Stufen, das Heiligtum zu tragen, wird deutlich gemacht
durch die Sinnbilder der Schrift, die alle Stirnflächen der 4 Stufen bedeckt.
Die tibetischen Sprüche in Lantsaschrift zeigt die meisten Silben in kräftigem Rotbraun, andere bestimmte, doch unregelmäßig auftretende in leuch-
tendem Blau, dadurch erhält das Bild eine mutige, fast jubilierende Stimmung.

Jetzt wendet sich das Motiv vom Quadratischen, dem Sinnbild für Erde,
in das Rund, das für den Himmel steht. Der Rundkörper steht auf einer feinen, runden Grundplatte, die, gleich der Grundplatte unter den 4 Stufen des
quadratischen Fußes, in den Eierstab aus Lotos aufgelöst ist, nach Art der
umgestülpten Lotosblüte *fu lien* 覆蓮 zur Erde gewendet. Auf ihr erhebt sich
in fein gezeichnetem, doch geschlossenem Umriß der Rundkörper, der in einer inneren Kammer die Reliquien bergen muß, er ist aus Ziegeln gemauert
und blendend weiß getüncht. In seiner Außenfläche ist das Hauptmotiv angebracht, die große Nische, nach Westen gerichtet, zum Haupttempel und der
Haupthalle. Diese Nische, in allen Teilen aus glasierter Terrakotta, sitzt auf
verdoppeltem Lotossockel und wird eingefaßt durch einen breiten Fries. Er
folgt der Divergenz der Nische nach oben hin, schließt innen im Kielbogen,
außen geradlinig spitz ab, und ist erfüllt mit kräftigem Reliefschmuck, an den
Seiten mit den 8 buddhistischen Kostbarkeiten *Pa pao* 八寶, oben mit 2
lebhaften Drachen, die zu einem Garuda über der Spitze des Kielbogens
streben. Auf dem Grunde der vertieften Nische wird das Hauptstück, eine
rechteckige Tafel umspielt von überreichem, fein modelliertem Ornament,
Drachen in Wolken und einem höchsten Perlenjuwel in Flammen. Eine fort-
gesetzte Verfeinerung, Auflösung und Vertiefung finden statt und leiten so
zum Allerheiligsten über, der Reliquie selbst. Das Symbol auf der Tafel ist
nicht erkennbar, ein Namtschuwangdan, das an den Tschorten von Kumbum
näher erläutert wurde, scheint es nicht zu sein, vielleicht sind es alte, schon
verblichene Schriftzeichen. Von der Nische aus ist rings um den Rundkörper
ein Gehänge aus Perlenschnüren gelegt, die abwechselnd an großen und
kleinen Löwenköpfen und an winzigen Rosetten hängen, in kleinen Plättchen
enden und in Relief aus glasiertem Ton hergestellt sind. Auch hier sind zwischen die überwiegend roten Teile blaue eingestreut. Dieser graziöse Behang
um Schulter und Brust des Hauptkörpers wirkt festlich und belebend auf der
weißen Rundfläche zwischen den monumentalen Schriftlinien auf den unteren 4 Stufen des Fußes und den oberen Ringen der Spira.

Die stark zugespitzte Spira versinnbildlicht durch ihre 12 Stufenringe
Aufstieg und Läuterung bei der gradweisen spirituellen Heiligung, und durch
die Spitze die endliche Auflösung in den Äther. Zugleich aber bringt die

starke Entwicklung in die Höhe die Sichtbarmachung für die Menschenwelt. Die Spira steht auf einem quadratischen Zwischenstück, das ebenfalls, wie die 12 folgenden Ringe, ringsum mit roten und blauen Schriftzeichen geschmückt ist. Der schlanke Spitzkegel ruht noch auf einer besonderen, feinen Zwischenplatte aus Lotosblättern, die hier angeordnet sind nach Art der aufblühenden Lotosblüte *yang lien* 陽蓮 zum Himmel gewendet. Hier ist der Punkt, an dem nach Filchner, wie bei dem großen Tschorten von Kumbum erwähnt, in der senkrechten Achse im inneren, wohl durch einen, technisch ohnedies notwendigen Zapfen zwischen Platte und Zwischenstück, theoretisch zum Ausdruck gebracht ist, daß jetzt das Schweben und Loslösen der Spira vom Irdischen erfolgt am Bilde spiritueller Stufen und der aufsteigenden Flamme. Es ist der gleiche Gedanke wie bei den Bekrönungen anderer Pagodenarten, wo die Abzeichenstange mit Ringen oder runden Scheiben *Siang lun* 相輪 ebenfalls Bezug hat auf die Loslösung und gradweise Läuterung. Vom Haupt des Spitzkegels fließen ein Paar gewaltiger Voluten in mächtiger Wellung herab und frei nach den Seiten heraus, symmetrisch zur Hauptachse der heiligen Nische. Die Flächen der Voluten zeigen dichte Ballungen von Wolken und Donnervoluten, die wohl auf das Erbeben von Firmament und Erde hindeuten sollen bei Offenbarung buddhistischer Wahrheit und Vollkommenheit, wie es etwa geschah bei Geburt und Tod des Buddha. Diese ungewöhnliche Form findet sich nur bei bestimmten Lamapagoden und kennzeichnet dann ihre hervorragende Bestimmung.

Die letzte Bekrönung bildet ein weit überstehender, glockenartiger Schirm aus Bronze, an dessen unterem Rand einige kleine Glöckchen hängen. Über dem Schirm erfolgt der letzte Abschluß durch das übliche Symbol von wachsendem Mond, Sonnenscheiben und dem höchsten Juwel mit emporlodernder Flamme.

Architektonischer Aufbau und Durchbildung dieser Lamapagode von insgesamt 11,00 m Höhe, einschließlich Unterbau, zeigen größte Klarheit und feines Gefühl für gute Verhältnisse und Formen. Das gilt auch für die Schmuckteile. Es ist eine andächtige Kunst, durchdrungen von Inbrunst und Hingabe an eine jenseitige Welt.

2 Lamapagoden im Wu t'a tschao

Der Tempel Nr 4, im Volksmund genannt Wu ta tschao 五塔招 Tempel der 5 Pagoden besteht heute aus 2 Teilen. Der vordere, südliche ist der ältere und weist im Haupthof 2 einander gleiche Lamapagoden auf etwa von 10 m Höhe. Dieser Teil des Doppeltempels wurde nach dem Reiseführer unter Kang Hi erbaut, durch einen Lama Mergen Corji, den Weisen Corji 墨爾根卓爾齊喇嘛 Mo örl ken Tscho örl tsi Lama. Danach heißt der Tempel auch Tscho örl tsi tschao. Der gleiche Lama wird auch im Geschichtswerk erwähnt gelegentlich des Besuches der Lamatempel von Kueihua durch Kaiser Kang Hi, der auch seinen Tempel besuchte. Demnach dürfte dieser im Jahre 1696 bereits vor dem kaiserlichen Besuch fertig gestellt gewesen sein. Unter Kien Lung erfolgte eine Erneuerung. Danach aber scheint bei den Lamatempeln von Kueihua eine Unordnung eingerissen zu sein, denn es wird berichtet, daß unter der Regierung Kia K'ing 1769–1820 der Yo tschu ming Hu pi örl han 有著明呼必爾罕 der Berühmte Hubilgan an den Kaiser eine Eingabe machte, daß aus dem Befehlsbereich des zuständigen Tschasak 扎薩克 Tscha sa k'o je einer der Großlama ständig mit der Betreuung der verschiedenen Tempel in Kueihua beauftragt werden möge. Das geschah auch und blieb fortan Regel bis heute. Unter jenem Hubilgan, der Verkörperung hat man sich wohl den damaligen Siretu Hutuktu aus dem Tempel Si la t'u tschao zu denken, der ja, wie erwähnt, als Verkörperung des Bodhisatva Mandschusri galt.

lap22 Guihua Lamapagode im Haupthof des Tempels Wuta si – eine der beiden symmetrisch zur Achse aufgestellten Lamapagoden

Über Zeit und Zweck der Erbauung der 2 Lamapagoden ist nichts bekannt. Sie sind etwa 8 m hoch und entsprechen im Aufbau dem Stupa von Si la t'u tschao, sind jedoch im Sockel vereinfacht, ohne Stufen und Säulen. In der großen Nische im Rundkörper ist das große Symbol Namtschuwangdan angebracht, zur Hauptachse des Tempels gerichtet, die Ringe der Spira scheinen keine Beschriftung zu haben. Die paarweise Anordnung der 2 Stupas im weiten Haupthof vor der Haupthalle wirkt großartig, ist aber sehr ungewöhnlich. Vielleicht sind sie erst nach der Erbauung des nördlichen Teiles des Tempels und der zugehörigen 5türmigen Pagode, also nach 1732, erbaut, um ein Gegengewicht zu bilden zu jenem mächtigen Bauwerk. Diese Fünfturmpagode behandeln wir im folgenden Abschnitt.

Vom Besuch des Kaisers Kang Hi in Kuei hua

Eine Reihe von wichtigen Aufschlüssen, die hier über die Lamatempel von Kueihua verwendet werden konnten, stammt aus den Untersuchungen von Professor Erich Haenisch. Er benutzte dazu das schon erwähnte große Kriegsaktenwerk *Tsin-tscheng ping-ting schuo-mo fang-lüe* 親征平定朔漠方略 «Übersicht über die Operationen der vom Kaiser persönlich geleiteten Eroberung der nördlichen Gobi»; es umfaßt in zwei Ausgaben, chinesisch und mandschurisch, je 48 Bände. In Buch XXXI 35, Jahr Kang Hi = 1696, 10. Monat, findet sich eine Notiz, die interessant genug ist, um hier angeführt zu werden, weil sie den Einfluß des Lamaismus und seiner Kirchenfürsten in der inneren Mongolei und zu jenem Zeitpunkt klar erkennen läßt:

(Fol. 18, Tag *ping schen* 丙申) Der Kaiser hielt beim Durchmarsch auf der Expedition seinen Einzug in die Stadt Kueihua. Die Hauptlamas von Kueihua, nämlich der Toin Hutuktu und der Siretu Hutuktu, kamen mit allen ihnen unterstehenden Lamas in geordnetem Zuge, mit Bannern, alles mit Weihrauchstäbchen in der Hand, unter Musik entgegen zum Empfang. Der Kaiser unternahm danach eine Besichtigung der Tempel des Toin Hutuktu (Ta tschao), des Siretu Hutuktu (Si la t'u tschao) und des Mergen Corji Lama (Tscho örl ts'i tschao) – fol. 38. Am 14. des Monats zog der Kaiser vom Tempel des Toin Hutuktu, wo er quartiert hatte, um nach dem Südpaßtor Nan kuan 南關, wo er Lager bezog. Am 16. stieg er ab in dem Tempel zum Nachtquartier, um danach im Tempel des Siretu Hutuktu sich die Tempeltänze anzusehen. Es heißt dann noch, daß der Kaiser wieder aus dem Tempel gezogen sei und ein freies Lager bezogen habe, um dort den großen Empfang abzuhalten. Denn der Raum des Tempels sei zu beschränkt gewesen, um die große Menge der (von seinem Gegner, dem Dsungarenfürsten Galdan) vertriebenen, zur Huldigung und schutzsuchend erschienen Mongolen zu fassen. – Sicherlich hat der Siretu Hutuktu seine Bitte um Mittel zur Ausbesserung des Tempels gelegentlich dieses Kaiserlichen Besuches angebracht.

J. Bredon berichtet in ihrem Buch *Peking*[16] S. 224 u. 225, gelegentlich der Beschreibung von Kloster und Pagode von Si huang sze, daß der Kaiser Kang Hi am Tode seines Hutuktu in Kueihua schuldig geworden sei, als er

---

16 Juliet Bredon: *Peking. A historical and intimate description of its chief places of interest.* 2nd ed. rev. and enl. Shanghai: Kelly & Walsh 1922. X, 523 S.

dort seinen Besuch machte. Der Hutuktu oder Lebende Buddha hätte nämlich selber auf seinem Throne sitzend, also höchst unehrerbietig den Kaiser empfangen. Da zog ein Begleiter des Kaisers aus Zorn sein Schwert und tötete den Hutuktu durch einen Schwertstreich, worauf sich ein großes, beiderseitiges Massaker entwickelte, aus dem der Kaiser sich nur mit Mühe auf einem schnellen Rosse habe retten können. Diese Geschichte scheint aber unglaublich, denn nach keiner Richtung hin kann sie der Wirklichkeit entsprechen.

4. Kleinere Lamapagoden aus südlichen Provinzen

In der Art der Lamapagoden, die wir aus den Bereichen der Randgebiete von Peking, Kumbum und Kueihua kennen gelernt haben, wurden zahllose andere, auch in mächtigen Abmessungen, in den mongolischen Provinzen errichtet, in Tschachar, Suiyüan mit dem Ordosgebiet, und in Tsinghai. Diese Linie soll, wie bereits bemerkt, hier nicht näher verfolgt werden. Indessen auch in den anderen nördlichen Provinzen findet sich gelegentlich dieser Typ, selbständig oder in Verbindung mit anderen Pagodenformen. Unter den abweichenden Tienningformen konnten wir bereits verwandte Gebilde feststellen, wie an der Nordpagode im Si yü sze auf dem Fang Schan, ferner in Kihien und Ihien, und vor allem in Tschangte-Anyang, in der Provinz Honan, an der Pagode vom Tien ning sze, wo die Bekrönung durch eine richtige Lamapagode erfolgte. Immerhin scheint die Anzahl von freien, selbständigen Lamapagoden in den altchinesischen Provinzen selbst des Nordens recht beschränkt zu sein, die geschlossenen Vorkommen auf dem Wu t'ai schan, in Jehol und die großen Beispiele aus Peking und Mukden werden hier noch gesondert behandelt. Doch zur Vervollständigung mögen, aus der Reihe der bekannt gewordenen, vorweg nur 2 Beispiele wenigstens erwähnt werden, die allerdings schon zu den größeren, doch geographisch noch zum Norden gehören.

In der Sammlung der Pagodenmodelle aus Siccawei, die jetzt sämtlich im Field Museum in Chicago stehen, befinden sich die Modelle von 2 Lamapagoden aus Lantschou 蘭州 in der Provinz Kansu. Mit Höhen von 23 m und 24 m münden sie bereits in die großen Pagoden ein. Die Pagode vom Tz'e en sze 慈恩寺 Kloster der Wesensliebe und Gnade, aus 1592 mit einer Spira von 8 Geschoßringen, und die Pagode vom Pai i sze 白衣寺 Kloster der Weißgekleideten Kuanyin, aus 1631 mit einer Spira von 12 Geschoßringen, ähneln, nach der feinen Durchbildung im Modell, den Bronzepagoden vom Gipfel des Omeischan, sollen aber aus Ziegel und Stuck bestehen. Die Verwandtschaft dieser Pagoden mit dem Tienningtyp wird besonders deutlich. Näheres über sie ist nicht bekannt.

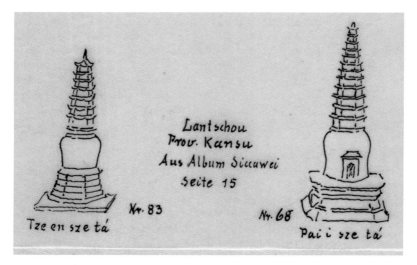

lap24 Zeichnung: Ci'en si ta und Baiyi si ta, nach *Collection of pagodas …*

Lamapagode von Wutschang

Von den bereits erwähnten 3 Beispielen aus dem Yangtzegebiet und dem
südlichen China bildet die Lamapagode aus Werkstein La ma schi t'a 喇嘛石
塔 neben dem Huang hao lou 黃鶴樓 am Ufer des Yangtze in Wutschang 武
昌, der Hauptstadt der Provinz Hupei, zugleich den Anschluß an zwei andere
Werksteinpagoden aus dem Yangtzegebiet, die wir am Ende des Abschnittes
IV behandelt haben, nämlich die Tienningpagoden im Ts'i hia sze und auf
der kaiserlichen Insel im Si hu bei Hangtschou. Die Lamapagode steht auf
der Terrasse des einstigen berühmten Huang hao lou, in Wutschang Huang
ho lou gesprochen, Turm des Gelben Kranich, an den sich eine bekannte Legende knüpft. Der alte Turm, oft erneuert, in seiner älteren Form im Taiping
Aufstand zerstört, in seiner letzten schönen Gestalt etwa aus 1865 bereits im
September 1884 wieder abgebrannt – nach W. Perceval Yetts[17], ist jetzt durch
einen überaus häßlichen, massiven Neubau ersetzt. Zumal dessen Turm mit
den Eckspitzen erschlägt die lebendige Wirkung des unmittelbar benachbarten und fein abgestimmten Lamastupa. Jener Neubau müßte vor allen Din-
gen bald verschwinden, denn er ist ein unglücklicher Vertreter altberühmter
Erinnerungen und in keiner Weise ein passendes Wahrzeichen des Yang-

---

17 Walter Perceval Yetts, 1878–1958, Arzt, seit 1932 Professor für chinesische Kunst-
    geschichte und Archäologie an der Universität London; vgl. Orvar Karlbeck: Professor
    Walter Perceval Yetts C. B. E.† *AA* 20.1957, 184–185.

tzetales an einer bedeutenden Stelle, deren Ausgestaltung im übrigen auf das glücklichste begonnen wurde durch die neuausgebaute, mächtige Terrasse und ihre schöne Treppenanlagen neben dem Landeplatz der Fährdampfer.

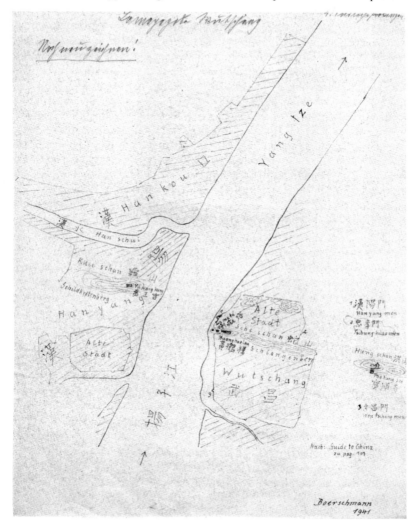

lap31 Topographische Skizze, Lamapagode Wuchang 武昌. 1941

Diese Terrasse ist der westliche Kopf des schmalen und 2 ½ Kilometer langen Bergrückens Sche schan 蛇山 Schlangenberg, der sich fast unvermittelt aus Ebene und Strom erhebt, im Grunde aber sich darstellt als letzter Ausläufer des etwa 1 Kilometer östlich von Wutschang entfernten, altberühmten Hung schan 洪山, des Überragenden Berges. Dessen machtvolle Stockwerkpagode wurde bereits behandelt im Ersten Teile unseres Werkes, sie steht an einer für das Fengschui von Wutschang bedeutungsvollen Stelle und in innerer Verbindung mit den bedeutenden Baudenkmälern der Dreistadt. Der Schlangenberg Sche schan durchzieht die Stadt der Breite nach ungefähr von Ost nach West und zerlegt sie in eine südliche und eine nördliche Hälfte. Nach Professor Haenisch, dem ich Nachprüfung vorhandener Angaben und wichtiges neues Material über die Baudenkmäler von Wutschang verdanke[18], umfaßte die Altstadt nur den Teil nördlich des Schlangenberges. Die alte Stadtmauer wurde zur Zeit der 3 Reiche, also im 3. Jahrhundert n. Chr. erbaut und lief auf dem Kamme des Berges entlang vom Han yang men 漢陽門, dem Westtor am Yangtze vor dem Westkopf des Bergrückens, heute der weite Anlegeplatz der Fährdampfer, bis zum östlichen Tschung hiao men 忠孝門 vor dem Ostkopf des Sche schan. Der Stadtteil südlich dieses Berges ist erst nach der Mongolenzeit, am Ende des 14. Jahrhunderts, ausgebaut, indem man den dort belegenen Statthalterpalast in die Ummauerung einbezog. Die Stadtmauer umschloß dort noch einen großen Teil unbebauten Geländes. Am Südwestpunkt des neuen Stadtteiles ganz nahe am Fluß, befand sich das Wen tschang men 文昌門, nach dem heute noch die Straße dort genannt ist. Offenbar befand sich in der Nähe ein Turm für den Wen tschang 文昌, den Gott der Literatur, dessen Kult sonst die Südostseite der Städte vorbehalten ist, hier aber die bedeutende Stelle am Yangtze eingeräumt wurde.

Bis zum Ende der Mongolenzeit bildet der Westkopf des Schlangenberges mit dem Huang ho lou den entsprechenden Richtpunkt im Südwesten der alten Stadt Wutschang und besaß darum eine besondere Bedeutung. Von der Kopfterrasse am Westende und von ihrem Turmbau genießt man einen großen Blick über die Dreistadt Wuhan 武漢 Wutschang auf dem rechten, östlichen Ufer, Hanyang und Hankau auf dem linken Ufer des Stromes, der hier in einer Breite von nahezu 2 Kilometern nach Nordosten fließt. Fast genau gegenüber, auf dem Westufer, läuft in gleicher Weise ein ähnlicher Bergzug, der Kuei schan 龜山, Schildkrötenberg auch genannt Ta ping schan 大平山, von West nach Ost und teilt die heutige Stadt Hanyang ebenfalls in

---

18 Haenisch war nach seinem Studium mehrere Jahre als Deutschlehrer in Wuchang tätig
    gewesen.

eine südliche Hälfte mit der alten Stadt und in eine nördliche Hälfte bis zum Han kiang 漢江 Han Fluß, der dort mit seinem nördlichsten Arm, Han schui 漢水 genannt, in den Yangtze mündet. Auch der Kuei schan 龜山 trägt auf seinem östlichen Bergkopf über dem Strome als Landmarke einen bekannten Tempel, den Yü wang kung 禹王宮 Palast des alten Kaisers Yü, des großen Wasserbezwingers. Dieser Tempel bildet mit dem Huang ho lou auf dem Ostufer des Yangtze einen doppelten Richtepunkt in der Landschaft, beide verstärken an eindrucksvollsten Stellen das erhabene Fengschui der Dreistadt ∘ Hinter dem Kranichturm in Wutschang, weiter nach Osten, erstreckt sich auf dem Kamm des Sche schan eine lange Tempelanlage, vor dem Turm aber, auf einer etwas niedrigeren Plattform am nächsten dem Strome, steht frei und von allen Seiten sichtbar die kleine Lamapagode, sie unterstützt wirksam das große Fengschui und wurde von den Erbauern mit ausdrücklicher Absicht dorthin gestellt.

lap35 Wuchang 武昌, Lamapagode, Huanghao lou. Blick auf Hanyang 漢陽

Die Lamapagode hat die Gestalt eines Lamastupa und deutet schon deshalb auf die Entstehungszeit während der Mongolenherrschaft, unter der sie, wie es sich ergeben wird, mit Sicherheit errichtet wurde. Die Form des Lamastupa scheint unter der Herrschaft der Mongolen in China ausgebildet worden und besonders verbreitet gewesen zu sein, darum ist dieses Denkmal etwa aus den Jahren um 1350 ein gesichertes Zeugnis für die baugeschichtliche Entwicklung. Es heißt in der Chronik von Hupei *Hu pei tung tschi* 湖北通志, die auch in den *Buddhist Monuments* zitiert wird: Für das Grab einen Stupa zu verwenden, das war die Regel der Yüan Mo yung t'a Yüan tschi ye 墓用塔元制也. Man wird dabei in erster Linie an einen Lamastupa denken müssen.

lap37 Wuchang 武昌, Huanghao lou, Lampagode, Sockel der Pagode. 2.7.1934

Nach der Volksüberlieferung soll der Lamastupa von Wutschang das Grabmal eines Prinzen der Mongolendynastie sein. Diese Angabe findet sich auch im Handbuch Buch II von Kiang hia 江夏, dem alten Stadtkreise von Wutschang, und ist von dort in der gleichen Form selbst in die *Buddhist Monuments* übernommen. Als beteiligter Prinz wird, an sich wohl mit Recht, genannt der Prinz Wei Schun 威順, mit Namen Kuan Tsche Pu Hua, indessen als Kronprinz bezeichnet, der hier sein Grabmal erhalten hätte. Yüan Wei Schun Wang schi tze mo, Wang ming Kuan Tsche Pu Hua 元威順王世子墓王名寬澈普化. Nach den Untersuchungen von Haenisch kann aber dieser Bericht wenigstens insoweit nicht stimmen, als er sich auf das angebliche Grabmal des Prinzen beziehen soll. Der genannte Prinz Kuan tsche Pu Hua hieß mongolisch Konce oder Kolce buha, in der von Kaiser Kien Lung eingeführten Schreibung Ku tschun Pu Hua. Dem Sinn nach bedeuten diese chinesischen Umschreibungen etwa Kraft und Stier, oder Schreckdämon, auch Lehensfürst. Der Prinz, dessen Biographie im Kapitel 117 der Yüan Annalen enthalten ist, war ein Enkel von Hubilai, dem ersten Mongolenkaiser Kublai Khan selber, und Sohn des Prinzen Tohon, er wurde im Jahre 1326 mit der Statthalterschaft von Wutschang belehnt mit dem Titel Prinz von Wei Schun, Würde und Einklang. Dort hat er lange residiert, bis 1352, wo er vor dem Angriff des Rebellenführers Sü Schou-hui 徐壽輝 abmarschierte. Drei Jahre später wurde er wieder mit dem gleichen Posten betraut, den er dann, als die Stadt 1356 endgültig verloren ging, wieder im Stiche lassen mußte, um nun nach dem Nordwesten abzumarschieren. Dort, in den Kämpfen im Nordwesten, wird er noch 1365 erwähnt, Dann verschwindet sein Name, zwei Jahre später ging die Dynastie unter. Es ist ausgeschlossen, daß er nach Wutschang zurückgekehrt und dort begraben ist. Das Grabdenkmal muß in Wirklichkeit für irgend einen anderen hohen Beamten oder Lama erbaut worden sein. Bei der hartnäckigen Verknüpfung des Stupa mit dem Namen des bekannten Statthalters und Prinzen ist es aber sehr wahrscheinlich, daß dieser zu der Errichtung des Bauwerks in engster Beziehung gestanden hat.

Wir dürfen darum mit hinreichender Sicherheit annehmen, daß der Stupa auf Befehl des Prinzen um 1350 errichtet wurde und als Grabmal diente für einen hohen Beamten oder Lama der Yüan Dynastie.

Es wird überliefert, daß gegen Ende der Ming Dynastie, Devise Tien Ki im 1. Jahr 明啟元年 (1621), unterhalb der Pagode aus einer über 1 Zoll großen Mauerspalte Rauch emporstieg. Das soll sich offenbar auf das Grab des mongolischen Würdenträgers beziehen, dessen Überreste in der Pagode oder unterhalb von ihr beigesetzt sind. Sollte der Bericht über jene merkwürdige Erscheinung etwa den Sinn haben, daß dieses lamaistisch-mongolische Denkmal damals wieder begann, seine Wirksamkeit zu entfalten, zumal an dieser Stelle, wo es fast 300 Jahre lang im Fengschui von Wutschang, der alten mongolischen Statthalterschaft, eine hervorragende Rolle gespielt hatte? Und bezieht sich der Bericht über das angebliche Hervorquellen des Rauches aus dem Grabe im Jahre 1621 etwa symbolisch auf den beginnenden Siegeslauf der verwandten Mandschu, die im gleichen Jahre Mukden und die anderen großen Städte der Mandschuren eroberten und 23 Jahre danach, als die Ming Dynastie geendet hatte, die Erbfolge der Mongolenkaiser in China antraten? Wäre das der Fall, so bleibt dieses Denkmal verknüpft mit den großen Handlungen in der chinesischen Geschichte. Darauf würde auch sein Name deuten, der in der buddhistischen Sprache lautet Pao siang t'a 寶像塔 «Stupa als Standbild der (3 buddhistischen) Kleinodien», aber im Volksmunde Wan nien teng 萬年燈 «Lampe für 10000 Jahre». Entsprechend gibt

es unten an der Pagode eine Tsien sui teng 千歲燈 «Lampe der 1000 Lebens-
jahre», die etwa eingemauert zu denken ist und Vorrat enthalten soll eben für
die 1000 Jahre.

Die Höhe des Stupa beträgt nach den chinesischen Angaben etwa 3
tschang, genauer 9,30 m, der Durchmesser am untersten Sockelglied 4,40 m,
die Farbe des marmorartigen Kalksteins ist ein sattes Weiß 石色潤白 Schi se
jun pai. Der Sockel, auch einzelne Teile des Aufbaus, sind stark beschädigt
durch Verwitterung, mehr noch durch offenbare Zerstörungen im Laufe der
vielfachen Kämpfe, die bei den verschiedenen Umwälzungen und Aufständen
das Denkmal umtobten. Da aber noch wesentliche Teile auch der feinen Einzelheiten gut erhalten blieben, erlaubten die Maße, die ich bei meinem
Besuch am 1. Juli 1934 nehmen konnte, eine genauere zeichnerische Darstellung des Sockels, dessen Durchbildung äußerst bemerkenswert ist und uns
manche Aufschlüsse gibt über die Regeln für den Bau früher Lamapagoden.
Einige Grundzüge an diesem Beispiel lassen das erkennen. Die Maße waren
vielfach nicht ganz sicher wegen der Absplitterungen, sie wurden aber sorg-
sam ausgeglichen.

Der Sockel ist 1,17 m hoch und zeigt doppelten Hals und 3 Gurtplatten,
die Fußplinthe 32 cm, den mittleren Abakus 11 cm und den oberen Abakus
10 cm. Die Gurtplatten sind an sämtlichen je 20 Ecken spitz nach oben
aufgebogen, die Überführungen von den Gurtplatten zu den Hälsen erfolgen
durch flache Lotoswulste. Der Grundriß ist reich gegliedert durch vielfache
Verkröpfung auf jeder Diagonalen. Die Ausmittelung dieser Verkröpfungen
erfolgt in der Weise, daß ein in der Ebene der Fußplinthe umschriebenes
Quadrat auf jeder Seitenlänge von 4,48 m in 16 Teile à 0,28 m geteilt wurde,
von diesen entfallen auf die Stirnrisalite 4 à 1,12 m, auf die abgesetzten je 2
anschließenden Flächen 2 à 0,56 m, und auf sämtliche Rücksprünge
einheitlich je 1 à 0,28 m. Man kann das Gebilde auch so auffassen, daß vor
ein inneres Quadrat von 12 à 3,36 m je ein verdoppeltes Risalit vorgesetzt ist
mit den entsprechenden Vorsprüngen von 1 à 0,28 m Tiefe und 2 à 0,56 m
und 4 à 1,12 m Breiten in den Ansichtsflächen. Aus diesem Kunstgriff der
Einteilung nach der Zahl 16 ergab es sich, daß alle einspringenden Ecken in
hohem Grade annähernd auf dem eingeschriebenen Kreisbogen liegen, daß
also eine äußerst enge Verbindung zwischen Kreis und Quadrat gefunden ist
auf der Grundlage rein arithmetischer Teilung. Es wird sich erweisen, daß bei
der Großen Pagode auf dem Wu tai schan sogar der völlige Anschluß der
Verkröpfungen an den eingeschriebenen Kreis des Rundkörpers ergibt [!] zu
sein scheint, aber nur durch eine Zeichnung, die vom eingeschriebenen Kreis
ausgeht und die Verkröpfungen nach ihm bestimmt. Andererseits legen die
großen Beispiele von Peking offenbar kein Gewicht auf eine Annäherung der
Verkröpfungen an den Kreis, die doch für die Anpassung des oberen Rund-

körpers an den unteren rechtwinkligen Sockel ohnedies wünschenswert wäre. Jedoch abgesehen von den technischen Erfordernissen mag wenigstens nach dem Beispiel in Wutschang zu urteilen, bei der Ausmittelung des Sockels das Bestreben mitgewirkt haben, auch einen möglichst vollkommenen, rein geometrischen Schlüssel zu finden für die geheimnisvollen Beziehungen zwischen Kreis und Quadrat, die ja für Himmel und Erde stehen und für die symbolischen Betrachtungen gerade im Lamaismus von Bedeutung sind.

Unter dem Sockel ist eine 8seitige Grundplatte angenommen, die an Ort und Stelle nicht mehr festzustellen war, indessen vorhanden gewesen sein muß. In den Sockelhälsen sind die 20 Kanten der Verkröpfungen ausgebildet als reizvolle, winzige Pilaster aus Rundschaft, Kehlen und Plättchen an Fuß und Kopf. Über dem Sockel erfolgt der Übergang ins Rund. Auf einem Lotoswulst mit Perlenschnur sitzt der Rundkörper, in bescheidener Höhe und zurückhaltender weicher Umrißlinie. Er besteht aus 2 Steinblöcken, deren Fugenlinie für das Auge die Vorstellung von Urne und Deckel erweckt. Vielleicht mag im Inneren wirklich eine Kammer für Reliquien angeordnet sein. Jedenfalls unterstützt die äußere Form die Annahme für Ableitung des ganzen Motivs aus der Tonurne. Ein rechtwinkliges Zwischenstück mit doppelter Verkröpfung und einem Hals bildet den Sockel für die Spira, einen breiten Kegel aus 14 Ringen. An seiner Spitze trägt eine Lotosblüte den breit überstehenden Schirm aus Werkstein, dessen Rand mit zierlichen Blättern und aufgebogenen Spitzen geschmückt ist, und als letzte Bekrönung eine schlanke Vase mit doppeltem Juwel, diese wohl aus Bronze. Das ganze Gebilde ist von ungemeiner Geschlossenheit, dabei höchst lebendig im Entwurf durch die überraschenden Gegensätze des überlegt geteilten und schattenreichen Sockels und des gemilderten Zwischenstücks, beide in rechtwinkliger Gestaltung, gegen das klare Rund des Hauptkörpers und den stumpfen Kegel. Die eigenwillige Bekrönung durch Tellerschirm und hohe Spitze gibt den notwendigen starken Abschluß und die verheißende Auflösung in den Äther. Der Bau gehört zu den erlesenen Schmuckstücken unter den Lamapagoden.

Lamapagode von Yangtschou

Bei dem altberühmten Yangtschou 楊州, heute benannt Kiang tu hien 江都縣, in der Provinz Kiangsu ganz nahe am Yangtze auf dessen Nordseite gelegen, bietet die Lamapagode vom Fa hai sze 法海寺 Kloster zum Meere des Gesetzes, oder nach einem bekannten buddhistischen Mönch Fa hai genannt, im Landschaftsbild des mittleren China einen ganz ungewöhnlichen Eindruck. Um so ungewöhnlicher, als sie, in bedeutender Abmessung, sich hoch erhebt über den wunderschönen und viel gerühmten Parkanlagen echt altchinesischen Stiles. Es ist der Shou si hu 瘦西湖, der «Magere Westsee», ein Ableger des weltberühmten Si hu 西湖 Westsee bei Hangtschou. Jener «Magere

Westsee» zieht sich in einer Länge von 3 Kilometern, als eine Folge von Einzelseen und Kanälen, her von den Bergen im Nordwesten bis hin an die Nordwestecke der Stadt Yangtschou, er speist die Wassergräben um die Stadt und mündet schließlich in den Kaiserkanal, der im Osten und Süden vor der Stadtmauer vorbeifließt.

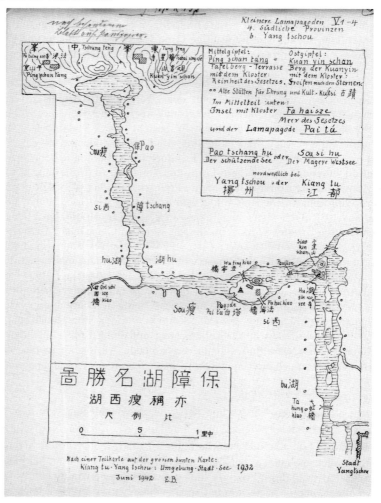

lap40 Baozhang hu oder Shou xihu nordwestlich bei Yangzhou 揚州 oder Jiangdu 保障湖名勝圖

Die Ufer und die zahlreichen Inseln auf den Wasserflächen sind erfüllt mit
Gärten, Palästen und Tempeln, mit Pavillons und vielfältigen, zierlichen
Bauwerken. Erinnerungen an eine bewegte Geschichte, zumal aus den Tagen
des Kaisers Yang Ti der Sui Dynastie, mehr noch an spätere leichtfertige
Zeiten und Begebenheiten begleiten die Hunderte von Besuchern, die jetzt
noch täglich auf Lustfahrten hier Erholung und Zerstreuung suchen und
vorüberziehen an den freundlichen Gebilden, die aneinandergereiht sind entlang den Wassern wie Perlen an einer Perlenschnur.

lap45 Yangzhou. Shou xi hu. Lamapagode und Wuting qiao 五亭橋

Etwa in der Mitte des Seenzuges steht unsere Pagode auf der größten Insel, die durch 2 Brücken mit beiden Ufern verbunden ist. Auf der nördlichen
Seite ist es die einzigartige Wu Ting kiao 五亭橋. Mit ihren 5 leichten, quadratischen Pavillons, einem in der Mitte, der 4 anderen auf den vorspringenden Ecken, steht sie höchst reizvoll und auffallend in der lieblichen Landschaft, ist oft gemalt, genannt und viel besungen. Ein Stück unterhalb von ihr
genießt man von der Spitze der nächsten Garteninsel, aus den Fenstern des
äußersten Pavillons, den überraschenden doppelten Blick, aus dem Rund auf
die Brücke, aus dem Quadrat auf die Pagode. Doch diese bringt ein memento
mori in die heitere Umgebung.

Iap47 Yangzhou, am Shou xihu. Lamapagode. Aufn.: W. Metzener

Unter dem ersten Kaiser der Tsing-Dynastie, Schun tschi 1644–1661, nach den schweren Kämpfen bei Errichtung der Mandschuherrschaft, bleichten noch lange die Gebeine der vielen Getöteten frei auf den Feldern. Da sammelte ein frommer Patriot die Knochen, brachte auch Mittel auf von anderen Spendern und erbaute die Pagode, die als Tschuan lun ts'ang 轉輪藏 «Behälter, Kammer für das Drehen der runden Schicksalsscheibe» jene Überreste aufnahm. Mit diesem Ausdruck ist gemeint das Kennzeichen des Kreislaufes, in dem sich alles Geschehen abspielt, hier also auch unter Anspielung auf das Zeitalter jener Umwälzung. Insbesondere ist dabei gedacht an die buddhistische Bedeutung, nämlich an das *lun* 輪 tschakra als Abzeichen eines weltlichen Herrschers, der jenes Sinnbild in Bewegung setzt, *tschuan* 轉 dreht. Da man aber auch noch *fa* 法 das buddhistische Weltgesetz ergänzen darf zu *tschuan fa lun* 轉法輪, so deutet jener Behälter auch auf den unmittelbaren Einfluß des Buddha hin, unter dessen Macht sich für den Buddhisten alles vollzieht, genau wie das Rad des Gesetzes sich dreht.

Daß hier der Rundkörper der Urne und die Lamapagode als Form des Behälters gewählt wurden, unterstreicht noch den Sinn des Kreislaufs. Indessen bleibt es auch hier dahingestellt, ob die Überreste im Innern des Rundkörpers oder unter der Pagode im Erdboden in einer Kammer beigesetzt wurden. Jedenfalls ist das Ganze buddhistisch gedacht und ausgeführt, und daß der Erbauer die Form als Lamastupa wählte, mag wohl geschehen sein im Hinblick auf die neue Mandschu-Dynastie, die dem Buddhismus, sogar dem Lamaismus äußerst geneigt war. Vielleicht wurde auch damals gleichzeitig das zugehörige Fa hai sze 法海寺 Kloster zum Meere des buddhistischen Weltgesetzes begründet und erbaut, dessen Name wurde aber schon unter Kang Hi 1662–1722 geändert in Lien sing sze 蓮性寺 Kloster zum Wesen der Lotosblume, wobei man wieder gleichzeitig zu denken hat an die milde Göttin der Barmherzigkeit, die Kuanyin 觀音, die mit einem Beinamen auch heißt Lien Kia 蓮駕, die Liebliche und Hehre. So fließen die Gedankenreihen ineinander. Heute werden für das Kloster beide Namen, Fa hai sze oder Lien sing sze, gleichwertig nebeneinander gebraucht.

Das Kloster war berühmt in der letzten Dynastie und wohl bis in die neuere Zeit gut instand gehalten, Franke[19] fand bei seinem Besuch 1893 die Pagode in guter Verfassung vor. Doch I Kün-tso[20] 易君左, Verfasser der geistreichen doch scharfen und anzüglichen «Plaudereien über Yangtschou» *Hien hua Yang tschou* 閒話揚州, geißelt noch zu Beginn 1934 Verfall und Verwahrlosung des Klosters auf das heftigste. Übrigens gibt es fälschlich an, daß die Pagode während einer Reise des Kaisers Kien Lung nach den Yangtze-Provinzen durch einen Salzkaufmann von Yangtschou in einer Nacht fertig erbaut sein soll als weithin leuchtendes Prunkstück einer feudalen Gesellschaft, und er ironisiert die Bemühungen derartiger Vereinigungen um Errichtung glänzender buddhistischer Bauten. Bei meinem Besuch, September 1934, waren etliche Hallen wieder erneuert, und man war im Begriffe, die Pagode auszubessern. Der Beschreibung, zum Teil unter

---

19 Otto Franke besuchte die Pagode am 10.10.1892. Vgl. Otto Franke: *«Sagt an, ihr fremden Lande» Ostasienreisen: Tagebücher und Fotografien (1888–1901)*. St. Augustin: Institut Monumenta Serica 2009, S. 86–87.

20 1898–1972; *Xianhua Yangzhou* erschien: Shanghai: Zhonghua shuju 1934. 2, 114 S. Vgl. Antonia Finnane: A place in the nation: Yangzhou and the ‹idle talk› controversy of 1934. *Journal of Asian Studies* 53.4 (Nov. 1994) 1150–74.

Verwendung der Bemerkungen in den *Buddhist Monuments*, mag man am besten folgen an Hand des alten Bildes von O. Franke.

lap43 Yangzhou, Sheli ta Pagode auf der Insel Fahai si 法海寺 im Shou xihu, Aufnahme: O. Franke 1892

Die Pagode besteht aus Ziegeln und ist in den Hauptteilen weiß getüncht, weshalb sie auch Pai ta 白塔 Weiße Pagode genannt wird. Nur am Unterbau und seiner breiten Treppe ist Werkstein verwendet, die Brüstung besteht ganz aus Werkstein. Über diesem quadratischen Unterbau mit Terrasse und breitem Umgang erhebt sich der reich gegliederte Sockel mit ausgeklinkten Ecken und reichen Profilen und Friesen, scheinbar in Terrakotta. Über ihm folgt der eigentliche Stupa, der runde Fuß in 3 Stufen, der weich geschwungene, umgestülpte Rundkörper mit einer etwas knappen Buddhanische, die zum Kloster gerichtet ist, die obere, gerundete Zone des Rundkörpers wird genannt *kien* 肩 Schulter. Auf ihm sitzt ein 8seitiges Zwischenstück und auf diesem die gedrungene Spira *Siang lun* 相輪 mit 14 Ringen, *lun hsing* 輪形, die sich nach oben verjüngen. Die Abdeckung bildet der 6seitige, weit ausladende Schirm der Kostbarkeit, *pao kai* 寶蓋, er wird an den Ecken durch Eisenstangen abgestützt, die in Blumen endigen, darunter hängen Glöckchen. Die Bekrönung erfolgt durch ein mächtiges, doppeltes Juwel in Form eines Flaschenkürbis und durch eine letzte Spitze. Maße für die Pagode sind unbekannt, doch darf man ihre gesamte Höhe schätzen auf 28 m.

Lamapagode von Kueilin nebst Elefantenstupa und Hahnenpagode

So ungewöhnlich das Auftreten der Lamapagode von Yangtschou im Gebiet des Yangtze erscheint, so einzigartig ist das Vorkommen der gleichen Pagodenform an einer Stelle im äußersten Südchina. Dieser fernste Ausläufer ist die Reliquienpagode Sche li pao ta 舍利寶塔 von Kueilin 桂林, der Hauptstadt der Provinz Kuangsi. Sie nimmt eine bemerkenswerte Stellung ein unter den zahlreichen Heiligtümern der Stadt, die an sich schon ausgezeichnet ist durch ihre besondere Lage zwischen bizarren Bergformen. Die Stadt Kueilin ist berühmt, weil sie durch die merkwürdigen Formen der in jener Landschaft herrschenden Kegelberge und Bergpyramiden von allen Seiten dicht eingeschlossen und durch diese sogar innerhalb ihrer Mauern noch malerisch belebt wird. Über die Pagode und ihren Tempel sind wir glücklicherweise auch in wichtigen geschichtlichen Zusammenhängen unterrichtet, darum ist an dieser Stelle eine nähere Behandlung auch dieses Monumentes in einem weiteren Rahmen möglich und gerechtfertigt. Die Pagode geht auf einen frühen Ursprung zurück, auf Tang, vielleicht sogar schon auf Sui, die heutige Gestaltung stammt, auch nach mündlichen Angaben, aus dem Anfang der Ming, und die näheren Umstände machen das glaubhaft.

Das südliche, für China koloniale Gebiet von Nan-Yüe 南越, das die heutige Doppelprovinz Kuangtung und Kuangsi umfaßte, wurde zuerst unter Ts'in Schi Huang Ti 246–209 v. Chr., danach unter den Han-Dynastien immer enger mit China verbunden. Dennoch hat auch dieser Teil um Kueilin, gleich dem ganzen übrigen Süden, in vieler Hinsicht ein eigenes Leben geführt. Ständig gab es Bestrebungen zur Absplitterung. Neue Einflüsse und Umwälzungen aus dem Norden machten sich hier meist erst viel später und zögernd bemerkbar, hafteten dann aber um so fester. Schon früh drang der Buddhismus hier in, vielleicht sogar auch von Süden her, doch bis zum heutigen Tage nehmen die Elemente einer urtümlichen Volksreligion einen verhältnismäßig breiteren Raum ein als in den altchinesischen Provinzen.

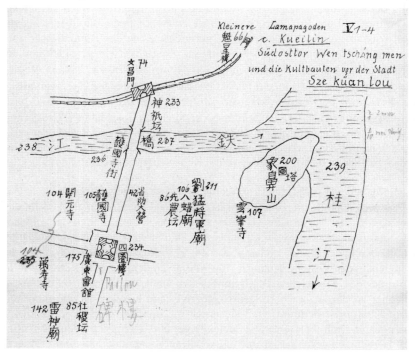

Iap48 Guilin 桂林. Südosttor Wenchang men 文昌門 und die Kultbauten vor der Stadt Sijuan lou 四圈樓

Gleichzeitig faßten aber auch die klassischen Formen von Staatskult und Naturkult hier festen Fuß und erhielten sich in voller Stärke. Indessen den reichsten Bestand an Gottheiten und Heiligtümern entwickelte der Buddhismus. Bei meinem Besuche im Januar 1909 war Kueilin erfüllt mit einer ungemein großen Zahl auch von buddhistischen Tempeln, und das ist, trotz aller Neuerungen, sicher auch heute noch der Fall. In jedem Teile der Stadt sind alle diese verschiedenen Richtungen freigiebig vereinigt, am auffälligsten vor dem Südosttor. Dort steht auch unsere Pagode. Darum müssen wir uns einen allgemeinen Überblick verschaffen über die dort versammelten Bauanlagen, um die Bedeutung von Pagode und ihrem Tempel besser verstehen zu können.

lap49 Guilin 桂林 Blick vom Duxiu shan nach Süden auf Palast und Elefantenfelsen 象鼻山

Vor der Stadtmauer im Südosten fließt der kleine Tie kiang 鐵江 Eisenfluß wie ein natürlicher Stadtgraben von Westen her in den großen Strom Li kiang 灕江 oder Kuei kiang 桂江, der die Provinz Kuangsi als ihre Hauptader von Norden nach Süden durchzieht. Gerade an ihrer Vereinigung steht das gebietende Wahrzeichen dieses engeren Bereiches, aber bedeutsam auch für die ganze Stadt Kueilin. Der mächtige Felsenberg des Elefantenrüssels, Siang pi schan 象鼻山 stemmt sich im Süden wie eine Barre gegen den großen Flußlauf des Li kiang, der von Norden her strömt. Weil der Felsen im Süden, also auf der Yang 陽 Seite des Flusses liegt, trägt er auch selber den Namen Li schan 灕山. Der Scheitel ist betont durch einen kleinen Lamastupa. Wir erwähnten ihn bereits im ersten Abschnitt und kommen hier noch auf ihn zurück. Vom Südosttor führt nach Süden eine Straße über die Brücke des Eisenflusses zu der Reliquienpagode. Diese besteht aus einem Lamastupa auf kubischem Unterbau mit 4 kreuzweis angeordneten Durchgangsbögen und wird daher volkstümlich genannt Sze küan lou 四圈樓 Vier Bogen Turm. Sie gehört zu dem benachbarten und altberühmten Tempel Wan schou sze 萬壽

寺 einst K'ai yüan sze 開元寺 genannt, mit dem wir uns hier noch eingehend beschäftigen werden. Unmittelbar daneben liegt ein anderer buddhistischer Tempel Hu kuo sze 護國寺, nach dem auch die Straße und ihre Brücke benannt sind.

lap50 Guilin 桂林. Vom Kongming tai nach SO auf Felsen Fubo shan 伏波山 (Osten) und Duxiu shan 独秀山 (Mitte)

Die Bedeutung dieser hervorragenden Gegend im Südosten vor der Stadt wird noch unterstrichen durch eine Reihe weiterer ausgezeichneter altchinesischer Kultbauten in nächster Nähe von Tempel und Pagode. Das vorgenannte Südosttor liegt im Zuge der Stadtmauer zwischen Südtor und Osttor und heißt, nach nordchinesischen Vorbildern, Wen tsch'ang men 文昌 門 Tor des Wen tsch'ang, einer Form des Gottes der Literatur, der in der üblichen Auffassung als K'uei sing 魁星 in einem nahen einzelnen Turm auf der Stadtmauer gesondert verehrt wird. An der Südstraße befinden sich überdies die Altäre für die Erdgötter. Unmittelbar vor dem Stadttor Wen tsch'ang men liegt der Altar für den Erdgeist, Schen k'i t'an 神祇壇, und am weitesten im Süden, jenseits des Lamaturmes, der Altar für die Gottheiten des Erdbodens und der Feldfrüchte, Sche tsi t'an 社稷壇, der nach alter Anschauung einst als gemeinsamer Tempel für Himmel und Erde galt und heute noch vom Volk in Kueilin so gedeutet wird. Er steht überdies an der kanonischen Stelle im Süden und ist, nebst den übrigen altchinesischen Kultbauten in der Nähe, ein deutlicher Beweis dafür, wie streng die alten Kultgedanken und Kultformen im Kolonialland, als welches dieses Gebiet immer noch zu gelten hat, sich erhalten konnten. Neben diesem Sche tsi t'an liegt der Tempel für den Donnergott Lei schen miao 雷神廟.

Zwischen beiden Erdgottempeln, nordöstlich von der Lamapagode und näher zum Elefantenfelsen befindet sich eine Gruppe von 3 Tempeln, als bedeutendster der Ackerbautempel, Sien nung t'an 先農壇 und neben ihm der Pa tscha miao 八蜡廟 Tempel für das 8fache Winteropfer. Unmittelbar östlich von diesem folgt der Gedächtnistempel für einen Feldherrn Liu Meng kiang kün 劉猛將軍, über den nichts Näheres bekannt ist, der aber mit der Geschichte von Kueilin offenbar in enger Beziehung stehen muß. Südlich vom Turmbau der Lamapagode hatte sich der vornehmste landsmännische Klub niedergelassen, nämlich der Kantonklub, Kuang tung hui kuan 廣東會館, glänzend ausgestattet, wie es sich für eine so bevorzugte Umgebung gehört. Und ganz nahe diesem Klub steht ein schöner Pailou 牌樓 mit mehreren Geschossen.

Verzeichnis zur Teilskizze: [zu einer vorgesehenen Karte]

42	Scheng fang ta yin	Große Kaserne der Provinztruppen oder Gendarmerie
66	K'uei sing lou	Turm des Gottes der Literatur
74	Wen tsch'ang men	Südöstliches Stadttor des Wen tschang
85	Sche tsi t'an	Altare für die Gottheiten des Erdbodens und der Feldfrüchte, einst gemeinsamer Altar für Himmel und Erde
86	Sien nung t'an	Altar für Ackerbau
104	K'ai yüan sze	Tempel der Eröffnung der Epoche (alter Name)
	Wan schou sze	Tempel des 10000fach langen Lebens (neuer Name)
105	Hu kuo sze	Kloster zum Schutze des Reiches
		Straße und Brücke Nr 236 und 237
106	Pa tscha miao	Tempel für das 8fache Winteropfer
107	Yün feng sze	Kloster des Wolkengipfels
142	Lei schen miao	Tempel des Donnergottes
175	Kuang tung hui kuan	Klubgebäude für die Provinz Kuangtung
200	Siang pi schan t'a	Berg des Elefantenrüssels mit Pagode
211	Liu Meng kiang kün miao	Gedächtnistempel für den Feldherrn Liu Meng
233	Schen k'i t'an	Altar für den Erdgeist

234	Sze k'üan lou	4 Bogen Turm mit der Reliquienpagode
		Sche li pao t'a
236	Hu kuo sze	Straße zum Hu kuo sze vgl. Nr 105
237	Hu kuo kiao	Brücke zum Hu kuo sze vgl. Nr 105
238	T'ie kiang	Eisenfluß, Nebenfluß des Kuei kiang
239	Kuei kiang	Strom von Stadt und Gebiet Kueilin
	Li kiang	
240	P'ai lou	Ehrentor für einen alten Kanzler, vielleicht Lu Kia

Dieses Ehrentor dient dem Gedächtnis eines alten Kanzlers. Ich hatte damals nicht feststellen können, wer jene alter Kanzler gewesen ist. Doch darf man dabei am ehesten an den Kanzler Lu Kia 陸賈 denken, der in jener frühesten Zeit der Besitzergreifung des südlichen Landes Yüe zu Beginn der Früheren Han von seinen Kaisern in Tsch'ang an – Sian zweimal, 206 und 170 v. Chr. nach dem Süden entsandt wurde und mit diplomatischem Genie vom damaligen Fürsten Tschao T'o 趙佗, der in Kanton sich selbständig gemacht hatte, beide Male die Anerkennung der Oberhoheit der Han-Kaiser erreichte. Darum ist Lu Kia der Schutzpatron für Kuangtung und Kuangsi geblieben, er wird heute noch in Kanton und an vielen anderen Orten der beiden Provinzen in seinen Ehrentempeln durch zahlreiche Pailou und Inschriften geehrt und der Pailou von Kueilin mochte ebenfalls zu jenen Ehrungen gehören.

Endlich befindet sich im Elefantenfelsen selbst, zum Teil noch als Höhle in ihr, ein weiterer buddhistischer Tempel des Wolkengipfels, Yün feng sze 雲峯寺. In dieser südöstlichen Vorstadt sind in der Tat die verschiedenen Kulte eng mit einander vereinigt und sinngemäß geordnet.

Der Urnenstupa vom Felsen des Elefantenrüssels, Siang pi schan t'a 象鼻山塔

Den natürlichen Abschluß dieses engeren Bezirkes im Südosten bildet der bereits erwähnte, stark auffallende und weit bekannte Felsen des Elefantenrüssels. Er hat diesen volkstümlichen Namen von seiner Gestaltung, die an einen Elefantenkopf erinnert, und von dem Vorsprung, der wie ein Rüssel frei ins Wasser herabzuhängen scheint und im Abstand vom Felsen eine richtige Durchfahrt für Boote freigibt. Sein geltender Name lautet, wie schon bemerkt, Li schan, nach dem Fluß Li kiang oder Li schui 灕水, dem amtlichen Namen für den Kuei kiang. Der Fluß Li hat einen eigenen Ruhm. Er entspringt im Norden der Provinz Kuangsi, im Kreise Hing an hien 興安縣, auf dem gleichen Berge und im gleichen Quellgebiet, wie der Siang kiang 湘

江, der jedoch von dort aus nach Norden fließt und die Provinz Hunan von Süden nach Norden durchzieht und durch den Tung ting See in den Yangtze mündet. Unweit der Quellen trennen sich beide Flußarme, sie werden aber noch im gleichen Kreise Hing an durch einen Kanal verbunden, der nun mehr eine durchgehende Bootfahrt zwischen dem Yangtze im Norden und dem Sikiang im Süden ermöglicht. Der Felsenberg Li schan weist in seinem Inneren eine kleinere Höhlen auf, einige von ihnen gestatten einen völligen Durchgang durch den Felsen. Ähnliche Höhlen finden sich in verschiedenen Pyramidenbergen und Felsmassiven innerhalb und außerhalb der Stadt in großer Zahl und zum Teil in sehr bedeutenden Abmessungen, vielfach kultisch ausgestaltet. Hierzu gehört auch der erwähnte Tempel des Wolkengipfels, Yün feng sze 雲峯寺.

Den Scheitel des Elefantenkopfes krönt der Urnenstupa, der mit seinem doppelten Sockel, dem gebauchten Körper und Deckel, alles im Stil der Yüanzeit, zwar nur klein ist, jedoch wegen seiner freien, weithin sichtbaren Stellung zum natürlichen Kennzeichen des Südosten vor der Stadt geworden ist. Im Ersten Abschnitt dieses Pagodenwerkes wurde an Hand einiger Bilder bereits kurz auf ihn hingewiesen. Ein neuzeitliches Gemälde der Malerin Tschang Kun-i 張坤儀[21], einer Schülerin des 1934 verstorbenen Malers K'o Ts'i-feng – Kao Ki-feng 高奇峰[22] aus Kanton läßt deutlich erkennen, wie dieses Monument und sein krönender Stupa in der Landschaft um die Stadt auf den chinesischen Künstler wirken, geheimnisvoll und doch zugleich als Offenbarung. Der fühlende Sinn glaubt hier, inmitten aller zauberhaften Kränze aus fremdartigen Felsen und eigenwilligen Wassern das Walten freundlicher Geister zu empfinden, die selber durch das religiöse Naturmal die Stadt verklärten im Bilde des buddhistischen Elefanten, er wurde wohl bereits zur Mingzeit, wenn nicht schon unter den Mongolen, mit dem Stupa gekrönt. Solche Empfindungen müssen auch für den Bau der Lamapagode bestimmend gewesen sein.

Die Pagode auf der Felsterrasse der Kämpfenden Hähne Tou ki tai 鬥雞台 steht einige li weiter südlich der Stadt nahe dem Li-Fluß und bildet mit dem merkwürdigen Umriß des isolierten Felsens, der wie eine gezackte Bergkette *tse li* 峛崺 wirkt, einen wichtigen Punkt für das Fengschui der Stadt. Pagode und Felsen, deren Umriß zwei mit einander kämpfenden Hähnen gleicht, können auch von allen erhöhten Punkten in Stadt und Umgebung wahrgenommen werden. Die Pagode, von geringer Höhe, hat keine Lama-

---

21 Zhang Kunyi, 1895–1969, chinesische Malerin, aus Panyu in Guangdong, mit *zi* Youhua 幼華, gehört zur Lingnan-Schule.

22 Gao Qifeng, 1889–1933, chinesischer Maler, mit persönlichem Namen Weng 翁, aus Panyu in Guangdong, einer der Drei Meister der Lingnan-Schule.

form, sondern 7 regelmäßige Stockwerke, wie es dem Wesen der Berglinien besser entspricht.

Zu diesen beiden Türmen, dem Elefantenstupa und der Hahnenpagode, tritt nun als drittes Turmelement die Lamapagode, mit der wir uns hier näher befassen. Sie steht verdeckt zwischen Gebäuden auf flachem Gelände, gehört aber innerlich zum großen Fengschui der Stadt und besitzt eine entsprechende geschichtliche wie religiöse Bedeutung.

Die Reliquienpagode von Kueilin, Sche li pao t'a 舍利寶塔 *und der Tempel 10000fachen langen Lebens, Wan schou sze* 萬壽寺

lap53 Lamapagode in Guilin 桂林. Alte Pagode.

Bei der folgenden Behandlung von Tempel und Pagode stütze ich mich einmal auf eigene Beobachtungen und Aufnahmen während meines Aufenthaltes in Kueilin vom 19.–27. Januar 1909 und auf zwei alte chinesische Stadtpläne, nach denen der vorliegende Stadtplan nebst Skizze der südöstlichen Vorstadt entworfen wurden. Auf diesen beruht auch meine Darstellung der verschiedenen Kultbauten vor dem Wen tschang men im Südosten. Als Hauptquellen dienten mehrere ausführliche Stellen in der Provinzchronik *Kuang si tung tschi*[23], Exemplar der Preußischen Staatsbibliothek in Berlin. Einen wichtigen Beitrag lieferte die Beschreibung von Kueilin in Edgar Geil *The eighteen capitals of China* 1911, für die Geschichte des Tempels Wan schou sze verwertet er den Text einer Steininschrift aus 1791, die in der Chronik nicht enthalten zu sein scheint und manche neuen Hinweise bringt, indessen die Pagode nicht erwähnt. Endlich bot das lebenswürdige kleine Reisewerk Kuei yo pan yüe ki[24] 桂遊半月記 in seinen Bildern und Schilderungen zwar auch keine Hinweise auf Tempel oder Pagode, jedoch eine ansprechende allgemeine Übersicht über Kueilin und den Kueifluß. Dieser Bericht über eine Halbmonatsfahrt durch die Landschaft von Kuei verdankt seine Entstehung der Fahrt einer erlesenen Reisegesellschaft von Malern, Literaten und Altertumsfreunden unter Führung des Ministers Ye Kungtso 葉恭綽. Dem Werke wurden für diese Arbeit einige Bilder und Bemerkungen über die Pagoden von Kueilin entnommen. Aus allen Unterlagen ergibt sich zusammenfassend folgendes Ergebnis.

Die Gründung des Tempels Wan schou sze als des ältesten buddhistischen Tempels von Kueilin erfolgte nach Geil bereits zur Sui-Dynastie 589–618 und zwar unter seinem ersten Namen K'ai yüan sze 開元寺 Tempel zur Eröffnung der Epoche oder, buddhistisch gedacht, des Ursprunges der Lehre in diesem Bereich. Der Gedanke liegt nahe, jenen ersten Tempel in Verbindung zu bringen mit einer der 83 Pagoden des Kaisers Sui Wen Ti aus der Periode Jen Schou 601–605, denn gerade die Brennpunkte des damals neu erstandenen chinesischen Einheitsreiches wurden aus politischen Rücksichten mit derartigen Reliquienpagoden bedacht, und ein solches wichtiges Gebiet war Kueilin. Vielleicht ist schon damals eine Pagode wenn nicht entstanden, so doch geplant gewesen. Die erste sichere Nachricht über eine Pagode aus dem Jahre 657, also aus Tang, Regierung des Kaisers Kao Tsung 650–684, gibt aber die Chronik und zwar in Verbindung mit einem besonderen Bericht über den Reliquienbehälter. Als damaliger Tempelname wird genannt Schan hing sze 善興寺 Erblühen der Wohltätigkeit. Die Berichte lauten in Zusammenfassung der wichtigsten Teile folgendermaßen:

---

23 *Guangxi tongzhi* 廣西通志.
24 Ye Gongchuo 葉恭綽: *Guiyou banyue ji*. Shanghai: Zhongguo lüxing she 1932. 82 S.

lap54 Lamapagode 舍利寶塔 in Guilin 桂林

«Im Tempel Wan schou sze gibt es eine Reliquienpagode, Sche li t'a. Auf ihrem Reliquienbehälter ist eingeschnitten: T'ang Hien K'ing 唐顯慶 4. Jahr, 659. Im 2. Jahre Hien K'ing – 657, im 11. Monat am 13. Tage wurde der Grundstein gelegt zur Erbauung dieser wunderbaren Pagode mit 7 Geschossen hoch aufragend bis zu 10 *tschang*, also über 31 m. *miao t'a ts'i ki sung kao schi tsang* 妙塔七級聳高十丈, sie wurde fertig gestellt Hien K'ing 4. Jahr – 659 im 4. Monat am 8. Tage. Beigesetzt sind 20 Stück buddhistische Reliquienperlen, sche li örl schi li 舍利二十粒. Sie ist nach Osten entfernt

vom großen (? unleserlich)[25] über 30 Doppelschritte – 45 m. Dieser Schutz-
tempel der Reliquien ist der gesamte Bereich des Gesetzes / Als Ganzes
enthält er die Erkenntnis / Für immer erfüllt man hier die Pflicht der
Verehrung / Darum wurde dieser Bericht hier eingeschnitten. *Sche li tschen
sze p'u yung fa kie i ts'ie han schi yung tsch'ung kung yang ku li ming ki* 舍
利鎮寺 普共法界 一切含識 永充供養 故立銘記.

Der genannte Behälter für die Reliquien ist hoch 7 Zoll 8 Strich, etwa 25
cm, breit 9 Zoll 8 Strich – etwa 31 cm, ein mittlerer Hohlraum enthält die
Reliquien. Auf den äußeren Flächen ist in eine der Bericht eingeschnitten, in
die übrigen 3 Buddhabildnisse. Der Behälter befindet sich im Wan schou sze
in Lin kuei hien 臨桂縣 Name für die Kreisstadt von Kueilin. Gemäß dem
Bericht über die Erdgeomantie von Kueilin *Kuei lin feng tu ki* 桂林風土記[26]
wurde ein gewisser Tsch'u 褚 im 2. Jahre Hien K'ing nach Kuei tschou 桂州
Kueilin versetzt, von seinem Pinsel geschrieben waren die Kin Kang 金剛經
Sprüche[27] und einige andere mehr, die vor der Pagode gestanden haben.
Diese Steintafel wurde bis in die Zeit von Kien Lung im Tempel noch immer
aufbewahrt. Doch später ließ ein Polizeigehilfe alles mit einander
fortschaffen.»

Jene Tangpagode mit 7 Geschossen aus 657–659 zur Aufbewahrung der
Reliquien, die etwa noch aus der Sui-Dynastie stammten, muß später mit dem
alten Tempel verschwunden sein, erst nach ihr entstand die heutige Lamapagode. Über die Zeit von deren Erbauung darf man Vermutungen hegen im
Einklang mit der weiteren Geschichte des Tempels. In der Sung-Dynastie
trug dieser die Namen Friedvoll langes Leben – Ning schou sze 寧壽寺 und
Immerwährender Friede – Yung ning sze 永寧寺; der letzte Yüankaiser
Schun Ti 順帝 Tohan Timur 1333–1368 verlieh ihm den Namen Vollkommenes Erwachen – Yüan küe sze 圓覺寺. Erst unter den Mongolen wurde die
heutige Stadtmauer geschaffen. Damit erstand die eigentliche Stadt Kueilin,
sie sollte geschützt werden in den Unruhen durch die Rebellen des Roten
Turban, die den Bezirk gefährdeten.

Nun gibt Geil[28] aus seinen Quellen an, daß der einstige Tempel K'ai yüan
sze von Beginn an im Mittelpunkt der heutigen Stadt gelegen hätte und zwar
unmittelbar südlich des «Einzelstehenden, schönsten Felsen» Tu siu schan 獨
秀山, der in der Hauptachse der Stadt sich ganz isoliert erhebt, ihren nörd-

---

25 So im Original-Typoskript
26 Ein Werk des Mo Xiufu 莫休符 (fl. um 899).
27 Vajracchedikâ.
28 William Edgar Geil: *Eighteen capitals of China*. Philadelphia, London: Lippincott
    1911.

lichen Richtpunkt und zugleich ihr Wahrzeichen bildet. Hier erstreckten sich
zur Zeit meines Besuches 1909 noch die alten Prüfungshallen. Dort also
sollte der Vorgänger des heutigen Wan schou sze gelegen haben und gelegentlich der Ummauerung der Stadt zur Mongolenzeit selber mit einer inneren Mauer umschlossen worden sein. Nach der Vertreibung der Mongolen
durch die Ming 1368 wurde bei der dramatischen Eroberung von Kueilin
1369 auch jener alte Tempel in Asche gelegt, danach aber, gemäß Geil,
umgewandelt in eine Zitadelle, die als Prinzen-Residenz – Wang fu 王府 für
den Mingprinzen Schou Kien eingerichtet wurde. Dieser eröffnete die Reihe
der Mingprinzen, die in erblicher Folge als Statthalter dort im fernen Süden
regierten und das Land befriedeten bis zum Ende der Ming. Eine Reihe von
Grabmälern jener Mingfürsten in der Nähe der Stadt hält die Erinnerung an
sie lebendig. Der Grundriß ihres Palastes in der Stadt ist heute noch sehr genau zu erkennen. Südlich des Tu siu schan ist es der ummauerte und in mehrere Abteile zerlegte Bereich, er wurde später in die erwähnten Prüfungshallen umgewandelt und ist heute öffentlicher Park. War dieser bevorzugte Platz
einst wirklich die Stätte des ersten Tempels, so müßte dieser nach dem Brande an anderer Stelle wieder aufgebaut worden sein, also an der heutigen.

Nun läßt auch die Provinzchronik den alten Tempel eingeäschert werden
im 2. Jahre Hung Wu – 1369 und wieder erbaut im 16. Jahre Hung Wu –
1383, sie gibt aber keine Andeutung von dem Aufbau an anderer Stelle.
Gleichwohl würden die Angaben in der Chronik nicht im Widerspruch stehen
zu der Möglichkeit, daß der alte Tempel damals an seinen jetzigen Platz im
Südosten verlegt worden ist. In jedem Falle aber ist bei dem großen Brande
1369 die alte Pagode ebenfalls vernichtet und mit dem Wiederaufbau ebenfalls neu erstanden, nur in neuer Gestalt. Das muß also die jetzige Lamapagode gewesen sein, die etwa 1383 erbaut wurde und die alten, etwa geretteten
Reliquien wieder in sich aufnahm. Wir entscheiden uns also für diese
Möglichkeit, zumal die Bauformen auf die frühe Mingzeit zu deuten scheinen.

Die weiteren Schicksale des Tempels finden sich ungefähr übereinstimmend verzeichnet und bis in die Spätzeit von Kien Lung weitergeführt in
der Chronik wie bei Geil, ohne jedoch die Pagode zu erwähnen. Der 1383
erbaute Tempel wurde ausgebessert unter Ming Tscheng Te im 16. Jahre –
1521 durch den Prinzen Tsing Kiang 靖江, später wiederum erneuert in der
Tsing-Dynastie unter Schun Tschi im 15. Jahre – 1658 durch den Militärgouverneur T'i tu Hien Kuo an 提督線國安, der ihm erst damals den noch
heute geltenden Namen Wan schou sze verlieh, dieser Ausdruck war unter
den Tsing mit dem Begriff Kaiserlich verbunden. Eine letzte große Ausbesserung erfolgte unter Kien Lung im 75. Jahre – 1792 aus reichen Stiftungen
vor allem durch den angesehenen Gelehrten und offenbar eifrigen Buddhisten
Li Imin, bei Geil genannt Li Fengweng, aus Lin tsch'uan hien 臨川李宜民.

Lin tschuan war in neuerer Zeit die Kreisstadt des Bezirkes Fu tschou in der Provinz Kiangsi, südöstlich von Nan tschang fu und ist heute wieder selbständige Kreisstadt. Jener Li Imin, ein wahrer Wohltäter, hatte 10000 Tael gestiftet und die Schrifttafel aufgestellt, deren Text von Geil verwertet ist.

Aus der Folgezeit sind weitere Nachrichten nicht bekannt. Es muß bemerkt [werden] .... [Textlücke in der Vorlage]

[...] thront ein Buddha mit 4 Gesichtern nach den 4 Richtungen, die Kapelle ist abgedeckt durch eine überhöhte Kragkuppel aus Formziegeln. Über der südlichen Hauptöffnung ist die Bodhisatvakrone durch 3 Blätter angedeutet, darüber steht nun eine Tafel: Sche li pao ta 舍利寶塔, Kostbare Reliquienpagode. Neben der angedeuteten Blattkrone sind je 2 seitliche Felder angeordnet; in diesen vertieft insgesamt 2 x 4 = 8 Tafeln mit buddhistischen Beschwörungsformeln, jede von ihnen in Verbindung mit der Bezeichnung Kin kang 金剛 Diamant. Dieser Ausdruck bedeutet in buddhistischem Sinne ursprünglich das Vadschra, Diamantszepter, als Waffe gegen die feindlichen Mächte und als Abzeichen der Hüter des Buddhismus. Im chinesischen Mahayana wurden mit dem Ausdruck Kin Kang bezeichnet die beiden Schutzwächter, die als 2 gewaltige Figuren im Pantheon als Wachtgottheiten stehen an Stelle der meist vorhandenen 4 Himmelskönige oder gemeinsam mit diesen. Bei unserer Pagode findet sich der Ausdruck 8 mal, immer in Verbindung mit den entsprechenden, wechselnden Schutzformeln. Man erkennt aus dieser ungewöhnlichen Auflösung in zahlreiche Personifikationen die südliche Neigung zur vielgestaltigen Deutung solcher Geisterkräfte. Merkwürdigerweise geht dieser Hang parallel auch im nördlichen Lamaismus, der gleichfalls weiteste Auflösung der Begriffe liebt und an unserem Monument sicher beteiligt war.

Die verschiedenen Formeln auf den 8 Tafeln habe ich mir notiert, sie lauten wie folgt. Auf eine nähere, ohnedies schwierige Deutung, die bei den umfassenden und verschlungenen Begriffen zu weit führen würde, wird hier verzichtet.

Süd	Ta schen 大神 kin kang 金剛	Vadschra: Das Große Heilige
	Tschi scheng 赤聲	Roter Klang
Ost	Tsing schui 淨水	Reines Wasser
	Tschi yen 持炎	Bewahrer der Flamme
Nord	Tze hien 紫賢	Violett und Edel
	Sui kiu 隨求	Erhörer der Bitten
West	Tschu tsai 除災	Einhalt dem Unheil
	Pi tu 辟毒	Vermeiden das Giftige

Unter diesen Tafeln sind auf jeder Seitenfläche noch 2 breite flache Nischen abgesetzt, so daß neben den Öffnungen der Eindruck von Pilastern entsteht, doch verschwinden diese in der oberen, wieder durchgehenden Fläche. Als Abdeckung des Kubus dient ein flachgeneigtes Dach. Bei den Lamapagoden über Torbauten in Nordchina folgt hier gewöhnlich eine Stufenfolge unter dem Sockel des Rundkörpers. In Kueilin ist über dem Zwischendach ein 8seitiger Tambur als Sockel angeordnet, jede Seite zeigt eine Nische, die mit spitzem Rechteck abgeschlossen ist und 1 sitzende Figur birgt, offenbar stellen die 8 Figuren Lohan dar. Der Tambur wird abgeschlossen durch ein fein gegliedertes Gesims mit ornamentiertem Fries aus Terrakotta, er trägt den runden Fuß für den oberen Aufbau, gegliederte, weiche Profile mit Lotosblättern und Fries aus Terrakotta.

Der obere Rundkörper ist genau wie der Unterbau, kreuzweise durchbrochen durch 4 sehr tiefe, doch wohl nicht durchlaufende Nischen, die für je einen der 4 Großen Bodhisatvas bestimmt sein mögen. Die dann folgende Verbindung von Hals, vorstehendem Rand, Bekrönung aus Haube und Knopf gleicht eher einem hohen gegliederten Deckel, der gesamte runde Aufbau erscheint im ganzen wie eine große Porzellanvase im Mingstil und gibt deutlich den Urnengedanken wieder. Eine derartige, glatte Wiederholung eines Gebrauchsgerätes als Teil der großen Architektur bedeutet natürlich einen Mangel an monumentaler Gesinnung und beweist aufs neue, daß dem Süden die baukünstlerisch gestaltende Kraft des Nordens mangelt. Man hatte hier zwar den Willen zur Errichtung eines herben, nördlichen Monumentes, begnügte sich aber für die außergewöhnliche Form mit dem Vorbild eines Tagesgerätes. Auch die eigenartige Gliederung des Unterbaues befriedigt architektonisch nicht, der Norden hätte hier sicher andere Lösungen gefunden.

Die hier behandelten drei Beispiele von Lamapagoden sind fremdartig für den Yangtze und den Süden, sie betonen aber sämtlich ausgezeichnete Punkte in der Landschaft und Stadt, in Wutschang als geschichtliche Landmarke, in Yangtschou als ernstes Wahrzeichen über dem heiteren See, in Kueilin als geschichtliches Monument. Die eigenartige Form wurde eingesetzt bei besonderen Gelegenheiten und in überraschender Wirkung voll zur Geltung gebracht. Das entspricht dem Kunstgriff des Unvermuteten, des unerwarteten Einfalles im Bereich chinesischer Kunst. Doch man fühlt die Ausnahmestellung, es fehlt die flammende, in sich zehrende Inbrunst, die in den eigenlebigen, nördlichen Gebieten und Gemeinschaften, wo der reine Lamaismus herrscht, gerade an dieser merkwürdigen Pagodenform stets deutlich zu spüren ist. Am unteren Yangtze, entrückt den harten mongolisch-tibetischen Einflüssen, dort in den Landschaften der Maler, Dichter und Genießer, auch ihre Kolonisten nach dem südlichen Yüe entsandten, bedeutet, die fremde Pagodenform mit ihrer auffallenden Gestaltung nur ein gefälliges Zwischenspiel. Dennoch besteht enge Verbundenheit der drei Denkmäler auch mit dem Norden, durch die Form wie durch die geschichtlichen Verknüpfungen ihrer Entstehung, darum fügt auch jedes von ihnen sich noch zwanglos ein in den weiten chinesischen Rahmen. Indessen erst die Verwendung der Lamapagode an den großen, geschlossenen Kultstätten im Norden wird den gesammelten Einfluß des Lamaismus auf das nördliche China genauer erkennen lassen.

Kapitel 2 Die großen Lamapagoden von Peking und Mukden. Peking als Vorort von Lamaismus und Lamapagoden

1. Die Pai t'a vom Miao ying sze. Lage und Grundplan des Tempels, Geschichte der Pagode, Pagodenbauten der Liao, der Bau von Kublai Khan, Aufsatz über die Weiße Pagode, Ordnungen von 5 Pagoden, die Pagode unter den Ming und Tsing, Beschreibung, Unterbau und Sockel, Rundkörper, Spira und Bekrönung.

2. Der Stupa vom Pai t'a an. Erbauungszeit, Beschreibung.

3. Die Siao pai t'a auf der Insel Kiung hua tao im Kaiserpalast, der nördliche Teich und der Berg Ken yo in Kaifeng und Peking, unter den Sung und Kin, unter den Yüan, unter den Ming und Mandschu, Erbauung der Lamapagode und ihre Stellung auf der Insel, Beschreibung der Pagode, Unterbau, Kapelle Schan yin tien, Aufbau der Pagode, Sockel, Hauptkörper und Fuß, Nische, Bekrönung.

4. Die Hei t'a, Schwarze Pagode. Lage, Maaße, Unterbau, Rundkörper, Spira, Bekrönung.

5. Die 4 Lamapagoden von Mukden, erbaut unter Schun Tschi. Anordnung im Grundplan von Mukden, die Klöster der 4 Pagoden, Beschreibung der 4 Pagoden, Westpagode, Sockel, Löwenreliefs, Nische im Rundkörper.

Seit je war das heutige Peking die Hauptstadt nördlicher Fürsten, vor allem der Dynastien Liao und Kin gewesen. Seit Kublai Khan, dem ersten Mongolenkaiser, wurde es aber 1280 die ständige Hauptstadt des weiten, nun endgültig geeinigten China, mit nur einer, verhältnismäßig kurzen Unterbrechung im Anfang der Ming unter deren Begründer Hung Wu 1368–1399, der Nanking als Hauptstadt einrichtete. Dessen Nachfolger Yung Lo vollzog in den Jahren 1406–1421 die Rückverlegung der Hauptstadt von Nanking nach Peking. Damit wurde Peking, wenn auch exzentrisch gelegen, endgültig zum Mittelpunkt selbst für alle Belange der Kultur, also auch des Lamaismus, der gerade zu jener Zeit unter Tsongkapa seine wahre Blütezeit begann und bald einen ungeheuren Einfluß ausüben sollte auf alle Steppenvölker der Hochebene und der mongolischen Bereiche in Zentralasien bis in das nördliche China hinein. So scheint auch die Form der Lamapagode vor allem dort im Norden, der Heimat großchinesischer Baukunst, und gerade in Peking eine frühe und bedeutsame Ausbildung erfahren zu haben. Wenigstens beansprucht die gewaltige Weiße Pagode von Peking bis jetzt die früheste Stelle in der bekannten Reihe der Lamapagoden. Wenn es sich aber bewahrheiten sollte, daß sie tatsächlich schon im ersten Beginn der Mongolenherrschaft in der heutigen Gestalt errichtet wurde, dann kann sie in dieser vollendeten Form und monumentalen Erscheinung unmöglich als erste erstanden sein, sondern sie muß bereits eine lange Reihe von Vorläufern gehabt haben. Die zwingende Vorstellung, daß es auch auf dem Gebiete der Lamapagoden zahlreiche ältere Monumente gegeben hat, die aber restlos verloren gingen, läßt von neuem die Bedeutung mancher chinesischen Zeiträume ahnen, ohne daß wir, mangels greifbarer Zeugnisse, imstande sind, uns das jeweilige Kulturbild mit einiger Schärfe zu vergegenwärtigen. Doch wenn wir in den wenigen Beispielen, die erhalten blieben, recht zu lesen verstehen, so vermögen uns auch die wenigen großen Lamapagoden, nach der ersten Übersicht über die kleineren, wertvolle Aufschlüsse zu vermitteln. Sicher ist es, daß der Norden Chinas, die Heimat monumentaler Baukunst, das Gebiet gewesen ist, in dem die Gestalt der Lamapagode, deren Form etwa im rein tibetischen oder mongolischen Bereich ihren Ursprung genommen haben mag, zu der rein architektonischen Höhe entwickelt wurde, die wir an den vornehmsten Beispielen gerade von Peking vor uns sehen. Wir beginnen mit dem ältesten und zugleich größten Beispiel.

1. Die Pai t'a vom Miao ying sze 妙應寺白塔

Weiße Lamapagode vom Kloster der Wunderbaren Erfüllung
In der nördlichen, inneren Stadt von Peking, früher Tartarenstadt genannt, im westlichen Teile, etwa in der Mitte zwischen den beiden westlichen Toren, dem inneren Si an men Westtor des Friedens, der Kaiserstadt und dem äußeren Ping tse men 平則門 Tor des Gleichmaßes, heute genannt Fu tsch'eng men 阜成門 Tor der Vervollkommnung, unmittelbar nördlich der breiten Straße, liegt neben dem Ti wang miao 帝王廟 Staatstempel der Kaiser und Könige, das Miao ying sze 妙應寺 Kloster der Wunderbaren Erfüllung, nach der volkstümlichen Benennung der Pagode gewöhnlich bezeichnet als Pai t'a sze 白塔寺 Kloster der Weißen Pagode. Seine Achse, genau Süd-Nord, führt über die langgestreckte Anlage von 3 Höfen mit großen Hallen und vollständigen Umgängen zu einer hoch gelegenen Terrasse, zu deren Anlage einst eine kleine natürliche Erhebung benutzt sein mag. Auf der Terrasse be-

finden sich eine letzte Gebetshalle, unmittelbar hinter dieser erhebt sich inmitten von 4 Eckpavillons die gewaltige Pagode.

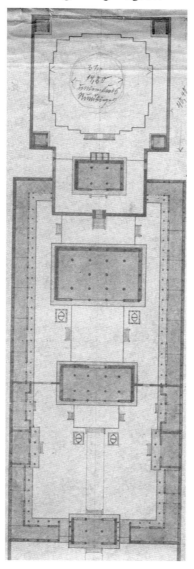

lap60 Grundplan des Miaoying si 妙應寺

Ein näherer Blick auf die Anlage des Klosters, das auf die Pagode vorbereitet und rein ästhetisch den notwendigen Maßstab für sie gibt, läßt neben seinem typischen Grundplan eine bemerkenswerte, sonst nicht gewöhnliche Verknüpfung mit der Pagode erkennen. Für die Grundrißzeichnung standen als Unterlagen zur Verfügung eine erste Aufnahme und Zeichnung, die Melchers[1] etwa 1915 durch einen Architekten erstellen ließ, und die Aufnahmen und Skizzen, die auf Veranlassung von Dr. Ecke[2] 1931 durch den chinesischen Architekten Yang Yüeh im wesentlichen von der Pagode selber erfolgten. Auch die *Buddhist Monuments* bringen eine Grundrißzeichnung und einige Maße der Pagode.

Den Zugang von der Straße her bildet ein dreiteiliger Torbau mit 2 Nebeneingängen. Im Vorhof stehen symmetrisch zur Achse östlich der Glockenturm, westlich der Paukenturm einander gegenüber, in der Achse führt eine 3räumige Eingangshalle der 4 Himmelskönige T'ien wang tien 天 王殿 zum 1. Haupthof. An dessen Ende steht die 1. 5räumige kleinere Buddhahalle Fo tien 佛殿, vor ihr befinden sich eine freie Terrasse und vor dieser, an den Ecken, 2 kaiserliche Inschrifttafeln aus Kang Hi 27. Jahr = 1688. Im Zuge der geschlossenen Umgänge und freien Galerien, die beide Haupthöfe umgeben, hebt sich in Ost und West heraus je eine 3räumige Seitenhalle, ebenfalls einander gegenüber. Im 2. Haupthof, etwa in der Mitte, steht die 2. 5räumige, größere Haupthalle, vor ihren Ecken wieder ein Paar von kaiserlichen Inschrifttafeln aus Kang Hi. In das nördliche Ende der Umgänge, wo sonst eine Halle den Abschluß bildet, schneidet nun eine höhere Terrasse mit einer umgebenden Ziegelmauer *kuo* ein, durch deren Mitte eine Treppe mit kleinem Tor den Zugang zur Plattform vermittelt. Auf dieser Plattform steht frei die letzte kleine, 3räumige Buddhahalle, sie bildet den Abschluß des Tempels und ist zugleich Vorhalle zur Pagode, die sich auf der gleichen Plattform erhebt, selber umschlossen durch die Fortsetzung der Ummauerung im quadratischen Grundriß mit den erwähnten 4 Eckpavillons. Durch den Kunstgriff, die letzte kleine Halle in der Achse auf die Plattform zu setzen, ist die enge innere und äußere Verbindung zwischen Kloster und Pagode vollkommen hergestellt.

---

1   Bernd Melchers, 1886–1967, später Studienrat in Kassel. Er veröffentlichte u.a. *China. Der Tempelbau – Die Lochan von Ling-yän-si. Ein Hauptwerk buddhistischer Plastik.* Hagen: Folkwang Verlag 1922. 74, 45, 18 S. 4°

2   Gustav Ecke, 1896–1971, Kunsthistoriker, Professor in Amoy, dann Peking (Qinghuasowie Furen-Universität); 1949 ging er nach Hawaii, wo er Kustos an der Honolulu Academy of Arts wurde. Vgl. Pierre Jaquillard: In memoriam Gustav Ecke, 1896–1971. *Artibus Asiae* 34.1972,115–118, Porträt.

Geschichte der Pagode

lap55 Peking, Miaoying si 妙應寺, Baita 白塔

Die Pagode vom Miao ying sze dürfte, wie schon bemerkt, die älteste Lamapagode sein, die heute im Norden Chinas und damit überhaupt in China noch erhalten ist, zugleich ist sie die mächtigste. Dennoch bestehen Unklarheiten über den genauen Zeitpunkt ihrer Erbauung, und es ist zweckmäßig, sich vorweg mit der Frage ihres Ursprungs zu befassen. Nach den verschiedenen, mit einer allerdings wichtigen Ausnahme unter sich übereinstimmenden Nachrichten in den Chroniken soll die Pagode sehr früh erbaut sein, schon zu Ende der Liao-Dynastie unter Kaiser Tao Tsung 道宗 1055–1101 Periode Schou Lung 1095–1101 im 2. Jahre 遼道宗壽隆二年, also 1096, Damals beherrschten die tartarischen Liao schon seit 986 den äußersten Norden der heutigen Provinzen Hopei, Tschili und Schantung, während die Sung noch in Kaifeng und Loyang residierten. Die Liao besaßen 5 Hauptstädte in ihren nördlichen Stammsitzen und in den westlichen mongolischen Gebieten. Die Hauptstädte waren angeordnet in den 5 Himmelsrichtungen und der Mitte. Das heutige Peking war die südliche Hauptstadt und hieß damals Yen king 燕京 Hauptstadt der Landschaft Yen, an Fläche umfaßte sie aber nur die westliche Hälfte der jetzigen Chinesenstadt. 50 Jahre vorher war im gleichen Yenking der Liao die machtvolle Tienningpagode vom Kloster T'ien ning sze innerhalb der Nordmauer errichtet worden. Die neue Pagode, die heutige Pai t'a, stand etwa 3 Kilometer nördlich der ungefähren Nordostecke der damaligen Hauptstadt, sie befand sich mithin unweit der Teiche und Lustgärten, deren Ausbau bereits von den Liao begonnen wurde, danach von den Kin und den späteren Dynastien vollendet werden sollte. In jenem Bereich der kaiserlichen Gärten der späteren Palastes entstand im Jahre 1651, also zu Beginn der Ts'ing, genau östlich von der Pagode der Liao und als deren Gegenstück die Schwesterpagode auf der Felseninsel im Nördlichen See.

Wir wissen aus den Betrachtungen über die Tienningpagoden, daß die Liao die Errichtung buddhistischer Monumente auf das stärkste förderten und besonders Pagoden in großer Zahl errichteten. Daß aber bereits in so früher Zeit die Form der Lamapagode gefunden und gar in einem solchen Riesenmonument verkörpert worden sein sollte, ist nicht anzunehmen. In den *Buddhist Monuments* hatten in der japanischen Textausgabe von 1928 Tokiwa und Sekino aus ihren Quellen, den chinesischen Chroniken *Tsch'un ming meng yü lu* 春明夢餘錄[3] und *Tsch'ang an k'o hua* 長安客話[4], als angebliche Erbauungszeit der heutigen Pagode das Jahr 1096 ohne Einspruch übernommen. Doch in der englischen Textausgabe von 1938 gaben sie jene frühe

---

3 *Chunming meng yulu* / Sun Chengze [1592–1676] zhuan 孫承澤撰. Ausg. Beijing 1992.

4 *Chang'an kehua* 長安客話 / Jiang Yikui 蔣一葵著. Ausg. Beijing 1980. 2, 1, 6, 180 S.

Entstehung auf und nehmen als Erbauungsjahr erst 1279 an, nämlich durch Kaiser Sche Tsu 世祖 Kublai Khan, den Begründer der Yüan. Es heißt in diesem englischen Text: «Nach der Yen tu yo lan tschi 燕都游覽志[5] Chronik über Ausflüge in der Hauptstadt von Yen wurden 5 Pagoden in 5 verschiedenen Farben errichtet in den 4 Vierteln und in der Mitte der Stadt unter den Yüan, alle sind dahin außer der Weißen Pagode. Weiß entspricht dem Westen und ist Symbol für Metall. Während die Errichtung der Pagode allgemein für Liao angenommen wird und ihre Wiederherstellung für 1271, also in der Yüanzeit, besteht die *Yen tu yo lan tschi* allein auf ihrem Yüanursprung. Nach der Form der Pagode zu urteilen ist diese offenbar entstanden unter tibetisch-lamaistischem Einfluß. Und da der Lamaismus zuerst unter der Herrschaft der Yüan in China eingeführt wurde, so ist die Errichtung unter den Liao höchst zweifelhaft. Wahrscheinlich gab es eine Grundlegung in Liao, einen Wiederaufbau in Yüan. In den Annalen *Yüan schi* lesen wir: Im 16. Jahr Tschi Yüan 至元 = 1279 wurde das Scheng Schou wan an sze 聖壽萬安寺 Kloster zum 10000fachen Frieden aus Anlaß des Kaiserlichen Geburtstages oder der offiziellen Einrichtung der neuen Dynastie in der Hauptstadt erbaut. Daraus mag man schließen, daß dieses Datum höchstwahrscheinlich den Stil der Pagode erklärt.»

Mit den *Buddhist Monuments* muß man vermuten, daß die Liao 1096 auf der jetzigen Stelle eine Pagode errichteten, die aber eine andere Gestaltung gehabt haben muß, daß aber die wirkliche Errichtung der heutigen in der Lamaform erst erfolgte unter Kublai Khan 1271, als er die alte Pagode öffnen ließ, oder 1279, dem Zeitpunkt für die Erbauung des Klosters, dessen erster Name erst bei dieser Gelegenheit auftaucht. Näheres über den Befund bei der Öffnung der Pagode erfahren wir aus dem Aufsatz, der nachstehend in Übersetzung gebracht wird. Danach befanden sich im Inneren der Pagode Reliquien 法寶, die im Aufsatz im einzelnen bezeichnet werden. Leider wurde nicht gesagt, an welcher Stelle diese Reliquien untergebracht waren. Kublai Khan ließ gemäß den Inschrifttafeln, die im Kloster unter Kang Hi 1688 aufgestellt wurden, aber bisher noch nicht in vollem Umfange übersetzt zu sein scheinen, die Pagode öffnen und dann prächtig ausschmücken, auch die Götterfiguren in den Hallen vergolden. Aufgänge und Plattformen erhielten Marmorbrüstungen. Über 500 Pfund Gold und 200 Pfund Quecksilber brauchte man allein zur Vergoldung des Monumentes. Die Bekrönung, in der weit übertriebenen Höhe von 270' = 82 m, war mit schönen Bronzereliefs verziert, der Körper der Pagode geschmückt mit Jaspis und umwunden mit Perlenschnüren, die heute nicht mehr vorhanden sind. In der Yüan-Dynastie

---

5 Verfaßt von 孫國敕 Sun Guochi (Yuan-Zeit), eine wichtige Quelle für die Geschichte von Peking.

hatte das Kloster seine größte Bedeutung, damals scheint es auch ein politischer Mittelpunkt im Verkehr mit Tibet gewesen zu sein. Es war geweiht
dem Bodhisatva Wenschu – Mandschusri, der auch die Schutzgottheit des
Wu t'ai schan ist.

lap59 Peking, Miaoying si 妙應寺, Baita 白塔. Fuhrmann: *China*, Taf. 43

Sehr bemerkenswert ist der längere und im schönen Stil geschriebene Aufsatz über die Pagode, der sich in dem Werke *Ti king king wu lüe* findet. Er enthält neben geschichtlichen Mitteilungen auch technische und vor allem religiöse Hinweise und wird darum hier unverkürzt wiedergegeben. Es ist zu beachten, daß er vor 1635 geschrieben wurde, also noch in der Ming-Dynastie, vor dem Regierungsantritt des ersten Mandschu-Kaisers Schun tschi. Die eingefügten kleinen Zahlen beziehen sich auf die Anmerkungen, die dem Aufsatz unmittelbar folgen.

Das Kloster der Weißen Pagode Pai t'a sze 白塔寺
Aufsatz aus dem *Ti king king wu lüe* 帝京景物略[6]
Abriß über die Sehenswürdigkeiten der Kaiserlichen Hauptstadt
Im allgemeinen stehen die Pagoden aufrecht und sind gegliedert wie Bambusrohre. Die Weiße Pagode hockt majestätisch. Sie hat 3 eigenartige Teile und 2 eigenartige Farben. Die unteren Sockelbrüstungen rings um den Körper bedeuten die 9fache Erscheinung des Lotos. Die bügelförmige und runde Erhebung des Mittelteiles bedeutet den Glanz der Buddhastirn. Das oberste Schirmdach bedeutet das sieghafte Banner des Verehrungswürdigen. Das Weiß der Pagode ist die Farbe der Tünche, nicht des Steines. Nun weist die Tünche Verwitterungen, ohne daß das Weiß vermindert wurde. Das mag daher kommen, daß sich auf der kupfergedeckten Bekrönung ein kleiner kupferner Stupa befindet, dessen Patina grünlich ist. Die Spira selbst ist leuchtend gelb.

In der Pagode werden seit dem 2. Jahr der Periode Schou Tschang 壽昌 der Liao-Dynastie verschiedene überkommene Reliquien aufbewahrt. Es leuchtete ein Licht in ruhigen Nächten, von dem man glaubte, es rührte von der Pagode her.

In der Yüan-Dynastie, Periode Tschi Yüan 至元 im 8. Jahre = 1271, ließ Kaiser Schi Tsu 世祖 die Pagode öffnen. Es fanden sich dort 20 Sarira-Körner, 2000 kleine Stupas aus grünem Ton, sowie in einer Steinurne eine Bronzeflasche, gefüllt mit wohlriechendem Wasser. Davor knieten 2 Drachenkönige als Wache. Ein Tisch war staubfrei. Dort lagen 5 Teile des «Dharani-Sutra vom Reinen Glanz» in Einbänden aus Bergkristall. Auch waren vorhanden Gold und seltene Steine, Perlen und Juwelen und die 10 Sorten von seltenen Früchten als Opfergabe aufgebaut. Aus dem Boden der Flasche lag ein Geldstück mit der Aufschrift: Münze der Periode Tschi Yüan 至元 1264–1295. Schi Tsu war darüber aufs Höchste verwundert und ließ Kloster und Pagode verschönern. Es entstanden die schwere bronzene und die steinerne Brüstung.

---

6   Verf.: Liu Tong 劉侗 （*jinshi* 1634).

lap58 Peking, Miaoying si 妙應寺, Sockel. Aufnahme: Ecke September 1931.

Im Anfang der Yüan-Dynastie gab es ein Kinder-Sprichwort: Ist das Pagödchen rot, so kommen die aus dem Norden und machen sich zu Herren, die im Süden zu Alten. Ist das Pagödchen weiß, kommen die aus dem Süden als Herren, und die aus dem Norden sind die Gäste. Zur Zeit von Schi Tsu war die Farbe der Pagode brennend, als dann in unserer Zeit Tai Tsu 1368–1399 die Waffen in Huaiyang ergriff, war die Pagode wieder weiß wie ehedem.

Im Anfang der Periode Tien Schun 天順 1457–1465 wurde dem Kloster vom Kaiser verliehen die Querinschrift: Miao ying sze Kloster der Wunderbaren Erfüllung. Außerdem wurden 108 Lampenkästchen angefertigt. Auf der Pagode wuchs Baumzeug, das, wenn die Blütezeit für die anderen Bäume war, ebenfalls blühte. An Höhe hob es sich nicht besonders heraus. Nach geraumer Zeit fielen dann die überreifen Früchte herunter. Ihre Kerne waren solche von Aprikosen. Am Neujahrstage umwandelten Männer und Frauen die Pagode, dabei stieß Schuh an Schuh! Und kam die Zeit, wo der Höhepunkt des Laternenmarktes erreicht war, so wurde getrunken.

Es heißt auch, daß die Herren der Liao jede der 5 Himmelsrichtungen ihrer Hauptstadt Yen durch eine Pagode befestigten. Jede der Pagoden hatte eine der 5 Grundfarben. Nachdem das Kriegsfeuer verraucht war, blieb einzig die Weiße Pagode durch ihre außergewöhnliche spirituelle Kraft erhalten. Obwohl nun von den übrigen 4 Farben auch die Schwarze Pagode und die

Grüne Pagode verschwanden, so sind doch die zu ihnen gehörigen Klöster der Schwarzen Pagode und Kloster der Grünen Pagode noch vorhanden.

Anmerkungen

1. 三異相二異色 San i siang san [vielm.: örl] i se. Die 3 eigenartigen Teile sind Sokkel, Rundkörper und Schirm. Daß diese als eigenartig, ungewöhnlich, nicht kanonisch, bezeichnet werden, beweist, daß derartige Pagoden damals selten oder neuartig waren. Die 2 Farben sind offenbar das Weiß der Tünche und das Rot der Ziegel, die nach und vor jeder Wiederherstellung, mit dem Wechsel der Dynastien als Hauptton erschienen. Der Verfasser führt weiter unten ein Sprichwort dafür an.

2. Der 3stufige und mehrfach verkröpfte Sockel mitsamt der Brüstung 欄 *lan* wird vom Verfasser mit dem heiligen 9fachen Lotos verglichen. 為蓮九品相 *wei lien kiu pin siang*, dabei ist gedacht an die 9 Entwicklungsstufen des Lotos vom Keim bis zur Frucht.

3. 為佛頂光相 *Wei fo ting kuang siang*. Der gesamte runde Hauptteil ist das sichtbare Zeichen der heilwirkenden Kraft der Sarira, die wohl im Sockel eingemauert sind, vielleicht auch im Rundteil selbst. Er wird hier mit der Stirne des Buddha verglichen, dem Sitz des Geistes und der Vollendung. Bei der großen Pagode vom Wu tai schan sind in der Kulminationszone des gebauchten Körpers nach den 4 Hauptrichtungen die Augenjuwelen angebracht.

4. 為尊勝幢相 *Wei tsun scheng tschuang siang* Banner des sieghaften Buddha. Ursprünglich der Ehrenschirm als Abzeichen königlicher Würde.

5. Wahrscheinlich ist gemeint die vergoldete Spitze der kleinen bekrönenden Pagode, das 3fache Juwel als Bild der 三寶 *san pao* 3 Kostbarkeiten: Buddha, Lehre, Gemeinde.

6. 壽昌 Schou Tschang 壽隆 Schou Lung Periode 1095–1101.

7. Hier genannt 法寶 *fa pao* Kleinodien des Gesetzes.

8. 世祖 Schi Tsu = Kublai Khan, der 1. Kaiser der Mongolischen Yüan-Dynastie 1260/1280–1295. 至元 Tschi Yüan = 1264–1295.

9. 舍利二十粒 *sche li örl schi li*

10. 淨光陀羅尼 *tsing kuang to lo ni* 水晶 schui king

11. 至元通寶 *Tschi yüan tung pao*

12. *Tung yao: Ta örl hung, pei jen lei tso tschu, nan jen weng. T'a örl pai nan jen lai tso tschu, pei jen tso k'o* 童謠 塔兒紅 化人來作主 南人翁 塔兒白南人來作主 北人客

Der Sinn des Sprichwortes kann sein, daß die Pagode zur Zeit, als die Chinesen von Süden aus hier herrschten, vernachlässigt war, und der Körper ohne Verputz, also rot bestand. Dann kamen die nördlichen Tartaren, unterwarfen die Chinesen und setzten die Pagode instand mit weißem Verputz. Es ist aber schwierig, diesen Wechsel mit den geschichtlichen Vorgängen in Übereinstimmung zu bringen, da von 1096 ab, als im Niedergang der Liao die Pagode angeblich zum ersten Male erbaut wurde, bis zum Beginn der Yüan als Kaiser Kublai Khan 1271 die Pagode öffnen und sie wohl neu erbauen ließ, ausschließlich Tartaren und Mongolen in Peking herrschten. Die Bedeutung des Sprichwortes nach ihrem wirklichen Wert bliebe noch zu prüfen.

13. Ming T'ai Tsu 明太祖 der 1. Kaiser Hung Wu 洪武 der Ming-Dynastie. Huai yang 淮陽 die Gegend am Huai Fluß in Kiangsu.

14. *teng k'an* 燈龕

15. *Schi nü, jao t'a* 士女 繞塔

16. *teng schi* 燈市

17. *Liao tschu* 遼主 *tschen i t'a* 鎮以塔

18. *wu se* 五色

19. *ling i* 靈異

20. *Hei t'a sze* 黑塔寺, *Tsing t'a sze* 青塔寺

Über diese Klöster ist nichts Näheres bekannt. Doch zeigen ein alter und ein neuer chinesischer Stadtplan von Peking ein Kloster der Schwarzen Pagode Hei t'a sze in der äußersten NW Ecke der Inneren Stadt. Bild und Beschreibung dieser verschollenen Pagode aus dem inzwischen wohl verschwundenen Kloster bringen wir am Schluß dieser Pekingreihe.

Wir erfahren als wichtige Tatsache, daß bereits das alte Yenking der Herrscher der Liao in den 5 Himmelsrichtungen mit 5 Pagoden befestigt wurde, die in den 5 verschiedenen Farben wohl die Dhyanibuddhas symbolisieren sollten, in ähnlicher Weise wie es die 5 Gipfel des Wu tai schan tun. So machte der Buddhismus sich den Gedanken des Fengschui zu eigen, *deren großen Städten sonst bei wohl nur durch altchinesische symbolische Bauten für Gestirne und Naturkräfte nach den 5 Himmelsrichtungen ausgedrückt wurde.* Das heutige Peking und das alte Sutschou, wie viele andere große Städte des Reiches, sind dafür Beweise. Auch die geschichtlichen Urkunden in den Chroniken bestätigen es. Daß der Buddhismus sich in jenes rhythmische System des Fengschui einzufügen vermochte, ist darin begründet, daß auch er, ebenso wie der Taoismus, sich in unmittelbarer Beziehung zu dem Bilde der Natur setzt und Natur und Geist in ähnlicher Weise als Einheit auffaßt. Besonders stark wurden Rhythmus und symbolische Baukunst durch den Lamaismus ausgebildet. Dieser verstand es, in seinen Bauanlagen das äußere Weltsystem als Grundlage der spirituellen Welt mit großer Klarheit wiederzuspiegeln. Seine religiösen Phantasien fanden ihren Niederschlag in bildlichen Beschreibungen, in Zeichnungen und Malereien und wurden übersetzt in die Werke der Baukunst. Alle Formen befruchteten sich gegenseitig. So gelangte der Lamaismus nicht nur zu gesteigerten rhythmischen Gruppen bei einzelnen Bauanlagen, sondern auch zu größten Gruppierungen in Städten und Landschaften. Und es ist bemerkenswert, daß die Liao, wie auch die späteren Kin, 5 Hauptstädte zählten, und somit den Gedanken der Fünfzahl sogar auf ihren gesamten Herrschaftsbereich übertrugen. Andererseits war diese Fünfzahl durch die 4 Pavillons um die Weiße Pagode auch mit dieser selbst verbunden und so an dieser Stelle bis in die letzte Konsequenz ausgeschöpft.

Wenn das Werk *Yen tu yo lan tschi* 燕都游覽志, nach den *Buddhist Monuments*, die Anordnung der 5 Pagoden um die Hauptstadt den Yüan zuschreibt, so ist das damit zu erklären, daß die Yüan die alte Tradition der Liao fortführten. Widerspruchsvoll bleibt dagegen die Annahme, daß die Pai t'a in der Symbolik von Peking die westliche Pagode der Liaostadt gewesen sein soll, denn sie stand nicht im Westen, sondern weit nordöstlich von dieser. So gut sie als Weiße Pagode des Westens und des Metalls für das innere Peking der Yüanzeit paßte, so wenig hätte ihre Farbe der Stellung im Norden des alten Yenking entsprochen, denn dann wäre Schwarz am Platze gewesen. Es wird sich bei der Behandlung der verschwundenen Lamapagode Hei t'a sze zeigen, daß diese, die bis in unsere Tage im äußersten Nordwesten der Stadt vorhanden war, in einer bestimmten Beziehung zu den alten 5 Pagoden der Liao gestanden haben muß. Um so eher ist anzunehmen, daß der erste Bau der Pagode im Miao ying sze unter den Liao aus 1096 eine andere Form besessen hat, daß er damals als Nordpagode galt und die entsprechende schwarze Farbe symbolisierte. Als Kublai Khan seine Hauptstadt Ta tu, das heutige Peking, an der heutigen Stelle neu erbaute, mag er jene alte Pagode, die nunmehr in der neuen Stadt im Westen stand, zur Westpagode erklärt und sie in der Lamaform, die inzwischen aufgekommen war, neu erbaut haben. Nun erst, es war 1271 oder 1279, erhielt sie mit vollem Recht die Bezeichnung Pai t'a – Weiße Pagode. Für die alte Schwarze Pagode mitsamt ihrem Tempel wurde eine neue Stelle gefunden im Norden der Stadt und zwar, da die Hauptachse der Mongolenstadt bereits durch die neuen Türme für Pauke und Glocke vergeben war, stark seitlich in der Nordwestecke.

Jene neue Pai t'a, im neugegründeten Kloster Scheng schou wan an sze, bestand, wir nehmen an im leuchtenden Weiß, die ganze Mongolenzeit über bis 1368. Sie wurde nach dem Umsturz durch die Ming, die zuerst in Nanking und erst unter Yung Lo seit 1421 offiziell und endgültig wieder in Peking residieren, vielleicht vernachlässigt, so daß das Weiß und damit auch die alten Schmuckgehänge von Kublai Khan allmählich verschwanden. Der Mingkaiser Ying Tsung 1457–1465 ließ das Kloster erneuern und verlieh ihm den Namen Miao ying sze, unterließ aber vielleicht einen neuen weißen Ver-

putz des Pagodenkörpers. Wohl aus jener Zeit stammen die kleinen bronzenen Tabernakel für Lampen, die auf der Brüstung des Unterbaues sitzen
und etwa den Lampengehäusen auf der fünftürmigen Pagode vom Wu t'a sze
entsprechen. Ihre Zahl wird in dem Aufsatze *Ti king lüe* mit 108, bei Bredon-
Peking[7] auch mit 800 angegeben. Nach meiner Zählung auf den Bildern
müssen es heute auf den 4 voll gerechneten Fronten je 48 sein, unter Ab-
rechnung der 4 doppelt gerechneten auf den Ecken also 188. Davon gehen
noch 2 weitere Lampen ab für die Öffnung der Eingangspforte im Süden, es
blieben also 186 Gehäuse.

lap61 Skizze: Peking, Miaoying si 妙應寺 nach *Buddh. Monuments* V-135

---

7   Juliet Bredon: *Peking. A historical and intimate description of its chief places of
    interest*. Shanghai: Kelly & Walsh 1922. X, 523 S.

Erst unter der mandschurischen Ta Tsing Dynastie wurde unter Kang Hi erneut eine umfangreiche Instandsetzung durchgeführt und dabei vermutlich auch das Weiß des Pagodenkörpers wieder erneuert. Über sie berichtet der Kaiser selber auf den erwähnten 2 Tafeln, die er im 27. Jahre seiner Regierung, also 1688, im 11. Monat, am 20. Tage vor der ersten Gebetshalle errichten ließ. Außer den schon erwähnten geschichtlichen Tatsachen erfahren wir folgendes: «Die Form der Pagode ist wie eine Flocke, die Farbe silberweiß. Seit Erbauung von Kloster und Pagode bis heute sind 592 Jahre vergangen – das stimmt genau, 1096+592 = 1688. Nach so langer Zeit trat Verfall ein. Ich betrachte die Pagode und will nicht, daß dieses so viele Jahrhunderte alte Bauwerk zerstört werde. Darum gab ich Befehl ans Werk zu gehen und weder Geld noch Zeit, Arbeit noch Fürsorge zu scheuen. Alles glänzt nun in Farben und Schönheit, auch die Mauern und Brüstungen. Alles wurde erneuert, doch der alte Anblick wurde nicht geändert, überflüssige Zutaten unterblieben. Der Zweck war nur, das Verfallene instand zu setzen, das war der kaiserliche Wille, weiter sollte nichts geschehen.»

Trotz dieser seiner späteren Fürsorge hatte der Kaiser das Kloster schon 12 Jahre vorher seines größten Schatzes beraubt, nämlich des uralten berühmten Buddhastandbildes aus Sandelholz, über dessen einstiges wunderbares Erscheinen in China und seine wundertätige Wirkung Kang Hi selber berichtet. Er hatte 1676 nahe dem Pei hu 北湖 – dem Nördlichen See in den Palastgärten das überaus überaus glänzende Kloster der weit reichenden Menschlichkeit Hung jen sze, das aus dem Beginn der Ming, wohl aus Yung Lo stammte, umfangreich wiederherstellen und jenes berühmte Bildnis aus dem Kloster Miao ying sze dorthin überführen lassen. Aus dem Kloster Hung jen sze 弘仁寺 verschwand es aber bei dessen Einäscherung 1900 spurlos. Das Kloster Pai t'a sze scheint 1753 und 1785 erneute Ausbesserungen erfahren zu haben, da K'ien Lung in jenen Jahren Inschrifttafeln errichten ließ. Die gesamten Texte der Tafelinschriften im Kloster sind viersprachig, chinesisch, mandschurisch, mongolisch, tibetisch veröffentlicht in Franke-Laufer: *Epigraphische Denkmäler*.[8] Von einer letzten Erneuerung wird aus 1819 berichtet. Die Anlage wurde 1900 stark beschädigt und ist seither in Verfall, bietet jedoch immer noch einen erhabenen Anblick.

Beschreibung der Pagode

Die Pagode erhebt sich, wie schon erwähnt, auf der erhöhten Terrasse als dem nördlichen Abschluß der gesamten Klosteranlage. Hier führt ein süd-

---

8   Vgl. Rainer von Franz: *Die unbearbeiteten Peking-Inschriften der Franke-Lauferschen Sammlung*. Wiesbaden: Harrassowitz 1984. VIII, 259 S., Taf. (Asiatische Forschungen 86.) – Über Miaoying si S. 18–94 (4 Inschriften).

licher Aufgang mit Pforte und Treppe etwa 0,90 m hoch, zum vorderen Teil der Terrasse, die 29,60 breit und 20,20 m tief ist und die letzte 3räumige Tempelhalle trägt. Hinter dieser, um eine Stufe von 15 cm erhöht, folgt die quadratische Hauptterrasse, bei einer äußeren Seitenlänge von 40,40 m und mit jener Vorterrasse zur Einheit verbunden durch eine ringsum laufende Umfassungsmauer, die mit Dachziegeln abgedeckt und im Äußeren eine Gesamthöhe von 3,50 m aufweist. Die Gesamtlänge der Doppelterrasse, entlang der Hauptachse gemessen, beträgt 60,60 m. Die Pagode steht genau in der Mitte der quadratischen Hauptterrasse, deren 4 Ecken besetzt sind durch je ein fast quadratisches Eckürmchen, im Grundriß 3,70 x 3 m. Diese 4 Pavillons bilden mit der großen Pagode eine Fünfzahl, die beiden südlichen sind mit der Türe gegen die Mitte orientiert, die beiden nördlichen gegen Süden. Sie sind in den sehr flachen Zeltdächern ganz niedrig gehalten und vereinen dadurch, wie auch durch die rechteckigen Fenster, tibetische Stilgesinnung, doch zugleich in ihrem Aufbau bestes Stilgefühl. Auch die bescheidenen Abmessungen dieser 4 Eckbauten lassen die mittlere Pagode nur um so mächtiger erscheinen. Wir erinnern uns, daß auch die Tienningpagode von Palitschuang einst von 4 ähnlichen Ecktürmen umgeben war, und die große Lamapagode vom Wu t'ai schan erreicht, wie wir sehen werden, in gleicher Weise die Gruppe von 5 durch größere Gebetmühlen auf den Ecken der Terrasse.

Die Zeichnungen und Maße der Pai t'a und des zugehörigen Tempels beruhen auf Skizzen und Aufnahmen von Melchers, Ecke und Yang Yüeh sowie von Sekino in den *Buddhist Monuments*. Die etwas unterschiedlichen Angaben sind durch Ausgleich und durch Umrechnung von Fuß auf Metermaß in befriedigende Übereinstimmung gebracht.

Der großangelegte Sockel des eigentlichen Pagodenturmes ruht auf der Plattform der quadratischen Terrasse und besteht aus 2 gesonderten Teilen, dem Unterbau und dem eigentlichen Sockel, den wir hinfort einfach als den Sockel bezeichnen. Beide Teile zusammen erreichen eine Höhe von 12,40 m. Auf dem Sockel sitzt über dem runden Fuß der urnenförmige Hauptkörper, es folgen ein gegliedertes Zwischenstück als Sockel der Spira, über diesem die gedrungene Spira selbst, endlich Schirm und Spitze. Die Gesamthöhe der Pagode einschließlich des ganzen Sockels und der Terrasse über dem Tempelgrund beträgt 47,80 m.

Unterbau und Sockel

Die 2 Teile des großen Sockels bestehen aus dem 3,50 hohen, glatten Unterbau, der stark vorgesetzt ist und als Plinthe bezeichnet werden kann, und aus dem oberen eigentlichen Sockel, der wieder in 2 Teile zerlegt ist, nämlich in eine untere und in eine obere Gliederung mit je einem Halsfries zwischen kräftigen Gesimsen. Der Grundriß zeigt das bekannte Motiv des Quadrates mit den üblichen Verkröpfungen aus breiten Doppelrisaliten auf jeder Seite. Vor der Südseite führt eine doppelarmige Treppe, jeder Arm durch eine kleine, massive Pforte, und vom oberen Podest eine neue Pforte zu dem oberen 65 cm breiten Umgang, der zwischen der 45 cm starken Brüstung des Unterbaues und dem Fußglied des oberen, zweiteiligen und gegliederten, eigentlichen Sockels eben noch Raum gibt zum Umwandeln des eigentlichen Pagodenbaues auch um den Sockelfuß. Ein 1. Umwandeln kann nämlich schon um den Fuß des Unterbaues auf der großen Plattform erfolgen. Der obere schmale Wandelgang ist also hier wirklich benutzbar, während er bei den Tienningpagoden gewöhnlich nur durch die Brüstung angedeutet ist und dann ausschließlich symbolische Bedeutung besitzt.

Die Anordnung der Verkröpfungen im Grundriß zeigt, im Vergleich mit der Lamapagode von Wutschang, auf jeder Seite des Quadrates neben je 2 seitlichen Teilen ein stark vorherrschendes Mittelrisalit mit folgenden Breiten: 12,60 im Unterbau, 10,40 m in der Fußlinie des Sockels, 8,40 m in der Höhe der zwei eingezogenen Halsfriese, dazwischen liegen die Ausladungen der trennenden Gurtplatte und des Abakus, die beide recht bedeutend wirken, sowie die Zwischenprofile der verschiedenen Gesimse. Die Breite der rückliegenden Seitenteile beträgt einheitlich je 3,70 m, die Tiefe der Rücksprünge ebenfalls durchweg 0,90 m. Diese beiden Maße sind naturgemäß gleichbleibend in allen Vorsprüngen und unabhängig von den Mittelstücken, deren Breiten wechseln. Aus einer solchen Anordnung folgt, daß das Kreisrund des Fußwulstes, der unter dem Rundkörper sitzt, sich in die einspringenden Ecken des Sockels nicht so eng einschmiegt wie in Wutschang, vielmehr hinter den Diagonalecken ein gutes Stück zurückbleibt. Die Angleichung zwischen Kreis und umschriebenen Quadrat ist also hier nicht angestrebt worden.

Der Unterbau ist in der Außenfläche in sich wieder in 3 Teile geteilt, die knapp von einander absetzen. Die obersten dieser Teile bilden die etwa 1,50 m hohe Brüstung. Sie trägt die erwähnten Bronzegehäuse für Lampen. Diese verteilen sich mit je 20 Stück auf die Mittelteile und mit je 7 Stück auf die Seitenteile, woraus sich die bereits genannte Gesamtzahl von 188 ergibt. Diese Zahl vermindert sich nur um 2 Stück, die am Zugang der südlichen Treppe fortfallen. Wenn der Bericht im *Ti king wu lüeh* zutrifft, daß unter dem Mingkaiser Ying tsung 1457–1465 nur 108 Bronzelampen angebracht wurden, so muß man annehmen, daß diese bei einer späteren Erneuerung durch die heutige, größere Zahl ersetzt worden sind.

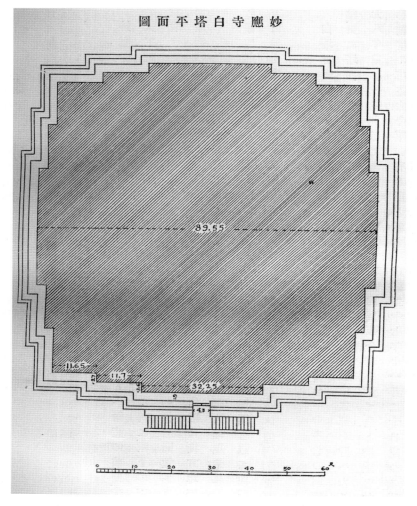

lap63g Grundriß der Pagode vom Miaoying si 妙應寺 (aus *Buddhist Monuments*)

Der wuchtige, groß gegliederte eigentliche Sockel beginnt, nach der Aufnahme von Yang Yüeh, im unteren Teil mit mächtigem Fußkyma und kleinerem Rundstab und schließt über dem hohen Halsfries mit kleinerem Kyma und dem Abakus, der hier als Gurtplatte wirkt. Der obere Sockelteil beginnt mit einer neuen Plinthe und einem Kyma und schließt über dem 2. niedrigeren Halsfries in gleicher Weise mit Kyma und Abakus. Damit endet das verkröpfte Quadrat. Jeder der beiden Halsfriese zeigt in jedem seiner abgesetzten Strecken eine Einfassung, an den äußeren Ecken durch schlanke Dreiviertelsäulchen mit verkröpftem Sockel und ausgeschwungener Kapitälplatte für den umlaufenden feinen Abakus, in den inneren Winkeln das entsprechende Einviertelsäulchen. Die gleiche Anordnung von Ecksäulchen bemerken wir an der Lamapagode von Wutschang, die nur 70 Jahre nach der Pai t'a ebenfalls noch in der Yüan Dynastie um 1350 erbaut wurde. Die Verwendung solcher Ecksäulchen darf man also auf die Yüan zurückführen. In Kueihua traten an ihre Stelle freie Rundsäulen.

Rundkörper, Spira und Bekrönung

Auf der Plattform des Sockels setzt der große Rundkörper der Pagode auf mit einem kreisrunden Fußwulst aus 4 x 6 = 24 riesigen Lotosblättern, in Ziegeln gemauert. Diese Blätter, in der umgestülpten Form *fu lien*, fallen an gegen eine höhere Stufe, die gefolgt wird von 4 kleinen Stufen, jede nur 2 Schichten hoch. Jetzt erhebt sich der gerade Umriß des Rundkörpers, am Fuß mit 14,80 m im Durchmesser, er divergiert nach oben bis 17,0 m Durchmesser in jener Höhe, wo die äußerste Stelle der Schulter scharf nach innen umbiegt. In der Fläche des Rundköpers legen sich ringsum 7 horizontale und parallele Linien, wohl aus je einer glasierten Ziegelschicht, und teilen die ganze Fläche in entsprechende Zonen. Jene Linien blieben bei dem wiederholten Verputz wohl nicht sichtbar, sondern verborgen, sie waren im übrigen auch ein technisches Hilfsmittel für die genaue Aufmauerung und den Verputz des Rund. Hier befand sich zur Zeit des Kublai Khan auf dem weißen Putz der erwähnte Schmuck aus Jaspis, umwunden mit Perlenschnüren, sicherlich schon in der Art, die wir an den Pagoden in Kueihua kennen gelernt haben. Heute zeigt die unverputzte Oberfläche zwischen den 7 glasierten Ziegellinien jene 7 breiten Zonen, die 4 unteren aus je 8 Ziegelschichten, die 3 oberen aus je 7 Ziegelschichten gebildet. Der Gedanke dieser Zonen wiederholt sich an den 12 Kegelzonen des *Siang lun* – Ringfolge, in die der stark abgestumpfte Kegel der Spira geteilt ist. Die stufenweise religiöse Entwicklung, die hier nach dem Vorbilde des Aufbaues der Tienningpagode dargestellt ist, wird herausgehoben durch den üblichen besonderen Sockel, der sich zwischen Hauptkörper und Spira schiebt und genau so verkröpft ist wie der 2teilige Hauptsockel, auch die Ecksäulchen sind vorhanden.

    Ästhetisch bedeutsam ist bei den Lamapagoden das gegenseitige Verhältnis der Linienführungen von Körper und Spira. Ihre Form war bei den meisten der hier behandelten kleineren Lamapagoden überaus schlank, bei der Pagode vom Pei hai, die anschließend noch behandelt wird, erscheint die Spira so spitz wie eine alte Grabstange, die aus dem Tumulus herausragt. Dagegen zeigen die bedeutendsten Lamapagoden vom Wu t'ai schan wechselseitig parallele Linienführungen im Umriß von Rundkörper und Spira. Bei unserer Pai t'a vom Miao ying sze verläuft der Spiraumriß sehr schräge, der Kegel ist stumpf und in der Wirkung fast gleich der Lamapagode von Wu-tschang, man darf also diesen Stil mit der Zeit der Yüan-Dynastie in Verbindung bringen. Dennoch bleibt es unsicher, ob die drei verschiedenen Formen eine Entwicklung kennzeichnen oder nur ein nebeneinander der Stilarten bedeuten.

Die Bekrönung der Spira und damit der Pagode besteht aus dem riesenhaften Schirm aus Bronze und einem kleinen, ebenfalls bronzenen Lamastupa als Spitze. Der horizontale Schirm hat einen Durchmesser von 7,10 m und ist durch 8 eiserne Streben gegen die Spira abgestützt. An seinem Rande hängen in dichter Folge 33 große, in durchbrochener Arbeit fein ornamentierte Bronzeplatten, jede von diesen mit einem Glöckchen versehen. Die Zahl 33 bezieht sich auf die 33 buddhistischen Himmel. Über der oberen Schirmfläche bringt der Bronzestupa die Auflösung in den Äther. Sein Sockel setzt die Schräglinie der Spira fort, die Gestaltung des Stupa ähnelt im übrigen durchaus einer Vase.

Das Monument ist von ungeheurer Wucht und übt eine mächtige Wirkung aus für den ganzen Stadtteil. Auch die Durchbildung im einzelnen verrät eine große Gesinnung und läßt im architektonischen Aufbau eine sichere und selbstbewußte Meisterschaft erkennen. Es ist ein vorzügliches Zeugnis für die feste Architektonik des chinesischen Nordens, wo selbst solche chinesischen Motive, die leicht ins Bizarre und Überladene abgehandelt werden könnten, den Rang vornehmer Baukunst erhalten. Im übrigen haben wir auch hier den Beweis dafür, daß selbst die fremdartige Form der Lamapagode in edelsten Verhältnissen ausgeführt werden kann.

2. Der Stupa vom Pai t'a an 白塔菴 Klause der Weißen Pagode

Dieser Stupa steht außerhalb des nördlichen Westtores Si tschi men 西直門 in der Nähe der Tienningpagode von Pa li tschuang, jetzt frei und allein auf freiem Felde, das zur Sommerzeit mit hohem Kaoliang dicht bewachsen ist. Das kleine zugehörige Kloster ist lange verschwunden. Über Zeit und Zweck der Erbauung des Stupa ist nichts Genaues bekannt. Im Volke ging ein Gerücht, der Turm sei das Grabmal des unglücklichen Enkels des 1. Mingkaisers Hung Wu, nämlich des Tschu Yün-wen 朱允炆, der selber unmittelbarer Nachfolger seines Großvaters wurde und als 2. Mingkaiser Hui Ti 惠帝 in der Periode Kien Wen 建文 von 1399–1403 regierte. Er wurde aber von seinem Onkel Tschu Ti 朱棣, dem nachmaligen 3. Mingkaiser Yung Lo 永樂 1403–1425 entthront, mußte flüchten und blieb seitdem verschollen. Indessen steht fest, daß er 1440 gestorben ist und später sein kaiserliches Grabmal in den Minggräbern bei Peking erhielt. Demnach kann er keinesfalls unter dieser Pagode beigesetzt sein. Es ist bemerkenswert, wie nachlässig die Phantasie des Volkes mit solchen müßigen Erfindungen umgeht, selbst in diesem Falle, wo die Wahrheit offenbar ist.

lap64 Peking, Baita an 白塔庵, Xizhimenwai, Nähe Wanshou si 萬壽寺. Aufn.: Ecke, 2.9.1931

In jedem Gerede mag aber so viel richtig sein, daß der Stupa aus dem Beginne des 15. Jahrhunderts stammen könnte, etwa aus den ersten Regierungsjahren Yung Lo, nämlich zwischen 1403–1407. Wir werden noch sehen, daß in jener Zeit vom Großeunuchen Yang Scheng 楊昇 unter anderen auch die große Lamapagode auf dem Wu t'ai schan instand gesetzt und vielleicht neu erbaut wurde. Oder unser Stupa könnte auch erst gegen Ende Yung Lo, nach endgültiger Rückverlegung des Regierungssitzes aus Nanking nach Peking 1421 errichtet sein. Zu jener Zeit blühte der Lamaismus in Nordchina auf, und so kann es damals zur Errichtung des Lamastupas vor Peking gekommen sein. Die frühen Bauformen scheinen diese Annahme zu unterstützen. Zu jener vermuteten Zeit unter Yung Lo bestand das große Vorbild, die Lamapagode vom Miao ying sze in Peking, mindestens schon 130 Jahre.

Den Stupa von Pai t'a an habe ich selber nur flüchtig besucht. Ausmaße und Bilder verdanke ich Prof. Dr. Ecke, der in Peking im Jahre 1931 durch den Architekten Yang Yüeh die Aufnahmen und Zeichnungen fertigen ließ. Nach diesen Skizzen erfolgten die Umzeichnungen im Maßstab von 1: 100.

Der Bau ist insgesamt 27,10 m hoch, erreicht also bereits die Maße von großen Pagoden. Von der Gesamthöhe entfallen auf den typischen, quadratischen Unterbau 3,60 m, auf den eigentlichen Stupa mit Sockel 23,50 m. Der Unterbau hat eine Seitenlänge von 17,70 m, das umschriebene äußerste Quadrat des Sockels eine Seitenlänge von etwa 13,40 m. Der Unterbau ist an den Ecken und an den Rändern der oberen Plattform durch glatten Werkstein eingefaßt, die Seitenflächen bestehen im übrigen aus Ziegeln, die jetzt frei liegen, einst wohl weiß verputzt waren. Die aufgehenden Flächen sind, nach den schräg gestellten Eckposten zu urteilen, deutlich gebös cht. Auf der Plattform sitzt der reich gegliederte und stark gekröpfte Sockel, der aber mit den folgenden Stufen, dem Fuß des Rundkörpers, zur organischen Einheit verarbeitet ist. Durch ein im Grundriß verdoppeltes Risalit entstehen auf jeder Seite die bekannten 4 Verkröpfungen und einspringenden Winkel, im ganzen also 16. Zu den Kanten treten die 4 Ecken, insgesamt gibt es also 20 Eckkanten. Die Innenwinkel schmiegen sich nicht, wie bei der Lamapagode von Wutschang, und wie wir es bei der großen Pagode vom Wu t'ai schan erkennen werden, unmittelbar an den eingeschriebenen Kreis an, sondern sind in den Diagonalen etwas nach außen gerückt, denn die Rücksprünge sind kleiner als die halben Absätze. Die Verkröpfung beginnt mit den feinen und reich profilierten ersten Gliedern des Sockelfußes und mit dem lebhaft geschwungenen Fußkyma. Es folgen eine kräftige Plinthe mit stark aufgebogenen Ecken, ein Lotoswulst und darüber ein niedriges Band, das wie ein Fries geschmückt ist mit Blattwerk aus abwechselnd breiten und schmalen, senkrecht gestellten, flachen Feldern zwischen feinen Linien mit oberen eckigen Abschlüssen. Es ist das gleiche Motiv eines äußerst abstrakten Blattwerkes aus Lotosblättern, das wir an den vieltürmigen Pagoden von Wu t'a sze und vom Wu t'a tschao als Brüstung wieder finden werden, und das hier, in die Gliederung des Sockels eingereiht, an dieser merkwürdigen Stelle eine Brüstung gerade noch andeuten soll. Dieser schmale Fries liegt fast bündig mit den glatten Feldern und den Pilastern des breiten Halsfrieses, der dem Sockel sein Gepräge gibt.

lap65 Peking, Baita an 白塔庵, Xizhimenwai, Nähe Wanshou si. Aufn.: Ecke, 2.9.1931

Die Eckpilaster aus Mittelwulst, Fußstück und Kopfstück sind sämtlich mit zartem Blattwerk geschmückt, die Gliederungen durch feinste Perlenschnüre von einander getrennt, die glatten Füllplatten zwischen ihnen abgesetzt. Die Abdeckung bildet ein Doppelgesims aus abwärts und empor gerichteten Lotoswulsten, die auf den breiten Fries und in ihre eigene Einschnürung bei Sonne scharfe Schatten werfen und dadurch klare horizontale Linien bilden. Doch gehört dieses Motiv eher an einen Sockelfuß, die abwärts gerichteten Lotosblätter des unteren Gliedes wirken hier unorganisch, es fehlt der Abschluß des Halsfrieses durch einen klaren Architrav. Auch der nun folgende Abakus des Sockels erfüllt noch einen Nebenzweck, denn er ist zugleich Fußglied der 6 Stufen, die nun sämtlich mit Verkröpfung, in starken Absätzen aufsteigen und oben den Rundkörper unmittelbar tragen. So sind die stilistischen und ästhetischen Elemente hier vielfach und ohne strenge Folgerichtigkeit mit einander vermengt.

Der hohe Abakus dieses Sockels ist an den 20 Ecken in scharfe Spitzen emporgezogen, das gleiche Motiv ist auch bei den folgenden 5 Stufen unter dem Rundkörper durchgeführt, beide Bauteile, Fuß und der untere große Sockel, gehen in einander über und sind nicht von einander zu trennen. Es ist, als ob der Sockel sich unmittelbar fortsetzte in die 6stufige Pyramide mit 20 x 6 = 120 Spitzenecken, die ein beseeltes Vibrieren ausdrücken. Das gleiche Motiv kennen wir bereits von den mongolischen Lamastupas in Wutschang. Aus solcher Übereinstimmung, die bisher ohne weitere Parallele ist, kann auf die zeitliche Nähe beider Monumente geschlossen werden. Bis hierher ist der gesamte Sockel mit Werkstein verkleidet. Jetzt wächst aus der obersten Plattform, nur durch einen flachen Lotoswulst in Werkstein getrennt, der machtvolle Rundkörper in Ziegeln heraus. In diesem sitzen am Fußende auf den 4 Hauptseiten 4 Buddhanischen, wieder aus Werkstein, innen je 1 Buddha mit verschiedenen Formen der Mudra. Die Umrandung der Nischen bilden seitliche breite Bänder mit Tierdarstellungen und ein breiter werdender Stirnbogen, dessen Linienführung innen gelappt, außen als flüssiger Kielbogen gestaltet ist, die Stirnfläche zeigt das Motiv des Garuda mit Perle zwischen 2 Drachen.

Der divergierende Umriß des Rundkörpers hat gerade Seiten und knapp gerundete Schultern. das Haupt trägt den Sockel und die Spira, wieder aus Werkstein und in der Form des unteren Hauptsockels, auch mit dessen emporgerichteten Spitzenendigungen der Abakusplatte. Auf dieser sitzt, beginnend mit einem ersten feinen Lotoswulst, der sehr zugespitzte Spirakegel mit 12 Ringen, wohl ebenfalls aus Werkstein oder etwa in hartgebrannter Terrakotta. Die Bekrönung bildet ein steiler, unten glockenförmig ausgeschwungener Ehrenschirm aus Bronze. Die gebogene Außenfläche ist verziert durch Perlenschnurgehänge in Relief, der obere Rand ist aufgelöst in einen Kranz aus durchbrochenen Palmetten wie bei einer Krone. Darüber gibt es nicht Mond und Sonne, auch nicht das Juwel, vielmehr scheint die letzte Spitze zu bestehen aus einer gedrungenen Deckelvase, umwunden mit einem Flechtband, das an den Seiten zu Henkelformen gerafft ist. Diese Vase ist eines der 8 buddhistischen Sinnbilder – *pa ki siang* 八吉祥. Wenn man in solchem Behälter an dem bevorzugten Ort eine Reliquie oder eine andere Kostbarkeit vermuten darf, so stände dieses inhaltreiche Sinnbild hier, wenigstens in der Andeutung, an der erhabensten Stelle des Bauwerkes, bei seinem Austritt aus der Menschenwelt in die leere Luft.

lap66 Peking, Baita an 白塔庵. Unweit Balizhuang. Aufn.: Hartung, durch Ecke

3. Die Siao pai t'a Kleine Weiße Pagode 北海小白塔 **im Pei hai, dem Nördlichen See im Kaiserpalast von Peking**

Die Insel der Roten Steinblüten im Nördlichen See

Das Gegenstück zu der Lamapagode vom Miao ying sze, mit dem gleichen volkstümlichen Namen «Weiße Pagode», doch genannt die Kleine, erhebt sich in Peking in den westlichen Gärten und Seen des Kaiserpalastes, auf der berühmten und schönsten Insel der Roten Steinblüten, K'iung hua tao 瓊華島 im Pei hai, dem nördlichen Teiche im Kaiserpalast in Peking. Mit K'iung hua sind gemeint die Roten Adern und Blüten in dem taoistischen Wunderstein *kiung*, der an Hortensie anklingt und Unsterblichkeit verleiht, wenn man davon genießt. Die Insel ist altberühmt und hat eine lange, gut bekannte und sehr bemerkenswerte Geschichte, die Pagode stammt aus 1651, also aus dem Beginne der Mandschudynastie. Da in diesem Falle die geschichtlichen und örtlichen Umstände und Vorbedingungen für den Bau einer bedeutenden Pagode genau zu verstehen sind, und sogar für die Gegenwart ihre Bedeutung haben, so gehen wir hier näher ein auf die Gesamtvoraussetzungen, die zum Bau der Pagode gerade an dieser Stelle führten.

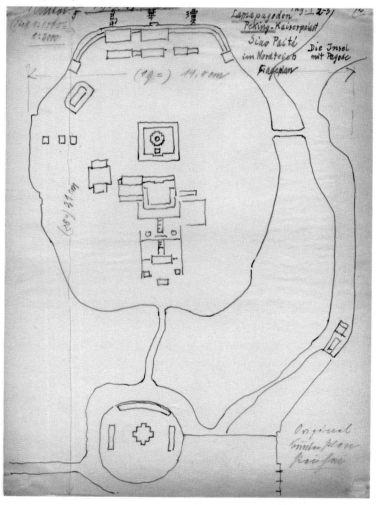

lap69 Xiao Baita 小白塔 Lageplan

Die Insel im Pei hai liegt im Südostteil des nördlichen der 3 Seen, die westlich vom eigentlichen Kaiserpalast von Norden nach Süden unmittelbar auf einander folgen und mit ihren ungezählten Tempeln, Nebenpalästen und Baulichkeiten aller Art die viel bewunderten alten Kaiserlichen Gärten bildeten. In der neuesten Zeit wurden sie zu öffentlichen Parks *kung yüan* 公園 umgewandelt, haben aber ihren Reiz keineswegs verloren, und immer noch beherrscht die gewaltige Lamapagode auf dem Inselberg das zauberhafte große Bild. Die 3 Seen erstrecken sich in einer Gesamtlänge von fast 2,7 Kilometern über die gesamte Länge der ehemaligen Kaiserstadt, sie werden gespeist von den Wassern aus den Westbergen und den Sommerpalästen her, auch aus dem Abfluß der Edelsteinquelle im Yü k'üan schan. Ihr Sammelname lautet T'ai i tschi 太液池 «Teiche des erhabenen Speichels oder Ursaftes», nämlich des Drachen oder auch der Goldenen Schildkröte. Im Einzelnen heißen sie Pei hai 北海 Nördlicher See, der etwa 1 Kilometer lang und bis zu 600 Metern breit ist, Tschung hai 中海 Mittlerer See und Nan Hai 南海 Südlicher See. Der Nördliche See wird gegen Süden und den Mittleren See abgeschlossen durch eine lange Brücke aus 9 Bögen, es ist die Brücke der Schildkröte aus Gold und Regenbögen aus Jade. Diese Brücke legt sich quer vor, an ihrem östlichen Ende liegt unsere Insel in ovaler Gestalt mit Durchmessern von 210 und 270 Metern. Sie ist durch 2 kleinere Brücken mit den Ufern verbunden, der Hauptzugang erfolgt von Süden her, über die ebenfalls monumentale und schöne Brücke aus 3 Bögen *Tui yün tai ts'ui k'iao* 堆 雲積翠橋 «Brücke, wo die blauen Eisvögel sich versammeln, wie Haufen von Wolken». Die Brücke führt nach Norden in die Hauptachse des Inselberges, der nach seiner bekrönenden Pagode auch den Namen trägt Pai t'a schan 白塔山 Berg der Weißen Pagode. Literarisch heißt er auch Kin schan 金山 Goldener Berg, in Anlehnung an die sagenhafte Kin ao 金鼇, Goldene Schildkröte, die wie ein Atlas die Erde trägt. Doch sie trägt auch zugleich die Peng lai 蓬萊 Insel der Seligen. Mit der Vorstellung dieser Insel der Seligen ist auch die Kiung hua tao verbunden, die mit ihren reichen und sehnsüchtigen Bauten noch heute wie ein Eiland aus dem Märchenreich erscheint.

Die 3 Seen bestanden am heutigen Platze schon lange, vielleicht als unregelmäßige Gewässer, und wurden erst allmählich mit der Entwicklung von Peking zur kaiserlichen Hauptstadt in geregelte Formen gebracht, endlich unter den Yüan als Kaiserliche Gärten in den Kaiserpalast einbezogen. Bis zum Ende der T'ang haben wir wohl kaum bestimmte Nachrichten darüber. Was unsere K'iung hua Insel betrifft, gibt es nur eine phantastische Überlieferung, nach der eine Tangprinzessin einem Uigurenfürsten zur Frau gegeben wurde unter der Bedingung, daß im Austausch gegen sie ein Wunderberg, der Seligkeit verleiht, aus der Mongolei nach Peking geschafft werden sollte. Die

Legende will es, daß der Berg wirklich durch Zauberkraft der Götter in Trümmer zerlegt und nach Peking gebracht wurde, Felsen wie alle Steine auf der Insel stammten demnach aus dem mongolischen Land. Indessen dürfte das wohl eine Vermengung mit anderen, allerdings tatsächlichen Beziehungen zu den Kin Tartaren sein. Diese Beziehungen stehen aber nur mit der Eroberung von Kaifeng in Verbindung, und es trifft eher die Bemerkung des Gelehrten Lin King 麟慶 in seinen Reisebildern *Hung süe yin yüan* 鴻雪因 緣 zu, daß die Steine auf der Insel sämtlich vom Berge Ken yo 艮嶽 stammen. Dieser alte Begriff «Opferberg im Nordosten», übrigens eine alte Bezeichnung der Nordostecke der Hauptstädte, wurde von Hui Tsung 徽宗, dem 8. Kaiser der Sungdynastie und zugleich dem letzten, der noch in Kaifeng residierte, in die Wirklichkeit übersetzt. Alsbald nach seiner Thronbesteigung 1101 ließ er auf den Rat ansässiger Taoisten innerhalb der Nordostecke seiner Hauptstadt seiner Hauptstadt Pien liang 汴梁 gleich Kaifeng einen gewaltigen Berg aufwerfen und in seiner Periode Tscheng Ho 政和 1111–1118 großartig ausbauen, er nannte ihn Wan schou Ken yo 萬壽艮嶽 Opferberg im Nordosten für 10000faches langes Leben, eine Anspielung auf die erwünschte lange Dauer seiner Regierung. Es half ihm aber nichts, schon 1125 erreichte die Herrschaft von Kaifeng mit ihm ihr Ende, er mußte in die Gefangenschaft der siegreichen Kin Tartaren gehen, die in jenem Jahre Kaifeng eroberten und es später, als sie Herren von Nordchina geworden waren, sogar zu ihrer südlichen Hauptstadt machten. Ihren Hauptsitz aber richteten sie in Peking ein.

Die Kin waren es, die den ersten großem Ausbau der 3 Teichgärten bei Peking in Angriff nahmen, und es ist wohl glaublich, daß sie gewisse ansehnliche Überreste aus den zerstörten, ehemals prächtigen Sungpalästen von Kaifeng in ihre neue Hauptstadt überführten, darunter auch die baulichen Steinreste des Berges Ken yo, den man sich reich ausgebaut zu denken hat. Es lag nahe, diese Steine, auch die Grottensteine für die Parkanlagen aus dem Palast in Kaifeng, nunmehr in Peking im Pei hai, dem Nördlichen See, bei dem Ausbau der eigenartigen Insel zu verwenden und dadurch diesem ohnehin ausgezeichneten Punkt ein erhöhtes Gewicht für das Fengschui der großen Landschaft zu verleihen.

Nach altem Brauch hatten folgende Dynastien für ihre neuen Paläste und Gärten schon immer an die alten klassischen Vorbilder aus den vergangenen Dynastien der Tschou, Han und Tang angeknüpft und sogar die alten Namen dafür verwendet. So hielten es auch die Kin, wie es in ähnlichen Fällen selbst ihre frühen, stammesverwandten Vorgänger, die Nördlichen Wei, getan hatten etwa in den Bergen des Sung schan bei Loyang, schon um sich als rechtmäßige Inhaber chinesischer Kaiserwürde zu legitimieren. Aus der Zeit der Kin stammt der echt chinesische Name K'iung hua tao, nämlich die Insel, auf der die verheißungsvollen glühenden Adern des Roten Schmucksteines *k'iung* als reine Blüten *hua* sichtbar werden. So birgt der Namen einen tieferen Sinn auch für das Glück von Hauptstadt und Reich und blieb für die Insel auch während der Mongolenzeit bis heute in Gebrauch. Die Namen einer langen Reihe auch anderer Bauten auf der Insel lassen sich zurückführen auf frühe klassische Zeiten. Das geht auch deutlich hervor aus der ausgezeichneten Darstellung der Seenpaläste bei Sirén in seinem Werk über die Kaiserpaläste bei Peking, mehr aber noch aus der genauen Beschreibung gerade der Insel selber bei Arlington: *In Search of Old Peking.*[9] Hier ist übrigens auch die Überführung der Steine aus dem Süden kurz erwähnt, sie seien in seltsamen Stellungen angeordnet und erschienen wie Drachenschuppen. So berichtet eine Inschrift von K'ien Lung aus 1751 auf einem großen, quadratischen Inschriftstein, nur spricht die Übersetzung dort offenbar irrtümlich von einem Ken Yü, der die Überführung der Steine vornahm, anstatt vom Berg Ken yo selber.

Zwar gibt es schon aus der tartarischen Dynastie der Liao, die den Kin vorausgingen und ebenfalls in Peking, dem damaligen Yenking 燕京 von 937–1225, einige Hinweise über die Herrichtung des Bereiches im Nordosten vor ihrer Hauptstadt. Wir erfuhren bereits, daß sie dort im Jahre 1096 die Vorgängerin der heutigen Großen Pai ta vom Miao ying sze erbauten, und es ist deshalb anzunehmen, daß die benachbarten Teiche, insbesondere auch unsere Insel schon damals eine gewisse Bedeutung besessen haben. Eine Baulichkeit wird erwähnt an der Stelle der heutigen Pagode. Die berühmte und kampfesfrohe Kaiserin Jui tschi 睿智, seit 983 Kaiserinmutter und Regentin für ihren Sohn, den Kaiser Scheng tsung 聖宗, besaß auf der Kuppe des Inselberges eine Terrasse zum Frisieren und Schminken. Doch erst seit der Herrschaft der Kin, die von 1125–1134 dauerte mit Tschungtu 中都 Peking als Hauptstadt, erfährt man Näheres über die Ausgestaltung der Seen und Gärten. Der erste Kaiser der Kin, Te Tsung 德宗, ließ die Wasser, die von den Westbergen und den vorgelagerten Bergen der heutigen Sommerpaläste Yü k'üan schan, Wan schou schan und Yüan ming yüan kamen, sammeln und zum Norden ihrer Hauptstadt Tschungtu leiten durch den wichtigen Kanal, der noch heute den alten Namen Kin schui 金水 Goldenes Wasser führt. Nach dem Fall von Kaifeng ging man wohl sofort auch an den Ausbau der Seen und in erster Linie der Insel. Diese Insel muß schon immer vorhanden gewesen sein als natürlicher Felsenhügel, wie es solche noch vielfach in der Pekinger Ebene gibt, so auch der Kohlenhügel in der Hauptachse des Palastes. Das darf man auch annehmen im Hinblick auf den erwähnten Gipfel mit der

---

9   Arlington, Lewis Charles; William Lewisohn: *In search of old Peking*. Peking: Henri Vetch 1935. VI, 382 S.

Schminkterrasse aus der Zeit der Liao 983. Viele Berichte bezeichnen den Berg als künstlich geschaffen aus dem Aushub der Seen, doch kann das nur teilweise zutreffen. Der Kern muß aus massivem Felsen bestehen, denn ohne ein solches festes Fundament hätte eine Pagode, zumal von solchem Ausmaße wie die Siao Pai tʻa, nie errichtet werden können. Wenn selbst Marco Polo von einem künstlichen Erdhügel spricht, so beweist das nur, daß die Arbeiten an den Seen durch die Jahrhunderte fortliefen und daß der Berg durch öftere Aufschüttungen allmählich weiter erhöht und mächtiger wurde.

Die Stelle südlich vor der Brücke der Eisvögel und Wolken, zugleich der östliche Kopf der Hauptbrücke der Schildkröte und der Regenbögen, ist besetzt durch eine runde Ummauerung, Tʻuan tschʻeng 團城 oder Yüan tschʻeng 圓城. Dieser Bau, in dem sich heute mehrere neue Hallen befinden, könnte in seiner ersten Anlage aus Kin oder Yüan stammen. Die Zedern, Zypressen und Tannen, die in einzigartiger Pracht hier noch immer wachsen, wurden seit je als Besonderheit des Platzes gepriesen, Kaiser Kʻien Lung hat sie in einem Vers gesungen, mindestens eines der Exemplare muß noch aus der Zeit der Kin stammen. Von diesem Platz bringt Lin Kʻing auch ein berühmtes Doppelgedicht, das der Kin Kaiser Tschang tsung 章宗 1190–1209 und seine schöne, hochgebildete Konkubine Li Tschʻen Fei 李宸妃 improvisierten, und in dem Beide, am Abend nebeneinander auf der Erde sitzend, sich vergleichen mit dem nun ebenbürtigen Glanz von Sonne und dem gerade aufgehenden Vollmond. Der Kaiser gab das Thema rechts für die Erde, die Li antwortete sofort mit den Gestirnen links:

Zwei Menschen sitzen auf der Erde 兒人土上坐

Eins Mond und Sonne, gleicher Glanz 液月日邊明

Die gleiche Li besaß, wie die einstige Kaiserinmutter der Liao, auf der Insel selbst, die auch Jade Insel genannt wird, in der «Halle der Strengen Kühle – oder des Mondes» Kuang han tien 廣寒殿 eine Schminkterrasse. Von diesen Bauten gibt es noch Überlieferungen oder gar Reste.

Im ersten Beginn der Mongolenherrschaft überwies Dschinggis Khan, dessen Truppen schon 1215 Peking – Tschungtu, die Hauptstadt der Kin, einnahmen und zerstörten, die Insel seinem bevorzugten Berater und Begleiter, dem taoistischen Pilgermönch Kʻiu Tschʻang tschʻun 邱長春, der dort ein Kloster anlegte und später in seinem Hauptkloster der Weißen Wolken Po yün kuan 白雲觀 westlich vor der Stadtmauer beigesetzt wurde. 1264 verlegte Kublai Khan seine Residenz nach Peking, gründete die neue Hauptstadt Ta tu 大都 und 1280 die neue Dynastie der Yüan. Er bezog die Seen mit ihren Gärten in die Mauern der neuen Stadt ein und schuf die Anlage, wie sie im wesentlichen sich noch heute darbietet. 1271 änderte er die alte Bezeichnung der Kin für die Insel um in Wan sui schan 萬歳山 Berg der 10000 Lebensalter oder Kaiserlicher Berg.

lap72 Peking, Xiao Baita 小白塔, von Südwest

lap73 Peking, Xiao Baita 小白塔. Aufn.: E. Herold

Bekannt ist die Schilderung von Marco Polo, der lange am Hofe des Kublai Khan in Peking lebte und uns berichtet, wie die Seen ständig vertieft und erweitert wurden. Im besonderen preist er den Baumschmuck auch auf unserer Insel. «Nicht weit vom Palaste auf der nördlichen Seite, ungefähr einen Bogenschuß entfernt von der Mauer, befindet sich ein künstlicher Erdhügel, dessen Höhe volle 100 Schritt und dessen Umfang an der Stelle Basis eine Meile beträgt – heute fast genau einen Kilometer. Dieser ist mit den schönsten immergrünen Bäumen besetzt. Denn sobald seine Majestät erfährt, daß an irgend einem Platze ein schöner Baum wächst, läßt er ihn mit allen Wurzeln und der umgebenden Erde ausgraben und, wie groß und schwer er auch sei, durch Elefanten zu diesem Hügel schaffen. Weil der Hügel immer grün, erhielt er den Namen «Grüner Berg». Auf seinem Gipfel ist ein zierlicher Pavillon errichtet, der gleichfalls völlig grün ist. Alles dieses zusammen, Berg, Bäume und Gebäude, gewähren einen köstlichen und gar wunderbaren Anblick.»

Die Aussicht vom Inselberg auf die Seen und Gärten, auf Paläste und Stadt, die Pekinger Ebene und die nahen Westberge wurde zu allen Zeiten bis heute gerühmt als die schönste vor allen anderen von Peking, darum ist dieser Punkt auch einer der kanonischen 8 berühmten Punkte von Peking. Der Zustand, den Marco Polo schildert, daß nämlich ein Pavillon, wahrscheinlich aber eine größere Halle den Hügel krönte, wird während der folgenden Dauer, unter den Yüan und Ming bestanden haben, bis im Beginn der Mandschu die Erbauung der Pagode erfolgte und dem Bilde eine gänzlich neue Note gab. Damals erhielt auch der Berg den neuen Namen Pai t'a schan 白塔山 Berg der Weißen Pagode. Bevor wir darauf eingehen ist es nützlich, hier noch einen geschlossenen Auszug aus einem der hier verwerteten Berichte im Original zu bringen. Er ist entnommen dem Werke *Tsch'en yüan schi lüe* 宸垣 識略 Abriß über den Kaiserpalast in Peking, Kapitel 4, Seiten 12 u. 13, etwa aus Ende K'ien Lung, also um 1796. Den Auszug verdanke ich dem verstorbenen Sinologen Dr. Hauer[10].

lap77 Peking, Xiao Baita 小白塔. Aufnahme etwa 1902. Aus Slg. Ecke

«Im Norden – nämlich des Runden Palastes Tuan tsch'eng – gibt es die «Brücke der wie Haufen von Wolken versammelten Eisvögel» – Tui Yün Tsi ts'ui k'iao. Hinter der Brücke liegt das Kloster der Ewigen Ruhe Yung an sze auf der Insel Kiung hua tao, die seit den Dynastien Kin und Yüan besteht und im Teich des Ursaftes – T'ai i tsch'i lagert. Im Pavillon zur Hervorragenden Aussicht – Yin schang t'ing befindet sich, in Stein geschnitten, ein genauer, auf kaiserlichen Befehl verfaßter Bericht über den Hügel der Weißen Pagode

---

10 Erich Hauer, 1878–1936, 1902–1918 Dolmetscher im auswärtigen Dienst, 1923 Habilitation an der Universität Berlin, 1930 Extraordinarius. Er ist besonders als Mandschurist hervorgetreten, so durch eine vollständige Übersetzung des *Huang Qing kaiguo fanglue* und das *Handwörterbuch der Mandschusprache*. Tôkyô 1952–1955. Vgl. E. Haenisch: Erich Hauer (1878–1936). *ZDMG* 107.1957, 1–6.

– Pai t'a schan. Der Pagodenberg reicht auf der Südseite vom Kloster des Ewigen Friedens – Yung an sze bis zum Turmbau der Glückwünsche zu Neujahr K'ing siao lou. Auf der K'iung hua Insel sind zahlreich aufgeschichtet seltsame Steine, ähnlich hohen Bergen mit Spitzen und bizarren Klippen– die chinesischen Gartensteine. Auf dem Gipfel stand einst eine Halle mit einer Terrasse, auf der nach der Überlieferung in der Liao Dynastie die Kaiserinmutter sich schminken und frisieren ließ. In allen Dynastien der Kin, Yüan und Ming standen dort Palasthallen als Stätten der Erholung und Betrachtung. Noch heute gibt es zerbrochene Steine und zerstörte Fundamente, auf denen eingeschnitten sind Wolkenornamente und die Bezeichnung Kuang han tien – Halle der Strengen Kühle oder des Mondes.

lap78 Peking, Xiao Baita 小白塔

Unter den Ming war schon ein großer Teil der Baulichkeiten auf der Insel entstanden, wohl auch die schöne Brüstung aus weißem Marmor, die heute lange Strecken des Ufers einfaßt. Auch aus Ming stammt jene lange Steinbrücke, die mit 9 Bögen den Nördlichen vom Mittleren See abteilt und heute noch heißt Kin ao yü tung k'iao 金鼇玉蝀橋 nach den Zuschriften auf den beiden Zugangspailou nämlich «Goldene Schildkröte» im Westen und «Regenbögen aus Jade» im Osten. Der gelehrte Reisende Lin K'ing, selber ein Abkömmling der tartarischen Kin, durfte nach langen Wanderungen und Dienstleistungen in vielen Provinzen unter Tao Kuang wieder in seinem

Geburtsort Peking sein Wirken beschließen. Er überschreibt das schöne Kapitel über unsere Grüne Insel mit den Worten «Die Goldene Schildkröte kehrt zurück in die Heimat» und setzt sich damit gleich der Seele dieser zauberhaften Landschaft, die er immer im Herzen getragen.

Erbauung der Lamapagode und ihre Stellung auf der Insel Kiung hua tao

Auf der Bergkuppe der Insel, wo bisher nur Pavillons oder Hallen als Wahrzeichen des alten China gestanden hatten, erfolgte im Beginn der Mandschuherrschaft eine entscheidende Änderung des Gesamtbildes. Kaiser Schun Tschi, der erste Herrscher der neuen Dynastie seit 1644, errichtete die große Lamapagode und legte damit ein weit sichtbares Bekenntnis ab für die Begünstigung des Lamaismus. Die Errichtung geschah 1651, im 8. Jahre seiner Regierung, und zwar aus Anlaß des schon seit Jahrzehnten, noch unter der Ming Dynastie vorbereiteten, nun endlich erfolgten Besuches des ersten tibetischen Kirchenfürsten, den der Kaiser als Dalai Lama feierlich bestätigte. Damit begann im nördlichen China die neue große Erstarkung des Lamaismus, der von den Mandschukaisern aus politischen und religiösen Gründen stark gefördert wurde, den orthodoxen Chinesen jedoch stets ein Stein des Anstoßes blieb. Diese Pagode, für die Ts'ing Dynastie ein Palladium des Reiches und für Peking, zusammen mit der westlichen Schwesterpagode aus den Zeiten der Liao und Yüan, das alles andere beherrschende Wahrzeichen der lamaistischen Lehre, ist darum zugleich ein rein politisches und geschichtliches Denkmal von hoher Bedeutung. Zwei Steintafeln im Kloster Yung an sze, mit dem die Pagode verbunden ist, geben davon Kunde, die eine von Schun Tschi aus 1651 über die Erbauung der Pagode, die andere von Yung Tscheng aus 1733 über ihre Erneuerung. Ein dritter Stein trägt ein Gedicht, in dem Kaiser K'ien Lung die 4 Umblicke von der Insel aus preist. Die Texte der Inschriften scheinen noch nicht voll übersetzt und gewertet zu sein.

Die Pagode krönt den Berg etwa in der Mitte der Insel. Zwischen den merkwürdigen und malerisch angeordneten Steinen auf den Berghängen führen mehrere Nebenwege hinauf, der Hauptzugang erfolgt aber durch den vorgelagerten Tempel des Ewigen Friedens Yung an sze 永安寺 entlang seiner Hauptachse genau von Süd nach Nord bis zu der höchsten Stelle, wo die Pagode den Schlußpunkt der gesamten Anlage bildet. Am nördlichen Kopf vor der Marmorbrücke der Eisvögel, deren Linienführung zweimal gebrochen ist, passiert man zuerst einen Vorplatz mit einem dreiteiligen Holzpailou und zwei Steinlöwen, die nach Norden blicken. Hinter der Eingangshalle liegt der erste Hof mit den zwei Türmen für Glocke und Pauke und der abschließenden Gebetshalle. Im nächsten Doppelhof führt ein erster stattlicher Treppenlauf zu der oberen Terrasse mit 2 Pavillons und Inschriftsteinen und einem weiteren Pavillon mit 2 Steinen in einem seitlichen Hof. In der Achse führt eine weitere Freitreppe zu der großen Klosterterrasse, auf der ein Quadrat von 4 Haupthallen mit Umgängen einen Innenhof umschließt. Westlich daran reihen sich zwei weitere Baugruppen mit Hallen und Höfen. Im Haupttempel waren zur Zeit meines letzten Besuches im November 1934 die offenen Hallen und die Freitreppen in der Achse gerade mit einer dichten Fülle herrlicher Chrysanthemen geschmückt, zwischen denen die zahlreichen Besucher freudig emporstiegen zur Heiligen Pagode. Der 110 Meter lange Tempel erreicht mit der letzten Haupthalle sein Ende. Dahinter führt ein dritter ansehnlicher Treppenlauf zu der höchsten, verdoppelten Plattform und zur Pagode, vor der auf besonderem Unterbau ein quadratischer, massiver Pavillon steht.

Durch die Pagode läuft quer zur Hauptachse eine betonte Querachse durch die Insel. Vom kleinen Westtor der Kaiserstadt, auf dem Ostufer des Pei hai, führt eine kurze Brücke über den dort schmalen Arm des Nördlichen Sees zum Ostufer der Insel, und zu einer bemerkenswerten Bauanlage zwischen 2 Treppenläufen, die in Gestalt von Kreisbögen angeordnet sind. Es ist die Terrasse zum Weihrauchduft buddhistischer Weisheit Po jo hiang tai 般若香臺, ihr entspricht im Westen der Insel am Hauptlandeplatz die Halle zum Süßen Tau Kan lu tien 甘露殿. Die Pagode steht im Schnittpunkt dieser Querachse Ost-West und der Hauptachse Süd-Nord, die wiederum vom nördlichen Ufer der Insel ihr Ende findet in einer weiteren, größeren Bauanlage ebenfalls mit Landungsplatz. So ist die Insel durch die zentrale Pagode und das Achsenkreuz mit seinen 4 Endigungen in 2 Brücken und in 2 Landungsstellen nach den 5 Hauptrichtungen aufgeteilt und bildet ein kleines Universum für sich, eben die Goldene Meeresschildkröte Kin ao. Selbst die Zwischenrichtungen in NO, NW, SO, SW sind an den Ufern betont durch besondere Bauanlagen, Pavillons und Dienstgebäude, so daß sich eine Teilung in 8 ergibt, mit der Pagode in der Mitte ist es die 9 Zahl. Mithin haben wir hier vor uns das genaue Pa kua 八卦 Abbild der 8 Diagramme und des T'ai ki, also das taoistische Grundsymbol des T'ai ki t'u 太極圖. In der Insel ist die Verewigung des buddhistischen und des taoistischen Weltgedankens baulich verkörpert.

Unterbau der Pagode

Die Beschreibung der Pagode erfolgt nach den Bildern und nach den beigegebenen Zeichnungen. Diese beruhen auf den ursprünglichen Aufnahmen und Zeichnungen, die Dr. Ecke in Peking auf meine Bitte durch den Architekten Yang Yüeh fertigen ließ im Maßstabe 1 : 96 nach englischen Fuß. Da diese Aufnahmen aber einige Unstimmigkeiten zeigen, so wurden die

Maße neu errechnet für Metermaß 1 : 100, nach Bedarf in Übereinstimmung gebracht, und auf dieser Grundlage neue Zeichnungen gefertigt. Der eigentliche Pagodenturm steht auf einer doppelten Terrasse, die insgesamt 2,80 m hoch ist. Die untere Terrasse ist ein Rechteck von 39,50 x 43,0 m. Zugänglich im Süden vom Tempel Sung an sze über die erwähnte Haupttreppenflucht, im Norden über ein Treppenpaar von wenigen Stufen unmittelbar vom Boden der Kuppe aus, wird sie umschlossen durch eine niedrige, massiv aus Ziegeln gemauerte Brüstung mit Einfassungen aus Werkstein. Auf der Ostseite wie auf der Westseite gibt es noch je einen einfachen Zugang durch die Brüstung.

Auf dieser ersten, rechteckigen Terrasse sitzt die zweite, quadratische Terrasse, mit Seitenlängen von 31,50 m, und zwar in der Weise, daß die entstehenden Umgänge in Nord, Ost und West gleiche Breiten von je 3,30 m haben, jedoch die Plattform auf der Südseite verbreitert ist auf 6,50 m. Auf ihr ruht nämlich der Vorsprung der oberen Terrasse mit einer Fläche von 3,40 x 13,60 m, ein kurzer Treppenlauf führt in der Hauptachse hinauf zu der zweigeschossigen, massiven Kapelle, für die der Vorsprung geschaffen ist. Eine entsprechende Treppe befindet sich auf der Nordseite. Die Brüstung um die obere Terrasse besteht nur auf der Südseite und den benachbarten kurzen Stücken der Nebenseiten, also um die Kapelle herum, und zwar aus den bekannten, kunstvoll durchbrochenen Marmorplatten zwischen reliefierten Marmorpfosten, im übrigen aus niedrigem Mauerwerk. Auf den 6 Ecken der quadratischen Plattform und des Vorsprungs ragen in Fußbodenhöhe diagonale Drachenköpfe, zugleich als Wasserspeier, heraus, sie bewachen das Heiligtum, sind aber selber gebändigt durch die Brüstung, die auf ihnen lastet. Ferner wird die ganze Anlage bewahrt durch 7 riesige, wohl 20 m hohe Flaggenmaste, auf kräftigen Steinsockeln, 2 Stück stehen auf der unteren Plattform im Süden, neben der Kapelle, die anderen 5 unmittelbar auf dem Erdboden und nördlich der unteren Terrasse. Als eindrucksvolles lamaistisches und mongolischen Motiv der Obo oder Mani-Masten, die unter anderen auch Wilhelm Filchner in seinen beiden Bücher über Kumbum an verschiedenen Stellen näher behandelt hat, umgeben diese 7 Stangen weithin sichtbar die gewaltige Pagode mit ihren Reliquien auf der Höhe. Jeder Mast ist eingeteilt durch etwa 12 Eisenringe und abgedeckt mit einer glasierten Haube. Die Maste, wiederholt erneuert, dienen zur Anbringung von Fahnen, Wimpeln und Lampen.

lap83 Peking, Xiao Baita 小白塔

Die Kapelle Schan yin tien 善因殿

Die zweigeschossige, massive Kapelle unmittelbar südlich vor dem Pagodenturm ist ein ausgezeichnetes Schmuckstück und gibt zugleich einen rechten Maßstab für die Wucht des großen Monumentes. Im Obergeschoß der eigentlichen Kapelle steht auf dem Altar eine furchterregende lamaistische Gottheit. Es ist Yamantaka nach Grünwedel, *Mythologie des Buddhismus.*[11] Der Schrecklichste der «8 Schrecklichen», der den Rang eines Buddha hat, indessen eine Manifestation des Bodhisatva Mandschusri = Wen schu p'u sa darstellt und den Yama bändigt, den dämonischen König des Todes, der Tibet entvölkerte. Yamantaka hat 16 Füße, 34 Hände mit den verschiedenen Emblemen und 9 Köpfen, als Hauptkopf den Kopf eines Stieres mit Hörnern und neben wie über diesem die weiteren 8 Köpfe in den verschiedenen Farben Blau, Rot und Gold, Weiß, Grau und Schwarz, dazu ein Halsband aus Totenschädeln. Er steht auf liegenden Figuren, die eine Leichenstätte andeuten, nämlich die überwundenen Dämonen. Der Name der Kapelle, Schen yin tien, bedeutet Halle der wohltätigen Ursachen. Diese bestehen vornehmlich in der Ausübung guter Werke, in erster Linie Überwindung des Bösen, wodurch der Aufstieg zur Heiligkeit bedingt ist. Das Auftreten des Yamantaka an dieser Stelle vor der Pagode deutet auf den Buddha selbst, dessen Macht im Inneren der Großen Pagode wohl durch entsprechende Reliquien gegenwärtig ist und das gesamte Landschaftsbild beherrscht.

Der Bau besteht aus einem quadratischen Untergeschoß von 7,10 m. Seitenlänge im Grundriß und der oberen ebenfalls quadratischen Kapelle von 4,70 m Seitenlänge. Das Untergeschoß ist auf der Südseite durch 2 seitlich vorgelagerte, schmale Freitreppen auf die Breite von 9,60 m gebracht. Der mittlere Hauptteil zeigt im Süden und im Norden je eine große Öffnung mit einem 5fach gelappten Bogen im glatten, wohl roten Verputz der Mauerflächen. Im Inneren dieses Unterbaues mögen nur 2 tiefe Nischen oder auch ein mittlerer Kuppelraum vorhanden sein, Näheres ist nicht bekannt. Oben gibt es einen Umgang um die Kapelle, ringsum, auch auf den Treppenwangen, läuft eine zierliche Marmorbrüstung, genau im Stil der unteren Terrassenbrüstung, nur in kleinerem Maßstabe. Ein Vergleich zweier Bilder aus verschiedenen Jahren läßt erkennen, daß diese Brüstungen etwa im Jahre 1920 weitgehend zerstört, dagegen im Jahre 1930 bereits sorgfältig wieder erneuert waren.

Die obere quadratische Kapelle ist im Äußern, auch im Doppeldach, mit allen Gesimsen und Konsolen durchweg aus glasiertem Ton hergestellt oder

---

11 Albert Grünwedel: *Mythologie des Buddhismus in Tibet und der Mongolei.* Führer durch die lamaistische Sammlung des Fürsten E. Uchtomskij; mit einem einleitenden Vorwort des Fürsten E. Uchtomskij und 188 Abb. Leipzig: Brockhaus 1900. XXXV, 244 S.

mit solchen verkleidet, vornehmlich in grün und gelb. Die Ansichtsflächen sind geteilt in ein breites Mittelfeld und zwei schmale Seitenfelder, das entspricht einer Neunteilung im Grundriß, die Außensäulen mit ihrem Gebälk sind in den Außenflächen sichtbar gemacht und gleichfalls glasiert. Nur die Mittelfläche der Südseite ist in Holzkonstruktion aufgelöst, nämlich in 4 Türflügel, zugleich Fenster, die den Blick ins Innere freigeben. Im Übrigen bestehen die Außenflächen zwischen den Blendsäulen aus einem Sockel, in dem Friese von Sechsecken mit Rosetten ein Teppichmuster bilden und darüber in den Hauptfeldern aus einem Rechtecke regelmäßiger Glasurplatten 20 x 23 cm mit völlig gleichen Buddhareliefs in 7 horizontalen 11 und 4 senkrechten Reihen. Die Mittelfelder zeigen demnach 11 x 7 = 77, die seitlichen je 7 x 7 = 48 solcher Buddhareliefs, insgesamt, nach Abzug der Türfläche, 455 Stück. Der Chinese spricht aber auch in diesem Falle von der Kapelle der 1000 Buddhas – Ts'ien fo tien 千佛殿. Der Innenraum mit der lamaistischen Figur ist wahrscheinlich mit einer Kuppel gedeckt, über der das obere runde Dach sich erhebt. Denn das Dach über dem Kubus ist verdoppelt. Über dem Kranzgebälk trägt ein reiches Konsolgesims von 4 Schichten ein quadratisches Dach, Traufen und Grate, leicht geschwungen, inmitten des Firstkranzes erhebt sich über einem gleichen Konsolgesims der Tambur für das kreisrunde Zeltdach, das spitz ausschwingt und in einem kräftigen, doch in seinen Verhältnissen eleganten Knopf endet.

Die Gesamthöhe der Kapelle von der Plattform der oberen Terrasse aus bis zur Spitze beträgt 13,0 m, davon entfallen auf das Untergeschoß 4,40 m, auf den Kubus der eigentlichen Kapelle 3,90 m, auf Konsolgesims, Doppeldach und Spitze 4,70 m.

Ob dieser Kapellenbau gleichzeitig mit der Pagode errichtet wurde, erscheint aus gewissen Überlegungen heraus unsicher. Die knappe Anordnung des Kapellenbaus unmittelbar vor der Pagode selbst, sowie der allzu kurze Abstand der Zugangstreppe von dem dritten und letzten langen Haupttreppenlauf vom Tempel her, auch die Ausklinkung der oberen Plattform an sich, ferner die elegante Formgebung der oberen Kapelle und die Ähnlichkeit mit späteren Ausführungen, auch verschiedene andere bauliche Einzelheiten, etwa der Umstand, daß die Marmorbrüstung auf der 2. Terrasse sich nur im Süden um die Kapelle befindet, endlich die besondere Konzeption der lamaistischen Gottheit, alles das läßt vermuten, daß dieser Kapellenbau nicht gleichzeitig mit der Pagode schon 1651, sondern erst zur Zeit Yung tscheng 1733 oder gar erst unter Kien Lung errichtet wurde. Vielleicht wurde er, gerade in einer zierlichen Durchbildung, neben gewissen religiösen Gründen vornehmlich aus dem schon berührten Zweck erbaut, den guten Maßstab zu schaffen für die Wucht der riesigen, sonst ganz isolierten Pagode selber.

lap86 Peking, Lamapagode auf der Insel Qionghua dao 瓊華島 im Beihai 北海.
Aufnahme: Huldermann.

Aufbau der Pagode im Aufriß

Der eigentliche Pagodenturm hat eine Gesamthöhe von 33,70 m. Er sitzt
genau in der Mitte der oberen Terrasse. Zwischen deren Außenkanten und
den Grundlinien des Pagodensockels ist ein Abstand von 6,90 m, wegen der
Brüstungen hat der Umgang um der Sockel nur eine Breite von 6,70 m und
bei den Marmorteilen 6, 50 m. Die gesamte Aufmauerung des Turmes besteht fast durchweg aus Ziegeln, Schichtenhöhe etwa 12,5 cm, nur die Kanten
und Ecken um Sockel und Zwischenstück sind aus glattem Kalkstein
gefertigt, die Nische im Rundkörper besteht aus glasierter Terrakotta. Der

Aufbau gliedert sich in Sockel, Fuß des Rundkörpers, den Hauptkörper selbst, Zwischenstück, Spira und Bekrönung.

Sockel. Der Grundriß des Sockels ist ein Quadrat mit einer Seitenlänge von 17,70 m an der Grundlinie der Plinthe gemessen, doch ist an jeder der vier Seiten in der Mitte ein Vorsprung – Risalit von 8,30 x 0,50 vorgelagert. Dieser Vorsprung wiederholt sich an allen Horizontalen des Sockels, wird schmaler oder breiter, je nach den verschiedenen Ausladungen des Profils, die seitlichen Stücke behalten dabei aber ihre Länge von 4,70 m. Die Gliederungen des Sockels sind rechteckig und kraftvoll abgesetzt mit weiten Rücksprüngen und Ausladungen und wirken dadurch sehr einfach, doch umso machtvoller. Über der 1,60 m hohen Plinthe und der folgenden niedrigen Platte von 0,50 m Höhe führt ein Fußkyma in großer Schwingung zu dem weit zurückgesetzten, 3,70 m hohen Hals oder Fries des Sockels, dessen 3 Teile in der Mitte und auf den Seiten gleiche Breiten von je 4,70 m zeigen. Die Flächen dieses umlaufenden, hohen Frieses sind heute roh verputzt, sie mögen aber eins mit Reliefs geschmückt gewesen sein etwa nach dem Muster an der Lamapagode von Kueihua, die 1696 unter Kʻang Hi entstand, also 45 Jahre jünger ist als unsere Paiʻa im Pei hai. Über dem Fries trägt ein Hauptkyma, das in der Umkehrung dem Fußkyma genau entspricht, die Ausladung wieder vor und bringt die vorspringende Deckplatte – Abakus etwa von 1,45 m Höhe wieder genau in das Lot der 0,50 hohen Platte über der Plinthe. Über dem Abakus dient eine Zwischenplatte von 0,60 m Höhe dem Fuß der Pagode als Aufleger, gehört aber, auch nach dem gleichen Grundriß aus Quadrat und Risaliten, zum Sockel, dessen Höhe, von der Terrasse bis zur Oberkante Platte gemessen, insgesamt 9,50 m beträgt. Bemerkenswert ist die ungemein klare Gliederung dieses Sockels aus 1651 und sein hoher Halsfries, der in vollem Gegensatz steht zu den bereicherten Doppelfriesen an den Älteren Sockeln der Paiʻa von Kublai Khan aus 1271, der Lamapagode in Wutschʻang aus 1350 und, wie wir noch sehen werden an der großen Lamapagode auf dem Wu tʻai schan aus 1407 (oder 1579–1582?).

Der Hauptkörper und sein Fuß

Der Fuß des Rundkörpers ist ebenfalls rund und besteht aus 5 Gliedern, die zusammen 4,20 m hoch, doch unter sich nicht gleichwertig sind. Die unterste, nur unbedeutende Wulstplatte deutet den Lotoskranz, der an der Paiʻa vom Miao ying sze in ungeheurer Wuchtigkeit auftrat, nur eben an und trägt klar abgesetzte, einander gleiche runde Stufen, die sonst meist in der rituellen Fünfzahl der Elemente auftreten. Die Verringerung der Anzahl auf 3, dafür die größere Wuchtigkeit der Stufen mag seinen ästhetischen Grund darin haben, daß die Pagode ihre Hauptwirkung erst aus weiter Ferne gewinnt, und daß darum auch der Fuß in seiner Gliederung einfach und klar sein muß. Auf dem folgenden, etwas bedeutenderen Lotoskranz setzt der eigentliche Hauptkörper auf, in der bekannten umgestülpten Kugelform der kanonischen Wasserblase mit gerader Linienführung und kräftig umgebogenen Schultern, mit einer Höhe von 8,00 m und Durchmessern am Fuß 11,00, in Schulterhöhe 12,00 m. Man muß anerkennen, daß der Umriß höchst eindrucksvoll ist und daß dieses Hauptstück sich vortrefflich einfügt in den eigenwilligen Aufbau der übrigen großen Pagodenteile. Heute nachdem die nördlichen Herren der Mandschu fortgezogen sind und die Leitsätze des südlichen, nationalen China Geltung haben, ist die Farbe wieder die des natürlichen Ziegels, grau oder, wie es im Sprichwort hieß, rot, gleich der Pai t'a im Miao ying sze, und beide Pagoden tragen heute wieder zu Unrecht den Namen Weiße Pagode. Auf der Südseite des Rundkörpers sitzt in der aufgehenden Fläche die heilige Nische, in gleicher Terrakotta auf das reichste und minutiöseste ausgestaltet. Ein Dreipaß mit Kielbogen wird am Rand begleitet von einem Perlensaum und völlig umgeben von einem breiten Fries, der in Gestalt einer Mandorla sich nach oben verbreitert bis zur Spitze und in seiner Fläche ausgefüllt ist durch seinen Schmuck aus Schriftzeichen und verschlungenen Ranken. Leider liegen genaue Aufnahmen nicht vor, solche können erfolgreich nur aus weiter Ferne gemacht werden. Man vermag aber zu erkennen, daß im Innern der Nische auf der Rückwand den unteren Teil das lamaistische Symbol Namtschuwangdan ausfüllt, den oberen eine Buddhafigur, die als Symbol für den unbekannten hochgeheiligten Inhalt der Pagode zu gelten hat, und als deren Stellvertreter oder Hüter die lamaistische Gottheit des Yamantaka in der glasierten Kapelle vor der Pagode steht.

Die krönenden Teile der Pagode

Im Zenith des Rundkörpers – Wasserblase – trägt das Zwischenstück die Spira und bildet zugleich dessen Fuß. Es besteht aus Kalkstein und ist 2,50 m hoch und, ähnlich wie der große Sockel selbst, ein Quadrat mit nur einem doch sehr breiten Vorsprung auf jeder Seite und sehr schmalen Einklinkungen an den Ecken. Seine kleinen Gesimse an Fuß und Haupt sind aber rund, die Wulste in dichte Lotosblätter aufgelöst, der obere Wulst erscheint bei aller Zartheit als der eigentliche Kelch, aus dem die Spira herauswächst in steiler Kegelform. Sie reicht bis unter den Schirm und ist bis dort 6,70 m, bis zum unteren Rand des Schirmes nur 5,30 m hoch. Sie ist aus 12 Ringen aus Ziegelschichten als Sianglun – Ringfolge ausgelöst und trägt einen unvermittelt breit ausladenden, durchbrochenen Bronzeschirm mit Glöckchen. Dieser ergibt mit dem oben aufsitzenden, durchbrochenen Bronzekelch etwa das Bild einer verdoppelten lamaistischen Handtrommel. Die Gesamthöhe des Schirmes beträgt 2,20 m. Aus dem Kelch wachsen heraus die Symbole von wachsendem Mond und Sonnenscheibe, beide zur Hauptachse gerichtet, darüber als Äther die Feuerperle oder der Edelstein im Flammenkranz. Diese Symbole ragen über den Rand des Kelches noch 2,00 m hinaus. Die Gesamthöhe der Pagode bis zu dieser Spitze, einschließlich des Unterbaues, beträgt 36,50 m über der Kuppe des Berges.

Die Siao Pai t'a auf der Insel K'iung hua tao im Pei hai ist nach Entwurf, Linienführung und Durchbildung im einzelnen durchaus würdig ihrer hervorragenden geschichtlichen Bedeutung zum Kaiserpalast. Eine lange Reihe von Vorgängern mußte vorausgehen, um zu dieser klaren und höchst gelungenen Schöpfung zu gelangen.

Es zeigte sich, daß eine Reihe rein baukünstlerischer Überlegungen dazu nötig waren, und daß die rechte Lösung nur gefunden werden konnte im Einklang mit allen Bedingungen der Lage wie der Architektonik.

lap88 Peking, Heita 黑塔 (Mappe im Museum für Völkerkunde Berlin)

4. Die Schwarze Pagode Hei t'a 黑塔

In der nordwestlichen Ecke der Tartarenstadt von Peking ist noch auf den heutigen Karten der Hauptstadt verzeichnet ein «Kloster der Schwarzen Pagode» Hei t'a sze 黑塔寺. Es ist als solches offenbar gänzlich verschwunden, und die Bezeichnung gilt nur mehr der Straße dort, die an das frühere Kloster erinnert. Dieses dürfte die Überlieferung des gleichnamigen Klosters, das in der Beschreibung der Pai t'a vom Miao ying sze erwähnt wurde, fortgesetzt haben, wenn es auch kaum identisch mit jenem sein kann. Denn das alte Kloster Hei t'a sze, das aus der Liaozeit stammte und in der Chronik von 1635 erwähnt ist, dürfte an einer ganz anderen Stelle gestanden haben, wir vermuteten bereits, an der Stelle des heutigen Miao ying sze mit der Pai t'a. Unter Kublai Khan muß es verlegt worden sein an den jetzigen Platz im Nordwesten der Stadt, es muß auch eine neue schwarze Pagode, die Hei t'a erbaut worden sein, die aber 1635 zu Ende der Ming schon lange wieder verschwunden war, wie die Chronik bemerkt. Erst mit Beginn der Mandschuherrschaft, als die Heimatresidenz Mukden mit 4 Pagoden bewehrt war und als in Peking 1651 als Gegenbild zu der mächtigen alten Pai t'a vom Miao ying sze die kleine Weiße Pagode auf der Insel K'iung hua tao erstand, wird im Hei t'a sze eine neue schwarze Lamapagode erbaut worden sein, um das alte Bild wieder einigermaßen abzurunden. Diese schwarze Pagode stand also nunmehr genau nördlich der alten Pai t'a vom Miao ying sze. Bei einem leider nur flüchtigen Besuch im Jahre 1907 sah ich die Lamapagode im Haupthof des Klosters, inmitten von niedrigen Hallen so stehen, wie sie auch dem damals erworbenen Bilde sich darbietet. Später habe ich den Ort nicht wiedergesehen. Erkundungen bei genauen Kennern von Peking ergaben, daß eine derartige Pagode in jenem Stadtviertel wenigstens seit 1931 unbekannt ist, daß also die einst dort vorhandene Lamapagode mitsamt ihrem Kloster inzwischen wohl abgerissen worden war. Da aber das verschwundene Denkmal höchst bemerkenswert bleibt durch die besondere Stellung, die es einnahm im Nordwesten der Stadt, wie durch seinen Aufbau, so erscheint es angebracht, sich mit ihm näher zu beschäftigen und es mit den übrigen bekannten Beispielen an Hand des seltenen Bildes zu vergleichen. Wir sprechen in der folgenden Beschreibung von der Pagode so, als ob sie heute noch bestände.

Bei einer angenommenen Stufenhöhe von 18 cm für die Treppen im Unterbau kommen für die Pagode etwa folgende Maße in Betracht. Im Unterbau: Höhe der Terrasse 1,60 m, Seitenlänge 13,0 m, Hals des Sockels: Höhe 1,70, Seitenlänge 6,80 m, Gesamthöhe der Pagode 17,0 m. Auf den ersten Blick fällt die große und geradlinige Einfachheit auf, die dem Unterbau des Sockels sowie dem Fuß des Rundkörpers eigen ist. Denn hier sind auch die 4 Stufen des Fuß nicht etwa rund, wie an den beiden großen Pai t'a von Peking, sondern quadratisch, wie an der Lamapagode von Kueihua. So findet bei dem Rundkörper, der vielleicht mit wenigen feinen Fußgliedern versehen ist, keine Überhöhung aus der unteren Verkröpfung statt, er erhebt sich vielmehr fast unmittelbar von der Plattform der obersten quadratischen Stufe.

Die Plattform des Unterbaues erreicht man von der Pflasterung des Hofes aus auf einer klaren Treppenanlage. Vier erste Stufen führen von Ost und West seitlich auf den erhöhten Mittelweg in der Hauptachse des Klosters, von hier aus führen in der Achse weitere 5, also insgesamt 9 Stufen auf die Terrasse. Um den Rand der Plattform läuft eine gemauerte Ziegelbrüstung, in ihrem unteren Teil schachbrettartig unterbrochen, im oberen Teile als Fries gestaltet aus weißen Blenden und Schrifttafeln, wohl in Lantsaschrift. In der Mitte jeder Seite des Unterbaues springt mit etwa ein Drittel der ganzen Seitenlänge ein knappes Risalit vor, das abdeckende Gesims der Brüstung ist an jeder ausspringenden Ecke, auch an den Risaliten, bekrönt durch ein Flammenjuwel auf Lotoskissen. Ein Umgang führt um den machtvollen weißen Sockel, an dem sich das Risalit, ebenfalls mit ein Drittel der gesamten Seitenlänge wiederholt und mit den Verkröpfungen fortsetzt in dem glatten hohen Hals, dem bekrönenden Lotoskyma und dem aus Ziegeln hochgemauerten Abakus. Es folgen 4 stark zurückgesetzte Stufen als Fuß des Rundkörpers. Die 2 untersten Stufen sind besetzt mit je einer Reihe dichtgestellter Buddhareliefs in Tonpasten mit oberer Umrandung in Dreipaßform. Vor jeder der 4 Ecken hockt in jeder Stufe ein kleiner Lamastupa. Die obersten Stufen des Fußes sind mit großen Schriftzeichen in Lantsaschrift, wohl aus glasiertem Ton, als fortlaufende Friese geschmückt, die frei und weit vorschwingenden obersten Ecken besetzt mit je einer diagonalen Maske, die mit den auslaufenden Voluten und dem krönenden Flammenjuwel wie Eckakroterien wirken und wohl ebenfalls aus glasierter Terrakotta bestehen.

Der Rundkörper, stark gebaucht und voll gerundet, zeigt auf der Südseite eine bedeutende heilige Nische mit dem lamaistischen Symbol des Namtschuwangdan. Die Nische ähnelt mit gewissen Abweichungen sehr genau der Nische in der Siao Pai t'a im Pei hai. Bei beiden Pagoden sind gleich das Symbol auf stark vertieftem Grund, ferner die Linienführungen im inneren Kielbogen und in der äußeren geschweiften Bogenspitze, endlich der breite Fries der Umrandung, die aber an der Hei t'a mit einer Folge von Juwelen in Form von Voluten geschmückt ist. Auf der Rundfläche im Hei t'a sze ist noch ein weiterer Schmuck gut erhalten, wie er in anderer Form als reiches Gehänge in Kueihua auftritt, an den beiden großen Pagoden in Peking aber verloren ging. In der Höhe der inneren Nischenspitze, weit unterhalb der Schulter, läuft ein schmales Band aus verschiedenfarbigen Kugelperlen in dichter Folge ringsum. Es wird aber auch an den übrigen 3 Kardinalpunkten unterbrochen durch je ein großes 8seitiges Medaillon, das auf der Spitze steht und geschmückt ist in der Mitte mit einem Riesenjuwel, auf den 4 Hauptrichtungen mit je einem kleinen Juwel, insgesamt also mit 5 Juwelen. Offenbar ist alles aus glasiertem und farbigem Terrakotta hergestellt, und die Juwelen haben die Farben der 5 Kardinalpunkte.

Auf der Kuppe des Rundkörpers trägt das bekannte Zwischenstück als Sockel den schlanken, ganz fein geschweiften Kegel der Spira, die aufgeteilt ist in 12 Ringe mit umlaufenden Texten in Lantsaschrift. Die Bekrönung bildet ein recht knapper, wohl bronzener Schirm, an dessen unterem Rand 12 Glöckchen hängen. Die Doppelgestalt des Schirmes erinnert wieder an eine lamaistische Handtrommel. Vom inneren Ende der Spira schwingen 4 bronzene, leicht durchgebogene Ketten in den Diagonalen zu Knäufen, die an der Oberseite der Schulter angebracht sein müssen, diese Ketten, bei anderen Pagoden häufig, sind für Lamapagoden sehr ungewöhnlich. Die oberste Spitze über dem Schirm bilden Mond, Sonne und Flammenjuwel.

Das Gesamtbild der Pagode ist von höchstem Reiz und zeigt auch in den klaren Linien und Flächen von Unterbau und Sockel ausgesprochen lamaistischen Stil, der den einfachen chinesischen Formen der Hallen rings um den Hof fast verwandt erscheint, sie aber auf eine fast natürliche Weise steigert zu hoher, wenn auch eigenwilliger Architektonik. Über dem glatten Sockel offenbart sich in einer Unmenge von Einzelbildern und Symbolen die vielfältige lamaistische Vorstellungskraft, doch immer gebändigt durch die reinen Linien von Stufen und Umrissen, um endlich an der Spitze durch die wahrhaft jubilierende Vereinigung inbrünstiger Elemente uns vom ruhig festen Grunde des Erdbodens schnell und überraschend emporzureißen zur Verzückung und Auflösung im Äther.

Die Errichtung des Baues darf man im Hinblick auf die Bauformen und die näheren Umst#nde etwa um 1650 ansetzen. Es ist sehr bedauerlich, daß wir, nach seiner offensichtlichen Zerstörung, kaum darauf rechnen können, aus Quellen Näheres über diesen Bau zu erfahren. Denn auch er ist ein Muster für diese Lamapagoden von Peking, deren architektonisch schöne Durchbildung fast stets sehr hoch steht, aber bisher noch keineswegs genügend anerkannt wurde.

5. Die 4 Lamapagoden von Mukden

Zur willkommenen Ergänzung für das Verständnis der alten Pagodenanlagen von Peking überschreiten wir auch bei dieser Gruppe der Lamapagoden die Grenzen des engeren Chinas und der Provinz Hopei.

Die Mandschurei, die neben zahlreichen Beispielen für Tienningpagoden aus den Dynastien der Liao und Kin auch eine Anzahl von Lamapagoden aufweist, liefert uns eine zusammengehörige Gruppe von 4 Lamapagoden in der alten Hauptstadt Mukden, chinesisch Schen yang 瀋陽 oder Feng t'ien 奉

天. Die Stadt, heute Hauptstadt der Provinz Liaoning 遼寧, heißt nach dem alten Namen der Provinz auch Scheng king. Wir haben hier ein klares Beispiel dafür, daß eine große Stadt mit 4 Pagoden bewehrt wurde, und zwar in Anordnung nach den 4 Himmelsrichtungen. Bei Peking wurde es bereits vermerkt, daß sogar schon die Herrscher der Liao ihre neue Hauptstadt Yen, wie die Stadt damals hieß, mit 5 Pagoden nach den 5 Hauptfarben bewehrten. Von jenen Pagoden ist aber einzig die große Pai t'a vom Miao ying sze übrig geblieben, über die anderen gibt es nur einige Vermutungen, die wir anzudeuten wagten. Der Gedanke, die Fünfzahl oder wenigstens Vierzahl der Himmelsrichtungen durch bestimmte Bauanlagen zu betonen, muß aber bei den Stämmen des Nordens seit ihrer engen Zugehörigkeit zum chinesischen Kulturkreis und zum mongolisch-buddhistischen Glauben, tief verwurzelt und bevorzugt geblieben sein. Denn sowohl die Liao wie die Kin richteten in ihren Reichen je 5 Hauptstädte ein, die natürlich auch religiöse Bedeutung besaßen. Und die Mandschu waren es, die zugleich mit der Besitzergreifung Chinas, die für das Jahr 1644 anzusetzen ist, ihre alte Hauptstadt Mukden in weitem Umkreis mit 4 Lamapagoden bewehrten, sie wurden sämtlich gleichzeitig errichtet in der Zeit zwischen Frühling 1643 und Sommer 1645.

Diese und die folgenden geschichtlichen Angaben verdanken wir Dr. Martin [d.i. Walter] Fuchs, der lange in Mukden lehrte und studierte und die Chroniken von Kreis und Provinz auswertete. Welch besonderer äußerlicher Anlaß zu der Errichtung vorlag, wird in den Quellen nicht berichtet. Doch waren die Mandschu, schon durch die Tradition von den Liao und Kin her, damals völlig auf den mongolischen Buddhismus eingestellt und benutzten darum auch die Form der inzwischen aufgekommenen Lamapagoden. Nach dem Inschrifttext bei der Westpagode wurden auf kaiserlichen Befehl die hohen Lamas Sibja Corji si bu tsche tschao örl ki 悉不遮朝兒吉 und Biliktu Nangsu Bi li tu lang su 畢力兔朗蘇 beauftragt, den Bau der 4 Klöster und Pagoden in die Wege zu leiten. Der chinesische Inschrifttext zu den 4 Pagoden stammt von dem bekannten Staatsminister Garin 岡林, der 1651 starb.

Die 4 Pagoden mit ihren Klöstern sind folgende:

1. Nordpagode Pei t'a 北塔 steht im Fa lun sze 法輪寺, Kloster des Gesetzesrades

2. Südpagode Nan t'a 南塔 steht im Kuang tz'e sze 廣慈寺, Kloster der Weiten Barmherzigkeit

3. Ostpagode Tung t'a 東塔 steht im Yung kuang sze 永光寺, Kloster des Dauernden Glanzes

4. Westpagode Si t'a 西塔 im Yen schou sze 延壽寺, Kloster des Verlängerten Langen Lebens.

lap89 Mukden Nordpagode 北塔. Postkarte von C. Rothkegel

Jedes der Klöster besitzt eine Steininschrift Pei ki aus Schun Tschi 2. Jahr Mittsommer 順治二年中夏, also aus 1645. In diesen Texten findet sich vor jedem dieser Klosternamen noch der Ausdruck Tsch'i kien hu kuo 敕建護國 Auf kaiserlichen Befehl errichtet zum Schutze des Reiches. Daraus geht hervor, daß die Pagoden mit ihren Klöstern die ausdrückliche Bestimmung hatten, Paladien des neuerrichteten Reiches der Mandschuherrscher zu sein. Bemerkenswert ist es, daß der Bau der 4 Pagoden schon 1643, noch vor der Machtergreifung der Mandschu in China, begonnen wurde, also noch zu Lebzeiten des Mandschurischen Kaisers T'ien Ts'ung 天聰. Dieser hatte das Werk seines Vaters Nurhatschi oder T'ien Ming 天命, der die mandschu-rischen Stämem geeint und im Jahre 1625 das heutige Mukden zu seiner Hauptstadt Scheng king gemacht hatte, fortgesetzt, China und selbst Peking bereits öfter und hart bedrängt und 1635 sogar den Namen Kaiser von China angenommen. Er war mithin des Sieges seiner Sache so sicher, daß er symbolisch durch die Pagoden seine Hauptstadt in der Mandschurei zur Hauptstadt des chinesischen Reiches erklären wollte. Und sein Sohn und Nachfolger Schun Tschi, unter dem 1644 die Regierung allerdings sofort nach Peking verlagert wurde, vollendete trotzdem noch die 4 Pagoden in der alten Hauptstadt, die vorläufig Liu tu 留都 Hauptstadt der Heimat und erst 1658 Feng t'ien 奉天 genannt wurde, und verlieh ihnen die Beinamen Hu kuo 護國 Paladien des Reiches.

lap90 Mukden Nordpagode, Sockel. Durch Dr. W. Fuchs. 1930

    Die alte fast quadratische Innenstadt von Mukden ist ein Rechteck von 1250 x 1200 Meter Seitenlänge und enthält in ihrem zentralen Quadrat den alten Palast der mandschurischen Kaiser. Sie wird umgeben von der äußeren, runden Stadt mit einem mittleren Durchmesser etwa von 4350 Meter und breitet sich heute noch über deren Ringmauer durch Vorstädte nach allen Seiten weiter aus. Von den betreffenden Seiten der quadratischen Innenstadt stehen die 4 Pagoden in folgenden Abständen entfernt, nach Metern gerechnet: die Nordpagode 3000, Südpagode 3200, Ostpagode 3750, Westpagode 3500, sie bilden also ungefähr ein wirkliches, wenn auch unregelmäßiges Kreuz. Als 5. Pagode muß man noch die Tienningpagode Pai t'a 白塔 hinzunehmen, die unmittelbar vor der Nordmauer steht, etwas westlich der Hauptachse im Kloster des Allerlängsten Lebens Tsch'ung schou sze 崇壽寺 und eine Art von Mittelpunkt für die anderen 4 Pagoden bildet. Allerdings ist diese Pagode, die bereits im Kapitel 1 dieses Abschnittes besprochen wurde, im Ursprung bedeutend älter als die anderen, sie stammt im ersten Bau aus dem Beginn der T'angzeit, der Überlieferung nach von Weitsch'i Kung 尉遲公, der ein treuer und erfolgreicher Paladin des 2. T'angkaisers war und 658 starb.

lap91 Mukden Ostpagode 東塔, Sockel. Durch Dr. W. Fuchs. 1932

Die Anordnung einer mittleren Pagode im unmittelbaren Norden der eigentlichen engeren Hauptstadt als Mittelpunkt von 4 weit außenstehenden Pagoden in Nord, Süd, Ost, West ist offenbar in ganz ähnlicher Weise gerade im Peking der Liaozeit vorhanden gewesen. Denn dort stand die große Pagode vom Tien ning sze, die im ersten Bau aus der Suizeit stammte und im Jahre 1048, in der Hochblüte der Liao, in Gestalt einer ausgezeichneten Tienningpagode neu errichtet wurde, damals genau im Norden innerhalb der Stadt, etwa in der Hauptachse des Palastes der Liao. Sie bildete, ebenso wie de alte Tienningpagode aus der frühen Tangzeit in Mukden, die Mitte zwischen den 4 symbolischen Pagoden der Hauptrichtungen und der 4 Farben, von denen wir leider nur die heutige Pai t'a, damals wohl Hei t'a, mit einiger Wahrscheinlichkeit identifizieren können.

Die Klöster der 4 Pagoden

Der heutige bauliche Zustand der 4 Klöster bei Mukden ist recht verschieden. Vom Kloster der Ostpagode bestehen auch heute noch recht umfangreiche Teile, soweit man nach dem großen chinesischen Stadtplan aus 1931 urteilen kann. In der Tat sind von jenem Kloster, wie von dem der Westpagode, das bis auf geringe Reste verschwunden ist, nach der Mitteilung von W. Fuchs, noch einige kleine und dürftige Wohngebäude, wenn auch keine Kulthallen mehr erhalten, es scheint dort auch keine Mönche mehr zu geben. Das Kloster der Südpagode ist noch einigermaßen erhalten, eigentliche größere Kultgebäude sind aber auch in ihm nicht mehr vorhanden, nur ein kleinerer Hausaltar ist in einem Wohngebäude aufgestellt. Gottesdienst findet aber noch regelmäßig statt durch etwa 8–10 mongolische Mönche. Am besten ist das ausgedehnte Kloster der Nordpagode erhalten mitsamt Klostergarten und Halle, 4–6 Mönche versehen dort noch den Dienst. Nach den Untersuchungen von Walter Fuchs in *Asia Major* VI 1930 wurde dieses nördliche Kloster, das seit der Begründung um 1644 mit mongolischen Mönchen besetzt gewesen war, von Kaiser K'ien Lung im Jahre 1775 in ein mandschurisches Kloster umgewandelt. Bis 1930 wurden noch erhebliche Reste des sehr seltenen mandschurischen Kandschur, des buddhistischen Tripitaka in mandschurischer Sprache aufbewahrt. Sie stammen aus einem vollständigen Exemplar, das dort bis zum russisch-japanischen Krieg 1904/1905 noch vorhanden war, aber zum Teil damals, im übrigen später in Tokio bis auf jene Reste gänzlich vernichtet wurde.

lap93 Mukden Westpagode, Sockel. Aufnahme: E. Herold

Beschreibung der 4 Pagoden

Die Beurteilung der Pagoden stützt sich einmal auf die aufschlußreichen Photobilder nach Aufnahmen von Herold und Fuchs, von denen nur eine Auswahl hier wiedergegeben kann, vor allem auf die genaue zeichnerische Aufnahme, die Architekt Lothar Marcks im Dezember 1931 auf meine Bitte von der West Pagode bei Mukden im Maßstab 1 : 100 fertigte und mir zur Verfügung stellte.[12] Die Ausmessungen an der Westpagode waren nicht ganz einfach, da die Pagode sich leider in einem sehr schlechten baulichen Zustand befand. Dennoch gelangte Marcks mit Hilfe von Zählung der Ziegelschichten und von anderen Messungen zu einem genauen Ergebnis, das einen beson-

---

12 Liegt nicht vor.

ders wertvollen Beitrag zu den Pagodenforschungen liefert. Es stellt sich heraus, daß alle 4 Pagoden einander weitgehend gleichen, ja, im Aufbau scheinbar ganz gleich sind, nur die Reliefs der Löwenfiguren in den Sockeln weisen geringfügige Unterschiede auf. Wenn die Pagoden im großen und ganzen auch noch aufrecht stehen, so ist der Verfall fast durchweg weit fortgeschritten, das bezieht sich besonders auf die Gesimse des Sockels, an dem aber wichtigste Teile des Skulpturenschmuckes sich noch gut erhalten haben. Der Rundkörper ist besonders bei der Südpagode und der Ostpagode schon stark verwittert, bei der Westpagode nur zum Teil schadhaft, dagegen bei der Nordpagode, deren Kloster ja auch am besten erhalten ist, in gutem Zustande. Bei jeder Pagode sind die Spira und der durchbrochene Bronzeschirm vollkommen unversehrt, indessen die letzte Spitze aus Mond, Sonne und Flamme ist nur an der Westpagode heil, an den übrigen Pagoden beschädigt. Es wird genügen, die Westpagode an Hand der Zeichnung und der verschiedenen Bilder zu erläutern.[13]

lap94 Mukden Südpagode 南塔. Walter Fuchs, Mukden

Beschreibung der Westpagode

Die Pagode ist insgesamt etwa 27,20 m hoch und besteht aus 3 Hauptteilen mit folgenden Höhen: Sockel 7,0 m, Hauptkörper mit Fuß zusammen 9,50 m, Spira mit Schirm 8,00 m. Dazu treten die Platte als Unterbau, hier nur etwa 1 Meter hoch, und das Sonnensymbol als höchste Spitze mit 1,70 m Höhe.

---

13 Als neueste Arbeit vgl. Martin Gimm: Zum mongolischen Mahâkâla-Kult und zum Beginn der Qing-Dynastie – die Inschrift *Shisheng beiji* von 1638. *OE* 42. 2000/2001, 69–103.

Der Sockel ist mit festlicher Pracht sehr reich ausgestattet durch Ornamente und Löwenfiguren, offenbar in glasierter Terrakotta. Ein nur wenig vorspringendes Risalit in der Mitte jeder Quadratseite folgt allen Gliederungen des Sockels, seine Breite nimmt im großen Fries des 3,20 m hohen Sockelhalses genau den dritten Teil der ganzen Seite ein. Die weit vorspringende Plinthe, etwa 1,05 m hoch, zeigt in der Mitte des Risalits ein einfaches liegendes Vadschra, Donnerkeil-Zepter, zwischen kräftigsten Ranken, die sich von den Ecken her entwickeln aus diagonal gestellten Ecksonnen mit Strahlenkranz oder, wenn man die parallele Deutung wählt, aus Sonnenblumen mit Fruchtboden, der hier als Edelstein oder Perle gestaltet ist. In den Hauptecken findet sich die gleiche Perle, nur von einem feineren Blattkranz von Ranken umgeben. Ähnliche Einfassungen der Ecken sind gerade noch erkennbar auch am krönenden Abakus, dessen weitere Stirnflächen aber bei allen Pagoden stark verwittert oder zerstört sind, nur nacktes Ziegelwerk ist sichtbar. Auch vom oberen tragenden Wulst sind nur noch Reste sehr kräftiger Lotosblätter zu erkennen.

Zwischen weiteren geraden Profilen umzieht des Sockel der 3,20 m hohe Fries, der auf allen 12 Kanten besetzt ist mit sehr ungewöhnlichen, doch im einzelnen äußerst schön gezeichneten Bündelornament. Es ist senkrecht gestellt, in der Mitte wie gebunden durch eine sehr runde Kugel zwischen feinen Lotoswulsten, aus denen nach oben und unten in gerade Ansatz ein Volutenwerk quillt und sich nach Fuß und Haupt symmetrisch verbreitet. Alle Kanten zeigen gleiches Schmuckwerk und fassen die 3 Felder auf jeder Seite des Frieses ein. Die Zeichnung jener Bundpilaster an den Ecken ist in dieser Art bisher ohne Beispiel im übrigen China, sie erinnert durchaus an typische Holzschnitzkunst, und es ist sehr wohl möglich, daß gewisse originale Holzschnitzereien aus Indien oder Zentralasien als unmittelbare Vorbilder gedient haben und hier in Terrakotta und in die chinesische Linienführung der Wolkenvoluten übersetzt wurden.

In jedem mittleren Feld, also im Risalit, befindet sich nur in bescheidenem Maßstab das Hauptmotiv, nämlich das Blitzbündel, umgeben von einer Flammenaureole, deren zugespitzter Umriß sich auflöst in viele züngelnde Flammen. Die lebhafte, graziöse Zeichnung entspricht im Stil sehr gut den hohen Bundpilastern. Das Symbol des Blitzbündels zusammen mit dem unten vorgelagerten Vadschra auf der Stirnfläche der weit vorspringenden Sockelstufe ergibt eine große Wirkung. Um so erstaunlicher sind in den seitlichen Feldern des hohen Frieses die ungewöhnlich mächtigen, auf den ersten Blick klobig wirkenden Reliefs der 2 schützenden Löwen, jeder 2,70 m hoch bei nur 3,00 m Breite. Sie sind auf das stärkste gedrungen und seitlich dargestellt, gleichwohl treten Brust und Kopf frontal aus der Fläche heraus. Die Schwanzquasten sind breit entwickelt aus Voluten, die Tatzen eng zusam-

mengestellt, die Köpfe, ganz ungewöhnlich, nach außen zu den Ecken gerichtet statt nach der Mitte zum Symbol. So ist die ganze Anordnung alles
andere als harmonisch oder folgerichtig zu bezeichnen, zumal gerade an den
Ecken sich zwei Löwenköpfe diagonal treffen und zwischen sich nichts anderes haben als einen technischen Eckpilaster. Das zeigt, daß der entwerfende
Künstler sich hinwegsetzte über den eigentlichen Sinn, der eine Richtung
jeden Löwenpaares zur Mitte hin erfordert hätte, und daß er oder sein Auf-
traggeber nach einer ungenügenden Vorlage oder nach Beschreibungen sich
gerichtet hat. Dennoch sind die Löwenfiguren, für sich betrachtet, gewaltige
Sinnbilder, sie gehören in den harten mandschurischen Raum, verraten urei-
gene Gestaltungskraft und stehen zwischen einem Symbol und eigenartigem
Naturalismus. So zeigt etwa der Löwe zur Linken in Antlitz, Stirn und Bart
geradezu einen menschlichen, wenn auch überaus gesteigerten Ausdruck. Im
ganzen gesehen, muß der Sockel, als er vollendet dastand, einen wahrhaft
prunkvollen Anblick gewährt haben, er war bestimmend für die gesamte Wirkung des Denkmals, das zugleich herbe und doch in vieler Hinsicht fein und
zart durchgebildet erscheint.

Das bezieht sich vor allem auf die Nische im Rundkörper und auf den
krönenden Schirm. Der Rundkörper ruht auf 3 einfach gemauerten, runden
und schmucklosen Stufen, unter denen eine Wulstplatte mit Lotosblättern den
Fuß bildet. Die zerstörten Teile des runden Körpers lassen erkennen, daß
dieser in Schalen aufgemauert ist und darum in großen Flächen abspalten
konnte. Die tiefe Nische mit dem Namtschuwangdan ist an der Westpagode,
wie scheinbar auch an den übrigen Pagoden, noch sehr gut erhalten mit
Dreipaßabschluß und breiter Umrahmung in reichster Durchbildung und
Terrakotta.

Der Bronzeschirm über der schlanken Spira ist ebenfalls auf das Reichste
gestaltet in durchbrochener Arbeit und trägt das schon erwähnte Symbol von
Mond, Sonne und umflammter Perle.

Es ist anzunehmen, daß die Heiligen Nischen aller 4 Pagoden jede nach
der Mitte zur Stadt gerichtet sind, wo im Kaiserpalast ein Allerheiligstes
gedacht war, etwa in der Person des Mandschukaisers selbst. Dieser wollte
vielleicht schon in jener frühen Zeit sich als die Inkarnation eines Bodhisatva
betrachtet wissen, wie späterhin Kaiser Kien Lung bestimmt als Inkarnation
des Mandschusri vom Wu tai schan galt. So leitet die Betrachtung der Hauptstädte Peking und Mukden, bei denen die Lamapagoden in Gruppen und in
Beziehung zu den Himmelsrichtungen auftreten, über zu den großen Kultstätten des Lamaismus, an denen die Pagoden in großem rhythmischen Gruppen den engen Zusammenhang auch mit der großen Natur selbst weithin
sichtbar machen.

lap92 Mukden, Westpagode 西塔. Japanische Aufnahme. W. Fuchs, Mukden.
Nov. 1930

Kapitel 3. Lamapagoden des Wu t'ai schan oder Tsing liang schan in der Provinz Schansi

1. Bedeutung des Wutaischan und seiner Lamapagoden. – Lage und Klöster. Brennpunkt des Lamaismus, Pagoden und Pamapagoden. Literatur, mein Besuch, Heiligtum des Mandschusri, Frühestes Auftreten des Kultes der 5 Gipfel. Klöster mit Pagoden hier im Vordergrund. 2. Die 3 Pagoden im T'a yüan sze. – a. Die Große Reliquienpagode. Kloster Ta yüan sze, Lage und Einteilung, Geschichtliches, der alte Asokastupa. Aufbau der Pagode, Einzelheiten, Zubehör und Kult, Gebetsmühlen, Fußspuren. – b. Die große Gebetsmühle, Halle, Bestimmung der Drehpagode und ihre Konstruktion, Sinn der Drehpagode, Gottheiten in der Halle, Parallele mit Pagode von An-yang. – c. Pagode des Haupthaares von Wenschu. 3. Die Kleineren Lamapagoden des Wu t'ai. Vorkommen und Bestimmung. – a. Lamapagoden aus verschiedenen Klöstern Pusa ting mit 2 Stupas, 3 Lamastupas im Tale. Tschu-lin sze mit Kugelstupa, Bericht über die Stufenpagode, Pi-schan sze mit 2 Pagoden, Po jo sze. – b. Lamapagoden auf den 5 Bergkuppen. Tung t'ai, mit Kapellenstupa, Kü-schi t'a und Li-tze t'a, Tschung t'ai mit Werksteinpagode und weiterer 6 Pagoden. – c. Drei auserlesene Beispiele, Ki lo sze und die Pagode des Tschung Hua, Tschen hai sze mit der Lamapagode des Lalitavadschra und 2 weiteren Stupas, Pagode des P'u Tsi. 4. Die Lamapagoden von Taitschou und Taiyüan. Taitschou, Pagode vom Tsing-ming sze in Taiyüan, im alten Bezirk Ping-tschou, mit Reliquienstupa des Asoka, erste der 81 Pagoden des Kaisers Sui Wen Ti, Geschichtliches und Beschreibung.

1. Bedeutung des Wutaischan und seiner Lamapagoden

Der Heilige Buddhistische Berg der 5 Terrassen oder Gipfel Wutaischan mit seinem buddhistischen Namen auch genannt der Reine und Kühle Berg Tsingliangschan 清凉山, liegt im nördlichen Teil der Provinz Schansi im Kreise Wutaihsien, nahe der Grenze der Provinz Tschili, und ist ein vornehmster Brennpunkt des chinesischen Buddhismus, insbesondere des Lamaismus. Er ist einer der 4 Großen Heiligen Berge des Buddhismus, der Sze ta ming schan 四大名山.[1] Fünf mächtige Bergkuppen, deren nördlichste

---

1 Die übrigen sind Jiuhua shan, Emei shan und Putuo shan. Zu letzterem vgl. E. Boerschmann: *P'u T'o Schan. Die heilige Insel der Kuan Yin, der Göttin der Barmherzigkeit*. Berlin: G. Reimer 1911. XVII, 203 S.

und höchste aus dem wilden Gebirge bis zu 3.050 m emporragt, umschließen das 3 km lange und 2 km breite Hochtal des Flüßchens zum Reinen Wasser, Tsing schui ho 清水河, das nach Süden zum bedeutenden Fluß Hu to ho entwässert. Das eigentliche Hochtal liegt selber in 1800–1700 m Höhe und ist, wie auch die nahen und weiteren Schluchten und Berghänge, erfüllt mit einer riesigen Zahl von Heiligtümern aller Art. Nur allein im Haupttal und seiner näheren Umgebung gibt es etwa 50, meist größere und größte Klöster. Dieser gesamte Heilige Bezirk ist geweiht einem der 4 Großen Bodhisatva, nämlich dem Wenschu Pusa oder Mandschusri, der gewöhnlich auf seinem heiligen Reittier, dem Löwen, dargestellt wird und sich in dieser Form in den meisten Haupthallen der Klöster, aber auch sonst in zahllosen anderen Darstellungen hier findet. Die lamaistische Form des Buddhismus herrscht in den meisten dortigen Klöstern fast ausschließlich, sie ist sogar in die buddhistischen Klöster des Bergbezirkes eingedrungen und in diesen mit dem Kult des chinesischen Mahayana eine innige Verbindung eingegangen, sie machte den Wutaischan zu einer Hauptpilgerstätte für die Mongolen und zu einer religiösen Brücke nach Tibet. Seit Jahrhunderten bis zum heutigen Tage besuchten jährlich auch zahlreiche tibetische Mönche, selbst hohe Geistliche auf ihren chinesischen Reisen den Heiligen Berg, zahllose Erinnerungen an sie sind überall vorhanden. Kaiser der verschiedenen Dynastien statteten dem Berge wiederholt Besuche ab, ja, sie nahmen oft lange auf ihm Aufenthalt. So wurde er auch in weitesten chinesischen Kreisen bekannter als die 3 übrigen buddhistischen Großen Heiligen Berge, und zwar besonders bekannt im nördlichen China. Darum wurden gerade auf dem Wutaischan auch Pagoden in weit größerer Zahl errichtet als auf irgend einem anderen buddhistischen Berge.

Die Bronzepagoden des Klosters Hien tung sze 顯通寺 Nr. 2[2] und Tsing lien schi sze wurden bereits behandelt unter Hinweis auf ihre Beziehungen zu den 5 Gipfeln der Bergbezirke. Erwähnt wurden auch Grabpagoden und Gräberhaine, ferner die Stufenpagode im Tschu lin sze 竹林寺 Nr. 59 und die Tienningpagode vom Ming yüe tschi Teich des Leuchtenden Mondes neben dem Kloster Kuan hai sze 觀海寺 Nr. 46. Einige religiöse und landschaftliche große Beziehungen zum Wutaischan werden bei Darstellung der fünftürmigen Pagoden der Klöster Wu ta sze und Pi yün sze bei Peking im letzten Abschnitt erörtert werden. Hier steht die Betrachtung der Lama-

---

2 Die Numerierung bezieht sich auf Boerschmanns Karte. Eine detailliertere Verzeichnung der Klöster findet sich in E. Boerschmann: *Lagepläne des Wutai shan und Verzeichnisse seiner Bauanlagen in der Provinz Shanxi.* Hrsg. v. H. Walravens. Wiesbaden: Harrassowitz in Komm 2012 [2013]. 117 Seiten + Karten auf CD) (Abhandlungen für die Kunde des Morgenlandes 80.)

pagoden, die weitaus die Mehrzahl aller Pagoden des Wutaischan bilden, im Vordergrund.

lap100 Wutai shan 五臺山, Hochtal von Süden, vom Gipfel des Fanxian shan 梵仙山, Nr. 50

Einige Bemerkungen von allgemeiner Bedeutung für diese große Kultstätte mögen vorausgeschickt werden, ich entnehme sie den Werken des lamaistischen Kirchenfürsten Tschangkia Hutuktu Lalitavadschra, der eine Beschreibung sowie einen Hymnus über den Wutaischan verfaßt hat, und des russischen Gesandten Pokotilow[3], dem wir eine genaue Beschreibung des Berges aus 1889 verdanken. Benutzt sind die Übersetzungen von Grünwedel, im Manuskript[4], und von Unkrig. Jene Werke stützen sich im wesentlichen auf die Chroniken des Wutaischan und der Provinz Schansi, jedoch auch auf

---

3   Dmitrij Dmitrievič Pokotilov, 1865–1908, Diplomat, 1905–1908 Gesandter in Peking. Vgl. A. N. Chochlov: Dmitrij Dmitrievič Pokotilov. *Voprosy istorii* 2011:5, S. 36–54. – Vgl. Pokotilov: *U-taj, ego prošloe i nastojaščee.* St. Petersburg 1893. (Zapiski Imp. Russkago Geografičeskago Obščestva, po obšč. geografii 22,2.)

4   Eine tibetische Beschreibung der Wutai shan-Klöster durch Lalitavajra, den 2. lCanskya Qutuγtu, Rol-pa'i rdo-rje. Inzwischen veröffentlicht in Boerschmann: *Lagepläne,* a.a.O., 63 ff.

alte mongolische und tibetische Quellen. Unkrig beschäftigt sich in seiner
Arbeit Der Wutaischan und seine Klöster (*Sinica* Sonderausgabe 1935)[5], die
im wesentlichen eine Übersetzung der russischen Arbeit von Pokotilow ist,
auch eingehender mit den einzelnen Quellen. Unter den zahlreichen anderen
Unterlagen, die ich hier verwerten konnte, ist das vornehmste Werk *Buddhist
Monuments of China*, in dem Tokiwa und Sekino an Hand von 30 Bildtafeln
den Wutaischan und seine Pagoden ausführlich behandeln. Erheblich sind
meine eigenen Aufnahmen und Feststellungen gelegentlich meines Besuches
vom 29. August bis zum 6. September 1907. Ich wohnte in jener Zeit im Ta
yüan sze 塔院寺, dem Kloster der Großen Pagode, nahm diese selbst sowie
mehrere Grundpläne von Klöstern genau auf und fertigte im Meßtischver-
fahren einen Lageplan des Hochtales und seiner Klöster. Dieser wurde in der
großen Einordnung noch berichtigt nach den vorzüglich veröffentlichten
kartographischen Aufnahmen in Bailey Willis *Research in Northern China*
1908.[6] Danach entstanden die hier gegebenen Kartenskizzen. Auch die schon
genannten Höhenmaße sind diesem Kartenwerk entnommen. Die höchste
Höhe für die Nordkuppe mit 3050 m deckt sich fast genau mit der Angabe im
chinesischen Atlas von Ting[7] aus 1934, wo 3040 angenommen sind.

Der Wutaischan ist die Wohnung des großen Bodhisatva Mandschusri
Wenschu Pusa 文殊. Dieser trat ursprünglich als Kind auf mit 5 Haarbüscheln, die den 5 Gipfeln des Bergmassivs entsprachen. Es besteht also eine
Vermenschlichung der Natur, die wieder zurückwirkt auf die Heiligung der
Landschaft. Schon Prophezeiungen des Buddha Tathagata selber weisen auf
den Wutaischan und auf Mandschusri hin. Wiederholt wurde der weißge-
kleidete Knabe mit den 5 Haarbüscheln, sehr häufig auch in anderen Gestal-
ten, Erscheinungen und Offenbarungen, gesichtet oder sonst wahrgenommen.
Schon in der alten Tschou-Dynastie, also lange vor unserer Zeitrechnung, soll
ein Kaiser ein Kloster auf dem Wutaischan gegründet und die Statue des
Knaben in ihm aufgestellt haben. Das ist natürlich Legende, da der Buddhismus erst später eindrang. Jedoch darf man für den Berg altchinesischen
Kult annehmen. Unter Kaiser Ming Ti der Han Dynastie, unter dem seit 65 n.
Chr. der Buddhismus in China Fuß faßte, verbreitete der Arhat Kasyapa
Matanga Kia Ye Mo Teng 迦葉摩騰 zusammen mit dem Pandit Bharana
Dharinarakscha Tschu Fa Lan 竺法蘭, die beide mit der berühmten Ge-
sandtschaft aus Indien gekommen waren, die Lehre in China. Er machte den

---

5   Der Wu Tai Schan und seine Klöster. Eine historisch-geographische Skizze und Schil-
     derung der örtlichen Verhältnisse im Jahr 1889. *Sinica Sonderausgabe* 1935, 38–89.
6   Washington D.C.: Carnegie Institution 1907. Die Karten erschienen bereits 1906.
7   Ding Wenjiang 丁文江: *Zhonghua minguo xin ditu* 中華民國新地圖. Shanghai: Shen-
     baoguan 1934. 53 kol. Karten.

Kaiser auf den Wutaischan aufmerksam, ging selbst dorthin und erkannte unter anderem mit der Präzision eines göttlichen Blickes die von König Asoka erbaute Pagode. Nun gründete der Kaiser dort ein Kloster. So wurde die Pforte des Berges aufgetan. Die 5 Gipfel sind Verkörperungen der 5 Dhyanibuddhas und gleichen den Stupas dieser Buddhas, sie haben die entsprechenden 5 Farben Grün, Rot, Weiß, Schwarz und Gelb, auch ihre 5 heiligen Tiere, im Osten den Stolzen Elefanten, im Süden das Ruhende Pferd, im Westen den Tanzenden Pfau, im Norden den Betenden Greif und im Mittelpunkt den Herbblickenden Löwen, nämlich das Reittier eben unseres Bodhisatva Mandschusri, des chinesischen Wenschu Pusa, dem dieser Berg als Mittelpunkt seines gesamten Kultes geweiht ist.

lap101c Panorama-Aufnahme vom Gipfel des Tailu ding 臺麓頂 Nr. 31

In den folgenden Ausführungen wird auf die einzelnen Klöster und Begebenheiten, auch auf die landschaftliche Gestaltung nur insoweit Bezug genommen, als sie mit den Pagoden in Verbindung stehen. Sämtliche Klöster und Bauanlagen, soweit sie festgestellt werden konnten, sind bereits mit laufenden Nummern bezeichnet, die für eine künftige allgemeine Beschreibung des Wutaischan gelten. Der Gang unserer gegenwärtigen Betrachtung richtet sich nach der Anordnung und der Bedeutung der Pagoden, unter denen die

Große Weiße Reliquienpagode als Wahrzeichen der ganzen Kultstätte an erster Stelle steht.

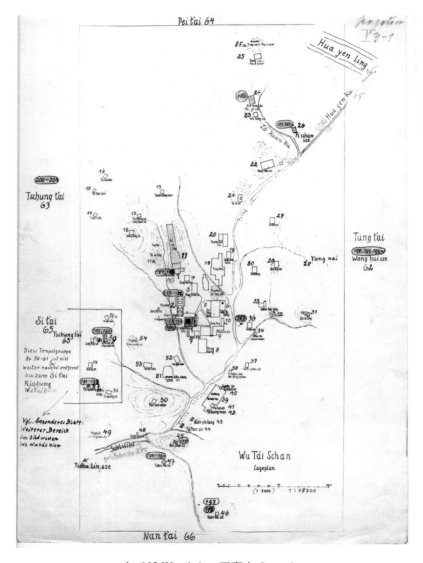

lap102 Wutai shan 五臺山. Lageplan

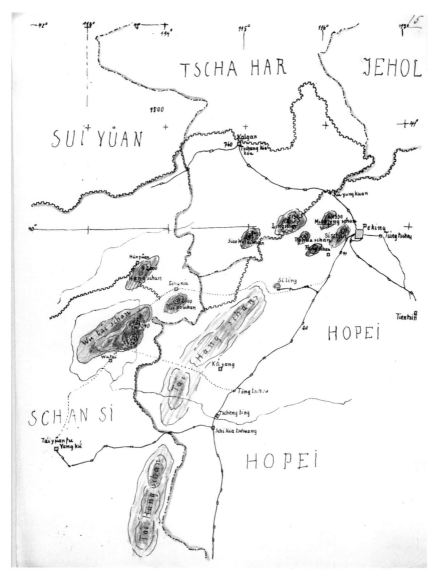

lap103 Übersichtskarte mit Wutai shan 五臺山

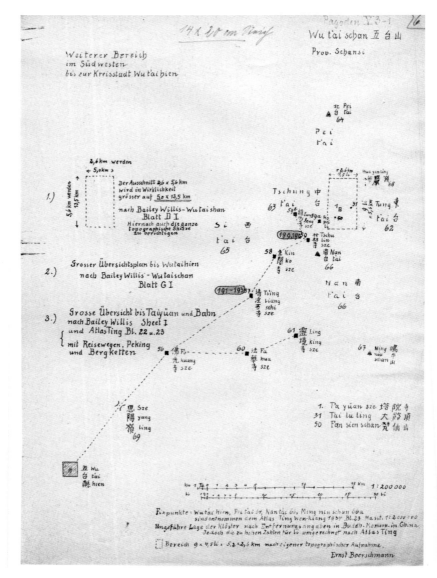

lap104 Wutai shan 五臺山: Weiterer Bereich im Südwesten bis zur Kreisstadt Wutai xian

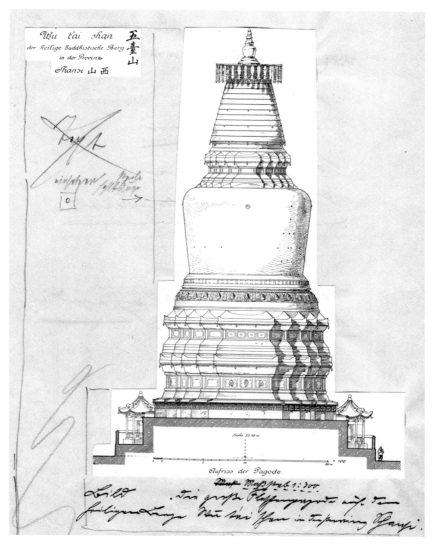

lap 105 Sheli ta 舍利塔 Große Flaschen-Pagode im Tempel Tayuan si 塔院寺, Aufriß

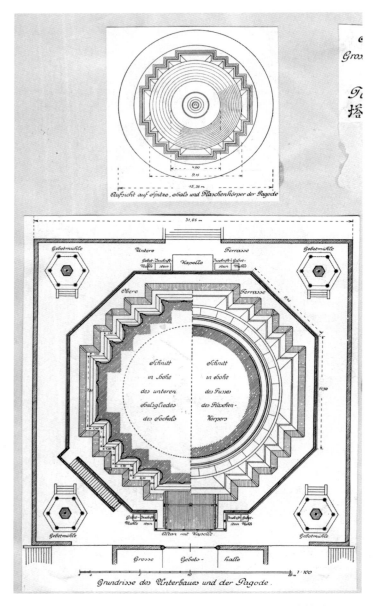

lap106 Sheli ta Große Flaschen-Pagode im Tempel Tayuan si 塔院寺, Grundriß

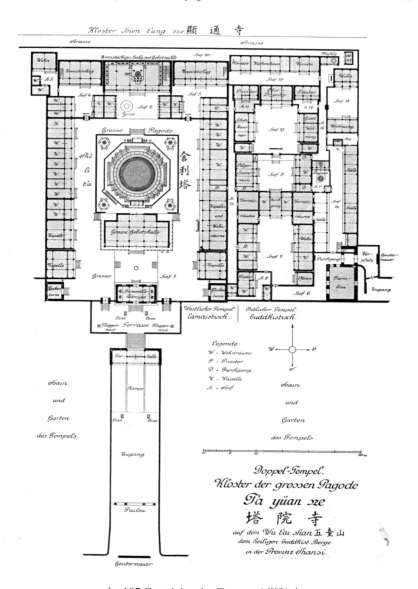

lap107 Grundplan des Tayuan si 塔院寺

2. Die 3 Pagoden im Kloster des Pagodenhofes Ta yüan sze 塔院寺

a. Die Große Reliquienpagode Sche li pao ta 舍利寶塔

Bedeutung und Anordnung. Das größte Heiligtum des Wutaischan ist die große Weiße Pagode, zugleich das höchste und, nach der Überlieferung, in seiner ersten Ausführung älteste Bauwerk des Bezirks. Vornehmlich sie genießt bis heute dauernde Verehrung durch zahlreiche Pilgerscharen, sie sieht alle Tage im Jahre von früh bis spät ohne Aufhören Gebetübungen und empfängt Opfer. Hoch überragt der weiße Turm alle Gebäude ringsum und ist Ursprung und zugleich letztes Ziel der anderen heiligen Stätten und aller Gelübde.

Das Kloster mit der Pagode Nr. 1 liegt etwa in der Mitte des Tales auf dessen Westseite, und zwar unterhalb eines östlichen Ausläufers der Tschung tai 中臺 Mittleren Bergkuppe. Hier im Tale befinden sich die Hauptklöster, unter anderem auch, unmittelbar nördlich vom Ta yüan sze, das früher bereits behandelte Kloster Hien tung sze Nr. 3 mit den 5 Bronzepagoden, und noch etwas weiter nördlich, jedoch bereits auf dem vorgeschobenen Hügelrücken selbst, das Hauptkloster Pusa ting 菩薩頂 Nr. 11, der Sitz eines Tschasak lama. Die eingehende Beschreibung dieser Klosteranlagen muß einer anderen Gelegenheit vorbehalten bleiben, hier handelt es sich nur um Stellung und Bedeutung der großen Pagode. Das Kloster Ta yüan sze ist mit der Hauptachse genau gegen Süden gerichtet und besteht aus zwei nebeneinander liegenden Teilen, einem westlichen, rein lamaistischen Teile mit der großen Pagode, anderen Heiligtümern und Pilgerwohnungen, und einem östlichen mehr buddhistischen Teile mit dem eigentlichen Klosterbetrieb, Wohnungen von Abt und Priestern, Wirtschaftshöfen, Kapellen und Pilgerwohnstätten. Hier befindet sich in einem östlichen Hofe eine kleinere Pagode des Haupthaares von Wenschu, auf die wir hier gleichfalls eingehen werden.

Die lange Hauptachse des westlichen Teiles, der in der Hauptsache tatsächlich aus einem Pagodenhofe besteht, beginnt im Tale mit Geistermauer und Pailou und führt in stetiger Steigung zwischen Mauern und zwei Löwen über eine steile Rampe und, durch eine erste Torhalle über ein System von Freitreppen, Vorplatz und Nebeneingängen, zwischen einem zweiten Löwenpaar zu einer zweiten Durchgangshalle der 4 Himmelskönige, aus der man den Hof und eine größere Gebetshalle erblickt und hinter dieser, auf einer breit gelagerten Terrasse, die Pagode. Das Ende der Achse und der ganzen Anlage bildet ein zweigeschossiger Bau, der im Innern eine riesige Gebetsmühle in Form einer Drehpagode birgt.

Geschichtliches. Es wurde bereits erwähnt, daß der Arhat Matanga unter Kaiser Ming Ti zur Zeit der ersten Einführung des Buddhismus in China die Pagode erkannt haben soll. Es wird nicht gesagt, ob es sich dabei um ein wirklich vorhandenes Bauwerk handelte oder nur um ein geistiges Schauen des Heiligtums, etwa um oder den Entschluß oder die Vorausahnung, dort eine Pagode zu errichten. Jedenfalls führt die Überlieferung das Bestehen einer Pagode an jener Stelle zurück auf die Zeit des Ming Ti und nimmt einen Asokastupa als erstes Heiligtum dort an. Die Mönche vom Wutai bezeichneten den Bau ausdrücklich als eine Pagode der Han-Dynastie. Wie sich ergeben wird, mit Recht, wenn man auf ihren Kern geht. In Übereinstimmung damit sagt die Chronik der Provinz Schansi, deren Text wörtlich, aber nicht vollständig in das *Tu schu tsi tscheng*[8] 圖書集成 übernommen ist, folgendes: Ta pao ta yüan sze 大寶塔院寺 liegt südlich vom Hien tung sze 顯通寺 in der Mitte der 5 Bergspitzen *wu feng*. Es gibt dort eine von König Asoka Ayü wang errichtete Fo sche li ta Buddha Sarira-Pagode, ferner eine Wen schu fa ta 文殊髮塔 Pagode, in der Haare von Wenschu aufbewahrt sind, aus der Yüan Wei Zeit. Daher rührt der Name. Auch im Werk des Tschangkia Hutuktu heißt es über den Maharatna-Stupa: Da es sich um den Kern dieser großen Anlage handelt, so hatte Matanga den ganzen Zweck erfaßt, als er, wissend mit der Präzision eines göttlichen Blickes, dort den Stupa mit Reliquien des Tathagata erkannte, den der Dharmakscha Asoka gebaut hatte. Von der Zeit der Han-Dynastie bis auf unsere Zeit herauf, haben alle Dynastien etwaigen Verfall herstellen und so ihre Verehrung bezeugen lassen. Auch jetzt noch wirkt als höchste der Zauber dieses Baues von Wutai, für alle Gläubigen eine leibhaftige Wonne, die bis zum Strahlenhimmel reicht.

Aus den genauen Untersuchungen von Tokiwa und Sekino in den *Buddhist Monuments* über die beiden großen Klöster Hien tung und Ta yüan, die unmittelbar nördlich und südlich voneinander liegen, geht die folgende Geschichte der Anlage deutlich hervor, im Einklang mit jener Überlieferung. Danach ist das älteste Kloster des Wutaischan das heutige Hien tung sze. Nach der großen Chronik des Tsing ling schan aus der Sung-Dynastie wurde es begründet in der späteren Han-Dynastie unter Kaiser Ming Ti Periode Yung Ping 58–76 n. Chr. auf der heutigen Stelle, und zwar auf dem Hügel des Heilwirkenden Geiers Ling kiu schan 靈鷲山, dem erwähnten östlichen Ausläufer der mittleren Bergkuppe Tschung tai. Es hieß ursprünglich Ta fu tu sze, wobei fu hier erklärt wird durch *sin* 信 Glaube. Dieser Name wurde mit dem Namen des Hügels auch zusammengezogen in Ta fu ling kiu sze 大孚靈 鷲寺 Großes Glaubens- oder Stupa-Kloster vom heilwirkenden Geier-Hügel. Das alles deutet auf das Vorhandensein eines Stupa hin, und zwar des erwähnten Asokastupa, der in einem der 12 Höfe oder Unterklöster yüan 院 des ursprünglich außerordentlich großen Klosters gestanden hat. Sehr zu bezweifeln bleibt es natürlich, ob Kloster und Stupa tatsächlich schon in der

---

8   *Tushu jicheng*, die sog. Kaiserliche Enzyklopädie von 1726, in 10000 j., in der Erstausgabe mit beweglichen Lettern gedruckt.

Hanzeit vorhanden waren. So läßt auch die Alte Chronik des Tsingliang aus der Tang-Dynastie das Kloster mit seinem Namen erst stammen aus der Nördlichen Wei-Dynastie Kaiser Hsiao Wen Ti, 471–500. Es ist möglich, daß die spätere Sung-Chronik die Ereignisse stark zurückverlegte. Wiederholt ist aber von einem Asokastupa die Rede, der mindestens zur Zeit der 6 Dynastien 265–587 vorhanden gewesen sein muß. Da Asokastupas in China seit dem 3. Jahrhundert bezeugt sind, darf man nach den weiderholten Berichten einen derartigen Stupa auch für die frühe buddhistische Kultstätte des Wutai in Anspruch nehmen. Zwar sagt der Bericht eines dritten Prinzen aus 550, daß das alte Kloster Ta fu sze damals verschwunden war und von ihm wieder aufgebaut wurde und erwähnt keinen Asokastupa. Doch wird später wieder ausdrücklich gesagt, daß zur Tangzeit in dem Hofe mit der Turmhalle Ko yüan vor der Halle eine Asokapagode Ayü wang ta 阿育王塔 gestanden habe, 8seitig mit 2 Gliederungen, sehr majestätisch, schön wie eine Perle. Unter ihr befand sich der eigentliche Asokastupa im Erdboden, unsichtbar für die Menschen. Er war einer der 84.000 Stupa des Asoka.

Nach allem darf man als sicher annehmen, daß schon in sehr früher Zeit, vielleicht noch Han, mindestens aber im 3. Jahrhundert, ein Asokastupa mit echten Reliquien nach dem Wutaischan kam, dort als Heiligtum unterirdisch beigesetzt und mit einer besonderen Pagode bekrönt wurde, und zwar in einem besonderen Hofe, einem der späteren 12 Nebenklöster des Großen Klosters, des heutigen Hien tung sze, das vielleicht schon früher begründet gewesen sein mag. Aus jenem Teile entstand später, Anfang Ming das jetzige Kloster Ta yüan sze, das seinen Namen ableitet von der alten Asokapagode *ta* 塔 und von dem Nebenhof yüan 院 des Mutterklosters. In beiden Ausdrücken ist die alte Überlieferung lebendig erhalten. Um 500 sind Kloster und Stupa bezeugt. Zur Tangzeit bestand sicher eine Pagode über dem unterirdischen Asokastupa, nördlich davon auch eine Turmhalle, wohl schon ähnlich der heutigen 2geschossigen Halle, die nördlich der Pagode die große Gebetsmühle birgt. Die Darlegungen des Hutuktu bestehen also zu Recht, nur die Verbindung mit Ming Ti und Matanga ist vorläufig als Legende zu betrachten.

Die Chronik von Schansi besagt nun weiter: In der Ming-Dynastie, Periode Yung Lo 1403–1425, im Jahre Jen Wu, 1403, also im 1. Jahre der Regierung Yung Lo erneuerte der Tai kien Großeunuch Yang Schang die Buddha Sarira-Pagode und erbaute innerhalb von 5 Jahren das Kloster, also 1403–1407. Im 7. Jahre der Periode Wan Li 1573–1620, also 1579, entsandte die Kaiserin Mutter den Großeunuchen Fan Kiang Li Yo zu Ausbesserungsarbeiten, dieser erbaute zugleich die Buddha Wenschu Reliquienpagode Schikia Wenschu sche li pao ta. Der Abt Tschang Kü Tscheng verfaßte die Steininschrift. Diese Arbeiten wurden fertiggestellt 1582 im 7. Monat.

lap110 Pagode im Tayuan si 塔院寺. Aufnahme aus Westen

Der Bericht stellt also fest, daß 1403–1407 das selbständige Kloster Ta yüan sze ausgebaut und die Pagode erneuert wurde. Es ist möglich, daß schon diese Erneuerung dem großen Pagodenbau von heute gleichzusetzen ist, zumal der langjährige umfassende Aufbau des Klosters kaum in Einklang zu bringen wäre mit einer nur unbedeutenden Ausbesserung der Pagode. Dennoch geht nicht mit Sicherheit hervor, ob die heutige Gestaltung aus 1403 oder aus 1579–1582 herrührt. Die *Buddhist Monuments* nehmen das spätere Datum an. Man wird zugeben müssen, daß dieses die größere Wahrscheinlichkeit für sich hat, wenn man die politischen Verhältnisse erwägt. Für einen derart gewaltigen Bau im Lamastil war die erste Zeit der Einrichtung der Ming-Dynastie nicht allzu günstig. Zwar traten damals am Hofe des Yung Lo in Nanking schon Lamapriester auf und dürften, wie bereits dargelegt wurde, an dem Bau der Porzellanpagode mitgewirkt haben. Lamapriester überbrachten dem Kaiser auch, wie wir sehen werden, das Modell einer 5türmigen Pagode nach dem Vorbild von Buddhagaya, doch kam der Entwurf erst 70 Jahre später in Peking im Wu ta sze zur Ausführung. Näher liegende Aufgaben aller Art werden eine umfassende kaiserliche Fürsorge, wie sie der Bau einer Riesenpagode im fernen Wutaischan bedingte, noch neben dem Bau des Klosters kaum zugelassen haben. Ungleich günstiger war dafür die Zeit des Niederganges gegen Ende der Ming-Dynastie, als die übermächtigen Eunuchen aller Orten buddhistische Klöster errichteten und Wan Li selber und die Kaiserin-Mutter die Erbauung mächtiger religiöser Bauwerke förderten. Darum wird in Übereinstimmung mit der Chronik und mit Sekino der Neubau der Pagode jetzt auch von uns in die Zeit Wan Li um 1580 gesetzt. Es ist natürlich möglich, sogar wahrscheinlich, daß bei der Ausbesserung unter Yung Lo die Pagode bereits die Lamaform besaß oder erhielt, die in Peking schon viel früher vorhanden war in der Weißen Pagode Pai t'a vom Miao ying sze. Unter Wan Li mag man sie nur in den größeren Maßstab übertragen haben. Schließlich fehlt aber auch hier, wie so oft bei chinesischen Pagoden, die unbedingte Sicherheit für genaue Datierung. Die Pagode ist sicherlich noch sehr häufig instand gesetzt worden, zuletzt wohl 1906. Eine Aufnahme in den *Buddhist Monuments* von 1904 zeigt ihre Haut recht beschädigt, bei meinem Besuch 1907 war sie in allen Teilen auf das sorgfältigste hergerichtet und glänzend weiß.

Nach der bestimmten Überlieferung über die Asokapagode muß man vermuten, daß diese heilige Reliquie, die schon in der Tang-Dynastie sich unter einer Pagode im Erdboden befand, auch bei dem entscheidenden Neubau seinen Platz behielt, also auch heute noch unter oder gar innerhalb der jetzigen großen Pagode vorhanden ist. Wie sich aus der Beschreibung ergeben wird, gewinnt diese Annahme ihre Bestätigung durch die Anordnung der Weihrauchkapelle gerade an der Südseite des Sockels. In ihrem gewölbten Untergeschoß liegt sicherlich der vermauerte Zugang zu einer Krypta, die ihre Stelle genau in der Mitte der Pagode etwas in der Höhe des Sockels haben und die Asokapagode bergen muß, wohl in einem besonderen überwölbten Raum. Sonst wäre die bedeutungsvolle Anordnung der Kapelle nicht zu erklären. Aus dem unteren Weihrauchraum führt der Opferrauch durch den Abzugskanal etwas ins Innere und umspült dort andeutungsweise, ohne einen natürlichen Ausweg zu finden, die heilige Krypta, über der das mächtige religiöse Symbol, die Lamapagode sich erhebt. Das ist der Sinn der Kapelle, die im Obergeschoß mit der buddhistischen Trias das Wesen des Inneren offenbart.

Aufbau der Pagode

Auf niedrigem quadratischem Unterbau von 31,65 m Seitenlänge und 1,5 m Höhe, zugänglich durch 3 Treppen, ruht der 8seitige Sockelfuß mit Seitenlängen von 9,45 m und 11,7 m. Der verdoppelte Sockel mit 2 Hauptgliedern, deren jedes aus einer Einschnürung mit Unter- und Obergliedern besteht, folgt in seiner Grundrißform dem 8seitigen Sockelfuß, zeigt jedoch in den Diagonalseiten eine 4fache kräftige Verkröpfung, deren Umriß sich der einbeschriebenen Kreislinie anschmiegt. Auf dieses aufgelöste Achtseit setzt der runde Sockel des urnenförmigen Rundkörpers auf, er trägt diesen glatten

Hauptteil, der sich nach oben verbreitert und auch als Wasserblase gedeutet wird. Über dem nun folgenden Zwischenstück, abermals in der Form eines verkröpften 8seitigen Sockels, leitet eine kleine Hohlkehle zu der Spira, Sianglun Ringfolge, einem runden, gedrungenen Konus mit 13 Ringen, bekrönt durch einen flachen Metallkranz als Deckel der Kostbarkeit *pao kai* mit großen Gehängeplatten, endigend in einer kleinen Lamapagode, wohl aus Bronze, der höchsten Spitze als dem Juwel. Umriß des Turmes, Abwägung der Massen, überlegter Aufbau der verschiedenen Grundrisse in Quadrat, Achtseit und Rund, sparsame und klare Verwendung von Details, gedrungener, einheitlicher, etwas herber Stil, der dem spröden Urnenmotiv eigen ist, sind hier wohltuend für das Auge, doch von so gewaltiger Wirkung, daß der 53,7 m hohe Turm gegen die erhabene Natur der Umgebung bestehen kann. Die Aufgabe, die im Kleinen festgelegte Grundform der Lamapagode in größte Abmessungen zu übertragen, ist musterhaft gelöst.

lap114 Pagode im Tayuan si 塔院寺. Flucht der Höfe. Ostseite. Auf.: 1907

Einzelheiten. Einige Einzelheiten verdienen besondere Beachtung. In den Teilen des doppelten großen Sockels zeigen das Fußgesims und die beiden Kranzgesimse ein Kyma als Überleitung zwischen Friesen und Abakus. Die Friese sind durch Ecklisenen eingefaßt und in Felder geteilt mit lamaistischen Juwelen in Flammenkranz aus Bronze. An den Hauptgesimsen der Sockelteile, auch im oberen Zwischenstück unterhalb der Spira, hängen schlanke, selbsttönende Glöckchen herab. Die Hängeplatten der Schirmkrone, wohl 30 Stück, sind gleichfalls aus Bronze und aufs feinste ziseliert. In den glatten Außenflächen des Urnenkörpers und der *Sianglun* sind eine Anzahl kleiner Löcher und metallner Ringe verteilt, vielleicht als Rüstlöcher bei

Erneuerungsarbeiten, oder auch als symbolische Punkte, deren Bedeutung nicht ersichtlich ist. Jedenfalls aber sind die Kulminationspunkte des gebauchten Körpers in den 4 Hauptrichtungen betont durch 4 Knöpfe, die sicher als 4 symbolische Perlen auf die 4 Kardinalpunkte und auf die 4 großen Bodhisatvas hinweisen und wohl die entsprechenden 4 Farben zeigen. Der auffallendste Schmuckstil ist der Lotoskranz, ein großes Wulstglied am Sockel des Urnenkörpers, dessen dunkle Farbe sich bedeutsam vom Weiß der Pagode abhebt. Es besteht wahrscheinlich aus glasierter Terrakotta und bedeutet den Losanathron. Die großen Lotosblätter tragen jedes die gleiche Darstellung: Ein Buddha thront auf einer Lotosblume zwischen 2 Begleitern und 2 weiteren Lotosblüten, die sich aus Ranken von den unteren Spitzen des großen Blattes bis in die Höhe entwickeln. Über jedem Buddha kennzeichnet eine Inschrifttafel wohl seine besondere Erscheinung. Die Handhaltungen *Mudra* wechseln bei den einzelnen Gestalten. Der Stil deutet auf frühe Ming. Über dem Wulstfries beginnt der Rundkörper mit einem senkrechten Fußring, auf dem eingekerbte Linien einen Kranz glatter Felder schaffen, entweder für umlaufende Schriftzeichen, die dann aber verloren gingen, oder nur als Andeutung für Palmetten.

Zubehör und Kult. Am Fuße der Pagode an der Südseite ist eine kleine zweigeschossige Kapelle unmittelbar angebaut. Das Untergeschoss ist mit Tonnengewölben überdeckt und enthält an der Rückwand über einer Altarplatte eine kleine rauchgeschwärzte Öffnung und den anschließenden Rauchkanal, der in die Höhe ins Innere führt. Es wurde schon gesagt, daß dieser Kanal keinen Abzug haben kann, wenn die Mönche auch behaupteten, daß der Rauch in der Pagode hinaufstiege und an der Spitze entweiche. Der aufsteigende Rauch soll zweifellos die innere Krypta mit der Asokapagode einigermaßen erreichen oder umspülen, muß dann aber durch die vordere Öffnung wieder entweichen. Im Obergeschoß der Kapelle vor dem Pagodensockel thronen einige Buddhas, in der Mitte Schikia fo. In der Haupthalle, unmittelbar vor der Kapelle thront ebenfalls Schikia fo mit Wenschu zur Rechten, Puhien zur Linken und Kuanyin vor sich zu seinen Füßen. So schützt [er] mit den 3 großen Bodhisatvas Pagode und Reliquie. Andere Gegenstände vervollständigen die Heiligung und den Schutz. Zu den Seiten der Kapelle und auf der nördlichen Rückseite stehen in Ziegelgehäusen einige Steintafeln mit Inschriften, deren Abklatsche leider nicht zu erhalten waren. Eine Inschrift stammt aus Kang Hi 3. Jahr, also 1664, und erinnert an eine Erneuerung des Klosters und vor allem wohl der Pagode. Die Achteckseiten der Terrassenstufen sind abwechselnd mit blinden Türen und, auf den Schrägseiten, mit kleinen Nischen ausgestattet, in denen sich unter Glas bemalte Votivtafeln aus Ton, Buddha-Figuren, Inschrifttäfelchen, Gebetrollen und Blumen befanden. Bekrönt sind die Achteckmauern mit einer

Ziegelbrüstung, die den äußeren Umgang um die Verkröpfungen des Pagodensockels abschließt und ein unmittelbares Umwandeln des Allerheiligsten
ermöglichen. Hier befinden sich auch die eigenartigsten Teile, nämlich die
Gebetmühlen, die ebenfalls die angenommene Krypta unmittelbar umkränzen.

lap117 Pagode im Tayuan si 塔院寺

Gebetmühlen. Das senkrechte Fußglied des verkröpften Hauptsockels ist am oberen Saum ringsum mit kleinen Gebetmühlen aus Bronze besetzt, die in Gruppen von 2 und 3 zwischen einem Rahmenwerk befestigt, leicht drehbar und mit umlaufendem Pultdach abgedeckt sind, insgesamt über 300. Sie befinden sich gerade in Stirnhöhe, können also mitsamt ihrem heiligen Inhalt von Figuren und geschriebenen Gebeten durch besonders fromme Pilger mit der Stirn, sonst gewöhnlich mit den Händen in Drehung gesetzt werden. Tatsächlich sieht man den ganzen Tag Männer und Frauen diese Umgang umwandeln, jedes Rad umdrehen und an besonders geweihte Punkte, wie Figuren und Inschriften, noch besonders mit ihren Stirnen anstoßen. Dieses tun auch Bettler, die in dem Heiligtum geduldet werden. Solche Rundgänge machte unter anderem ein Burjäte, ein gebildeter Mann von politischem Einfluß, befreundet mit hochstehenden Russen. Er wohnte bereits 8 Monate im Kloster und wollte noch einige Monate dort bleiben. Regelmäßig wandelte er morgens, mittags und abends mehrere Male die Reihen der Gebetmühlen entlang und brachte eine Anzahl von ihnen in Drehung, allerdings ohne dazu den Kopf zu brauchen. Einige ältere Leute, die dazu wohl auch gemietet werden, machten täglich dreimal bis zu 50, also insgesamt 150 Rundgänge und hatten so fleißig gearbeitet, daß ihre Schädel starke Beulen aufwiesen. Auch einen Blinden mit Stab beobachteten wir bei derselben Tätigkeit. Andere Leute wandern auf der Plattform um die Pagode, indem sie sich lang auf den Boden werfen mit ausgestreckten Armen, inbrünstig liegen bleiben, den Fußboden reiben, dann sich erheben, mit den Füßen an die Stelle treten, wo vorher die Hände lagen, und sich erneut hinwerfen, also die Wegstrecke mit ihrem Körper ausmessen. Zum Schutz der Handflächen hielten sie in den Händen eine Art Sandalen mit gekreuzten Gurten. Soll unser Erstaunen größer sein über den Aufwand an Zeit, oder unsere Rührung über die Inbrunst, mit der jene Anbetung erfolgt? Solcher Vorgang scheint häufig in gedankenlose Leere auszuarten, wenn gemietete Klosterknechte das Hinstrecken vieltausendmal am Tage vollziehen und die feierliche Handlung offenbar zum Possenspiel herabwürdigen. Dennoch muß man auch hierbei der animistischen, selbst der buddhistischen Anschauung gerecht werden, die auch der äußerlichen Handlung, sogar der reinen Form oder der Gebärde eine zwingende Wirkung einräumt. Die seelische Haltung, die der Gläubige dadurch gewinnt, wirkt auf die inneren Vorgänge des Selbstvertrauens und Willens und zieht so das Walten göttlicher Gnade herbei.

Auf der Nord- und Südseite der Pagode, neben den Inschriftensteinen, stehen in kleinen Gehäusen 4 größere Gebetmühlen. Auf den 4 Ecken des Unterbaues sind 4 weitere ganz große Mühlen aus Metall untergebracht in eigenen luftigen Pavillons in reichem chinesischem Stil. Diese gehören somit zur Architektur der Pagode und bilden mit dieser die Fünfzahl.

lap120 Pagode im Tayuan si 塔院寺, Gebetsmühlen

Fußspuren. Besondere Aufmerksamkeit verdienen die Fußspuren des Buddha. An der Südostecke der südlichen Tür der Pagode ist in ein Steingehäuse eingelassen ein Inschriftenstein mit 3 kleinen Buddhas und 2 großen Fußspuren des Buddha, gemeißelt und bemalt. Es sind die Fußflächen mit Ballen und Zehen, wie sie sich an vielen Stellen Chinas finden und bei den Pagoden vom Wu ta sze bei Peking und vom Wu ta tschao in Kueihua ebenfalls noch zu erwähnen sein werden. Diese Spur gilt als ein großes Heiligtum des Wutaischan. Zahllose Pilger stehen vor dem Stein mit Rosenkranz, Gebetkörbchen und anderem Zubehör, sie lassen sich auch bequem nieder und verrichten lange Gebete. Der Hutuktu widmet diesem Wunder als einem der größten von Wutai eine längere Betrachtung.

An der Westseite jetzt Südost der Pagode befindet sich ein Stein mit den Fußspuren des Schakya Muni. In jenen alten Zeiten, als der Verehrungswürdige vor seinem Nirwana auszog nach Kusinagara, drückte er seine Fußspur auf einen Stein und gab die Prophezeiung: «Alle Menschen mit dunklem Karma werden in Zukunft, wenn sie hier Ehre erweisen, im Bereiche des Buddha wieder geboren werden.» Diese Fußspur hat auf der Fußfläche einen bunten Schmuck von tausend Radspeichen, auf den Zehen ist sie bezeichnet mit den Glückszeichen. Die langen Linien haben 16 Farben, die Flächen nur 6 Farben. So liegt er im Stupa der Leute von Magadha. In der Tang-Dynastie ging ein gewisser Adbhutarcis, wohl geübt in Gelehrsamkeit, nach Indien, wurde Abt von Vadschrasana, nahm eine genaue Kopie, händigte sie dem Kaiser ein, und so wurde die Fußspur ein Gegenstand der Verehrung aller chinesischen Dynastien. In der Ming-Dynastie erlangte ein Paar von Mönchen, die mit Namen genannt werden, das allen Segen schaffende Juwel, sie

gruben es auf den Stein mit dieser Fußspur ein. Es ist ein Bittgebet, hier möge ein gesegneter Ort sein zur Mehrung des Tugendverdienstes der Verehrer
der Anlage auf dem Berge Tsing liang schan Wutaischan.

lap129 Tayuan si 塔院寺, Drehbibliothek

b. Die große Gebetmühle Ta tschuan king ta im Kloster Ta yüan sze

Der Kult der bereits erwähnten kleineren Gebetmühlen um die große Pagode
und ihren inneren Kern, den geheiligten Asoka-Stupa, findet seine Steigerung
und seinen Höhepunkt in der großen Gebetmühle am Ende der ganzen Anlage des langgestreckten Klosters Nr. 1. Dort wird der einzige Haupthof an
seinem Nordrande abgeschlossen durch 3 Hallen von je 2 Geschossen. Die
mittlere von ihnen erhebt sich in der Hauptachse von Kloster und Pagode als
eine große Haupthalle, 26,20 m breit und 12,70 m tief in 5 Schiffen, mit 3
reichen Konsolgesimsen, doppeltem Pultdach der Front und mit einem Sattel-
dach als Hauptdach. Im Inneren, wieder genau in der Hauptachse, reicht die
Gebetmühle durch beide Geschosse. Diese mittlere Halle ist ohne Zweifel die
Nachfolgerin der alten Turmhalle ko 閣 aus der Tang-Dynastie, nach ihr hieß
dieser damalige Nebenhof ko yüan, und es ist klar, daß die damals genannte
Asoka-Pagode Ayü wang ta auch heute noch, innerhalb der großen Lamapagode, ebenfalls an ihrer alten Stelle vorhanden sein muß. Die Form und
Durchbildung der heutigen Halle dürften, zusammen mit der Gebetmühle,
aus der Zeit der großen Erneuerung des Tempels unter Wan Li 1579–1582

stammen, die Halle war aber 1907 ganz neu hergerichtet mit glasierten Dächern und reicher Bemalung.

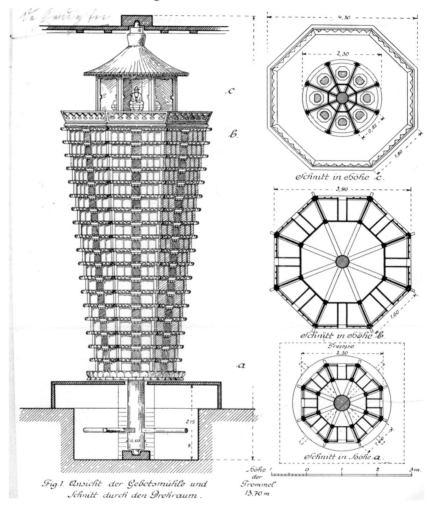

Fig.1. Ansicht der Gebetsmühle und Schnitt durch den Drehraum.

lap127 Ansicht der Gebetsmühle und Schnitt durch den Drehraum

Die einzige Bestimmung dieser Halle ist die Aufnahme der Großen Gebetmühle, wegen ihrer Form auch genannt «Große, sich drehende Sutra-Pagode Ta tschuan king ta 大轉經塔 oder: Große Drehbibliothek in Pagodenform. Diese Mühle ist ganz aus Holz gefertigt und reicht durch die beiden Geschosse mittels einer Öffnung in der Zwischendecke, die oben von einer Holzbrüstung eingefaßt ist. Die Gesamthöhe vom Fußboden des Erdgeschosses bis zur Decke des Obergeschosses beträgt 11,20 m, die Länge des zentralen Drehbaumes, der am Boden des 1,5 m in den Erdboden vertieften Drehraumes und über der Decke des Obergeschosses mit Zapfen in starke Lagerhölzer eingelassen ist, beträgt ingesamt 13,70 m. Die Drehung erfolgt im Drehraum, der durch einen aufgesetzten Kasten auf eine lichte Höhe von 2,15 erhöht ist, durch ein Kreuz von Drehhölzern, die in den dort 50 cm starken Fuß des Baumes eingelassen und von 4 Dienern, unter Umständen von den Pilgern selber, bedient werden.

lap131 Wutai shan 五臺山, Tayuan si 塔院寺, Drehbibliothek

Das Gehäuse der eigentlichen Mühle, das durch die beiden Geschosse reicht, hat die Gestalt einer umgestülpten 8seitigen Pyramide, deren Durchmesser am Fuß, über dem Lotosthron oder Losanathron so genannt nach dem Buddha Losana, 2,30 m, am Kropf, unter der Kranzbekrönung aus gelappten Blättern mit Voluten, 3,90 m betragen. Dort oben bildet ein Kapellenbau mit

Zeltdach die Bekrönung, der Drehbaum geht durch die Spitze und endet in Zapfen.

Der Körper der Mühle, die man hier als Pagodenkörper auffassen muß, ist geteilt in 2 x 9 = 18 gleiche, 30 cm hohe Ringgeschosse, die von einander getrennt sind durch Gesimse mit ornamentalen Darstellungen von Wasser, Bergen und Wolken, an den Ecken mit vorspringenden Drachenköpfen. Jede Vorderfläche dieser kleinen Geschosse zeigt in der Mitte unter einer zierlichen Türbekrönung eine offene Kapelle, insgesamt also 8 x 18 gleich 144 Kapellen, für Buddhafiguren und geweihte Gegenstände, seitlich von ihnen befinden sich je nach der verfügbaren, nach oben breiter werdenden Fläche, 1 oder 2 oder 3 kleine, geschnitzte und bewegliche Tafeln, als Verschluß für weitere innere Kastenräume. In diesen Schubläden, die bei meinem Besuch zum Teil geöffnet waren, befanden sich buddhistische Schriften. Edkins, der sie im Jahre 1872 noch sämtlich verschlossen sah, vermutete in ihnen eine vollständige Ausgabe des Tripitaka, was sehr wahrscheinlich ist. Denn gerade in der Ming-Dynastie wurden berühmte Ausgaben des Tripitaka an große Klöster verteilt und dort auch in Drehbibliotheken aufbewahrt. Eine genauere Untersuchung über buddhistische Bibliotheken in Klöstern, insbesondere über Drehbibliotheken in Gestalt von Gebetmühlen, liegt vor in dem Werk von Prip-Møller, *Chinese Buddhist Monasteries*, pp. 55–58 (Kopenhagen 1937). Solche Gebetmühlen heißen auch Tschuan lun tsang 轉輪藏 Drehbehälter. Sie wurden erfunden schon i. J. 544, also zur Zeit des buddhafreudigen Kaisers Liang Wu Ti und tragen oft noch heute das Bildnis des frommen Erfinders Fu Hi. Beschreibungen gibt es von einer solchen Bibliothek in Sutchou aus dem Jahre 863, über japanische Ausführungen und, von Prip-Møller selbst, von einem Beispiel in Peking aus dem Jahre 1443, wo es sich allerdings um ein unbewegliches und nur nach dem Muster von Drehbibliotheken gefertigtes massives Werk handelt. Eine Drehung jener Mühlen hat die gleiche religiöse Wirkung, als ob der Gläubige den Text ebenso oft hergesagt hätte, als dieser im Gehäuse vorhanden ist. Gerade im lamaistischen Bereich sind hier zuweilen ganze Stöße von Schriften untergebracht, die aus dem gleichen, sich endlos wiederholenden heiligen Satz oder aus einem bestimmten Sutraabschnitt besteht. Bei unserer Gebetmühle im Ta yüan sze sind die beweglichen Täfelchen der Außenflächen der Drehpagode reich und sehr schön bemalt mit je einem Buddha in lamaistischem Stil. Das Gefüge dieses ganzen Kapellengehäuses ist außerordentlich fest, da für jedes niedrige Ringgeschoß die Tragbalken, jeder für sich, in den zentralen starken Drehraum sicher eingezapft und an ihren frei schwebenden Enden durch einen nur leichten Kranz von Ringhölzern miteinander verbunden sind. Der obere Kapellenaufbau ist geteilt in 8, nach vorne offenen Kapellen, die mit der Rückwand sich an den Zentralstil lehnen und je einen Buddha auf dem

Lotosthron enthalten. Die Zwischenwände sind reich bemalt mit lamaistischen Buddhas im gleichen Stil wie an dem Kapellengehäuse des Pagodenkörpers.

Iap133 Tayuan si 塔院寺, Drehbibliothek

Die Anordnung der großen Gebetmühle am Endpunkt des Klosters im
Norden hinter der mächtigen Lamapagode zeugt von einer starken religiösen
Gesinnung, die den dämonischen Gefahren des feindlichen Nordens begegnen will durch ständige und hingebende Bewegung buddhistischer Gebete.
So schützt gerade die lamaistische Überzeugung die baulichen Anlagen gern
gegen Norden, auch durch Pagoden selber, die etwa der reiche Mongole
nördlich vor der Gebäudegruppe seines Gehöftes errichtet, oder die gerade in

lamaistischen Tempeln mit Vorliebe an ihrem Nordende stehen. Dieser hohen inneren Bedeutung der Gebetmühle entspricht es, daß sie den höchsten göttlichen Begriffen und Gestalten gleichgesetzt wird. Das geschah hier einmal durch ihre Pagodenform, die in umgekehrter Gestalt sich mit den oberen Buddhas dem Himmel öffnete, weiter aber durch Ausstattung der Halle mit einem starken Aufgebot von Figuren und heiligen Geräten. Auf diese muß hier noch kurz eingegangen werden, weil erst dadurch die Bedeutung der Gebetmühle und mittelbar auch der großen Lamapagode besser zu erkennen ist.

Das niedrige Podium, auf dem der Mühlenkörper scheinbar ruht und sich dreht, ist als Altar ausgebildet. Hierzu die Ziffern im Grundriß Zeichnung 2. Der Mühlenturm 1 wird umgeben von den 4 Himmelskönigen Sze ta tien wang 四大天王 und bildet mit diesen eine eigene Fünfzahl, diese Figuren blicken aber sämtlich in die südliche Richtung. Vor der Mühle in der Front thront eine Dreiheit von Gottheiten 3, 4, 5, in der Mitte Pi lo fo, zur Rechten Omito fo, zur Linken Tscha schu fo.[9] Vor dieser Trias eine andere 6, nämlich die drei Tsie yin fo. In den drei Kapellennischen der Rückseite in der Mitte 7, 8, 9, sitzen in der Mitte wieder Pi lo fo, zur Rechten Nan tschu fo, zur Linken Po scheng fo. In der nordwestlichen Ecke sitzt Mi lo fo 10 und in den östlichen Nischen der Nordseite 11, 12, 13 die drei großen Bodisatva Kuanyin, Wenschu in der Mitte und Puhien Pusa. Sämtliche Wände sind einer Höhe von 3,8 m verkleidet mit größeren und kleineren Kapellen in verschiedenen Anordnungen, jede Kapelle 1,3 m tief, sie enthalten außer den schon genannten Gottheiten eine Fülle anderer Figuren.

Die eigenartigsten Gebilde befinden sich in den Mitten der beiden Hallenhälften, die östliche Hälfte, von der das Treppenhaus zum Obergeschoß ausgespart wurde, ist entsprechend schmaler als die westliche. In dieser thront auf einer dreifachen Folge kräftiger Lotoskissen, deren Hunderte von Blättern jedes einen kleinen Buddha tragen, ein gekrönter Bodisatva oder eine Tara, die ausgestreckten Zeigefinger und die Handballen aneinander gelegt. Im Osten steht der Baum des religiösen Lichtes mit zahlreichen thronenden Buddhas. Jeder dieser Buddhas hat vor sich eine kleine Lichtschale als Endigung eines gebogenen Armes oder Zweiges, der dem Stamm entspringt. Die Darstellung erinnert an den Jan teng fo den Dipamkara Buddha, der unter anderen häufig auf dem heiligen Omi schan, wie auch im gesamten Szetschuan dargestellt ist mit Lampenarmen, die seinem Körper entspringen. Der Baum in der Mühlenhalle ist bekrönt durch einen Pagodenaufsatz. Zu seinen Füßen steht auf einem Altartisch ein kleiner Lamastupa aus Bronze, daneben sitzt in einer Grotte aus blau und rot bemalten Felsen ein medi-

---

9   Eine Anzahl der Gottheiten konnte nur dem Laut nach, ohne Schriftzeichen festgestellt werden. (Anm. Boerschmanns.)

tierender Buddha, eine Form des Avalokitesvara, genannt Ti yü sze ku, Kinn und Hände gelegt auf das linke, senkrecht gestellte Knie. Ein weiterer Buddha ruht liegend unter dem Baum, zu seinen Seiten kniet links eine Gazelle, rechts ein betender Mönch.

In dieser Halle werden sichtbar gemacht der Glanz des Buddha, die göttlichen Gestalten als Offenbarung der heiligen Sutras, die Meditation als Voraussetzung, das Nirvana, die eigentliche Erlösung, als das Ziel unablässiger religiöser Arbeit, als deren Symbol in der Mitte die große Gebetmühle sich dreht wie das Rad des Gesetzes selbst. Wie eine strahlende Verheißung ragt nahe im Süden der hohe Turm der weißen Lamapagode. Sie entsendet die belebende Kraft der Reliquien aus ihrem Innern nach den 4 Hauptrichtungen der Welt durch die 4, in den 4 Farben leuchtenden Juwelen des großen Rundkörpers, wie durch Augen des Heiligsten, das in ihr eingeschlossen ruht in Gestalt der alten Asokapagode, des religiösen Kernes allen Kultes im Bereich des Wutaischan.

Für die merkwürdige, umgestülpte Pagodenform dieser großen Gebetmühle gibt es einen auffallenden, sehr monumentalen Vorgang, der bereits kurz erwähnt wurde. Die 8seitige Tienningpagode in der Stadt Tschangte, heute als Anyang bekannt, im nördlichen Zipfel der Provinz Honan, zeigt über dem Hauptkörper 4 niedrige Geschosse, die mit reichen Gesimsen ebenfalls nach oben überkragen bis zu einer obersten Plattform, die in 21 m Höhe noch bekrönt wird von einer 6 m höhen Lamapagode als Abschluß. Da diese große Pagode von Anyang in ihren Anfängen bis zur Sui-Dynastie zurückreicht, ihre heutige Gestalt spätestens unter den Ming erhielt, so liegt es nahe, ihre umgestülpte Form mit der großen Gebetmühle, die auf dem Wutaischan etwa zur gleichen Zeit entstanden sein dürfte, in Verbindung zu bringen, oder mit ähnlichen, noch unbekannten Beispielen. Weitere Feststellungen darüber würden Entwicklung und Einfluß der Gebetmühlen in der Welt des Lamaismus deutlicher erkennen lassen.

Auf dem Wutaischan gibt es, noch außerhalb des Klosters Ta yüan sze, zahlreiche Beispiele weiterer kleinerer Gebetmühlen auch in anderen Klöstern, die mit wenigen Ausnahmen buddhistischen und lamaistischen Kult stark mit einander vermischen. Pokotilow erwähnt in den Klöstern Hien tung sze und Kuan hai sze je zwei Gebetmühlen von etlichen Metern Höhe. Indessen Emil S. Fischer[10] nennt in der großen massiven Hauphalle vom Hien tung sze 4 große Gebetmühlen. Ich selber habe diese nicht sehen können, photographierte aber verschiedene Gebetmühlen in anderen Klöstern, darunter ein Paar von etwa 3 m Höhe im Kloster Schifang tang 十方堂.

---

10 E. S. Fischer: *The sacred Wu Tai Shan. In connection with modern travel from Tai Yuan Fu via Mount Wu Tai to the Mongolian border.* Shanghai 1925. 37 S. (hier S. 13–15)

c. Die Pagode des Haupthaares von Wenschu Wenschu fa ta im Kloster Ta yüan sze.

lap130 Wutai shan 五臺山, Pagode des Wenshu 文殊

Im östlichen Teil des Klosters des Pagodenhofes steht die bereits erwähnte kleine Lamapagode des Haares von Mandschusri, und zwar in dem kleinen Hofe 15, genau östlich der Großen Pagode. Durch ihre unmittelbare Beziehung zur Legende der 5 Haarbüschel des Bodhisatva gehört sie trotz ihrer geringen Abmessung und versteckten Lage zu den bedeutenden Heiligtümern des Wutaischan. Über diese Beziehung finden wir in der Beschreibung des Hutuktu folgendes: Der Stupa des Haupthaares des Mandschusri steht auf der Ostseite des großen Stupa. In alter Zeit war es der ganz zauberhafte Haarstupa einer heiligen armen Frau gewesen. Als man bei Gelegenheit der Erneuerung zur Zeit der Ming-Dynastie jenen öffnete und nachsah, war der Glanz des Haupthaares nicht verloren, sondern, wie es sich herausstellte, sprühte es von Licht. Nach Pokotilow soll es zur Zeit der Nördlichen Wei 386–535 gewesen sein, daß jene Frau ihr Haupthaar abschnitt, sie war eine Erscheinung des Wenschu, ihre Haare wurden an der Stelle der jetzigen Pagode bestattet, sicherlich schon unter einem älteren Stupa. Die Öffnung erfolgte unter Wan

Li, also wohl gelegentlich der Neubauten um 1580. Das von dem goldenen Haar ausgesandte Licht strahlte in mehreren Farben, wohl in den 5 Farben Rot, Weiß, Schwarz, Grün, Gelb, die den 5 Bergkuppen entsprechen und in denen Wenschu sich auch einzeln offenbart. Der Stupa selbst nimmt keinen Bezug auf die Farben, ist vielmehr weiß. Die Linien des Urnenkörpers und der Spira verlaufen schräger als bei der großen Pagode, sind jedoch auch wechselseitig parallel und schaffen einen straffen Umriß. Die Spitze bildet ein doppeltes Juwel als Flaschenkürbis.

Diese Wenschu-Pagode leitet über zur Betrachtung der langen Reihe kleinerer Lamapagoden, die in zahlreichen Klöstern, Tälern und auf den Hängen des Wutaischan sowie in dessen weiterer Umgebung sich finden und inhaltlich eng zum Kult des Heiligen Berges gehören.

3. Die kleineren Lamapagoden des Wutaischan

Allerorten im heiligen Bezirk erblickt man Pagoden in Lamaform, als Gräbermale, als selbständige Heiligtümer im Freien, oft in Gruppen, in den Höfen der Klöster und im Inneren der Hallen. Alle zielen mehr oder weniger zu dem riesigen, weißen Turm im Mittelpunkt, der dem ganzen Hochtal Gepräge und Richtung gibt. Um einen Überblick über einen Teil dieser Lamapagoden zu gewinnen, stellen wir einige formale Gruppen zusammen, die ein gewisses System in die Mannigfaltigkeit der Gestaltungen bringen können. Doch darf man dabei weder eine räumliche noch zeitliche Zusammengehörigkeit oder Entwicklung erwarten, denn scheinbar willkürlich hat man die verschiedenen Formen gewählt, wie es gerade Geschmack und Bedürfnis der jeweiligen Zeit erheischten. Dennoch vermag man gewisse Haupttypen zu erkennen, vielleicht sogar eine bestimmte Stilwandlung in großen Zeiträumen.

Gleichbleibend war offenbar die Bestimmung dieser Denkmäler, denn es handelt sich bei ihnen stets um Unterbringung von Reliquien oder Körperüberresten, um Wahrzeichen von Gräbern oder um reine Erinnerungsmale an bestimmte, ausgezeichnete Heilige. Von einigen Pagoden, die bereits in früheren Kapiteln behandelt wurden und eine andere als die Lamaform zeigten, wird hier manche religiöse oder geschichtliche Erinnerung nachgeholt, da es eher in den hier behandelten großen Zusammenhang gehört.

a Lamapagoden aus verschiedenen Klöstern

Das beherrschende Kloster des Tales ist das bereits erwähnte Pusa ting Nr. 11, womit eigentlich der Gipfel des vom Tschung-tai vorspringenden Hügelrückens bezeichnet ist, auf dem das langgestreckte Kloster liegt, sein eigentlicher und bevorzugter Name lautet Ta Wenschu sze 大文殊寺 Große Kultstätte des Wenschu. Dieses Kloster, dessen Ursprung als eine der vornehmsten Stätten des Wutaischan auf die Tang-Dynastie zurückgeht, war wiederholt der Ort seltener religiöser Erscheinungen und genoß besondere Pflege aller folgenden Dynastien. Unter Kaiser Schun Tschi 1644–1662 fand hier die erste Ansiedlung mongolischer Lamas auf dem Wutai statt, der Abt von Pusa ting erhielt die Oberaufsicht über alle anderen Klöster des Bezirks. Kaiser Kang hi, der dieses sein Lieblingskloster persönlich dreimal besuchte, machte reiche Stiftungen und ließ die größeren Hallen mit gelbglasierten Ziegeln decken, nachdem die Haupthalle schon in der Tang-Dynastie mit Bronzeziegeln gedeckt gewesen war. Wohl unter Kang Hi erhielt der Abt die Würde eines Tschasak Lama. Auch Kien Lung wandte dem Kloster seine lebhafteste Fürsorge zu.

In die Yüanzeit fällt das Erlebnis eines kaiserlichen Verwandten, der von Kaiser Jen Tsung 1515 zum Wutaischan geschickt war und dort in diesem Kloster Pusa ting ein großes Leuchten um eine Strahlenkrone erblickte, in der [er] deutlich der Umriß einer 7stufigen Pagode zu unterscheiden vermochte. Wohl aus der frühen Tsingzeit, etwa Kang Hi, stammt ein Paar von Lama-stupas, die neben der Hauptachse stehen. Man gelangt nämlich zur Eingangs-halle von Süden her auf einer ersten, langen und steilen Freitreppe von 108 Kalksteinstufen, deren gemauerte Seitenbrüstungen oben mit drachenför-migen Wellenlinien abschließen. Eine folgende kürzere Treppe, zwischen seitlichen gegliederten Marmorbrüstungen ausgezeichnet durch ein achsiales, breites Marmorband mit Reliefs von 3 x 3 = 9 Drachen nach dem Vorbild von Kaiserpalästen, führt zur Plattform vor der Halle. Seitlich dieser Treppe, auf einem mittleren Stufenabsatz, steht je 1 kleinerer ganz weißer Stupa in üblicher Lamaform auf 5 flachen Stufen übergegliederten Unterbau. Der Rundkörper ist kräftig und eigenwillig ausgeschwungen und mit einer breit umrandeten Nische gegen Süden versehen, bekrönt von einem Bronzeschirm und darüber mit den Symbolen von Mond, Sonne und Juwel als Spitze. Man hat es hier wohl zu tun mit Behältern für Reliquien früherer Großlamas, die einst hier residierten.

In der Mitte des weiten Tales zwischen Ta yüan sze Nr. 1 und der näch-sten östlichen Kuppe mit den beiden Klöstern Schan tsai tung 善財洞 Nr. 32 auf halber Höhe und Tai lu ting 臺麓頂 Nr. 31 auf der Spitze der Kuppe steht eine auffallende Gruppe von 3 Lamastupas Nr. 36, ein größerer in der Mitte zwischen zwei kleineren. Der größere zeigt doppelten, auf den Ecken 4fach verkröpften Sockel, der die Sockelgestaltung der mächtigen Zentralpagode aus der Mingzeit im Ta yüan sze wiederholt, und darüber einen geschmei-digen, doch kraftvollen und in den Verhältnissen gut abgewogenen Aufbau aus Rundkörper, Spira und Bekrönung. Diese Formen, wie auch die der zwei kleinen, schlankeren Stupas mit einfachen Sockeln, deuten auf die Man-dschuzeit. Es gibt noch eine lange Reihe solcher Stupagruppen zu 3 oder 5 an vielen Stellen des Wutaischan, am häufigsten natürlich auf den ausgedehnten Friedhöfen.

lap139 Wutai shan 五臺山, Zhulin si 竹林寺, Grabpagode

Die Wiederholung des eindrucksvollen Motivs des verdoppelten Sockels von der großen Reliquienpagode, des Hauptmonumentes der ganzen Kultstätte, scheint hier noch öfter erfolgt zu sein, wenigstens gibt es zwei weitere Beispiele dafür. Dicht neben dem Kloster des Bambushaines Tschu lin sze 竹林寺 Nr. 60[11], das schon etwas außerhalb und südwestlich der engeren, zen-

tralen Kultstätte des Wutaischan gelegen ist, gibt es einen Lamastupa in Kugelform mit dem gleichen verdoppelten Sockel nach der Abbildung bei
Chavannes, *Mission archéologique*, wo er als Grabmal bezeichnet ist. Auf
niedriger, breiter Plattform aus Werkstein ruht ein flacher kraftvoller achtseitiger Unterbau und trägt den reich gegliederten, auf den Ecken 4fach
verkröpften doppelten Sockel. Über diesem fehlen die sonst üblichen Zwi-
schenglieder, etwa die 5 Stufen, fast unmittelbar folgt hier der Rundkörper,
als ob er schwebe. Dieses Mal ist es, an Stelle der bekannten, geschweiften
Urnenform, eine vollkommene Kugel, das kongruente Sinnbild für die
Wasserblase, das buddhistische Nichts als Inhalt der Welt. Das abgesetzte
Zwischenstück und die knappe Spira als Bekrönung lassen die Wirkung der
Kugel voll zur Geltung kommen. Das eigenartige Monument darf man noch
in die Mingzeit setzen, etwa ebenfalls in Wan Li, als große Bauarbeiten an
der Pagode vom Ta yüan sze, vielleicht sogar ihr Neubau erfolgten. Näheres
über diesen merkwürdigen Stupa ist vorläufig nicht bekannt. Doch mag hier,
um die religiöse Bedeutung des Klosters zu kennzeichnen, kurz auf dessen
Entstehung und auf den Bericht über die achtseitige Stufenpagode, die zu ihm
gehört, eingegangen werden, nachdem diese im Abschnitt II nur eben beschrieben und datiert worden ist.

Das Kloster Tschu lin sze, im Südwesten des engeren Bezirks, gehört
noch zur mittleren Bergkuppe Tschung tai, wird aber von einzelnen schon
gerechnet zur westlichen Si tai 西臺. Es liegt im oberen Teile einer Schlucht
neben dem Bergrücken der 9 Donner und verdankt seine Begründung einer
wundersamen Offenbarung des Mandschusri in der Tangdynastie. Ein Mönch
Fa Tschao 法照 lebte auf dem Yün feng sze 雲峰, dem buddhistischen
Wolkengipfelkloster auf der Spitze des Südlichen Opferberges Hengschan
nan yo 衡山南嶽 in der Provinz Hunan. Dort hatte er wiederholt Visionen
eines großen Klosters, die auf den Wutaischan gedeutet wurden. Als er
schließlich im Jahre 71 hierher gelangte, traf er wirklich auf ein mächtiges
Kloster mit zahllosen Höfen, Buddhabildnissen und vielen Pagoden, es war
das heutige Fo kuang sze 佛光寺 Nr. 56. Hier ließ er sich nieder, hatte aber
eine neue Vision, denn Wenschu selber als Knabe verhieß ihm das Westliche
Paradies. Zur Erinnerung an diese Erscheinung wurde ein neues Kloster
begründet, in der Sung-Dynastie erhielt es den jetzigen Namen Tschu lin sze.
Nach *Buddhist Monuments*. Es wurde auch eine Pagode errichtet, vielleicht
handelt es sich um den Kugelstupa. Unter Ming Tscheng hua 1465–1488
fand ein alter Bauer beim Graben einen Steinkasten und in diesen
eingeschlossen einen silbernen Behälter. Diesen öffnete er unter dem Gebet:
Viele hundert lichtstrahlende Reliquien liegen in einer Vaiduryakalasa
Flasche aus Lapislazuli. Schon nach der heiligen Außenseite zu urteilen, ist
es ein Behälter für den erhabenen Geist des ehrwürdigen Ahnherrn in den

Wolken. Nun erblickte er in dem Gefäß Teile von Reliquien. Der Fund lenkte von neuem die allgemeine Aufmerksamkeit auf das Kloster Tschu lin sze. Unter Hung Tschi 1488–1506 erbauten gläubige Haushalter und ehrwürdige Mönche die Stufenpagode und gaben ihr den Namen Reliquienpagode Sche li ta 舍利塔. Erneuerungen des Klosters fanden statt unter Kia Tsing 1522–1567 durch den Mönch Ku Teng und unter Wan Li 1573–1620. Erst diese Zeit nimmt Sekino für eine Erbauung der stufenförmigen Reliquienpagode an. Nach Hutuktu, Pokotilow und *Buddh. Monuments*.

Das weitere Beispiel für einen verdoppelten Sockel befindet sich im Norden der Kultstätte, und zwar am Ursprung des Heiligen Tales, wo das Flußbett des Tsingschui entspringt aus den beiden Felsentälern des Hua yen Sutra Hua yen ku, das hinauf führt zum Paß Hua yen ling 華嚴 und des Lo kuan ku 樓觀谷 Tales der Turmwarte. Beide schneiden in den Anschluß von Pei tai und Tung tai ein. In ihrem Winkel liegt das Kloster des nephritgrünen Berges Pi schan sze 碧山寺, auch genannt Kloster des nördlichen Berges Pei schan sze 北山寺 Nr. 26. Dieses Kloster, heute lamaistisch, wurde unter den Ming 1465–1487 begründet, erlebte einen großen Aufschwung unter den Tsing, besonders unter Kang Hi und blieb immer ausgezeichnet durch seine Lage und seine schöne nächste Umgebung. In neuerer Zeit ist es stark verfallen und bedeutungslos geworden. Unmittelbar neben ihm steht eine schlanke Lamapagode, im Umriß und mit dem knappen Knauf äußerst geschlossen, im großen Aufbau steil emporstrebend in ungewöhnlicher Wirkung. Der verdoppelte Sockel ist auf den Ecken durch eine 4fache, stärkste Verkröpfung so aufgelöst, daß die Ansichtsflächen in den 4 Hauptrichtungen auf das knappste Maß beschränkt sind, und daß sowohl der 8seitige Unterbau wie das Rund des Hauptkörpers sich dem Sockel eng anschmiegen. Der Rundkörper weist steil in die Höhe, ebenso die Spira. Die Pagode dürfte aus Ende Ming stammen. Im gleichen Kloster wird noch eine Werksteinpagode genannt, über die aber nichts Näheres bekannt ist.

Wir fügen hier aus einem eng benachbarten Kloster eine andere Pagode ein, die wegen ihrer tibetischen Eigenart dem Geiste der Lamapagoden verwandt ist. Im oberen Seitental des Lo kuan ku, noch südlich von einem letzten, nördlichsten Kloster, liegt das Kloster buddhistische Weisheit 般若寺 Nr. 24, dadurch bekannt, daß ein Mönch Wu tschu, der aus Fukim [!] über Nanking im Jahre 767 zum Wutaischan kam, an dieser Stelle den Mandschusri Wenschu pusa selber befragt hat. Dieses Ereignis soll stattgefunden haben in der Diamantgrotte Kin kang ku 金剛窟 (Kin kang = Vadschra oder Diamant), die unmittelbar neben dem Kloster sich, man sagt, unermeßlich tief in den Felsen hinein erstreckt, und in der Mandschusri noch heute wohnen soll. Nach dieser Grotte nennen die Mönche gewöhnlich die ganze, heute stark verfallene Klosterstätte mit dem Namen King kang ku 金剛窟. Dort steht eine merkwürdige Pagode, die von anderen Besuchern nicht genannt ist, die ich aber flüchtig skizzieren konnte. Sie läßt über dem verkröpften Sockel, der hier das Sanktuarium darstellen mag, den schlanken Schaft unmittelbar, ohne Rundkörper, aufsitzen und in breitem Deckel mit zugespitzter Lotosknospe als Bekrönung enden. Die Mönche konnten keine Auskunft geben über Erbauung und Zweck der Pagode, jedoch darf man vermuten, daß sie in Zusammenhang steht mit jener Befragung des Mandschusri.

lap141 Wutai shan 五臺山, Jingang ku 金剛窟, Nr. 24

b. Lamapagoden auf den 5 Bergkuppen

Aus der Anzahl von geschichtlichen Vorgängen, frommen Erzählungen und Legenden, die mit dem Wutaischan verknüpft sind, wurden im Zusammenhang mit den bisher erwähnten Pagoden einige berührt, die uns den inneren Sinn und die Bedeutung der Kultstätte erkennen lassen. Die landschaftlich vornehmsten Punkte, nämlich die 5 höchsten Kuppen, sind gemäß buddhistisch-chinesischer Auffassung, sicherlich alle religiös verklärt und durch entsprechende Bauwerke ausgezeichnet worden. Doch gibt es nur noch wenige Überreste, darunter einige Pagoden, auf der östlichen Tungtai 東臺 und der mittleren Tschungtai 中臺. Wir kennen Berichte und Bilder von Besuchern, von Pokotilow, Sekino und Limpricht. Die Nordkuppe ist noch seltener besucht, auf ihrer Terrasse, etwa 1 km im Umfang, sah Pokotilow einige Ruinen und einen Teich, die Kuppen im Westen und Süden schienen noch gar nicht untersucht zu sein. Dennoch werden alle 5 Kuppen einmal mit Pagoden bekrönt gewesen zu sein und mit heiligen Erinnerungen begabt. Wir widmen der Ostkuppe und der Mittelkuppe, deren Pagoden uns aus den *Buddhist Monuments* zugänglich sind, auch eine Wiedergabe der zugehörigen Legenden, als Beispiele der religiösen Phantasie, die sich um den Heiligen Wutai rankt.

Der Gipfel der Tungtai Ostkuppe ist etwa 2640 m hoch. Von den früheren umfangreichen Bauanlagen sind nur mehr einige Reste erhalten, nämlich eine Steinhütte und 2 Pagoden aus Werkstein. Sie gehören zum Wang hai sze 望海寺, Kloster, von dem man das Meer erblickt, Nr. 62. Dieser Name geht, nach Pokotilow, auf die Vorstellung der Chinesen zurück, daß man von dieser Höhe bei klarem Wetter im Osten etwas Glänzendes, in der Sonne Spielendes erkennen will, nämlich das Meer. Natürlich kann das nur ein Sinnbild sein für das Ostmeer, im dem auch der Buddhismus einen seiner Ursprünge erblickt, so wird etwa eine der Gestalten der Kuanyin aus dem Ostmeer abgeleitet. Darum heißt die ganze Kuppe auch Kuan hai tai 觀海臺, Kuppe zum Anschauen des Meeres, nämlich des Urmeeres buddhistischen Weltgesetzes. Und es gibt auf der Ostseite der Kuppe eine Narayana-Grotte Na lo yan ku 那羅延窟. In ihr sitzt in einem steinernen, nach vorn offenen Kapellenstupa, der von einem Aufbau in Form einer Pagode bekrönt ist, dieser Narayana, der kein anderer ist als der Urschöpfer Brahma, und blickt nach Osten zur aufgehenden Sonne. Dann wurde Mandschusri ihm gleich gesetzt, er sollte in dieser Höhle, in der noch in 60 m Tiefe ein scharfer kalter Wind herrscht, wohnen und erschien von Zeit zu Zeit leibhaftig oder zeigte seine Gegenwart durch bestimmte Wirkungen an. Davon zeugen unter anderem die zwei Steinpagoden, die auf dem Gipfel stehen und an besondere Ereignisse in der Sung-Dynastie anknüpfen. Unweit jener kleinen Hütte aus Bruchstein, die als einziges geschlossenes Bauwerk vom früheren Kloster übrig blieb und zuweilen weißen Anstrich erhält, steht die Kü schi ta 居士塔, Pagode des Laienbuddhisten, im Südosten des Plateaus. Ihr Ursprung wird auf folgende Begebenheit zurückgeführt: Im Jahre 1090 besuchte ein Mann mit seiner Frau den Ostgipfel und war unehrerbietig gegen das Bildnis des Wenschu pusa, trotz Warnung der Mönche. Sie übernachteten, zusammen mit einer Reisegesellschaft von hundert anderen Besuchern, im Kloster. Noch in der gleichen Nacht vernichtete ein großes Feuer die Halle mitsamt den Besuchern, und jenes Ehepaar verbrannte zu Knochen. Nur ein frommer Bürger, der ebenfalls dort hatte übernachten wollen, war bei Sonnenuntergang durch einen Greis, der als Erscheinung des Mandschusri leicht erkennbar ist, fortgeführt in dessen Wohnung, eben in die Höhle des Narayana. Dort übernachtete nun der Pilger und entging so dem sicheren Tode. Aus Dankbarkeit für seine Errettung und für die offenbare Gnade erbaute er die Pagode. Sie zeigt einfachste Gestalt eines geschweiften Rundkegels aus gleich hohen Quaderschichten mit kleiner Nischenöffnung und knappem Kopf aus dreifacher Perle und kann wegen ihrer Ähnlichkeit mit einer einfachen, hohen Graburne als die Urform des Stupa gelten. Der breit ausladende, quadratische Sockel mit tief eingeschnürtem Hals besteht aus 7 ebenfalls gleich hohen Quaderschichten.

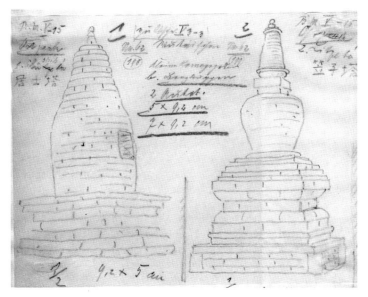

lap142 Wutai shan 五臺山 Aus *Buddh. Monum.* V-15
1. Jushi ta 居士塔 2. Lizi ta 笠子塔

Die zweite Pagode Litze ta 笠子塔, Pagode des Bambushutes, steht an
der Südostecke des alten Klosters, unmittelbar neben der Steinhütte. Sie zeigt
eine ausgebildete und sehr schöne Lamaform über Unterbau und hohem
Sockel, die groß und einfach gegliedert sind und in den Wulsten geringen
Reliefschmuck aus Lotosblättern tragen. Der bei aller Wucht elegante Aufbau
könnte in Yüan oder frühe Ming weisen. Die Legende über den Bau geht
gemäß der großen Sungchronik in die Sung zurück. Im Jahre 1126 im 5.
Monat kam ein Mönch Tschao Wu mit einem anderen Mönch nach dem
Wutaischan und bestieg am ersten Tag die Tung tai. Gerade besichtigten dort
hundert andere Menschen die Felsenhöhle des Narayana, nur Tschao Wu
blieb draußen stehen und warnte sie, sich vorzusehen. Auf ihre Aufforderung
schritt er selber tief hinein bis an die engste Stelle, verbarg die Hände in die
umgeschlagenen Ärmel und ging stracks durch die Felsen, als ob keine
Hindernisse da wären. Alle waren sehr verwundert, erhielten aber auf ihr
Rufen keine Antwort mehr. Man fand nur noch den Bambushut des Mönches
und einige Stück Brot. Es war klar, daß auch er eine Erscheinung des Mandschusri gewesen war. In Verehrung verfaßte man ein Gedicht und erbaute
zur Erinnerung später die Pagode, die eine Mütze auf hat, wie sie in der Form
der Spitze deutlich gekennzeichnet ist.

Für das Verstehen der leicht gleitenden religiösen Legendenbildung im
Osten ist es sehr lehrreich, die Fassungen kennen zu lernen, die jene Geschichte mit dem herabgefallenen Hut in der Folgezeit annahm. Der Hutuktu
berichtet sie in der folgenden Weise. In der Sung-Dynastie erschien dort ein
Priester mit einer Mütze. Da erhob sich aus her Höhle heraus ein Gelächter:
daß ein Ehrwürdiger eine solche Mütze trage, gehört sich nicht, ist unpassend.
Da warf er seine Mütze fort, betrat ohne Zögern die Höhle und erkannte, als
er innere Schau übte, die zauberhafte Art eines Geweihten. Da soll er selber
die Mütze genommen und eine Pagode errichtet haben, die mit ihrer Spitze
das Innere der Mütze ausfüllte.

Diese Geschichte von der Mütze steht zweifellos in Zusammenhang mit
einer viel später angesetzten Erzählung über Tsongkapa, den Begründer der
Gelben Lehre in Tibet um 1400. In Tibet betrat ein Groß-Lama das Zelt des
jungen Reformators, der in Gebetsübungen verharrte, trotzdem jener ihn mit
Fragen versuchte, um ihn eines Irrtums zu überführen. Als aber der Groß-
Lama eine Laus, die er an seinem Halse fühlte, mit den Fingernägeln griff
und zerdrückte, rügte Tsongkapa diese Sünde mit heftigen Worten. Jener
wollte in Verlegenheit das Freie gewinnen, stieß aber in der Eile an der Zelt-
decke an, so daß die hohe Mütze zu Boden fiel. Das war den Tibetern ein
Zeichen, daß der rote Hut der alten Lehre fallen müsse und durch den gelben
Hut der Lehre Tsongkapas zu ersetzen sei (Filchner). Eine andere Fassung
der Erzählung besagt, daß Tsongkapa, als er das Mönchsgelübde ablegen

wollte, seine Mütze mit Blumen in verschiedenen Farben geschmückt hatte. Diese fielen aber sämtlich wieder herab mit Ausnahme einer gelben. Deshalb soll er später die gelbe Mütze zum Kennzeichens einer Anhänger erhoben haben (Koeppen).

Der Hintergrund jener Erzählung von der Erbauung der Pagode ist wohl nur die einfache Tatsache, daß der spitze Kegel der Siang lun tatsächlich in eine Bekrönung nach Art der hohen Lamahüte ausläuft. Um diese Form rankten sich Legenden und verknüpften sich mit anderen. Darum sind derartige Berichte nur mit äußerster Vorsicht für festere Bestimmungen zu benutzen. Eines aber läßt die Erzählung über die Pagodenmütze erkennen, nämlich, daß die Pagode schon lange vorhanden gewesen sein muß, als die Legende entstand. Da aber die Pagode wegen ihrer neueren Lamaform, soweit wir es beurteilen, nicht bereits um 1126 errichtet sein kann, sondern, wie schon bemerkt, wahrscheinlich erst in Yüan oder Ming, so muß man annehmen, daß jene Geschichte von der Mütze weit zurückverlegt wurde. Im übrigen bliebe es noch nachzuprüfen, wie und wann die Legende in die sogenannte Sung-chronik gekommen ist, für die bereits das Jahr 1060 angesetzt wird. In der Tat handelt es sich, nach den *Buddhist Monuments*, um den Nachtrag eines Mönches Ming Tschung, über den aber nichts Näheres bekannt ist.

Eine Werksteinpagode von höchster Eigenart steht auf dem Gipfel der Mittelkuppe Tschungtai 中臺 Nr. 63, in 2840 m Höhe. Der Gipfel besteht aus einem flachen, breiten Plateau von wohl 100 *mou* = Morgen Fläche und, nach Pokotilow, von zwei Kilometern im Umkreis und trägt ein weithin sichtbares, kleines, weißes Werksteinhaus und einen Friedhof. Limpricht vermutete bei seinem Besuch im August 1912, daß dort, nach den kunstvoll bearbeiteten Granitbruchstücken zu urteilen, einst größere Tempelanlagen gestanden hätten. Nach dem Bilde, das Professor Chuta Ito 伊東忠太 1902 aufgenommen hat, sind solche bearbeiteten Architekturteile in das notdürftig aufgerichtete Steinhaus unorganisch eingebaut und stammen offenbar aus älteren Bauwerken, man erkennt Garuda, Drachen und Reste von Dachplatten. Die gleiche Architektur und weitere feine Durchbildung zeigt die reich gegliederte Pagode, deren Erbauung Ito in Ming setzt. Sie steht unmittelbar vor dem Steinhaus. Auf einer quadratischen Plattform mit ornament[alen] Gliedern erhebt sich über dem runden Sockel aus einem Doppelkranz von Lotosblättern der senkrechte Rundkörper mit Türöffnung zu einer Kapelle, die durch eine Tür verschlossen ist. Seitlich der Öffnung 2 Himmelswächter in Relief, der Türsturz mit gelapptem Bogenschluß und Drachen geschmückt, darüber 1 Garuda mit 2 Nagamädchen. Die achtseitige Spira, als Sianglun in 7 Ringen, verjüngt sich stark in geradem, fast konvexem Umriß, ist in allen Teilen reich skulptiert, abgedeckt mit breitem Deckel und dreifachem Perlenknauf. Bei diesem Bauwerk sind Lamapagode und Tienningpagode eng mit einander verbunden. Der lamaistische Stil scheint aber bevorzugt in diesem rein durchgebildeten Kunstwerk, unterstützt durch die mächtige Wirkung der starken Granitquader. Auf dem Grunde der großen Nische ist eine kleinere Buddhanische mit Thronsitz erkennbar, hinter dieser, im Innern des Rundköpers, soll eine eiserne Pagode mit Reliquien aus der Tangdynastie eingemauert sein. Die Gestaltung dieser Pagode ist wohl einzigartig und ohne Beispiel. Man darf annehmen, daß diese im Sinne der großen Kultstätte bedeutendste Mittelkuppe besonders ausgezeichnet wurde. Die Nische der Pagode zeigt, nach den Parallelen etwa von Kumbum, wohl ebenfalls auf das Haupttheiligtum, die Riesenpagode im Hochtal. Eine zerfallene Halle in der Nähe soll nach dem Bericht von Ito noch eine alte Tafel tragen: Tsui yen feng, Gipfel zur blaugrünen Klippe.

lap144 Wutai shan 五臺山, 中臺, Nr. 63, Pagode Aus *Buddh. Monum.* V 16

Auf dem gleichen Gipfelplateau der Mittelkuppe, doch mehr nach der Südseite zu, befanden sich nach dem Reisebericht des japanischen Mönches Ennin 圓仁 (Yüan jen) etwa zwischen 814 und 840 noch 3 Eisenpagoden, die von ihm beschrieben und noch vom Tschangkia Hutuktu unter Kien Lung in seiner Beschreibung des Wutaischan erwähnt sind. Sie gehörten zu einem Kloster der 3 Pagoden 三塔寺 und sind mit diesem verschwunden. Nach Ennin waren sie nicht in Geschosse geteilt, ohne Sianglun, jede aus einem Stück wie eine Glocke, die mittlere vierseitig und etwa 3 m hoch, die zwei seitlichen rund und etwa 2,5 m hoch. In dem gleichen Bereich, doch auf der Südwestseite werden genannt die Pagode eines gläubigen Generals aus der Sung-Dynastie und eine Pagode der Lichtstrahlenreflexe. Diese soll erbaut sein zur Ming-Dynastie durch einen hohen Beamten, der an dieser Stelle einen besonderen Abglanz wahrnahm und dadurch die Gnade eines Verehrungswürdigen, also des Wenschu Mandschusri sich nahe fühlte. Endlich erwähnt der Hutuktu noch eine Pagode nach nepalesischem Modell, doch ohne nähere Angaben. Alle diese Berichte lassen erkennen, daß auf dem Gipfel Tschung tai einst ein reicher Kult und eine Reihe bedeutender Bauwerke vorhanden gewesen sind.

c. Drei auserlesene Beispiele

Nach der formal so bedeutungsvollen Werksteinpagode auf der Gipfelplattform der Tschungtai beschließen wir diese Reihen der kleineren Lamapagoden des Wutaischan mit 3 Beispielen, die in ihrer baukünstlerischen Gestaltung sich von den übrigen durch besondere Schönheit und Eigenart auszeichnen. Überdies gehören 2 von ihnen der neueren auch jüngsten Zeit an und bilden dadurch den natürlichen Ausklang dieses Kapitels über unsere große Kultstätte. Diese beiden Pagoden unterscheiden sich von den übrigen Lamapagoden des Berges durch lebhaftere und reiche Ausbildung von Unterbau, Sockel, Rundkörper, Spira und Bekrönung, zeigen also den Willen zu Schmuck und auffallender Formgebung. Das entspricht durchaus einer Entwicklung, die in einer Zeit, wo das alte Gut, durch neue Einflüsse bedroht, gezwungen ist, sich durch betonten Glanz zu behaupten. Dabei greift man auf alte Symbole und Schmuckformen der hohen Baukunst zurück und trägt sie sogar in die entlegene Bergeinsamkeit hinein, die selbst bei bescheidenen Gebilden eher den klaren Stil einfacher Monumentalität bevorzugt. Solche Wandlung vermögen wir bei unseren jüngeren Beispielen gut zu erkennen.

lap146 Jile si 極樂寺 = Nanshan si 南山寺, Zhongtai Nach *Buddh. Monum.* V-2

Die Pagode des Tschung Hua 仲華

Die erste der 3 Pagoden geht im Ursprung und großenteils wohl auch noch in den Bauteilen auf die frühe Yüanzeit zurück. Sie steht im Kloster der Höchsten Freude Ki lo sze 極樂寺 Nr. 45, das im Süden des Haupttales auf einem freundlichen Hügel in der spitzen Schleife des Tsing schui steht. Dieser Berg heißt Nan schan 南山, Südberg, weil er etwa in der verlängerten Hauptachse des Hauptklosters Pusa ting auf dem Lingkiu schan 靈鷲山, dem Geierhügelberg, in etwa 1800 m Entfernung sich erhebt und eine Art Geistermauer zu jener vornehmsten Stätte bildet. Übrigens steht die Große Reliquienpagode selber auch etwa im Zuge dieser ideellen Achse, dicht neben ihr. Wegen dieser ausgezeichneten Lage heißt das Kloster im Volksmund meist Nan schan sze 南山寺, Südbergkloster, und es mag schon früh eine bevorzugte Bedeutung erlangt haben. Nach einer unsicheren Bemerkung soll es in Tang gegründet sein. Beglaubigt ist die Erbauung unter dem Yüan-Kaiser Tscheng Tsung Timur Khan i. J. 1296. Er setzte den wohl berühmten Mönch Tschung Hua als Abt ein, doch starb dieser bereits im folgenden Jahre 1297. Zu seinem Gedächtnis wurde alsbald eine Pagode im Klosterhofe errichtet, die seine Grabpagode gewesen sein soll und im wesentlichen noch die heutige sein dürfte, darum als Pagode des Tschung Hua zu bezeichnen ist. Sie müßte also noch die Überreste des Abtes Tschung Hua bergen, dessen Einfluß an dieser für das Fengschui des heiligen Tales besonders wichtigen Stelle auf solche Weise weiter wirksam erhalten wird. So sah Pokotilow bei seinem Besuch des Klosters im Jahre 1889 bei einem größeren Umbau des Klosters auch die Pagode in Erneuerung begriffen. Nach den Bemerkungen in *Buddhist Monuments* muß das Kloster gegen Norden, also zu Pagode und Pusa ting, orientiert sein, denn die niedrige Eingangshalle der 4 Himmelskönige befindet sich im Norden des Hofes, dagegen steht im Süden eine zweigeschossige, im Erdgeschoß gewölbte Turmhalle, die hier zugleich die gewaltige Fengschui-Achse im Süden wirkungsvoll abschließt. Die Hauptgebetshalle steht im Osten, blickt also nach Westen. Der Sinn der gesamten Anlage innerhalb der großen Kultstätte wird mithin völlig klar, und ihren wesentlichen Bestandteil bildet die Pagode. Noch unklar ist es, woher der dritte Name des Klosters stammt: Ta wan scheng yo kuo 大萬聖佑國 – Die Großen 10000 Heiligen beschützen das Reich. Es war in diesem Kloster, daß der Tschangkia Hutuktu Lalitavadschra aus Peking, der tibetische Gelehrte und Freund des Kaisers Kien Lung im Jahre 1767 seinen Hymnus auf den Wutaischan verfaßte. Er selber gibt es an und spricht vom Ki lo hua yüan 極樂花園 – Blumengarten der Höchsten Freude. W. A. Unkrig hat den Hymnus, noch als Manuskript, übersetzt und die betreffenden näheren Erklärungen und Feststellungen mir freundlichst zur Verfügung gestellt.

Der Unterbau der Pagode des Tschung Hua, die insgesamt etwa 18 m hoch sein dürfte, zeigt monumentale, stufenförmige Gliederung aus glatten, doch schon hinreichend verwitterten Kalksteinschichten. Auf einer quadratischen Plattform, die auf dem Bilde nur eben andeutungsweise erscheint und wohl kaum mehr als 1 m hoch ist, ruht der verdoppelte Sockel, jeder dieser Teilsockel mit einem rückliegenden, wohl achtseitigen Körper, der mit einem Fries aus quadratischen, offenbar leicht reliefierten Tafeln verkleidet ist. Die Fußplatten und Abdeckplatten sind an den Ecken durch gedrungene, knappe Pfeiler abgestützt. Je 2 Stufen bringen die erforderliche Verjüngung in den Aufbau, der sich über der obersten Stufe in Ziegeln fortsetzt. Er beginnt mit 4 kleinen, diagonalen Ecklöwen auf zierlich gegliederten Postamenten. Zwischen ihnen wächst die geschweifte Urne des Rundkörpers empor und trägt über dem Hals die Spira oder Abzeichenstange *Siang lun* mit 8 Ringen. Die Bekrönung scheint aus Terrakotta zu bestehen, ein Kranz aus Dachziegeln, an dem 8 Windglöckchen aus Bronze hängen, läuft aus in der Spitze, als Perle oder Knospe mit einer letzten Kreuzblume. Die Verbindung von Wucht und Schlankheit, von aufgelöster Masse und überraschender Linienführung, von gedrängter Geschlossenheit und freier Gruppierung macht dieses Monument zu einem wahren Kunstwerk.

Unterbau und Sockel in seiner lebhaften Gliederung sind sicher noch die alten, sie erinnern grundsätzlich an den Sockel der kleinen Lamapagode aus 1350 in Wutschang, die im 2. Kapitel dieses Abschnittes behandelt wurde und nur etwa 50 Jahre jünger ist als diese Pagode von Nan schan sze. Auch dort ist der doppelte Fries vorhanden, wenn auch in einem ganz anderen Rahmen. Jedoch ist die Art der Verwendung und Behandlung des Werksteins bei den beiden zeitlich so nahen Monumenten auffällig verwandt. Das wirft auch Licht auf die Frage, ob zur Zeit des ersten Baues unserer Pagode in Nan schan sze der Aufbau ebenfalls bereits aus einem Lamastupa bestand. Die heutige Ausführung kennzeichnet bestimmt eine neuere, vielleicht jüngste Zeit. Da aber in Wutschang die Lamaform, wenn auch in einfachster Ausbildung des Rundkörpers, beglaubigt und überdies ebenfalls mit der Mongolendynastie verbunden ist, so darf man nach den ganzen Umständen auch für unseren Stupa aus dem Jahre 1297 eine Lamaform als ursprünglich annehmen. Das ist eine bemerkenswerte Feststellung, denn es bleibt wichtig, die frühesten Vorkommen der Lamaform an bestimmten Beispielen zu sichern.

Die zweite hervorragende Grabpagode in Lamaform steht ebenfalls im Süden des engeren Kultbezirkes, ganz nahe dem soeben behandelten Beispiel aus dem Kloster Nan schan sze, nämlich auf der anderen, rechten und westlichen Seite des Flüßchens Tsingschui, im Kloster des Beschützers der Meere Tschen hai sze 鎮海寺 Nr. 47, das sich auf der hohen Terrasse eines bewaldeten Bergabhanges erhebt und noch zwei weitere wichtige Grabpagoden aufweist. Es liegt, ähnlich wie Nan schan sze, etwa in Verlängerung der ideellen Hauptachse des großen Pagodenklosters Ta yüan sze und mag auch diesem Umstande seine bevorzugte Bestimmung mit verdanken. Denn es diente seit über zwei Jahrhunderten und bis in die jüngste Zeit dem Tschangkia Hutuktu als Sommerresidenz, wenn er aus seiner Residenz in Peking nach dem Wutaischan kam. Die Bezeichnung Tschangkia Hutuktu ist ein Titel und entspricht etwa unserem Begriff Fürstbischof.

In Tibet, Mongolei und Nordchina gab es insgesamt 160 Hutuktu, volkstümlich genannt Huo fo, Lebende Buddhas, das sind hohe geistliche Würdenträger der lamaistischen Kirche, die einander durch Wiedergeburten folgen und etwa in der gleichen Weise bestimmt werden wie die Wiedergeburten des Dalai Lama oder des Pantschen Lama, der höchsten Kirchenfürsten in Tibet, die beide ebenfalls zur Klasse der geheiligten Hutuktu rechnen. Von jenen Hutuktu residierten im Bereich von Peking 14, unter diesen die 3 vornehmsten in Peking selber. Von ihnen wiederum war der Tschangkia Hutuktu der erste, er galt als der eigentliche Repräsentant des Lamaismus bei Hof und Regierung, als unmittelbarer, auch politischer Vertreter des Dalai wie des Pantschen Lama und hatte unter anderem auch die Sonderaufgabe, bei der erforderlichen Neubesetzung frei gewordener Stellen der Hutuktu die neuen Wiedergeburten zu erkennen und die Nachfolger, durch das Los aus der Goldenen Urne zu bestimmen. Das geschah unzweifelhaft im engsten Einverständnis mit der chinesischen Regierung. Die Tschangkia Hutuktu hatten ursprünglich in langer Amtsfolge in Tibet gesessen. Etwa zu Beginn der Regierung Kang Hi, also um 1662, wurde ihr Sitz nach Peking verlegt. Jener erste Vertreter in China, Lobtsang, war die 16. Wiedergeburt und regierte bis zu seinem Tode 1714. Sein Nachfolger in der Würde des Tschangkia Hutuktu wurde der berühmte Lalitavadschra, tibetisch Rolpai rdordsche, mongolisch Rolbi dordschi, der mit Kaiser Kien lung eng befreundet war und 1776 starb. Ihm verdanken wir in der langen Reihe seiner Schriften auch eine Beschreibung des Wutaischan, übersetzt durch Grünwedel, und einen Hymnus auf diese Kultstätte aus dem Jahre 1767, übersetzt durch Unkrig. Diese Übertragungen, noch im Manuskript, sind auch für unsere Behandlung hier neben den anderen Quellen vielfach benutzt. Lalitavadschra, als Tschangkia Hutuktu das unmittelbare Oberhaupt des lamaistischen Wutaischan, hatte den Ausbau mancher Klöster stark gefördert, insbesondere natürlich das Kloster Tschen hai sze, seine Sommerresidenz, mit seiner Fürsorge bedacht, darum ist dieses auch bis in die neueste Zeit in einem ausgezeichneten Zustande erhalten geblieben. Hier ruhen seine sterblichen Überreste in der eigenartigen und kostbaren Lamapagode des Lalitavadschra, die Kaiser Kien lung im südlichen Teile des Klosters in einem besonderen Hofe in einer Höhe von etwa 6 m für seinen gelehrten Freund hat errichten lassen.

lap148 Pagode im Jingming si 淨明寺, Taiyuan xian, Prov. Schansi
Wiedererbaut 1385 Nach *Buddh. Monuments* III-18

Doch dürfte es mit der Erbauung wie mit der Gestaltung jener Pagode seine eigene Bewandtnis haben, denn wenn auch über die näheren Umstände vorläufig noch nichts Näheres bekannt ist, so weisen einige Beziehungen und die auffallende Formgebung des Denkmals auf einen sehr bemerkenswerten Zusammenhang und lassen das Vorbild für den Bau deutlich erkennen. Dieses Vorbild muß nämlich die Marmorpagode gewesen sein, die Kaiser Kien lung für den Pantschen lama aus Anlaß seines bevorstehenden Besuches in Peking dort im Westlichen Gelben Kloster Sihuang sze 西黃寺 im Jahre 1779 hat erbauen lassen, und zwar in sehr eigenartigen, neuen Formen. Sie erfährt im Abschnitt VI eine eingehende Behandlung. Es erscheint sicher, daß die Pagode für den Tschangkia Hutuktu im Tschen hai sze auf dem Wutaischan später als jene Pagode in Peking erbaut wurde, also erst einige, wohl 4 Jahre nach dem Tode des Hutuktu. Offenbar wollte der Kaiser seinem Freund eine besondere Ehre erweisen und befahl den Bau in enger Anlehnung an die neu erfundene Gestaltung der Pagode für den Pantschen Lama, jedoch in vereinfachten Formen. Es ist ersichtlich, daß der Bau im Tschen hai sze ein reduzierter ist und nicht etwa das kleinere Vorbild, nach dem dann der größere Bau in Peking geschaffen wurde. Denn weder das große Motiv der Trias und der 8 großen Bodhisatvas hätten für diese Stelle im engen Hofe ursprünglich erfunden werden können, noch die reichen Reliefs um den Sockel, noch endlich die gewaltige Bekrönung durch Schirm, Wolkenrippen und Doppelperle. Das Zwischenstück zwischen Hauptkörper und Spira ist gegen Peking vereinfacht, das dort reich gegliederte und geschmückte Zwischenstück in 4 Stufen zwischen Hauptkörper und Sockel fehlt hier ganz. Der Rand des Unterbaues, auf dem der Sockel sitzt, umgibt auch hier eine fast gleiche Steinbrüstung im Stile Kien lung. Wir kommen auf die einzelnen Formen bei der Beschreibung der Marmorpagode in Peking zurück. Hier verdient aber die Tatsache festgehalten zu werden, daß dem Hutuktu an seinem Lieblingssitz ein monumentales Grabdenkmal errichtet wurde, das die Parallelerscheinung des Geehrten mit dem Kirchenfürsten aus Tibet, die beide dem Kaiser sehr nahe standen, sinnfällig zum Ausdruck bringt.

Im Westwinkel desselben Hofs, in dem im Tschen hai sze Nr. 47 die Lamapagode des Lalitavadschra sich erhebt, ist nach Pokotilow eine kleine Halle erbaut, in der eine weitere kleine Grabpagode steht, der Bronzestupa mit den Gebeinen einer weiteren Wiedergeburt des gleichen Tschangkia Hutuktu, nämlich des Lobtsang Nima, der 1737–1802 lebte und wahrscheinlich der unmittelbare Nachfolger des Lalitavadschra war, auch in dessen Vorliebe für den Wutaischan. Er muß es gewesen sein, der den Taschi lama im Jahre 1779 zum Kaiser Kien Lung nach Jehol begleitete. Der Bronzestupa soll etwas über 2 m hoch und mit den eigenartigsten Reliefornamenten, sogar mit Edelsteinen geschmückt sein. Eine dritte Pagode gehört zum gleichen Kloster, es ist die Lamapagode auf der obersten Terrasse, die hinter der Umfriedigung der Kultstätte, etwas höher am Bergabhang aus Steinen ausgebaut ist und die Pagode trägt. Diese ist von größeren Ausmaßen, als die anderen beiden, doch von bedeutend einfacherer Architektur, die schönen Reliefs fehlen hier vollkommen. Eine Abbildung steht leider nicht zur Verfügung. Auch sie ist ein Grabmal, wohl für den folgenden Tschangkia Hutuktu, den Damba, von dem eine Biographie des Tschangkia Hutuktu, nämlich aller Wiedergeburten dieses Heiligen, erhalten ist bis herab auf sich selber. Unkrig hat dieses Werk nach den Arbeiten von Pozdnejew besprochen in der Sinica-Sonderausgabe von 1934.[12]

Es ist eine Seltenheit, daß in diesem Kloster Tschen hai sze eine Folge von 3 Wiedergeburten des gleichen geheiligten Tschangkia Hutuktu durch Grabdenkmäler in Gestalt von Pagoden in der Erinnerung festgehalten wird, und daß der vornehmste von ihnen überdies durch eine gehobene Architektur seines Denkmals ausgezeichnet wurde.

Es gibt im Bereich des Wutaischan wohl noch ein drittes Beispiel für die Ehrung eines buddhistischen Geheiligten durch einen vornehmen Pagodenbau, nämlich die Pagode des Pu Tsi, des Meisters im Gesetz. Allerdings ist es nicht ganz sicher, ob die Pagode deren Bild hier gebracht wird, unmittelbar in unserem Bezirk steht, auch der Name des Klosters ist nicht bekannt. Jedoch versicherte mir der chinesische Photograph, der im Oktober 1934 in Hunyüanhien, der Kreisstadt des nördlichen Opferberges Heng schan pei yo, das Bild mir überließ, daß es vom Wutaischan stammte und kürzlich aufgenommen sei. In der Tat entspricht die Architektur der Tempelgebäude durchaus dem Stil des Wutai, und die Baugruppe wird darum vorläufig für unseren Bereich in Anspruch genommen. Es handelt sich um eine der offenbar ganz neuen Anlagen, die nach vielfachen Berichten dort in neuerer Zeit entstanden sind. Dächer, Holzwerk, Schnitzereien, auch der Aufbau des Nebentempels zeigen sehr sorgsame künstlerische Ausführung. Im engen Hof erhebt sich auf einer Plattform mit Handbrüstung der Stupa, alles in ganz hellem, leuchtenden Werkstein, offenbar Marmor. Auf dem verdoppelten 8seitigen Sockel, dessen Flächen sämtlich mit reichem Relief überzogen sind, und in dessen oberem Hals Atlanten die Ecken stützen, ruht über einigen neuen Sockelringen der weichgebauchte Rundkörper, in dessen 4 Nischen je 1 buddhistische Figur thront. Ein achtseitiges, kräftiges und sehr flaches Dach, mit höchst eigenwilligen und kantigen Konsolgesimsen und Graten versehen, trennt den runden Hauptkörper von der kurzen, schlanken Spira, die mit höherem Friesglied und schmalem, doppeltem Lotosfuß beginnt und eine übergewaltige Bekrönung trägt in der gleichen Art, wie wir sie von den drei Pagoden des Siretu Hutuktu in Kueihua, des Pantschen Lama in Peking und des Tschangkia Hutuktu im Tschen hai sze kennen, und wie sie das Kennzeichen besonders hochstehender Würdenträger der Kirche gewesen zu sein scheint.

---

12 Unkrig, W. A.: Peking in einer mongolischen Biographie des lCaṅ-skya Chutuktu. *Sinica Sonderausgabe* 1934, 45–57.

Die spitz abstehenden Enden der beiden Seitengrate sind sehr eigenartig und
scheinen ebenfalls aus Bronze zu bestehen, wie auch der fein ziselierte
Schirmdeckel mit den angehängten kleinen Windglöckchen und das Doppeljuwel, das als letzte Endigung in Lotosknospen ausgelöst ist.

Nach der Aufschrift Pu Tsi Fa schi Pao ta handelt es sich um die Pagode
für den Gesetzeslehrer Pu Tsi. Da dieser Name häufig vorkommt, läßt sich
schwer bestimmen, welche Persönlichkeit gerade hier gemeint ist. Man darf
aber in ihr einen hervorragenden Mönch vermuten, der, aus der Formgebung
der Pagode zu schließen, in seiner Bedeutung ganz nahe an die berühmten
genannten Kirchenfürsten heranreichen sollte, deren Pagoden in diesem Werk
behandelt sind. Die Form der Pagode deutet auf neueste Zeit, es sind zwar
alte Motive verwandt, doch in einer entscheidenden, ornamentalen Wandlung.
Das Mißverhältnis zwischen dem zierlichen Sockel mit dem feinen Rundkörper und dem gewaltigen Aufbau ist sehr stark und wohl auf Rechnung
moderner Planung zu schreiben. Es liegt nahe, auch für das Wirken des Geehrten eine relativ neue Zeit anzunehmen, wenn es sich bei dem Denkmal
nicht etwa um die gänzlich neue Wiederaufführung eines alten Hauses handeln sollte. In jedem Falle entsprechen Bauanlage wie das Monument selber
durchaus dem Geiste des Wutaischan, sie werden darum in dessen Bereich
eingeordnet.

Diese drei ausgewählten kleinen Lamapagoden beschließen die Reihe, die
wir auf dem Wutaischan mit der Großen Reliquienpagode begonnen haben,
mit liebenswürdigeren und freieren Gestaltungen, wie sie der neuen Zeit und
den auch zeitlich näher stehenden Persönlichkeiten der Geehrten entsprechen.
Es bleibt nur übrig, die Betrachtung kurz zu ergänzen durch zwei Beispiele,
die nur im weiteren Sinne zum Wutaischan gehören, denn die eine steht in
der ehemaligen Bezirksstadt des Wutai, die andere unweit der Provinzhauptstadt von Schansi.

4. Die Lamapagoden von Taitschou und Taiyüanhien

Außerhalb des näheren Bereiches des Wutaischan scheinen Lamapagoden
größeren Ausmaßes selbst im Norden der Provinz Schansi, die hier an das
mongolische Gebiet unmittelbar grenzt, selten vorzukommen. Wenigstens
sind nur die beiden, allerdings bedeutenden Beispiele bekannt geworden, die
wir hier kurz behandeln wollen. Es ist anzunehmen, daß die zugehörigen
Klöster in einer irgendwie unmittelbaren Beziehung zum Wutaischan und seinem Kult gestanden haben, und daß aus diesem Grunde die Lamaform für die
Pagoden gewählt wurde. Damit kennzeichnet sich der lamaistische Kult des
Wutaischan als ein, wenn auch sehr bedeutendes, so doch in der chinesischen
Umgebung isoliertes religiöses Gebilde, das seinen Ausbau wohl vornehm-

lich der Fürsorge der verschiedenen, buddhistischen und lamaistischen Kaiser
verdankte.

Iap149 Taiyuan, Taizhou, Pagode. Yuanguo-si   Ayu wang ta 阿育王塔

Taitschou, früher ein unabhängiger, kleinerer Bezirk, zu dem auch der Kreis Wu tai hien 五臺縣 in den Südbergen des Wutai und der größte Teil dieses Gebirges selbst gehörten, liegt unmittelbar nordwestlich an dessen Vorbergen und an der Straße, die dort von der Hauptstadt der Provinz, dem ehemaligen Tai yüan fu, dem heutigen Yangkü, von Süden aus im nördlichen Bogen um das Massiv herumführt, nach Osten. Heute ist Taitschou auch nur eine Kreisstadt, Tai hien. Die Lamapagode von Taitschou steht, nach einer Bemerkung im *Tu schu tsi tscheng*, gemäß der Chronik von Schansi, in der Nordostecke der Stadt im Yüan kuo sze Kloster der Vollkommenen Auswirkung, auch genannt Tschen lin Hain der Versenkung. Sie ist aus Ziegeln erbaut und, nach der Chronik, 120 Fuß hoch, in Wirklichkeit wohl nur etwa 25 m. Nach einer Mitteilung des chinesischen Photographen, von dem das Bild stammt, wird sie als eine Ayü wang ta 阿育王塔, Pagode des Asoka bezeichnet. Das deutet darauf hin, daß einer der alten Asokastupas hier ebenso den Kern der Pagode bilden soll, wie in der Großen Reliquienpagode des Wutaischan selbst. Damit rückte die Pagode von Taitschou in einen höheren Geltungsbereich. Dieser Umstand führte offenbar zu der reichen Behandlung der Front mit dem Eingangstorbogen, insbesondere zur Anbringung der Inschriften, die mitsamt den Tafeln sämtlich aus glasierter Terrakotta zu bestehen scheinen. Die Mitteltafel in der Achse über dem großen Rundbogen und die Seitentafeln tragen innerhalb von reichen Umrahmungen folgende Inschriften, deren deutsche Umschreibung und Übertragung in unserer Darstellung von links nach rechts gegeben werden.

Tschi kien yüan kuo tschen lin

| Tze kuang ti tao hia tschang | Hu kuo huan yi tu kung ku |
| tang tschuan | fa lun |

Auf Kaiserlichen Befehl erbautes Kloster der Meditation zur Vollkommenen Auswirkung

| Im Glanz der Gnade ist der königliche Weg lang und blühend | Zum Schutze des Reiches steht die kaiserliche Tafel fest und stark |
| Es bleibt im Drehen | Das Rad des Gesetzes |

Die unteren Inschriften aus je 2 Zeichen sitzen über kleineren Rundbogennischen, die mit ihrer Ausfüllung durch Fenstermaßwerk durchaus an die Bauart benachbarter alter Lößwohnungen in Schansi anklingen, einige Freskomalereien, Vasen, Embleme, Zweige und Figuren ergänzen den Schmuck. Die links sichtbare Halle, in deren Achse die Pagode zu stehen

scheint, zeigt im überstehenden Giebel und in den frei angebrachten Stirn-
brettern sowie dem Zierbrett in der Giebelspitze, auch in der Art der abgetreppten Ausmauerung der großen Giebelfläche altchinesische Hallen-
motive, die auf ein wirkliches oder wenigstens traditionelles hohes Alter des
Tempels schließen lassen. Dieser Charakter wurde erhalten im Hinblick auf
die ohne Zweifel ehrwürdige Pagode.

Die Pagode selber zeigt über dem sehr hoch gestellten Rundkörper, der
auf einen hohen Unterbau schließen läßt, ein verkröpftes Zwischenstück in
der Art der Großen Pagode vom Wutaischan, nur vereinfacht. Doch die weit
ausladende Deckplatte ist durch starke Einschnürung unten und durch eine
bedeutende Kehle oben für sich kräftig herausgestellt, im unteren Fries mit
zierlichen Ecksäulchen und einer winzigen Nische versehen. Dieser ungewöhnlichen Gestaltung entspricht der schlanke Kegel der Spira mit 12
Ringen und dem gedrungenen Zylinder an der Spitze. Alle Kennzeichen verraten ein hohes Alter und lassen die Pagode zum mindesten heranreichen an
den Werksteinstupa von Wutschang aus dem Jahre 1350. Ob die Form in eine
noch frühere Zeit zurückgeht, bleibt natürlich unsicher, aber schon um das
Jahr 1000 wird die Pagode genannt. Damals soll der berühmte General Yang
Yen-tschao, der unter den Sung-Kaisern Tai Tsung und Tschen Tsung seine
Taten vollbrachte, 3 Pfeile auf die Spitze der Pagode hinaufgeschossen haben.
Der Sinn dieser apokryphen, bisweilen wiederkehrenden Meldung von
Pfeilen, die auf Pagoden hinaufgeschossen wurden, ist auch hier unklar.
Irgendeine religiöse Bedeutung kommt wohl nicht in Frage. Am besten ist
wohl die einfachste Erklärung, daß der General seine Schießkunst beweisen
wollte und sich dazu den Turm aussuchte, den er durch die in den Gipfel
eingeschossenen Pfeile mit einem völlig symmetrischen Schmuck versehen
haben kann. Das war bemerkenswert genug, um den Vorfall sogar in der
Chronik festzuhalten. Daß es sich damals schon um die heutige Lamapagode
gehandelt hat, ist allerdings nicht anzunehmen, nur scheint es sicher, daß eine
berühmte Pagode bereits bestand. Diese wird dann später, etwa unter den
Mongolen, in die heutige Lamapagode umgebaut worden sein, wie es auch
später mit der Großen Reliquienpagode auf dem Wutaischan in der Ming-
Dynastie geschah. In jedem Falle verdient die Bezeichnung Asokapagode ein
näheres Studium der Anlage.

Über die zweite der beiden Lamapagoden in Schansi haben wir einen sehr
genauen geschichtlichen Bericht durch Tokiwa in den *Buddhist Monuments*.
Daraus gehen die wechselvollen Geschicke von Kloster und Pagode genau
hervor, wir folgen in den Hauptangaben über sie dem japanischen Text, da
der englische nur einen kurzen Auszug gibt. Es handelt sich in der ersten Gestaltung mit hoher Wahrscheinlichkeit wieder um eine der 81 Pagoden des
Sui Wen Ti aus der Periode Jen Schou 601–605, und zwar aus der 2. Folge

von 51 Pagoden, deren Einrichtung im zweiten Jahr Jen Schou, also 602, befohlen wurde. Erst in der Mingzeit erhielt sie die Lamaform. Das dazugehörige Kloster zum Leuchten der Reinheit Tsing ming sze 清明寺 steht etwa 2 li oder wenig über 1 km nördlich der kleinen Kreisstadt Taiyüanhien etwa 16 km südwestlich entfernt von der Provinzhauptstadt Taiyüan 太原. Diese wird seit der Revolution, wie schon bemerkt, wieder mit ihrem alten Namen Yangkü 陽曲 genannt, denn so hatte der Ort in der Hanzeit geheißen. Dieser engere Bereich der beiden Städte war der bevorzugte Teil im Lande Tsin, dessen Namen auch die beiden alten Dynastien der Westlichen und der Östlichen Tsin von 265–420 trugen, und der bis heute die klassische Bezeichnung für die Provinz Schansi geblieben ist. Es blieb aber bis in die neuere Zeit auch noch eine andere Bezeichnung für das ganze Gebiet aus der ältesten Geschichte lebendig, nämlich der Name Ping tschou. Dieses war der Name einer der 12 Provinzen, in die der Kaiser Schun das Reich 2255 v. Chr. einteilte, nachdem er vom Kaiser Yao dessen ursprüngliche, berühmte 9 Provinzen übernommen hatte. Schun teilte von der alten Provinz Ki, die etwa das heutige Schansi umfaßte, aber noch weiter bis zum äußersten Norden an die Innere Gelbe See reichte, einen nördlichsten und einen mittleren Teil ab. Dieser mittlere Teil bestand aus den Gebieten um den nördlichen Opferberg Hengschan 衡山, aus den Bereichen der heutigen Taiyüan, Tatung und anderer Bezirke, auch aus angrenzenden Teilen der heutigen Provinz Hopei, Tschili, nämlich Tschengting und Paoting. Diese Regelung der Provinz Ping tschou erhielt sich mit einigen Änderungen über die lange Zeit der Dynastien der Tschou und Han. Von den Hou Han, oder Tung Han, 25–220 wird ausdrücklich gesagt, daß der Gouverneur von Ping tschou auch das Gebiet von Tsin yang verwaltete. Dieses ist aber, mindestens schon seit der Mitte der Tschou-Dynastie, der Name für den heutigen Verwaltungsbereich von Taiyüanhien, mit dem wir es hier zu tun haben. In der Folgezeit, bis zum Ende der Tsin-Dynastien und der Wei blieben Name und Bereich, bis die Pei Tschao den Begriff stark einschränkten und das alte Taiyüanfu zu ihrer Provinz Pingtschou machten. So blieb es über die Sui bis zu Ende der Tang.

Hier wurde auf die Entwicklung der Bezeichnung Ping tschou für ein Gebiet wechselnder Größe näher eingegangen, weil nach einer Mitteilung von Tokiwa in den *Buddhist Monuments* in einem alten Bericht aus der Sui-Zeit über die Wirkung von Sarira = Reliquien überliefert ist, daß die erste Reliquienpagode im Bezirk Pingtschou im Alten Kloster des Unermeßlich Langen Lebens errichtet wurde Kiu Wu liang schou sze ki ta tsui tschu. Da es sich bei Tokiwa bei dieser Bemerkung um unsere Pagode im Tsing ming sze handelt, die ja gerade vor der Stadt Taiyüan steht, also an bevorzugter Stelle in der alten Landschaft Pingtschou, so liegt der Schluß nahe, daß wir es bei ihrer frühesten Vorgängerin mit einer der ersten Pagoden zu tun haben, wenn nicht überhaupt mit der ersten, die Kaiser Wen Ti damals errichten ließ, als er sich zur Verteilung der 30 und später der weiteren 51 Reliquien entschloß. Es bliebe noch die Beziehung zwischen dem Alten Kloster Wu Liang Schou 無 量壽 und dem jüngsten Kloster Tsing ming zu klären, die aber nach der übrigen Sachlage zu urteilen, wohl mit einander identisch sein könnten.

Daß Kaiser Wen Ti, der Begründer der Sui-Dynastie und erneuter Einiger Chinas, gerade diese Stelle bei Taiyüan zum Ausgangspunkt seiner umfangreichen, überdies auch national eingestellten Errichtung von Reliquienpagoden wählte, stimmt mit manchen übrigen Bedingungen überein. Hier war der Brennpunkt für eine lange Geschichte seit den Kaisern Yao und Schun bis zum Tsin-Staat, als dessen altes Symbol der Nationaltempel Tsin tze mit seinen heiligen Quellen ganz in der Nähe von Taiyüan blühte. Hier, unmittelbar südlich von Tsin tze, erstand wenig später in den ersten Jahren der Tang der buddhistische Tempel Feng scheng sze, in dem aber erst Kien Lung die 7geschossige Pagode bauen ließ. Weiterhin aber hatte im gleichfalls ganz nahen Felsental des Tien Lung Schan schon seit der Weizeit der Buddhismus Fuß gefaßt und seit der nördlichen Tsi, doch auch noch seit Anfang der eigenen Regierung des Sui Wen Ti mit der Herstellung der buddhistischen Felskapellen begonnen, die später auch noch durch die Tang fortgeführt wurden. So lag der Gedanke nahe, noch eine besondere buddhistische Heiligung bei der Stadt selbst vorzunehmen in Gestalt einer der neuen Reliquienpagoden.

Über Geschichte von Kloster und Pagode entnehmen wir aus Tokiwa folgende Daten:

Sui
602   Periode Sui Jen Schou 601-605, 2. Jahr
Gründung des Klosters, des heutigen Tsing ming sze, und wahrscheinlich auch schon Bau der 1. Reliquienpagode, einer der ersten in der Reihe der 81 Pagoden des Sui Wen Ti. Genannt für Pagode wird allerdings nur die Sui- Zeit.

Sung
979   In Periode Tai ping hing kuo 4. Jahr unter Sungkaiser
Tai Tsung stürzt die Pagode ein, wurde aber wieder aufgebaut.
1003   wurde Pagode unter Kaiser Tschen Tsung durch Erdbeben beschädigt, aber alsbald wieder ausgebessert und
1006   fertig gestellt. Sie hatte damals 9 Geschosse und war angeblich 158 Fuß hoch, also etwa 50 m.
1085   unter Kaiser Schen Tsung berichtet ein Lü Huihiang in einem Buche über die Sarira-Pagode und ein Mönch Hui Su errichtet einen

Inschriftenstein. So wohlerhalten scheint die Pagode fast 300 Jahre bestanden zu haben und sehr berühmt gewesen zu sein.

Ende Yüan, also gegen 1368, wurden Kloster und Pagode völlig zerstört.
Ming
1385   hatte Kaiser Hung Wu das Kloster und die Pagode wiedererrichten und fertigstellen lassen. Das ist die jetzige Pagode. Also muß sie damals aus besonderer Veranlassung in der Lamaform erbaut sein, was sie vorher bestimmt nicht gewesen war.
1521   unter Kaiser Wu Tsung Tscheng Te wurde die Pagode erneuert.

Tsing
seit 1662 unter der Regierung Kang Hi wurde die Pagode durch ein Erdbeben beschädigt, die Spitze brach ab.
1699   war alles wieder vollkommen hergestellt.

Die heutige Pagode stammt also, abgesehen von gewissen Erneuerungen, aus 1385, der ersten Zeit ihres Baus, sie besteht durchweg aus Ziegeln. Sie steht auf einem offenbar hohen quadratischen Unterbau, von dem 5 scharf abgesetzte quadratische Stufen als Sockel hinaufführen zu der Plattform. Auf dieser setzt über einem niedrigen Fußglied der urnenförmige Rundkörper auf und führt in geraden Umrißlinien mit knapper, gerundeter Schulter zur scharfen Kehle. Über dieser beginnt die Spira mit einem starken Fußglied aus 7 Schichten Lotosblättern, also einem richtigen Losanathron, und führt in schlankem, geraden Kegel mit 13 breiten Ringen aus je 5 Ziegelschichten bis unter die Kappe. Diese beginnt mit einem Tellerschirm, von dessen gezierten Rand Windglöckchen aus Bronze herabhängen, endet kuppenförmig wie in einem Lamahut und darüber in einer Doppelperle, die wohl, wie auch die anderen oberen Teile, aus glasiertem Ton besteht, aber durch Bronzeornamente eingefaßt zu sein scheint.
Die Gesamterscheinung zeigt sehr edle, geschlossene Umrisse und Verhältnisse, eine eigenartige Anmut zeichnet dieses Monument vor anderen ähnlichen aus. Die Gesamthöhe soll etwa 21 m betragen. Falls diese Pagode wirklich noch einen Teil der alten Reliquien aus Sui Wen Ti bergen sollte, stände sie in solcher Lamaform einzig da und behauptete sich würdig neben der alten Lamapagode von Taitschou, die den Anspruch erhebt, eine Erinnerung an die alten, sagenhaften Reliquienstupas des Asoka zu bergen.

Kapitel 4. Lamapagoden von Jehol 熱河

1. Bedeutung und Anordnung der Tempel. – Sonderstellung der glasierten Lamastupas in Jehol, Literarische Quellen über Jehol, Zustand der Monumente, Plananlage von Residenz und Tempeln, Übersichten über die Tempelreihen.
2. Ta fo sze. – Anordnung des Klosters, Veranlassung zur Erbauung, Übersichtsplan, Hauptteil mit Ta scheng ko und dem großen Buddha, die 4 Turmbauten, Die 4 Lamastupas, ihre Formgebung, die einzelnen Stupas.
3. P'u-lo sze. – Zeit und Zweck der Erbauung, Stellung im Gesamtplan, Hauptmerkmale, Geschichtliches, bauliche Anlage, Symbolik, Rundhalle und Altar, Hochaltar, der Bodhisattva Mandschusri, Rundbau als Pagode, die 8 Glasurstupas und ihre Farben, Formgebung der Stupas.
4. Potala. – Zeit der Erbauung und das Vorbild von P'u-t'o, Zweck und Anlaß zur Erbauung, Rückkehr der Torguten, Lage und allgemeiner Grundplan des Tempels, die Kubusbauten der Pai-t'ai 白臺 und ihre Anordnung, Pavillone und Lamastupas, der Hauptbau der Ta-hung t'ai, harmonische Lage der Pai-t'ai und der Lamastupas, die 6 Gruppen der Lamastupas, Einzelformen der Stupas. – Bedeutung der Lamastupas in Jehol.

1. Bedeutung und Anordnung der Tempel

Die ehemalige Sommerresidenz der Mandschukaiser in den Bergen des Jeholgebietes Pi schu schan tschuang 避暑山莊 liegt unmittelbar neben der Hauptstadt Tschengte 承德, 180 km nordöstlich von Peking. Sie wurde in ihrer landschaftlichen, baulichen und religiösen Bedeutung bereits kurz gekennzeichnet gelegentlich der Schilderung der beiden großen Glasurpagoden vom Kloster Yung hiu sze innerhalb des Parkes und vom Kloster Taschilumbo in der Nordreihe der Tempel. Die hervorragende Glasurtechnik, die an jenen beiden großen Pagoden auftritt, ist auch an vielen anderen Punkten der dortigen Klosteranlagen angewendet zum Preise der lamaistische Lehre und damit, nach der Absicht des Kaisers Kien Lung, auch mittelbar zur Festigung seiner politischen Macht in den mongolischen und den tibetischen Ländern. Eine Gruppe für sich bilden dabei die Lamastupas, die in Jehol zwar durchweg nur in kleinem Maßstabe, doch in bemerkenswerten Formen und Gruppen auftreten und durchweg aus der Zeit von Kien Lung stammen.

Auch im Wutaischan treten, wie wir gesehen haben, die größeren Lamapagoden als eine besondere Form tibetischer Eigenart in einer Reihe von Klöstern auf, sie sind dort über das weite Kultgebiet verteilt, gehören aber nur eng zu ihrem betreffenden Kloster und bedeuten im allgemeinen wenig für das Gesamtbild der Landschaft und für sein Fengschui. Ausnahmen bilden im Wutaischan nur die Große Pagode vom T'a yüan sze 塔院寺, ferner die Bekrönungen der höchsten Gipfel, die jedoch nur als ferne Punkte wirken, und etwa die zahlreichen Grabstupas, die aber regellos verstreut sind und keinerlei feste, innere Beziehung zueinander haben. In Jehol dagegen wird es sich ergeben, daß die Gruppen der Lamastupas, wenn sie auch hier vor allem mit dem betreffenden Kloster verbunden sind, dennoch nach einem großen Rhythmus angeordnet sind, der dem Kloster selbst, dann aber auch dem weiten Landschaftsbilde und der Gesamtheit der Bauanlagen eine eigene Note verleiht und ihren religiösen Inhalt mit bestimmt. Diese Tatsache tritt auch bei jeder Einzelbetrachtung fortlaufend in Erscheinung. Zu ihrer vollen Würdigung ist es deshalb notwendig, die gesamte Plananlage von Park und den umgebenden Klöstern an Hand einer übersichtlichen Karte sich zu vergegenwärtigen. Vorausgeschickt seien einige Angaben über die literarischen Quellen und über den Zustand der Tempel.

Die Unterlagen für die folgende Darstellung, auch in Zeichnungen und Photobildern, bilden in erster Linie die Ergebnisse von meiner Besuchsreise nach Jehol, die insgesamt vom 15. Mai bis 6. Juni 1907 dauerte. Davon entfiel auf Studien und Aufnahmen an Ort und Stelle in Jehol die Zeit vom 20. Mai bis 2. Juni. Schon damals war mir das Buch O. Franke: Das *Jehol-Gebiet* aus 1902[1] ein unentbehrlicher Führer für das Verstehen besonders der geschichtlichen Voraussetzungen. Später wurden für den vorliegenden Band auch zum Teil benutzt die originalen Inschriften aus Jehol in den *Epigraphischen Denkmälern in China* von O. Franke und Laufer[2], weiterhin, um hier nur die bedeutendsten zu nennen: Staunton-Macartney *An authentic account of an Embassy ... to the Emperor of China (1793)* 1797[3], auch die deutsche Ausgabe von 1798, ferner Sven Hedin *Jehol* 1932[4] mit ausführlichen Beiträgen auch von Ferdinand Lessing[5], und, als wichtigste bauge-

1   Otto Franke: *Beschreibung des Jehol-Gebietes in der Provinz Chihli. Detail-Studien in chinesischer Landes- und Volkskunde*. Mit einer Karte und sechzehn Illustrationen. Leipzig: Dieterich 1902. XV, 103 S.
2   Franke, Otto; Berthold Laufer: *Lamaistische Kloster-Inschriften aus Peking, Jehol und Si-ngan*. Berlin: Dietrich Reimer, Hamburg: Friedrichsen 1914. 2 Mappen mit 81 Taf. in Faks. 2° (Epigraphische Denkmäler aus China T. 1.)
3   Staunton, George Leonard: *An authentic account of an Embassy from the King of Great Britain to the Emperor of China; including cursory observations made, and information obtained, in traveling through that ancient empire, and a small part of Tartary*. In two volumes, with engravings; beside a folio volume of plates. London: Nicol 1797.
4   Hedin, Sven: *Jehol. Die Kaiserstadt*. Leipzig: Brockhaus 1932. 211 S.
5   Ferdinand Lessing, 1882–1961, Kustos am Museum für Völkerkunde in Berlin, dann Professor für Sinologie an der University of California, Berkeley. Vgl. H. Walravens:

schichtliche Quelle neuester Forschung, das große japanische Prachtwerk von Sekino und Takeschima *Jehol. The most glorious and monumental relics* in 4 Tafelbänden aus 1934. Der ausführliche japanische Textband aus 1937[6] bringt weitere Bilder und 20 genaue Grundrisse, darunter aller großen Lamatempel, sowie einen genauen Lageplan der Residenz mit der weiteren Umgebung. Durch diese Pläne wurden meine älteren, schon ausgearbeiteten Aufnahmen, die erst zum Teil in den Werken *Chinesische Architektur* und *Baukeramik* veröffentlicht sind, auf das glücklichste ergänzt und vielfach überholt.

Über den Zustand der Monumente mag einiges Wesentliche bemerkt werden. Jehol, dessen Sommerpalast durch Kang Hi 1703–1708 erbaut worden war, erlebte seinen Hochglanz in den langen Jahrzehnten unter Kaiser Kien Lung 1736–1796, der als eigentlicher Schöpfer jenes glänzenden Sanssouci und seiner Lamatempel gelten muß und während der 60 Jahre, eines vollen chinesischen Zyklus, seiner Regierung jeden Sommer dort Hof hielt. Selbst nach seiner Abdankung, am 3. Tag des 1. Monats, unserm 3. Februar, 1796 und bis zu seinem Tode am 7. Februar 1799 wohnte er bevorzugt auch in Jehol und wurde dort jeden Sommer besucht von seinem 15. Sohn und Nachfolger, dem Kaiser Kia King, der auch später ebenfalls Jahr für Jahr im Sommer dort weilte und im Juli 1820 in der Residenz Jehol sogar starb. Bis dahin bestand der Glanz von Jehol wohl unverändert. Aber selbst unter den folgenden Kaisern Tao Kuang und Hien Feng, die durch den verhängnisvollen politischen Niedergang von China an Erholungsfreuden in Jehol verhindert waren, müssen die Baulichkeiten und alle Kunstschätze sorgfältig gepflegt gewesen sein, denn seit 1810 regierte dort ein Militärgouverneur Tu t'ung 都統 als unmittelbarer Beauftragter des Kaiserhofes. Kaiser Hien Feng besuchte aber kurz vor seinem Ende, schon auf der Flucht vor den verbündeten englisch-französischen Truppen, die 1860 Peking besetzten, doch noch Jehol, allerdings nur, um am 22. August 1861 dort zu sterben. Und damals erfolgte in Jehol sogar die Übernahme der Regentschaft durch die erste kaiserliche Nebenfrau aus dem mandschurischen Geschlecht der Yehonala, die berühmte Kaiserinwitwe Tze Hi 慈禧, zugunsten ihres Sohnes, des Kaisers Tung tschi. Seit diesem Ereignis hat Jehol keine kaiserlichen Besucher mehr gesehen. Dennoch blieben die Gebäude unter der Fürsorge

---

Ferdinand Lessing (1882-1961), Sinologe, Mongolist und Kenner des Lamaismus. Materialien zu Leben und Werk, mit dem Briefwechsel mit Sven Hedin. Osnabrück: Zeller Verlag 2000. 425 S.

6 Sekino Tadashi 關野貞, Takeshima Takuichi: *Jehol: The most glorious & monumental relics in Manchoukuo.* Tôkyô: Zauho Pr., 1934. IX, 28, 254 S. (4 Tafelbde.) – Sekino Tadashi 關野貞, Takeshima Takuichi: *Nekka. Jehol.* Tôkyô: Zauho Pr. 1937. [Textbd.]

der verschiedenen Tu t'ung im allgemeinen in leidlichem Zustande. Erst nach dem Boxerkriege 1900 scheint ein beschleunigter Verfall eingesetzt zu haben, da es an Mitteln fehlte zur Unterhaltung besonders der Klöster. Alle fremden Besucher aus jener Zeit haben übereinstimmend in diesem Sinne berichtet. Auf einer Reise 1907 fand ich die kaiserlichen Reisepaläste auf dem Wege nach Jehol bereits als völlige Ruinen vor, die Bauten in der Residenz stark vernachlässigt, dagegen die Tempel noch leidlich gut imstande. Da indessen die Zahl der Lamas und ihre Einkünfte sowie die Zuwendungen des Kaiserhofes sehr geringfügig geworden waren, so blieb für die Bauunterhaltung nichts übrig, ja, es wurde, wie Bilder schon aus den folgenden Jahren beweisen, selbst wertvolle Bauteile, Bronzebekrönungen der Lamastupas, Glasuren, auch größere Kultgegenstände von den ärmlichen Insassen verkauft. Nach der Revolution 1911 vollends kümmerte sich noch kaum jemand um die Pflege der Tempelhallen, Pavillons, Umgänge, auch Teile von Innenräumen stürzten zusammen, und die örtlichen Regierungsbeamten, die vorher noch genügende Sorgfalt für die Erhaltung der Baulichkeit aufgewandt hatten, beteiligten sich selber an weiteren Zerstörungen.

In diesem beklagenswerten Zustand überließ der letzte Militärgouverneur auf seiner Flucht Stadt und Residenz den Japanern, die am 3. März 1933 einrückten und die Verwaltung des Gebiets übernahmen. Sofort begannen sie, sich um die arg verkommenen Monumente zu kümmern. Unter Leitung von Sekino wurden genaue Aufnahmen aller Hauptanlagen gemacht, die aber viele wichtige Einzelheiten des ursprünglichen Zustandes nicht mehr erkennen lassen. Jedoch kündigte bereits der Text des großen Werkes an, daß Japan einen großzügigen Wiederaufbau durchführen wolle. Durch ein derartiges, gewaltiges Unternehmen würde in den Baudenkmälern von Jehol die lebendige Überlieferung der Mandschuherrscher fortgesetzt und zugleich ein Palladium geschaffen werden für Mandschukuo, wo heute die Nachkommen jener Mandschu regieren. In der Tat liegen Berichte darüber vor, daß in den letzten Jahren bis 1940[7] in Jehol umfangreiche Wiederherstellungen unter japanischer Leitung im Gange waren.

In unserer Darstellung nehmen wir einen alten, noch unbeschädigten Zustand der Baudenkmäler an und sprechen von ihm, als ob in der Gegenwart die Bauten unversehrt ständen.

Im Anschluß an die Vorbemerkungen im Abschnitt II Kapitel 6 Nr 4 wird hier die allgemeine Plananlage der Tempel um die Residenz nach dem japanischen Übersichtsplan kurz umrissen, genauere Hinweise, auch über geschichtliche Ereignisse, finden sich bei Behandlung der einzelnen Tempel.

---

7 Die Angabe macht es deutlich, daß der Autor sein Manuskript zumindest bis zu diesem Datum aktualisiert hat.

Die Sommerresidenz mit Park und Palast füllt den Raum zwischen der Stadt Tschengte im Süden, dem Warmen Fluß Jo ho 熱河 oder Wu lie ho 武烈河 Fluß zum kriegerischen Heldentum, im Osten, dem Löwental Schi tze kou 獅子溝 im Norden und zieht sich nach Westen die hohen schluchtenreichen Berge hinauf. Der gesamte engere Bereich des Parkes ist von einer Mauer umschlossen, hat größte Abmessungen von Süd nach Nord 2,3 km und von Ost nach West etwa 3,5 km und umschließt außer dem ausgedehnten Palast am Haupteingang im Südosten zahlreiche Bauanlagen aller Größen. Der flache östliche Teil gehört zum Flußtal und ist mit Seen, Inseln und Wiesen durchsetzt, hier steht hart an der Grenzmauer die Pagode vom Kloster Yung hiu sze. Sie bildet seit 1761 das Wahrzeichen des Tales und zugleich das Gegengewicht gegen das merkwürdige Wahrzeichen eines Felsen, der im Abschnitt II kurz erwähnt wurde. Hier müssen wir uns kurz mit diesem Naturmal beschäftigen, denn es gibt die innere Erklärung zum Auftreten der Turmbauten, Pagoden und Lamastupas im Bannkreis der Residenz.

Als weite und wilde Berglandschaft überragen die Schwarzen Bergketten Hei schan 黑山 mit Höhen von mehr als 1300 m im Norden und Osten das Tal von Jehol noch fast um 1000 m. In diesem kahlen, zerklüfteten Gebirge steht etwa 2,3 km östlich der Parkmauer und der großen Pagode, hoch über allen benachbarten Gipfeln das Felsenmal, das in seiner auffallenden Gestaltung der gesamten Gegend ihre Note gibt und von allen Besuchern immer wieder erwähnt wurde. Es ist ein gerundeter Felspfeiler, der als Bekrönung einer flachen Kuppe aus einem seitlichen Felskubus durch Auswaschung herausgewachsen ist und mindestens 12 m hoch sein mag. Die europäischen Beschreibungen bezeichnen den Pfeiler gewöhnlich als Waschbleuel, und er ähnelt wirklich einem solchen Schlagknüppel der chinesischen Wäscher. In der Tat ist dieses auch der chinesische volkstümliche Name: Pang tsch'ui schan 棒槌山 Waschknüppelfelsen oder einfach und besser Keulenfelsen. Sekino in seinem Jehol schreibt ebenfalls, doch mit anderem Zeichen, Pang tsch'ui schan 棒椎山 was genauer heißt Stockhammer, und dieses Bild entspricht noch besser der Wirklichkeit, da der Felspfeiler mit dem seitlichen Kubus zusammen als Hammer wirkt. In seiner nächsten Nähe wird die andere merkwürdige Form seines kleinen, ausgewaschenen Felsens im freien Umriß ganz treffend als Frosch oder Kröte gedeutet und genannt Ha ma schi 蛤蟆石 Krötenstein. Schon die Karte der Gesandtschaft von Macartney von 1797 verzeichnet nach ihrem Besuch vom September 1793 ausdrücklich diese beiden Naturmale unter den genauen Namen Hama-shang und Fongchu shang. Der Krötenstein wird zum Stockhammer-Felsen in Beziehung gebracht, als ob er vor diesem davonläuft. Ein solches beliebtes chinesisches Bild für derartige Naturspiele wird auch gelegentlich gebraucht etwa für einen Felsenlöwen, der den Felsenfrosch jagt. In Jehol hat das auffallende

Mal des Felsenpfeilers eine weitgehende Auswirkung gehabt, denn unter seinem Einfluß wurden die Motive von Türmen, Pagoden und Stupas hier heimisch, vielfältig entwickelt und in allen Fällen auf die Landschaft um die Residenz genau ausgerichtet. Dazu dienten die Lamatempel, die im Norden und Süden die Residenz wie ein heilig lodernder Bogen umgeben und ein großartiges Fengschui schaffen.

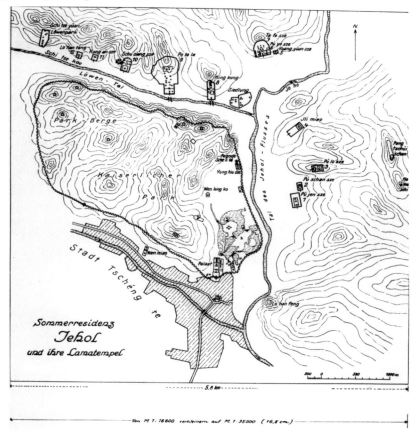

lap150 Sommerresidenz Jehol und ihre Lamatempel

Bei Behandlung der zwei großen Glasurpagoden im Residenzpark und im Kloster Hing kung wurde bereits hingewiesen auf die östliche und auf die nördliche Reihe von Tempeln, die jenseits des Flusses Jo ho und des Löwentales den Park in weiten Abständen umschließen. Jedoch waren mit der dort genannten Zahl 9 nur die größeren Anlagen erfaßt, insgesamt gibt es in den beiden Reihen 12 Tempel oder Klöster. Diese beiden Begriffe werden hier abwechselnd gebraucht, da gemäß der Eigenart der Bauten und je nach dem Zweck ihrer Betrachtung der Ausdruck Tempel oft besser zutrifft als die Bezeichnung Kloster. Diese Tempel sind auf den Berghängen, in einigen Fällen auf Kuppen angelegt, die nach den Tälern zu abfallen, und haben Achsenlängen von durchschnittlich 200 m, doch gibt es einige kleinere und wiederum das Riesenkloster Potala, dessen Achse 600 m lang ist. Auf die Ostreihe entfallen 4 Tempel, auf die Nordreihe 8 Tempel, ihre Achsen weisen im allgemeinen in Richtung auf den Residenzpark, mit Ausnahme der beiden Tempel im Süden der Ostreihe, sie wurden als älteste bereits unter Kang Hi 1713 erbaut und haben Nord-Süd-Achsen, mithin keine Lagenbeziehung zur Residenz. Erst Kien Lung führte das einheitliche und großartige Fengschui der zentral gerichteten Achsen durch.

Wenn auch unsere eingehenden Betrachtungen nur den 3 Klöstern mit Lamastupas gelten, so werden doch in den folgenden Zusammenstellungen sämtliche vorhandenen 12 Klosteranlagen aufgeführt als fester Rahmen von Raum und zeitlicher Folge für ihr Erbauung.

Sommerresidenz Jehol
Verzeichnis der Tempel, Pagoden und Stupas nach Lage und Erbauungszeiten
Nr 1–12 nach dem Lageplan von Jehol. G – Glasurpagoden, L – Lamastupas

I. Im Park
Yung hiu sze 永庥寺 Kloster zum immerwährenden Schutze   1751
– – –   Sche li t'a 舍利塔 Reliquienpagode   1754–1761

II. Östliche Tempelreihe von Süden:
1. Pu jen sze 溥仁寺 Kloster des Alldurchdringenden Wohlwollens
                                                              1713
2. P'u schan sze 溥善寺 Kloster der Alldurchdringenden Güte 1713
3. P'u lo sze 普樂寺 Kloster der Alldurchdringenen Freude   1766–1767 L
4. An yüan miao 安遠廟 Tempel zur Beruhigung der Entfernten Gebiete
          = Ili Miao 伊犁廟 Tempel von Ili
III. Nördliche Tempelreihe von Osten:
5. Kuang yüan sze 廣緣寺 Tempel der Weiten Verknüpfung
6. P'u yo sze 普佑寺 Kloster der Alldurchdringenden Hilfe   1760
7. P'u ning sze 普寧寺 Kloster des Alldurchdringenden Friedens 1755 L

= Ta fo sze 大佛寺 Kloster des Großen Buddha

8. Hü mi fu schou miao 須彌福壽廟 Tempel des Sumeru-gleichen Glückes
und Langen Lebens 1780 G

= Ta schi lun bo 扎什倫布

= Hing kung 行宮 Reisepalast = Sin kung 新宮 Neuer Palast

9. P'u to tsung scheng miao 普陀宗乘廟 Tempel der angestammten Lehre
von P'u t'o   1767–1771 L

= Potala 普陀洛 布達拉

10. Schu siang sze 殊像寺 Tempel mit Bildnis des Wenschu pusa
1774–1775

11. Kuang an sze 廣安寺 Kloster der Ordinationsterrasse 戒臺寺 1772

12. Lo han t'ang 羅漢堂 Halle der (500) Lohan   1774

Zeitliche Folge der Erbauung:

	Jahr der Erbauung	Nr der Pagoden
1. P'u jen sze	1713	
2. P'u schan sze	1713	
Park: Yung hiu sze	1751	
Park: Yung hiu sze G (vermutl. Beginn 1754)		54
7. P'u ning sze, Ta fo sze L 1755		57, 58, 59, 59a
6. P'u yo sze	1760	
5. Kuang yüan sze		
4. An yüan miao	1764	
Park: Fertigstellung der Pag. vom Yung hiu sze G		
	1764	54
3. P'u lo sze, Yüan t'ing sze L		1767
		60a-h
9. Potala L	Febr. 1767--Sept. 1771	55a-f
11. Kuang an sze	1772	
12. Lo han t'ang	1774	
10. Schu siang sze	1774–1775	
8. Hing Kung, Taschilumbo G, L	1780	56, 56a

Jehol bietet eine einzigartige Gelegenheit, um die Verwendung langer Reihen von Lamastupas und damit auch des Pagodengedankens an sich im Zusammenhang mit mächtigen Bauanlagen zu studieren, deren Sinn, Geschichte und Bauart uns weitgehend bekannt sind und die mit einander eine Einheit bilden. Darum wird dieses Beispiel als Ganzes ausführlicher behandelt, um zu zeigen, welch hoher Grad von Folgerichtigkeit einer chinesischen Baugruppe selbst dann zukommt, wenn sie unter verschiedenartigsten Voraussetzungen politischer und religiöser Art entstanden ist.

2. P'u ning sze 普寧寺 Kloster des Alldurchdringenden Friedens oder Ta fo sze 大佛寺 Kloster des Großen Buddha

P'u ning sze, Nr 7, in der nördlichen Reihe das 3. Kloster vom Osten her, heißt im Volksmund auch Ta fo sze 大佛寺 nach der Riesenfigur des Bodhisatva Avalokitesvara in der Haupthalle des Mahâyâna Ta scheng ko 大乘閣. Es ist das älteste unter den Lamaklöstern, die Kaiser Kien Lung außerhalb seines Residenzparkes erbauen ließ. Das geschah 1755. Damals bestanden schon lange in der späteren Östlichen Reihe die beiden südlichen Anlagen P'u jen sze 溥仁寺 Kloster der alldurchdringenden Wohlwollens Nr 1 und P'u schan sze 溥善寺 Kloster der Alldurchdringenden Güte Nr 2, die beide von mongolischen Fürsten im Jahre 1713 zur Feier des 60. Geburtstages des Kaisers Kang Hi erbaut waren, gerade 10 Jahre nachdem dieser im Jahre 1703 die Ausgestaltung der Sommerresidenz in Angriff genommen hatte. Kien Lung wählte 42 Jahre später die Baustelle für das neue Kloster in der, durch die beiden älteren Klöster vorgezeichneten Süd-Nord-Linie, doch an ihrem nördlichen Endpunkt, schon jenseits des Flusse Jo ho 熱河, der dort sein Knie bildet im Laufe vom Osten nach Süden, und zwar am Südhang der nördlichen Berge.

Jene Stelle sollte alsbald der Ausgangspunkt werden auch für die glänzende Nordreihe von 8 Klöstern.

Die Veranlassung zur Erbauung unseres Klosters Nr 7 in dem 4 Lamastupas in eigenartiger Anordnung auftreten, war in erster Linie politischer Natur. Im ewig unruhigen Westen, Mongolei, Turkestan und Ili-Gebiet, wo bereits Kang Hi jahrzehntelang hatte Krieg führen müssen, war 1753 unter verschiedenen Rivalen wieder ein ernster Streit ausgebrochen, in den Kien Lung mit Heeresmacht eingriff. 1755 hatte er einen ersten, vollen Erfolg erzielt und die Dsungaren Tschung k'o örl 準噶爾 zur vorläufigen Anerkennung seiner Entscheidung und seiner Oberhoheit gezwungen. Zum Abschluß des hergestellten Friedens versammelte er im gleichen Herbst alle jene beteiligten mongolischen Fürsten und Edlen in Jehol und feierte bei einem großen Bankett die Einigung der 8 inneren und 40 äußeren Banner sowie der 4 Stämme der Khalkha K'a örl k'a 喀爾喀 und der neu hinzugekommenen Dsungaren, die nunmehr alle mit dem Inlande eine Familie bildeten. Nach dem Vorbilde seiner Vorfahren, die nach der Unterwerfung der Khalkha den Hui tsung sze 會宗寺 Tempel der Einigung der Sippen in Dolonor errichtet hätten, habe er für seine mongolischen Gäste in Jehol diesen Tempel des Alldurchdringenden Friedens gebaut und zwar, damit die Mongolen der Gelben

Lehre huldigten, nach dem Vorbilde des tibetischen Tempels bSam-yas, Siao si yü san mo ye kien sze 肖西域三摩耶建寺. Samaya bedeutet den geeigneten Zeitraum für Erleuchtung oder Versenkung, entrückt unserer Welt. Es handelte sich bei unserem Bau also um eine kaiserliche Kundgebung, durch die im Kleide der lamaistischen Lehre und ihrer geheiligten Tempelformen die mongolischen Stämme enger an das Kaiserhaus und an China angeschlossen werden sollten.

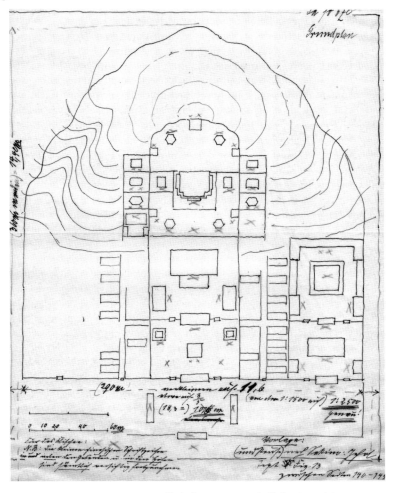

lap151 Jehol: Puning si 普寧寺 = Dafo si 大佛寺, Grundplan

Hier kann nicht etwa die Beschreibung der höchst bemerkenswerten Klosteranlage gegeben werden. Es genügt, an Hand des Übersichtsplanes darauf hinzuweisen, daß der eigentliche Tempel sich in drei parallele Achsen gliedert. Die Hauptachse in der Mitte zeigt einen Vortempel in altchinesischem Stil und dahinter den zentral und rhythmisch geordneten Hauptteil, der sich in Terrassen den Hang hinaufzieht und im Norden durch eine geschweifte Mauer und in der Achse selbst durch einen kleinen Bau mit Durchgang abgeschlossen wird. Die seitlichen Achsen sind auf den Terrassen hintereinander mit einzelnen Gebäuden besetzt, in den Ecken in Südost und Südwest gibt es geschlossene Abteilungen mit parallelen Wohngebäuden für die Lamas oder für Angehörige des Dsungarenstammes.

Wir haben uns hier nur mit dem Hauptteil zu beschäftigen, der sich hinter dem Vortempel aufbaut. Den Abschluß des Vortempels und damit zugleich den Ausgangspunkt für den Hauptteil bildet eine langgestreckte Halle mit der Trias der San ta schi 三大師, der drei großen Buddhas als Lehrmeister der Vergangenheit, Gegenwart und Zukunft. Das ist die Einleitung zu der Darstellung des wohlgeordneten buddhistischen Weltgebäudes, das sich schon im Grundriß des Hauptteiles in festem Rhythmus kennzeichnet. Diese zentrale Anlage ist, im ganzen gesehen, ein ungefähres Quadrat von etwa 70 m Seitenlänge, sie ist nur im Norden, auf dem hier stark ansteigenden Felsenhügel, ungezwungen erweitert und weich geschlossen durch die in Drachenlinien den Hang hinaufziehenden Umfassungsmauer. Die 5 nördlichsten Bauten stehen stark erhöht, sie fügen sich aber in den strengen Grundrißplan genau ein.

Als Mittelpunkt dieser Darstellung des buddhistischen Weltgebäudes birgt der schon erwähnte, großartige Ta scheng ko 大乘閣 Turmbau des Mahâyâna, als eigentliche Haupthalle und weithin sichtbares Wahrzeichen des gesamten Klosters, das gewaltige Standbild des Bodhisatva Avalokitesvara. Die Figur reicht durch alle 4 Geschosse, ist nach chinesischem rituellen Maß 72 Fuß hoch und hat 36 Arme. In der Tat maß ich eine gesamte Höhe einschließlich Sockel der Figur, von genau 21,50 m, zählte aber 42 Arme, von denen 36 auf den eigentlichen Strahlenkranz entfallen mögen. Jeder Arm ist in den nach vorn gewendeten Handflächen mit einem Auge versehen, trägt überdies eines der vielfältigen Symbole. Über dem ungewöhnlich schönen und milden Antlitz hängt aus der reich geschmückten Krone des Bodhisatva eine zierlich weiße Ha ta [qataγ], jenes Tuch der Begrüßungsgabe bei Tibetern und Mongolen, herab bis zum halb geöffneten senkrechten Auge in der Mitte der Stirne. Eine zweite gewaltige Ha ta aber von *wu tschang* 五丈 5 *tschang* = 50' = 15 m Länge reicht von den vorderen Händen bis zum Boden herunter, eine breite und ehrfürchtige Huldigung der mongolischen Fürsten an die milde Göttin des Friedens und der Barmherzigkeit, die hier unter kaiserlicher Obhut die Schirmherrschaft über den neuen politischen Bund übernommen hatte. Denn hier ist Form des Avalokitesvara dargestellt, die bekannt ist als die Kuan yin, die Göttin der Barmherzigkeit, und zwar die Tausendarmige, tausendäugige, gnadenreiche, erbarmungsreiche Kuan yin pu sa Ts'ien schou ts'ien yen ta tz'e ta pei Kuan yin p'u sa 千手千眼大慈大悲 觀音菩薩. Die Gottheit voll Gnade und Erbarmen sollte also an dieser Stelle den Inbegriff des buddhistischen Weltgesetzes verkörpern, unter dem auch die politische Welt von China, Mongolei und Tibet lebte, und unter diesem Zeichen erscheinen hier die begleitenden Symbole des buddhistischen Weltgebäudes, das sich am vornehmsten in den Bildern der Zahlen 5 und 8 darbietet.

lap155a Puning si 普寧寺 = Dafo si 大佛寺

lap155b Puning si 普寧寺 = Dafo si 大佛寺

Das breitgestreckte Rechteck der Turmhalle ist mit einem 5fachen Zeltdach überdeckt, einem größeren und höheren Quadrat in der Mitte, 4 kleineren und niedrigeren Quadraten auf den Ecken. So bekrönt hier die kosmogonische Fünfzahl wie eine 5türmige Pagode die Halle mit ihrer Kultfigur im Inneren, die 5 großen Knäufe der Zeltdächer betonen eindringlich die Zahl 5. Rings um die Halle, deren Wirkung in der Breite noch unterstrichen wird, sind in einigem Abstand 8 kleine massive Turmbauten angeordnet, und zwar in 2 von einander unterschiedenen Gruppen zu je 4, die sich in symmetrischem Wechsel durchdringen.

Die 4 Turmbauten Nr 1–4 stehen südlich und nördlich der Ta scheng ko, sie sind zweigeschossig, haben im Erdgeschoß, alle übereinstimmend sechsseitigen Grundriß von 3,2 m Seitenlänge, südliche Rundbogeneingänge und innere Treppen nach oben, in den Obergeschossen dagegen an den beiden südlichen Türmen Nr 1 und Nr 2 quadratischen Grundriß mit äußerem Umgang, Blindfenster in tibetischem Umriß und Rundbogenöffnungen in Süd und Nord. An den beiden nördlichen Türmen Nr 3 und Nr 4 hat das Obergeschoß sechsseitigen Grundriß wie der Unterbau, es steht ohne Umgang unmittelbar über der Gesimsschräge und hat ebenfalls Blindfenster, doch nur eine Rundbogenöffnung im Süden. Diese Turmbauten 1–4 haben oben flache Terrassen, sind weiß getüncht und werden darum genannt Pai t'ai 白臺 Weiße Terrassen, ein treffender Name, der für alle solche Gebilde in den Tempeln von Jehol beibehalten wird. Die selbst gewählte Form eines rechteckigen Körpers, langgestreckt oder als reiner Würfel, ist ihre tibetische Eigenart.

Die 4 Lamastupas 1–4, die uns hier vor allem angehen, stehen östlich und westlich der Turmhalle, jeder innerhalb einer Brüstung auf der oberen Plattform einer quadratischen Pai t'ai, die versehen ist mit Eingängen in Süd und Nord, Blindfenstern und Innentreppen.

lap155c Puning si 普寧寺 = Dafo si 大佛寺

Die Gesamtheit der 8 Türmchen, von denen die 4 nördlichen auf einer bedeutend höheren Terrasse stehen, bildet ein ideelles Achtseit, die Einheiten sind aber in den Diagonalen zu je 2 enger an einander gerückt und es entsteht ein Rechteck mit abgeschrägten Ecken, die Hauptseiten sind nach den 4 Hauptrichtungen breit geöffnet, die zwei ideellen Rechtecke aus den 4 sechsseitigen und den 4 quadratischen Türmen mit Lamastupas liegen über Kreuz. So ist also um die Zentralhalle Ta scheng ko aus geometrischen Systemen von Rechtecken, Quadraten, Achtseit und Rund, sowie aus den Zahlen 1, 2, 3, 4, 5, 6, 8, 9 ein lebendiger Organismus geschaffen, der die Halle als Mittelpunkt und die Regionen der übrigen Grundfläche wie ein Kräftefeld, doch harmonisch und architektonisch aufteilt. Es ergab sich eine klare Grundlage für Darstellung der buddhistisch-lamaistischen Gedankenwelt, die alle Erscheinungen und Kräfte in unzähligen Ausstrahlungen nach Belieben bis in die letzten Feinheiten zu zerlegen vermag und dennoch sich im Rahmen eines festen Gefüges hält. Das lehrt uns dieses Schema vom Ta fo sze, wenn auch die volle Deutung im Großen wie im Einzelnen noch nicht gegeben werden kann.

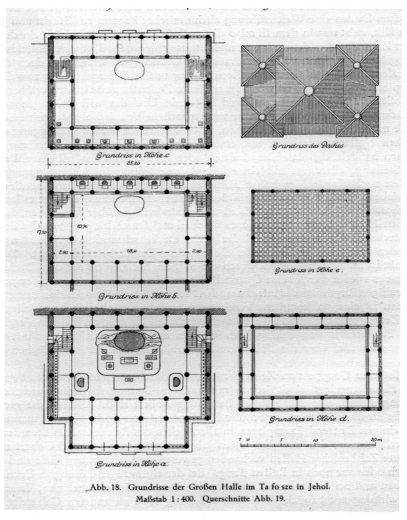

Abb. 18. Grundrisse der Großen Halle im Ta fo sze in Jehol.
Maßstab 1 : 400. Querschnitte Abb. 19.

lap156 Grundriß der Großen Halle – Jehol: Puning si 普寧寺 = Ta fo sze 大佛寺 Vgl.
Chin. Architektur Bd. I, S. 56, Abb. 18

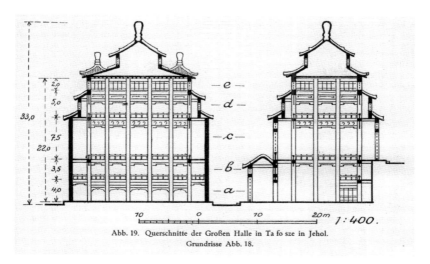

Abb. 19. Querschnitte der Großen Halle in Ta fo sze in Jehol.
Grundrisse Abb. 18.

lap157 Querschnitt der Großen Halle – Jehol: Puning si 普寧寺 = Dafo si 大佛寺
Vgl. *Chin. Architektur* Bd. I, S. 57, Abb. 19

Die Freude an Differenzierung der Formen leuchtet aus der Gestaltung der 4 Lamastupas deutlich hervor. Diese sind in den maßgebenden Hauptkörpern sämtlich untereinander verschieden gestaltet, nur eine Reihe begleitender Merkmale sind einander gleich. Gemeinsam sind allen der kräftige, doppelt verkröpfte Sockel, die runde, nur schwach konische Spira mit einem unteren, großen Ring und 12 oberen, kleinen Ringen.

Gemeinsam sind ferner die gleiche Bekrönung aus einem weit ausladenden Schirm mit angehängten Windglöckchen und aus einer Tauschüssel, die beide zur Einheit verbunden und in reich ziselierter, durchbrochener Arbeit gestaltet wurden, über ihnen die Symbole von liegendem Mond, Sonne und 5fach geflammtem Juwel, alles dieses aus grüner oder vergoldeter Bronze. Gemeinsam ist auch den Hauptkörpern die Zweiteilung in einen unteren und einen oberen Teil, in dessen Mitte auf der Südseite eine reiche Nische das Namtschuwangdan zeigt, das tibetische Symbol der 10 gebietenden Mächte. Diese Anordnung des Symbols steht in Einklang mit der großen Nord-Süd-Achse, die im Tempel vorherrscht, und mit den strengen Kubusbauten der zahlreichen Pai t'ai. Es blicken mithin alle 4 Nischen nach Süden, und nicht etwa nach dem Mittelpunkt der zentralen Hauptanlage zur Haupthalle Ta sheng ko, vielmehr hat bei den Nischen die architektonische Ordnung der Achsenrichtung das Übergewicht behalten.

lap163 Jehol: Puning si 普寧寺 = Dafo si 大佛寺

　　Bei den Doppelkörpern der 4 Stupas sind, ebenfalls bei allen übereinstimmend, die beiden Teile von einander sowie gegen den unteren Sockel und die obere Spira durch verdoppelte Lotoswulste abgetrennt. Es ist das uns bekannte Motiv des Sumeru-Sockels mit aufwärts und abwärts gerichteten Lotosblättern – *Yang lien fu lien Hü mi tso* 仰蓮覆蓮須彌座, vereinfacht genannt *Yang fu tso* 仰覆座 Auf- und abwärts gerichteter Sockel. Das sonst übliche Halsglied fehlt hier durchweg, die Wulste bilden zugleich die oberen und unteren Saumlinien der Teilkörper. Nur zwischen diesen, in der Mitte, ist noch ein drittes Wulstglied, an Stelle des Halses, vorhanden und unorganisch dem unteren Wulste zugeordnet.

Abgesehen von diesen übereinstimmenden Merkmalen sind die zweigeteilten Hauptkörper an den 4 Stupas in Gestalt und Schmuck, auch in den Farben der Glasur, jeder für sich besonders ausgebildet. Die symbolische Bedeutung dieser unterschiedlichen Behandlung bleibt einstweilen ungeklärt. Der Hauptkörper des südöstlichen Stupa Nr. 1 ist zerlegt in zwei umgestülpte, konische Rundkörper, etwa in der Art von Blumenkübeln. Die konischen Rundflächen schmücken regelmäßig zerstreute Lotosblüten, in 3 Reihen wechselständig angeordnet. Es ist die Lotosblüte – *lien hua* 蓮華, sie öffnet sich nach vorne und läßt die beginnende Fruchtkapsel erkennen, als Sinnbild der Vollendung. Auf der Südseite schneidet die Nische des Namtschuwangdan einige Blüten heraus. Der starke Fußring der Spira, Siang lun ta lun 相輪大輪 Großer Ring der Ringfolge, und sein unterer Hals sind dicht bedeckt mit kräftigem Relief aus Voluten und Ranken, die sich von den Mitten aus einem starken Bund nach beiden Seiten auseinanderentwickeln, in seinen Endigungen auslaufen und in ihrer Linienführung die Hand der jesuitischen Architekten am Hofe Kien Lungs deutlich erkennen lassen. Auch diese betonten Reliefs an Ring und Hals wiederholen sich in gleicher Form an allen Stupas.

Am südwestlichen Stupa Nr. 2 ist der Hauptkörper in zwei vielflächige Kristallkörper zerlegt, deren Flächenzahl durch doppelte Verkröpfung der Ecken und untere und obere Schrägen noch stark vermehrt sind. Sämtliche 8 Hauptflächen sowie die senkrechten Kanten der beiden breiten Gürtel sind besetzt mit kleinen reich umrahmten Nischen, in deren Grund je ein einfaches Vadschrazepter – Kin kang tsch'u 金剛杵 Diamantkeule, in reicher Ausbildung und in immer gleicher Form angebracht ist als Schutz gegen Dämonen, 2 x 16 = 32 mal wiederholt. Die mittlere kleine Nische im oberen Halbkörper ist wieder durch die Nische des Namtschuwangdan ersetzt, die nun als größte unter den anderen formgleichen in natürlicher Weise die Führung hat.

Am nordwestlichen Stupa Nr 3 besteht der Hauptkörper zwischen den trennenden Lotosgesimsen aus einer unteren, breit ruhenden Halbkugel, Abbild der umgekehrten Almosenschale, und einer oben aufgesetzten, kleineren Kugel. Diese, ein wahres Sanktuarium, steht für die Wasserblase, den Inbegriff völliger Leerheit als Ziel allen Lebens. Beide Rundflächen schmücken, wieder unter Fortfall der oberen, südlichen Einheit für die Nische, je 6 große Radsymbole, *lun* oder Tschakra. Die Nabe besteht aus einer Rosette, jede der 8 Speichen endet jenseits des Radringes im 3fachen Juwel.

Der nordöstliche Stupa Nr. 4 zeigt wieder die beiden konischen Rundkörper des südöstlichen Stupa Nr 5, indessen stehen hier beide mit der breiten Fläche auf, der Gesamtumriß verläuft etwa in der Linie der Siang lun Spira.

Darum beginnt der untere Teil nur mit einem Lotoswulst, der obere Teil setzt mit der freien Fußplatte weit vor, es kommt deshalb an diesen Stellen zu keiner Sockelbildung. Der Schmuck der beiden konischen Flächen besteht hier aus je 12 Doppel-Vadschra Kin kang tsch'u dem Hoheitszepter des Indra, und zwar in 2 Gruppen, nämlich aus je 6 aufrechten und 6 liegenden Vadschra, die Anordnung wirkt rein ornamental und hart. Oben fehlen wieder einige Zepter zugunsten der Nische.

Die 4 Stupas sind also in folgender Art geordnet:

NW Kugel und Halbkugel	2 Stehende Kegel NO	
mit Rad	mit doppeltem Vadschra	
Westseite		Ostseite

Zentralformen	Kegelformen
Rad und Vadschra	Vadschra und Lotosblüten

SW 2 Kristallkörper	2 Umgestülpte Kegel SO
mit einfachem Vadschra	mit Lotosblüten

Eine bestimmte Deutung für die Wahl der einzelnen Motive an ihren Stellen kann, wie gesagt, nicht gegeben werden, wenn auch eine bestimmte Absicht zugrunde liegen muß.

Über die wichtige Verteilung der Glasurfarben auf die einzelnen 4 Stupas und ihre architektonischen Gliederungen an Hauptkörper und Spirafuß gibt Sekino in seinem Werk Jehol leider nur allgemeine Hinweise, ich selber war bei dem kurzen Besuch nicht in der Lage gewesen, sie auch nur zu vermerken. Nach Sekino sind als Hauptfarben verwendet *huang* 黃 gelb, *lü* 綠 grün, *tze* 紫 violett, *k'ün ts'ing* 群青 verschiedene Arten von blaugrün bis schwarz, und bei schwarz 黑. Durch die schillernde Glasur der Farben wird die Wirkung aufs höchste gesteigert, die leuchtenden Punkte, Gliederungen und Symbole spiegeln den großen Glanz des Buddha wieder im Bilde vielfältig gebrochener Strahlen. Dazu kommen die Glasuren der benachbarten Hallendächer und ihrer Schmuckteile, so befinden sich über den glasierten Dächern auf den Firsten neben verschiedenen Symbolen auch wieder kleine glasierte Lamastupas. Die große, rein rhythmische Plananlage des Tempels auf dem ansteigenden Hügel findet ihre willkommene Ergänzung durch solche weitgehende Auflösung in formenreiche und farbenfreudige Teile. Das ist ein echter Widerglanz des lamaistischen Kosmos.

3. P'u lo sze 普樂寺 Tempel der Alldurchdringenden Freude

9 Jahre nach der Erbauung des soeben besprochenen Ta fo sze ließ Kaiser Kien Lung im Jahre 1764 südlich davon, auf dem jenseitigen Ufer des Flusses Jo ho, auf dem dortigen Hügel den nächsten Tempel Nr 4 errichten, den An yüan miao 安遠廟. Zur Erinnerung an die Beruhigung der Fernen Gebiete. Gemeint ist damit ein weiterer Stamm der Dsungaren – Tschun ka örl 準噶爾, die, nachdem neue Kriege im fernen Westen im Jahre 1759 beendigt waren, damals in einer Stärke von 1200 Köpfen aus ihrer Heimat Ili 伊犁 in Turkestan an diese Stelle nach Jehol verpflanzt wurden. Auch sie erhielten hier ihren Tempel, und zwar nach dem Vorbilde ihres vornehmsten, heimischen Heiligtums K'u örl tscha tu kang 庫耳扎都綱 in der alten Hauptstadt Kuldscha, das auf der Nordseite des Ili-Flusses sich befunden hatte, jedoch in den Kämpfen zerstört worden war. Darum wurde dieser Ersatztempel An yüan miao in Jehol im Volksmunde auch genannt Ili miao 伊犁廟 wenigstens erhielt ich dort diese befriedigende Auskunft. O. Franke gibt dafür die Bezeichnung Yü lin miao Ulmenhaintempel, doch wäre hierfür eine entsprechende Beziehung noch nachzuweisen. Ein hochragender, 4geschossiger Turmbau bildet das Wahrzeichen des Tempels und zugleich das eindrucksvolle Gegenbild zum jenseitigen Turmbau des Großen Buddha Nr. 7, zwichen beiden fließt der Fluß.

Selbständige Lamastupas fehlen im An yüan miao, nur den hohen First des Turmbaues krönt ein kleiner Stupa. Doch wurde diese Anlage besonders erwähnt, weil sie gleichfalls der politischen Rücksicht auf die unterworfenen und verpflanzten Dsungaren ihren Ursprung verdankt, und weil überdies die Wahl der Baustelle und des Turmmotivs unmittelbar überleitet zu dem nächsten 3 Jahre später erfolgten Bau des nahen P'u lo sze Nr. 3. Mit dem Bau des An yüan miao war nämlich der entscheidende Schritt getan zur planvollen Ausgestaltung der Umgebung der Sommerresidenz im Sinne eines lamaistischen Fengschui. Denn einmal war damit die Ostreihe der Tempel und Klöster endgültig festgelegt, überdies auch der Turmgedanke gefunden, zumal im gleichen Jahre 1764 auch der Neubau der Großen Pagode vom Yung hiu sze fertig gestellt wurde innerhalb der östlichen Grenzmauer der Residenz, unmittelbar neben dem Flußtale. Nunmehr bildete diese Pagode mit den bestehenden Türmen vom Ta fo sze und vom Ili miao 伊犁廟 ein harmonisches Dreieck, und es fehlte nur noch der Rundbau vom P'u lo sze, um das Feng schui dieser Ostseite vollkommen zu machen. Dieser war dann auch der nächste, der in den Jahren 1766 und 1767 erstand und zugleich reiche Verwendung machte von den Lamastupas.

Die Achse des neuen Tempels zeigt nach Osten genau auf das etwa 1000 m entfernte Felsenmal des Pang tsch'ui schan, und ist nach Westen etwa auf die ebenfalls 1000 m entfernte Pagode vom Yung hiu sze gerichtet. Der Tempel steht also zwischen den beiden vornehmsten Verbindungspunkten der Landschaft, aber aus der geraden Verbindungslinie etwas nach Süden herausgerückt, denn das entsprach sowohl der Lage des Hügelrückens, wie auch den Regeln des Fengschui, die es nicht erlaubten, in bewegter Landschaft ungleichartige Monumente als Akzente in eine Gerade zu bringen. Die ungleichwertigen Einflüsse der natürlichen Umgebung bedingen fast stets eine exzentrische oder eine exlineare Ordnung.

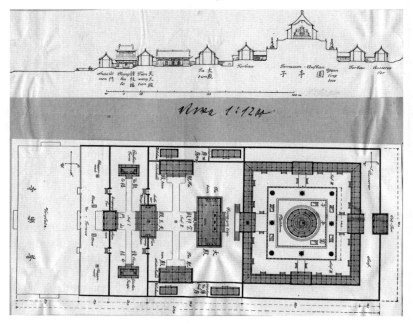

lap169 Pläne – Jehol, Pule si 普樂寺

Der Tempel der Alldurchdringenden Freude P'u lo sze 普樂寺 Nr 3 steht ungefähr in der süd-nördlichen Linie der östlichen Tempelreihe ganz nahe dem südlichsten und ältesten Tempeln aus Kang Hi, auf einem Hügel, der sich quer dazu unmittelbar östlich vor dem hier stark verbreiterten Bett des Joho-Flusses erhebt und in seinem Verlauf, entsprechend auch der Achsenrichtung des neuen Tempels, etwa auf die Mitte des westlich gelegenen Palastparkes weist. Gemäß der viersprachigen kaiserlichen Gründungsinschrift auf dem Steinpfeiler vor dem symbolischen Hauptbau wurde die Anlage erbaut unter Kien Lung in der Zeit vom 1. Monat 1766 bis zum 8. Monat 1767. Der Baustil läßt altchinesische und lamaistische Planung auf das innigste verschmelzen. Am bekanntesten ist der Tempel bei allen Besuchern dadurch geworden, daß die Form der großen Rundhalle an die große Rundhalle in Peking anklingt, daher erhielt jene Halle den volkstümlichen Namen Yüan t'ing tze 圓亭子 Runder Pavillon, und dieser sinnfällige Ausdruck wurde auch für den ganzen Tempel gebraucht. Bei der Planung scheinen hervorragende Fachleute mitgewirkt zu haben. Außer den chinesischen, die als selbstverständlich vorausgesetzt werden müssen, vermerkt die Inschrift, daß auch der Tschang kia kuo schi 章嘉國師 befragt worden, und daß nach seinen Angaben das Kloster erbaut sei. Dieser Reichslehrer ist kein anderer, als der uns vom Wutaischan her bekannte Tschang kia Hutuktu 章嘉呼圖克圖 Lalitavadschra, der lamaistische Erzbischof oder Kardinal von Peking und Jehol und vertraute Freund des Kaisers Kien Lung. Er war also hier verantwortlich für Befolgung der genauen lamaistischen Symbolik bei dem Bau. Denn auch dieser sollte natürlich mitwirken bei der Befriedung der westlichen, mongolischen und tibetischen Stämme, sie sollten hier am Sitz des kaiserlichen Hofes ihre vertrauten Religionsgebräuche und Kultformen wiederfinden und ausüben und sich dadurch heimisch fühlen im chinesischen Reich.

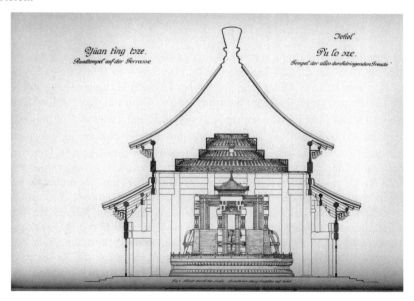

lap170 Jehol, Pule si 普樂寺, Yuantingzi 圓亭子, Hauptaltar
Nach *Chines. Architektur* Taf. 71–72.

Iap 171 Jehol, Pule si 普樂寺 – von Berg im Südosten

Über den Beweggrund zur Erbauung des Tempels heißt es in der Inschrift: Nach dem Bau der älteren Tempel von Pu ning sze = Ta fo sze aus 1755 und von An yüan miao = Ili miao aus 1764 sei es nunmehr angezeigt gewesen, auch für die neu angegliederten Stämme der Tu örl po t'e 都爾伯特 = Dörbet. die rechten und linken Ha sa k'o 哈薩克 = Hasak und die östlichen und westlichen Pu lu t'e 布魯特 = Burut[8] etwas zum Emporschauen zu geben und ihren Respekt zu wecken, damit sie zufrieden und treu blieben. Und nach Franke wird der erst vor kurzem erfolgte Anschluß der Dsungaren-Stämme an das Reich erwähnt. Das große Volk der Mongolen, das nunmehr die Segnungen des Friedens genösse, huldige allgemein der Gelben Lehre, und da jetzt Jahr für Jahr ihre Fürsten nach Jehol zum Empfange kämen, so seien Tempel daselbst für sie hergerichtet, damit sie ihrer Religion und ihren Sitten entsprechend leben könnten, und ihre Freude vollkommen sei. Also stellt dieser Bau der Alldurchdringenden Freude gewissermaßen die Krönung des Erfolges aus den langwierigen Kämpfen dar, die im fernen Westen, in Turkestan, der Dsungarei und Ili, hatten geführt werden müssen und nunmehr in einen dauernden Frieden münden sollten. Darum trägt der Bau auch in be-

---

8 d.i. Kara-Kirgisen -> Kirgisen.

sonderer Klarheit die gemeinsamen Züge altchinesischen und lamaistischer symbolischer Formen, die einer näheren Erläuterung wert sind. Die Lama-stupas spielen dabei eine hervorragende Rolle.

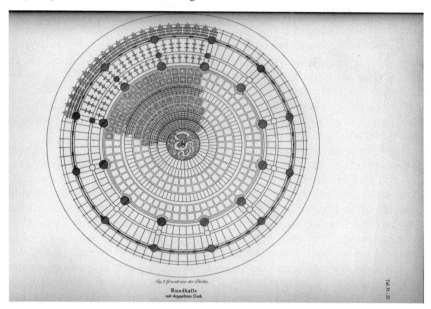

lap173 Jehol, Pule si 普樂寺, Teil der Holzkuppel der Rundhalle im Grundriß. Nach *Chines. Architektur* Bd. I, Taf. 71–72

Bei der gesamten Anlage handelt es sich in erster Linie um das symbolische Monument, das den rückwärtigen Hauptteil bildet. Diesem vorgelagert ist ein einfacher Vortempel im altchinesischen Stil mit wenigen Hallen, die einzeln stehen, ohne mit einander verbunden zu sein. Sämtliche Hallen haben natürlich buddhistische Bestimmung, bieten aber nur sehr wenig Raum zur Unterbringung von Mönchen, für einige Hüter dienen in den ganz schmalen Nebenhöfen zwei winzige Häuschen. So ist das Ganze nicht als Kloster zu bezeichnen, sondern als Tempel. Die Abmessungen sind bedeutend. Bei einer Gesamtlänge der Anlage von 214,0 m und einer Gesamtbreite von 92,0 m entfällt auf den weit gedehnten Vortempel mit 2 Vorplätzen und 2 Höfen eine Länge von 133,0 m. Hier gibt es nur die allernotwendigsten Baulichkeiten, 2 Haupttore, das 2. für Milofo und die 4 Himmelskönige, und kleine Nebentore bilden den Eingang, seitlich mit Glockenturm und Paukenturm. Im Haupthof steht, jenseits von 2 an die Rückmauer gelehnten Seitenhallen ganz frei die Haupthalle mit 5 Querschiffen und 7 Langschiffen. Sie birgt als Trias die San ta schi 三大師 3 Großen Meister, die Buddhas der Vergangenheit, Gegenwart und Zukunft, seitlich in Gruppen zu 4 die 8 großen Bodhisatvas, Pa p'u sa 八菩薩. Gleich hinter dem Eingang standen bei meinem Besuch am 24.5.1907 noch 5 wunderschöne Bronzegefäße von Kien Lung. Auf den Kaiser und seine politische Absicht bei Erbauung des P'u lo sze bezieht sich wohl auch die Bezeichnung dieser Haupthalle als Tsung yin tien 宗引殿, was in diesem Falle nicht allein als Spuren des Buddha oder buddhistischen Patriarchen zu deuten wäre, sondern sowohl als Zeichen und Vermächtnis der alten Dsungarischen Vorfahren aus der fernen Heimat und des Glaubens der Väter, wie auch noch eindringlicher als kaiserliches Zeugnis und Siegel dafür, daß nunmehr das Kaiserhaus selber der Vater der jetzt hier im Reich heimischen Dsungaren und damit auch der Patron ihres Glaubens geworden sei.

Unmittelbar hinter der Tsung yin tien führt in der Achse eine 2armige Treppe empor zu dem Hauptteil, dem quadratischen Hauptbau, einem Quadrat von 69,0 m Seitenlänge. Dieser Teil liegt bereits in Bodenhöhe des Umganges, 3,42 m höher über der Fläche des Haupthofes im Vortempel, und steigert sich in 2 weiteren zentralen quadratischen Terrassen von 6,24 m und 4,82 m Höhe bis zur obersten Plattform auf insgesamt 14,48 m Höhe über dem Vortempel. Dort oben steht die Rundhalle, deren Höhe auf etwa 18,0 m bestimmt wurde. Diese Entwicklung zu einer Gesamthöhe von rd. 32,5 m, die an sich nicht übermäßig ist, erhält aber ihre monumentale Wirkung durch die Stellung auf dem Hügel und im freien Raume der Landschaft, überdies durch den einzigartigen Umriß der gruppierten Anlage mit dem zentralen Rundbau.

Das ganze Quadrat des eigentlichen Kultbaues ist auf den 3 freien Seiten in Nord, Ost und Süd umgeben von 3 schmalen Höfen und durch deren Außenmauern wieder mit dem Vortempel zu einer großen Einheit zusammengefaßt, die auch am östlichen Gegenpunkt durch ein Schlußtor einen Ausgang ins Freie erhielt.

In der Hauptachse, die ja nach Westen orientiert ist, jedoch innerhalb der ganzen Anlage in chinesischem Sinne als Südachse gelten muß, führt die erwähnte Doppeltreppe zu dem Haupttor der 4 Torhallen, die im Zuge der umlaufenden Hallengänge des äußeren Quadrates die 4 Kardinalpunkte betonen und in Wahrheit die 4 Welttore des buddhistischen Weltgebäudes darstellen. Jene vornehmste Torhalle enthält in ihrer Mitte einen mächtigen Inschriftpfeiler aus Marmor von 1,35 m im Quadrat und 4,61 m Gesamthöhe mit reichen Skulpturen an Sockel und Kopfstück. Die 4 Seiten des eigentlichen Pfeilers tragen zwischen Ornamentstreifen längs der Kanten auf den glatten, großen Schriftflächen die erwähnte Gründungsinschrift des Kaisers Kien Lung, eingegraben in den 4 Reichssprachen Chinesisch, Mandschurisch, Mongolisch und Tibetisch. Derartige 4sprachige Inschriften sind uns in großer Zahl erhalten gerade aus der Regierung Kien Lung. Diese hier hat

wohl den eindrucksvollsten Platz erhalten, gerade am Eintritt in die symbolische Anlage in deren Hauptachse, und doch schon innerhalb von ihr, wie es
die kaiserliche Absicht erforderte.

Iap174 Jehol, Pule si 普樂寺, «Hauptaltar»

Bei dieser merkwürdigen, einzigartigen Anlage in China wie im übrigen
Asien haben wir es zu tun mit einer symbolischen Verknüpfung buddhistischer Glaubenslehre und chinesischer Gedanken. Insbesondere ist es der Berg
Sumeru, jener zentrale mythische Berg, zugleich die Achse jedes buddhistischen Universums und das Fundament aller Himmel, das hier dargestellt
ist in einer abstrakten Gestalt, wie sie dem Ausdruck als Architektur ent-

spricht, doch dadurch wird der seelische Gehalt für den Wissenden nur um so klarer und sinnfälliger. Aus den kanonischen 7 Kreisringen von Bergen um den Sumeru sind hier die quadratischen Umgänge geworden mit den 4 Welttoren, das Wasser des Ozeans ist fortgelassen. In der Mitte dieses äußeren Quadrates baut sich der Sumeru selbst auf in Gestalt der beiden quadratischen Terrassen, die in Ost und West wie in Nord und Süd über innere Treppen ersteigbar sind und entsprechende Treppenhäuschen für den Ausgang haben. Die untere Terrasse ist eingefaßt durch eine Brüstung aus Zinnen und trägt auf den 4 Ecken und in den 4 Mitten der Kardinalseiten die 8 Lamastupas in Glasur, die wir hier noch näher betrachten werden. Die obere Terrasse ist eingefaßt durch ein Marmorgeländer, heißt als Hauptplattform King t'an 經壇 Altar der Sutren und trägt über drei kreisförmigen Stufen die Rundhalle. Diese ist im Grundriß in 12 Teile geteilt und mit doppeltem Zeltdach überdeckt. Auf das erhabenste Vorbild für dieses Motiv wurde bereits hingewiesen, nämlich auf den Himmelstempel in Peking und auf seine große Rundhalle mit 3fachem Zeltdach, zuerst erbaut im Jahre 1420 durch den Mingkaiser Yung Lo. Auch der gewaltige Knauf der Spitze entspricht jenem Bau sowie anderen alten chinesischen Vorbildern. Dieses Motiv des großen Knaufes als Spitze tritt übrigens auch schon einmal in Jehol auf, im Ta fo sze an der Haupthalle über den 5 quadratischen Zeltdächern.

Die Verdoppelung des quadratischen Unterbaues darf man nach altchinesischer Auffassung als Yin-Yang, also als das dualistische Prinzip Weiblich-Männlich auffassen, ihr entspricht auch die Verdoppelung des Zeltdaches. Darüber hinaus bedeutet das Rund der Halle über dem Quadrat des Unterbaues der Himmel über der Erde, also wieder die Gemeinschaft dieser beiden großen Kräfte Männlich und Weiblich, der 12geteilte Grundriß der Halle steht für den Tierkreis und die 12 Monde. So stellt der Mittelbau das altchinesischen Universum selbst dar. Und die Rundhalle trägt den ungewöhnlichen, doch bedeutungsvollen Namen Hü kuang ko 旭光閣 Turmbau zum Glanz des Sonnenaufganges, als ob mit seiner Errichtung und mit Sicherung des großchinesischen Reiches ein neues Weltzeitalter begönne. Folgerichtig ist bei diesem Bau der Zentralgedanke bis ins letzte durchgeführt. In der großen Halle des Himmelstempels in Peking war noch für den Kult der Ahnen und Naturgeister eine Anordnung der Altäre getroffen, bei der die chinesische, große Achse und ihr bedeutender Richtpunkt, der Himmel selbst oder kaiserliche Urahne oder auch der Nordpol, wieder den Vorrang erhielt vor dem zentralen Rund. In der Rundhalle des P'u lo sze dagegen erhielt der lamaistisch-buddhistische Kosmos wieder das Übergewicht über den angedeuteten chinesischen Kosmos. Denn das Innere ist fast ausgefüllt mit einem bis zum äußersten zentralisierten Altar, der die Rückbildung aus dem gewonnenen Rund wieder in das Quadrat und aus diesem, wieder über ein neues Rund, bis in einen letzten Mittelpunkt durchsetzt.

Dieser Altar, eine hervorragende Darstellung des buddhistischen Weltsystems, steht im Inneren der Rundhalle gerade unter der überaus reichen Holzkuppel, die sich mit Kassettenfeldern und Konsolgesimsen aus der inneren Stützenstellung der mächtigen Holzsäulen groß entwickelt. Der Altar, in allen Teilen aus Holz, beginnt mit einem runden Unterbau, ebenfalls aus Holz, der innerhalb der Säulen der Rundhalle nur einen schmalen Gang von 1,10 m Breite freiläßt, im übrigen die gesamte Fläche einnimmt. Die Außenfläche des Unterbaues ist in ihrer ganzen Höhe von 1,75 m in Wulstgesimsen, Hals und Fries gegliedert und in allen Teilen mit hinreißend schön geschnitzten Lotosblättern und Ranken bedeckt. Der obere Rand schließt eine ganz niedrige, äußerst zierliche Brüstung ab. Auf der Plattform des Unterbaues, zwischen dem quadratischen Hochaltar und der runden Brüstung, sind eine Unmenge von kleinen Figuren, Gebilden aller Art und Symbolen aufgestellt, Liebesbuddhas und zahlreichen Gottheiten, Lohan, Welthüter, Krieger, Korallenbäumchen, Zwergzypressen, Zwergkiefern und andere Bäume, Schlangen, aufgehängte Menschen, Kultgeräte, Spiegel, Flammen, Zauberschwerter, alles als Sinnbilder unserer irdischen Welt, zugleich zur Beschwörung übler Dämonen, also als Schutz der abgesonderten Heiligkeit, die dort oben im Altar sich niederließ in den Bereich der Menschheit.

Bei den nur geringen Abständen, die man im beschränkten und voll erfüllten Raume zur Verfügung hat, ist ein Gesamtüberblick über den Altar oder gar eine aufschlußreiche Photoaufnahme nicht möglich. Ein glücklicher Umstand ließ mich nach 5 Tagen im Kloster Putala ein Modell finden, das den Hauptalter von P'u lo sze in allen Einzelheiten darstellt und offenbar als das Originalmodell anzusehen ist, nach dem unter Kien Lung und unter Leitung des Hutuktu Lalitavadschra 1767 der große Altar in der Rundhalle gefertigt wurde. Mit Hilfe der Aufnahme nach diesem Modell, von Einzelheiten des Altars selbst und von zeichnerischen Aufnahmen ist es möglich, sich ein genaues Bild von diesem Werk zu machen, das hier als neue Abstraktion des Berges Sumeru nunmehr als Mittelpunkt der großen Tempelanlage zu gelten hat und schließlich selbst als Zentralpagode zu betrachten ist. Auf diesen Mittelpunkt sind auch die 8 Lamastupas auf der unteren Terrasse ausgerichtet, von ihm beziehen sie ihren Sinn.

Der Aufbau des eigentlichen Hochaltars besteht aus einem neuen, würfelartigen Unterbau von 5,5 m Seitenlänge und 2,30 m Höhe und dem oberen offenen Tabernakel von 5,20 m ganzer Höhe, so dass sich einschließlich des unteren, runden Sockels für den Innenaltar eine Gesamthöhe von 9,45 m ergibt. Das offene Gehäuse ist aus einfachem Balkenwerk konstruiert bei 4,50 m Seitenlänge des Grundquadrates und 3,0 m Höhe bis Oberkante

Hauptgesims, über dem das freie quadratische Zeltdach sitzt. Jede Seitenfläche des Tabernakels ist durch die Eckpfeiler und zwei innere, enger gestellte Pfosten in 3 offene Felder geteilt, 2 breitere an den Seiten, die durch
weitmaschige Drahtgitter verschlossen sind, doch noch genügend Einblick
gewähren, und 1 schmales Feld in der Mitte, das den Eintritt für das Auge
ganz frei läßt. Hier ist auf jeder Seite ein Tor in rein indischem Stil vorgebaut,
und zwar auf einem Sockelvorsprung, der mit 5 angedeuteten Stufen von der
unteren runden Plattform hinaufreicht bis zum Boden des Tabernakels. Vor
diesem Stufenrisalit führen 2 angedeutete Treppen von je 18 Steigungen in
die Höhe, wie bei Zugängen zu Hallen im Kaiserpalast oder in ausgezeichneten Tempeln. Wird dort aber die Mittelachse bezeichnet durch Marmorplatten aus Drachen oder Phönix, so ist hier in Potala eine sehr eigenartige Form verwendet. 4 starke gebogene Stäbe im eckigen Profil, sich nach
vorn verjüngend, wachsen aus reich ornamentierten Metallfassungen oben
und unten, rechts und links vor der mittleren der 5 Stufen heraus und vereinigen sich als Kreuz im Kreuzpunkt der Mitte, einem 4seitigen Buckel-
knauf. Diese Bögen sind am besten als Elefantenrüssel zu deuten, und zwar
von je 4 Elefanten für jedes Tor. In der Gesamtzahl 16 beschützen sie den
Aufgang über die Treppen vor falschen Dämonen und tragen sinnbildlich zugleich die Gottheit.

Der Torbau selbst zeigt gutbekannte, rein indische Formen. Zu beiden
Seiten der breiten Toröffnung tragen je 4 gebauchte und schlanke Säulen, eng
gebündelt, übrigens in Einzelheiten nicht ganz nach dem Modell ausgeführt,
das vielfach versetzte und hochstrebende Gebälk, das mit Kugeln ausgestattet
und über dem höchsten Balken mit verzierter Leiste abgeschlossen ist. Die
Öffnung des Tores ist in ihrem inneren Umriß geschmückt mit verziertem
Rand, auffallender Bandschleife und Schrifttafel. Zwischen Torbau und
Tabernakel steht ein freies Zwischenstück mit schmaler Öffnung, wie ein
Zwischentor, doch mit dem gleichen Hauptgesims aus verschwenderisch
durchkomponierten Palmetten in unermüdlicher, echt indischer Wiederholung, wie es auch um das Tabernakel selbst herumläuft. Über den 4 Ecken
des Hauptgesimses, ebenso über den 2 höchsten Ecken jedes der 4 Tore sind
Ehrenschirme aus roter Seide mit Stickerei aufgestellt, insgesamt also 4 + 8 =
12 Stück. Das zentrale Zeltdach über dem Tabernakel trägt als Spitze das
Symbol des buddhistischen Rades aus 8 Speichen. Vom Zenith der Holzkuppel, wo in dichten Reliefs reich bemalter und vergoldeter Wolken ein Frontal-
drache seinen Leib ringelt und von wo er den geschlossenen Rachen halb
begehrend, halb schützend hinunterstreckt zur Mitte des Raumes, hängt eine
große weiße Perle, Sinnbild der vollkommenen Heiligung, herab, aus dem
Rachen des Drachen gerade auf das Rad als Spitze des Zeltdaches und auf die
Gottheit im Inneren des Altares.

Die Gottheit im Kapellenraum wird bezeichnet als Schang lo wang fo 上 樂王佛 Buddha als König der Freude und ist dargestellt als stehende, in den Körperteilen weiße Figur, etwa in 1 1/2facher Lebensgröße, mit 6 Armen und 3 Köpfen. Zwischen den beiden seitwärts gerichteten Köpfen weist der mittlere, entsprechend der Stellung der Figur, in die Hauptachse nach Westen, kanonisch gedacht nach Süden, die einzige leise Achsenbeziehung bei Rundhalle und Altar, wo sonst alles zentral geordnet ist. Das Haupt des Bodhisatva schmückt eine 5blättrige Krone, deren einzelne Blätter wiederum mit je einem kleinen Buddha versehen sind, in der Stirn sitzt ein drittes Auge. Es handelt sich hier offenbar um Bodhisatva Mandschusri = Wenschu pusa, den Schutzheiligen des Wutaischan. Daß dieser Bodhisatva gerade an dieser Stelle sich findet, kann damit zusammenhängen, daß die chinesischen Kaiser der Mandschu sich als Inkarnationen des Mandschusri bezeichneten. Unter allen hat Kaiser Kien lung wohl am häufigsten Gebrauch von dieser Anschauung gemacht und hier in P'u lo sze, wenn auch ganz unauffällig durch die Figur an diese Gleichsetzung erinnert, im Zusammenhang mit den geschichtlichen Ereignissen um die Dsungaren. Im übrigen ist der Bodhisatva hier in einer lamaistischen Form manifestiert, ohne Verzerrung im Antlitz und ohne Kränze oder Aufsätze von Totenschädeln, doch er umarmt sein weibliches Gegenbild, eine schmächtige und elegante Schakti, die mit dem rechten Bein auch ihn umschlingt. Eine solche Vereinigung des Bodhisatva mit seiner weiblichen Energie, mit den Kräften der Tantragötter ist im tibetischen Religionskreis durchaus üblich, solche Manifestationen bedeuten bestimmte Schöpfungen, besondere Eingriffe in die Weltordnung, etwa zum Schutze der eigenen lamaistischen Religion in einem fremden Lande. Dieser Gedankengang mag an jener Zeitenwende, wo die Dsungaren sich dem Schutze Chinas anvertrauten, mitgespielt haben bei Konzeption der Figur und ihrer Anordnung an dieser Stelle. Zur weiteren Bekräftigung jener Absicht standen bei meinem Besuche in dem Kapellenraum noch 2 weitere ähnliche Paare, die man volkstümlich als Liebesgötter bezeichnen kann, aus vergoldeter Bronze in etwas unter Lebensgröße. Und an der Kapelle auf den 4 Ecken sind unter dem äußeren Hauptgesims noch je 4 kleine tanzende, insgesamt also 16 Figuren über Wolkengebilden angebracht in lebhaftester Bewegung, um an die Verzückungen im Geisterreich zu erinnern. Ihre Zahl entspricht der Anzahl der Elefantenrüssel an den 4 Seiten. Formal gesehen, ist der rein lamaistische Anteil am Altar bescheiden, er genügt aber, um in die altchinesische wie in die indisch-buddhistische Umgebung die entscheidende lamaistische Note zu bringen.

Eine zusammenfassende Schau über alle gestaltenden Kräfte, die bei P'u lo sze mitgewirkt haben nach Lage, Tempelplan und Rundhalle bis zur letzten Durchbildung des Hochaltars auf der Plattform des Sumeruberges, läßt erkennen, daß nach Gedanken und Rhythmus von Raum und Zahlen, nach Ordnung und Wertung geometrischer Gebilde hier eine zentrale Lösung aus Rund, Quadrat und Mittelpunkt gefunden wurde, die einfach ideal ist. Es wurde schon bemerkt, daß selbst der Himmelstempel und seine Rundhalle in Peking, so zentral die einzelnen Teile auch angelegt sind, doch dem Achsengedanken, zumal im Kult, einen entscheidenden Teil beläßt. Im P'u lo sze ist die Achse, bis auf den geringen Rest der Figur, die achsial angeordnet werden mußte und den notwendigen Anteil des menschlichen Organismus bedeutet, ganz verschwunden. Nicht einmal eine Kulthandlung, etwa durch Opfer auf einem Altartisch, für den keine Stelle vorhanden ist, wäre hier möglich, sondern man darf sich eine solche Handlung nur vorstellen im etwaigen Umwandeln des Heiligtumes, also wiederum in einem neuen konzentrischen Ring. So ist hier die letzte Folgerung für die erstrebte Zentralisierung des Buddha-Gedankens gezogen, es bedurfte aber gleichzeitiger Anteile von China, Indien und Tibet-Mongolei in ihren höchstentwickelten architektonischen und religiösen Elementen, um für die letzte Synthese einen kongruenten und klaren baulichen Ausdruck zu finden. Das war wiederum nur im Zeitalter Kien Lung möglich, wo getrennte Entwicklungen ihren Höhepunkt erreicht hatten, wo aber gleichwohl noch genügend Schöpferkraft und Anmut vorhanden waren, um aus alten Bestandteilen ein neues und inhaltreiches Ganzes zu bilden.

So gesehen, verkörpert der Rundbau im P'u lo sze mit dem umschlossenen Altar den Pagodengedanken selbst. Und zwar ist es das Sanktuarium der alten Tienningpagoden mit den 4 Toren, das hier in ähnlicher zentraler Gestalt erstand, nur wurde anstatt des Turmstockes, der in den Himmel weist, der Himmel selber gewählt, der die Cella überdeckt, einmal in Form des kleinen quadratischen Zeltdaches unmittelbar über der Altarkapelle, dann aber als das verdoppelte, große Zeltdach des Rundbaues selbst. Das Tabernakel mit den 4 Welttoren und der inneren Gottheit ist der Stupa, die innere Heiligkeit ist sichtbar gemacht, doch gehütet im altchinesischen Kultbau der Rundhalle, die mithin für die Pagode steht.

Dieser ganze, merkwürdige Bau ist nun in einen größeren Zusammenhang gestellt durch die Anordnung der 8 Glasurpagoden auf der Plattform der unteren Terrasse. Mit diesen 8 Stupas bildet der zentrale Altar die kanonische Neunzahl. Dadurch ist der Hinweis geschaffen auf die 8 Weltrichtungen, sie liegen völlig im Kräftefeld des Allerheiligsten, das seine Ausstrahlungen von der Mitte aus entsendet. Die Formgebung der 8 Stupas ist hochelegant, dabei entsprechend würdig und feierlich. Die Glasurfarben folgen einer eigenen Symbolik. Schon die Dächer des Vortempels sind reich glasiert, Nebengebäude grün, Haupthalle gelb, ihr hohes Firstband mit gelben Drachen auf grünem Grund und 8 gelbglasierten buddhistischen Symbolen als Aufsätzen.

Hierzu bringt die zentrale Gruppe durch die 8 vielfarbigen Stupas auf der Terrasse eine gewaltige Steigerung, sie findet ihren Höhepunkt in der veilchenblauen Glasur des doppelten Zeltdaches und in dem mächtigen goldenen Knopf. Die runden Wände der Haupthalle sind in Fenster und Türen aufgelöst und in Ochsenblutrot gehalten, das Gebälk in den bekannten verschiedenen Farben chinesischer Palastbauten.

lap176 Jehol, Pule si 普樂寺 _ 2 Pagoden

lap177a Vier Fotos der Pagoden am Pule si 普樂寺

Die 8 Glasurstupas, angeordnet auf den 4 Ecken und in der Mitte jeder Quadratseite, sind unter sich völlig gleich, abgesehen von geringfügigen Abweichungen, die aber nicht ihre Gestaltung betreffen. Wir gehen zuerst auf ihre Farbgebung ein. Jeder Stupa hat, bei einer Seitenlänge von 2,57 m des Grundquadrates, eine Gesamthöhe von 6,15 m, davon entfallen auf Sockel 1,37 m, Fuß des Rundkörpers 0,80 m, Urnenkörper selbst 1,40 m, Hals 0,38 m, Spira wieder 1,40 m, Bronzebekrönung 0,80 m. Der kräftige Marmorsockel setzt auf den Fußboden mit einem verzierten und unterschnittenen Kyma auf und zeigt über diesem das klare Sockelmotiv der Zeit Kien Lung.

Zwischen Fuß- und Deckplatte und den Lotoswulsten läuft der Halsfries ringsum, sämtliche Flächen, auch die Buckel der Eierstäbe, sind mit feinem oder stärkerem Relief verziert. Über dem Sockel entwickelt sich der prächtige, glasierte Fuß für den Rundkörper, stark pyramidal aufwärtsstrebend in 5 gleichmäßig von einander abgesetzten Ringen oder Schichten aus dem chinesischen Eierstab. Die 2 Farben des Fußes wechseln bei den verschiedenen Stupas in der Weise, daß stets der oberste und unterste Ring 1 und 5 die gleiche, dagegen die 3 mittleren Ringe 2–4 eine andere Farbe zeigen. Diese Hauptfarbe der 3 Ringe gilt auch für den Hauptkörper und die Spira samt dem starken Hals zwischen jenen beiden, während die Umrahmung der Nische, die im Hauptkörper sitzt, der ihm zugehörige Sockel und die Rippen an der Spira nebst dem kleinen Glied zwischen Spira und Hals die Farbe der Fußringe 1 und 5 wiederholen. So ergibt sich für die Farbgebung folgende Ordnung:

Bekrönung	Juwel	vergoldet		
Bronze	Sonnenscheibe			
	Halbmond			
	Bronzeschirm m.	grün		
12 Glöckchen	4 Eckstupas	4 Mittelstupas		
	4 Ecken	Ost	Nord	Süd	West
Spira, 12 Ringe	*weiß*	*schwarz*	*blau*	*gelb*	*schwarz*
Rippen, 4 Stück					
Zwischenglied	*gelb*	*gelb*	*gelb*	*grün*	*gelb*
Hals und					
Körper	*weiß*	*schwarz*	*blau*	*gelb*	*schwarz*
Nische: Grund	*weiß*	*weiß*	*weiß*	*weiß*	*weiß*
u. Perlenband					
Zeichen, Fries	blau	blau	blau	blau	blau
m. Streifen u.					
Sockel d. Nische	*gelb*	*gelb*	*gelb*	*grün*	*gelb*
Fuß mit 5					
Ringen 1	*gelb*	*gelb*	*gelb*	*grün*	*gelb*
2–4	*weiß*	*schwarz*	*blau*	*gelb*	*schwarz*
5	*gelb*	*gelb*	*gelb*	*grün*	*gelb*

lap177b Vier Fotos der Pagoden am Pule si 普樂寺

Bezeichnet man die auffallendste Farbe eines solchen Stupa als die Hauptfarbe, in der Zusammenstellung durch volles Unterstreichen hervorgehoben und verwendet an Spira, Hals, Körper und den Fußringen 2–4, ferner die sekundäre Farbe, in der Zusammenstellung nur durch *kursiv* gekennzeichnet und verwendet an den 4 Rippen, Zwischenglied, Fries und Sockel der Nische und den Fußringen 1 und 5 als Nebenfarbe, so ergibt sich das obige Gesamtbild, orientiert nach Norden.

lap177c Vier Fotos der Pagoden am Pule si 普樂寺

Es sind also nur 5 Farben verwendet: Weiß, Schwarz, Gelb, Blau, Grün. Die Hauptfarben sind Weiß für die Ecken, Schwarz für Ost und West, Blau für Nord, Gelb für Süd. Als zugehörige Farbe tritt stets Gelb auf, mit Ausnahme im Süden, wo zur Hauptfarbe Gelb die Nebenfarbe Grün gewählt ist. Rot fehlt völlig. Diese Farben für die Himmelsrichtungen entsprechen keiner chinesischen Ordnung, die symbolischen Gründe für ihre Wahl sind vorläufig unbekannt. besonders auffallend ist die Hauptfarbe Schwarz sowohl für Ost wie für West. Die Nischen zeigen im Inneren durchweg gleiche Farben, nämlich Weiß für den Grund und die umrahmende Perlenschnur,

Blau für das tibetische Zeichen Namdschu wangdan, das hier nicht vielfarbig, auch nicht in der Form, die bei den Lamapagoden von Kumbum erläutert wurde, auftritt, sondern in seiner Linienführung dem Symbol der Siao Pai t'a auf der Insel im Nördlichen Teich von Peking entspricht. Das Zeichen bedeutet die 10 gebietenden Fähigkeiten. Es blickt auch hier bei jedem Stupa nach dem Mittelpunkt der Terrasse, zur Figur im Altar der Rundhalle, und ist demnach stets auf der Innenseite des Stupa angeordnet. Um bei den 4 Eckstupas dieses Motiv, das dort diagonal gestellt ist, architektonisch zu ermöglichen, sind die Marmorsockel bei ihnen achtseitig gestaltet.

lap177d Vier Fotos der Pagoden am Pule si 普樂寺

lap180 Pule si 普樂寺 Spitze des südöstlichen Stûpa nach Südost gesehen

Über die Form der Stupateile ist noch folgendes zu bemerken. Der Urnen-körper ist völlig aufgelöst in stilisierte Blätter der Lotosblüte, diese sind in 4 Zonen angeordnet, deren Höhen vom Fuß zur Schulter wachsen von 30 zu 34 und 38 cm. Kleine Blattspitzen zwischen den Blättern deuten die Fülle der Knospen an, als die der Rundkörper hier erscheint. In dem starken Hals der Urne steckt wie ein Stab die Spira mit 12 Ringen, die 4 gelben Rippen fließen an ihr entlang auf den Diagonalen und enden unten in doppelten Voluten, de-ren Ausläufer sogar bis zur Körperschulter reichen. Das feine Zwischenglied in der Farbe der Rippen bringt eine weitere zarte Note in die hochelegante Gestalt des Stupa. Noch größere Feinheit zeigt der Bronzeschirm mit seinem oberen Zwillingsansatz, den man als Tauschüssel ansehen könnte. Die Rund-flächen beider Teile sind in dichtes, durchbrochenes, auf das peinlichste ziseliertes Rankenwerk aufgelöst. Aus der Tauschüssel wächst die Stange, die das letzte Symbol trägt, den wachsenden Mond, die Sonnenscheibe und als äußerste Spitze das vergoldete Juwel, eingefaßt von 4 Flammenstreifen. In neuerer Zeit sind, nach Bildern zu urteilen, sämtliche dieser Lamastupas ihrer Bronzebekrönungen beraubt worden, ich hatte sie noch im vollen Schmucke gesehen.

Es ist möglich, daß die 8 Stupas im Inneren Reliquien bergen, die etwas aus der Heimat der Dsungaren hierher überführt wurden. In jedem Falle aber erfüllen die Stupas an dieser Stelle ihren Zweck als architektonische Schöpfungen, die für die gesamte Baugruppe des Sumeruberges unentbehr-lich sind und ihr einen hohen Adel verleihen. Dieses lamaistische Monument vom P'u lo sze, in sich geschlossen, zeigt klare Zurückhaltung und feurigen Glanz zugleich. Die wohlabgewogenen Massen, leuchtenden Farben und ein-fachen symbolischen Gedanken spiegeln das Zeitalter Kien Lung wieder in seiner großen Gesinnung, doch auch in der kühlen und überlegten Eleganz selbstsicherer Ruhe und ausgereifter Erfahrung.

Inmitten der erhabenen Natur und in der Kette religiöser Bauten um die Kaiserresidenz ist die Wirkung der Anlage feierlich und prächtig. Auf den hellen Werksteinmauern der Terrassen mit ihren gezackten Zinnen und Mar-morbrüstungen glänzen die bunten Lamastupas, leuchtet der Rundbau im Rot des Holzwerkes, im Blau der glasierten Zeltdächer und im Gold des großen Knopfes, rings umgeben von grünen und gelben Glasuren der Umgänge und Hallen. Dazwischen schimmert überall das Grün von Strauchwerk und Grä-sern, der gesamte Bau ist in lebendiger Bewegung. Die Glöckchen klingen in der reinen Luft, der klare Himmel des chinesischen Nordens überspannt Gebirge und Tal.

4. Potala 布達拉 oder P'u t'o tsung scheng miao 普陀宗乘廟 Tempel der angestammten Lehre von P'u t'o

Im gleichen Jahre 1767, in dessen 8. Monat der Tempel P'u lo sze fertigge-stellt und eingeweiht wurde, war bereits im 2. Monat die mächtigste Bau-anlage in Jehol in Angriff genommen worden, nämlich das Riesenkloster Potala Nr 9, das wegen seiner Lage, Größe und tibetischen Eigenart allen Besuchern stets als das bemerkenswerteste von allen anderen Tempeln von Jehol gegolten hat. In ihm sind an 6 verschiedenen, ausgezeichneten Stellen Lamastupas in Gruppen oder einzeln verwendet. Sie treten allerdings nur als Begleitmotive der anderen großen Baulichkeiten auf, sind jedoch für den Ge-samteindruck mit entscheidend und aus ihm nicht wegzudenken. Ihre Form und Verwendung müssen darum auch im Zusammenhang mit Gestaltung und Sinn der gesamten Anlage erörtert werden, zumal genügend Hinweise für eine genauere Deutung vorhanden sind.

In der Gründungsinschrift zur Fertigstellung des Klosters im 9. Monat 1771, also nach einer Bauzeit von 4 1/2 Jahren, betont Kaiser Kien Lung vor allem, daß der Tempel zum Preise der angestammten buddhistischen Lehre errichtet sei, und zwar nach dem Vorbild von P'u t'o, einem vornehmsten Heiligtum in Indien. Es bleibt allerdings unklar, um welche Stätte es sich dabei handeln sollte. Da jenes Heiligtum aber, so sagt die Inschrift, zu weit entfernt und darum nicht erreichbar sei, so habe man Potala in Lhasa, das jenem völlig gleiche, als Vorbild genommen. Dadurch wäre das Potala von Jehol völlig ebenbürtig dem indischen Urbild, zugleich aber auch der Insel P'u t'o in der Provinz Tschekiang, die ihren Namen ebenfalls erst von Tibet erhalten habe – nach O. Franke[9]. Durch solche Auslegung bekundete der Kaiser seinen Willen, die lamaistische Form des Buddhismus, wenigstens den mongolischen und tibetischen Völkern gegenüber, als gleichberechtigt der ursprünglich indischen hinzustellen, und so hoffte er, auch durch diesen Bau von Potala die angegliederten Stämme enger an China und sein Kai-serhaus zu fesseln. Religion und Politik flossen hier in eins zusammen. In der Tat durfte Kien Lung nicht wenig stolz darauf sein, daß er durch seine ge-schickte Politik und durch seine Kriege im Fernen Westen das gesamte mongolische Gebiet seinem Reiche einverleibt und somit diesem die größte Ausdehnung gegeben hatte, die es je besaß. Darum müssen alle diese Tempel um Jehol, die durchweg eine Verherrlichung des Lamaismus darstellen, zugleich als politische Triebkräfte gewertet werden. Nachdem sein Großvater Kang Hi und er selber, Kaiser Kien Lung, länger als ein Jahrhundert ihre Ziele in den mongolischen und tibetischen Ländern mit allen Mitteln von Politik und Krieg verfolgt hatten, bedeutete es den Abschluß aller seiner Be-

---

9 Otto Franke: Die heilige Insel Pu-to. *Globus* 65.1893, 117–122.

mühungen, wenn er nunmehr im Bau des Potala von Jehol ein Gegenbild zu der Residenz des Dalai Lama in Tibet schaffen konnte und damit einen weiteren festen Pol bei Peking für die gesamte tibetisch-mongolische Welt. Auch hierbei muß der Tschangkia Hutuktu Lalitavadschra, der auch als Bischof von Jehol gelten konnte, ständiger Anreger und Berater des Kaisers gewesen sein.

Der äußere und unmittelbare Anlaß zur Erbauung von Potala in Jehol waren die bevorstehenden Feiern des 60. Geburtstages des Kaisers im Jahre 1770 und des 80. Geburtstages seiner Mutter, der Kaiserinwitwe im Jahre 1771. Diese war eine eifrige Buddhistin, sie hatte mit ihrem Sohne, dem Kaiser, im Jahre 1761 den Wutaischan besucht, dort den lamaistischen Kult geübt und diesen wie seine Bauten weiterhin stark gefördert.

Als aber der Riesenbau in Jehol im Sommer 1771 fast fertig war, erfüllte sich ein Ereignis, das wie eine Bestätigung aller kaiserlichen Pläne um seine Mongolei gelten mußte. Es war die Rückkehr der Torguten aus Rußland nach Turkestan unter die Oberhoheit des chinesischen Kaisers. Dieser ölötische Stamm der Torgut T'u örl hu t'e 土爾扈特 er war zu Beginn des 17. Jahrhunderts von seinen Weideplätzen am Kukunor durch die Ostmongolen vertrieben worden und im Jahre 1616 in einer Stärke von etwa 300000 Köpfen nach dem Ural gewandert, danach an die untere Wolga gezogen. Infolge von Unterdrückung und ungerechter Behandlung durch die russische Regierung entschlossen sich diese Wolgakalmücken, wie sie dort genannt wurden, in der Zeit gegen 1770 zur Rückwanderung, ohne Zweifel auch angezogen vom glänzenden Ruhm des chinesischen Reiches unter Kien Lung. Nur ein kleiner westlicher Teil des Stammes von 100000 Köpfen blieb zurück auf dem rechten Ufer der Wolga und lebt dort noch als Westtorguten. Die Masse aller Osttorguten in Stärke von 400000 Köpfen brach am 5. Januar 1771 auf. Nach einer schrecklichen Wanderung unter unsagbaren Leiden zum großen Teil aufgerieben in den Kämpfen mit den scharf verfolgenden russischen Truppen, erreichte der Rest der Torguten im August 1771 das chinesische Gebiet und ließ sich als Nachbarn der Dsungaren am Ili-Fluß nieder, bereitwillig aufgenommen von den chinesischen Behörden. Ihr Fürst mit anderen Häuptlingen wurde vom Kaiser nach Jehol eingeladen und kam gerade zurecht zur Einweihung von Potala. Der Kaiser vermerkte in der Tempelinschrift mit Genugtuung dieses Ereignis, die freiwillige Rückkehr der Torguten, des letzten noch fehlenden Stammes, unter seinen Schutz nach dem chinesischen Turkestan.

Vor diesem großen geschichtlichen und religiösen Hintergrund lassen sich Plananlage und Durchbildung des mächtigen Klosters besser würdigen. Zur Zeit des Besuches in Jehol durch die englische Gesandtschaft von Macartney im September des Jahres 1793 befanden sich 800 Lamas in Potala.

Entsprechend zahlreich und mannigfaltig sind die Baulichkeiten, sie können hier nur in kurzem Umriß gezeichnet werden, soweit es dem Verständnis der Lamastupas dient.

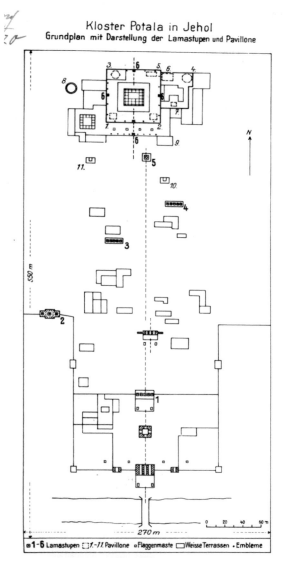

lap181 Kloster Potala 普陀宗乘廟 in Jehol. Grundplan mit Darstellung der Lamastupas und Pavillone

lap184 Potala 普陀宗乘廟 – Frontansicht. Originalaufnahme Dr. Hürlimann in
Zeitschrift *Atlantis* Februar 1931, Heft 2, Seite 95 oben.

Der viel bewunderte Hauptbau von Potala, ein mächtiger Kubus mit
zahlreichen Terrassenanbauten in der Front und an den Seiten, genannt Ta
hung t'ai 大紅臺 Große Rote Terrasse, ist Endpunkt und Höhepunkt des
Klosters, dessen engere Fläche ein ungefähres Rechteck bildet etwa von 160
m Breite und 500 m Länge. Es liegt im Norden der hohen Berge der
Sommerresidenz, jenseits des Löwentales, das nach Osten in das Knie des
Joho-Flusses mündet, und bedeckt einen besonders auffallenden unter mehreren Bergrücken, die vom Tal im Süden aufsteigen zum vielgestaltigen
nördlichen Gebirgsmassiv. Die Hauptachse des Klosters ist ungefähr nord-
südlich gerichtet, jedoch nicht einheitlich durchgeführt, vielmehr sind ihre
einzelnen Abschnitte nach Westen parallel versetzt und folgen hierin ungefähr der SO–NW Richtung des Bergrückens. Aus diesem Motiv entwickelt
sich eine ungezwungene und doch höchst künstlerische Anordnung der Baulichkeiten und der verschiedenen Gruppen der Lamastupas, die gerade die
entscheidenden Punkte betonen, überdies auch zu den Pavillons des nördlichsten Hauptbaues in bestimmte Harmonie gesetzt sind. Das gesamte, freie
Gebilde des Klosterplanes wird umschlossen von einer Mauer, die im Süden
den vorderen strengen Teil des Klosters als Rechteck einschließt, aber den
nördlichen, rückwärtigen Teil in weitem, ganz frei gezogenen Umkreis umgibt und sogar noch beide Nebentäler in die große Anlage einbezieht. Eine

wahre Burg Buddhas ist geschaffen. Einst waren die Höfe des Klosters und die gesamten angrenzenden Hänge innerhalb der Umgrenzungsmauer mit dichtem Baumbestand versehen, der sogar noch den höchsten Kuppengipfel hinter dem Kubusbau der Ta hung t'ai überdeckte. Heute ist mit den anderen Teilen auch dieser Gipfel kahl.

lap187 Jehol: Potala 普陀宗乘廟

Die Mauer um den vorderen Teil des Klosters, einen einzigen Riesenhof, zeigt wuchtigen, ganz chinesischen Festungsstil, 3 Tore mit gewölbten Ecken. Von gleicher Monumentalität folgen in der Hauptachse der quadratische Pavillon für die Inschrifttafel und der 2. Torbau mit 3 Durchgängen, bewacht von 2 ruhenden Steinelefanten. Im gleichen Hofe aber beginnt bereits das Motiv der tibetischen Bauten, die im Kubusstil gehalten und fast durchweg weiß gestrichen sind. Man nennt sie darum Pai t'ai 白臺 Weiße Terrassen.

Dieser Stil beherrscht das gesamte Bild des weiträumigen Potala, er paßt vollkommen zu den chinesischen Wehrbauten der Türme und massiven Tore, die auch hier am Eingang verwendet sind und in ihrem Burgcharakter, ganz allgemein und grundsätzlich betrachtet, mit den tibetischen Kubusbauten in ursächlichem Zusammenhang stehen müssen. Die einzelnen Kubusbauten sind gewöhnlich mit Reihen von Fenstern, fast durchweg Blindfenstern, versehen, die Wohnungen liegen auf den Innenseiten der glatten Fronten und sind dort in chinesischer Art als Hallen und Höfe ausgestaltet. Die starre, abstrakte Kubusform und ihre unbewegten Fronten bedingten aber eine freie Gruppierung der einzelnen Baukörper, denn eine symmetrische Ordnung zahlreicher Einheiten, etwa nach chinesischem Vorbild, wäre dabei unerträglich geworden. So sind dann auch die Kubusbauten, die in Potala auf dem weiten Hange bis zur Ta hung t'ai in verschiedenen Größen und Formen auf einander folgen, scheinbar regellos zerstreut. Dennoch ist der Grundsatz deutlich erkennbar, die Massen in bestimmten Rhythmen gegeneinander abzuwägen nach Wert und Stellung. Diese freie Gestaltung erstreckte sich schließlich auch auf den großen Hauptbau selber, der auf den ersten Blick aus einem zufälligen Nebeneinander unregelmäßiger Gebilde zusammengesetzt erscheint, aber bei näherer Betrachtung genaueste künstlerische Überlegung verrät.

lap191 Jehol: Potala 普陀宗乘廟 5 westl. Stûpas von N gegen S

Der innere Einklang, in dem alle diese vereinzelten und so verschiedenartigen Bauten stehen, wird betont und sichtbar gemacht vornehmlich durch Aufbauten in Gestalt von Pavillonen und Lamastupas, sie bringen Haltung und Melodie in die sonst schwer zu entwirrende Vielheit.

lap192 Jehol: Potala 普陀宗乘廟 5 östl. Stûpas von SSW

Am klarsten wird dieser Kunstgriff bei dem Hauptbau Ta hung t'ai. Dessen Kubus enthält einen quadratischen Mittelhof, in dem hochragende, 3geschossige Umgänge in Hallenform, *kün lou* 君樓 miteinander verbundene Turmhallen, ringsum laufen entlang den Innenseiten der Außenmauern. Sie öffnen sich nach innen und umgeben einen kleineren Zentralbau in der Mitte des Hofes, nämlich eine quadratische Halle von edelster Bauart, einge-schossig, mit verdoppeltem, quadratischen Zeltdach. Diese Halle, noch heute vorzüglich erhalten, war das vornehmste Heiligtum vom Potala, die Wan fa kuei i tien 萬法歸一殿 Halle, wo zehntausende Gesetze zurückgeführt sind auf den einzigen Urgrund. Nach der Dachdeckung mit vergoldeten Bronze-platten heißt sie seit je, schon bei der Gesandtschaft Macartney, auch Kin tien 金殿 Goldene Halle und ist unter diesem Namen in unserer Welt berühmt geworden durch die getreue Nachbildung, die Sven Hedin von ihr in natür-licher Größe in Chicago hat aufstellen lassen.[10]

Das Zeltdach dieser kostbaren Halle als Mittelpunkt der Weltordnung würde nun in sonst üblicher Weise umgeben sein von 4 Pavillons auf den Ecken der Hochterrasse. Da aber hier durch den notwendigen niedrigeren Terrassenbau auf der Ostseite bereits eine Unregelmäßigkeit vorlag, der man Rechnung tragen mußte, so fand man folgende Lösung. Es wurden nur in den

10 Lessing, Ferdinand: Sven Hedin läßt einen Tempel kopieren. *Umschau* 5.9.1931; Gösta Montell: *The Chinese Lama temple, Potala of Jehol*: exhibition of historical and ethnological collections, made by Dr. Gösta Montell, member of Dr. Sven Hedin's expeditions and donated by Vincent Bendix; a century of progress exposition (1932). Chicago: Donelly 1932. 64 S.

beiden südlichen Ecken der Hochterrasse 2 gleiche quadratische Pavillons 1 und 2 errichtet, der 3. in der NW Ecke, jedoch auf einer, noch etwas erhöhten Plattform und in 6eckiger Gestalt, der 4. in 8eckiger Form auf der äußersten NO Ecke der niedrigeren, östlich anschließenden Terrasse, sämtliche 4 Pavillone mit doppeltem Dach. Die entstehenden großen Lücken in der Luft füllte man aus durch 3 niedrige, kleine längliche Hallen, eine (5) in der NO Ecke der Hochterrasse, wo sonst der 4. Pavillon gestanden hätte, eine größere (6) unmittelbar benachbart in der NW Ecke der niedrigen Terrasse und eine ganz kleine (7) in deren Achse in der Front. So wurde ein räumliches Gleichgewicht, ein Akkord geschaffen auch im Hinblick auf die Hügelkuppe nördlich hinter dem Hochbau, und alle Türme und Dächer auf den Terrassen schmiegen sich den Berglinien an. Einen weiteren Ausgleich gab der ausgebaute, runde Turm (8) auf der Westseite, er bildet zugleich den weichen Ausklang der dort anschließenden Terrassengruppe an der SW Ecke der Ta hung t'ai. An ihrer SO Ecke gibt ein mehrgeschossiger, einzeln stehender Kubus (9) noch einen Akzent, doch schon den Abklang der mächtigen Terrassenbauten um die Hochburg, und weiter südlich, vor diesem Kubus sowie vor der SW Terrasse, steht, schon ganz frei im Hofe, je ein kleines Türmchen, das ganz leicht gestaltet und sogar mit einer offenen zierlichen Halle bekrönt ist. Keiner dieser Bauten steht in irgendeiner festen Achsenbeziehung zu den anderen oder zum Hauptbau, dennoch wahren sie alle die harmonische Lage und den Wohlklang, über dies erhielten sie eine besondere Betonung. Denn gerade in ihrem ideellen Schwerpunkt steht, wie der Grundriß erkennen läßt, ein Einzelstupa auf der Terrasse Nr. 5 über einem zweigeschossigen Kubus mit 3 Fensterachsen auf jeder Seite. Dieser Stupa hat eine überaus wichtige Stellung. Denn er bedeutet nicht nur die kontrapunktische Sammlung aller zerstreuten Einzelbauten vor der Hochburg, sondern, selber ohne jede äußere Achsenbeziehung zu jenen, stellt er die achsiale Verbindung her zur großen Tempelanlage. Er steht nämlich genau in der Hauptachse, die durch den Vortempel angeschlagen wurde, also auch in der Achse der beiden gewölbten, dreifachen Eingangstore, von denen das 1. die erwähnte Turmhalle trägt, das 2. aber mit 5 Lamastupas Nr 1 bekrönt ist. So ist durch diese beiden Baulichkeiten, den nördlichen Einzelstupa und die südlichen 5 Stupas über dem Torbau, die große Achse als Seele der Anlage bestimmt und manifestiert, sie behält Geltung auch für die Hochburg und deren parallele Achse, selbst wenn diese 15 m westlich von jener liegt. Um jene Hauptachse des Tempels, so unsichtbar sie auch bleibt, nicht zu stören, ist selbst das reich und kunstvoll glasierte Pailoutor mit 2 Steinlöwen, nördlich des 2. Torbaues, etwa im Zuge der östlich und westlich nach den Seiten abzweigenden Umfassungsmauern, die ins freie Bergland führen, aus der Hauptachse ein Stück nach Osten gerückt, und die nahen Kubustürme dort passen sich dem an in Stellung und Aufbau.

lap195a Potala 普陀宗乘廟

Diese große und sehr überlegte Komposition bleibt fast geheim und dem unmittelbaren Blick verdeckt, sie ist aber vorhanden und verbindet das harmonische Gleichgewicht von Lage und Massen der architektonischen Gebilde mit den Anschauungen des chinesischen Fengschui 風水, sie gibt also die gegenseitige Begründung für das gleiche ästhetische Grundgesetz. Dieses rhythmische Gesetz offenbart sich hier aber nur dem forschenden Sinn, das man wiederum im buddhistischen Sinne als das dritte Auge bezeichnen darf. Es ist klar, daß die rechte Durchführung in Anordnung und Größen der verschiedenen Baulichkeiten nur zu erzielen war an Hand eines großen Modelles, in dem man für die gesamte Anlage die Bauten und das unregelmäßig bewegte Gelände gegen einander abwog und so in glückliche Übereinstimmung brachte. Ein solches Modell muß ohne Zweifel der riesigen und verwickelten Bauausführung zu Grunde gelegen haben.

Das bekannte und eindringliche Motiv der Gruppe aus 5 Stupas, Sinnbild für ganze Reihen von buddhistischen und lamaistischen Kategorien, über dem 2. Torbau schlägt das Thema an für den harmonischen Akkord aller Tempelbauten, es wird fortgeführt durch 2 weitere Gruppen von je 5 Lamastupas, die zu beiden Seiten der Hauptachse nach dem Gesetz des harmonischen Schwerpunktes angeordnet sind und natürlich auch mit den benachbarten Kubusbauten eine entsprechende Beziehung haben. Auf der Westseite, etwa 30 m seitwärts der Hauptachse des Tempels, stehen die 5 Stupas der Westlichen Weißen Terrasse Nr. 3 auf einem Kubusbau Si fang wu t'a pai t'ai 西方五塔白臺, und etwa 40 m weiter nördlich, indessen auf der Ostseite, eine 20 m seitwärts der großen Hauptachse, stehen die 5 Stupas der Östlichen Weißen Terrasse Nr. 4, ebenfalls auf einem Kubusbau Tung fang wu t'a pai t'ai 東方五塔白臺. Der rhythmische Dreiklang dieser 3 Gruppen von je 5 Lamastupas, über der 2. Torhalle und auf der westlichen und östlichen Pai t'ai 白臺 Weißen Terrasse, tritt, von allen Seiten gesehen, in dem großen, ausgeprägt herben Bilde von Potala gegenüber den abstrakten Kubusbauten als notwendiger Gegenpol von dynamischem Wert unmittelbar vor die Augen und stellt damit eine lebendige Verheißung dar. Unserer Vorstellung öffnet sich in den Gestaltungen dieser symbolischen Zahlen und fließenden Formen der Sinn des buddhistischen Weltgebäudes, dessen volle Erkenntnis bereits Erlösung bringen muß.

Das Motiv der Stupagruppen findet seine Ergänzung und zugleich seinen Höhepunkt in den Pavillons und Türmen der Hochburg und ihres Vorfeldes, alle diese ragenden Akzente gehören planvoll zur Einheit des Ganzen. Weiter aber gehört zu ihr sogar noch die Gruppe von 3 Lamastupas über dem Wassertor Nr. 2 westlich und schon außerhalb der engeren Anlage, im Zuge der Umfassungsmauer, die dort über das Wasser der Seitenschlucht führt und den nächsten Hang im Westen mit einfaßt. Auch diese 3 Stupas sind für das Gleichgewicht im großen Bilde unentbehrlich. Daß sie im Westen des Tempels angeordnet sind, mag vielleicht auf tibetische Vorbilder aus Tibet selbst, etwa auch aus Kumbum oder Labrang zurückgehen. Man könnte das vermuten aus der ähnlichen Anordnung am nahen Kloster Hing Kung oder Hü mi fu schou miao Nr. 8, der dem Tempel von Potala eine Strecke weiter im Osten benachbart ist. Dort steht, ebenfalls im Westen der Anlage neben einer

Brücke über der Schlucht, jedoch schon außerhalb der Tempelmauer, auf einer kleinen Pai t'ai ein Lamastupa, der eine Parallele zu den 3 Stupas des Wassertors von Potala darstellt.

Endlich gibt es in Potala noch eine 6. und letzte Stelle, an der sich ein Lamastupa befindet. Dieser Stupa ist zwar nur klein, er erhält aber vornehmste Bedeutung durch die Art seiner Anordnung. Vor der ganzen Breite des hochragenden Kubus der Ta hung t'ai befindet sich eine mächtige Freiterrasse, fast 60 m breit und 18 m tief. Auf ihr ragen 4 hohe Flaggenmaste empor, das lamaistische Wahrzeichen für Wirkungen in die Ferne. Die gewaltige Rückwand dieser Terrasse wird gebildet durch die glatte Fassade der Hochburg, 25 m hoch und in 7 Reihen blinder Fenster geteilt. Die Achse ist gekennzeichnet als erhabene Senkrechte in ganzer Höhe aus 6 über einander angeordneten, prächtigen Buddhanischen in vielfarbiger Glasur. Die vordere Brüstung der Terrasse ist besetzt mit 9 Emblemen. In die Abdeckung der massiven Brüstungsmauer sind gegliederte und reich verzierte, quadratische Marmorsockel eingebaut, auf diesen stehen die 8 buddhistischen Kostbarkeiten Pa pao 八寶 in 2 Gruppen zu je 4 östlich und westlich: Rad, Muschel, Ehrenschirm, Baldachin, Lotosblume, Vase, Fische, endlose Linie, alle in reicher farbiger Glasur. In ihrer Mitte aber, gerade in der Achse der Ta hung t'ai und der Goldenen Halle im Inneren, genau vor der senkrechten Folge von 6 Buddhanischen, steht zwischen den 8 Kostbarkeiten ein kleiner, ebenfalls glasierter, schlanker Lamastupa auf der Brüstung Nr. 6 und bezeichnet den Anfang der neuen Achse, 15 m westlich von der ideellen Hauptachse der Tempelanlage zwischen dem südlichen Torbau mit 5 Stupas und dem nördlichen Einzelstupa auf der Terrasse einer der zahlreichen Pai t'ai.

Der kleine Lamastupa in der neuen Achse auf der Vorterrasse wiederholt sich auf den Zinnen der Hochburg. Dort oben, am Saume zum Himmel, ist in den 4 Kardinalpunkten je ein solcher Stupa genau gleicher Gestalt angeordnet. Ihre Gemeinschaft von 4, dazu die begleitenden 4 x 4 = 16 Embleme, ebenfalls auf dem Zinnensaum, unterstützen und erklären die Wirkung der zentralen Goldenen Halle im Inneren Hof. So löst sich die freie Harmonie der verschiedenen Stupagruppen im Tempelfeld und der Pavillons droben auf dem Hochbau doch noch auf in einem festen Rhythmus der Zahl und architektonischen Ordnung. Dieser Ausdruck bleibt aber, wegen der Kleinheit der letzten Stupagebilde, zurückhaltend, er ist kaum spürbar, wie denn auch das Gesetz der Achse und der Stupagruppen im Tempel fast verhüllt bleibt. Der unmittelbare Nachdruck, zugleich die Fermate am Schluß, ruht auf der starken Hochburg, der sieghaften Vollenderin aller Einzelbauten im Tempel, dem Sinnbild der Burg Buddhas.

lap195d Potala 普陀宗乘廟

Nach dieser Betrachtung, die uns die Bedeutung der Lamastupas für die Plananlage von Potala nahe brachte, bleibt noch übrig, die Einzelformen der Stupas zu würdigen.

Die 5 Stupas Nr 1 über dem 2. Torbau hinter den Elefanten wiederholen weitgehend die Formen der Stupas vom Ta fo sze Tempel Nr. 7, ja, 4 von ihnen sind fast genaue Abbilder von jenen und bilden auch gleiche, zugeordnete Gruppen. Denn die 2 kegelförmigen der dortigen Ostseite besetzen hier die äußersten Stellen, die stehenden Kegel in Ost, die umgestülpten Kegel in West, und die 2 zentralförmigen der dortigen Westseite besetzen hier die nächsten inneren Stellen, die Kugelkörper in Ost und die Kristallkörper in West. Sind auch die trennenden Gesimse, die großen Nischen mit dem Namtschuwangdan sowie Spira und Bekrönung die gleichen, so erscheint der Schmuck vereinfacht, denn es gibt nur 2 Reihen Lotosblüten und nur vereinzelte Vadschrasymbole, bedingt durch den kleineren Maßstab. Genaue Maße sind uns bei den Tempeln leider nicht bekannt. Der mittelste Stupa in der Achse lehnt seine Gestaltung an die benachbarten zentralförmigen Stupas an, die Teilkörper von quadratischem Grundriß sind leicht gebaucht, auf den Diagonalen deutlich abgeschrägt und auf sämtlichen Flächen scheinbar besetzt mit Relieffiguren über Lotossockeln.

Die westlichen 5 Stupas, Si fang wu t'a Nr. 3 beginnen auf den oberen Terrassen der Pai t'ai jede mit einem breiten, quadratischen Unterbau, auf dem der bekannte runde, 5stufige Fuß des einfachen, leicht geschweiften Rundkörpers ruht. Die Südnischen zeigen glatten Grund ohne das Symbol. Bei dem 2. und 4. Stupa bildet den Fuß ein neuer verkröpfter Sockel. Die Spira mit den Ringen setzt unmittelbar auf dem Rundkörper auf, ohne Zwischenglied, und trägt in den Diagonalen 4 Rippen, die aus einer Folge von Voluten bestehen, zur Spitze hin feiner werdend und der Gruppe einen seltsamen Anblick verleihen. Die übliche Bekrönung ist sehr kräftig, da sie sich in der Ausladung nach den Rippen richtet.

Die östlichen 5 Stupas Tung fang wu t'a Nr. 4 haben quadratische, verkröpfte Unterbauten, runden 5stufigen Fuß, Nischen im glatten Rundkörper, jedoch gegliederte Zwischensockel yang fu tso, unter der schlanken Spira. Genau die gleiche Ausbildung zeigen der Einzelstupa, Tan t'a Nr. 5, und die 3 Stupas Nr. 2 auf dem Wassertor, die übrigens genau nach Anordnung und Form dem Weststupa vom Kloster Hing kung entsprechen. Alle diese haben übereinstimmend jeder eine südliche Nische und glatten Grund ohne das Namtschuwangdan, das mithin nur den 5 Stupas des 2. Eingangstores vorbehalten blieb.

Was nun den kleinen Stupa auf der Brüstung der großen Vorterrasse vor der Ta hung t'ai betrifft, so erhielt er, entsprechend seiner inneren Bedeutung, über dem reichen Marmorsockel noch einen besonders reich durchgebildeten Fuß mit auffallend starken Wulsten. Der kleine Hauptkörper ist der einzige, dessen Nische nach Norden blickt, in Richtung zum Allerheiligsten, der zentralen Goldenen Halle. Auch die Bekrönung entspricht dem geschlossenen Stil, sie besteht aus knappem, senkrechtem Schirm und einem Juwel mit Flammensaum. Fast die gleiche Ausbildung erhielten die 4 kleinen Stupas auf den Zinnen der Ta hung t'ai, sie bilden mit dem Stupa auf der Brüstung zusammen die Fünfzahl um die Zentralhalle.

Im Gesamtbild von Potala nehmen diese Lamastupas, einzeln und in Gruppen, eine unentbehrliche Stellung ein, denn ohne große Abmessungen, die hier gar nicht am Platze wären, geben sie dennoch die Hauptakzente und halten so die Melodie durch die gesamte Anlage. Die Gruppe von 5 Stupas am Haupteingang ist ausgezeichnet durch Vielfältigkeit in Formen und Schmuck und durch das 5fach auftretende Symbol der 10 starken Mächte, die übrigen Stupas sind einheitlicher, zugleich zurückhaltend gestaltet und wirken vornehmlich durch ihre Anordnung an den rechten Stellen. In ihrer Gesamtheit sind sie ein wesentlicher Schlüssel zur Erkenntnis der wahren Bedeutung von Potala.

In den 3 großen Anlagen Ta fo sze, P'u lo sze und Potala hat die rhythmische Verwendung von Stupagruppen in Verbindung mit hervorragenden Baulichkeiten ihre Vollendung gefunden. Der Lamastupa ist hier nicht Selbstzweck und Höhepunkt, wie bei den großen Lamapagoden oder bei den Grabstupas in Lamaform, sondern er begleitet alleinstehend oder in Gruppen den Gedanken des gesamten Tempels, wie in Potala, oder des Hauptteiles, wie in Ta fo sze, oder endlich er gehört unmittelbar zum wichtigsten Zentralbau selber, wie im P'u lo sze. So ist der Stupa von seinem vornehmsten Zweck, Behälter einer besonders verehrten Reliquie zu sein, gelöst, er wurde ein Begleitmotiv für rein architektonische Wirkungen. Da indessen auch diese Wirkung gemäß dem symbolischen Wesen buddhistischer Baukunst, immer noch auf das engste verbunden bleibt mit dem unmittelbaren Ausdruck religiöser Anschauungen, so erzielte man gerade auf dem Boden von China im Lamaismus zwischen innerem Gehalt und äußerer Gestaltung jene Kongruenz, die der chinesischen Baukunst durchweg eigen ist. Das erreichte man durch Verwendung einer großen Zahl von bestimmten architektonischen Formen und Symbolen, die bis ins Letzte durchgebildet wurden, und unter diesen erlangte auch der Lamastupa seine besondere Bedeutung. Denn der eigenwillige Umriß eröffnete weite Empfindungen für letzte Untergründe, er erweckte Ahnungen und Hoffnungen, die auch mit der Form der Totenurne, also mit den Gedanken an ein Jenseits zusammenhängen und selbst in das Bild benachbarter Bauten die Sehnsucht nach einem Unerklärten hineintrugen. So wurden durch dieses auffallende Motiv, das auch als reine Bauform an geheiligte Vorstellungen erinnerte, die gewünschten Akzente in der größeren Bauanlage äußerlich betont und zugleich innerlich festgehalten.

Mit solcher Entfernung vom unmittelbaren Kultzweck hatte das Zeitalter Kien Lung die Ursprünglichkeit und alte Einfachheit des Urnengedankens aufgegeben. War der Gedanke des Reliquienbehälters mit den dazugehörigen Symbolen einst klar hingeschrieben, und hatte man vor allem durch große Linien und Flächen zu wirken gesucht, so standen jetzt in der Spätzeit für den rein architektonischen Bestandteil, zu dem der Stupa geworden war, alle Kunstformen einer glatten und entwickelten Technik zur Verfügung, man häufte nach Belieben Einzelheiten als Schmuck, auch als Farbe, man schuf ganze Gruppen und wandelte den inneren Sinn des Baudenkmals in reine Architektonik. Der Stupa war der selbständigen Bedeutung und einer eigenen Symbolik entrückt und nur noch in der Gemeinschaft, in der Gesamtheit zu werten. Bei allem Ungewöhnlichen bewahrte aber der gefestigte tektonische Sinn die chinesischen Architekten und religiösen Bauherren vor häßlichen Übertreibungen. Selbst diese kleinen Bauwerke sind für sich fein abgewogen und elegant und immer noch wahre Spiegelbilder gesammelter chinesischer Kunst.

Teil 3

Pi-yün-ssu

und weitere historische Abbildungen

Abbildungsverzeichnis

tip – Tienningpagoden
lap – Lamapagoden

Tienningpagoden

Lamapagoden

lap81 Foto: Peking Xiao Baita 小白塔
lap82 Foto: Peking Xiao Baita 小白塔, Detail
lap87a Elevation, Pei Hai Pagoda (Yang Yüeh)
lap95 Foto: Mukden, Westpagode 西塔. Aufnahme: E. Herold. 1915
lap96 Foto: Mukden, Nordpagode 北塔. W. Fuchs, November 1930
lap97 Foto: Mukden, Südpagode 南塔. W. Fuchs 1932
lap98 Foto: Mukden Ostpagode. W. Fuchs 1932

Kapitel 3
lap111 Foto: Pagode im Tayuan si 塔院寺
lap113 Foto: Pagode im Tayuan si 塔院寺. Aufgang zur Halle der Himmelskönige
lap115 Foto: Pagode im Tayuan si 塔院寺. Aufgang zur Rampe und 1. Eingangshalle
lap116 Foto: Pagode im Tayuan si 塔院寺. Östl. Haus gegenüber Speisehalle
lap118 Foto: Pagode im Tayuan si 塔院寺, Fußring der Pagode
lap121 Foto: Pagode im Tayuan si 塔院寺
lap123 Foto: Pagode im Tayuan si 塔院寺, Zugang von Seite mit Glockenturm. Datum: 1.9. 1907
lap124 Foto: Pagode im Tayuan si 塔院寺, Eingangstor und Pagode. Datum: 30.8.1907
lap126 Foto: Pagode im Tayuan si 塔院寺, Sockel der großen Pagode mit Eingang
lap132 Foto: Tayuan si 塔院寺, Drehbibliothek
lap135 Foto: Wutaishan 五臺山, Pusa dian damen 菩薩殿大門
lap137 Foto: Wutai shan 五臺山, Dong shan, Tal mit 3 Stûpas
lap138 Foto: Wutai shan 五臺山, Pusa ting 菩薩頂
lap145 Foto: Wutai shan 五臺山?, Puji fashi baota 普濟法師寶塔, gekauft 1934 in Hunyuan xian

Kapitel 4
lap153 Foto: Jehol: Puning si 普寧寺 = Dafo si 大佛寺 von SW. Nach Sekino: *Jehol*. Bd. II, Taf. 42
lap154 Fotos: Jehol: Puning si 普寧寺 = Dafo si 大佛寺

Pi-yün-ssu [碧雲寺] bei Peking, ein buddhistischer Tempel.
Von E. Boerschmann, Militärbauinspektor

Ein chinesischer Tempel ist ebensowenig wie ein chinesisches Wohnhaus ein einzelnes Gebäude, sondern er besteht aus einem Komplex von Bauanlagen, die an zahlreichen Höfen liegen. Seit der Zeit der kraftvollen Han-Dynastie, 206 v. Chr. bis 220 n. Chr., gilt die planmäßige Aufeinanderfolge möglichst zahlreicher Höfe für die glanzvolle Ausbildung eines Palastes oder Tempels in China für unerläßlich. In reichster Weise zeigte sich diese Aufeinanderfolge von Höfen bei unserem Tempel, der bei einer Länge von etwa 500 m eine Unzahl von Gebäuden enthält für alle die verschiedenen Zwecke des Kultus und des Lebens der Bewohner und Besucher.

In der chinesischen Urzeit, aber bereits im geschichtlichen Lichte, sagen wir 2000 v. Chr., als die Ahnenverehrung noch den Hauptbestandteil der Religion bildete, war in den Palästen ein Teil des Hauptgebäudes oder in nächster Nähe, bestimmungsgemäß im SO der Empfangshalle, ein besonderes Gebäude als Ahnenhalle, als Ahnentempel, vorgesehen. Damals also waren Palast und Tempel eins, ein Zustand, wie er z.B. auch in den alten assyrischen Königspalästen vorgeführt wurde und Layard aufs höchste überraschte. Allmählich fand naturgemäß eine Trennung statt. Der Tempel erhielt ein besonderes Grundstück und wurde schließlich ganz allein erbaut, behielt aber immer noch neben seinem religiösen Zweck die Bestimmung, den Tempelhütern, den Priestern und ihrem Troß zur Wohnung zu dienen, sowie Gelegenheit zu bieten zur Beherbergung der Kaiser, Fürsten, sonstiger Fremden, auch der gewöhnlichen Reisenden. Bis zum heutigen Tage ist für Reisende die Unterkunft in einem Tempel die landesübliche, abgesehen von größeren Städten, in denen besondere Gasthäuser errichtet sind.

Pi-yün-ssu heißt Tempel der blauen Wolken[1], Pi bedeutet eigentlich schwarzblau.

Zuerst etwas über die allgemeine Lage. Peking liegt in einer Ebene, der sogenannten Pekinger Ebene, die im wesentlichen ein großes Alluvialgebiet ist und im Norden begrenzt wird von den Gebirgen der Mandschurei, im Westen von dem Nan-kou-Gebirge und dessen südlichen Fortsetzungen. Diese sogenannten Westberge sind etwa 10–15 km von Peking entfernt, und auf ihren Hängen gegen die Ebene zu liegt eine Unzahl der herrlichsten Tempel, die einen wundervollen Kranz bilden um die altehrwürdige Metropole des chinesischen Reiches mit ihrer unbeschreiblichen Poesie und ihrer unendlichen Zauberstimmung. Unser Tempel liegt auf einem sanft in die Ebene vorspringenden und hier verlaufenden Bergrücken, der zu beiden Sei-

---

1 [Boerschmann sprach später vom Tempel der Nephritgrünen Wolken.]

ten von tiefen Gebirgsschluchten, sogenannten Ravinen, begrenzt wird, die sich vorn vereinigen und gemeinsam in einem weiten Flußbett fortsetzen. Aus dem Hügel entspringen viele Quellen, die zwei Quellbäche bilden, dann aber in der weiten Moräne des Flußbettes mit seinem dicht gesäten Steingeröll im Sande verlaufen, wenigstens in der Frühsommerzeit. Zur Regenzeit, im Juli und August, tosen und brausen die Gewässer in wilder Flut vorbei an den steilen Hängen des Tempels und am Fuße seiner Mauer.

Denn, wie wir sehen, umschließt den ganzen Tempel eine Mauer. Das ist das erste Erfordernis einer jeden chinesischen Bauanlage, daß eine ringsumschließende Mauer gebaut wird. Im weitesten Sinne gilt dies ja auch für China durch die bekannte chinesische große Mauer. Auch kleine Wohngebäude sind von Mauern umschlossen oder zeigen wenigstens keine Fenster nach der Straßenseite. Es spricht sich hierin ein vornehmes Gefühl für Abgeschlossenheit aus, eine Abneigung. fremden Leuten den Einblick in das Tun und Treiben, in das Innere, zu gestatten, wie es etwa dem englischen: «My house is my castle» zu vergleichen ist, nur noch in mehr potenzierter Form. Ja, die Chinesen gehen noch weiter und bauen vor die notwendige Türöffnung an der Straße, entweder im Äußeren oder im Inneren des Gebäudes, eine Mauer auf, die dem praktischen Zweck dient, den Einblick in das Innere zu verwehren, in der Hauptsache allerdings symbolische Bedeutung erhalten hat. Sie soll die bösen Geister abhalten, schnurstracks in das Innere zu marschieren. Dann entwickelte sich diese Mauer geradezu zu einem architektonischen Bestandteil, der selbst da angebracht oder wenigstens angedeutet wird, wo er an sich überflüssig ist, z. B. in der Achse der Höfe mit dem Tempel der 500 Lohans. Es ist bereits eine Mauer da, aber trotzdem wird diese Stelle, die Achse, künstlerisch betont (26).

Am Eingang zum Tempel (1) fehlt diese Mauer, weil durch die Ansteigung des Terrains der Einblick ins Innere ohnedies verhindert wird. Diese zahlreichen Treppen und die vielen Parallelhöfe zeigen, wie die gesamte Anlage sich allmählich erhebt, im ganzen etwa 30 m, und wie dieses Ansteigen aufs scharfsinnigste durch Anlage der zahlreichen Terrassen künstlerisch verwertet ist. Es war gewiß nicht leicht, die mannigfachen Baugruppen in dieser geschickten Weise und mit der erforderlichen geometrischen Strenge auf das Bergplateau hinaufzukomponieren. Wir sehen ohne weiteres den großen Zug in der Komposition. Eine gewaltige Achse führt vom Eingange in schnurgerader Richtung bis zum letzten Punkt des Begräbnisplatzes. Diese Achse hat gewöhnlich genau die Richtung von S. nach N. Die Hauptseite des Gebäudes ist immer nach S. gerichtet, wie wir auch unsere Gebäude in China, wenn irgend möglich, mit der Front nach S. erbauen wegen der kühlen sommerlichen Winde des chinesischen Südmonsuns. Hier trifft die Himmelsrichtung nicht genau zu wegen der Richtung des Bergrückens, ein Zeichen, daß die Chinesen geneigt sind, bei ganz besonderen Veranlassungen von ihrer starren Regel abzugehen. Parallel zu dieser Hauptachse führen sowohl unten wie oben große Achsen. Auch die Querachsen sind, wo es irgend geht, energisch betont, so daß das geometrische Empfinden des Architekten aufs klarste zum Ausdruck kommt. In diese Symmetrie und Axialität zieht der Chinese auch stets die Vegetation mit hinein, die Bäume bilden einen architektonischen Bestandteil. An den Eingängen stehen zu beiden Seiten gewaltige Akazienbäume, und die ganzen Höfe, der große Hain um die Marmorpagode und der Begräbnisplatz sind dicht mit alten herrlichen Bäumen bedeckt. Man findet da am meisten vertreten die Thuja orientalis, einen Lebensbaum, der fast ein Nationalbaum von China geworden ist und auf allen Begräbnisplätzen und in allen Tempeln mit Vorliebe gepflanzt wird, ferner in wundervollen Exemplaren die Ulme, die chinesische Roßkastanie, die Kiefer und endlich die Pinus bungeana, eine Kiefer mit schneeweißer Borke, sowie auch den Gink[g]obaum.

Am Zugang zur Brücke (2) steht recht und links ein Postament mit darauf nach Hundeart sitzenden Löwen, dem Sinnbild der Gewalt und der Wachsamkeit. Der Löwe ist dem Chinesen eigentlich fremd, sein Symbol für Kraft und Stärke ist der Tiger, den er aus dem Süden, sowie aus Korea und der Mandschurei kennt. Indessen ist seit Einführung der indischen Kultur durch den Buddhismus der Löwe bevorzugt, den die Inder übrigens auch erst mittelbar von den Persern und Assyrern übernommen hatten. Es ist dies ein Beispiel der Einflüsse westlicher Kunst auf China, und wir werden späterhin sehen, wieviel näher und bestimmte Zweige der chinesischen Kunst stehen, als wir es ahnen konnten.

Über eine kühn über die tiefe Ravine geschwungene Brücke (3) geht es zur großen Freitreppe (4), die zur großen Eingangshalle (5) führt. Der alte Pförtner, blind und zahnlos, wohnt unmittelbar daneben. Die Halle Nr. 2 (6) beherbergt hinter Holzbrüstungen zwei gewaltige, grimmig dreinschauende und dräuende Krieger in mehr als doppelter Lebensgröße aus Stuck hergestellt und reich bemalt. Sie hießen Chung-cha-örl-ciang, die beiden Krieger Chung und Cha[2], es sind die chinesischen Haus- und Tempelhüter. Vor dieser Halle stehen rechts und links zwei Flaggenmaste, die vor keinem Tempel und keinem Palast eines Mandarinen-Yamen fehlen. Durch bestimmten Schmuck geben sie die Würde des Insassen oder den Grad der Heiligkeit der Tempelgötter an.

Im Hof 4 (7) folgen die typischen beiden zweigeschossigen Türme, der Glockenturm enthält im Obergeschoß eine Glocke, der Trommelturm eine Pauke. Bei festlichen Gelegenheiten sowie an bestimmten Stunden des Tages,

---

2 [Heng Ha er jiang 哼哈二将, «die beiden Generäle Heng und Ha».]

zur Früh-, Mittags- und Abendmesse, werden beide Instrumente angeschlagen.

Die Halle 3 (8) enthält auf jeder Seite zwei sitzende, gleichfalls weit überlebensgroße Figuren, es sind die Sze-ta-tien-wang[3], die vier großen Himmelskönige, die an den vier Enden des Himmels Wache halten. In der Mitte befindet sich, der buddhistischen Anschauung zufolge, Buddha. Hier ist es Maitreya, der kommende Buddha, der Dickbauchbuddha, der mit gekreuzten Beinen auf seinem Throne sitzt und freundlich lächelt. Der Hof Nr. 6 gehört eigentlich mit dem nächsten Nr. 7 zusammen. Als erstes fällt auf der große Tempel in der Mitte (10) und die den Hof einfassenden Galerien. Es ist dieses ein Motiv, das sich bereits in den alten indischen Klöstern zeigt, indessen dort jetzt verschwunden ist und in China nun noch weiter lebt. Der Tempel in der Mitte enthält das Hauptheiligtum, es ist die indische Tschaitya[4], die dort in der Mitte der Vihara liegt, des Klosters des indischen Buddhismus. In den Galerien wohnten die Mönche in einzelnen Zellen. Hier ist es nun kein Kloster, sondern die seitlichen Gebäude sind zu den Darstellungen des buddhistischen Jenseits benutzt. Die äußerst mannigfaltigen Gruppen sind auf niedrigen Postamenten aufgestellt und aus Stuck angefertigt. Sie stellen das Leben dar in Himmel und Hölle.

In dem Haupttempel (10) sind die Buddhagruppen mit einer Unzahl von Bodhisattvas, Heiligen, Engeln und Trabanten dargestellt und bilden einen Götterhimmel, der in seiner Mannigfaltigkeit nur dem geübtesten Buddhakenner verständlich sein kann und von dessen Schilderung ich hier absehen muß.

Im Hof Nr. 7 steht in der Mitte ein kleines achteckiges Gebäude (11) Abb. 31, in seinem Innern auf dem Rücken einer Schildkröte eine Tafel. Dieses Häuschen ist Peiting[5] genannt. Pei bedeutet eine Schildkröte mit einem Gedenkstein, der auf beiden Seiten Inschriften als steinerne geschichtliche Urkunden trägt. So auch unser Stein. Danach ist der eigentliche Erbauer des Tempels der Kaiser, der unter die bedeutendsten der chinesischen Geschichte zu zählen ist, nämlich Chien-lung[6], der von 1736 bis 1796 regierte, mithin ein Zeitgenosse Friedrich des Großen war. Ein ebenso großer Politiker wie kluger Feldherr trug er seine Waffen bis an die westlichsten Grenzen seines Reiches und brachte Tibet, Kaschgar und das östliche Turkestan unter sein Zepter. Er war ein Förderer der Literatur und ließ teils großartige Sammelwerke herstellen, teils alte Klassiker in neuen prachtvollen Ausgaben wieder

---

3   [Si da tianwang 四大天王.]

4   [Caitya.]

5   [Beiting 碑亭, «Stelenpavillon».]

6   [Qianlong 乾隆, eigentlich die Regierungsdevise des Kaisers, die aber vielfach an Stelle des Namens verwendet wird.]

erscheinen. Und endlich war er, was ihn uns ja besonders nahe führt, ein Beschützer und Förderer der Kunst und der Baukunst im besonderen. Wie ein Märchen mutet es uns an, mitten in China, in dem alten, 1860 leider zerstörten Sommerpalast, auf einen ganzen Palast im edelsten italienischen und französischen Barock zu stoßen. Chien-lung war es, der mit Hilfe europäischer Architekten dieses nun leider fast entschwundene Wunder zu Wege gebracht hat.[7] Auch im übrigen sind die herrlichen Bauwerke in Peking und Umgegend zum großen Teil mit dem Namen Chien-lung innig verwachsen. Hören wir, was unser Stein hier redet:

«Gedenkstein des Kaisers Chien-lung aus dem 14. Jahre seiner Regierung. November / Dezember 1749. Betreffend die Renovierung von Pi-yün-ssu. Der Kaiser preist den Tempel als den schönsten in den westlichen Bergen. Die ersten Anfänge des Tempels gehen auf die Zeit der Mongolen, Yüan-Dynastie, zurück, und zwar etwa auf das Jahr 1240. Ein reicher Chinese, A Li Chi[8], schenkte sein Haus der Kirche und machte die ersten Anlagen auf dem Berge. Der eigentliche Tempelbau im großen Stile wurde aber erst unter der Ming-Dynastie in den Jahren 1506–1522 von einem Eunuchen und Zolldirektor Yü-Ching[9] ausgeführt. Der berüchtigte Eunuch Wei-Chung-Hsin[10], gestorben 1627, welcher gegen Ende der Ming-Dynastie viele Jahre de facto über China herrschte, und dem zahlreiche Tempel errichtet wurden, worin man sein Bild wie das des Kaisers verehrte, tat sehr viel für die weitere Ausschmückung von Pi-yün-ssu. Der Kaiser weist auf die niedrige Gesinnung des Eunuchen, der die Ming-Dynastie mit zu Grunde gerichtet hat, und auf seine später erfolgte Enthauptung hin. Der Kaiser ist von seiner Sommerresidenz im Ching-yi-Yüan[11], dem Jagdpark, aus häufig bei Pi-yün-ssu vorbeigekommen und hat sich stets an dem Anblick seiner Waldungen und Täler erfreut. Da die alten Tempel des Schutzes der Herrscher bedürfen, so hat er Pi-yün-ssu restaurieren lassen und ihm seine ursprüngliche Reinheit

---

7 [Historische Fotos bietet Régine Thiriez: *Barbarian lens*. Amsterdam: Gordon & Breach 1998. XXII,191 S. – Eine sorgfältig ausgeführte Kupferstichfolge aus der kaiserlichen Werkstatt in Peking ist vielfach reproduziert worden, z.B. Schulz, Alexander: *Hsi Yang Lou. Untersuchungen zu den «Europäischen Bauten» des Kaisers Ch'ien-lung*. (Diss.Würzburg). Isny: Privatdruck 1966. 98 S., Taf.]

8 [Die im mandschurischen Text überlieferte Namensform Argi weist auf einen Nicht-Chinesen. Haenisch zitiert einen Hinweis aus dem *Da Qing yitongzhi* (OZ 11.1924, 2–3), wonach die Umschrift dieses Namens geändert wurde, so daß doch die Namensform Ergi vorzuziehen wäre. Haenisch hält Ergi (Familienname Yelü!) für einen Tungusen (Liao).]

9 [Yu Jing 于經 vgl. Franz, s.u, 222–223.]

10 [Wei Zhongxian 魏忠賢, 1568–1627.]

11 [Jingyi yuan 靜宜園.]

wiedergegeben. Zur Erinnerung daran hat er eigenhändig diese Inschrift geschrieben.»[12]

Auf anderen Gedenksteinen finden wir noch Inschriften mehr religiösen Charakters, z.b. auf zwei sechseckigen im Hof 6 (9) Abb. 30. Der Haupthof Nr. 9 (13) enthält gleichfalls einen Tempel mit Buddhadarstellungen, im übrigen Wohnräume für den Oberpriester und für Fremde, Wirtschaftsräume, Küche und Kuliwohnungen. In der parallelen Westachse (25) sehen wir einen Nebentempel und zwei Wohngebäude für jüngere Priester und Eleven, etwa zehn an der Zahl. Ein ganz merkwürdiger Bau ist der große Tempel, der auf diesen Komplex folgt (28), Abb. 32, und in dem 500 Lohans, die Jünger Buddhas, dargestellt sind, sämtlich in Lebensgröße aus Stuck, schön vergoldet und gut erhalten. Man muß sagen, daß die Aufgabe, eine solche Menge Statuen in zweckmäßiger und schöner Weise unterzubringen, vorzüglich gelöst ist. Es ist ein quadratischer Grundriß mit vier Lichthöfen angenommen. Die breiten Seitengänge erhalten an jeder Wand sowie in der Mitte fortlaufende, etwa 80 cm hohe Marmorpostamente für die Figuren, die schmaleren Zentralgänge dagegen nur an den Wänden der Lichthöfe. Der Raum ist mit einer Kassettendecke würdig ausgestaltet und hat über der sich ergebende Vierung einen Aufbau erhalten, der als Turm wirksam die zentrale Anlage und die Bedeutung des Gebäudes betont. Dem Haupteingang in der Achse ist eine Eingangshalle vorgelagert, die wieder die vier Himmelskönige enthält. In derselben Achse auf der nächsten Terrasse liegt eine langgestreckte Gebetshalle (29), wie sie sonst meist nur in lamaistischen Tempeln und Klosteranlagen zu finden ist. Im Westen ist ein besonderer Wirtschaftshof angeordnet für die niederen Knechte, Pferdeställe, Räume für Mahlmühlen sowie ein Gemüse- und Obstgarten (27).

Parallel zur Hauptachse im Osten liegt eine Flucht von Höfen und Gebäuden, bei denen der strenge Charakter etwas durch unregelmäßige Anlage von Grottensteinen und Teichen, leichten Umgängen und Vorhallen gemildert ist. Es sind dieses die Wohnräume des Kaisers, wenn er zum Besuch des Tempels eintraf. Die Gebäude sind von Chien-lung erbaut mit wunderfeinen Details, Abb. 33, und einer zarten, anmutigen Ausgestaltung der Höfe, die zu dem Besten gehören, was chinesische Gartenkunst schaffen kann. Durch einen besonderen Eingang (20) gelangt man in das erste Haus (21) mit Wohnungen für das Gefolge, man kann das etwa als Kavaliershaus bezeichnen. Die Mittelhalle führt in den nächsten Hof (22), der mit Bäumen und Sträuchern aller Art geschmückt ist. Wasserbassins sind von Grottensteinen

---

12 [Dies ist keine wörtliche Übersetzung der Inschrift, aber ein zutreffendes Resümee. Text und Übersetzung der zweisprachigen Inschrift finden sich bei Rainer von Franz: *Die unbearbeiteten Peking-Inschriften der Franke-Lauferschen Sammlung.* Wiesbaden: Harrassowitz 1984 (Asiatische Forschungen 86), 213–227.]

eingefaßt und von einem Stege aus schlicht behauenen und zurechtgelegten, aber doch mit feiner Kunst angeordneten Kalksteinstufen überbrückt. Selbst die kleinen Treppen zu den Wohnräumen des Kaisers (23) sind in dieser ursprünglichen und den landhausmäßigen Charakter wahrenden Weise hergestellt. Das ist eben das künstlerische Feingefühl des Chinesen, daß er in allen Formen, von der Mannigfaltigkeit der Dächer bis herab zu der Ausbildung der gepflasterten Wege, stets eine Steigerung kennt, von dem rohen Bedürfnis z. B. der Wirtschaftsgebäude zu der leichten anmutigen Gestaltung der Privatwohnungen, dann zu der ernsten gewaltigen Architektur der kaiserlichen Paläste und endlich zu der feierlichen Ausbildung der Tempel. Diese Steigerung ist ein Charakteristikum für die Befähigung des Baukünstlers, und wenn der Chinese imstande ist, solche verschiedenartigen Wirkungen zu erzielen und unmittelbar Empfindungen durch seine Formgebung zu erwecken, wie in allen seinen Tempeln und Bauanlagen, dann müssen wir sicher sagen, er ist ein Baukünstler ersten Ranges, trotzdem er im allgemeinen nicht monumental in unserem Sinne baut. Aber als vollendeten Künstler müssen wir jeden ansprechen, der wirklich etwas Bedeutendes zu sagen hat und dieses auch so künstlerisch klar zu sagen weiß, daß es sofort verstanden wird. Den größten Triumph feiert die Gartenkunst in Verbindung mit leichter Architektur, jedoch immer noch unter Wahrung des religiösen Ernstes im letzten Hof, dem Quellhof[13] (24). So kann man ihn nennen, weil hier die Quelle entspringt, die als Bächlein den ganzen Tempel durchströmt und an geeigneten Punkten in Bassins gesamamelt wird, die fast durchweg mit Fliesen und Steinen ausgelegt sind, trotzdem aber üppige Wasser- und Blattpflanzen, auch den Lotos, beherbergen. Ich kenne keine intimere Stimmung, als wie sie dieser Quellhof erweckt, mit seiner Marmorbrücke über den Weiher, mit seinen Substruktionen alter, vielleicht nie fertig gewordener Gebäude, seinem Altan, den aufgetürmt künstlichen und doch so natürlichen Steinmassen, mit dem geheimnisvollen Dunkel der unterirdischen Gruftkapelle, deren Postamente von ihren Göttern längst verlassen sind, dem Murmeln der Quelle und mit dem Ausblick von dem kleinen Tempelchen des Quellgottes oben auf der Terrasse, von der man durch das dichte Laub der Bäume hindurchschaut auf die weite, zauberhafte Pekinger Ebene.

Durch alle diese Stimmung, die der Tempel erweckt, durch die Lage und die hervorragenden Darstellungen der buddhistischen Lehre ist er mit Recht so berühmt geworden, daß Chien-lung ihn als den schönsten preisen konnte. Sein Hauptwert liegt aber in dem Anbau, der sich im Norden an den eigentlichen Tempel organisch anfügt. Es ist ein Wunderwerk chinesischer Archi-

---

13 [Shuiquan yuan 水泉院. Vgl. E. Boerschmann: Der Quellhof in Pi Yün Sze. Ein Meisterwerk chinesischer Gartenkunst. *Gartenschönheit* 1929, 465–468.]

tektur, das einen dauernden Kunstwert besitzt und, losgelöst von Nationalität und Zeit, jeden Baukünstler aufs höchste entzücken muß.

Über ein System von Freitreppen und durch ein einfaches Holztor (14) betreten wir einen weiten Hof und damit die große Anlage mit der Marmorpagode, die der Kaiser Chien-lung zu Ehren des Gautama-Buddha Çakyamuni errichten ließ. Als erstes Bild tritt uns da entgegen ein Pai-lou (15) Abb. 35, ein Tor aus reinem Marmor, das völlig bedeckt ist mit Ornament und Skulpturen. Man erkennt zwar auf den ersten Blick die Nachahmung des Holzbaues, die Ständer mit den eingezapften Riegeln und den Fries dazwischen. Darüber als Schmuck die dachartigen Aufbauten. Ja selbst die Steine am Fuße der Ständer, die ihnen den nötigen Halt geben sollen, fehlen nicht. Indessen, welch hoher Reiz liegt in diesem Bau, der in allen seinen Flächen mit Ornament bedeckt ist, ohne daß das klar gezeigte Konstruktionsprinzip irgendwie verdunkelt wird. Die Ständer sind mit einem fortlaufenden Ornament in einer Weise geschmückt, daß gerade der Zweck erfüllt wird, die Fläche zu beleben. Der obere Teil der Ständer ist rund und entsprechend anders, etwa schuppenartig ornamentiert. Auf jedem Ständer hockt ein Löwe. Der untere Balken zeigt zwei Drachen, der obere vier Phönixe. Die Verbindung von Drachen und Phönix ist althergebracht; der Drache ist das Symbol des Glückes, das Sinnbild der geheimen, in der Erde und dem Himmel schlummernden Naturkraft, dasselbe, was etwa für die alten Griechen die Schlange bedeutete, und der Phönix verkörpert den gleichen Begriff der Verjüngung und Wiederauferstehung wie bei uns. Es ist das alte Lied, durch Aufnahme neuer Naturkraft erfolgt die Verjüngung des Menschen. Im Hintergrunde durch das Tor hindurch erblickt man über die kleine Brücke hinweg ein zweites Tor, aus Backstein, und die Marmorpagode in der Ferne.

Auf den Flügelmauern des Tores sind acht Reliefgruppen in vollendeter Kunst eingemeißelt. Sie zeigen teils Darstellungen aus dem Leben Buddhas, teils symbolische Tiere. Dieser Löwe, Abb. 34, ist fast das genaue Abbild des kleinen Peking-Hundes, der gerade so eine Löwenmähne und ein so lieb treues Gesicht besitzt. Nur die Tatzen sind recht löwenmäßig. Auch hier ist alles mit feinem Relief bedeckt, die Seitenpfosten sogar mit Blüten, Blättern und Ranken, die ganz naturalistisch gehalten und alle unter sich verschieden sind. Der Sockel, Abb. 36, ist nach dem Motiv des Lotosthrons Buddhas gearbeitet, in den Formen und Profilen sehr an griechische Kunst erinnernd. Der Eierstab ist aber identisch mit den Blättern der Lotosblume und echt indisch. Oben wird die Gruppe bekrönt von einer Konsolenreihe in flachem feinem Relief. Die ganze Arbeit an dem Tor ist die denkbar vornehmste und eleganteste, teilweise geht sie geradezu in Raffinement über.

Wir durchschreiten das Tor und es führt die kleine Marmorbrücke über einen Graben zu dem zweiten Teil des Hofes, in dem zwei kleine achteckige

Häuschen stehen (16). Es sind Pei-ting's, in denen je eine senkrechte Steinplatte auf einer steinernen Schildkröte, dem Symbol langen Lebens, steht. Auf den vier Seiten der Steinplatten ist als unverwüstliches geschichtliches Dokument die Erbauungsgeschichte dieser Anlage eingegraben und zwar in den vier Hauptsprachen des chinesischen Reiches, chinesisch, mandschurisch, mongolisch und tibetanisch.[14] Der Inhalt besagt folgendes:

«Auf Befehl des Kaisers Chien-lung ist diese Inschrift vor der Pagode im 14. Jahre seiner Regierung im 11. Monat (nach unserem Datum Dezember/Januar 1749/50) ausgeführt. Die ‹Diamantthronpagode› ist auf Befehl des Kaisers nach einem Modell gebaut, welches buddhistische Priester aus den westlichen Ländern als Geschenk an den Hof gebracht haben. Sie soll nicht zur Aufbewahrung einer Reliquie, eines Zahnes oder eines Haares Buddhas, sondern nur zur Erinnerung an das erste Auftreten dienen und seinen Thron darstellen. Die fünf Türme zeigen an, daß der Buddhismus sich nach allen vier Himmelsrichtungen ausgebreitet hat. Buddha thront in der Mitte.»

Noch ein zweites Tor (17), das aus Backsteinen mit Putz und Terrakottaplatten erbaut ist, und wir stehen vor dem Hauptbau, der sich auf dem Grundriß als bedeutend abhebt (18) Abb. 37. Es ist eine große Pagode, die Marmorpagode, wie sie im Munde der Fremden heißt. Sie zeigt über zwei großen massiven Terrassen einen gegliederten Aufbau mit Gesimsen und Figurenreihen, darüber die fünf Pyramiden-Pagoden, nämlich eine große in der Mitte und vier kleine rings um sie, von denen die Inschrift besagt, daß sie die vier Himmelsrichtungen bedeuten sollen, nach denen der Buddhismus sich ausgebreitet hat. Links stehen zwei Flaschenpagoden, die ursprüngliche, aber schon chinesische Form, und in der Mitte ein Aufbau, der zwar eine kleine Kapelle birgt, hauptsächlich aber ein Treppenaufbau ist. Die Brüstungen der Terrassen und der gesamte Oberbau bestehen aus einem weißen, oft bläulich durchsetzten Marmor, der in ziemlicher Entfernung von Pi-yünsse in den Westbergen gebrochen wird. Er besitzt eine feine Struktur und erhält fast ausnahmslos in Nordchina im Laufe der Zeit durch die atmosphärischen Einflüsse einen emailartigen glatten Überzug, gewissermaßen eine Patina, die indessen sein schönes Aussehen wenig beeinträchtigt und für seine Erhaltung von großem Werte ist. Dank dieses Umstandes und dank der geradezu ausgezeichneten Steinmetzkunst und des regelrechten Fugenschnittes hat das Denkmal sich im ganzen sehr gut gehalten, trotzdem ein anderer unheilvoller Einfluß langsam, aber stetig auf die Zerstörung einzelner Teile hinarbeitet. Das Innere der gewaltigen Substruktion besteht nämlich nach chinesischer Sitte aus Füllmauerwerk und ist nur im Äußeren mit Platten

---

14 [Vgl. Erich Haenisch: Die viersprachige Gründungsinschrift des Klosters Pi-yün-sze bei Peking. *OZ* 11.1924, 1–16, 164–166.]

nach Art von glattem Bruchsteinmauerwerk verblendet. Das Innere ist nun sorgfältiger als sonst gearbeitet, enthält aber im Mörtel als Hauptbestandteil so viel Lehm, und dieser hat noch so wenig seine Fruchtbarkeit für Pflanzen verloren, daß nicht nur an allen Ecken und Enden Sträucher und kleine Bäume, in allen Ritzen und Fugen Blumen und Gräser erwachsen, sondern daß diese Eigenschaft auch von den Chinesen, die sich solche malerischen Reize ja nie entgehen lassen, bewußt zur weiteren architektonischen Ausgestaltung verwertet ist. Rings um die Krone der untersten Terrasse, unmittelbar unter der Brüstung, haben sie eine Reihe von herrlichen Thujen gepflanzt, die unmittelbar aus der Mauer herauswachsen und dann kerzengerade aufsteigen. Ein herrliches Bild, nur schade, daß die treibenden Wurzeln schon viel zerstört haben, und ganze Strecken des kostbaren Geländers abgestürzt sind. Ebenso ist auf der obersten Terrasse des Marmorbaues ein wundervoller Zypressenbaum gepflanzt, der von einem Punkte seines Stammes geheimnisvoll neun Zweige nach allen Richtungen herausschickt und von Chinesen mit abergläubischer Miene betrachtet wird. Auch ganz oben an dem Treppenaufbau grünt ein Zypressenstrauch. Die Pagode liegt in einem dichten Haine von alten herrlichen Bäumen, die vorne geometrisch, weiter nach hinten aber in immer willkürlicherer Stellung gepflanzt sind. Den Schluß der ganzen Anlage bildet der Begräbnisplatz der Priester, sechs bis jetzt, würdig und weihevoll, durch die Anlage der Bäume monumental gestaltet (19).

Der Aufgang zu der oberen Plattform, die große, prächtige Freitreppe mit 34 Stufen, ist von gewaltigen Zypressen umrahmt. Von den Zinnen des Baues grüßen die Buddhas herab, und hinter der zierlichen Brüstung erscheinen die kleinen Pagoden, die noch prächtigere Buddhas tragen, ein Bild, das aufs eindrucksvollste die hehre Majestät des erhabenen Baues zum Ausdruck bringt. Der obere Aufbau, der eigentliche ‹Diamantthron›, ist außerordentlich kraftvoll und klar gegliedert, Abb. 38. Durch wuchtige Gesimse wird die Fläche zerlegt in einen Sockel, dessen Einschnürung ebenso wie die Gurtgesimse mit reichem Ornamentschmuck, Ranken und stilisierten Bändern versehen und von den Lotosblättern der Wulste eingefaßt wird. Es folgt eine Reihe Buddhas, darüber ein fortlaufender Streifen mit gehörnten Drachenköpfen, endlich wieder eine Reihe Buddhas. Über dem schattenreichen Hauptgesims, an dem Wasserspeier nicht fehlen, bekrönt eine kräftige, jedoch im Detail äußerst zierliche Balustrade den Bau. Die Rückseite zeigt einen Vorbau, der einzig geschaffen ist, um der oben sichtbaren Zypresse ihren Standort zu verschaffen. So wird also der Baumwuchs, die Vegetation, sogar bestimmend für die architektonische Anordnung eines Monumentes. Die Gliederung des Systems durch die Gesimse ist hier am klarsten erkennbar, ebenso der Lotosthron, auf dem die Buddhas sitzen. Das Portal führt zu einer kleinen Kapelle, in der eine polierte Statue der Göttin Kuan-jin thront, aus schwarzem Marmor, ein vollendetes Meisterstück. Sie ist die Göttin der Barmherzigkeit und heißt auch Kuan-jin-po-ssa[15]. Possa ist die chinesische Bezeichnung für Bodhisattva.

Auf der obersten Plattform des Treppenaufbaues mit herrlichem, kraftvollem Rankenwerk bedeckt, aus dem halbgeöffnete Lotosblumen mit dem Stempel der Blume, dem ‹Kleinod im Lotos›, herauswachsen, Abb. 39. Künstlerisch am bedeutendsten sind die beiden Flaschenpagoden an der Vorderseite des Diamantthrones, Abb. 40. Sie sind im unteren Teile nach altbuddhistischer Auffassung in Form einer Seifenblase gebildet, dem Symbol der Vergänglichkeit des Lebens. Als Verheißung auf das ewige Glück aber thronen hier in jeder dieser Pagoden vier wunderschöne Buddhas, die sicher zu dem herrlichsten gehören, was die Skulptur im Osten geschaffen hat. Es ist hier wieder Kuan-jin-po-ssa dargestellt, die Göttin der Barmherzigkeit, die etwa unserer Jungfrau Maria entspricht. Sie stammt ursprünglich aus Indien, und ist dort des Gautama-Buddha früheres, auf Erden wandelndes, beinahe vollendetes Ebenbild. Mit Lotosblumen in den Händen und mit reichen Perlengehängen und Ohrringen, sowie mit der Mitra geschmückt, sitzt sie verklärt auf dem Lotosthron, die rechte Hand auf das konventionell hochgehobene Knie gestützt, während der überragende rechte Fuß, um ja nicht mit der sündigen Welt in Gemeinschaft zu kommen, noch eine besondere Lotossandale erhalten hat.

In der anderen Flaschenpagode thront ein ebenso herrliches Buddhabild, der Uschnitza-Widschu[16] mit drei Köpfen und acht Armen, in jeder Hand hält er eins der buddhistischen Symbole, z.B. den Donnerkeil, ein Salbentöpfchen, ein kleines Buddhabild u.a.m. In der Stirn hat er noch ein drittes Auge. Eine unendliche Friedlichkeit und Milde strahlt von dem Antlitz aus und diese Feinheit der Empfindung ist auch in dem Faltenwurf, in den Details der Kleidung, des Lotosthrones und des Lotossockels zum Ausdruck gebracht, über dem sich der Aufbau mit seinen Nischen für vier Buddhas erhebt. Wir treten an den Rand der Terrasse, Abb. 41, und schauen über die Pfosten mit den schönen Knöpfen und über das Geländer mit den zart gemeißelten, aus einander hervorwachsenden Ranken und Blättern hinab in das Land.

Zuerst in die Fortsetzung und das Ende der gesamten Tempelanlage (19) Abb. 42. nämlich den stillen Begräbnisplatz der Oberpriester, die, sechs an der Zahl, hier bereits ihre Ruhe fanden, das Antlitz nach Süden zu der Marmorpagode gekehrt, die ihnen die ewige Seligkeit verspricht. Es sind das die Denkmale, wie man sie in und um Peking herum in schönen Hainen und auf freiem Felde zu vielen Hunderten findet. Einer weiteren Ausdehnung der

---

15 [Guanyin pusa 觀音菩薩.]
16 [Uṣṇīṣa Viṣṇu?]

Tempelanlage setzten hier die jetzt schroff ansteigenden Felspartien der Berge einen Halt entgegen.

Nun blicken wir an der anderen Seite herab. Im Vordergrunde auf den Tempel, dann auf Dörfer, benachbarte Parks, andere Tempel und auf die weite Pekinger Ebene mit ihren zahlreichen Pagoden. Lassen Sie mich den Eindruck durch den Inhalt eines kurzen Gedichtes wiedergeben, das von keinem Geringeren stammt, als vom Kaiser Chien-lung selbst, und in dem er die Westberge verherrlicht:

Weshalb erstieg ich diese nebelichte Höhe,
Weshalb suchte ich diese Gebirgskluft auf?
Ich trete wie auf verzauberten Boden,
Da ist kein Aufenthalt für Menschen.
Zauberstimmen höre ich in den Bäumen,
Zauberbilder sehe ich in den Lüften,
Die flüsternden Pinien sind lebende Harfen,
Ich höre sie geschlagen
Mit wunderfeinem Griff.
Zu meinen Füßen liegt mein Reich,
Wie auf einer Landkarte entrollt,
Über meinem Haupte ein Baldachin,
Geschmückt mit Wolken aus Gold.

E. Börschmann

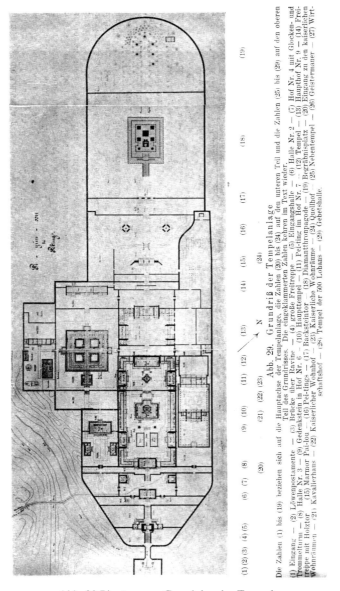

Abb. 29 Pi-yün-ssu – Grundplan des Tempels

Abb. 32. Tempel der 500 Lohans (28)

Abb. 31. Pei-ting (11)

Abb. 30. Gedenkstein und eine pinus bungeana (9)

Abb. 33 Tür aus den kaiserlichen Wohnräumen

Abb. 34 Löwen-Relief vom Marmor-Pai-lou (15)

Abb. 35 Marmor-Pai-lou am Eingang zur Diamantthronpagode (15)

Abb. 36 Detail vom Sockel des Pai-lou (15)

Abb. 37 Aufgang zur Marmor-Pagode (18)

Abb. 39 Lotos-Ornament (18), alte [1904?] und neue Aufnahme [2015]

Abb. 38 Diamantthronpagode (Marmorpagode), Detail (18)

Abb. 41 Geländer der obersten Terrasse (18)

Abb. 42. Begräbnisplatz der Priester

Abb. 40 Biyun si, Flaschenpagode, Buddha-Relief (18)
spätere Bezeichnung: Lamaistische Göttin

Biyun si, Flaschenpagode, Relief: Bodhisattva

Biyun si, Rückseite der Marmorpagode

Biyun si, Marmorpagode

Biyun si, Luftbild

Biyun si, Obere Plattform der Marmorpagode

Biyun si, Flaschenpagode [2015]

Biyun si, 2. Flaschenpagode [2015]

Ernst Boerschmann: Der Quellhof in Pi yün sze. Ein Meisterwerk chinesischer Gartenkunst

Alles Gute will erkannt sein, am gründlichsten das Schöne. Wahres Gefühl für Schönheit erringt man durch Erkenntnis, der rechte Weg zur Empfindung führt über Wissen. Um ein Kunstwerk zu genießen, muß man es studieren. Das gilt auch für unsern Quellhof. Ein unsagbarer Reiz liegt in seiner Anlage, eine Zartheit und Innigkeit, wie sie nur edler und künstlerischer Geschmack hervorzaubern kann. Dazu kommt ein Stück Romantik, der Hauch der Vorzeit, der uns aus altersgrauen Ruinen aus verlassenem Gemäuer, aus wildrankendem Gestrüpp und verfallenden Dächern das Einst verklärter erschauen läßt als das Heute. Mit dem Stift in der Hand muß man jeden Stein, jeden Strauch und Baum und jeden Wasserlauf noch einmal denken, um die vollendete Gartenkunst zu verstehen.

Etwa eine Stunde von Peking entfernt, am Rande hoher Berge gegen die Ebene, lagert auf einer Kuppe Pi yün sze, eins der schönsten unter den Hunderten von Klöstern und Heiligtümern in den viel gepriesenen Westbergen. Eine Hauptachse von 500 Metern Länge führt durch zahlreiche Tore und Höfe mit Hallen für Götter und Menschen und endet in einem mächtigen und schönen Marmorbau, einer Pagode mit fünf Türmen, die ihrem Erbauer, dem Kaiser Kienlung, im 18. Jahrhundert zu kurzer Rast im Sommer diente. Hier verlebte ich wiederholt Wochen reinsten Klosterfriedens, studierte das Kloster und nahm es in allen Teilen auf. Der Wohnteil endet nach chinesischer Art in einem Gartenhof, der einen Höhepunkt der ganzen Anlage darstellt. An seinem Ende entspringt eine Quelle und bewässert von dort aus die unteren Höfe durch Rinnsale und Teiche. Mein Tagebuch schildert den Eindruck dieses kleinen Meisterwerkes chinesischer Gartenbaukunst, das eine natürliche Ergänzung bildet zu der erhabenen Schönheit des Hauptklosters selbst.

Unmittelbar vor unserem Sommerhause folgen einige kleinste Höfe. Hinter der kreisrunden Tür, die aus unserem Wohnhof führt, ein aufgeschichteter Hügel von Grottensteinen, den man umgehen muß und der uns daran mahnt, daß wir in das Gebiet zierlicher Gartenkunst gelangten, befreit von den ernsten Formen der Tempelhöfe und Hallen der Pagode, die zur Linken in großem Zuge parallel laufen. Ein weiterer Hof, geräumig und wie alle Teile hier in Pi yün sze, belebt mit einigen schlanken Bäumen. Zur Rechten wieder ein kleines Tor. Es öffnet den Blick auf den Unterbau für eine Halle, die längst nicht mehr ist. Wieder ein kleiner Hof. Als Leitmotiv auf das Hauptthema des Quellhofes steht da zu unserer Rechten ein kunstvoller Stein, ein Konglomerat von Kalkstein und Kieseln, einer der beliebtesten chinesischen Gartensteine, durch nichts bemerkenswert als durch seine eigenartige, verschnörkelte, schattenreiche und lebhafte Form. Man hält diesen seltenen Stein für wert, ihn auf ein Marmorpostament zu stellen, zu beiden Seiten hochstämmige Zypressen zu pflanzen, die von Efeu umrankt sind, und die Mauer als Rückwand mit drei breiten Zinnen zu krönen, die im Schmuck des wilden Weines mit seinen hellgrünen Blättern einen wirksamen Hintergrund abgibt für das einzige Schmuckstück des Spielsteins.

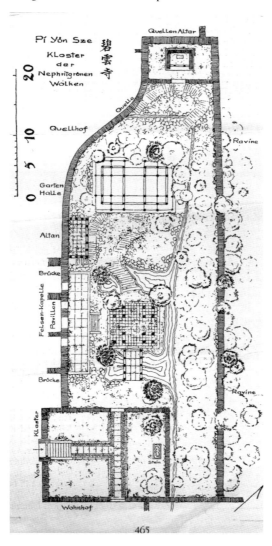

465

Noch ein Tor und wir blicken in ein künstlerisches Paradies, in dem jeder Stein atmet mit menschlicher Überlegung und Kunst. Nicht zufällig ist hier die Schönheit der Natur, und doch blieb die Natur. Gleich links auf einem kleinen Hügel, nur halb so hoch wie die umschließenden Hofmauern, aufgeschichtete Grottensteine. Gräser und Moose wechseln mit Sträuchern, füllen die Lücken, beleben die Flächen und binden sanft das Ganze zur Einheit. Zur Rechten, gespeist von dem seitlich vorbeifließenden Quellwasser, der kleine Weiher, grün erfüllt von Schlinggewächs und Wasserpflanzen, auf der Oberfläche belebt durch kleine, schnell huschende Wasserkäfer. Nur an einer Stelle am Rande ist er klar und gesäubert von Pflanzen. Hier pflegten sonst die Diener das Wasser zu schöpfen, hier erfrischen wir uns täglich durch ein Bad in der kühlen Flut.

In diesem schönsten aller Badebecken reicht das Wasser nur knapp bis zum Knie, doch der Grund ist mit Steinplatten ausgelegt, das Wasser fließt unmerklich, und uns umgibt der alte Hof. Zypressen, schlanke, hohe Stämme, von Efeu umrankt oder von Misteln in Büscheln umgeben, Sophoren und Ginkgobäume, in Naturlaune einer aus des anderen Stamm aufwachsend, nehmen uns in ihre Schatten auf, wenn wir auf den Steinwegen, deren Fugen grün sind von sprießendem Gras und Kraut, zum Bade wandeln. Efeuumrankte Mauern umschließen die Stätte. Dort wachsen aus den Fugen in halber Höhe oder schon fast aus der Krone Bäume hoch empor, aus einer Ecke grüßt ein Altan mit kunstvoller Steinbrüstung altersgrau, zugänglich nur über malerisch aufgeschichtete Grottensteine. Und vom Ende des Hofes, von hoher Terrasse, gerade noch sichtbar zwischen dichten Bäumen und Gebüsch, blickt ein Buddha, milde und freundlich dem Fröhlichen, dem Zufriedenen, auf uns herab. Die wenigen Stücke unseres Badezeugs, Kimono und Badetuch, hängen auf der Brüstung der Marmorbrücke, die unseren Weiher überbrückt, und ich steige vom durchlöcherten Trittstein vorsichtig über einen zweiten moosbewachsenen Stein in das stille Becken, in das klare Quellwasser, zum Entsetzen der chinesischen Diener, für die es fürchterlich ist, sich ohne Not in eiskaltes Wasser zu begeben.

Gleich hinter dem Tore zum Quellhof versetzt sich die gerade Richtung des Weges der letzten Höfe. Man sieht vor sich die neue Achse, die den Quellhof beherrscht, nicht starr, vielmehr unterbrochen durch freie Gefüge von Natursteinen. Die Marmorbrücke über den Weiher mit der Brüstung aus glatten, undurchbrochenen, doch leicht verzierten Platten führt im Zuge der neuen Achse zu einer quadratischen Plattform, regelmäßig ausgelegt mit Fliesen, an den Ecken mit je vier Sockelsteinen für Holzsäulen. Hier stand wohl einst ein Gebäude, oder es krönte ein leichter Pavillon den offenen Platz. Er ist Vorbereitung zugleich für den ersteren Holzbau weiter in der Achse, wie für die Grotte, die, zur Linken in der Querachse, mit drei unterirdischen

Räumen aus dem Fels gemeißelt ist und einen kunstvollen Marmorsockel birgt als Altar für drei buddhistische Gottheiten. Eingangstor und Rundfester sind in die altergraue Mauer ohne Schmuckformen glatt eingesetzt. Feierlich wirkt darüber die Reihe der Zypressen, die aus der Krone der Frontwand senkrecht herauswachsen. Im Innern der Kapelle ruhen kraftvolle Tonnengewölbe wuchtig auf dicken Scheidemauern, Halbdunkel füllt die Räume. Freier atmet man draußen auf der vorgelagerten Terrasse, dort grüßt das helle Licht, und der nahe zierliche Altan lockt, unser Paradies von oben zu betrachten.

Ein Pfad von Natursteinen überbrückt in Windungen den zweiten Teil des Weihers, der eingefaßt wird durch spitze oder breite, durchlöcherte oder massige Grottensteine jeder Art und Größe. Mit welcher Kunst sind Ecken und hervorragende Punkte betont durch besonders merkwürdige Gebilde, wie überlegt schuf man Durchblicke, Nischen und Unterbrechungen in wunderlichen Formen, selbstverständlich und ungesucht, wie erscheint alles ganz natürlich, und man merkt erst bei aufmerksamem Sinnen, daß tiefes Kunstgefühl hier die Lehrmeisterin war.

Jetzt ein großes Gebäude. Zwar verfallen, ohne Wände, nur teilweise mit Dach versehen, doch noch mit aufrechten Säulen, mit Spuren alter Inschriften. Es führt aus dem leichten und malerischen Bereich wieder in die strenge Richtung der Achse, zum Höhepunkt und Endpunkt des Quellhofes. Ob es nun ein Tempel gewesen ist oder nur ein überdeckter Sitzplatz, der dem Herrscher die abgelegene und ureigenste Stelle zur Ruhe und Erholung darbot, es ist bewundernswert, wie auch hier wieder die ganze Bauanlage auf Steigerung von Formen und Gedanken hinzielt und doch auch dort noch Monumentalität wahrt, wo man, selbst im Kleinsten, in Launen schwelgte, die man der Willkür und dem Spiele der Natur ablauschte. Wie streng erscheinen die Bauten von Brücke und Altan, von Höhlentempel und Halle, und wie rankt sich um diesen ernsten Gedanken der heitere liebenswürdige Sinn des Künstlers in den unregelmäßigen Formen der Steine und Ufer, der mannigfaltigen Bäume und der umschließenden Mauern. Zwei Gefühle sind innig vermählt, das Bedürfnis nach Größe und die Freude an leichter Natürlichkeit. Es ist wie eine schöne Ehe, in der jeder Teil dem anderen mehr gibt und zugleich mehr von ihm empfängt, Ernst und Frohsinn. Volle Harmonie bindet die beiden Pole menschlicher Seele, schafft den Ausgleich der Gegensätze. Wie weit entfernt von diesem Ideal sind doch die meisten solcher Bauten bei uns, vor denen wir vor lauter Ernst und Hoheit erstarren oder vor gewollter Buntheit keinen festen Halt finden für unsere Seele, und die wir, erkältet oder zerstreut, unbefriedigt verlassen.

1. Die fünftürmige Marmorpagode, der Höhepunkt des Klosters

Und nun das Ende unseres schönen Hofes, der unregelmäßig in einer hohen Terrasse ausklingt, doch noch einmal die Natur geschickt benützt. Grottensteine, Felsstücke und Steingebilde aller Art sind aufgeschichtet in einer fast wilden Kraft, durchzogen von Moos und Kraut. Zwischen ihnen winden sich zwei Aufgänge empor in freien Linien, und wir betreten auf der Plattform den kleinen Tempel, begrüßen die Figur des göttlichen Beschützers der köstlichen Quelle, die gerade unter ihm aus dem Felsen klar und kühl hervorsprudelt. Zwischen Zweigen und Blättern, die leise rauschen und sich wiegen im Spiel des zarten Lufthauches und den ganzen Hof erfüllen, zwischen schlanken Stämmen, durch Efeu und Gesträuch blickt man auf das Wunder, das der Quelle zuliebe in diesem Hofe geschaffen wurde. Rückwärts und zur Rechten ragen die hohen Mauern, hinter denen wir auf den oberen Terrassen des Tempels die erhabene Anlage der fünftürmigen Marmorpagode für Buddha wissen, vor uns zur linken gähnt über der niedrigen Brustwehr in schwindelnder Tiefe die gewaltige Schlucht, die auf dieser Seite den ganzen Tempel begrenzt. Sie ist jetzt mit Steinen erfüllt und trocken, zur Regenzeit aber ein reißender Strom, der von den Bergen in die Ebene herabstürzt. Weiter bis zum Horizont hindurch schimmern die gleichen Bilder, die man von dem höchsten Punkt des ganzen Tempels, der Marmorpagode, genießt, die Pekinger Ebene, die Sommerpaläste, die Pagoden und als feines Saumbild

Peking selbst mit seinen Mauern und Türmen, doch alles in unbestimmtem Lichte und verklärt durch die Weihe, mit der uns unser Quellhof erfüllt.

2. Mittelgang im Haupthof des Klosters

3. Brücke und Grottenwand im Quellhof

4. Wohnhaus im Gartenhaus

5. Seltener Spielstein, auf ein Marmorpostament gestellt

6. Zwei Arten von Thuja, ineinandergewachsen, im Klosterhof

7. Plattform, Teich und Brücke im Quellhof

8. Grotte und Altan im Quellhof

Tienningpagoden

Abbildungen

tip2 Songshan, Songyue si 嵩嶽寺

tip4 Songshan, Songyue si 嵩嶽寺

tip5 Songshan, Songyue si 嵩嶽寺. Westöffnung vermauert

tip13 Luoyang 洛陽, Baima ta 白馬塔, von Westen

tip15 Luoyang 洛陽, Baima ta 白馬塔 Sockel von Nordwesten

tip19 Luoyang 洛陽, Baima ta 白馬塔 Spitze der Pagode Fernaufnahme

tip24 Anyang 安陽 – Zhangde 漳德 (Henan): Tianning si 天寧寺

tip27 Anyang 安陽 – Zhangde 漳德 (Henan): Tianning si 天寧寺

tip31 Anyang 安陽 – Zhangde 漳德 (Henan): Tianning si 天寧寺
Pagode

tip34 Peking: Tianning si 天寧寺 vom Xibian men 西便門 gesehen.
Aufnahme: E. Herold

tip35 Peking: Tianning si 天寧寺 Aufnahme: S. Yamamoto

tip37 Peking: Tianning si 天寧寺 OstseiteAufnahme nach einer Photographie in der Sammlung der Anthropologischen Gesellschaft im Museum für Völkerkunde Berlin

tip42 Peking: Tianning si 天寧寺 Buddhafries

tip49 Peking: Tianning si 天寧寺

tip48 Peking: Tianning si 天寧寺 Nordwesten, als Spiegelbild

tip50 Peking: Tianning si 天寧寺 Südseite

tip51 Peking: Tianning si 天寧寺

tip55 Peking: Tianning si 天寧寺 Südwesten

tip61 Balizhuang 八里莊: Tianning si 天寧寺
Religiöses Fest 1930. Aufnahme: H. v. Tscharner

tip68 Balizhuang 八里莊: Tianning si 天寧寺
Aufschrift: Decagon Pagoda, Peiping, 178
Photo etwa 1930; durch C. W. Schmidt-Zhifu 1931.

tip75 Balizhuang 八里莊: Tianning si 天寧寺(Platte 572)

tip83 Pagode bei Changli 昌黎

tip91 Peking, Westberge: Jietai si 戒臺寺
2 Pagoden (12 m hoch) im Kloster Jietai si
Aufnahme: E. Herold

tip97 Fangshan 房山, Xiyu si 西域寺 Nan ta. 1931
Erhalten von General Spemann, 30. Dez. 1934

tip100 Zhengding 正定, Linji si 臨濟寺, Qingta 青塔

tip102 Zhengding 正定, Linji si 臨濟寺, Qingta 青塔
Sockel, Hauptgeschoß, 2 Konsolringe

tip115 Yuzhou 蔚州 oder Weixian (Chaha'er) Pagode beim Südtor
Aufnahme: Wolfgang Limpricht 1912–14

tip117 Shanxi: Hunyuan 渾源 Blick vom Osttor nach NW mit Pagode.
Datum: 1934

tip121 Jehol: Damingcheng 大名城
«Große Pagode in Ta Ming Tschöng aus der Tang Dynastie. 640 Fuß.»
Aufnahme: [Expedition] Walther Stötzner.

tip129 Shenyang 瀋陽 (Mukden)
«Pagode an der Nord Mauer von Mukden im Chʻung shou ssu 崇壽寺.
Durch Walther [!] Fuchs.»

tip133 Pagode bei Peking
Aufnahme: v. Westernhagen

tip139 Feldpagode bei Tianning si, Peking.
Aufnahme: 1903

tip140 Pagode bei Peking.
Aufnahme: E. Herold

tip155 Shandong: Zhifu 芝罘-Yantai 烟臺, Lao heita 老黑塔
Collection of pagodas Siccawei 8/61
Foto vom Field Museum of Natural History, Chicago

tip159 Dengzhou fu
Pagode östlich von Ninghai 甯海, genannt Hundepagode

tip161 Shandong: Wenshang
«Cat. no.130395. Pagoda in the city of Wenshang hsien 汶上縣, the district of
Yenchou, Shan-tung Province. It consists of thirteen stories, narrowing towards the
top and rises to a height of about 100 feet. Each story has four open windows. The
pagoda was built in the later Tsin period 936–947. The first, second and uppermost
stories are projected by a double roof.»

tip171 Pagode von Changxindian 長辛店 (Hebei), nordöstlich von Liangxiang

tip194 Suiyuan, Baita 綏遠白塔 SO

tip195 Suiyuan, Baita 綏遠白塔 NW – W

tip207 Nanjing, Qixia si 棲霞寺
Temple of the Three Sages, Sansheng dian 三聖殿

tip209 Nanjing, Qixia si 棲霞寺
Qian Fo Precipice 千佛岩
Buddhagrotten: 2 Reihen kleine, 2 große, 3 mittlere

tip213 Nanjing, Qixia si 棲霞寺

tip217 Nanjing, Qiaxia si 棲霞寺 Sirén (Chinese sculpture) 594

tip218 Nanjing, Qixia si 棲霞寺 Pagode
(Sirén 593)

tip228 Yuquan shan 玉泉山 bei Peking
«Marmorpagode über Teich, Hügel u. Pagode spiegelt im Wasser»
Durch C. W. Schmidt-Zhifu 1931

tip229 Peking, Yuquan shan 玉泉山, Marmorpagode
Postkarte von A. v. Gabain, 30/12.31

tip231 Peking, Yuquan shan 玉泉山
Marmorpagode, Reliefs

tip233 Yuquan shan 玉泉山, Marmorpagode, Reliefs NO - O - SO
Nach einem Bild der Kunstbibliothek

tip237 Peking, Yuquan shan 玉泉山, Qianfo dong 千佛洞
Buddhas Nirvana, Kalksteinreliefs in Höhle

tip239 Xihu, Hangzhou
Huayan ta 華嚴塔 在西冷印社
Erhalten von Ede 8.2.30

tip240 Xihu, Hangzhou
Huayan ta 華嚴塔 在西冷印社 im Garten der Xilengyinshe auf der kaiserlichen Insel,
links vor der oberen Brücke.

tip241 Jiuta si, 55 km von Jinan-fu, Shandong (Sirén 520)

tip246 Fangshan, Nanta (Sirén 578)

tip248 Fangshan, Nanta, kleine Gedenkpagoden (Sirén 580)

Lamapagoden

Abbildungen

lap9b Die Acht Tschorten im Kloster Kumbum und Boerschmanns Skizze

lap19 Pagode auf dem Yuquan shan 玉泉山

The White Pagoda 白 塔

White pagodas are excellent specimens of Buddhist art and architecture. The above one found in Suiyuan has an image of the Great Buddha inside, with sacred Buddhist books in Mongolian script carved on its walls. Every year thousands of pilgrims visit the place.

白塔為佛教建築中富有東方色彩之美術品，上圖所攝，為建於綏遠中鎮拉嘛招菩。塔內並刊有蒙文經典，中供佛像。信徒絡繹朝拜者，終年不絕。

lap30 Die Weiße Pagode, Suiyuan

lap34 Wuchang 武昌, Terrasse des Huanghao lou 黃鶴樓. Unmittelbar unter ihr steht
die Flaschenpagode. Um 1911, sowie lap34a Landungsstelle am Huanghao lou

lap36 Wuchang 武昌, Hupei: Landungsstelle am Huanghao lou. Durch C. Glatzer 1931.

lap42 Yangzhou, Shou xihu Lamapagode. Freund Dr. Metzener stehend im Kahn fährt zum Dienst nach Nanking. Sonntag 16.9.1934. Im Hintergrund Pavillon auf der Insel Xiaojin shan 小金山.

lap57 Peking, Miaoying si 妙應寺, Pagode. Aufnahme: Ecke 1931.

Iap62 Peking, Miaoying si 妙應寺

lap63b Lamapagode von Miaoying si 妙應寺 (Ecke)

Iap63c Lamapagode von Miaoying si 妙應寺 (Hartung)

lap67 Peking, Baita an 白塔庵. Durch Ecke, Sept. 1931

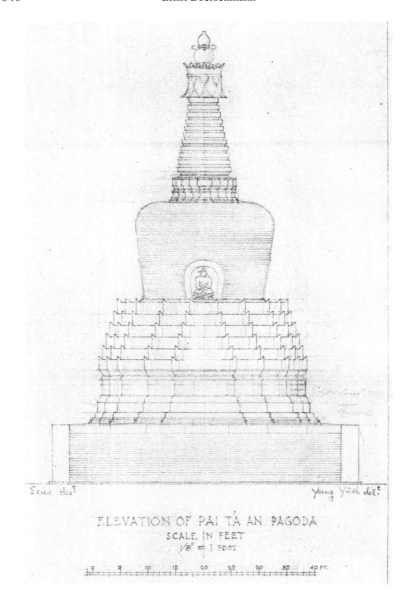

ELEVATION OF PAI TA AN PAGODA
SCALE IN FEET
1/8" = 1 FOOT

lap67a Aufriß der Pagode von Baita an 白塔庵, Sommer 1931

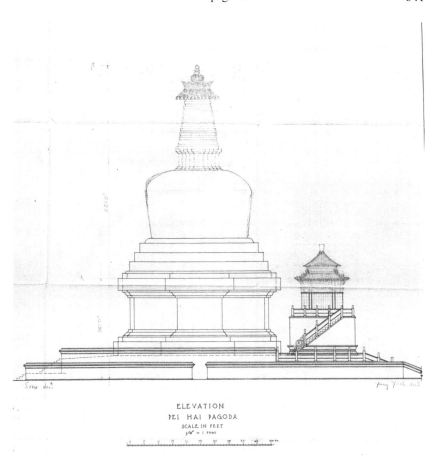

ELEVATION
PEI HAI PAGODA
SCALE IN FEET
⅛" = 1 FOOT

lap87a Plan of Pei Hai Pagoda (Yang Yüeh)

Iap75 Peking Xiao Baita 小白塔. Aus Mappe im Museum f. Völkerkunde, Berlin

lap80 Peking Xiao Baita 小白塔

lap81 Peking Xiao Baita 小白塔

lap82 Peking Xiao Baita 小白塔

lap95 Mukden, Westpagode 西塔. Aufnahme: E. Herold. 1915

Iap96 Mukden, Nordpagode 北塔. W. Fuchs, November 1930

Ernst Boerschmann

Iap97 Mukden, Südpagode 南塔. W. Fuchs 1932

lap98 Mukden Ostpagode. W. Fuchs 1932

lap111 Pagode im Tayuan si 塔院寺

lap113 Pagode im Tayuan si 塔院寺. Aufgang zur Halle der Himmelskönige

lap115 Pagode im Tayuan si 塔院寺. Aufgang zur Rampe und 1. Eingangshalle

lap116 Pagode im Tayuan si 塔院寺. Östl. Haus gegenüber Speisehalle

lap118 Pagode im Tayuan si 塔院寺, Fußring der Pagode

lap121 Pagode im Tayuan si 塔院寺

lap123 Pagode im Tayuan si 塔院寺 Zugang von Seite mit Glockenturm.
Datum: 1.9.1907

lap124 Pagode im Tayuan si 塔院寺, Eingangstor und Pagode. Datum: 30.8.1907

lap126 Pagode im Tayuan si 塔院寺, Sockel der großen Pagode mit Eingang

lap132 Tayuan si 塔院寺, Drehbibliothek

lap135 Wutaishan 五臺山, Pusa dian damen 菩薩殿大門

lap137 Wutai shan 五臺山, Dong shan, Tal mit 3 Stûpas

lap138 Wutai shan 五臺山, Pusa ting 菩薩頂

lap145 Wutai shan 五臺山？, Puji fashi baota 普濟法師寶塔, gekauft 1934 in Hunyuan xian

lap153 Puning si 普寧寺 = Dafo si 大佛寺 von SW. Nach Sekino: *Jehol*. Bd. II, Taf. 42

lap154 Jehol: Puning si 普寧寺 = Dafo si 大佛寺
Nach Sekino: *Jehol*. Bd. II, Taf. 43: Seitenansicht des Tempels

lap154a Jehol: Puning si 普寧寺 = Dafo si 大佛寺
Nach Sekino: *Jehol*. Bd. II, Taf. 66: Inneres der Turmhalle mit Großem Buddha

lap158 Jehol: Puning si 普寧寺 = Dafo si 大佛寺
Turmhalle und 2 Stûpas. Nach Sekino: *Jehol*. Bd. II, Taf. 1

Iap159 Jehol: Puning si 普寧寺 = Dafo si 大佛寺
Südwest Stûpa Nr. 2. Nach Sekino: *Jehol*. Bd. II, Taf. 71

lap160 Jehol: Puning si 普寧寺 = Dafo si 大佛寺
Nordost Stûpa Nr. 4. Nach Sekino: *Jehol*. Bd. II, Taf. 73 (1)

Iap161 Puning si 普寧寺 = Dafo si 大佛寺
Nordwest Stûpa Nr. 3. Nach Sekino: *Jehol* Bd. II, Taf. 72 (1)

lap162 Jehol: Puning si 普寧寺 = Dafo si 大佛寺
Lamastûpa Nr. 1

lap165 Jehol: Dafo si 大佛寺, NW Stûpa von Südwest.
Nach Sekino: *Jehol*, Taf. 72 (2)

lap168 Jehol, Pule si 普樂寺, Seitenansicht von Süden.
Nach Sekino: *Jehol* Bd. III, Taf. 12

lap175 Jehol, Pule si 普樂寺, Dachkonstruktion

lap180a Xumi fushou miao 須彌福壽廟
Nach Sekino: *Jehol* IV, Taf. 27

lap183 Potala 普陀宗乘廟
Original in Staatliche Kunstbibliothek, Berlin.

lap186 Jehol: Potala 普陀宗乘廟

lap188 Elefantentor mit 5 Stûpas. Rückseite von N nach S. Jehol: Potala 普陀宗乘廟

lap190 Potala 普陀宗乘廟 – Turmbau mit 5 östlichen Stûpas von NW nördl. Baitai
Durchblick auf Bangchui shan 棒棰山 Felsen

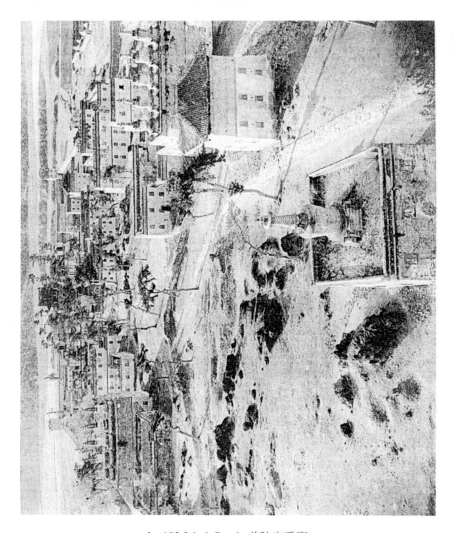

lap193 Jehol: Potala 普陀宗乘廟
Nach Sekino: *Jehol*. Bd. III, Taf. 47

lap194 Potala 普陀宗乘廟 – Wassertor mit 3 Stûpas. Dahinter: Die 5 westlichen Stûpas.
Aus: Sekino: *Jehol*. Bd. III, Taf. 77

Iap196 Jehol: Potala 普陀宗乘廟 – Fassade.
Aus: Sekino: *Jehol*. Bd. III, Taf. 56

lap198 Jehol: Potala 普陀宗乘廟 – Die 5 östlichen Stûpas.
Aus: Sekino: *Jehol* Bd. III, Taf. 49

682 Ernst Boerschmann

lap199 Jehol: Potala 普陀宗乘廟 – Vom Eingangstor der Elefanten. Aus: Sekino: *Jehol* Bd. III Taf. 43

lap 200 Potala 普陀宗乘廟 – Die westl. Stûpas.
Aus Sekino: *Jehol* Bd. III, Taf. 50

lap201 Peking, Huangsi – Gelber Tempel mit weißer Marmorpagode

Iap202 Peking, Wuta si

Register

Buchtitel und Termini sind kursiv gesetzt, ebenfalls einige Namen, die nur in Boersch-manns Transkription vorliegen. Soweit möglich ist bei den Eintragungen die Origi-nalschreibung beigefügt. Die Romanisierung folgt **Hanyu Pinyin**; nach einem Gedan-kenstrich ist die von Boerschmann verwendete Umschrift beigefügt, so daß die Register zugleich als Glossar dienen.

Kaisernamen

Chengzong 成宗 (Yuan)(1295–1307) – Tscheng Tsung 455

Chengzu 成祖 (Ming) (1402–1424) – Tsch'eng Tsu 98, 357, 426 [= Taizong; Devise: Yongle]

Daozong 道宗 (Liao)(1055–1100) – Tao Tsung 154, 362

Dezong 德宗 (Jin)(397–418) – Te Tsung 385

Gaozong 高宗 (Tang)(650–683)) – Kao Tsung 253

Gaozong 高宗 (Qing)(1736–1795) 90, 99, 155, 254 [Devise: Qianlong]

Gaozu 高祖 (Tang)(618–626) – Kao tsu 154, 199

Huidi 惠帝 (Ming)(1398–1402) – Hui Ti 376

Huizong 徽宗 (Song)(1101–1125) – Hui Tsung 384

Li Yu 李煜 (Nan Tang)(961–976) – Li Yü 255

Liezu 烈祖 (Nan Tang)(937-943) – Li Tsu 255

Mingdi 明帝 (Han) (58–76) – Ming Ti 51, 77, 416, 424, 425

Muzong 穆宗 (Qing)(1862–1874) – T'ung Tschi 145 [Devise: Tongzhi 同治]

Renzong 仁宗 (Qing)(1796–1820) – Kia King 470 [Devise: Jiaqing]

Shengzong 聖宗 (Qing)(1662-1722) – K'ang Hi 99, 144, 470 [Devise: Kangxi 康熙]

Shenzong 神宗 (Ming)(1573–1620) – Schen Tsung 99, 182 (Devise: Wanli)

Shihuangdi 始皇帝 (Qin)(246–209 v. Chr.) – Ts'in Shi Huang Ti 343

Shizong 世宗 (Jin)(1161–1189) – Schi Tsung 72, 98

Shizong 世宗 (Ming) (1522–1567) – Schi Tsong 81, 99, 118, 151, 155 [Devise: Jiajing – Kia Tsing]

Shizong 世祖 (Qing)(1644–1661) – Schun Tschi 144, 340 [Devise: Shunzhi]

Shizu 世祖 (Yuan; = Kublai Qan)(1260–1294) – Schi Tsu 143, 335, 365

Sonstige Personennamen

Geographische Namen, Klöster, Termini

Abhandlungen für die Kunde des Morgenlandes

Im Auftrag der Deutschen Morgenländischen Gesellschaft
herausgegeben von Florian C. Reiter (ab Band 53,1)

99: Shimelis Mazengia

Nominalization via Verbal Derivation

Amharic, Tigrinya and Oromo

2015. XVIII, 284 pages, 14 tables, pb
ISBN 978-3-447-10480-7
⊙E-Book: ISBN 978-3-447-19484-6
each € 78,– (D)

All languages are in a state of flux, and the viable ones employ various devices to introduce new words into their vocabularies. In the formation of new words and other expressions, noun formation or nominalization has pride of place over the other word-classes. Shimelis Mazengia describes and contrastively compares, in considerable detail, the mechanisms which three major Ethiopian languages use to satisfy their needs for nominals at word, phrasal and clausal levels – in other words, the operations utilized for lexical, phrasal, and clausal nominalizations. The languages in question are the Semitic languages Amharic and Tigrinya, and the Cushitic language Oromo. However, Amharic is sometimes considered to have undergone significant Cushitic influence and is therefore often assumed to be structurally intermediate between Semitic and Cushitic. Description and analyses take tone into account for Oromo, as tone is considered to have some bearing on the nominalization processes of the language.

The author is a native speaker of Amharic and Oromo and is also well acquainted with Tigrinya. His competence in the languages has helped him to insightfully deal with the description and analysis of the languages with a wealth of data.

100: Tatjana A. Pang

Schriftliche mandschurische Quellen zur Geschichte und Kultur des Qing-Reiches des 17. und 18. Jahrhunderts

Aus dem Russischen übersetzt, bearbeitet und herausgegeben von Giovanni Stary und Hartmut Walravens

2015. XII, 247 Seiten, 20 Abb., br
ISBN 978-3-447-10511-8
€ 54,– (D)

Die mandschurische Literatur erlebte ihren Aufschwung in der ersten Hälfte des 17. Jahrhunderts. Wesentliche Faktoren waren dabei neben der Entwicklung einer eigenen, aus dem Mongolischen abgeleiteten Schrift die Eroberung Chinas und die Gründung des mandschurisch-chinesischen Kaiserreiches. Die Anfangszeit war durch enorme Übersetzungsleistungen aus dem Chinesischen gekennzeichnet – und da die Mandschusprache mit ihrer klaren Grammatik ein gutes Hilfsmittel beim Erlernen des Chinesischen war, wurde sie in sinologischen Kreisen gern als eine Art Eselsbrücke abgetan, die nichts Eigenes böte und nur aus Übersetzungen bestünde.

In ihrem Buch über die Blütezeit der mandschurischen Literatur im 17. und 18. Jahrhundert legt Tatjana A. Pang dar, dass entgegen landläufiger Meinung doch ein erhebliches Corpus an eigenständiger und wichtiger Mandschuliteratur existiert, dessen Bestandteile bisher teils unbekannt waren, teils vernachlässigt wurden. So ist die historische Forschung über die Frühzeit der Mandschuherrschaft ohne die mandschurischen Quellen inzwischen nicht mehr denkbar. Die Autorin gehört weltweit zu den besten Kennern des Materials, und so lag es nahe,

HARRASSOWITZ VERLAG · WIESBADEN
www.harrassowitz-verlag.de · verlag@harrassowitz.de

Abhandlungen für die Kunde des Morgenlandes

Im Auftrag der Deutschen Morgenländischen Gesellschaft
herausgegeben von Florian C. Reiter (ab Band 53,1)

ihr Handbuch in leicht aktualisierter und ergänzter Form dem westlichen Publikum vorzulegen – zumal es bisher nur Skizzen gibt, aber keine detaillierte Geschichte der Mandschuliteratur in westeuropäischen Sprachen existiert. Mit ausführlicher Bibliografie sowie Register und Abbildungsteil.

101: Elisa Freschi, Philipp A. Maas (Eds.)

Adaptive Reuse

Aspects of Creativity in South Asian Cultural History

2016. Ca. 384 pages, pb
Ca. € 64,– (D)
In Vorbereitung / In Preparation

103: Rainer Brunner

Die Schia und die Koranfälschung

2., ergänzte und aktualisierte Auflage

2016. Ca. X, 143 Seiten, br
ISBN 978-3-447-10569-9
Ca. € 38,– (D)
In Vorbereitung / In Preparation

Die konfessionelle Polemik zwischen Sunniten und Schiiten ist beinahe so alt wie der Islam selbst, und die Liste der Streitpunkte, die Gegenstand der Auseinandersetzung sind, ist lang. Besonders heikel ist in diesem Zusammenhang der von schiitischen Theologen erhobene Vorwurf der Koranfälschung. Demnach hätten die sunnitischen Gelehrten, die die Textfragmente sammelten und ordneten, sämtliche Hinweise auf ʿAlī, den Schwiegersohn Muḥammads und ersten Imam der Schia, und die Familie des Propheten unterschlagen und damit das Wort Gottes korrumpiert. Während diese Unterstellung vor allem unter frühen Schiiten

weitverbreitet war, wurde sie ab etwa der Mitte des 10. Jahrhunderts von der schiitischen Theologie selbst zunehmend in den Hintergrund gedrängt. Nicht zuletzt innerschiitische Auseinandersetzungen über den Umgang mit den heilsgeschichtlichen Quellen sorgten allerdings dafür, dass das Thema auch in späterer Zeit immer wieder aufgegriffen und argumentativ weiterentwickelt wurde. Den Endpunkt der innerschiitischen Debatte markierte schließlich im späten 19. Jahrhundert der schiitische Gelehrte Ḥusain an-Nūrī aṭ-Ṭabrisī, der sämtliche ihm bekannten Fundstellen aus sunnitischen wie schiitischen Quellen in einem Buch zusammentrug und damit einer breiten Öffentlichkeit zugänglich machte. Von der großen Mehrheit der schiitischen Geistlichkeit, die sich von der eigenen Tradition distanziert, wird er dafür bis heute heftig angefeindet. Zugleich jedoch lieferte sein Buch die wesentliche Grundlage dafür, dass der Vorwurf der Koranfälschung im 20. Jahrhundert von sunnitischen Polemikern aufgegriffen wurde und heute den vielleicht wichtigsten Streitpunkt der konfessionellen Polemik im Islam darstellt.

104: Lutz Edzard (Ed.)

The Morpho-Syntactic and Lexical Encoding of Tense and Aspect in Semitic

Proceedings of the Erlangen Workshop on April 26, 2014

2016. Ca. 244 pages, pb
ISBN 978-3-447-10622-1
Ca. € 58,– (D)
In Vorbereitung / In Preparation

HARRASSOWITZ VERLAG · WIESBADEN

www.harrassowitz-verlag.de · verlag@harrassowitz.de